Natale Perego
Elisabetta Ghislanzoni

Un libro sogna

Poesia e teatro

PER IL COMPUTER E PER IL TABLET

L'eBook multimediale

1 REGÌSTRATI A MYZANICHELLI

Vai su **my.zanichelli.it** e registrati come studente

2 SCARICA BOOKTAB

- Scarica **Booktab** e installalo
- Lancia l'applicazione e fai login

3 ATTIVA IL TUO LIBRO

- Clicca su **Attiva il tuo libro**
- Inserisci il **codice di attivazione** che trovi sul **bollino argentato adesivo** in questa pagina

4 CLICCA SULLA COPERTINA

Scarica il tuo libro per usarlo offline

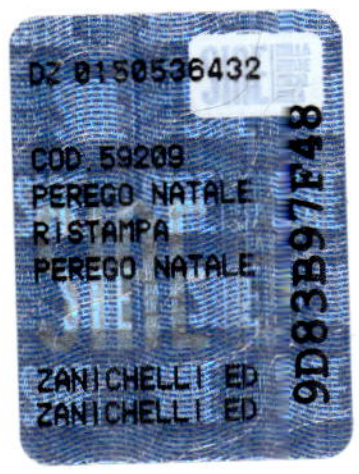

Realizzazione editoriale:
- Coordinamento redazionale: Andrea Zaninello
- Editing e redazione: Alberta Garini (editing e redazione sezione *Poesia*), Pietro Bassi (editing sezione *Teatro*), Valentina Romagnoli (redazione sezione *Teatro*)
- Correzione bozze: Il Nove srl, Bologna
- Segreteria di redazione: Deborah Lorenzini, Rossella Frezzato
- Progetto grafico: Mara Fontanelli per Segni d'Immagine, Bologna
- Impaginazione: Monograf srl, Bologna, con la collaborazione di Mara Fontanelli
- Ricerca iconografica e stesura delle didascalie: Matteo Pasini
- Ritratti delle rubriche *Per conoscere*: Tullio Pericoli

Contributi:
- Collaborazione alla ricerca iconografica: Claudia Patella, Chiara Presepi

Gli autori e l'editore ringraziano i docenti: Viola Ardone, Francesca Bandini, Monica Cosci, Fiona Guagliano, Mariacristina Maggioli, Silvia Morsan, Andrea Piotto, Irene Scaravelli e Chiara Stancari per le riletture critiche e i suggerimenti didattici.

Copertina:
- Progetto grafico: Miguel Sal & C., Bologna
- Realizzazione: Roberto Marchetti e Francesca Ponti
- Immagine di copertina: Tullio Pericoli, **Passo doppio**, 1987

Prima edizione: gennaio 2017

Ristampa:
7 6 5 2021 2022 2023

Stampa: Grafica Ragno
Via Lombardia 25, 40064 Tolara di Sotto, Ozzano Emilia (Bologna)
per conto di Zanichelli editore S.p.A.
Via Irnerio 34, 40126 Bologna

Realizzazione delle risorse digitali:
- Coordinamento redazionale: Andrea Zaninello
- Redazione: Alessandra Liberati (Studio Zebra, Bergamo)
- Realizzazione delle risorse digitali: duDAT srl, Bologna
- Analisi visuali: Fulvia Balestrieri (stesura e redazione), Eicon srl (realizzazione tecnica)
- Letture drammatizzate dei brani: Marco Versari, Forlì (realizzazione ed editing), Dario Scorza (controllo)
- PowerPoint delle lezioni: Fulvia Balestrieri

Le fonti iconografiche e i crediti si trovano su online.zanichelli.it/unlibrosogna

Natale Perego
Elisabetta Ghislanzoni

Un libro sogna

Poesia e teatro

ZANICHELLI

Com’è fatto
Un libro sogna

Il volume di Poesia e Teatro si articola in cinque **Percorsi**: due Percorsi di strumenti (analisi del testo poetico e teatrale), uno di temi, uno di autori di poesia e uno di generi del teatro, ciascuno suddiviso in Unità.

Una **scheda di arte** introduce l’argomento dell’Unità.

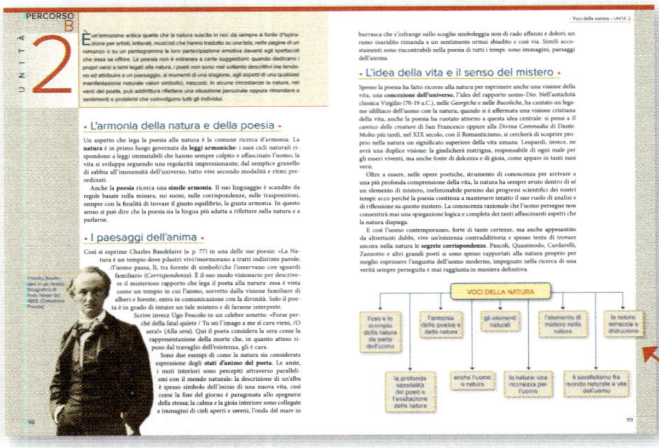

Mappe e **schemi** riassuntivi guidano lo studio e il ripasso.

I brani della sezione antologica sono accompagnati dalle schede **Per l’analisi del testo**, **L’autore**, **Mondi poetici da scoprire** e **Storie da scoprire**.

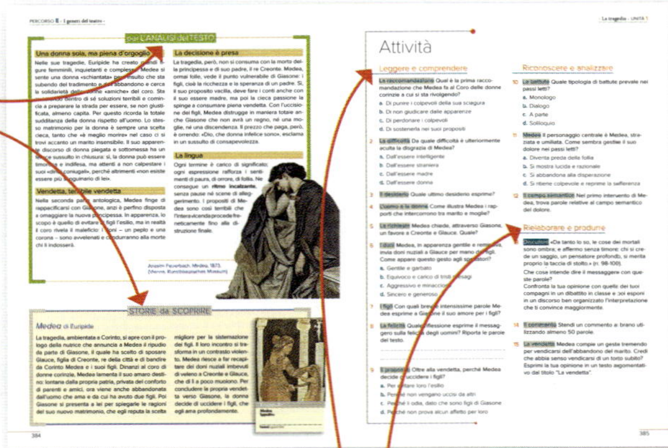

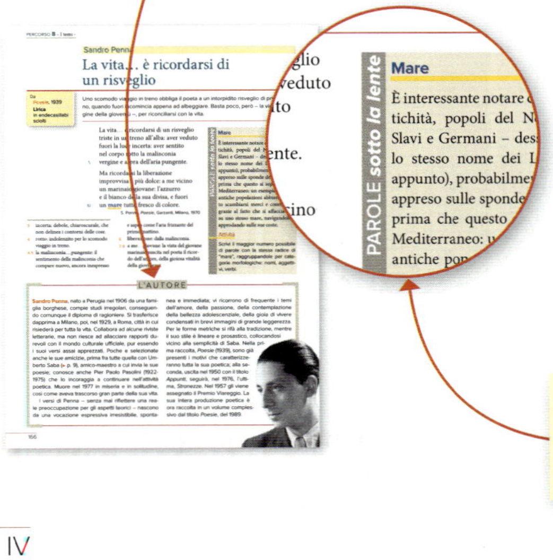

Le **attività** sviluppano le **competenze** di lettura, scrittura e produzione orale, con particolare attenzione alla **comprensione**, alla **scrittura** creativa e al **dibattito** in classe.

Le rubriche **Parole sotto la lente** propongono approfondimenti e attività su termini significativi tratti dai testi.

La rubrica **Per conoscere**, illustrata con i ritratti di **Tullio Pericoli**, approfondisce gli autori più importanti.

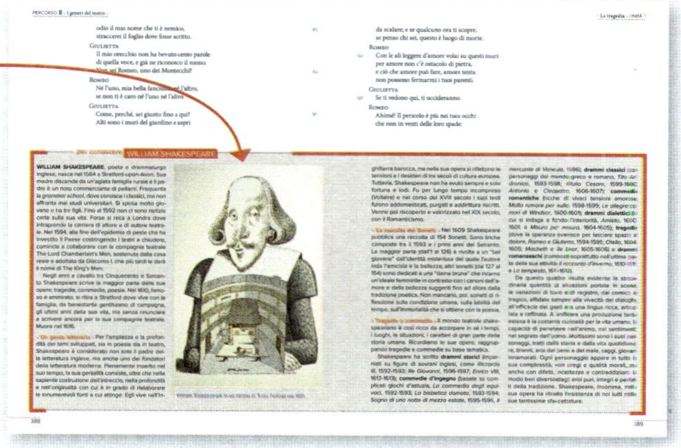

La sezione **Per approfondire** sviluppa il tema dell'Unità attraverso un testo espositivo, un saggio, un articolo di giornale.

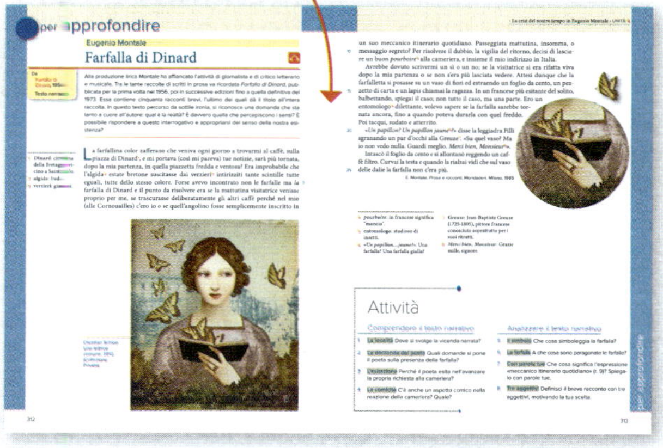

Schede di approfondimento arricchiscono e ampliano l'argomento dell'Unità: **Per saperne di più**, **Variazioni sul tema**, **Narrare con altri linguaggi**, **Scrivere per cambiare il mondo** e **Confronti**, che mette in relazione le liriche di autori diversi su un tema comune.

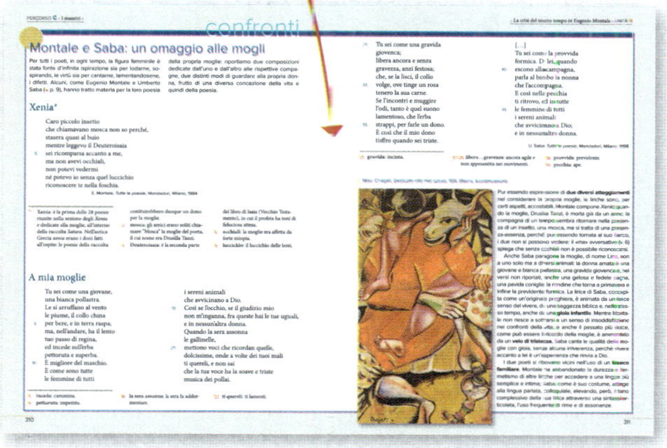

Raccogliamo le idee propone attività di sintesi e scrittura guidata.

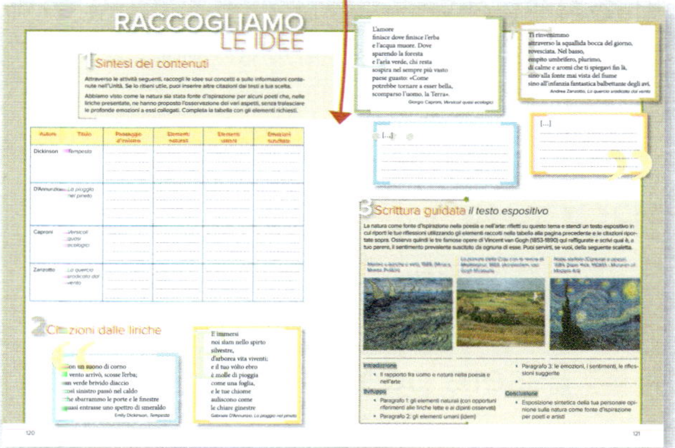

La **Verifica delle competenze**, a fine Unità, aiuta a preparare la prova **INVALSI**.

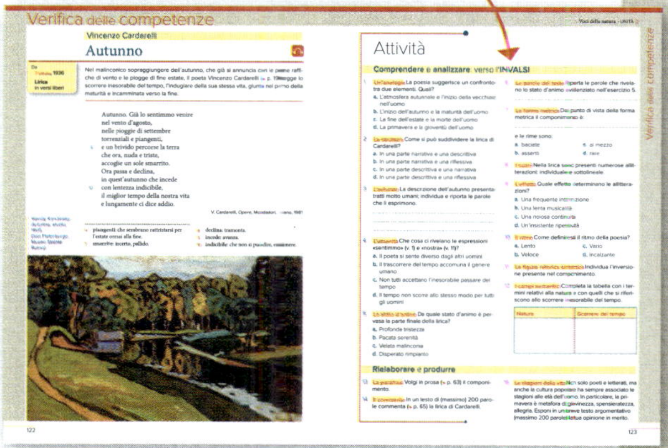

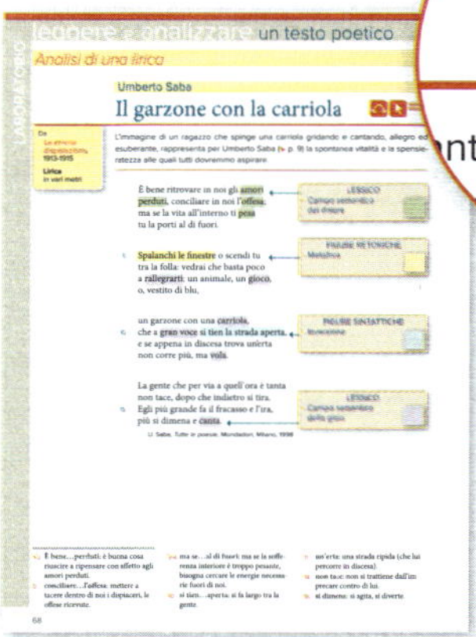

In digitale: **la lettura drammatizzata di tutti i brani** e **analisi visuali** di alcuni testi scelti.

Unità B5 Valori e passioni civili

PERCORSO C

I maestri

Unità C1 L'amore per la vita in Giacomo Leopardi

Unità C2 Nostalgia e meraviglia in Giovanni Pascoli

Unità C3 La tormentata interiorità di Giuseppe Ungaretti

Unità C4 La crisi del nostro tempo in Eugenio Montale

Unità C5 Gioia e stupore in Wisława Szymborska

PERCORSO D
Gli strumenti del teatro

Unità D1 Il testo teatrale

Unità D2 La messinscena

PERCORSO E

I generi del teatro

La bellezza della poesia, la passione per il teatro

Cari studenti e cari insegnanti,

anche per questo secondo volume, dedicato alla poesia e al teatro, abbiamo pensato a un libro di testo che avvicini lo studente al mondo della poesia, che crei la necessaria confidenza con l'espressione poetica e i suoi temi.

In ogni età, ma soprattutto in quella adolescenziale, c'è grande bisogno di poesia: l'animo di un adolescente ha bisogno di nutrirsi di ideali, di gioie, di speranze, e la poesia frequentemente risponde a simili esigenze interiori.

La stessa figura del poeta affascina, perché ancora oggi conserva un alone di mistero, di diversità. Talvolta basta che qualcuno veda le cose con occhi nuovi oppure che si esprima con qualche termine insolito o che vesta con una certa originalità perché lo si guardi con diffidenza oppure con interesse. Tali persone sollecitano il nostro animo, ci chiamano a un confronto, a condividere o a rifiutare; in tal modo ci aiutano a guardare dentro noi stessi e quindi a crescere.

Il poeta, però, non è una strana creatura che vive sulle nuvole, un "cacciatore di stelle". Riteniamo, anzi, che i poeti siano persone comuni che esercitano più di altri la loro innata sensibilità e la trasformano in un particolare tipo di abilità, l'abilità in primo luogo di giocare con le parole, di costruire immagini, di cogliere aspetti e particolari non comuni, di toccare le corde più sensibili del cuore e parlare quindi all'animo di tutti, di trasformare le loro emozioni in emozioni collettive.

Per avvicinarsi alla poesia è necessario innanzitutto rimuovere l'idea, fin troppo radicata, che si tratti di una forma espressiva difficile, oscura, inafferrabile. Avere questa convinzione significa fare un torto alla poesia e a chi in essa trova la maniera migliore per raccontarsi. Costui, il poeta, cerca di esprimere i suoi pensieri, le sue emozioni, i suoi stati d'animo con l'intento di arrivare il più lontano possibile, con la speranza di toccare l'animo di tanti lettori.

Non stiamo, tuttavia, affermando che leggere poesia sia semplice, perché il lettore deve essere in grado di interagire con il poeta, con i suoi versi, con le immagini originali che disegna e propone, con i temi che approfondisce. Per riuscire, dunque, a sintonizzarsi con il poeta non è sufficiente una certa disponibilità emotiva, una lettura spontanea, perché se da un lato un testo poetico scaturisce dalla particolare sensibilità del suo autore, dall'altro poggia su aspetti, regole e consuetudini tecniche che vanno conosciute e con le quali è necessario familiarizzare.

Nelle pagine di questo volume sarà possibile incontrare tanti poeti di epoche e stagioni diverse, accomunati però dalla profonda esigenza di esprimere se stessi, il loro animo, la loro interiorità. Poeti di un più lontano passato sono accostati ad altri a noi più vicini nel tempo; maestri riconosciuti, ormai considerati "classici", sono affiancati da altri meno noti, ma altrettanto validi. L'amore, la natura, la quotidianità, l'impegno civile sono i temi di maggiore rilievo.

Simili considerazioni possono essere riferite anche all'arte teatrale. Il teatro, nelle sue forme consuete della tragedia, della commedia e del dramma, è lo spettacolo dell'anima. Sia che si rappresenti una situazione divertente sia che si metta in scena una storia complicata, emerge sempre l'individuo con tutti i risvolti della sua interiorità.

Ancora una volta è necessario abbandonarsi alla lettura, aver fiducia nell'intelligenza umana. Una semplice poesia consente di saldare la pagina scritta alla vita, magari proprio alla nostra.

Affidiamo la responsabilità di dimostrare quanto appena affermato a un poeta greco, Konstantinos Kavafis (1863-1933), che ha cercato nell'antico mondo greco la sua ispirazione per indagare l'amore, la storia come un eterno conflitto tra l'uomo e il suo destino. La sua poesia intitolata *Per quanto sta in te* (► p. 3) è da leggere, solo da leggere, magari accompagnandola con una personale riflessione perché è proprio al lettore che si rivolge.

Gli autori

Paul Gauguin, *Da dove veniamo? Chi siamo? Dove andiamo?*, 1897-1898. (Boston, Museum of Fine Arts)

Konstantinos Kavafis

Per quanto sta in te

Kavafis parla come un “vecchio saggio”. Egli ha una concezione della vita come bene prezioso che va preservato da sprechi, banalità, vuoti rituali. Da qui l’invito a non trasformarla soltanto in sciocca esteriorità, in un tempo che finisce per esserci estraneo.

Da *Settantacinque poesie*, 1935
Lirica in versi liberi

E se non puoi la vita che desideri
cerca almeno questo
per quanto sta in te: non sciuparla
nel troppo commercio con la gente
con troppe parole e in un viavai frenetico.

Non sciuparla portandola in giro
in balìa del quotidiano
gioco balordo degli incontri
e degli inviti,
fino a farne una stucchevole estranea.

K. Kavafis, *Settantacinque poesie*, a cura di N. Risi e M. Dalmati, Einaudi, Torino, 1992

1 **E se…che desideri**: se non puoi vivere la vita che vorresti. Il fatto che la poesia inizi con la congiunzione «E» sembra sottintendere un precedente discorso, rivolto a un “tu” che sta colloquiando con il poeta.

3 **per quanto sta in te**: per quanto dipende da te. La precisazione mostra la consapevolezza che nella vita non sempre gli eventi dipendono dalla nostra volontà.

5 **viavai frenetico**: un forsennato andare e venire.

8-9 **gioco…inviti**: sciocco e inutile rito dei rapporti sociali, e, in quanto privo di reale interesse, solo una perdita di tempo.

10 **stucchevole estranea**: una vita fasulla, non autentica e che non soddisferà mai.

PERCORSO A

Le regole della poesia

PERCORSO A

UNITÀ 1

IL TESTO POETICO

Elementi e caratteristiche fondamentali

La poesia viene spesso considerata una forma espressiva difficile: per comprenderla sono necessarie una predisposizione emotiva e la conoscenza delle regole e delle tecniche che concorrono alla sua creazione.

• Che cos'è la poesia •

Per provare a dare una definizione di poesia si può ricorrere all'aiuto del poeta vicentino Antonio Porta (1935-1989), che risponde alla domanda "che cos'è la poesia?" componendo un vero e proprio testo poetico:

> poesia: vaso rotondo, liscio e bianco, chiuso
> galleggia sul fiume tumultuoso, scrosciante
> ma io prendo un martello pesante, lo lancio
> dalla sponda, lo faccio a pezzi, centrato in pieno
> in quell'istante e per sempre
> sprigiona tutta la sua luce.
>
> Antonio Porta, *Invasioni*, Mondadori, Milano, 1984

Secondo Porta la poesia è dunque un vaso prezioso che il poeta è in grado di aprire e da cui si sprigiona una luce particolare. Potremmo definire la poesia come una **forma d'arte** basata su un linguaggio elaborato e intensamente significativo, usata per **esprimere emozioni e sentimenti**.

• La specificità del testo poetico • Analizziamo il seguente componimento di Giovanni Pascoli (1855-1912, ► p. 243), intitolato *Il tuono*:

> E nella notte nera come il nulla,
> a un tratto, col fragor d'arduo dirupo
> che frana, il tuono rimbombò di schianto:
> rimbombò, rimbalzò, rotolò cupo,
> e tacque, e poi rimareggiò rinfranto,
> e poi vanì. Soave allora un canto
> s'udì di madre, e il moto di una culla.
>
> Giovanni Pascoli, *Il tuono*, in *Poesie*, Mondadori, Milano, 1939

Volgiamo ora in prosa questo testo:

> *Nel corso di una notte molto buia, all'improvviso scoppiò un terribile tuono dal rumore prolungato che andò via via a disperdersi in lontananza, fino a esaurirsi per riprendere ancora, poi spegnersi in maniera definitiva. Si sentì, allora, da una casa, il canto rassicurante di una donna che cercava di tranquillizzare il figlio dondolando la culla.*

Il contenuto non è cambiato; tuttavia, la trasposizione in prosa ha determinato una perdita di ricchezza espressiva e soprattutto sonora.

Un elemento immediatamente evidente che permette di distinguere la poesia dalla prosa è il **verso**, che possiamo considerare l'**unità di misura** del testo poetico. Tipograficamente, il verso va a capo prima della fine della riga; esso presenta in modo ricorrente metri (cioè combinazioni di sillabe) e figure di suono (che possono derivare dalla successione di sillabe, dal ritmo ecc.). La prosa, invece, è caratterizzata da un procedere continuo del testo senza interruzioni.

Per essere definito tale, dunque, il testo poetico, oltre a presentare una forma grafica particolare – il verso –, deve possedere anche un aspetto fonetico, una musicalità che non si riscontra in prosa. La **metrica** (dal greco *métron*, "misura") è un sistema convenzionale di regole relative alla **composizione** e alla **struttura del verso**, in grado di determinare la forma e il ritmo del componimento poetico. La conoscenza della metrica risulta pertanto indispensabile allo studio della poesia.

• Significante e significato, denotazione e connotazione •

In poesia ogni parola costituisce un segno, grafico e sonoro, che rimanda a un oggetto, a un concetto o a un'emozione. La successione e la combinazione di suoni o di lettere costituiscono il **significante** di una parola, mentre l'idea che essa richiama alla mente è il suo **significato**.

Il significato primo, quello letterale, di base di una parola si definisce **denotativo**: la parola "cuore" in un'espressione come "attacco di cuore" indica l'organo cardiaco; ma, ad esempio, nell'espressione "spezzare il cuore" alla stessa parola, intesa come sede dei sentimenti umani, si attribuisce un significato supplementare, figurato, di valore **connotativo**.

La connotazione è una delle caratteristiche espressive che il poeta usa con sapienza, allo scopo di suscitare emozioni, evocare possibili immagini che sono già contenute in senso figurato nelle parole o che sono richiamate per associazione. L'uso connotativo della lingua è reso possibile dal fatto che una parola è in grado di esprimere non uno ma molti significati: questa caratteristica è detta **polisemia** (dal greco *poly-*, "molto", e *sêma*, "segno"), ed è grazie al carattere polisemico delle parole che il linguaggio poetico si apre a e si arricchisce di letture sempre nuove. Per esempio, in questi due celebri versi tratti da *In morte del fratello Giovanni* (Ugo Foscolo, 1803) – «me vedrai seduto / Su la tua pietra, o fratel mio, gemendo» – la parola «pietra» assume il significato di "tomba", "lapide".

Nel testo poetico si è soliti distinguere il piano del significante, che definisce l'aspetto grafico o fonico di una parola, e il piano del significato, che ne definisce il contenuto.

In poesia l'**analisi del significante** prende in considerazione i seguenti aspetti:

- verso;
- rima;
- strofa;
- suoni;
- ritmo.

L'**analisi del significato** riguarda invece:

- scelte lessicali e sintattiche;
- figure retoriche di significato;
- figure retoriche di ordine o posizione.

per SAPERNE di PIÙ

Poesia

La poesia è la forma letteraria più antica, precede la prosa, testimonia le origini della società e dell'arte. Il suo stesso nome e altri termini a essa collegati raccontano la sua storia e le sue caratteristiche.

Il sostantivo "**poesia**" deriva dal latino *poesis*, "poesia" (calco sul greco *póiesis*, propriamente "produzione", "creazione", legato al verbo *poiêin,* "fare", "produrre"). Già nelle lingue antiche il termine poteva indicare sia l'arte di scrivere in versi sia le opere scritte in versi. Alla stessa radice sono legati i nomi "**poema**", componimento in versi ampio e generalmente di argomento epico, e il sostantivo "**poeta**" (lat. *poeta*, gr. *poietés,* "operaio" e "poeta"), ossia autore di opere in versi.

Anche altre parole della produzione poetica hanno origini antiche e interessanti, come "**verso**", che proviene dal latino *versus,* "fila", "riga", derivato di *vertere*, "girare", "volgere", a dimostrazione della grande importanza attribuita già dagli antichi alla disposizione grafica che rende riconoscibile un testo poetico: in righe, per l'appunto, spezzate dagli "a capo".

In origine la poesia era fatta non per essere letta, ma per essere ascoltata, spesso accompagnata dal suono di strumenti; i versi quindi erano innanzitutto unità ritmiche, scandite da un preciso "**metro**" (lat. *metrum*, dal gr. *métron,* "misura"), ovvero da uno schema regolare di sillabe (brevi o lunghe) che producevano alla lettura un ritmo armonioso e costante. Altre parole quindi testimoniano l'originario legame tra musica e poesia: "**carme**", utilizzato nella poesia italiana, richiama il latino *carmen*, propriamente "canto" (derivato del verbo *canere*, "cantare"). Lo stesso termine "**canto**" (lat. *cantus*, sempre da *canere*) è usato in italiano sia per indicare le parti di un'opera poetica (ad esempio i canti della *Divina Commedia*) sia per indicare un tipo di componimento poetico (ad esempio i *Canti* di Leopardi).

Un altro vocabolo che ricorda l'importanza della musicalità nel verso è "**lirica**", usata oggi per indicare un tipo di componimento poetico di carattere soggettivo; nel termine è presente la radice del nome greco *lýra*, "lira", lo strumento a corde che il mitico cantore Orfeo aveva ricevuto in dono dal padre Apollo e con cui accompagnava il suo canto struggente. Ancora poesia, musica e azione scenica si risentono nella parola "**melodramma**", con la radice greca *mélos,* "canto", riconoscibile anche in "melodia, melica, melomane", e *dráma*, "azione teatrale", derivato di *drân,* "agire".

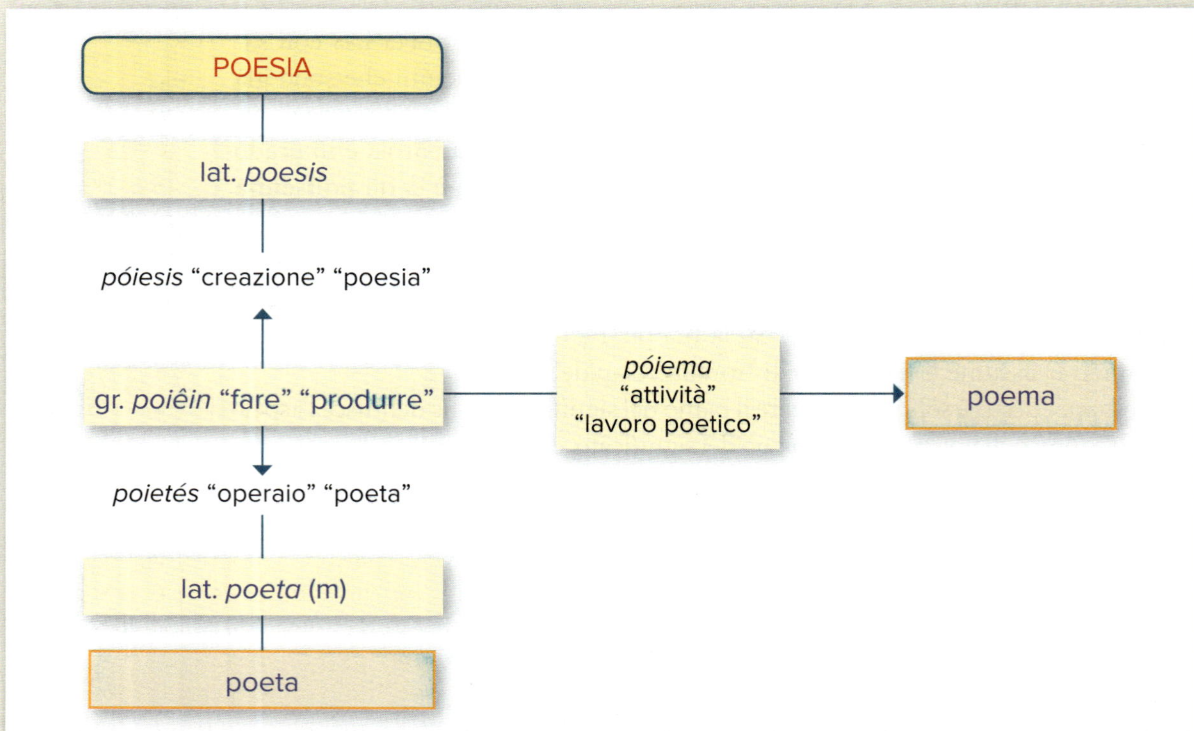

Umberto Saba

Ulisse

Nella poesia, posta a chiusura della raccolta *Mediterranee* confluita nel *Canzoniere*, l'autore si identifica con l'eroe greco Ulisse così come è rappresentato da Dante nella *Commedia*, ossia costantemente animato dal desiderio di esplorare l'ignoto, anteponendo alla sicurezza dell'approdo la curiosità e l'amore per la vita.

Da
Il Canzoniere,
1948

Lirica
in endecasillabi
sciolti

Nella mia giovinezza ho navigato
lungo le coste dalmate. Isolotti
a fior d'onda emergevano, ove raro
un uccello sostava intento a prede,
coperti d'alghe, scivolosi, al sole
belli come smeraldi. Quando l'alta
marea e la notte li annullava, vele
sottovento sbandavano più al largo
per fuggirne l'insidia. Oggi il mio regno
è quella terra di nessuno. Il porto
accende ad altri i suoi lumi; me al largo
sospinge ancora il non domato spirito,
e della vita il doloroso amore.

U. Saba, *Tutte le poesie*, a cura di A. Stara, Mondadori, Milano, 1988

3-4 **ove...prede**: sui quali raramente si posava un uccello in cerca di cibo.

7 **li annullava**: li nascondevano alla vista.

11-13 **me...amore**: intendi: il non domato spirito e il doloroso amore per la vita mi sospingono ancora al largo.

L'AUTORE

Umberto Saba, pseudonimo di Umberto Poli, nasce a Trieste nel 1883. Il padre, discendente da una nobile famiglia veneziana, abbandona la famiglia ancora prima della nascita del figlio: nei suoi primi anni di vita, Saba viene affidato a una balia di origine slovena, Peppa Sabaz, alla quale si affeziona molto. Compie studi irregolari, trovando presto un impiego. All'età di vent'anni conosce il padre, ma ne rifiuta il cognome, assumendo quello di Saba, in ricordo della balia e delle origini ebraiche della madre (*saba*, infatti, in ebraico significa “pane”).

Nel 1911 pubblica a proprie spese il libro *Poesie*, firmandosi per la prima volta con lo pseudonimo. Pur arruolatosi nell'esercito, non partecipa alla Prima guerra mondiale; nel dopoguerra gestisce una libreria antiquaria a Trieste, divenuta ormai italiana. Nel 1921 Saba raccoglie tutte le liriche scritte fino ad allora pubblicando la prima edizione del *Canzoniere*. Appartato rispetto al mondo culturale ufficiale, intrattiene rapporti epistolari con alcuni poeti, quali Eugenio Montale, Sergio Solmi, Sandro Penna, Vittorio Sereni. Dopo il 1938, in seguito alla promulgazione in Italia delle leggi razziali da parte del fascismo, si rifugia a Parigi, quindi a Firenze protetto da Montale e Carlo Levi. La seconda edizione del *Canzoniere* risale al 1948 e lo fa conoscere e apprezzare anche da quei critici che fino a quel momento lo avevano ignorato, giudicandolo poeta isolato, estraneo alle correnti letterarie più attuali (Futurismo ed Ermetismo). Muore in una clinica di Gorizia nel 1957. L'edizione completa del *Canzoniere* è del 1961. Nel 1975 viene pubblicato postumo anche il romanzo incompiuto *Ernesto*.

Attività

Leggere e comprendere

1 **Il titolo** Perché l'autore dà questo titolo alla poesia?
- a. Ulisse è il nome di un suo caro amico
- b. Ulisse è un eroe mitologico che ha viaggiato molto
- c. Ulisse è un navigatore che ha scoperto tante terre
- d. Ulisse è il suo nome di battesimo

2 **La denotazione** Nella poesia si racconta una storia. Sintetizzala in poche righe.

3 **I "partecipanti"** Elenca gli elementi (cose, animali...) presenti nella poesia.

4 **Il messaggio** Che cosa ti sembra che voglia comunicarci l'autore con questa poesia?
- a. Il suo spirito di avventura
- b. Il suo senso di appartenenza a un gruppo
- c. L'amore per la natura
- d. La ricerca di un senso della vita

Riconoscere e analizzare

5 **L'intensità della parola** La poesia è caratterizzata dal fatto che le singole parole non hanno un unico significato semplice e superficiale, ma risultano particolarmente ricche di significati (polisemiche). Seleziona, fra quelle elencate sotto, le parole che ti paiono più espressive e indica i significati a esse collegati.
coste • scivolosi • belli • marea • vele • sottovento • insidia • nessuno • porto • lumi • al largo • vita

6 **Poesia/prosa** Individua nella poesia i punti in cui l'ordine delle parole non corrisponde a quello della prosa e riordinale secondo l'uso prosastico.

7 **La connotazione** Indica il valore connotativo delle seguenti espressioni tratte dai versi di Saba.
- a. «scivolosi» (v. 5) = *ingannevoli, pericolosi*
- b. «alta marea» (vv. 6-7) = ...
- c. «sbandavano» (v. 8) = ...
- d. «terra di nessuno» (v. 10) = ...
- e. «doloroso amore» (v. 13) = ...

8 **L'elemento mancante** Analizzando la poesia, quale elemento, sul piano del significante, non può essere preso in esame?
- a. Il verso
- b. La strofa
- c. La rima

Rielaborare e produrre

9 **La tua interpretazione** Considera i versi 9-10: «Oggi il mio regno/è quella terra di nessuno.» Come interpreti queste parole e quali sensazioni ti trasmettono? Ti sembra che l'autore abbia trovato un luogo solitario in cui esercitare il suo potere o, piuttosto, che egli si senta l'unico abitante, isolato e incompreso, di un luogo deserto? Rispondi in un breve intervento orale.

10 **La parafrasi** Volgi in prosa (► p. 63) il componimento.

11 **Le tue impressioni** Spiega in un testo di 200 parole quali emozioni ha suscitato in te la lettura della poesia.

Federico García Lorca

Paesaggio

La lirica offre un'originale trasposizione di un paesaggio in cui la natura è stravolta con immagini surreali, dettate soprattutto dal dolore. Terra e cielo sembrano confondersi, e da quest'ultimo piovono fredde stelle mentre dagli ulivi provengono strane grida.

Da
Poema del canto profondo, 1931

Lirica
in vari metri

Il campo
di ulivi
s'apre e si chiude
come un ventaglio.
Sull'oliveto
c'è un cielo sommerso
e una pioggia scura
di freddi astri.
Tremano giunco e penombra
sulla riva del fiume.
S'increspa il vento grigio.
Gli ulivi
sono carichi
di gridi.
Uno stormo
d'uccelli prigionieri
che agitano lunghissime
code nel buio.

F. García Lorca, *Poesie*, a cura di C. Bo, Guanda, Modena, 1966

1-4 **Il campo...ventaglio**: il movimento degli ulivi agitati dal vento ricorda quello di un ventaglio.

6 **cielo sommerso**: cielo coperto dalle nuvole che preannunciano il temporale.

8 **astri**: stelle.

9-10 **Tremano... fiume**: le canne e l'ombra proiettano nell'acqua la loro immagine tremolante.

11 **S'increspa il vento grigio**: il vento fa increspare l'acqua grigia del fiume.

14 **gridi**: sono i suoni emessi dagli uccelli posati sugli alberi.

Vincent van Gogh, *Uliveto*, 1889 (New York, MOMA – Museum of Modern Art)

L'AUTORE

Federico García Lorca nasce nel 1898 vicino a Granada, in Spagna, da una famiglia di proprietari terrieri. Studia a Granada, dove conosce i maggiori esponenti dell'avanguardia culturale spagnola: il musicista Manuel de Falla, i poeti Antonio Machado e Juan Ramón Jiménez, il pittore Salvador Dalí, il regista Luis Buñuel. Pubblica poesie e disegni di impronta post-cubista. Nel 1932 accetta l'incarico del governo repubblicano di portare nei piccoli centri di provincia opere del teatro classico spagnolo e testi del mondo popolare con la compagnia "La Barraca". Nel febbraio del 1936 fonda con Rafael Alberti, poeta spagnolo, l'Associazione degli intellettuali antifascisti: per la sua opposizione al regime del generale Franco, benché non direttamente coinvolto in azioni militari, nell'agosto del 1936 viene arrestato e fucilato senza alcun processo a Víznar, presso Granada. Nelle sue raccolte (*Libro di poesie*, 1921; *Canzoni*, 1927; *Primo romancero gitano*, 1928; *Poema del canto profondo*, 1931), García Lorca affronta i drammatici temi del destino e della morte, svolti attingendo alle immagini energiche, passionali della cultura dell'Andalusia araba e gitana.

Attività

Leggere e comprendere

1 **Le immagini** Descrivi sinteticamente i suggestivi quadri proposti dalla lirica.

2 **L'uliveto** Quale immagine concreta suggerisce l'aprirsi e chiudersi dell'uliveto?

Riconoscere e analizzare

3 **L'intensità di significato** Il linguaggio della poesia è particolarmente intenso e ricco di significato. Riporta le parole del testo che, a tuo avviso, meglio esprimono questa caratteristica.

....

....

4 **Le specificità sintattiche** Oltre all'intensità dei vocaboli, un altro elemento caratterizza la poesia: la forma sintattica, che a volte non si attiene alle norme codificate. Sottolinea il passo del testo in cui questo è evidente.

5 **La caratteristica del testo** Il componimento non rispetta le regole tradizionali della poesia e potrebbe anche sembrare un passo di prosa. Tuttavia una specifica particolarità rivela la sua natura poetica. Quale?

a. Informazioni precise e dettagliate
b. Stesura in versi
c. Brevità del testo
d. Frequente assenza della punteggiatura

6 **Denotazione e connotazione** I "partecipanti" della poesia (paesaggi, cose, colori...) non hanno solo un valore descrittivo-oggettivo (denotazione), ma anche connotativo. A ogni sintagma tratto dal testo abbina i sentimenti e le sensazioni che esso suggerisce.

- «pioggia scura» (v. 7): ....
- «freddi astri» (v. 8): ....
- «uccelli prigionieri» (v. 16): ....

7 **Significante, significato** Distingui gli elementi relativi al significante e al significato elencati sotto. Poi commenta un elemento del significante e uno del significato presenti nella poesia.
figure retoriche di significato • strofa • rima • lessico e sintassi • suoni • ritmo • figure retoriche di ordine e posizione • verso

Rielaborare e produrre

8 **La tua interpretazione** Considera i versi 12-14. «Gli ulivi / sono carichi / di gridi». Come li interpreti e quali sensazioni ti suscitano? Rispondi in un breve intervento orale.

9 **La parafrasi** Volgi in prosa (► p. 63) il componimento.

10 **Le tue impressioni** In un testo di 200 parole spiega le emozioni suscitate in te dalla lirica.

IL SIGNIFICANTE

Il verso

Il verso (dal latino *versus*, derivato da *vertere*, "volgere", "girare", con allusione agli a capo in fine di riga) è l'**unità ritmica minima**, di lunghezza variabile, di un componimento poetico. Nella tradizione poetica italiana, il verso prende il nome dal numero delle **sillabe** che lo compongono; in esso sono determinanti anche la posizione degli **accenti** e la presenza di **pause**, come cesure ed *enjambement*.

• Le sillabe metriche •

In base al numero delle sillabe che lo costituiscono, il verso può essere **binario** se è formato da due sillabe, **ternario** da tre, **quaternario** da quattro, e così via: **quinario**, **senario**, **settenario**, **ottonario**, **novenario**, **decasillabo**, **endecasillabo**. Oltre a questi, esistono versi formati dalla combinazione di due versi fondamentali accostati a formarne uno solo, come il **dodecasillabo**, costituito da due senari.

Nel computo delle sillabe di un verso, sillaba grammaticale e sillaba metrica possono non coincidere; la **sillaba metrica**, infatti, non è definita solo dai fonemi (vocali e consonanti) che la compongono ma anche da altri elementi:

- la posizione dell'**accento tonico** dell'ultima parola;
- alcuni **fenomeni metrici** propri della poesia.

• L'accento tonico e il computo sillabico •

L'**accento tonico** consiste in un'elevazione della voce, un'intonazione più marcata su una certa sillaba nel pronunciare una parola.

La classificazione dei vari tipi di verso – direttamente collegata, come si è visto, al computo delle sillabe – dipende dalla diversa posizione dell'accento sull'ultima parola, la quale si definisce:

- **tronca**, se l'accento tonico cade sull'ultima sillaba (sco/prì, co/min/ciò, pe/rò);
- **piana**, se l'accento tonico cade sulla penultima sillaba (fos/sà/to, lù/ce, ri/tor/nà/re);
- **sdrucciola**, se l'accento tonico cade sulla terzultima sillaba (tà/vo/la, zù/fo/lo, ròm/pe/re).

Nel computo sillabico è necessario ricordare che:

- nei versi terminanti con una parola tronca, l'ultima sillaba vale per due:

1 2 3 4 5 6 7 8 9 10-11
E / con / Ra/che/le/, per / cui / tan/to / fé

Dante Alighieri, *Commedia - Inferno*, IV, 60, Zanichelli, Bologna, 2001

Il verso in realtà ha dieci sillabe, ma, essendo l'ultima parola tronca («fé», al posto di "fece"), si conta una sillaba in più, arrivando così a undici sillabe;

- nei versi terminanti con una parola piana il numero delle sillabe corrisponde alle sillabe effettivamente presenti:

1 2 3 4 5 6 7 8 9 10 11
Tras/se/ci / l'om/bra / del / pri/mo / pa/ren/te

Dante Alighieri, *Commedia - Inferno*, IV, 55, Zanichelli, Bologna, 2001

Il verso ha undici sillabe e l'ultima parola è piana («parènte»);

- nei versi terminanti con una parola sdrucciola, le sillabe non accentate dopo l'accento tonico valgono per una sola sillaba.

1 2 3 4 5 6 7
l'on/da / su / cui / del / mi/se/ro

Alessandro Manzoni, *Il cinque maggio*, in *Poesie*, Mondadori, Milano, 2000

Il verso ha otto sillabe ma, essendo l'ultima parola sdrucciola («mìsero»), si conta una sillaba in meno, per cui si hanno sette sillabe.

• Fenomeni metrici • Tra parole vicine o all'interno di una singola parola possono avvenire fenomeni metrici che sono importanti per individuare il numero delle sillabe e quindi il tipo di verso. In particolare, quando nel verso sono presenti **due vocali contigue**, non separate da consonanti, solitamente intervengono **figure metriche** a determinare se esse debbano costituire due sillabe oppure una.

- Se le vocali contigue si trovano **in due parole**, tali figure metriche sono la sinalefe e la dialefe.

Quando una parola finisce per vocale e la seguente inizia per vocale, la sillaba finale della prima parola e quella iniziale della seguente si riducono a una sola sillaba: questo fenomeno è detto **sinalefe** (dal greco *synaloiphé*, "fusione").

nel / mu/t**o o**r/to / so/lin/go

Giosue Carducci, *Pianto antico*, in *Poesie*, Garzanti, Milano, 2008

Il fenomeno contrario alla sinalefe è la **dialefe** (dal greco *diálepsis*, "distinzione"), che si verifica quando la vocale finale e quella iniziale di due parole vicine non si fondono, ma rimangono separate a formare due sillabe. Questo avviene quando una o entrambe le sillabe sono toniche.

in/co/min/ci**ò** / **a** / far/si / più / vi/va/ce

Dante Alighieri, *Commedia - Paradiso*, XXVII, 12, Zanichelli, Bologna, 2001

- Se le vocali contigue si trovano **all'interno di una parola**, a sinalefe e dialefe corrispondono rispettivamente le figure metriche della sineresi e dieresi.

Si ha una **sineresi** (dal greco *synáiresis,* "riunione") quando le due vocali vicine vengono considerate una sola sillaba, anche se non formano un dittongo:

mor/te / bel/la / pa/r**ea** / nel / s**uo** / bel / vi/so

Francesco Petrarca, *Trionfo della morte*, in *Trionfi*, BUR, Milano, 2001

Il fenomeno contrario alla sineresi è la **dieresi** (dal greco *diáiresis,* "divisione"); esso si verifica quando due vocali contigue, che normalmente costituiscono un dittongo, vengono considerate separate. La dieresi può essere segnalata graficamente da due puntini posti sulla prima delle due vocali:

O / gra/z**ï**/o/sa / lu/na or / mi / ram/men/to

Giacomo Leopardi, *Alla luna*, in *Canti*, Einaudi, Torino, 2012

Gli accenti ritmici

Il numero delle sillabe metriche non è l'unico elemento per distinguere i vari tipi di verso; occorre infatti tenere conto anche dell'accento ritmico.

In poesia, infatti, non tutti gli accenti tonici si equivalgono; alcuni **svolgono la funzione di determinare** con la loro posizione **il ritmo dei versi**, mettendo in evidenza alcune sillabe che vengono pronunciate con maggiore intensità di voce e creando particolari effetti musicali: per questo sono detti "accenti ritmici".

Numero delle sillabe e posizione degli accenti ritmici – che dunque non corrispondono numericamente a quelli tonici – costituiscono una combinazione indissolubile per la creazione dei versi.

Consideriamo la disposizione degli accenti ritmici all'interno di alcuni tipi di verso comuni nella poesia italiana:

- **binario**, con due sillabe e accento ritmico sulla prima sillaba:

Dié/tro
quàl/che
vé/tro

Giovanni Alfredo Cesareo, *Parte il treno*, in *Poesie; le occidentali...*, Zanichelli, Bologna, 1912

- **ternario**, con tre sillabe e accento ritmico sulla seconda sillaba:

Tos/**sì**/sce
tos/**sì**/sce

Aldo Palazzeschi, *La fontana malata*, in *Tutte le poesie*, Mondadori, Milano, 2002

- **senario**, con sei sillabe e accento ritmico sulla seconda e la quinta sillaba:

Che / **pà**/ce, / la / **sé**/ra!

Giovanni Pascoli, *La mia sera*, in *Poesie*, Mondadori, Milano, 1939

- **settenario**, con sette sillabe e accento ritmico sempre sulla sesta sillaba e su una qualsiasi delle prime quattro:

Giùn/go/no a / le / fi/**nè**/stre (1ª e 6ª)

Gabriele D'Annunzio, *Le tristezze ignote*, in *Poesie*, Garzanti, Milano, 1973

due / **vòl**/te / nel/la / **pól**/ve/re (2ª e 6ª)

Alessandro Manzoni, *Il cinque maggio*, in *Poesie*, Mondadori, Milano, 2000

che / le / tue / **tèn**/de / **spiè**/ghi (4ª e 6ª)

Alessandro Manzoni, *La Pentecoste*, in *Poesie*, Mondadori, Milano, 2000

- **novenario**, con nove sillabe e accento ritmico sulla seconda, quinta e ottava sillaba:

che / **viè**/ne, / che / **cór**/re / nel / **pià**/no

Giovanni Pascoli, *Scalpitio* in *Poesie*, Mondadori, Milano, 1939

- **endecasillabo**, il verso principale della poesia italiana, generalmente con undici sillabe e accento ritmico fisso sulla decima sillaba e mobile negli altri casi:

> Nel / mez/zo / del / cam/**mìn** / di / **nò**/stra / **vì**/ta (6ª, 8ª, 10ª)
>
> Dante Alighieri, *Commedia - Inferno* I, 1, Zanichelli, Bologna, 2001

> le / cor/te/**sìe**, / le au/da/ci im/**pré**/se io / **càn**/to (4ª, 8ª, 10ª)
>
> Ludovico Ariosto, *Orlando furioso*, Hoepli, Milano, 1934

> per / me / si / **và** / ne / l'et/**tèr**/no / do/**ló**/re (4ª, 7ª, 10ª)
>
> Dante Alighieri, *Commedia - Inferno* III, 2, Zanichelli, Bologna, 2001

• Le pause metriche •

Contribuiscono all'aspetto ritmico del verso anche le pause che, creando un'alternanza di suoni e silenzi, interrompono i versi. Molte volte, in poesia, alle pause logico-sintattiche, determinate dalla struttura della frase, si aggiungono le pause metriche – **cesura** ed ***enjambement*** –, che possono coincidere oppure no con le prime.

• La cesura • Dal latino *caesura*, "taglio", la cesura è una **pausa ritmica** breve interna al verso – talvolta coincidente con la fine del verso –, che cade sempre tra la fine di una parola e l'inizio di quella successiva. Quando la cesura cade all'interno del verso, lo divide in due parti chiamate **emistichi**, e può coincidere o meno con una pausa sintattica.

Osserviamo alcuni tipi di cesura.

- La cesura coincide con la fine del verso:

> e nevica la frasca,//
> e tu non torni
>
> Giovanni Pascoli, *Lavandare*, in *Poesie*, Mondadori, Milano, 1939

- La cesura interna al verso coincide con la pausa sintattica, generalmente indicata da un segno di punteggiatura (qui punto fermo):

> Ei fu.// Siccome immobile
>
> Alessandro Manzoni, *Il cinque maggio*, in *Poesie*, Mondadori, Milano, 2000

- La cesura interna al verso non coincide con una pausa sintattica e contraddice le regole della punteggiatura allo scopo di evidenziare una parola significativa (qui «speme») del testo:

> Questo di tanta speme// oggi mi resta!
>
> Ugo Foscolo, *In morte del fratello Giovanni*, in *Poesie*, Sansoni, Firenze, 1941

- Nell'endecasillabo, il verso lungo in cui spesso è presente la cesura, essa cade di solito dopo la quinta sillaba (detto endecasillabo ***a minore*** poiché il primo emistichio è il più breve dei due, essendo formato da 5 sillabe):

> di / gen/te in / gen/te // me / ve/drai / se/du/to
>
> Ugo Foscolo, *In morte del fratello Giovanni*, in *Poesie*, Sansoni, Firenze, 1941

o dopo la settima (endecasillabo ***a maiore***, essendo il primo emistichio il maggiore, di sette sillabe):

> E / co/me / po/te/va/mo // noi / can/ta/re
>
> Salvatore Quasimodo, *Alle fronde dei salici*, in *Tutte le poesie*, Mondadori, Milano, 1986

Claude Monet, *Salice piangente*, 1919.
(Collezione Privata)

• *L'enjambement* • Quando in poesia un costrutto sintatticamente coeso (una frase, un sintagma ecc.), iniziato in un verso, viene completato nel verso seguente, si verifica un *enjambement* (dal verbo francese *enjamber*, "scavalcare"), così detto perché il lettore deve "superare" la pausa metrica di fine verso per giungere alla fine della frase.

Vediamo nei seguenti versi due esempi di *enjambement*:

> Giaci come
> il corpo, ammutolita, tutta piena
> di una rassegnazione disperata
>
> Camillo Sbarbaro, *Taci, anima stanca di godere*, in *L'opera in versi e in prosa*, Mondadori, Milano, 1995

L'*enjambement* può **separare** articolo e sostantivo, aggettivo e sostantivo, soggetto e verbo, verbo e complemento; la sua intensità espressiva dipende dalla forza dei legami sintattici tra le **due parti del discorso**, fra le due parole che vengono separate. Scopo dell'*enjambement* è attribuire rilievo, enfasi a questa o quella parola e allo stesso tempo creare un effetto di sospensione che prolunga il ritmo dei versi, ossia movimentare l'andamento ritmico.

Vincenzo Cardarelli

Amicizia

Da
Poesie, 1958
Lirica
in vari metri

In questi versi, il poeta riflette su una difficile amicizia, che non si è mai manifestata fino in fondo, nonostante il reciproco desiderio di frequentazione e di confidenza.

Noi non ci conosciamo. Penso ai giorni
che, perduti nel tempo, c'incontrammo,
alla nostra incresciosa intimità.
Ci siamo sempre lasciati
senza salutarci,
con pentimenti e scuse da lontano.
Ci siam riaspettati al passo,
bestie caute,
cacciatori affinati,
a sostenere faticosamente
la nostra parte di estranei.
Ritrosie disperanti,
pause vertiginose e insormontabili,
dicevan, nelle nostre confidenze,
il contatto evitato e il vano incanto.
Qualcosa ci è sempre rimasto,
amaro vanto,
di non ceduto ai nostri abbandoni,
qualcosa ci è sempre mancato.

V. Cardarelli, *Opere*, Mondadori, Milano, 1981

3 **incresciosa**: imbarazzante, spiacevole.
9 **affinati**: esperti.
12 **Ritrosie**: contrarietà a fare o dire qualcosa, per pudore, riservatezza o scarsa affabilità.
15 **vano incanto**: inutile fascino.
17 **amaro vanto**: triste soddisfazione.

Renato Guttuso, *La strada*, 1956. (Collezione Privata)

L'AUTORE

Vincenzo Cardarelli (pseudonimo di Nazareno Caldarelli) nasce a Corneto Tarquinia (Viterbo) nel 1887. Frequenta in maniera regolare solo la scuola elementare, completando successivamente gli studi da autodidatta. Si trasferisce a Roma all'età di 19 anni, dove svolge diversi mestieri. Introdottosi nell'ambiente del giornalismo, scrive sul quotidiano l'"Avanti!" e collabora a varie riviste letterarie, tra le quali "La Ronda" (1919-1923), di cui diventa il direttore. La sua fama letteraria è legata alla pubblicazione di poesie e di prose autobiografiche: la raccolta definitiva dei suoi versi, *Poesie*, è del 1958. Il grande modello poetico di Cardarelli è Giacomo Leopardi; da lui fa discendere quella discorsività del verso che diventa una delle caratteristiche principali delle sue liriche. I suoi temi prediletti sono il viaggio, l'amore, la morte e soprattutto il trascorrere del tempo.

Nonostante i riconoscimenti tributati alla sua opera, Cardarelli conduce sempre una vita appartata e schiva. Muore a Roma nel 1959.

Attività

Leggere e comprendere

1 **Il contenuto** Che cosa racconta la poesia?
- **a.** La storia di un'amicizia sincera, ma inespressa
- **b.** La storia di un'amicizia tradita
- **c.** La storia di un'amicizia superficiale e falsa
- **d.** La storia di un'amicizia tra i banchi di scuola

2 **Le espressioni rivelatrici** Quali espressioni del testo evidenziano in particolare la situazione descritta?

Riconoscere e analizzare

3 **I versi** Nella poesia sono presenti molti tipi di verso. Individua un esempio per ogni verso elencato sotto.
- **a.** endecasillabo con 11 sillabe: v. ....
- **b.** endecasillabo con 10 sillabe: v. ....
- **c.** endecasillabo con 12 sillabe: v. ....
- **d.** quaternario: v. ....
- **e.** quinario: v. ....
- **f.** senario: v. ....
- **g.** settenario: v. ....
- **h.** ottonario : v. ....
- **i.** novenario: v. ....
- **l.** dodecasillabo: v. ....

4 ***Gli enjambement*** Individua e riporta gli esempi di *enjambement* contenuti nei versi.

....

....

....

....

5 **Le sinalefi** Cerchia le sinalefi presenti al verso 15.

Rielaborare e produrre

6 **La tua interpretazione** Considera i versi 8-9: «bestie caute / cacciatori affinati». Come li interpreti e quali sensazioni ti suscitano? Rispondi in un breve intervento orale.

7 **La riscrittura** Riscrivi in prosa con parole tue il contenuto della poesia.

8 **La tua opinione** Ti pare che quella presentata nella poesia sia un'esperienza comune o eccezionale nella vita di una persona? Esprimi la tua opinione, motivandola

La rima

A determinare gli aspetti ritmici del testo poetico concorre un elemento fondamentale: la rima (dal greco *rhythmós*, "movimento a cadenza, successione").

La rima consiste nella perfetta **identità di suono** della parte finale di due o più parole, a cominciare dall'ultima vocale tonica.

• I tipi di rima •

In base alle parole che vengono messe in relazione fra loro dalla rima, si può parlare di rima:

- **facile**, quando il bacino di parole da cui il poeta può attingere è molto vasto (amore, cuore, fiore);
- **rara**, quando le possibilità di scelta sono poche (scoppio, doppio, accoppio);
- **derivativa**, quando sono messe in rima due parole che hanno la stessa radice etimologica (disagio, agio);
- **equivoca**, che collega tra loro due parole uguali, ma con significato diverso (sole, inteso come "astro", e sole, inteso come "uniche").

• Gli schemi delle rime • Secondo la loro successione all'interno di una strofa, le rime legano tra loro i versi creando differenti combinazioni indicate da uno schema composto con le lettere dell'alfabeto. I principali schemi della poesia italiana sono:

- **rima baciata** (AA), quando rimano due versi consecutivi:

Allor lassai la nova fantas**ia**,	A
chiamando il nome de la donna m**ia**.	A

Dante Alighieri, *Vita nova*, Mondadori, Milano, 2011

- **rima alternata** (ABAB), quando i versi pari rimano tra loro e così i versi dispari:

E non sono triste. Ma so**no**	A
stupito se guardo il giard<u>ino</u>...	B
stupito di che? non mi so**no**	A
sentito mai tanto bamb<u>ino</u>...	B

Guido Gozzano, *L'assenza*, in *Tutte le poesie*, Mursia, Milano, 1993

- **rima incrociata** (ABBA), quando il primo verso rima con il quarto e il secondo con il terzo:

Guido, i' vorrei che tu e Lapo ed **io**	A
fossimo presi per incantam<u>ento</u>	B
e messi in un vasel ch'ad ogni v<u>ento</u>	B
per mare andasse al voler vostro e m**io**	A

Dante Alighieri, *Rime*, Mondadori, Milano, 2011

- **rima incatenata** (ABA BCB), quando le terzine sono legate in modo che il primo verso rimi con il terzo, il secondo con il quarto e il sesto, il quinto con il settimo e così via:

> C'è qualcosa di nuovo oggi nel s**ole**, A
> anzi d'antico: io vivo altrove, e sento B
> che sono intorno nate le vi**ole**. A
>
> Son nate nella selva del convento B
> dei cappuccini, tra le morte f*oglie* C
> che al ceppo delle querce agita il vento. B
>
> Si respira una dolce aria che sci*oglie* C
> le dure zolle, e visita le chiese D
> di campagna, ch'erbose hanno le s*oglie* C
>
> Giovanni Pascoli, *L'aquilone*, in *Poesie*, Mondadori, Milano, 1939

• Una diversa disposizione delle rime • La rima, tuttavia, non si trova necessariamente a fine verso, e la sua diversa disposizione determina due casi particolari:

- **rima interna**, quando coinvolge parole interne al verso, detta **rimalmezzo** quando si trova tra la parola che precede la cesura di un verso e la parola di un altro verso che o precede la cesura o chiude il verso stesso;

> Un poco, tra l'ansia crescente
> della n**era** vaporiera,
> l'addio della s**era** si sente
> seguire come una preghi**era**
>
> Giovanni Pascoli, *In viaggio*, in *Poesie*, Mondadori, Milano, 1939

> odi greggi belar, muggire arm**enti**,
> gli altri augelli cont**enti** a gara insieme
>
> Giacomo Leopardi, *Il passero solitario*, in *Canti*, Einaudi, Torino, 2012

- **rima ipèrmetra**, quando una **parola piana** (accento sulla penultima sillaba) rima con la terzultima e la penultima sillaba di una **parola sdrucciola** (accento sulla terzultima sillaba); in alcuni casi, la sillaba eccedente del verso sdrucciolo viene trasferita nel computo delle sillabe del verso successivo (vedi, nell'esempio, l'ultimo verso):

> È, quella infinita temp**esta**,
> finita in un rivo canoro.
> Dei fulmini fragili r**esta**no
> cirri di porpora e d'oro. 8+1
>
> Giovanni Pascoli, *La mia sera*, in *Poesie*, Mondadori, Milano, 1939

• Rima imperfetta: assonanza e consonanza • Come abbiamo visto, la rima prevede identità di suoni, ma si possono percepire come in rima anche **parole** i cui suoni, dopo l'accento tonico, **non sono esattamente coincidenti**. Si parla allora di **rime imperfette**, che sono di due tipi:

- **assonanza** (dal latino *adsonare*, "rispondere a un suono"), se a coincidere sono le vocali:

> Carnevale vecchio e p**a**zz**o**
> s'è venduto il mater**a**ss**o**
>
> Gabriele D'Annunzio, *Carnevale,* in *Poesie*, BUR, Milano, 2011

- **consonanza** (dal latino *consonare*, "suonare insieme", "risuonare"), se sono identiche le consonanti:

> Bri**ll**a,
> gocciaste**ll**a.
>
> Massimo Bontempelli, *Cori*, in *Opere scelte*, Mondadori, Milano, 1978

• Versi sciolti e versi liberi •

Dalla metà dell'Ottocento la poesia italiana ha abbandonato molte delle sue rigide strutture: infatti, è facile trovare componimenti, soprattutto nel Novecento, senza versi in rima. Questi versi sono detti:

- **sciolti**, se hanno lo stesso numero di sillabe e non presentano schemi tradizionali di rime, come nell'esempio che segue, in cui il poeta ricorre agli endecasillabi, ma non fa uso di uno schema metrico preciso:

> Nella mia giovinezza ho navigato
> lungo le coste dalmate. Isolotti
> a fior d'onda emergevano, ove raro
> un uccello sostava intento a prede,
> coperti d'alghe, scivolosi, al sole
> belli come smeraldi.
>
> Umberto Saba, *Ulisse*, in *Tutte le poesie*, Mondadori, Milano, 1988

- **liberi**, se, oltre a non rispettare uno schema prestabilito di rime, non hanno nemmeno la stessa lunghezza:

> Volata sei, fuggita
> come una colomba
> e ti sei persa, là, verso oriente.
> Ma mi son rimasti i luoghi che ti videro
> e l'ore dei nostri incontri.
> Ore deserte,
> luoghi per me divenuti un sepolcro
> a cui faccio la guardia.
>
> Vincenzo Cardarelli, *Abbandono*, in *Opere*, Mondadori, Milano, 1981

Carlo Betocchi

Il tempo ci rapisce, e il cielo è solo

In questi versi il poeta incentra la sua riflessione sul senso del tempo che, inarrestabile, ci travolge: è una meditazione profonda e serena sulla vecchiaia, paragonata alla sera, sullo sfondo paesaggistico di una natura solitaria in cui s'intrecciano voli di rondini.

Da *L'estate di San Martino*, 1961
Lirica

Il tempo ci rapisce, e il cielo è solo
anche di queste rondini che il volo
intrecciano, pericolosamente,
come chi va cercando nella mente

qualche nome perduto… e il ritrovarlo
nemmeno conta, poiché ormai è già sera.
Eh sì! s'invecchia, e ritorna più vera
la vita che già fu, rosa da un tarlo…

un tarlo che la monda. E vien la sera.
E i pensieri s'intrecciano, e le rondini.
E non siamo più noi; siamo i profondi
cieli dell'esistenza, ahi come intera

e profondissima, cupa, nel suo indaco.

C. Betocchi, *Tutte le poesie*, Garzanti, Milano 1996

1 **solo**: solitario.
8 **rosa**: lentamente consumata.
9 **monda**: purifica.
11 **non siamo più noi**: perdiamo la coscienza di noi stessi.
13 **indaco**: colore fra l'azzurro e il violetto.

Paul Klee, *Notte blu*, 1937 (Basilea, Kunstmuseum)

L'AUTORE

Carlo Betocchi nasce a Torino nel 1899, ma già dal 1906 si trasferisce a Firenze. Qui, nel 1915, consegue il diploma di perito agrimensore. Nel corso della Prima guerra mondiale, viene inviato al fronte e combatte a Caporetto; nel 1919 parte volontario per la Libia, dove rimane un anno. Al termine del conflitto, il lavoro di geometra lo porta in Francia e nel Nord Italia. Tornato a Firenze, collabora ad alcune riviste, e fonda con altri "Frontespizio", rivista letteraria d'ispirazione cattolica, nella quale pubblicherà i suoi primi versi. A partire dal 1939, si dedica all'insegnamento di materie letterarie, prima a Trieste poi di nuovo a Firenze, nei conservatori musicali delle due città. Nel 1958 gli viene affidata la redazione della trasmissione radiofonica *L'Approdo*, prodotta dalla Rai. Cattolico militante fin da giovane, nelle sue poesie Betocchi riveste di significati religiosi le situazioni quotidiane, permeando i suoi versi di una forte tensione morale. Pubblica numerose raccolte poetiche – fra le quali *Realtà vince il sogno* (1932), *L'estate di San Martino* (1961), *Poesie del sabato* (1980) – che troveranno forma definitiva nel volume *Tutte le poesie*, del 1984. Muore a Bordighera, in provincia di Imperia, nel 1986.

Attività

Leggere e comprendere

1 **Il soggetto narrante** Chi è, a tuo avviso, il soggetto che si rivolge al lettore?

a. Un bambino
b. Una ragazza
c. Un soldato
d. Un uomo maturo

2 **Il tempo** Spiega quali sono le azioni compiute dal tempo.

Riconoscere e analizzare

3 **Il verso** Individua il tipo di verso usato nel componimento.

4 **Lo schema delle rime** Identifica lo schema delle rime, indicandolo con le lettere dell'alfabeto.

....

5 **La rima** A quale tipo di rima corrisponde quella dei versi 3 e 4?

a. Facile
b. Rara
c. Derivativa
d. Equivoca

Si tratta di una rima baciata o alternata?

6 **I legami** A collegare strettamente tra loro i gruppi di versi concorre un evidente elemento metrico. Quale? In quali versi è presente?

....

....

....

....

Rielaborare e produrre

7 **La tua interpretazione** Considera la seconda parte del verso 1: «... e il cielo è solo». Come interpreti queste parole e quali sensazioni ti suscitano? Rispondi in un breve intervento orale.

8 **Le tue impressioni** Esprimi in un breve testo (100 parole) le tue impressioni sulla poesia letta; tratta un argomento al quale talvolta hai pensato oppure no? Se sì, in che termini lo hai fatto?

9 **Le immagini** Rifletti sulle immagini evocate dalla poesia ed elenca quelle per te più suggestive, motivando la tua scelta.

Alfonso Gatto

Canzonetta

ANALISI VISUALE

Da *La forza degli occhi*, 1954

Lirica

La poesia presenta un vivace quadretto animato da tante «ragazze moderne», belle e meno belle, allegre e spensierate; il poeta è incerto su quale scegliere, consapevole del fatto che, comunque, tutte le qualità che esse possiedono sono destinate a mutare con il tempo.

Le ragazze moderne
non sono eterne.

Oh, che bella novità,
ma danno fresco alla città.

L'una nell'altra
l'altra nell'una
chi si fa scaltra
non ha fortuna.

Oh che bella sciocchezza,
ma insieme fanno la giovinezza.

Il rosso le veste di blu
l'azzurro le veste di rosa,
un poeta non sa più
quale scegliere per sposa.

Sceglierà la più bella?

Nessuna è tutta brutta
nessuna è tutta bella.

Sceglierà la più caduca,
sceglierà la passeggera
della fresca primavera
col nastrino sulla nuca.

A. Gatto, *La forza degli occhi*,
Mondadori, Milano, 1954

Isaac Maimon, *Café de la Gare*, 2012. (Santa Fe, Gallery of Contemporary Fine Art)

2 **non sono eterne**: le ragazze moderne non lo saranno per sempre, né saranno per sempre ragazze, anch'esse invecchieranno.

5-6 **L'una…nell'una**: i due versi esprimono il senso di intimità che unisce le ragazze.

7 **scaltra**: furba. Non è la scaltrezza, ma la spontaneità la caratteristica della giovinezza.

18 **più caduca**: destinata a durare poco, a sfiorire prima.

L'AUTORE

Alfonso Gatto nasce a Salerno nel 1909. Trascorre un'infanzia e un'adolescenza piuttosto travagliate: nel 1926 si iscrive all'Università di Napoli, ma è costretto a interrompere gli studi per le difficoltà economiche. Vive in molte città italiane, svolgendo diverse attività. A causa del suo dichiarato antifascismo, nel 1936 trascorre sei mesi in carcere e, a partire dal 1943, entra a far parte della Resistenza, dei cui ideali renderà un'efficace testimonianza nelle poesie di quel periodo. Dal 1932 fino al 1966 vengono pubblicate le sue raccolte poetiche, tra le quali *Isola* (1932), *Il capo sulla neve* (1947), *La forza degli occhi* (1954), *La storia delle vittime* (1966), *Rime di viaggio per la terra dipinta* (1969), raccolta di versi scritti e raffigurati pittoricamente come acquerelli. Poeta, giornalista, autore di testi per bambini, si dedica negli ultimi anni alla critica dell'arte e alla pittura. Muore in un incidente d'auto nel 1976.

Attività

Leggere e comprendere

1 **Le protagoniste** Chi sono le protagoniste della poesia e con quale tono vengono rappresentate?

2 **La scelta** Con quale criterio il poeta sceglierà tra loro la sua sposa?

3 **Le ragazze** Quale immagine delle ragazze ci consegnano i versi di Gatto?
- a. Giovani ma sciocche
- b. Destinate a invecchiare
- c. Sempre allegre
- d. Tutte ugualmente belle

Riconoscere e analizzare

4 **I versi** Individua nella poesia, se presenti, i versi piani, tronchi e sdruccioli.
- Versi piani: ....
- Versi tronchi: ....
- Versi sdruccioli: ....

5 **Lo schema delle rime** Identifica lo schema delle rime, indicandolo con le lettere dell'alfabeto.

....

6 **I tipi di rima** Compila la tabella indicando i tipi di rima presenti nella poesia e il numero dei versi corrispondenti.

Tipo di rima	Numero dei versi

7 **La rima imperfetta** Qual è la rima imperfetta che lega le parole «fortuna», «brutta», «caduca»?

Rielaborare e produrre

8 **La tua interpretazione** Considera i versi 1-2: «Le ragazze moderne / non sono eterne». Come li interpreti e quali sensazioni ti suscitano? Rispondi in un breve intervento orale.

9 **Le tue impressioni** Quali sono le impressioni che ha suscitato in te il contenuto della poesia? Descrivile in un breve testo (100 parole).

10 **Il passare del tempo** Oltre all'allegria della giovinezza, nei versi si avverte l'inesorabilità del passare del tempo. Come ti sembra vissuto dal poeta? Con serenità o con angoscia? Motiva la tua risposta.

La strofa

All'interno di un componimento poetico, i singoli versi, pur mantenendo le loro caratteristiche di ritmo e significato, si raggruppano in un insieme che prende il nome di **strofa**. La strofa integra i singoli versi in un'unità ritmica, dotata di senso compiuto.

I tipi di strofa

Le strofe prendono il nome dal numero di versi da cui sono composte, per cui si avrà:

- il **distico**, strofa formata da due versi, di solito endecasillabi, a rima baciata:

> Non ho nulla da fare. Il cuore è vuoto A
> E senza il cuore la saggezza è un gioco. A
>
> Non potrei, per compenso, ricordare, B
> e come nuovo l'antico cantare? B
>
> Umberto Saba, *Dopo la giovinezza*, in *Tutte le poesie*, Mondadori, Milano, 1988

- la **terzina**, strofa formata da tre versi, di solito endecasillabi. La terzina dantesca – così chiamata perché canonizzata da Dante Alighieri (1265-1321) nella *Commedia* – prevede una rima incatenata, dove il primo verso rima con il terzo, il secondo con il quarto e il sesto, il quinto con il settimo e il nono e così via:

> Nel mezzo del cammin di nostra vita A
> mi ritrovai per una selva oscura, B
> ché la diritta via era smarrita. A
>
> Ahi quanto a dir qual era è cosa dura B
> esta selva selvaggia e aspra e forte C
> che nel pensier rinova la paura! B
>
> Tant'è amara che poco è più morte; C
> ma per trattar del ben ch'i' vi trovai, D
> dirò de l'altre cose ch'i' v'ho scorte. C
>
> Dante Alighieri, *Commedia - Inferno*, I, 1-9, Zanichelli, Bologna, 2001

- la **quartina**, strofa formata da quattro versi, che possono avere diversa lunghezza (di solito endecasillabi o settenari); differenti possono essere anche le rime (generalmente alternata con schema ABAB o incrociata con schema ABBA) che li legano:

> Forse perché della fatal quïete A
> tu sei l'immago a me sì cara vieni B
> o Sera! E quando ti corteggian liete A
> le nubi estive e i zeffiri sereni B
>
> Ugo Foscolo, *Alla sera*, in *Poesie*, Sansoni, Firenze, 1941

Parole chiave

Strofa Dal greco *strophé*, propriamente "voltata, evoluzione del coro", perché gli antichi erano soliti volgersi prima a destra (*strophé*) poi a sinistra (*antistrophé*) nel cantare gli inni davanti agli altari degli dei; successivamente il termine passò a indicare quello che il coro nei drammi teatrali cantava rivolto agli spettatori.

- la **sestina**, strofa di sei versi, di solito settenari o endecasillabi con rime di vario tipo (nel caso dell'esempio, a una rima incrociata segue una rima alternata):

Signorina Felicita, a quest'ora A
scende la sera nel giardino antico B
della tua casa. Nel mio cuore amico, B
scende il ricordo. E ti rivedo ancora A
e Ivrea rivedo e la cerulea Dora A
e quel dolce paese che non dico. B

Guido Gozzano, *La Signorina Felicita ovvero la Felicità*, in *Tutte le poesie*, Mursia, Milano, 1993

- l'**ottava**, strofa di otto versi endecasillabi, dei quali i primi sei presentano una rima alternata e gli ultimi due una rima baciata. È il metro dei poemi epico-cavallereschi del Rinascimento:

Le donne, i cavallier, l'arme, gli amori, A
le cortesie, l'audaci imprese io canto, B
che furo al tempo che passaro i Mori A
d'Africa il mare, e in Francia nocquer tanto, B
seguendo l'ire e i giovenil furori A
d'Agramante lor re, che si diè vanto B
di vendicar la morte di Troiano C
sopra re Carlo imperator romano. C

Ludovico Ariosto, *Orlando furioso*, Einaudi, Torino, 1995

Francesco Hayez, *Rinaldo e Armida* (particolare), 1814. (Venezia, Gallerie dell'Accademia)

• I componimenti metrici •

Le strofe, nella tradizione letteraria italiana, si organizzano in strutture poetiche più ampie, i componimenti metrici. I più utilizzati nella poesia italiana sono:
- il sonetto;
- la canzone;
- la ballata.

Il **sonetto** proviene dall'antica tradizione siciliana e, a partire da Dante Alighieri e Francesco Petrarca (1304-1374) fino al Novecento, rappresenta la forma metrica più diffusa nella lirica italiana. Il componimento, che è caratterizzato da una struttura metrica rigidamente determinata, è formato da **due quartine** e **due terzine** di endecasillabi, legate tra loro da diversi tipi di rima:

Tanto gentile e tanto onesta pare
la donna mia quand'ella altrui saluta,
ch'ogne lingua deven tremando muta,
e li occhi no l'ardiscon di guardare.
1ª quartina

Ella si va, sentendosi laudare,
benignamente d'umiltà vestuta;
e par che sia una cosa venuta
da cielo in terra a miracol mostrare.
2ª quartina

Mostrasi sì piacente a chi la mira,
che dà per li occhi una dolcezza al core,
che 'ntender no la può chi no la prova:
1ª terzina

e par che de la sua labbia si mova
un spirito soave pien d'amore,
che va dicendo a l'anima: Sospira.
2ª terzina

Dante Alighieri, *Tanto gentile e tanto onesta pare*, in *Rime*, Mondadori, Milano, 2011

La **canzone** è considerata il più "nobile" dei componimenti poetici. Proveniente dalla lirica provenzale, la sua struttura venne canonizzata da Francesco Petrarca. Le strofe, chiamate "**stanze**", si compongono di un numero variabile di versi, generalmente endecasillabi e settenari. Ogni stanza si divide in due parti, la **fronte** e la **sirima**. La fronte si compone di due parti, dette "**piedi**", e la sirima di due parti dette "**volte**". Fronte e sirima possono essere collegate da un verso, che è chiamato "**chiave**". Talvolta la canzone si conclude con una stanza più breve, "**congedo**" o "**commiato**", in cui il poeta si rivolge alla canzone stessa o al lettore. Proponiamo un esempio di stanza, tratta da una famosa canzone di Petrarca:

FRONTE

Di pensier in pensier, di monte in monte
mi guida Amor, ch'ogni segnato calle
provo contrario a la tranquilla vita.
1° piede

Se 'n solitaria piaggia, rivo, o fonte,
se 'nfra duo poggi siede ombrosa valle,
ivi s'acqueta l'alma sbigottita;
2° piede

et come Amor l'envita,
chiave

SIRIMA

or ride, or piange, or teme, or s'assecura;
e 'l volto che lei segue ov'ella il mena
si turba et rasserena,
1ª volta

et in un esser picciol tempo dura;
onde a la vista huom di tal vita experto
diria: Questo arde, et di suo stato è incerto.
2ª volta

Francesco Petrarca, *Di pensier in pensier*, in *Canzoniere*, BUR, Milano, 2004

La **ballata** è un componimento in rima molto antico, di carattere popolare, destinato a essere cantato e ballato; è formato da **stanze** alternate a un **ritornello**, una breve strofa (solitamente un distico) che apre la ballata e ritorna, uguale, dopo ogni stanza. Molto famose sono le ballate di Angelo Poliziano (1454-1494):

I' mi trovai, fanciulle, un bel mattino di mezzo maggio in un verde giardino.	ritornello
Eran d'intorno violette e gigli fra l'erba verde, e vaghi fior novelli, azzurri, gialli, candidi e vermigli: ond'io porsi la mano a cor di quelli per adornar e' mie' biondi capelli e cinger di grillanda el vago crino.	stanza
I' mi trovai, fanciulle, un bel mattino.	ritornello
Ma poi ch'i' ebbi pien di fiori un lembo, vidi le rose, e non pur d'un colore: io corsi allor per empir tutto el grembo, perch'era sì soave il loro odore che tutto mi senti' destar el core di dolce voglia e d'un piacer divino.	stanza
I' mi trovai, fanciulle, un bel mattino.	ritornello

Angelo Poliziano, *La ballata delle rose*, in *Tutte le poesie italiane*, Milano, 1952

• Tradizione e innovazione • Per secoli la poesia italiana ha seguito schemi rigidi, codificati per i singoli componimenti: i poeti adottavano un tipo di strofa e di metro secondo l'argomento che intendevano trattare (ad esempio, l'ottava era la strofa della poesia epico-cavalleresca e il sonetto era il metro della poesia lirica) e nella composizione si attenevano rigorosamente allo schema metrico prefissato.

A partire dall'Ottocento, con Giacomo Leopardi (1798-1837, ► p. 214), e soprattutto nel Novecento, i poeti sperimentano **schemi ritmici nuovi**: combinano metri differenti senza regolarità (polimetria), compongono **versi liberi**, non riconducibili ai metri tradizionali perché non osservano il conteggio sillabico e non seguono uno schema predefinito. Questa libertà nella struttura ha portato diversi autori a una raffinata ricerca e a un accurato lavoro sulle parole, sui suoni, sui ritmi, sulle rime e sulla costruzione della frase, affinché questi elementi potessero esprimere adeguatamente la loro ispirazione.

Di seguito è riportato un esempio di versi liberi della poetessa Alda Merini (1931-2009, ► p. 48):

Le più belle poesie
si scrivono sopra le pietre
coi ginocchi piagati
e le menti aguzzate dal mistero.

Alda Merini, *Le più belle poesie*, in *Fiore di poesie*, Einaudi, Torino, 2014

Vittorio Sereni

Terrazza

Nella lirica che segue, il poeta descrive il calare improvviso della sera: il buio della notte alimenta in un gruppo di amici un'inquietudine e un senso di sospensione che trasforma l'ora serale in un momento magico.

Da
Frontiera 1941
Lirica

Improvvisa ci coglie la sera.
Più non sai
dove il lago finisca;
un murmure soltanto
sfiora la nostra vita
sotto una pensile terrazza.

Siamo tutti sospesi
a un tacito evento questa sera
entro quel raggio di torpediniera
che ci scruta poi gira se ne va.

V. Sereni, *Poesie*, Mondadori, Milano, 1995

Théodore Caruelle d'Aligny, *Terrazza sul Lago Maggiore*, XIX secolo (Beauvais, Musée de l'Oise)

4-5 **un murmure…vita**: un mormorio – il rumore sommesso dell'acqua – sfiora, senza infastidirle, le persone.

7-8 **Siamo tutti…evento**: la sensazione è quella di aspettare un evento silenzioso («tacito»), un'apparizione che sveli il senso di ogni cosa.

9 **raggio di torpediniera**: il faro di un'imbarcazione della guardia costiera.

L'AUTORE

Vittorio Sereni nasce a Luino (Varese), sul Lago Maggiore, nel 1913. Si laurea in Lettere a Milano nel 1936, con una tesi su Guido Gozzano, e negli anni successivi, pur dedicandosi all'insegnamento, collabora a varie riviste legate all'Ermetismo ("Il Frontespizio", "Campo di Marte"). Chiamato alle armi nel 1941 – anno in cui pubblica i versi di *Frontiera* (il titolo allude al paese natale, al confine tra Italia e Svizzera) –, combatte come ufficiale di fanteria in Africa settentrionale. Due anni più tardi, al suo ritorno in Italia, viene fatto prigioniero dagli Alleati in Sicilia e rinchiuso in un campo di prigionia prima a Orano, in Algeria, poi in Marocco, a Casablanca, dove trascorre due anni. Rientrato in patria nell'agosto del 1945, riprende l'insegnamento in un liceo di Milano, e nel 1947 escono i suoi versi del *Diario d'Algeria*, ispirati all'esperienza della prigionia. Nel 1952 è responsabile della pubblicità presso l'Ufficio Stampa della Pirelli e, infine, nel 1958, diviene direttore editoriale della casa editrice Mondadori. Tra le sue raccolte poetiche ricordiamo *Gli strumenti umani* (1965), *Un posto di vacanza* (1974), *Stella variabile* (1981), in cui si intrecciano tutti i temi della sua produzione lirica: il conforto dell'amicizia, il rapporto con i propri morti, la Lombardia cittadina (Milano) e quella lacustre (i luoghi natii), il confronto problematico tra l'intellettuale e la storia, tra l'Io e il mondo, le insidie della società industriale borghese.

Importanti sono anche le sue traduzioni dei poeti francesi Guillaume Apollinaire e René Char e dell'autore teatrale statunitense Tennessee Williams. Sereni muore a Milano nel 1983.

Attività

Leggere e comprendere

1 **La scena** Descrivi con parole tue la scena rappresentata in questi versi.

2 **L'atmosfera e lo stato d'animo** Il calare della notte crea una particolare atmosfera che suscita nei protagonisti un corrispondente stato d'animo. Quale?

a. Serenità e pace
b. Terrore e dramma
c. Sospensione e inquietudine
d. Fine e annientamento

Riconoscere e analizzare

3 **I versi** Attraverso il computo sillabico, identifica a uno a uno i versi usati dall'autore.

Im/prov/vi/sa/ ci/ co/glie/ la/ se/ra.

....

Più/ non/ sai

....

do/ve il/ la/go/ fi/ni/sca;

....

un/ mur/mu/re/ sol/tan/to

....

sfio/ra/ la/ no/stra/ vi/ta

....

sot/to u/na/ pen/si/le/ ter/raz/za.

....

Sia/mo/ tut/ti/ so/spe/si

....

a/ un/ ta/ci/to e/ven/to/ que/sta/ se/ra

....

en/tro/ quel/ rag/gio/ di/ tor/pe/di/nie/ra

....

che/ ci/ scru/ta/ poi/ gi/ra/ se/ ne/ va.

....

4 **Le strofe** A quali strofe dà origine il raggruppamento dei versi?

....

....

5 **Il componimento** Dal punto di vista metrico, di che tipo di componimento si tratta?

a. Sonetto
b. Canzone
c. Lirica in versi liberi
d. Ballata

6 **La rima** Si può parlare di schema delle rime in questi versi? Perché?

Rielaborare e produrre

7 **La tua interpretazione** Considera i versi 2-3: «Più non sai / dove il lago finisca». Come li interpreti e quali sensazioni ti suscitano? Rispondi in un breve intervento orale.

8 **Le emozioni** Esprimi in un breve testo il tipo di emozione che hai provato leggendo la poesia. Della situazione descritta hai colto più la magia o l'inquietudine?

9 **La tua esperienza** Racconta brevemente, in massimo 100 parole, le impressioni che hai provato al calare della sera, in un'occasione particolare.

....

....

....

....

....

....

....

Giovanni Raboni

Non sono bandiere queste bandiere

In questa lirica il poeta Giovanni Raboni riflette sul tema della guerra. Si tratta di un'esperienza così forte e tragica da restare impressa nella memoria personale e collettiva anche quando è stata ormai superata.

Da *Ogni terzo pensiero*, 1993

Lirica

Non sono bandiere queste bandiere,
vedi che invece che ferite e ustioni
hanno fiori alle finestre, ai balconi
le case. Da infinite primavere

la giostra, qui, s'è fermata, i padroni
l'hanno portata altrove. Ma di sere
così, di notti come quelle, nere
fino all'occlusione, marce di tuoni,

tu sai che affanno e con che artigli preme
il semplice cuore. La verità
è che nessuna guerra è mai finita,

che la stessissima ferita geme
per sempre, che solo chi non ne ha
può scacciare i ricordi dalla vita.

G. Raboni, *Tutte le poesie (1951-1993)*, Garzanti, Milano, 1997

1 **Non sono...bandiere**: alle finestre non sono esposte bandiere, simbolo di patriottismo e guerra.

5 **la giostra...fermata**: le azioni militari in questo luogo si sono concluse.

7-8 **di notti...marce di tuoni**: di notti senza luce per il coprifuoco e cariche di piogge temporalesche.

Alexander Young Jackson, *Casa di Ypres*, 1917. (Ottawa, Canadian War Museum)

L'AUTORE

Giovanni Raboni nasce a Milano nel 1932. Prima di dedicarsi alla letteratura e divenire una tra le voci più alte e rappresentative della poesia del Novecento e dei primi anni del secolo attuale, studia Legge ed esercita la professione di avvocato. Come poeta esordisce nel 1961 con *Il catalogo è questo: quindici poesie*, cui seguiranno molte altre opere in versi, raccolte poi in *Tutte le poesie. 1949-2004*. Tra le più recenti, citiamo *Versi guerrieri e amorosi*, raccolta uscita nel 1990, in cui passa dalla forma libera a quella chiusa e recupera la metrica tradizionale e la rima, e *Barlumi di storia* (2002), dove torna invece al verso libero e alla prosa-poesia, riflettendo sull'esperienza della guerra vissuta da bambino e sugli eventi storici contemporanei, su un presente visto con dolore e insofferenza.

Accanto all'opera in versi, Raboni lascia un enorme lavoro di traduttore: si segnalano *I fiori del male* di Baudelaire e l'intera *Recherche* di Proust. Entrambi gli autori hanno fortemente influenzato la sua poesia con il continuo riferimento al sogno come momento reale di vita.

Oltre che critico letterario, cinematografico e teatrale, è stato commentatore politico e di costume, grazie a una profonda cultura letteraria e alla sua considerevole statura morale e civile. Giovanni Raboni muore nel 2004 a Fontanellato, presso Parma.

Attività

Leggere e comprendere

1 **La guerra** Quali sono i vocaboli della poesia che richiamano direttamente la guerra? Riportali qui sotto.

....

....

2 **La verità** Perché il poeta sostiene che «nessuna guerra è mai finita» (v. 11)?

- **a.** Perché l'ambiente ne porta per sempre i segni
- **b.** Perché chi l'ha vissuta non può dimenticare
- **c.** Perché può sempre riaccendersi
- **d.** Perché le sue conseguenze si protraggono nel tempo

Riconoscere e analizzare

3 **I versi** Osserva i versi: sono tutti uguali oppure no? Di quali versi si tratta?

4 **Le strofe** Definisci i diversi tipi di strofa da cui è composta la lirica.

5 **Lo schema delle rime** Qual è lo schema metrico delle coppie di strofe?

6 **Il componimento** Indica a quale tipo di componimento appartiene la poesia.

Rielaborare e produrre

7 **La tua interpretazione** Considera i versi 9-10: «tu sai che affanno e con che artigli preme / il semplice cuore». Come li interpreti e quali sensazioni ti trasmettono? Rispondi in un breve intervento orale.

8 **La tua opinione** La poesia di Raboni sottolinea quanto sia incancellabile per chi l'ha vissuta l'esperienza della guerra. Qual è la tua opinione in proposito? Esprimila per iscritto.

9 **Il racconto** Racconta la trama di un film o di un romanzo che presenta un personaggio in difficoltà dopo il ritorno dalla guerra.

I suoni

In poesia, la parola non conta solo per il suo significato, ma anche per il particolare valore espressivo che ha in sé e per il **ritmo** e la **musicalità** che crea attraverso il suono.

• Il timbro •

Il timbro di una parola è il **suono prodotto dalle unità minime** (vocali e consonanti) che la compongono.

I suoni, tecnicamente detti **fonemi** (dal greco *phoné*, "voce", "suono"), possiedono timbri diversi (aperti, chiusi, duri, dolci, gravi ecc.), dettagliatamente descritti dalla **fonologia**. Questi particolari timbri sono anche in grado di comunicare, seppure non in modo rigido e prescrittivo, sensazioni e stati d'animo. Pertanto, la prevalenza di un suono o di un altro, all'interno di un verso, può rivelare l'intenzione del poeta di suscitare nel lettore determinate emozioni che concorrono a intensificare il suo messaggio: tale procedimento prende il nome di **fonosimbolismo**.

Parole *chiave*

Fonologia Dal greco *phoné*, "voce", "suono", e *lógos*, "parola", "discorso", è la scienza che studia i sistemi di suoni di una lingua.

• Il fonosimbolismo • Per riconoscere il valore fonosimbolico dei fonemi in una poesia, possono valere alcune semplici indicazioni di massima. Riguardo alle vocali:

- la **a** e la **o aperta** (*stòria*), con il loro suono aperto evocano sensazioni positive di calma, chiarezza, ampiezza;
- la **u** e la **o chiusa** (*gufo, sópra*), dal suono grave, producono una sensazione di paura, angoscia, oscurità;
- la **i** e la **e chiusa** (*ilare, intréccio*) suggeriscono sensazioni di allegria, luminosità, ma anche malinconia e calma.

Tra le consonanti:

- **c/g** (gutturali), con il loro suono secco e duro, indicano ostilità, rigidità, asprezza;
- **r**, dal suono vibrante, richiama forza e violenza;
- **m/n** suggeriscono un'idea di ampiezza e di elasticità.

Vediamo alcuni esempi:

> tra il nero un casolare:
> un'**a**l**a** di g**a**bbi**a**no.
>
> Giovanni Pascoli, *Temporale*, in *Poesie*, Mondadori, Milano, 1939

Dopo un violento temporale, ecco apparire un casolare, chiaro come l'ala di un gabbiano: la frequenza della vocale **a** nel verso riproduce la ritrovata tranquillità.

> S̲enti **r**as̲pa**r** *t***r**a le mace**r**ie e i b**r**onchi
> la de**r**eli*tt*a cagna **r**amingando
>
> Ugo Foscolo, *Dei sepolcri*, in *Opere*, Mursia, Milano, 1967

La scena inquietante dell'animale che fruga tra le macerie e gli sterpi sulle tombe è sottolineata dalla presenza di suoni consonantici aspri (**r**, **s**, **t**).

• Le figure di suono •

Il poeta, dunque, può creare, con un utilizzo sapiente di singoli fonemi e delle parole che li contengono, figure di suono; esse, assieme alla rima, all'assonanza e alla consonanza (► p. 22), rendono più intenso il messaggio poetico, valorizzando gli **effetti musicali** del testo ed evocando sensazioni ed emozioni.

Consideriamo le figure di suono più importanti.

- L'**allitterazione** (dal latino *adlitterare*, ovvero "allineare le lettere") consiste nella **ripetizione degli stessi suoni** all'inizio o all'interno di due o più parole vicine:

E **c**addi **c**ome **c**orpo morto **c**ade.

Dante Alighieri, *Commedia - Inferno*, V, 142, Zanichelli, Bologna, 2001

[...] do**r**me
quello spi**r**to gue**rr**ie**r** ch'ent**r**o mi **r**ugge.

Ugo Foscolo, *Alla sera*, in *Poesie*, Sansoni, Firenze, 1941

Lenta e ro**s**ata **s**ale **s**u dal mare
la **s**era di Liguria

Vincenzo Cardarelli, *Sera di Liguria*, in *Opere*, Mondadori, Milano, 1981

Me**r**iggiare pallido e asso**rto**
p**r**esso un **ro**vente mu**ro** d'**orto**

Eugenio Montale, *Meriggiare pallido e assorto*, in *Tutte le opere*, Mondadori, Milano, 1981

- L'**onomatopea** (dal greco *ónoma*, "nome", e *poiéin*, "fare") **riproduce** o suggerisce in lettere, con una sola parola o gruppi di parole come nomi o verbi, **un suono**, **un rumore**, una voce o il verso di un animale.

In questo esempio, i suoni onomatopeici esprimono il divertimento del poeta che manipola le parole ridotte a suoni senza significato, a sberleffi:

Pablo Picasso, *Vecchio giullare*, 1963. (New York, Metropolitan Museum of Art)

Tri tri tri,
fru fru fru,
uhi uhi uhi,
ihu ihu ihu.

Il poeta si diverte,
pazzamente,
smisuratamente.
Non lo state a insolentire,
lasciatelo divertire
poveretto,
queste piccole corbellerie
sono il suo diletto.

Cucù rurù,
rurù cucù,
cuccuccurucù!

Aldo Palazzeschi, *E lasciatemi divertire!*, in *Tutte le poesie*, Mondadori, Milano, 2002

In questi versi, la riproduzione dei rumori creati dalle vele è affidata a due verbi:

> Le vele le vele le vele
> che **schioccano** e **frustano** al vento.
>
> Dino Campana, *Barche amorrate*, in *Opere e contributi*, Vallecchi, Firenze, 1972

- La **paronomasia** (dal greco *paronomasía*, "mutamento di nome", composto da *pará*, "presso", e *ónoma*, "nome") è l'**accostamento** di parole dal **suono simile**, ma dal **significato diverso**, a volte legate dalla stessa radice etimologica:

> Talor, mentre cammino **solo** al **sole**
> e guardo coi miei occhi chiari il mondo
>
> Camillo Sbarbaro, *Un misterioso sgomento del vivere*, in *L'opera in versi e in prosa*, Scheiwiller, Milano, 1985

> Quivi stando, il destrier ch'avea lasciato
> tra le più dense **frasche** alla **fresca** ombra
>
> Ludovico Ariosto, *Orlando furioso*, Einaudi, Torino, 1995

> Tu, **placido** e **pallido** ulivo
>
> Giovanni Pascoli, *La canzone dell'ulivo*, in *Poesie*, Mondadori, Milano, 1939

per SAPERNE di PIÙ

Onomatopea

Ogni lingua ha le sue onomatopee, figure che riproducono **suoni**, **rumori**, **versi di animali**. In italiano il verso del gallo è *chicchirichì*, in francese *cocorico*, in tedesco *kikeriki*, in inglese *cock-a-doodle-doo*. Si tratta di fonosimboli, espressioni fonetiche che hanno la funzione di evocare immediatamente oggetti o significati attraverso i suoni di una lingua.

Molte onomatopee presenti in italiano sono costituite da verbi inglesi e sono usate nei **fumetti**: *bang* (esplosione), *crash* (rottura), *rumble* (rumore forte, come un tuono), *smack* (bacio), *sniff* (annusare o tirare su con il naso), *splash* (rumore di un tuffo o di un oggetto lanciato nell'acqua) ecc.

Nel fumetto, dove sono spesso utilizzate grazie alla loro immediatezza espressiva, le onomatopee sono collocate sempre fuori dal *balloon* (la nuvoletta che contiene le battute dei personaggi).

Anche lo **stile grafico** adottato aiuta a riconoscere l'onomatopea: i caratteri usati per scrivere una parola che allude a un suono possono suggerire la velocità o la forza con cui deve essere pronunciata.

Roy Lichtenstein, *Sweet dreams baby!*, 1965. (Collezione Privata)

Marino Moretti

La prima pioggia

ANALISI VISUALE

Da
Poesie scritte col lapis, 1910
Lirica

Sta per arrivare l'autunno, annunciato dalla prima pioggia, che tuttavia non spegne i caldi e vivaci colori di settembre, ornato di bacche e pampini variopinti, né fa tacere il sussurro delle foglie, paragonato a un altro chiacchiericcio, quello delle donne sulle soglie di casa.

Scendon le gocce della prima pioggia
che sui selciati ancor timida batte,
mentre settembre lietamente sfoggia
l'ardore delle sue bacche scarlatte.

È dolce il chiacchierio che fan le foglie
in capannelli sugli alberi spessi,
come quello che fan sulle soglie
le comari che parlan d'interessi...

Ed invece le foglie chiacchierine
parlano dell'autunno che ritorna
e che sotto la pioggia fine fine
di pampini e di bacche agile s'orna.

M. Moretti, *In verso e in prosa*, Mondadori, Milano, 1979

2 **selciati**: strade rivestite da lastre di pietra.
4 **scarlatte**: rosse.
6 **in capannelli**: a gruppetti.
8 **comari**: donne vicine di casa.
12 **pampini**: foglie della vite.

Piero Rasero, *Autunnali riflessi nelle Langhe*, 2008.
(Collezione Privata)

L'AUTORE

Marino Moretti nasce a Cesenatico (Forlì) nel 1885; non porta a termine gli studi per dedicarsi alla recitazione e si trasferisce a Firenze per perfezionarsi nell'arte drammatica. Qui diviene amico del poeta Aldo Palazzeschi e comincia a interessarsi di letteratura, entrando poi in contatto con i poeti crepuscolari che prediligono, nei loro versi, le situazioni umili e semplici della vita quotidiana. La sua maniera poetica sarà improntata a questi temi, come nelle raccolte *Poesie scritte col lapis* (1910) e *Poesie di tutti i giorni* (1911). Dopo la Prima guerra mondiale concentra la propria attività sulla narrativa, scrivendo novelle e romanzi. Dal 1923 al 1953 collabora a "La lettura", rivista mensile del "Corriere della Sera", ma anche ad altri periodici e giornali. Conduce un'esistenza molto appartata e, nel 1979, muore nella sua città romagnola.

Attività

Leggere e comprendere

1 **Uno sguardo attento** Un fenomeno consueto come la pioggia viene osservato con grande attenzione dal poeta. Riporta con le tue parole il contenuto del testo.

2 **Le sensazioni** Qual è il sentimento prevalente suscitato dalla pioggia in questa poesia?

a. Timore
b. Noia
c. Serenità
d. Gioia

Riconoscere e analizzare

3 **La forma metrica** Qual è la forma metrica del testo? Che tipo di rima è utilizzata dal poeta?

4 **Gli accenti** A che cosa allude la presenza nel testo di accenti ritmici piuttosto ravvicinati?

a. Al ticchettio incessante delle gocce
b. Al rumore del chiacchiericcio delle comari
c. A una malinconica monotonia
d. All'allegria del mese di settembre

5 **I suoni** Il rumore della pioggia è riprodotto da singoli suoni presenti nel testo. Spiega come questo avvenga, esaminando le parole che ne contengono alcuni.

- **Sc**endon (v. 1)
- **p**rima **p**ioggia (v. 1)
- **batte**...scarl**atte** (vv. 2-4)
- sp**essi**...inter**essi** (vv. 6-8)

6 **Le onomatopee** Individua e sottolinea nel testo due parole onomatopeiche.

Rielaborare e produrre

7 **La tua interpretazione** Considera i versi 3-4: «mentre settembre lietamente sfoggia / l'ardore delle sue bacche scarlatte». Come li interpreti e quali sensazioni ti suscitano? Rispondi in un breve intervento orale

8 **Il contesto** Descrivi sinteticamente per iscritto il paesaggio bagnato dalla pioggia così come appare nei versi.

9 **Le tue impressioni** Quali sensazioni suscita in te la pioggia? Ti rende triste o ti rasserena? Prova a ripensare a un giorno di pioggia non lontano ed esprimi le tue impressioni in un testo di almeno 100 parole.

....
....
....
....
....
....
....
....

Aldo Palazzeschi

La fontana malata

Da
Poemi, 1909
Lirica

Palazzeschi, riflettendo sul ruolo del poeta e della poesia nel mondo contemporaneo, gioca con l'immagine comica e giocosa di una normalissima fontana, per di più «malata», intendendo forse attaccare i modelli "ingessati" e retorici della poesia tradizionale.

Clof, clop, cloch,
cloffete,
cloppete
clocchete,
chchch...
È giù,
nel cortile,
la povera
fontana
malata;
che spasimo!
sentirla
tossire.
Tossisce,
tossisce,
un poco
si tace...
di nuovo
tossisce.
Mia povera
fontana,
il male
che hai
il cuore
mi preme.
Si tace,
non getta
più nulla.
Si tace,
non s'ode
romore
di sorta,
che forse...
che forse
sia morta?
Orrore!
Ah! no.
Rieccola,
ancora
tossisce.
Clof, clop, cloch,
cloffete,
cloppete
clocchete,
chchch...
La tisi
l'uccide.
Dio santo,
quel suo
eterno
tossire
mi fa
morire
un poco
va bene,
ma tanto...
Che lagno!
Ma Habel!
Vittoria!
Andate,
correte
chiudete
la fonte,
mi uccide
quel suo
eterno
tossire!
Andate,
mettete
qualcosa
per farla
finire,
magari...
magari
morire.
Madonna!
Gesù!
Non più!
Non più.
Mia povera
fontana,
col male
che hai,
finisci
vedrai,
che uccidi
me pure.
Clof, clop, cloch,
cloffete,
cloppete
clocchete,
chchch...

A. Palazzeschi, *Opere giovanili*, Mondadori, Milano, 1958

11 **spasimo**: tormento.
25 **mi preme**: mi opprime, mi strazia.
46 **tisi**: malattia polmonare.
57 **lagno**: lamento.
58-59 **Ma...Vittoria**: *La fontana malata* è inserita in un poemetto intitolato *Le mie ore*. Habel e Vittoria sono due personaggi femminili del poemetto.

L'AUTORE

Aldo Palazzeschi (pseudonimo di Aldo Giurlani) nasce a Firenze nel 1885, città in cui vive fino all'inizio della Seconda guerra mondiale, quando si trasferisce a Roma. Frequenta la scuola di recitazione, ma presto lascia il teatro per la letteratura. La prima fase della sua produzione artistica è dedicata alla poesia, di cui va ricordata soprattutto la raccolta più importante, *L'incendiario* (1910). Nei decenni successivi Palazzeschi si dedica alla prosa: il primo libro di racconti, *Il re bello*, esce nel 1921 e successivamente novelle, saggi e altri racconti vengono pubblicati su giornali e riviste. Dopo il romanzo *Sorelle Materassi* (1934), torna alla scrittura poetica con altre raccolte, in cui recupera il tono scherzoso e ironico che ha caratterizzato la sua prima produzione in versi. Muore nel 1974 a Roma.

Attività

Leggere e comprendere

1 **La scena** Descrivi con parole tue la scena rappresentata in questi versi.

2 **La reazione** Qual è la reazione che il rumore della fontana suscita nel poeta?

a. Di allegria
b. Di noia
c. Di fastidio
d. Di ribellione

Riconoscere e analizzare

3 **Le onomatopee** Quale tipo di onomatopea è il più ricorrente nel testo?

4 **Le parole onomatopeiche** Oltre alla riproduzione diretta di certi suoni, nel testo sono presenti parole onomatopeiche. Quali, per esempio?

5 **I versi** Quali tipi di verso prevalgono nel testo?

6 **Le rime e le assonanze** Anche in assenza di un preciso schema ritmico, nella poesia sono presenti rime e assonanze. Individua alcuni esempi, indicando i versi in cui si trovano.

- Rime: vv. ....
- Assonanze: vv. ....

Rielaborare e produrre

7 **La tua interpretazione** Considera i versi 11-13: «che spasimo! / sentirla / tossire». Come li interpreti e quali sensazioni ti suscitano? Rispondi in un breve intervento orale.

8 **Le novità** Quali sono, rispetto ad altre poesie più tradizionali lette fin qui, gli elementi che distinguono questa lirica dal punto di vista sia della forma sia del contenuto?

....

9 **Le tue impressioni** Quali emozioni e pensieri ha suscitato in te questa poesia? Descrivili in un breve testo (150 parole).

10 **I suoni dell'acqua** Descrivi altri suoni prodotti dall'acqua: una cascata, un fiume in piena, un ruscello, le onde del mare.

PERCORSO A

UNITÀ 6

Il ritmo

I singoli elementi relativi al significante (il verso, la rima, la strofa e i suoni) rivestono un ruolo importante nel testo poetico, ma è la loro combinazione a essere determinante. Infatti, ogni componimento poetico possiede una sua insostituibile musicalità, il **ritmo** (dal greco *rythmós*, "successione"), che crea un particolare effetto espressivo.

Parole *chiave*

Ritmo È ciò che distingue la poesia dalla prosa, ed è creato dall'alternanza, cadenzata e periodica, di sillabe lunghe e brevi, di sillabe toniche e atone, all'interno di un componimento.

• Le variazioni di ritmo •

Numerosi sono gli strumenti che l'autore ha a disposizione per variare il ritmo di un componimento:

- il **numero** delle **sillabe**, che rende più o meno lungo il verso e ampio il suo respiro;
- la **distribuzione** degli **accenti ritmici**, che conferiscono lentezza (se sono radi e distanziati fra loro) o velocità (se sono frequenti e vicini). In particolare, gli accenti sono **fissi** nei versi parisillabi (binario, quaternario, senario, ottonario, decasillabo), una caratteristica che crea un ritmo regolare e orecchiabile; mentre i versi imparisillabi (ternario, quinario, settenario, novenario, endecasillabo) hanno gli accenti ritmici in **posizione variabile**.

Come mostra l'esempio che segue, Pascoli sceglie di utilizzare senari in cui l'accento cade sempre sulla seconda e sulla penultima sillaba:

Ve**du**ta va**ni**ta,
com'**om**bra di **mo**sca:
ma **om**bra infi**ni**ta,
di **nu**vola **fo**sca
che **tut**to fa **se**ra:
la morte...
Com'era?

Giovanni Pascoli, *Il brivido*, in *Poesie*, Mondadori, Milano, 1939

- le **rime**, che sottolineano le cadenze dei versi;
- le **cesure**, che segnano le pause;
- gli ***enjambement***, che collegano un verso all'altro.

Tutte queste componenti possono essere variate e combinate tra loro in modo pressoché illimitato e ulteriormente sfumate da fenomeni metrici come sinalefe, dialefe, sineresi, dieresi (► Il verso, p. 13).

Anche gli aspetti legati al **suono** determinano il ritmo di una poesia. Infatti, la presenza di vocali aperte (**a**, **è**, **ò**) o chiuse (**i**, **u**, **é**, **ó**) dà o toglie ampiezza all'espressione; le **consonanti** momentanee (**b**, **c**, **d**, **g**, **p**, **t**) spezzano il ritmo, mentre le continue (**l**, **m**, **n**, **r**, **s**) lo rallentano.

Parole *chiave*

Consonante Dal punto di vista del modo di articolazione (cioè il modo in cui le labbra, la lingua e le altre parti della bocca si posizionano per ostacolare l'aria nella sua fuoriuscita, producendo così il suono voluto) le consonanti si distinguono in diverse categorie, fra le quali le momentanee e le continue.

I tipi di ritmo

Il ritmo di un componimento può essere:

- **lento**, cioè quello che con varie sfumature può risultare cantilenante, monotono, meditativo, solenne ed epico. Nella seguente terzina dantesca, la distanza e la ripetitività degli accenti ritmici, la posizione delle cesure, l'*enjambement* e la presenza di vocali aperte e consonanti continue (**l**, **m**, **n**) determinano la lentezza del verso.

> Ella sen va notando lenta lenta;
> rota e discende, *ma non me* n'accorgo
> se non che al viso e di sotto *mi* venta.
>
> Dante Alighieri, *Commedia - Inferno*, XVII, 115-117, Zanichelli, Bologna, 200

Vediamo ora un altro esempio: qui i versi sono endecasillabi, con accenti ritmici distanziati e ripetuti *enjambement*. La prevalenza di vocali aperte e consonanti continue (**l**, **r**, **s**) caratterizza l'apertura lenta e solenne del canto di Giacomo Leopardi.

> Do*l*ce e chiara è *l*a notte e senza vento,
> e queta sovra i tetti e in mezzo ag*l*i orti
> posa *l*a *l*una, e di *l*ontan rive*l*a
> serena ogni montagna. O donna mia,
> già tace ogni sentiero, e pei ba*l*coni
> rara tra*l*uce la notturna *l*ampa
>
> Giacomo Leopardi, *La sera del dì di festa*, in *Canti*, Einaudi, Torino, 2012

Robert Delaunay, *Ritmo n. 1*, 1938. (Parigi, Musée d'Art Moderne de la ville de Paris)

- **veloce**, fino ad assumere un andamento incalzante, martellante o spezzato. Nei versi che seguono, gli accenti ritmici ravvicinati, le cesure sottolineate dalla punteggiatura, la presenza di consonanti momentanee (**c**, **d**, **t**) conferiscono al testo un ritmo martellante che si addice alla descrizione della discesa in Italia dell'esercito dei Franchi, raccontata nella tragedia di Alessandro Manzoni.

*D*agli atrj muscosi, *d*ai fori **c**a*d*enti
*d*ai bos**c**hi, *d*all'arse fu**c**ine stri*d*enti,
*d*ai sol**c**hi bagnati *d*i servo su*d*or,
un volgo *d*isperso repente si *d*esta;
inten*d*e l'ore**cc**hio, solleva la testa
per**c**osso *d*a novo **c**rescente romor.

Alessandro Manzoni, *Adelchi*, in *Tragedie*, Mondadori, Milano, 2009

Nel secondo esempio, vediamo che i versi brevi e gli accenti ritmici vicini fra loro conferiscono alla poesia un ritmo spezzato e saltellante che riproduce il rumore dell'acqua della fontana.

Tossisce,
tossisce,
un poco
si tace...
di nuovo.
Tossisce.

Aldo Palazzeschi, *La fontana malata*, in *Opere giovanili*, Mondadori, Milano, 1958

- **vario**, quando è il risultato di un susseguirsi di cadenze non uniformi. Confrontiamo due esempi:

Nascondi le cose lontane,
nascondimi quello ch'è morto!
Ch'io veda soltanto la siepe
dell'orto,
la mura ch'ha piene le crepe
di valerïane.

Giovanni Pascoli, *Nebbia*, in *Poesie*, Mondadori, Milano, 1939

Il vento che stasera suona attento
– ricorda un forte scuotere di lame –
gli strumenti dei fitti alberi e spazza
l'orizzonte di rame
dove strisce di luce si protendono
come aquiloni al cielo che rimbomba

Eugenio Montale, *Corno inglese*, in *Tutte le poesie*, Mondadori, Milano, 1984

In entrambe le poesie, a un inizio caratterizzato da ritmo lento subentra una parte centrale, dove i versi più brevi, le cesure e le consonanti momentanee rompono il ritmo; esso rimane spezzato e veloce nella poesia di Giovanni Pascoli, mentre torna a distendersi e a farsi ancora cadenzato negli ultimi versi della lirica di Eugenio Montale.

Antonio Machado

Nuda è la terra

La malinconia del panorama è quella del poeta, in viaggio alla ricerca di se stesso senza tuttavia trovare risposte. Quella domanda ricorrente nei versi può essere rivolta a ognuno di noi: che cosa cerchiamo quando di sera, davanti al tramonto, meditiamo sulle nostre vite?

Da
Soledades, 1903
Lirica

Nuda è la terra, e l'anima
ulula contro il pallido orizzonte
come lupa famelica. Che cerchi,
poeta, nel tramonto?

Amaro camminare, perché pesa
il cammino sul cuore. Il vento freddo,
e la notte che giunge, e l'amarezza
della distanza… Sul cammino bianco,
alberi che nereggiano stecchiti;

sopra i monti lontani sangue ed oro…
Morto è il sole… Che cerchi,
poeta, nel tramonto?

A. Machado, *Poesie*, Lerici, Milano, 1961

1 **Nuda**: la terra è priva di vita animale e vegetale.
2 **ulula**: si lamenta con un suono forte e prolungato. L'ululato è il verso dei lupi o dei cani.
11 **Morto**: il sole è spento, non ha e non dà più luce.

Edvard Munch, *Melanconia*, 1894-1895. (Bergen Kunstmuseum)

L'AUTORE

Antonio Machado nasce a Siviglia nel 1875 e trascorre l'adolescenza a Madrid, dove riceve un'educazione molto accurata e aperta alle nuove tendenze sia letterarie sia filosofiche. Poco più che ventenne, soggiorna a lungo a Parigi: qui frequenta gli ambienti culturali più vivaci e scopre la sua vocazione poetica e letteraria. Dopo aver esordito, nel 1903, con la prima raccolta di poesie, *Soledades*, di forte impronta intimistica, nel 1907 ha inizio la sua carriera di insegnante.

Allo scoppio della Prima guerra mondiale si astiene dal prendere qualsiasi posizione politica; si laurea in Filosofia all'Università di Madrid e continua la sua attività di insegnamento. Conduce una vita solitaria, pubblicando altre raccolte di versi – tra cui *Campos de Castilla*, la sua raccolta più famosa, nella quale confluiscono temi assai vari, pur essendo sempre presenti la consueta malinconia e l'angoscia esistenziale – fino a quando, nel 1936, allo scoppio della guerra civile, si schiera dalla parte dei repubblicani e sostiene le azioni di molti intellettuali. Perseguitato per questo, è costretto a lasciare Madrid per Valencia e poi per Barcellona. Agli inizi del 1939, quando la città cade in mano ai franchisti, Machado riesce a fuggire in Francia, dove morirà poco dopo.

Attività

Leggere e comprendere

1 **Il tramonto** Il tramonto è rappresentato dal poeta come un momento cupo, fonte di angoscia. Quali sono le espressioni nel testo che confermano questa interpretazione?

2 **Il poeta** Con quale atteggiamento il poeta si rivolge a se stesso alla fine del giorno?

a. Serena stanchezza
b. Malinconia
c. Rimprovero
d. Incoraggiamento

Riconoscere e analizzare

3 **Le strofe** Come è composta la poesia?

4 **I versi** Quali tipi di verso formano il componimento?

5 **La ripetizione** Due coppie di versi, in particolare, conferiscono un ritmo cantilenante alla poesia. Sottolineali sul testo.

6 **Le pause metriche** Nel testo sono presenti sia cesure sia *enjambement*. Trova almeno un esempio di entrambi.

7 **Il ritmo** Dopo aver riletto gli esempi di p. 43 (I tipi di ritmo), definisci il ritmo della poesia.

a. Lento
b. Velocissimo
c. Vario
d. Veloce

8 **I suoni** La prima strofa ha un ritmo più veloce e un tono più cupo delle altre. Quali elementi fonici determinano questa impressione?

a. Il timbro scuro della "u" e le cesure
b. Le vocali aperte e le cesure
c. Le vocali aperte e le consonanti continue
d. Le consonanti momentanee e gli *enjambement*

Rielaborare e produrre

9 **La tua interpretazione** Considera il verso 10: «sopra i monti lontani sangue ed oro...». Come lo interpreti e quali sensazioni ti suscita? Rispondi in un breve intervento orale.

10 **La riscrittura** Riscrivi in prosa con parole tue il contenuto del testo.

11 **Un'esperienza personale** Machado crea una corrispondenza interiore tra il paesaggio irreale e privo di vita al tramonto e la sua anima desolata di poeta. Hai sperimentato anche tu un senso di solitudine e di malinconia in quest'ora del giorno? Esponi in un breve testo (150 parole) la tua esperienza.

Alda Merini

L'uccello di fuoco

In questi versi, tratti da una raccolta il cui tema dominante è l'esperienza del manicomio, la poetessa ci parla attraverso un simbolo della malattia mentale, del tormento continuo che la devasta.

Da
La Terra Santa, 1984
Lirica

L'uccello di fuoco
della mia mente malata,
questo passero grigio
che abita nel profondo
e col suo pigolio
sempre mi fa tremare
perché pare indifeso,
bisognoso d'amore,
qualche volta ha una voce
così tenera e nuova
che sotto il suo trionfo
detto la poesia.

A. Merini, *La Terra Santa e altre poesie*, Scheiwiller, Milano, 1996

5-8 **e col suo…d'amore**: i versi descrivono le origini del male che affligge la poetessa e che nasce da un inappagato bisogno d'amore.

11-12 **che sotto…poesia**: l'autrice rivela il miracolo della poesia che nasce dal suo io malato, nel quale si cela una forza capace di dettarle dei versi.

Ai Takino, *L'uccello di fuoco*, 2015. (Collezione Privata)

L'AUTRICE

Alda Merini nasce a Milano nel 1931. All'età di quindici anni comincia a scrivere poesie e fin da giovane entra in contatto con ambienti letterari estremamente stimolanti, nei quali riceve molti incoraggiamenti a coltivare la sua ispirazione. I primi segni della malattia mentale che l'avrebbe tormentata nel corso della vita compaiono nel 1947, quando viene ricoverata per la prima volta in un ospedale psichiatrico. Nel 1953 esce il primo volume in versi intitolato *La presenza di Orfeo*. Alterna periodi di salute e malattia, descritta con toni intensi e drammatici nei suoi versi, pur continuando sempre il suo lavoro di poetessa, con pause più o meno lunghe, e producendo numerose raccolte, tra cui *Tu sei Pietro* (1961), *La Terra Santa* (1984), *Vuoto d'amore* (1991) e altre ancora. Si dedica anche a lavori in prosa, primo fra tutti *L'altra verità. Diario di una diversa*, opera autobiografica pubblicata nel 1986 sotto forma di diario, lettere e alcuni versi, in cui l'autrice narra l'esperienza vissuta in manicomio. Muore a Milano nel 2009.

Attività

Leggere e comprendere

1 **Due immagini** Che cosa rappresentano nella poesia rispettivamente l'immagine dell'«uccello di fuoco» e del «passero grigio»?

a. La forza del bene e la forza del male
b. I momenti allegri e tristi della vita
c. La malattia della mente e la mente debole
d. L'interiorità e l'esteriorità della poetessa

2 **L'ispirazione** Qual è la fonte d'ispirazione di questa poesia?

Riconoscere e analizzare

3 **La forma metrica** Da quale tipo di versi è composta la lirica?

a. Endecasillabi
b. Versi liberi
c. Versi sciolti
d. Settenari

4 **Gli *enjambement*** Individua tutti gli *enjambement* presenti nel componimento.

5 **Il ritmo** Come definiresti il ritmo della lirica?

a. Lento
b. Veloce
c. Vario

Motiva la tua risposta, specificando gli elementi che determinano il tipo di ritmo.

6 **I campi semantici** Distingui le parole della sofferenza e quelle della serenità contenute nel testo e inseriscile nella tabella.

Sofferenza	Serenità

Rielaborare e produrre

7 **La tua interpretazione** Considera i versi 11-12: «che sotto il suo trionfo / detto la poesia». Come li interpreti e quali sensazioni ti suscitano? Rispondi in un breve intervento orale.

8 **La tua impressione** Stendi un breve commento personale (100 parole) sulla poesia di Alda Merini: quali sono le impressioni che ti ha lasciato? Credi che la forma metrica sia adatta a esprimere la tematica affrontata dalla poetessa?

IL SIGNIFICATO
Il lessico e le figure retoriche

Il poeta usa con estrema attenzione e sapienza le parole: per poter esprimere il proprio mondo interiore e i propri sentimenti, egli deve scegliere i termini più adatti. Sul piano del significato sono quindi determinanti:

- le **scelte lessicali**;
- l'uso delle **figure retoriche** (di significato e di ordine).

Le scelte lessicali

Per molto tempo una caratteristica essenziale del linguaggio poetico è stata quella di distinguersi dalla lingua parlata; uno dei modi per farlo consisteva nel prediligere termini aulici, ricercati, come ad esempio *augelli* per "uccelli", *capei* per "capelli", *cor* per "cuore", *rai* per "raggi", *aere* per "cielo", *nembo* per "nuvola", *rimembrare* per "ricordare", *obliare* per "dimenticare" ecc.

Solo nel secondo Ottocento e soprattutto nel Novecento, la poesia adotta un lessico più vicino alla lingua comune, senza per questo rinunciare a specificità, connotazioni, sfumature che le sono proprie.

Parole chiave L'analisi delle scelte linguistiche di un poeta permette di individuare delle parole chiave, essenziali per il riconoscimento e la comprensione del messaggio e del tema; per questo possono anche essere definite **parole tematiche**.

Prendiamo in considerazione i versi iniziali della poesia *Fratelli*, di Giuseppe Ungaretti:

Di che reggimento siete
fratelli?
Parola tremante
nella notte

Giuseppe Ungaretti, *Fratelli*, in *Vita d'un uomo, Tutte le poesie*, Mondadori, Milano, 1969

PAROLE sotto la lente

Retorica

Il termine deriva dal latino *rhetorica*, calco sul greco *rhetoriké téchne*, "arte del dire". Si tratta dell'arte del parlare in modo efficace, definitasi nella Grecia antica allo scopo di fornire indicazioni per la corretta formulazione dei discorsi. Insegnata dal retore, ovvero il maestro di eloquenza (dal lat. *eloquentia*, derivato di *eloqui*, "esporre", composto di *loqui*, "parlare"), veniva messa in pratica dall'oratore (dal lat. *orator*, da *orare*, propriamente "pregare", derivato di *os*, "bocca") nei dibattimenti pubblici, politici e giudiziari. L'obiettivo della retorica è quello di persuadere gli ascoltatori mediante l'uso di un linguaggio attentamente studiato, che fa spesso ricorso ad artifici chiamati "figure" (dal lat. *figura*, derivato di *fingere* "plasmare", "modellare").

Attività

Trova un sinonimo di "retorica" nell'accezione negativa che le viene spesso attribuita.

Il breve componimento poggia su una domanda che alcuni soldati rivolgono ad altri, domanda carica di dolorosa preoccupazione evidenziata proprio da quel «fratelli», la parola chiave della lirica; la sua posizione, il fatto che risulti isolata rispetto ai due versi successivi la valorizza ulteriormente.

• I campi semantici • In un testo poetico si trovano parole – nomi, aggettivi, verbi – i cui significati si richiamano a vicenda: si parla allora di campo semantico (dal greco *semáino*, "segnalare, significare"), gruppo di termini appartenenti a un'**area di significato comune**, il cui sapiente utilizzo da parte del poeta contribuisce a rafforzare il contenuto del componimento.

Leggiamo la lirica *Pianto antico* di Giosue Carducci:

Liz Strick, *Melograno*, 2010. (Dipinto basato su un'immagine del fotografo S. Amnon. Collezione privata)

L'albero a cui tendevi
la pargoletta mano
il verde melograno
da' bei vermigli fior,

nel muto orto solingo
rinverdì tutto or ora
e giugno lo ristora
di luce e di calor.

Tu fior de la mia pianta
percossa e inaridita
tu de l'inutil vita
estremo unico fior,

sei ne la terra fredda
sei ne la terra negra;
né il sol più ti rallegra
né ti risveglia amor.

Giosue Carducci, in *Poesie*, Garzanti, Milano, 2008

Nelle prime due strofe il tema è la **vita**, e un **primo campo semantico** è costituito da termini di significato positivo o che rimandano a dati sensoriali piacevoli, come «albero», «melograno», «vermigli», «fior», «rinverdì», «giugno», «luce» e «calor». Le ultime due quartine, invece, sviluppano il tema della **morte**, per cui un **secondo campo semantico** è incentrato su parole, sensazioni, espressioni negative: «percossa», «inaridita», «inutil», «estremo», «fredda», «negra», «né… né». L'individuazione dei due campi semantici permette di definire due **nuclei tematici antitetici**.

• Le figure retoriche •

Il poeta privilegia un **uso connotativo della lingua** (► p. 7): egli cerca di estendere il significato letterale delle parole sfruttandone tutte le possibili sfumature, evocando immagini e suggerendo allusioni che tipicamente contribuiscono a creare il linguaggio poetico. A tale scopo fa ricorso anche alle figure retoriche, espressioni in cui le parole si caricano di un significato differente da quello letterale, volte ad arricchire il senso del messaggio. Esse si distinguono in:

- figure retoriche **di significato**: investono i contenuti delle parole con uno spostamento di significato;

- figure retoriche **di ordine** o **di posizione**: riguardano il rapporto tra le parole all'interno della frase o del verso.

• Le figure retoriche di significato • Si tratta di espressioni che realizzano uno **spostamento di significato**: per mezzo di attenti accostamenti, associazioni, opposizioni o amplificazioni, questi accorgimenti stilistici, detti anche **tropi** (dal verbo greco *trépo*, "volgere"), modificano il senso delle parole, mettono in risalto analogie e suggeriscono nuove immagini.

Le prime due figure prese in esame, la similitudine e l'allegoria, si basano sul principio di **somiglianza** tra i significati.

- **Similitudine** (dal latino *similitudo*, "somiglianza"). Questa figura retorica consiste nel mettere in una relazione di **confronto** due elementi di cui coglie elementi di somiglianza, ed è introdotta da avverbi di paragone o locuzioni avverbiali: "come", "quale", "simile a".

Nella lirica di Giuseppe Ungaretti, *Soldati*, il poeta paragona i soldati in guerra alle foglie sugli alberi, accostando la precarietà della vita dei militari a quella delle foglie, in procinto di cadere con il sopraggiungere dell'autunno.

Si sta **come**
d'autunno
sugli alberi
le foglie.

Giuseppe Ungaretti, in *Vita d'un uomo, Tutte le poesie*, Mondadori, Milano, 1969

- **Allegoria** (dal greco *állos*, "altro", e *agoréin*, "dire"). Si ha un'allegoria quando personaggi, animali, situazioni, esperienze presentati come reali e concreti rinviano a una diversa **realtà**, più ampia e **di carattere simbolico**, che allude di solito a nozioni astratte e a significati morali, superando il puro senso letterale-denotativo.

Un'intera composizione, la *Divina Commedia* di Dante Alighieri, è intesa come allegoria del lungo percorso di riscatto dell'anima dal peccato; in particolare, nel primo canto dell'*Inferno*, Dante, all'inizio del suo cammino nell'aldilà, incontra degli ostacoli, che simboleggiano i tre peccati principali commessi dall'uomo e che sono richiamati allegoricamente dal poeta attraverso tre fiere: una lonza (lussuria), un leone (superbia), una lupa (avarizia).

Ed ecco, quasi al cominciar de l'erta,
una **lonza** leggiera e presta molto,
che di pel macolato era coverta
[...]
la vista che m'apparve d'un **leone**.
Questi parea che contra me venisse
con la test'alta e con rabbiosa fame,
[...]
Ed una **lupa**, che di tutte brame
sembiava carca ne la sua magrezza,

Dante Alighieri, *Commedia - Inferno*, I, 31-33, 45-47, 49-50, Zanichelli, Bologna, 2001

Consideriamo ora le figure retoriche che si costruiscono sul **trasferimento** di significato, ovvero su una traslazione di senso: la metafora, la metonimia, la sineddoche e la sinestesia.

- **Metafora** (dal greco *metaphorá*, composto da *metá*, "oltre", e *phérein*, "portare, trasferire"). Come la similitudine, questa figura retorica si basa sul principio di paragone e consiste nell'**estensione** di significato da una parola all'altra, legate fra loro da un rapporto di somiglianza. Si può dire che la metafora sia una similitudine abbreviata, come mostra il seguente esempio: dall'espressione "Il postino è veloce come un fulmine" (similitudine) si può ricavare "Il postino è un fulmine" (metafora): la qualità della velocità del fulmine viene metaforicamente attribuita al postino.

Vediamo ora un esempio poetico:

> **l'aria** che sommuovi
> **è un veleno** che soffoca
>
> Pier Paolo Pasolini, *Il ventaglio*, in *Le poesie*, Garzanti, Milano, 1975

La metafora è fra le più importanti figure retoriche del linguaggio poetico e letterario, perché consente di creare nuove e insolite associazioni di significato.

- **Metonimia** (dal greco *metonymía*, composto da *metá*, "oltre", e *ónoma*, "nome"). Consiste in uno **scambio** di significati tra due termini che appartengono allo stesso campo semantico e hanno tra loro un rapporto di **vicinanza logica**, ad esempio:
  - l'astratto per il concreto, o viceversa ("prendere provvedimenti per la vecchiaia" invece che "per gli anziani");
  - la causa per l'effetto, o viceversa ("guarire da una caduta" invece che "da una ferita causata da una caduta");
  - la materia per l'oggetto ("colpito dal ferro nemico" invece che "dalla spada di ferro del nemico");
  - l'autore per l'opera ("leggere Manzoni", per "leggere *I promessi sposi* di Manzoni");
  - il contenente per il contenuto ("bere l'ultimo bicchiere", intendendo "il liquido contenuto nel bicchiere").

Nell'esempio poetico che segue la metonimia è rappresentata dal «nido», che, in quanto contenente, vale per il contenuto (i rondinini).

> Ora è là, come in croce, che tende
> quel verme a quel cielo lontano;
> e il suo **nido** è nell'ombra, che attende,
> che **pigola** sempre più piano.
>
> Giovanni Pascoli, *X Agosto*, in *Poesie*, Mondadori, Milano, 1939

- **Sineddoche** (dal greco *synekdokhe*, composto da *syn,* "insieme", e *décomai,* "ricevere"). Al pari della metonimia, si basa sullo **scambio** di un termine con un altro, avente però con il primo un **rapporto quantitativo**, di maggiore o minore estensione, come:
  - la parte per il tutto (*scafo* per *nave*) o, viceversa, il tutto per la parte (*l'Italia* per *gli italiani*);

– il genere per la specie (*felino* per *gatto*) o, viceversa, la specie per il genere (*il pane* per *il cibo*);
– il singolare per il plurale ("Il tedesco beve la birra", dove *tedesco* sta per *tutti i tedeschi*) o, viceversa, il plurale per il singolare ("È difficile trovare i Manzoni odierni", dove *i Manzoni* sta per *scrittori che somiglino a Manzoni*).

Ecco un esempio di sineddoche in cui «vele» sta per "navi" (la parte per il tutto):

> il Turco sollicitava l'armata, che sarìa di 150 **vele**
>
> Niccolò Machiavelli, *Lettere ante res perditas*, in *Tutte le opere*, Sansoni, Firenze, 197-

- **Sinestesia** (dal greco *syn*, "insieme", e *áisthesis*, "percezione"). Consiste nell'accostamento di termini che appartengono a **sfere sensoriali diverse** (vista, udito, gusto, olfatto, tatto), ad esempio "colore caldo" (l'impressione visiva del colore è associata a quella tattile) o "urlo nero" (la sensazione uditiva è caratterizzata da quella visiva).

Così, nel ricordare le sere della sua infanzia, il poeta Leonardo Sinisgalli, per esprimere l'intensità della luce, ricorre alla violenza di un grido accostando una sensazione visiva e una sensazione uditiva:

> La **luce** era **gridata** a perdifiato
>
> Leonardo Sinisgalli, *La luce era gridata a perdifiato*, in *L'ellisse. Poesie 1932-1972*, Mondadori, Milano, 1974

Le prossime due figure – l'antitesi e l'ossimoro – sono, invece, figure retoriche che si basano sulla **contrapposizione**.

- **Antitesi** (dal greco *antíthesis*, "contrapposizione"). Consiste nell'accostare due termini o concetti di **senso opposto**, la cui vicinanza ne evidenzia il contrasto (bello/brutto, felicità/infelicità, alto/basso, facile/difficile ecc.):

> **Pace** non trovo, et non ò da far **guerra**;
> e **temo** et **spero**; et **ardo**, et son un **ghiaccio**;
> et **volo sopra 'l cielo**, et **giaccio in terra**;
> et **nulla stringo**, et **tutto 'l mondo abbraccio**.
>
> Francesco Petrarca, *Pace non trovo, et non ò da far guerra*, in *Canzoniere*, BUR, Milano, 2004

- **Ossimoro** (dal greco *oxýmoron*, composto da *oxýs*, "acuto", e *morós*, "sciocco"). In questo caso, già l'etimologia della parola ci consente di comprendere il concetto racchiuso in questa figura: si ha, infatti, un ossimoro quando vengono accostati termini dal significato **contraddittorio**.

Nei seguenti versi di Giovanni Pascoli, il sole d'inizio novembre ha dato l'illusione dell'estate, ma si tratta di un'estate priva di vita, come evidenzia l'accostamento ossimorico.

> È **l'estate**,
> **fredda**, dei morti.
>
> Giovanni Pascoli, *Novembre*, in *Poesie*, Mondadori, Milano, 1939

Nel successivo esempio, Pascoli si serve di due ossimori per descrivere una scena rischiarata dalla luce dei lampi:

> bianca bianca nel **tacito tumulto**
> una casa **apparì sparì** d'un tratto
>
> Giovanni Pascoli, *Il lampo*, in *Poesie*, Mondadori, Milano, 1939

Ci sono poi alcune figure retoriche che operano un'**amplificazione** del significato, come l'iperbole e l'enfasi.

- **Iperbole** (dal greco *hyperbolé*, "l'atto di lanciare lontano"). Consiste nell'utilizzare termini esagerati, **in eccesso o in difetto**, per esprimere, amplificandoli, un concetto o un'idea, al di là della verosimiglianza. È una figura molto usata anche nella lingua parlata e d'uso comune: "È un secolo che non ti vedo", "Mi è costato un occhio", "Tocco il cielo con un dito", "Scrivo due righe".

In questi versi Eugenio Montale, ricordando i lunghi anni trascorsi al fianco della donna amata, si esprime con un'espressione iperbolica:

> Ho sceso, dandoti il braccio, almeno **un milione** di scale
>
> Eugenio Montale, *Ho sceso, dandoti il braccio, almeno un milione di scale*, in *Tutte le poesie*, Mondadori, Milano, 1984

- **Enfasi** (dal greco *émphasis*, composto da *en*, "in", e *phaínein*, "fare apparire", "mostrare"). Consiste nel **sottolineare esageratamente** una parola o un'espressione, con forme esclamative o particolari costrutti sintattici.

Filippo Tommaso Marinetti esprime l'ebbrezza della velocità, che ha trasformato l'automobile in un aeroplano staccatosi da terra, utilizzando esclamazioni, termini e aggettivi intensi capaci di creare immagini inconsuete ed eccessive.

> **Urrrrà!** Non più contatti con questa **terra immonda!**
> Io me ne stacco alfine, ed **agilmente volo**
> **sull'inebriante fiume degli astri**
> che **si gonfia in piena** nel **gran letto celeste!**
>
> Filippo Tommaso Marinetti, *All'automobile da corsa*, in *Poesia del Novecento*, Einaudi, Torino, 1969

La ricchezza della lingua poetica è espressa anche da **altre figure retoriche**, quali la perifrasi, la litote e la personificazione.

- **Perifrasi** (dal greco *períphrasis*, composto da *perí*, "intorno", e *phrázein*, "dire", "manifestare"). Consiste nell'indicare una persona, una cosa, un concetto in modo **indiretto**, servendosi di una circonlocuzione o "giro di parole".

La si utilizza per evitare una ripetizione o un termine sgradevole, oppure per dare alla frase un maggior senso poetico, come fa Dante Alighieri con un'espressione che nel primo esempio allude a Dio, nel secondo ai peccatori.

> Giustizia mosse **il mio alto fattore**
>
> Dante Alighieri, *Commedia - Inferno*, III, 4, Zanichelli, Bologna, 2001

> similmente **il mal seme d'Adamo**
>
> Dante Alighieri, *Commedia - Inferno*, III, 115, Zanichelli, Bologna, 2001

- **Litote** (dal greco *litós*, "semplice"). Questa figura retorica, abbondantemente usata nel linguaggio quotidiano, esprime in **forma attenuata** un concetto negando il suo opposto. Per esempio: "Non è stupido"; "Non c'è male"; "È passato a miglior vita".

La poetessa Margherita Guidacci definisce in questo modo il mese di novembre:

> Molte volte Novembre è ritornato
> nella mia vita, e questo che oggi ha inizio
> **non è il peggiore**
>
> Margherita Guidacci, *Giorno dei Santi*, in *Le poesie*, ed. Le lettere, Firenze, 1999

- **Personificazione** o **prosopopea** (dal latino *persona*, "maschera", e dal greco *prosopopoiía*, "personificazione"). Consiste nel rappresentare con **caratteri umani** un concetto astratto o un oggetto inanimato.

Nel seguente esempio, Dante Alighieri umanizza la città di Roma:

> Vieni a veder la tua **Roma** che **piagne**
> **vedova e sola**, e dì e notte **chiama**:
> «Cesare mio, perché non m'accompagne?».
>
> Dante Alighieri, *Commedia - Purgatorio*, VI, 112-114, Zanichelli, Bologna, 2001

• **Le figure retoriche di ordine o di posizione** • Nell'esame di un testo poetico è necessario fare molta attenzione anche alla **disposizione delle parole**, al loro ordine. Il poeta, infatti, è libero di forzare la sintassi per dare maggiore rilievo semantico alle parole e alle immagini che utilizza.

Vengono definite **figure retoriche** di ordine o di posizione (**sintattiche**) quelle che alterano il normale ordine sintattico all'interno della frase. Prendiamo in considerazione le più comuni.

- **Inversione**: è la figura più usata e consiste nella **modificazione dell'ordine** abituale della frase, che ne capovolge la normale struttura sintattica. L'elemento che viene anteposto acquista un particolare rilievo; si ha anche un effetto sul ritmo e sulla sonorità dei versi.

Basata sull'inversione è la penultima strofa della canzone *A Silvia* di Giacomo Leopardi, nella quale l'anticipazione dei verbi rispetto ai soggetti mette in risalto il dolore e la disperazione del poeta:

> Anche **peria** fra poco
> la speranza mia dolce: agli anni miei
> anche **negaro** i fati
> la giovinezza. Ahi come,
> come **passata sei**,
> cara compagna dell'età mia nova
>
> Giacomo Leopardi, *A Silvia*, in *Canti*, Einaudi, Torino, 2012

Due particolari forme di inversione sono l'anastrofe e l'iperbato:

– l'**anastrofe** (dal greco *anastrophé*, "rivolgimento") consiste nell'**inversione** dell'ordine normale in cui si presentano due parole per dare risalto al primo dei due termini, come in questi versi di Sandro Penna:

> Io **vivere vorrei** addormentato
> entro il dolce rumore della vita.
>
> Sandro Penna, *Io vivere vorrei addormentato*, in *Poesie*, Garzanti, Milano, 1989

– l'**iperbato** (dal greco *hypérbaton*, "trasposizione") si ha quando l'ordine normale delle parole in una frase risulta spezzato dall'**inserimento** di uno o più termini fra altri che dovrebbero rimanere uniti.

Ad esempio, nei versi in cui Francesco Petrarca osserva il viso della sua donna, Laura, l'inciso («non so se vero o falso») interrompe e spezza la frase principale:

> e 'l viso di pietosi color farsi,
> **non so se vero o falso**, mi parea
>
> Francesco Petrarca, *Erano i capei d'oro a l'aura sparsi*, in *Canzoniere*, BUR, Milano, 2004

- **Chiasmo** (dal greco *chiasmós*, "incisione a croce", per analogia con la forma grafica della lettera greca χ, *chi*). Questa figura di ordine si collega all'inversione perché alcuni elementi di una frase o di un verso si dispongono in maniera opposta nella frase o nel verso successivo. Si viene così a creare una **disposizione incrociata**.

Ne ritroviamo un esempio in chiusura di una celebre lirica di Giosue Carducci, dove il primo verso si apre con il soggetto («il sol») e si chiude con il verbo («ti rallegra»); il secondo verso si apre con il verbo («ti risveglia») e si chiude con il soggetto («amor»):

> né **il sol** più ti rallegra
> né ti risveglia **amor**.
>
> Giosue Carducci, *Pianto antico*, in *Poesie*, Garzanti, Milano, 2008

- **Anafora** (dal greco *anaphorá*, composto da *aná*, "indietro", e *phérein*, "portare"). È la **ripetizione** di una o più parole all'inizio di versi consecutivi, per dare rilevanza a un certo elemento.

Il poeta Piero Jahier cadenza i versi con la ripetizione dell'avverbio «ora», sottolineando il trascorrere del tempo:

> Ma dicevi che è bello il viso più usato
> dolce carezza la mano operosa:
> **ora** ti aspetta la mano ruvida
> **ora** ti aspetta il viso scavato
> **ora**, finita la donna
> ti aspetta la tua sposa.
>
> Piero Jahier, *Canto della sposa*, in *Poesie*, Vallecchi, Firenze, 1964

- **Climax** (dal greco *clímax*, "scala"). Consiste nel disporre una sequenza di parole in una **gradazione ascendente**, con un progressivo intensificarsi del loro significato. Ad esempio, si può creare una progressione accostando delle azioni – "sussurrare", "parlare", "gridare" – o una serie di aggettivi: "fresco", "freddo", "gelato". Si parla invece di **anticlimax** quando si attua una **gradazione** in senso **discendente**, con una progressiva attenuazione di significato: "pretendere", "volere", "desiderare".

Vediamo un esempio poetico di climax in cui gli aggettivi intensificano il senso di spaventosa minaccia che incombe sulla terra e sul cielo:

> la terra **ansante, livida, in sussulto;**
> il cielo **ingombro, tragico, disfatto**
>
> Giovanni Pascoli, *Il lampo*, in *Poesie*, Mondadori, Milano, 1939

In questa terzina Dante Alighieri realizza invece un anticlimax: le lingue si confondono sempre di più, i suoni, da intensi e articolati, diventano via via meno precisi:

> Diverse **lingue**, orribili **favelle**,
> **parole** di dolore, **accenti** d'ira,
> **voci** alte e fioche, e **suon** di man con elle
>
> Dante Alighieri, *Commedia - Inferno*, III, 25-27, Zanichelli, Bologna, 2007

- **Enumerazione** (dal latino *enumeratio*, "enumerazione", "ricapitolazione"). Consiste in un'**elencazione** di parole, coordinate per **asindeto** (senza congiunzioni) o per **polisindeto** (con congiunzioni).

In questi versi, Guido Gozzano vuole dare l'impressione di tante cose ammucchiate in disordine, conservate per ricordo. Per trasmettere l'idea del caos, evita volutamente di usare congiunzioni, il che dà luogo a una enumerazione per asindeto:

> Loreto impagliato ed il busto d'Alfieri, di Napoleone
> i fiori in cornice (le buone cose di pessimo gusto)
>
> il caminetto un po' tetro, le scatole senza confetti
> i frutti di marmo protetti dalle campane di vetro
>
> un qualche raro balocco, gli scrigni fatti di valve,
> gli oggetti col monito *salve, ricordo*, le noci di cocco
>
> Guido Gozzano, *L'amica di nonna Speranza*, in *Tutte le poesie*, Mursia, Milano, 1993

Nell'esempio di Marino Moretti si ha invece una enumerazione per polisindeto perché la congiunzione "**e**" viene ripetuta, con l'effetto di dare enfasi agli elementi citati:

> Qui si può amare **e** il crisantemo **e** il verme
> **e** il vaso della menta,
> l'ultimo cespo **e** la corolla spenta,
> la foglia secca **e** le fogliette inferme.
>
> Marino Moretti, *Hortulus*, in *In verso e in prosa*, Mondadori, Milano, 1975

- **Ellissi** (dal greco *elléipsis*, "mancanza") consiste nell'eliminare qualche elemento della frase, che resta sottinteso, così da conseguire un effetto di **concisione**.

Per esempio, in questi versi Umberto Saba, nel descrivere gli abitanti della sua Trieste, ne fa un elenco, sottintendendo il verbo "(ci) sono":

> Qui prostituta e marinaio, il vecchio
> che bestemmia, la femmina che bega,
> il dragone che siede alla bottega
> del friggitore
>
> Umberto Saba, *Città vecchia*, in *Tutte le poesie*, Mondadori, Milano, 1988

Sergio Solmi

Entro la densa lente dell'estate

ANALISI VISUALE

Da
Levania e altre poesie, 1956
Lirica

Il poeta narra il piacere intenso di gironzolare in città in un caldo mattino di luglio, tra le case del quartiere, immerso nelle voci e nei colori del mercato.

Entro la densa lente dell'estate,
nel mattino disteso che già squarciano
lunghi, assonnati e sviscerati i gridi
degli ambulanti, oh, i bei colori! Giallo
di peperoni, oscure melanzane,
insalate svarianti dal più tenero
verde all'azzurro, rosee carote...
e vesti ardite delle donne, e muri
scabri e preziosi, gonfi ippocastani,
acque d'argento e di mercurio, e in alto
il cielo caldo e puro e torreggiante
di tondi cirri, o bel compatto mondo.
Lieto ne testimonia, sul pianeta
Terra, nella città Milano, mentre
vaga, di sé dimentico e di tutto,
lungo le calme vie che si ridestano,
– oggi, addì ventisette Luglio mille
novecento cinquanta – un milanese.

S. Solmi, *Levania e altre poesie*, Edizioni Mantovani, Milano, 1956

1 **densa lente dell'estate**: con tale espressione il poeta vuole far percepire lo spessore compatto e pesante dell'aria estiva.

2-4 **mattino...ambulanti**: le voci insonnolite degli ambulanti, con le loro grida lunghe e sviscerate, squarciano il mattino.

4-12 **oh, i bei colori...o bel compatto mondo**: viene rappresentata la vivace scena cittadina che il poeta osserva compiaciuto.

6 **svarianti**: con gradazioni di colori che variano.

8-9 **e muri...ippocastani**: sono muri ruvidi («scabri»), ma anche antichi, perciò «preziosi». Gli alberi («ippocastani») sono ricchi di fogliame («gonfi»).

11-12 **torreggiante...cirri**: le nubi si accavallano l'una sull'altra come a costruire delle torri.

13-18 **Lieto...milanese**: un milanese (il poeta stesso, milanese d'adozione) osserva («testimonia») felice questo allegro quadretto cittadino.

Mario Mafai, *Mercato dei fiori (Mercato delle verdure)*, 1957. (Collezione Privata)

L'AUTORE

Sergio Solmi nasce a Rieti nel 1899, ma trascorre la sua giovinezza a Torino, dove si laurea in Legge (1923), dopo aver preso parte all'ultima fase della Prima guerra mondiale. In seguito si trasferisce definitivamente a Milano. Di educazione laica e di formazione antifascista, durante la Seconda guerra mondiale partecipa alla Resistenza, viene catturato e imprigionato per due volte.

Studioso e critico di letteratura francese e italiana, Solmi ha approfondito in particolare la poesia di Giacomo Leopardi curandone la pubblicazione delle *Opere* per i "classici" della Ricciardi (1956); interessato alla letteratura fantascientifica, ha curato un'antologia di racconti, *Le meraviglie del possibile* (1959), in collaborazione con Carlo Fruttero (1926). La sua opera poetica è limitata alle raccolte *Fine di stagione* (1933), *Poesie* (1950), *Levania e altre poesie* (1956), *Dal balcone* (1968), testi poi riuniti in un unico volume (1974). Muore a Milano nel 1981.

Attività

Leggere e comprendere

1 **Il tempo** Oltre che dal titolo, da quali versi è possibile ricavare la collocazione temporale della lirica?

2 **La struttura** Il testo risulta organizzato in tre momenti ben distinti: individuali e descrivili brevemente.

Riconoscere e analizzare

3 **La forma metrica** Analizza e definisci la forma metrica della poesia.

4 **Il lessico** L'autore impiega vocaboli piuttosto consueti, ma alcuni termini risultano di registro più elevato. Sottolineali sul testo.

5 **Il tono** Quale atteggiamento del poeta traspare dal tono di questo componimento?

a. Sereno e divertito
b. Festoso
c. Preoccupato
d. Deluso

6 **La sintassi** Quale forma sintattica prevale nella poesia?

a. Paratassi
b. Sintassi nominale
c. Ipotassi

7 **Il campo semantico** L'osservazione del poeta si basa su dati acustici e visivi. Identifica il campo semantico dei colori.

8 **La figura di suono** Nel testo si riconosce una significativa allitterazione. Dove si trova?

9 **Le figure di ordine** Particolare rilievo hanno nel testo le figure di ordine. Negli ultimi versi si incontra un'inversione sottolineata da un forte iperbato. Individuala.

10 **La metafora** Nei versi 2-3 «nel mattino d steso che già squarciano / lunghi, assonnati e svisce-rati i gridi» si può riconoscere un'espressione metaforica. Quale?

Rielaborare e produrre

11 **La tua interpretazione** Considera il verso 12: «o bel compatto mondo». Come lo interpreti e quali sensazioni ti suscita? Rispondi in un breve intervento orale.

12 **Le tue riflessioni** Quali riflessioni ti suggerisce la lettura di questa lirica? Riportale in un testo di almeno 100 parole.

Mario Luzi

L'osteria

Da
Onore del vero, 1957
Lirica

Durante una nebbiosa giornata autunnale, trascorsa dentro un'osteria di montagna piena di fumo, il poeta osserva pensoso la semplice realtà che lo circonda.

L'autunno affila le montagne, il vento
fa sentire le vecchie pietre d'unto,
spande dal forno un fumo di fascine
a fiotti tra le case e le topaie.
Son dietro questi vetri d'osteria
uno che un nome effimero distingue
appena, guardo. La mattina scorre,
invade a grado a grado l'antro. L'oste
numera, scrive giovedì sul marmo,
la donna armeggia intorno al fuoco, sbircia
verso la porta se entra l'avventore.

Seguo la luce che si sposta, il vento;
aspetto chiunque verrà qui
di fretta o siederà su queste panche.
Il bracconiere, altri non può essere
chi s'aggira per queste terre avare
dove la lepre ad un tratto lampeggia,
o il venditore ambulante se alcuno,
raro, si spinge fin quassù alle fiere
ed ai mercati dei villaggi intorno.
Altri non è da attendere. Chi viene
porta e chiede notizie, si ristora,
riparte in mezzo alla bufera, spare.

Che dura è un suono di stoviglie smosse:
guardo verso la macchia e più lontano
dove solo la pecora fa ombra,
mi reggo tra passato ed avvenire
o com'è giusto o come il cuore tollera.

M. Luzi, *L'opera poetica*, Mondadori, Milano, 1999

1 **L'autunno... montagne**: l'aria autunnale, fredda e limpida, evidenzia il profilo netto dei monti.
1-2 **il vento...d'unto**: il vento diffonde tutt'attorno un odore d'unto e di vecchio che proviene dalle pietre delle case.
4 **a fiotti**: a getti, a ondate.
6-7 **uno che...appena**: il poeta parla di sé. Si sente una persona qualunque, riconoscibile solo grazie a un nome provvisorio («effimero»), perché provvisoria è la vita.
8 **invade...l'antro**: la luce del mattino penetra piano piano nel locale sporco e buio («antro»).
10 **armeggia**: si dà da fare, si affaccenda.
11 **avventore**: cliente.
15 **bracconiere**: cacciatore di frodo.
16 **avare**: povere, poco feconde.
17 **lampeggia**: compare e scompare all'improvviso, come il lampo.
21 **Altri...da attendere**: non ci si deve aspettare l'arrivo di altre persone.
23 **spare**: scompare.
24 **Che dura**: quello che dura, che resiste, in contrapposizione a quello che «spare».
26 **dove...ombra**: dove non c'è vegetazione. È ancora un'immagine di povertà e di sconforto.
27 **mi reggo...avvenire**: il poeta resiste appoggiandosi ai ricordi e alle speranze.
28 **o com'è...tollera**: o come è giusto fare, o come il cuore è in grado di sopportare.

L'AUTORE

Mario Luzi nasce a Firenze nel 1914. Docente universitario di Letteratura francese, traduttore e critico, collabora nella Firenze degli anni Trenta ad alcune riviste d'avanguardia che si rifanno all'Ermetismo, alle cui tendenze è riconducibile la sua raccolta poetica, *Avvento notturno*, pubblicata nel 1940. Negli anni successivi la sua poesia si fa meno ricca di simbologie per assumere un carattere più discorsivo. Luzi si apre così a nuove tematiche, improntate a una forte tensione etico-religiosa. Alcune raccolte significative di questa stagione sono *Primizie del deserto* (1952), *Nel magma* (1963), *Su fondamenti invisibili* (1971), *Per il battesimo dei nostri frammenti* (1985), nelle quali costanti e appassionanti risultano i suoi interrogativi sul significato dell'esistenza, sul tempo e l'eternità, sull'individuo e l'universo. L'attività poetica, affiancata a partire dagli anni Settanta da quella drammaturgica, prosegue negli ultimi decenni con liriche critico-meditative, come quelle contenute in *Frasi e incisi di un canto salutare* (1990), nelle quali, a fronte di una visione negativa del mondo attuale, non viene mai meno la fiducia nella divinità. Luzi muore a Firenze nel 2005.

Attività

Leggere e comprendere

1 **Il paesaggio** Con quali espressioni il poeta ci rivela elementi del paesaggio montano? Sottolineale sul testo.

2 **La riflessione finale** Qual è la riflessione finale di Luzi sul senso della propria esistenza?

Riconoscere e analizzare

3 **La forma metrica** Indica la forma metrica del componimento.

4 **La figura di suono** Nei primi versi è evidente un'allitterazione: individuala e spiegane il valore espressivo.

5 **Il ritmo** Come definiresti il ritmo del componimento?

a. Lento **b.** Veloce **c.** Vario

Motiva la tua risposta, specificando gli elementi che determinano il tipo di ritmo.

6 **Il campo semantico** Individua e sottolinea le espressioni che si riferiscono alla monotona vita quotidiana nell'osteria.

7 **L'enumerazione** Il comportamento degli avventori è espresso attraverso una enumerazione (vv. 22-23). Individuane gli elementi e chiarisci quale fatto viene messo in rilievo da tale figura retorica.

8 **Le figure retoriche** Definisci le seguenti figure retoriche e spiegane il significato.

- «affila le montagne» v. 1): ....
- «invade... l'antro» (v. 3): ....
- «la lepre... lampeggia» (v. 17): ....

Rielaborare e produrre

9 **La tua interpretazione** Considera i versi 27-28: «mi reggo tra passato ed avvenire / o com'è giusto o come il cuore tollera». Come li interpreti e quali sensazioni ti suscitano? Rispondi in un breve intervento orale.

10 **La riscrittura** Riscrivi con parole tue la scena descritta nei versi.

11 **Le tue riflessioni** In un testo di massimo 150 parole esponi le tue riflessioni sul contenuto della poesia.

12 **La tua esperienza** Anche a te è capitato di pensare al senso della tua vita? Che cosa ti ha ispirato questa riflessione: ottimismo, indifferenza o pessimismo? Credi di poter modificare il corso degli eventi o sei fatalista? Esponi le tue idee in un testo di 150 parole.

per SAPERNE di PIÙ

La metafora nella vita quotidiana

In letteratura, la metafora è un artificio retorico utilizzato per abbellire l'espressione o per mostrare sotto una nuova luce aspetti consueti della realtà quotidiana. Così, quando Giovanni Pascoli, nella poesia *Il giorno dei morti*, anziché di "gocce" parla di «lagrime di pioggia», non si limita a usare una parola meno comune: rende la natura partecipe del dolore degli uomini.

Anche il nostro linguaggio quotidiano, in realtà, è pieno di metafore che non riconosciamo più nemmeno come tali, tanto sono comunemente usate; si tratta delle cosiddette "catacresi" (dal greco *katachrésis*, propriamente "abuso"), estensioni del significato delle parole diventate ormai usuali: *il collo della bottiglia*, *le gambe di un tavolo*, *l'ala di un palazzo* e così via. In questi casi la metafora è una **figura retorica** ormai **normalizzata**, usata per indicare qualcosa che la lingua non designa con un termine specifico. Spesso la metafora che è all'origine della denominazione di un oggetto è ancora meno riconoscibile di quelle elencate sopra e si può ricostruire solo grazie all'etimologia: è il caso, ad esempio, di "pupilla", dal latino *pupilla*, diminutivo di "pupa", "bambola", così chiamata dall'immagine rimpicciolita che si riflette in questa parte dell'occhio.

La metafora, comunque, non è solo un meccanismo che agisce nel linguaggio quotidiano: è innanzitutto uno dei mezzi che il nostro pensiero spontaneo ha a disposizione per concettualizzare, e quindi per verbalizzare, molti ambiti della nostra esperienza. Il tempo, ad esempio, viene considerato come se fosse qualcosa che si muove: si dice perciò che passa o che vola; o, più in particolare, assume le caratteristiche di liquido che scorre o fluisce. Anche in questo caso la metafora non sostituisce un'espressione letterale: non esiste, infatti, un modo più diretto per designare il tempo.

In certi casi questi concetti metaforici della lingua comune formano delle vere e proprie **reti di metafore** coerenti: un sentimento come l'amore, ad esempio, è considerato come se fosse un fuoco (che divampa, è ardente ecc.), una discussione può essere assimilata a una guerra (che scoppia, è violenta ecc.), il denaro a un liquido (che si versa) e così via.

Le metafore, inoltre, sono usate anche nel linguaggio scientifico, per dare un nome a parti anatomiche (si pensi alla già citata pupilla o all'atlante, nome della prima vertebra che sorregge la testa, come il titano omonimo che nella mitologia classica sorreggeva il mondo) o addirittura a teorie nuove (la metafora della luce come onda è alla base della teoria ondulatoria di Thomas Young).

Gustav Klimt, *Le tre età della donna*, 1905. (Roma, Galleria Nazionale d'Arte Moderna)

ANALISI DI UN TESTO POETICO

Parafrasi, analisi e commento

Dopo avere scomposto il testo poetico nella sua forma (significante) e nel suo contenuto (significato), è necessario un ulteriore lavoro di comprensione e analisi che si può articolare in:

- **parafrasi**, che consiste nel riformulare in prosa il componimento poetico, senza snaturarne il contenuto, ma rendendolo più chiaro;
- **analisi**, che mira a esaminarlo scomponendolo nei suoi vari elementi (metrici, sintattici, lessicali, fonici);
- **commento**, che è un'interpretazione approfondita del testo poetico, collocata all'interno dell'opera e del contesto culturale dell'autore.

La parafrasi

Spesso il testo poetico non è immediatamente comprensibile a causa del linguaggio elaborato o arcaico, della struttura sintattica, delle espressioni figurate che utilizza. Diventa allora necessaria una **riformulazione in prosa** di quanto il poeta esprime in versi. Per parafrasare un testo poetico occorre:

- sostituire i termini arcaici o di difficile comprensione con altri di uso comune, ricorrendo eventualmente a perifrasi (giri di parole);
- ricostruire l'ordine sintattico degli elementi della frase, ricollocandoli nella posizione più consueta (soggetto, predicato e complementi);
- cercare di semplificare la sintassi, introducendo la punteggiatura e riformulando i periodi complessi;
- chiarire il significato di eventuali figure retoriche o accostamenti inusuali di parole.

Consideriamo la poesia *A Zacinto* di Ugo Foscolo:

Né più mai toccherò le sacre sponde
ove il mio corpo fanciulletto giacque,
Zacinto mia, che te specchi nell'onde
del greco mar da cui vergine nacque

Venere, e fea quelle isole feconde
col suo primo sorriso, onde non tacque
le tue limpide nubi e le tue fronde
l'inclito verso di colui che l'acque

cantò fatali, ed il diverso esiglio
per cui bello di fama e di sventura
baciò la sua petrosa Itaca Ulisse.

Tu non altro che il canto avrai del figlio,
o materna mia terra; a noi prescrisse
il fato illacrimata sepoltura.

Per prima cosa vanno compresi i termini arcaici, obsoleti o ricercati e quelli di significato sconosciuto: per esempio, «fea» per "fece", «petrosa» per "pietrosa" o «inclito», che significa "glorioso".

È utile anche chiarire la perifrasi dei versi 8-9, «colui che l'acque / cantò fatali, ed il diverso esiglio», in cui si fa riferimento a Omero, l'autore dell'*Odissea*.

Infine va ricostruito l'ordine sintattico dei periodi:

Io non potrò mai più toccare le sacre sponde dell'isola dove il mio corpo, ancora bambino, giacque, o Zacinto mia, che ti rispecchi nelle onde del Mar Ionio, dal quale nacque la dea vergine Venere, che rese feconde quelle isole con il suo primo sorriso, motivo per cui l'alta poesia di Omero non passò sotto silenzio il tuo limpido cielo e la tua vegetazione, lui che cantò il mare governato dal fato e l'esilio di colui, bello per la fama e noto per le sventure, che è arrivato alla fine a baciare la sua Itaca pietrosa. Tu, patria mia, non avrai altro che il canto di tuo figlio; a noi il destino ha ordinato una sepoltura senza lacrime.

Una volta compreso letteralmente il testo poetico, si potrà procedere alla sua analisi e alla stesura del commento.

• L'analisi •

L'analisi del testo poetico, che consiste nella **scomposizione** e nell'**esame** del testo ai suoi **vari livelli**, è indispensabile per ottenere una comprensione approfondita e proporre un'interpretazione complessiva e personale. Essa prevede:

- l'analisi del significante;
- l'analisi del significato.

Dal punto di vista del **significante** si analizzano quindi:

- gli **elementi metrici** (verso, strofa, tipo di componimento);
- gli **elementi ritmici** (accenti, rime, ritmo);
- gli **elementi fonici** (figure di suono).

Relativamente all'esempio precedente, si può quindi dire che:

- i versi sono tutti endecasillabi, disposti in due quartine e due terzine; si tratta quindi di un sonetto;
- lo schema delle rime è ABAB, ABAB, CDE, CED e il ritmo è regolare;
*- il componimento è ricco di allitterazioni consonantiche (**c**, **l**, **f**).*

Dal punto di vista del **significato** va posta l'attenzione su:

- le **scelte lessicali**;
- i **campi semantici**;
- la presenza di **figure retoriche** (di significato e di ordine).

Continuando l'analisi di *A Zacinto*, si può brevemente osservare che:

- il lessico è letterario e aulico;
- un campo semantico è riconducibile all'acqua («onde», «mar», «acque»);
- sono presenti numerose figure retoriche come, ad esempio, la litote («non tacque», v. 6), la sineddoche («nubi», v. 7), l'inversione («baciò la sua petrosa Itaca Ulisse», v. 11).

• Il commento •

Il commento consiste in un'**interpretazione** del testo che considera l'analisi dettagliata del significante (struttura metrica e fonica) e del significato.

La conoscenza della biografia e della poetica dell'autore, del contesto culturale in cui ha operato, è indispensabile per svolgere una riflessione approfondita e coerente. Un buon commento, inoltre, non può limitarsi a riconoscere gli aspetti tecnici, ma deve essere in grado di valutare l'effetto che questi hanno sulla composizione.

Relativamente all'esempio preso in esame, il commento alla poesia di Foscolo potrebbe essere così articolato:

A Zacinto *rappresenta uno dei sonetti più famosi di Ugo Foscolo, in cui egli affronta il tema della nostalgia per la terra natale, perduta per sempre, e dell'esilio come condizione politica, ma anche esistenziale. Il poeta, nato nel 1778 nell'isola greca di Zacinto – l'odierna Zante, nel Mar Ionio –, al tempo possedimento della Repubblica di Venezia, è costretto a una vita di fuga e di esilio: muore infatti a Londra nel 1827, dove si è rifugiato a causa delle sue idee politiche e del suo orientamento rivoluzionario.*

La lirica, composta tra il 1802 e il 1803, si apre con una triplice negazione, l'amara constatazione da parte del poeta di avere perduto la propria patria, e si chiude in modo circolare nei due versi finali («a noi prescrisse / il fato illacrimata sepoltura», vv. 13-14), ribadendo l'enunciato del primo.

*Foscolo sviluppa il tema dell'esilio confrontando se stesso con Ulisse, l'eroe omerico dell'*Odissea *che, al contrario del poeta, poté tornare a baciare la sua «petrosa Itaca» (v. 11).*

*La composizione, a rima ABAB ABAB CDE CED, è ricca di allitterazioni consonantiche e vocaliche (***e***,* ***i****) e di* enjambement*.*

Il sonetto è ripartito in due blocchi sintattici e tematici: il primo, che si sviluppa nelle due quartine e nella prima terzina, rievoca la fanciullezza del poeta e il passato mitico attraverso la figura di Ulisse, mentre il secondo, l'ultima terzina, contiene la riflessione del poeta sulla propria condizione di esule.

La scelta di un lessico elevato si coniuga alla ricchezza di figure retoriche di significato: la sineddoche («sponde», v. 1; «nubi», v. 7), la litote («non tacque», v. 6), e infine la perifrasi per indicare Omero («colui che l'acque / cantò fatali», vv. 8-9).

Zacinto viene presentata attraverso riferimenti alla cultura classica: la dea Venere suggerisce l'immagine di bellezza e di fecondità, mentre il richiamo a Omero sottolinea l'intenzione di Foscolo di rendere eterna con il suo canto l'isola natale. L'«illacrimata sepoltura» del verso finale, inoltre, suggerisce l'idea del doloroso distacco dai propri cari e della mancanza del conforto del loro pianto, tormento forse ancora maggiore della morte stessa.

leggere e analizzare un testo poetico

la lirica

Questa griglia è funzionale all'analisi di qualsiasi testo poetico.

Informazioni generali

Autore: ....

Titolo del componimento: ....

Anno di pubblicazione e raccolta da cui proviene: ....

Parafrasi

....

Analisi

Analisi del significante

Versi e strofe (misura dei versi, tipo di versi, presenza di fenomeni metrici, presenza di cesure ed *enjambement*, suddivisione in strofe, numero di strofe, tipo di strofe)

....

Rime e suoni (tipo di rima, schema di rima, altri aspetti fonici)

....

Ritmo (tipo di ritmo, elementi che determinano il ritmo)

....

Analisi del significato

Scelte lessicali (registro linguistico, parole chiave, campi semantici, tema/temi)

....

....

....

Figure retoriche di significato

....

....

....

Figure retoriche di ordine (o sintattiche)

....

....

....

Commento

Esame del rapporto tra forma (significante) e contenuto (significato)

....

....

....

Analisi di aspetti particolari

....

....

....

Formulazione di ipotesi interpretative

....

....

....

Valutazioni personali

....

....

....

....

....

....

....

....

Analisi di una lirica

Umberto Saba

Il garzone con la carriola

ANALISI VISUALE

Da *La serena disperazione*, 1913-1915

Lirica in vari metri

L'immagine di un ragazzo che spinge una carriola gridando e cantando, allegro ed esuberante, rappresenta per Umberto Saba (▶ p. 9) la spontanea vitalità e la spensieratezza alle quali tutti dovremmo aspirare.

È bene ritrovare in noi gli amori
perduti, conciliare in noi l'offesa;
ma se la vita all'interno ti pesa
tu la porti al di fuori.

Spalanchi le finestre o scendi tu
tra la folla: vedrai che basta poco
a rallegrarti: un animale, un gioco,
o, vestito di blu,

un garzone con una carriola,
che a gran voce si tien la strada aperta,
e se appena in discesa trova un'erta
non corre più, ma vola.

La gente che per via a quell'ora è tanta
non tace, dopo che indietro si tira.
Egli più grande fa il fracasso e l'ira,
più si dimena e canta.

U. Saba, *Tutte le poesie*, Mondadori, Milano, 1998

LESSICO
- Campo semantico del dolore

FIGURE RETORICHE
- Metafora

FIGURE SINTATTICHE
- Inversione

LESSICO
- Campo semantico della gioia

1-2 **È bene…perduti**: è buona cosa riuscire a ripensare con affetto agli amori perduti.

2 **conciliare…l'offesa**: mettere a tacere dentro di noi i dispiaceri, le offese ricevute.

3-4 **ma se…al di fuori**: ma se la sofferenza interiore è troppo pesante, bisogna cercare le energie necessarie fuori di noi.

10 **si tien…aperta**: si fa largo tra la gente.

11 **un'erta**: una strada ripida (che lui percorre in discesa).

14 **non tace**: non si trattiene dall'imprecare contro di lui.

16 **si dimena**: si agita, si diverte.

Informazioni generali

Il garzone con la carriola apre una delle prime raccolte poetiche di Saba, *La serena disperazione* (1913-1915), un titolo ossimorico che esprime le contraddizioni da sempre presenti nell'animo del poeta: da un lato una visione cupa della vita che causa in lui un forte desiderio di solitudine, dall'altro l'aspirazione a una felicità semplice, concreta e spontanea.

Anche in questa poesia si ritrovano gli stessi sentimenti, perché il poeta, riflettendo sul dolore che gli opprime l'animo, scorge al di fuori di sé, nella partecipazione alla vita altrui, un possibile rimedio.

Parafrasi

È buona cosa riuscire a recuperare in noi stessi la dolcezza e il calore di amori ormai lontani, riuscire a spegnere dentro di noi la rabbia e il risentimento per i dispiaceri ricevuti; ma se la sofferenza per questi dispiaceri è troppo intensa, basta aprirsi alla vita fuori di noi, guardare agli altri. Apri le finestre all'aria nuova oppure scendi in prima persona in mezzo agli altri, scoprirai che basta davvero poco per ritrovare un po' d'allegria e di gioia di vivere: per esempio, la vista di un animale, di un gioco o anche di un apprendista muratore dalla tuta blu che spinge una carriola e, gridando a squarciagola, chiede che i passanti gli facciano strada e, se trova una discesa, ecco che è capace di accelerare fin quasi a volare. I numerosi passanti che a quell'ora sono sulla strada indietreggiano, si scansano e non si trattengono dall'inveire contro di lui. In risposta alle grida di protesta dei passanti, il garzone si agita e si diverte ancora di più.

Analisi

Analisi del significante

- **Versi e strofe**: la lirica è composta di quattro strofe, costituite ciascuna da tre endecasillabi e un settenario conclusivo; nella seconda strofa, il primo endecasillabo è di dieci sillabe e il settenario di sei perché ambedue i versi terminano con parola tronca. Le rime sono incrociate: ABBA, CDDC ecc.
- **Rime e suoni**: trattandosi di rime incrociate, il primo verso rima con il quarto e il secondo con il terzo in ogni strofa. Si segnala una rima imperfetta nella seconda strofa tra il primo verso e il quarto (v. 5 «tu» e v. 8 «blu»). Suono onomatopeico è quello della parola «fracasso» al v. 15.
- **Ritmo**: la prima strofa rivela un ritmo più lento e sentenzioso, cui succede un andamento più veloce e disteso nelle altre tre strofe, in corrispondenza del dispiegarsi di immagini gioiose di vita.
  Nella lettura dei versi, lo schema metrico si avverte chiaramente e contribuisce a determinare il ritmo della poesia che, comunque, non è uniforme. Infatti, se nella prima strofa si sviluppano un ritmo lento e meditativo, un tono pacato da morale persuasiva, propri di Saba, nelle successive tre strofe il ritmo acquista un andamento più sciolto e disteso proprio per dar maggior forza alle immagini gioiose di vita che costituiscono, poi, il corpo centrale della poesia.

Analisi del significato

- **Scelte lessicali**: si riscontra una lingua corrente fresca e semplice, con un tono complessivo volutamente piano che poggia sull'uso di termini più quotidiani e altri più prosastici. È possibile individuare un primo nucleo semantico che ruota attorno alla parola "dolore", con termini quali «amori perduti» (vv. 1-2), «offesa» (v. 2), «pesa» (v. 3), che servono a presentare la prima parte riflessiva e persuasiva della poesia.
  Un secondo campo semantico è dato da parole improntate alla gioia, quali «rallegrarti» (v. 7), «gioco» (v. 7), «carriola» (v. 9), «gran voce» (v. 10), «strada aperta» (v. 10), «vola» (v. 12), «canta» (v. 16).
  I due campi semantici consentono di individuare i due temi antitetici della poesia e cioè l'iniziale invito a non compiacersi delle proprie sofferenze, ma a ricercare nella vita comunitaria, a contatto con gli altri il conforto per le proprie pene.

La sintassi chiara e ordinata presenta il ricorso a numerose figure retoriche e sintattiche, come:

- **figure retoriche**: metafora («Spalanchi le finestre», v. 5), metonimia («vestito di blu», v. 8), iperbole («vola», v. 12), litote («non tace», v. 14);
- **figure sintattiche**: fra queste rientrano l'evidente chiasmo («all'interno ti pesa... porti al di fuori», vv. 3-4); l'iperbato («o, vestito di blu,», v. 8), l'enumerazione («un animale, un gioco... un garzone», vv. 7-9), le inversioni («scendi tu», v. 5; «si tien la strada aperta», v. 10).

Commento

In questa poesia troviamo espressa la particolare saggezza del poeta Umberto Saba, la sua filosofia di vita, la sua convinzione che aggrapparsi alle piccole cose della vita quotidiana aiuti a superare dolori e incertezze.

L'importante metafora del v. 5, «Spalanchi le finestre», è un forte e sicuro invito ad aprire il cuore agli altri, a saper trovare nella quotidianità gli stimoli positivi, qui proposti attraverso l'enumerazione dei vv. 7-9 («un animale, un gioco… un garzone»), fino alla scoperta del «garzone con una carriola», così contento della sua vita da lanciarsi in una folle corsa, anzi quasi "volare" (iperbole del v. 12, «vola»).

Se nei primi due versi Saba manifesta il dolore esistenziale, chiudendo il suo pensiero con una pausa data dal punto e virgola, in apertura del terzo verso, con un forte «ma» avversativo, il tono cambia, rivolgendosi direttamente a un immaginario lettore («se la vita… ti pesa / tu la porti», vv. 3-4) e invitandolo a spalancare le finestre (v. 5). L'immagine, come si è già detto in precedenza, è metaforica e suggerisce l'idea di aprire il proprio animo agli altri, mescolandosi tra la folla, godendo della vita che anima le strade. Significativi sono poi gli elementi elencati come stimoli positivi: l'«animale» del v. 7 è una presenza frequente nella poesia di Saba e rinvia a un mondo di affetti, mentre il «gioco» (v. 7) rimanda all'infanzia e alla sua innocenza (qui suggerita per mezzo di una metonimia). Infine, preannunciato («o, vestito di blu», v. 8), irrompe il «garzone con una carriola», una figura che occupa un intero verso (v. 9), ben evidenziata dalla posizione in apertura di strofa.

Inversioni (v. 10) e iperboli (v. 12) contribuiscono a dare poi corpo e spessore alla vitalità di questo garzone.

La realtà che ci circonda – questo vuol dirci Saba – è piena di spunti che possono distrarre dalle preoccupazioni; in questo caso, il poeta si sofferma su un garzone vestito di blu che, spingendo una carriola, corre a perdifiato.

Il ragazzo che grida e si agita (vv. 15-16) è l'idea di una felicità che si accontenta di poco, che si nutre della propria gioia di vivere, dell'impertinenza propria della gioventù. Guardandolo, non si può che condividerne l'allegria e riconciliarsi con la vita. Non può portare a nulla rinchiudersi in se stessi, restare prigionieri del passato, dell'«offesa» (v. 2) subita o degli «amori / perduti» (vv. 1-2). È necessario aprirsi al mondo e cercare fuori di sé una nuova gioia di vivere. È la lucida e pacata lezione del poeta triestino.

Marc Chagall, *Parigi dalla finestra*, 1913. (Venezia, Peggy Guggenheim Collection)

PERCORSO B

I temi

UNITÀ 1

Essere poeta

James Ensor, *Ensor tra le maschere*, 1899. (Komaki City - Giappone, Menard Art Museum)

• James Ensor: un pittore fuori dagli schemi • A cavallo tra Ottocento e Novecento, si collocano straordinarie figure di artisti che, come i poeti, partecipano intensamente ai nuovi movimenti artistici d'avanguardia. Tra di loro spicca il pittore James **Ensor**, nato a Ostenda, in Belgio, nel 1860, la cui opera si presenta così complessa e singolare da costituire un caso artistico a sé. I suoi lavori rivelano una precisa connotazione: il grottesco e il teatrale, la satira e la caricatura rappresentano strumenti espressivi a lui particolarmente congeniali. È del 1888 la tela *L'entrata di Cristo a Bruxelles*, la sua opera più famosa e riassuntiva dei suoi temi pittorici. Sempre più isolato, disgustato dai suoi detrattori, matura un certo **ribellismo** per tutto ciò che lo circonda. I primi riconoscimenti all'originalità della sua arte arrivano solo all'inizio del secolo. Trent'anni dopo, nel 1929, re Alberto I del Belgio sancisce il suo successo nominandolo barone. Ensor muore nel 1949.

• L'oppressione della folla • Sono due le opere che qui presentiamo e che ci consentono di conoscere le tematiche artistiche di questo pittore. Il dipinto *Ensor tra le maschere* (1899) svolge sia il tema dell'incombere della massa sull'artista sia quello della maschera. Il pittore si autoritrae in maniera enigmatica: baffi alla moschettiera, sguardo fiero, in testa un cappello fiorito, egli emerge a fatica da una miriade di maschere che lo circondano e lo assillano come una sorta di minaccia, un vero incubo. Abituato a vivere in solitudine nella sua mansarda, Ensor temeva l'oppressione della folla, aveva un vero e proprio **timor panico della massa**, un demone che lo tormentava. Qui, il senso di oppressione è accresciuto

DOMANDE

- Nel dipinto *Ensor tra le maschere*, come mai l'artista è l'unico ad avere un'espressione umana, mentre tutti gli altri hanno le grottesche sembianze di maschere?
- Osserva il dipinto *L'intrigo* e descrivi quali sentimenti ti suscita.
- Sempre nel dipinto *L'intrigo*, hai individuato la Morte? Da che cosa è caratterizzata?

James Ensor, *L'intrigo*, 1890. (Anversa, Koninklijk Museum voor Schone Kunsten)

dal fatto che le persone sono in realtà maschere con i volti imbiancati di cipria, le labbra esageratamente dipinte di rosso, in apparenza figure seducenti, ma pronte a fagocitare il pittore con tutte le sue ossessioni. L'artista, come a volte il poeta, resta isolato, nell'impossibilità di specchiarsi o di entrare in dialogo con gli altri.

• Gli intrighi del mondo dell'arte • Per Ensor, però, la maschera non è una semplice figura bizzarra e lo si intuisce osservando il dipinto *L'intrigo* (1890). Alcuni personaggi dall'espressione grottesca e tragica hanno circondato una coppia, sembrano difenderla o sospingerla verso la minacciosa Morte, invitata d'eccezione a questa fantasmagorica festa. Forse lo stesso pittore si cela dietro la maschera dello sposo, vittima della perfidia altrui, condannato all'insuccesso e alla precarietà della sua posizione nella società. Si può dire che Ensor si sia ribellato al disprezzo e alla derisione dei familiari, dei colleghi pittori, dei critici, dei cittadini di Ostenda, raffigurando il **mondo** come un **corteo carnevalesco** senza fine, una parata di individui stupidi, ostili, malvagi, infantili, riservando per sé, sdegnosamente, il ruolo di un "vittorioso salvatore" di quella stessa folla che tanto temeva.

in questa Unità impareremo a

- **conoscere** le biografie degli autori e le caratteristiche socio-culturali e letterarie del loro periodo
- **comprendere** il significato globale dei testi in relazione all'idea espressa dai poeti sul proprio ruolo e su quello da assegnare alla poesia
- **analizzare** le liriche secondo le regole della poesia e le tecniche stilistiche per approfondirne la comprensione e le tematiche
- **interpretare** lo scritto, individuando le idee in esso contenute e il modo in cui sono trattate dall'autore
- **produrre** parafrasi, commenti, testi espositivi, argomentativi e descrittivi a partire dai temi delle liriche
- **comunicare oralmente** per riferire i contenuti delle poesie e riflettere sulle loro tematiche in forma strutturata e chiara

in questa Unità scopriremo

Antologia

Charles Baudelaire • *L'albatro*
Alda Merini • *I poeti lavorano di notte*
Valerio Magrelli • *Soltanto il tempo veramente scrive*

Per approfondire

Alfonso Berardinelli • *Togliamo la poesia dal ghetto?*

Verifica delle competenze

Umberto Saba • *Amai*

Chissà quante volte abbiamo sentito affibbiare la definizione di "poeta" a qualcuno che rivela un po' di originalità nel parlare, vede la vita quotidiana con occhi diversi, veste con una certa stravaganza e via di seguito. Siamo abituati a guardare con curiosità se non addirittura a diffidare di costoro per il semplice fatto che ci sollecitano. Ma davvero i poeti sono persone strane, che vivono sulle nuvole? Niente affatto, sono anzi persone comuni che più di altre esercitano la loro innata sensibilità e possiedono una particolare abilità, quella di giocare con le parole e parlare all'animo di tutti, trasformando emozioni individuali in emozioni collettive.

In alto a destra, statua di Apollo con cetra, I secolo. d.C. (Roma, Museo Nazionale Romano)

• L'origine mitica del poeta •

Nell'antichità classica, il poeta era colui che, vantando una qualche prossimità con la sfera del sacro, aveva il dono di andare oltre gli aspetti materiali, per vedere quello che di norma era nascosto agli altri. Era il dio **Apollo** a proteggere i poeti, gli aedi. Secondo la mitologia, è proprio Apollo a regalare a **Orfeo** la lira, con la quale egli comincia ad accompagnare canti e poesie così dolcemente da conquistare non solo l'**animo** degli uomini, ma anche Madre Natura e i custodi dell'Ade (il mondo degli inferi dal quale Orfeo sperò addirittura di riportare in vita, grazie al proprio canto, la moglie Euridice).

Sempre il mondo antico ci tramanda l'immagine di un poeta, di un eccelso cantore come **Omero**, un aedo che si colloca tra storia e leggenda, cieco e perciò impossibilitato a vedere la realtà materiale, ma proprio per questo capace di oltrepassarla con la sua immaginazione: da una tale straordinaria condizione nasce la poesia dell'*Iliade* e dell'*Odissea*.

PAROLE sotto la lente

Animo

Il termine denota principalmente la sede delle caratteristiche morali e dei sentimenti di una persona, ma può indicare anche più specificamente il coraggio. "Anima", invece, dal significato di principio vitale che presiedeva alle funzioni fisiologiche – quindi legata al corpo –, per influenza del cristianesimo è passata a indicare il principio immateriale della vita, la sede delle facoltà spirituali e della coscienza umana, slegata dal corpo e pertanto immortale.

Attività

I termini latini *anĭma* e *anĭmus* hanno la stessa radice etimologica nel greco *ánemos*, "soffio, vento", che in italiano ritroviamo nel nome dello strumento che misura la direzione e l'intensità del vento: sapresti dire come si chiama?

Jean-Auguste-Dominique Ingres, *Apoteosi di Omero*, 1827. (Parigi, Museo del Louvre)

• Il poeta e gli altri nel tempo •

Lungo i secoli, i poeti sono stati considerati come depositari di un notevole sapere, onorati nelle corti medievali, ricercati dai signori rinascimentali, stimati dai sovrani europei. Questa valutazione positiva entra in crisi a metà del XIX secolo.

• A metà Ottocento • Quando la società comincia a trasformarsi con l'avvento dell'industria e si perseguono sempre più produzione e profitto, la borghesia sospinge ai margini il poeta, che perde il suo ruolo di prestigio. Se ne avvede chiaramente Charles **Baudelaire** (1821-1867), che non riesce più a trovare il suo posto nella società e comprende di aver perso l'«aureola», il segno di distinzione riservato ai poeti (nell'antichità e anche nel Medioevo l'incoronazione poetica consisteva nel cingere la testa del poeta con una corona d'alloro). Tuttavia, egli sfida l'opinione comune, perché sa di possedere ali straordinarie, una sensibilità visionaria e raffinata in grado di fargli intravedere le più sublimi vette della conoscenza, e continua a seguire la propria ispirazione.

• Tra Otto e Novecento • La crisi del ruolo del poeta si avverte anche alla fine dell'Ottocento e nei primi anni del Novecento, quando è ormai del tutto superata l'idea del poeta come «tribuno» espressa da Giosue **Carducci** (1835-1907); si fa sempre più debole l'idea del poeta «fanciullino» di Giovanni **Pascoli** (1855-1912, ▸ p. 243) e finisce per essere travolta dagli eventi anche l'idea del poeta come esteta come «superuomo» di Gabriele **D'Annunzio** (1863-1938, ▸ p. 105). Che cosa resta? Quello che all'inizio del Novecento rimane al poeta è colloquiare con se stesso, magari in maniera scherzosa, come fa Aldo **Palazzeschi** (1885-1974, ▸ p. 40), che si definisce «saltimbanco dell'anima».

Fortunato Depero, *Balli plastici*, 1918 (Rovereto, Casa Depero)

• Lungo il Novecento • La tragedia della Grande guerra annichilisce ogni cosa, spegne ogni sentimento e il poeta riesce a stento a esprimere il suo dolore. Giuseppe **Ungaretti** (1888-1970, ▸ p. 272) scrive che in quegli anni atroci «la morte/ si sconta/ vivendo». Anche il primo dopoguerra è una terra desolata sulla quale viene piantata la bandiera della dittatura e qualche voce copre o celebra le azioni più riprovevoli. Il poeta cerca ancora una volta dentro di sé «poche sillabe e storte come un ramo», ma soltanto per affermare «ciò che *non* siamo, ciò che *non* vogliamo». È Eugenio **Montale** (1896-1981, ▸ p. 296) a farsi promotore di tanta prudenziale umiltà, non avendo parole magiche da offrire. Si mantiene lontano da ogni complicazione e oscurità Umberto **Saba** (1883-1957, ▸ p. 9); il poeta triestino trova il senso della propria esistenza tra gli uomini, amando cose e valori che ormai la gente non apprezza più, e lo scrive apertamente: «Amai la verità che giace al fondo», una scelta difficile.

• Oggi • Nel XX secolo si sono succedute generazioni di poeti; tutti hanno condotto una riflessione sui problemi della vita e della società moderna: le continue guerre, la dignità dei singoli, la salvaguardia del pianeta, l'alienazione, il futuro dell'uomo.

Da tutto questo scaturisce la convinzione di quanto sia utile una **più ampia diffusione della poesia** intesa come consuetudine alla riflessione, a una maggiore interiorità nel pensiero come nella vita. Viene naturale contrapporsi a tutto quanto di questi tempi è urlato, imposto dai mass media, uniformato dalle mode, sbandierato come simbolo di successo. È necessario che la voce del poeta si faccia strada per aiutarci a **recuperare** una maggiore **autenticità**, fino a esprimere quell'innato anticonformismo che, per fortuna, sempre i giovani possiedono.

• Il percorso antologico •

Per il poeta tale compito, oggi, non è facile, ma non lo è mai stato neppure in passato; scopriremo, percorrendo l'itinerario che queste pagine antologiche propongono, che un filo rosso lega certi poeti e le loro composizioni ed è rappresentato proprio dalla difficoltà di rapportarsi al mondo circostante, espressa ieri come oggi, con diverse modalità – la chiusura in se stessi o l'apertura nei confronti di tutto ciò che li circonda –, ma sempre con la segreta speranza di riuscire ad afferrare il senso della vita.

Il francese Charles **Baudelaire** (1821-1867), punto di partenza del nostro percorso, ha scelto di ostentare davanti al mondo le sue convinzioni poetiche, isolandosi in un'esistenza volutamente disordinata. Egli ha espresso la sua ribellione ed estraneità al mondo borghese parigino attraverso le sue opere, prima fra tutte *I fiori del male* (1857): nella lirica *L'albatro* (▶ p. 77), tratta da questa raccolta, Baudelaire si paragona a un uccello, al maestoso albatro marino, la cui ampiezza alare finisce per essergli d'ostacolo, come la grandezza d'animo che caratterizza il poeta.

Umberto **Saba** (1883-1957), poeta e scrittore triestino che ha vissuto subendo il costante rischio dell'emarginazione e dell'estraneità al mondo in cui viveva e ha affidato proprio alla poesia il compito di incontrare gli altri, nella lirica *Amai* (▶ p. 92), ribadisce la sua fiducia nella più schietta tradizione poetica.

Una simile poetica intessuta di lavoro, di costanza, di fiducia affascina anche Alda **Merini** (1931-2009), che ha fatto della sua poesia visionaria una necessità espressiva, mettendo in risalto in tal modo il ruolo altamente significativo del poeta, delineato con semplici tocchi in *I poeti lavorano di notte* (▶ p. 82).

Infine, Valerio **Magrelli** (1957), traduttore, saggista e accademico, si misura con la realtà quotidiana, per riuscire a collocarvi il poeta e i suoi versi, pur senza affidargli compiti eclatanti. Nella lirica *Soltanto il tempo veramente scrive* (▶ p. 85), assegna al poeta il ruolo rivelatore di alcune scomode verità.

Completano il percorso le interessanti considerazioni del critico letterario Alfonso **Berardinelli** (1943), che nell'articolo *Togliamo la poesia dal ghetto?* (▶ p. 88) riporta la riflessione sulla poesia all'oggi, delineandone la travagliata condizione di trascuratezza.

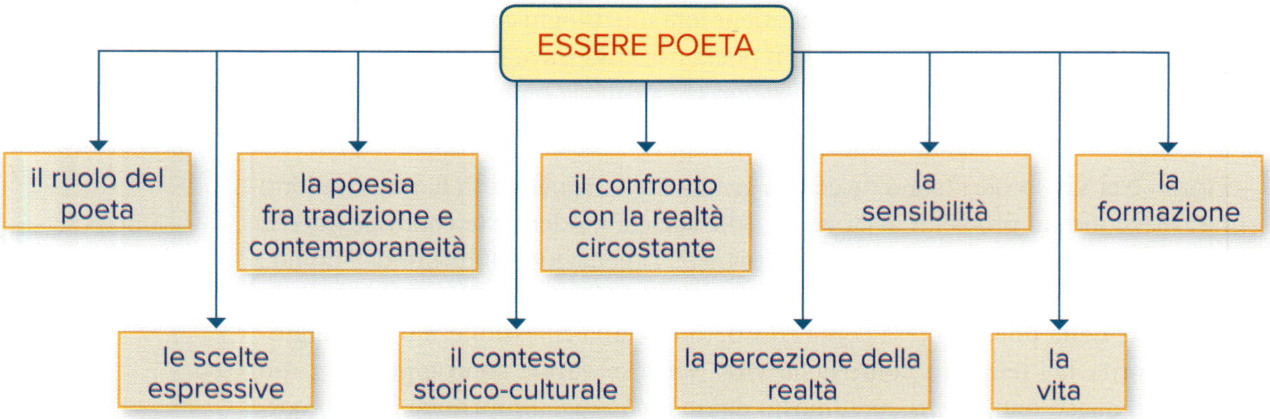

Charles Baudelaire

L'albatro

L'albatro è un maestoso uccello marino, amante dei grandi spazi; è capace di volteggiare in libertà nell'azzurro del cielo, ma appare «fiacco e sinistro» quando è catturato dai marinai. Simile a lui si sente il poeta, nel momento in cui è deriso e disprezzato dagli altri uomini che non riconoscono più il valore illuminante della sua poesia.

Da
I fiori del male, 1857

Lirica
in vari metri

Spesso, per divertirsi, i marinai
prendono un albatro, uno di quei grandi uccelli di mare
che seguono, indolenti compagni di viaggio, le navi
in volo sugli atroci abissi.

Il re dell'azzurro! Non fanno in tempo
a posarlo sulla tolda che sùbito, goffo,
impacciato, comincia a strascicare
come fossero remi le ali grandi e bianche.

Povero viaggiatore alato, com'è
fiacco e sinistro – e comico e brutto, lui
poco fa così bello! Uno gli mette
la pipa sotto il becco, un altro, zoppicando,
[fa il verso allo storpio che volava…

Il Poeta è come lui, principe dei nembi
che sta con l'uragano e ride degli arcieri.
In terra, fra grida di scherno, solo,
con le sue ali da gigante non riesce a camminare.

C. Baudelaire, *Poesie e prose*, trad. di G. Raboni, Mondadori, Milano, 1973

3 **indolenti**: con lentezza, perché abituati a velocità maggiori.
6 **tolda**: ponte, coperta.
10 **fiacco e sinistro**: privo di vigore e sgraziato.
14 **ride degli arcieri**: volando in alto, non ha timore di essere colpito dalle frecce.

MONDI POETICI da SCOPRIRE

I fiori del male di Charles Baudelaire

La prima edizione de *I fiori del male* (1857), suscitò enorme scandalo: Baudelaire fu processato e obbligato a censurare sei liriche.

Già nel titolo la raccolta assume il carattere della provocazione, dal momento che il poeta accosta i fiori – da sempre simbolo di grazia e di bellezza nella tradizione letteraria – al male e al vizio. Nel proemio, poi, Baudelaire si dichiara coinvolto nei vizi più degradanti e ammonisce il lettore di non sentirsi affatto immune da essi. I temi consueti vengono del tutto rovesciati. L'amore cantato non è sublime, ma torbido e devastante; ogni convenzione morale viene negata per esaltare invece alcol e droghe, utili artifici per sottrarsi a una vita insignificante, alla noia esistenziale. Baudelaire comprende con lucidità che in un mondo in profondo cambiamento con l'affermarsi della società industriale, non c'è più posto per la poesia e per il poeta, il quale si ritrova sospinto ai margini, un estraneo.

Anche sul piano formale *I fiori del male* costituiscono una forte innovazione. Per cogliere i simboli che sono espressi dalle forme materiali della natura, simboli che non si riconoscono per via razionale, è necessario calarsi all'interno della psiche umana. Tocca al poeta il ruolo di veggente, di colui che deve decifrare tali simboli, evidenziando le corrispondenze fra l'inconscio e la realtà esterna.

per conoscere **CHARLES BAUDELAIRE**

Charles Baudelaire in un ritratto di Tullio Pericoli del 1987.

CHARLES BAUDELAIRE nasce a Parigi nel 1821 da un'agiata famiglia borghese. All'età di 6 anni perde il padre; la madre si risposa con un generale il cui carattere autoritario si scontra con quello di Baudelaire. Una volta entrato in possesso dell'eredità paterna, inizia a vivere in modo eccentrico, facendo uso di alcol e droghe; esprime con tali scelte la sua ribellione ed estraneità al mondo borghese parigino e il suo disagio interiore; avverte con lucida sofferenza il distacco esistente tra la propria sensibilità e quella comune. Prende parte alla rivoluzione del 1848, ma abbandona presto l'attività politica in favore di quella letteraria, della quale aveva già fornito alcune prove; frequenta gli scrittori più importanti del tempo, tra i quali Honoré de Balzac (1799-1850) e Victor Hugo (1802-1885). Nel 1857 viene pubblicata la sua opera più famosa, *I fiori del male*, che suscita immediato scandalo e polemiche e per la quale Baudelaire è accusato di oscenità. Seguono una raccolta di saggi, *I paradisi artificiali* (1860), sugli effetti di alcune droghe, e i *Poemetti in prosa* (1863). Esce una seconda edizione de *I fiori del male*, i cui contenuti sono difesi nel 1865 da due poeti all'epoca ancora sconosciuti: Stéphane Mallarmé (1842-1898) e Paul Verlaine (1844-1896). Nella primavera del 1866 Baudelaire viene colpito da una paralisi che lo immobilizza e gli toglie la parola. Muore l'anno successivo a Parigi.

• Due lettere significative • Si pensa, a ragione, che le esperienze vissute da ragazzi, nel momento della crescita e della formazione della propria persona, possano essere decisive nell'età adulta. Anche nel caso di Baudelaire vale la pena di mettere a fuoco due passaggi della sua giovinezza, due momenti che ci aiutano a spiegare e capire le sue successive scelte esistenziali, improntate a un'accentuata sregolatezza e al contrasto con la famiglia, la società, i valori borghesi.

Pesa e peserà sempre nel suo animo il ricordo indelebile del fatto che la madre si fosse risposata. In una lettera a lei indirizzata e datata 6 maggio 1861, scrive: «Sai che ho una memoria terribile? [...] Lunghe passeggiate, tenerezze continue. Mi ricordo dei viali, così tristi la sera. Oh! È stato quello, per me, il buon tempo delle tenerezze materne [...] Io ero in ogni momento vivo per te; tu eri solo mia». Il legame così esclusivo con la madre spiega l'astio nutrito successivamente per lei da Baudelaire quando la donna, nel 1828, si risposa; inoltre, la gelosia di figlio si tramuta in avversione totale verso il patrigno.

A scuola, Baudelaire non sopporta la rigida disciplina del Liceo Louis-le-Grand di Parigi; non stima gli insegnanti e giudica inutile lo studio. Infatti, alla fine ne è espulso, come si registra in una lettera datata 18 aprile 1839 e spedita al patrigno: «... Vi rimando dunque questo giovane, che era dotato di notevoli qualità, ma che ha guastato tutto con un pessimo carattere, di cui il buon ordine del collegio ha dovuto soffrire più di una volta».

• Le opere in prosa • Oltre che poeta, Baudelaire è stato scopritore di Edgar Allan Poe (1809-1849), di cui ha tradotto i *Racconti* (1856), basati su soggetti e temi imperniati sul mistero e sulla paura, che ben collimavano con i suoi interessi. Educato all'amore per l'arte, si dedica anche alla critica, scrivendo e recensendo mostre e artisti: nel 1863 pubblica *L'opera e la vita di Eugène Delacroix*, celebre pittore ed esponente del Romanticismo francese. Le sue esperienze di vita sono al centro dei *Diari intimi* e dei *Paradisi artificiali* (1860); a partire dal 1861 pubblica una raccolta di alcuni poemetti in prosa, *Lo spleen di Parigi*, riflessione critica sulla modernità avanzante, espressa in primo luogo dal continuo ampliamento della città.

per L'ANALISI del TESTO

L'artista e la società

In questo componimento Baudelaire esprime la decadenza spirituale del mondo che lo circonda, nel quale la poesia e l'arte in generale hanno perso valore, riducendosi a merce.

Il tema della lirica riguarda proprio il **ruolo dell'artista** nella società francese di metà Ottocento. Con una similitudine, il poeta si identifica nell'albatro, splendido uccello marino capace di attraversare i cieli, padrone di sé e delle rotte che ben conosce, regale nel suo volteggiare dispiegando ampie e solide ali. Quando però i marinai, per ingannare il tempo, lo catturano, il «re dell'azzurro» (v. 5), perde tutta la sua grazia e la sua attrattiva, diventando «goffo, / impacciato» (vv. 6-7). Proprio le ali, strumento di libertà nei cieli, costituiscono a terra un ostacolo ai suoi movimenti.

I marinai che lo deridono sono gli uomini incapaci di andare **al di là della realtà visibile**, per immaginare una dimensione di vita più spirituale, quella che il poeta cerca invano di far loro intravedere. L'ultima quartina rende chiara la sua condizione attraverso il confronto con il maestoso volatile: **albatro e poeta** finiscono per essere entrambi **esiliati** da un mondo meschino.

Nell'analogia fra l'uccello marino e il poeta è facile cogliere un **intento anticelebrativo**: la goffa modestia con la quale viene raffigurato l'albatro è del tutto funzionale a rappresentare il senso di inadeguatezza che contraddistingue il poeta all'interno della società. Sebbene egli sia superiore – per acutezza di sguardo – all'uomo comune, è gravato da un senso di esclusione e fatto oggetto di scherno, proprio come accade all'indolente e regale compagno di viaggio dei marinai.

L'opposizione tra cielo e terra

La lirica, dopo un avvio quasi narrativo, si sviluppa attorno a **due campi semantici antitetici**, quello relativo al cielo («azzurro», v. 5; «nembi», v. 13; «uragano», v. 14) e quello riguardante la terra («tolda», v. 6): quest'ultima rappresenta il luogo dell'esilio per il poeta, deriso e impossibilitato a esprimersi («In terra, fra grida di scherno, solo, / con le sue ali di gigante non riesce a camminare», vv. 15-16).

Albatros in volo in una stampa inglese del 1813.

Attività

Leggere e comprendere

1 **La cattura** Perché i marinai catturano l'albatro? Quale sentimento dimostrano nei suoi confronti, una volta che l'albatro è atterrato fra loro?

a. Compassione

b. Derisione

c. Ammirazione

d. Indifferenza

2 **L'albatro e il poeta** Nella poesia è evidente il parallelismo tra il maestoso uccello marino e il poeta. Individua e trascrivi tutte le parole che si riferiscono a:

a. l'albatro libero

....

....

....

b. il poeta nel mondo che gli è proprio

....

....

....

c. l'albatro prigioniero

....

....

....

d. il poeta nel mondo degli uomini

....

....

....

3 **Le relazioni fra le parole** Esponi in modo organico le relazioni che legano i gruppi di parole individuate nell'esercizio precedente.

Riconoscere e analizzare

4 **L'antitesi** La contrapposizione fra l'alto (dove vola l'albatro) e il basso (dove stanno i marinai) assume nel componimento un significato metaforico: quale?

5 **Le scelte lessicali** Sulla tolda della nave l'albatro appare impacciato e, per di più, «sinistro» (v. 10). Spiega il significato del termine partendo dal suo valore etimologico.

6 **La metafora** Chiarisci l'ampio e profondo significato metaforico dell'espressione «atroci abissi» (v. 4).

....

....

....

....

7 **La similitudine** Qual è la similitudine sulla quale è giocato l'intero componimento? Riporta le parole con cui viene esplicitata.

....

....

....

....

Rielaborare e produrre

8 **La tua interpretazione** Considera i versi 13-14: «Il Poeta è come lui, principe dei nembi / che sta con l'uragano». Che cosa intende sottolineare Baudelaire con questa similitudine?

a. L'audacia e la forza del poeta

b. La capacità della poesia di elevare lo spirito

Raccogli gli elementi validi per sostenere l'interpretazione che ti sembra più plausibile, poi rispondi alla domanda in un breve intervento orale.

9 **La parafrasi** Volgi in prosa (► p. 63) il componimento.

10 **Analisi e commento** In un testo di (massimo) 200 parole analizza e commenta (► pp. 64-65) la lirica di Baudelaire.

11 **La figura del poeta** Ritieni che anche oggi, come ai tempi di Baudelaire, il poeta sia talvolta incompreso e deriso dalla maggior parte delle persone? Esprimi la tua opinione in un testo di 300 parole.

confronti

L'albatro di Baudelaire e *Gabbiani* di Cardarelli

La similitudine tra il poeta isolato dalla società e un uccello solitario e orgoglioso non era del tutto nuova in Baudelaire, anche se, nella lirica *L'albatro*, egli accentua il carattere doloroso di questa emarginazione.

Un analogo parallelismo, sviluppato attraverso l'ambientazione (il mare) e un'immagine simbolica (i gabbiani) simili, è ripreso da Vincenzo Cardarelli (1887-1959) un secolo dopo il poeta francese. Il componimento, intitolato *Gabbiani*, è composto da versi di varia misura, con rime e assonanze.

Non so dove i gabbiani abbiano il nido,
ove trovino pace.
Io son come loro,
in perpetuo volo.
La vita la sfioro
com'essi l'acqua ad acciuffare il cibo.
E come forse anch'essi amo la quiete,
la gran quiete marina,
ma il mio destino è vivere
balenando in burrasca.

V. Cardarelli, *Opere*, Mondadori, Milano, 1981

Si tratta di una **lirica** fortemente **autobiografica**. Cardarelli ripensa alla propria vita e paragona la sua inquietudine e il suo **anelito di pace**, finora inappagato, al **volo incessante** e senza meta dei gabbiani. Rispetto a Baudelaire, non c'è alcuna recriminazione nei confronti della società che lo esclude, la sua è una posizione più individuale, più personale. Egli è ripiegato su di sé, e in pochi versi, dal tono affabilmente discorsivo, esprime la condizione della sua tragica incertezza. Si avvale di un linguaggio piano, limpido e misurato, impreziosito da elementi fonico-timbrici (rime, assonanze, allitterazioni), da alcune figure retoriche di significato (similitudine, metafora, analogia) e di ordine (inversione).

Mark Wirzburger, *Uccello del cielo*, 2016. (Collezione Privata)

Alda Merini

I poeti lavorano di notte

Da
Testamento,
1988

Lirica
in vari metri

La lirica è un'affermazione di fiducia da parte della poetessa Alda Merini (▶ p. 48) nella possibilità che i poeti si facciano sentire, perché la loro azione va controcorrente, è silenziosa, ma costante e incisiva.

I **poeti** lavorano di notte
quando il tempo non urge su di loro,
quando tace il rumore della folla
e termina il linciaggio delle ore.
I poeti lavorano nel buio
come falchi notturni od usignoli
dal dolcissimo canto
e temono di offendere iddio.
Ma i poeti nel loro silenzio
fanno ben più rumore
di una dorata cupola di stelle.

A. Merini, *Testamento*, Crocetti, Milano, 1988

PAROLE *sotto la lente*

Poeta

Il nome, dal greco *poietès*, derivato dal verbo *poièo*, "fare", indica in senso proprio chi compone poesie, composizioni letterarie scritte secondo regole metriche e retoriche che le differenziano dalla prosa. Più ampiamente si riferisce anche a chi è dotato di fantasia, senso del bello e particolare sensibilità nei confronti della realtà, chi vive in un mondo di ideali.

Attività

Scrivi almeno cinque parole legate alla radice di "poeta".

2 **quando...loro**: quando la giornata è ormai conclusa e il tempo non li incalza, non li preme («urge») perché concludano impegni e lavori.

4 **il linciaggio delle ore**: l'ossessione del tempo che passa e crea ansia.

Karl Friedrich Schinkel, scenografie per *Il flauto magico* di Mozart, 1815. (Berlino, Museo di Stato)

per L'ANALISI del TESTO

Una sofferta interiorità

La poesia di Alda Merini scaturisce da un animo impetuoso, da una ricerca continua di affetto, da un'acuta sensibilità ulteriormente affinata da una vita dolorosa e disseminata di ostacoli. Le sue liriche hanno di frequente il carattere di dolenti dichiarazioni e di convinte affermazioni. Le immagini del poeta e della poesia offerte dall'autrice non sono frutto di una ricerca estetica, ma derivano da una sofferta interiorità: da quello squarcio interiore Merini estrae idee e visioni che assumono il valore di ancore di salvezza nel mare agitato della vita. Tale è il senso anche della presente lirica, nella quale la poetessa illustra con semplici immagini chi sia il poeta, come lavori e quali risultati ottenga.

Il valore del poeta

Molte volte lei stessa si sarà trovata, di notte, a comporre versi nella più completa solitudine mentale e fisica; perciò Alda Merini può ben dire che i poeti «lavorano di notte», quando si ritraggono dalla vita comune fatta di impegni continui e assillanti («il tempo non urge su di loro») e non c'è alcun bisogno di misurare il trascorrere delle ore («termina il linciaggio delle ore»). **I poeti** sono i padroni della notte e **hanno molte sfaccettature**: da quella del falco notturno che afferra al volo le più forti immagini a quella dolce e sensibile dell'usignolo che compare alle prime luci dell'alba. C'è un senso di sottaciuto orgoglio nell'elaborazione dei versi da parte del poeta, perché si tratta pur sempre di un atto creativo che tuttavia non osa compararsi alla magnificenza della creazione divina (i poeti «temono di offendere iddio»). Anche Alda Merini, come i tanti poeti riflessivi che l'hanno preceduta, sa che il poeta vive ai margini e che la sua parola non deve mai essere gridata e imposta; tanto, quando si tratta di **vera poesia**, essa giunge comunque a segno, **incide negli animi**, trascina i cuori, si tinge di mille colori ed è più preziosa di «una dorata cupola di stelle», più preziosa di quanto «iddio» abbia creato di più bello.

Lo stile

La poesia è in versi liberi di varia lunghezza e ha un carattere discorsivo; i frequenti *enjambement* presenti contribuiscono a prolungare il ritmo dei versi. Si possono distinguere **tre diversi momenti**: il lavoro notturno del poeta (vv. 1-4); le similitudini centrali del falco e dell'usignolo (vv. 5-8); l'affermazione conclusiva (vv. 9-11). La lirica poggia su alcuni termini di grande forza comunicativa, come «urge», «linciaggio», «canto», «offendere», «dorata».

Prevalgono i **due campi semantici** della notte e del canto, attorno ai quali si sviluppa la riflessione della poetessa, che ricorre ad alcune figure retoriche (le allegorie dei vv. 3-4; le similitudini del v. 6) per accrescere il senso di arcano che il lavoro del poeta si porta appresso, e arriva al culmine finale con l'antitesi conclusiva (vv. 9-10 «silenzio», «rumore»), antitesi che rinvia all'immagine rilucente della «dorata cupola di stelle», un'efficace iperbole estratta dal mondo visionario della poetessa.

Attività

Leggere e comprendere

1 **Tre elementi** Nei primi versi il tempo, la folla e le ore sono connotati dalle azioni che svolgono. Compila la tabella che riassume le azioni di questi tre elementi, la loro interpretazione da parte della poetessa e la valutazione che Merini ne dà.

Elemento	Azione	Interpretazione	Valutazione
Il tempo			
La folla			
Le ore			

2 **Il lavoro di poeta** Quali sono le condizioni ambientali che risultano utili al poeta per comporre versi?

a. La quiete e il silenzio della notte
b. Il silenzio della natura
c. Le strade brulicanti di attività umane
d. L'alba che rinnova negli uomini vita e speranza

3 **Falchi e usignoli** Quali sono le caratteristiche dei poeti evocate con questi due termini dall'autrice?

- Falchi: ....

....

- Usignoli: ....

....

4 **«iddio»** Perché, a tuo parere, il nome è scritto con la lettera minuscola?

a. È un errore ortografico
b. È la normale grafia usata in poesia
c. La poetessa non crede a nessuna divinità
d. La poetessa vuole così indicare qualsiasi divinità, non il Dio cristiano

5 **I poeti e la divinità** Al verso 8, implicitamente, la poetessa accosta i poeti alla divinità: che cosa li accomuna?

6 **I poeti e la natura** Negli ultimi versi all'attività dei poeti viene paragonato un magnifico spettacolo naturale: chi è maggiormente in grado di suscitare potenti emozioni?

a. La natura
b. I poeti
c. Entrambi allo stesso modo
d. Non è esplicitato

Riconoscere e analizzare

7 **La struttura metrica** Descrivi la struttura metrica del componimento, specificando quale figura metrica è presente.

8 **La sintassi** Confronta la struttura del periodo con la costruzione metrica: che cosa puoi osservare?

9 **Il ritmo** Come definiresti il ritmo della poesia?

a. Lento ma in crescendo
b. Veloce e uniforme
c. Vario
d. Lento e cadenzato

10 **Le figure retoriche** Nel componimento sono presenti diverse figure retoriche. Ti indichiamo i versi in cui le puoi trovare: definiscile e scrivi accanto al loro nome le parole da cui sono formate.

- vv. 2-3: ....
- vv. 2-3: ....
- v. 4: ....
- v. 6: ....
- vv. 9-10: ....

11 **Il lessico** Come definiresti il lessico utilizzato?

a. Solenne e difficile
b. Altisonante
c. Dimesso e colloquiale
d. Semplice e intenso

Rielaborare e produrre

12 **La tua interpretazione** Considera il verso 8: «e temono di offendere iddio». Che cosa intende la poetessa con queste parole?

a. I poeti scrivono verità scomode e temono di offendere la divinità
b. I poeti scrivono talmente bene da temere di offuscare la divinità, inimicandosela

Raccogli gli elementi validi per sostenere l'interpretazione che ritieni più plausibile, poi rispondi alla domanda in un breve intervento orale.

13 **La sintesi** Sintetizza in (massimo) 50 parole il contenuto del testo.

14 **La vita dell'uomo comune** Spiega in un breve testo interpretativo come la poetessa intenda la vita dell'uomo comune contrapposta a quella del poeta.

15 **La lettera** Ti sarà capitato qualche volta di rimanere sveglio la notte, solo con i tuoi pensieri: descrivi in una lettera indirizzata a un amico le sensazioni che hai provato.

Valerio Magrelli

Soltanto il tempo veramente scrive

Tocca al poeta svelare che il vero signore e interprete dell'universo è il tempo. Proprio il progressivo logoramento fisico del corpo dovrebbe mettere in guardia l'uomo, che invece s'illude di lasciare traccia di sé. Inesorabilmente, il tempo vince su tutto.

Da *Ora serrata retinae*, 1980

Lirica in versi liberi

Soltanto il tempo veramente scrive
usando come penna il nostro corpo.
Per le strade, nei cinema o in un letto
questa calligrafia va persa
ed è atroce l'incuria
degli dei e degli uomini.
Quello che arriva sulla carta è solo
il commento residuo d'un poema
perennemente disperso.
Chiosa frugale, calco d'un racconto,
questo è l'indice ultimo degli indici.

V. Magrelli, *Ora serrata retinae*, Feltrinelli, Milano, 1980

1-2 **Soltanto...corpo**: solo il tempo lascia tracce durature di sé sul corpo dell'uomo che, invecchiando, si trasforma.

3-4 **Per le strade...va persa**: tutto quanto l'uomo lascia di sé – «Per le strade, nei cinema o in un letto» – finisce con il perdere ogni valore.

5-6 **ed è atroce...uomini**: il disinteresse («incuria») che ogni uomo ha nei confronti degli altri uomini è terribile («atroce»), perché coinvolge tutti, anche le divinità.

7-9 **Quello...disperso**: tutto ciò che si scrive («arriva sulla carta»), la poesia stessa è solo puro esercizio di retorica sulla vita, la quale rimane il vero poema, che però non si lascia fissare, è inafferrabile.

10 **Chiosa...racconto**: la poesia è una breve nota esplicativa («chiosa»), il segno («calco») di qualcosa che non c'è più.

11 **questo...indici**: questo è l'estremo e impossibile tentativo («indice ultimo») di mettere ordine negli «indici» che nell'insieme rappresentano la vita stessa.

L'AUTORE

Valerio Magrelli nasce a Roma nel 1957. Si laurea in Filosofia, conseguendo poi il dottorato di ricerca in Letteratura francese, materia che attualmente insegna all'Università di Pisa. Svolge ampia attività di carattere letterario come critico, traduttore dal francese, collaboratore editoriale. Ha esordito come poeta nel 1977 pubblicando sulle riviste "Periodo ipotetico" e "Nuovi argomenti". Nel 1980 esce la sua prima raccolta poetica, *Ora serrata retinae*; in seguito pubblica altre due raccolte, *Nature e venature* (1987) ed *Esercizi di tiptologia* (1992). Questa iniziale opera poetica è stata riunita nel volume *Poesie (1980-1992) e altre poesie* (1996). Nel 1999 esce *Didascalie per la lettura di un giornale*. Nel 2005 Magrelli ha pubblicato un libretto con cd audio dal titolo *Che cosa è la poesia?*, dove, in ventuno voci, sviluppa considerazioni didattiche sulla poesia, convinto che tutti pensino di conoscerla, ma pochi ne posseggano gli strumenti interpretativi.

per L'ANALISI del TESTO

La finitezza della vita

Con questa breve lirica Magrelli identifica uno dei compiti del poeta, quello di ricordare la finitezza della vita. In tal modo capovolge una delle convinzioni più radicate della tradizione letteraria, secondo la quale l'artista è in grado di rendere eterna la propria opera. Egli considera la sua attività di poeta al pari di una semplice «chiosa», il «calco d'un racconto» (v. 10).

Non si devono nutrire illusioni, afferma Magrelli, rispetto al potere salvifico della poesia e al ruolo del poeta: «l'idea della poesia come pura energia metamorfica, che trasforma il mondo, la condivido a patto che si trasformi in linguaggio. Guardo con molta diffidenza l'eroicità del poeta al di fuori della pagina scritta. La **poesia** deve essere una **scossa elettrica**, un attraversamento, una pulsione, ma tutto questo brivido deve trasformarsi in linguaggio».

Oltre i versi, oltre la propria percezione del mondo non è possibile andare; il poeta non può rendersi responsabile del destino di altri uomini, soprattutto perché ciascuno trascura la vicenda esistenziale altrui («è atroce l'incuria / degli dei e degli uomini», vv. 5-6). Scrive Enzo Siciliano, critico letterario, nella sua prefazione alla raccolta *Ora serrata retinae*: «Magrelli compone una poesia che dà forte rilievo alla razionalità e che intende tenersi lontana da ogni accondiscendenza all'emotività, forse per un senso di autodifesa di fronte all'insondabile "ribollire nevrotico dell'esistenza"».

Lo stile

Il **carattere razionale**, quasi **antilirico**, di questa poesia si basa anche sulle scelte espressive. Secondo il consueto doppio registro di scrittura da lui adottato, Magrelli ha privilegiato un **linguaggio piano**, alternando termini di uso quotidiano ad altri di natura più colta, senza tuttavia sottrarsi al rigore dell'endecasillabo, il verso prevalente nella lirica. Non mancano precisi effetti fonosimbolici dovuti ad allitterazioni, che contribuiscono a rendere il ritmo scorrevole.

Giacomo Balla, *Colpo di fucile domenicale*, 1918. (Roma, Collezione d'arte della Banca d'Italia)

Attività

Leggere e comprendere

1 **Il tempo** Che cosa fa il tempo, secondo il poeta?

a. Scorre inesorabilmente senza lasciare traccia del suo passaggio

b. Scorre lasciando i suoi segni sul corpo umano, che invecchia

c. Scorre lasciando tracce di sé nelle opere immortali degli artisti

d. Scorre veloce per gli uomini ma non per le cose

2 **La «calligrafia»** Che cosa rappresenta la «calligrafia» del verso 4? In quale rapporto sono, secondo Magrelli, le azioni degli uomini e il tempo?

3 **L'«incuria»** Al verso 5 Magrelli usa la parola «incuria»: che cosa intende con questo termine e contro chi l'incuria si rivolge?

4 **Il compito della poesia** Qual è, secondo l'autore, una possibile funzione della poesia?

Riconoscere e analizzare

5 **Il verso** La lirica è in versi liberi, ma con un tipo di verso prevalente: quale?

6 **Il ritmo** La poesia è caratterizzata dall'utilizzo di continui *enjambement* e cesure: evidenziali in modo diverso, poi definisci il ritmo della lirica.

7 **Le scelte lessicali** Sottolinea sul testo i termini di registro colloquiale: quale valore hanno per il poeta?

8 **I campi semantici** Compila la tabella con i termini relativi al tempo e con quelli che si riferiscono al campo semantico della poesia.

Tempo	Poesia
....	....
....	....

9 **Le figure retoriche** Che cosa vuole significare l'espressione «poema / perennemente disperso» (vv. 8-9)? Di quale figura retorica si tratta?

....

....

....

Rielaborare e produrre

10 **La tua interpretazione** Considera i versi 5-6: «ed è atroce l'incuria / degli dei e degli uomini». Con il termine «incuria» il poeta intende esprimere:

a. l'interesse esclusivo dell'uomo per se stesso

b. l'indifferenza verso tutto e tutti da parte sia degli uomini sia degli dei

Raccogli gli elementi validi per sostenere l'interpretazione che ritieni più plausibile, poi rispondi alla domanda in un breve intervento orale.

11 **La parafrasi** Volgi in prosa il componimento (▸ p. 63).

12 **Analisi e commento** In un testo di 200 parole analizza la poesia e commentala (▸ pp. 64-65).

13 **La tua opinione** Secondo Magrelli, il tempo cancella le tracce di ogni cosa: anche tu pensi che tutto vada perduto? Motiva la tua risposta in un testo di 200 parole.

Alfonso Berardinelli

Togliamo la poesia dal ghetto?

Da
"Il Sole 24 Ore"
Articolo

Nel seguente articolo, Berardinelli esprime in maniera impietosa il travaglio che sta attraversando la poesia italiana. A suo dire, l'attenzione per la poesia va via via diminuendo e la scuola non contribuisce a risvegliarne l'interesse, a creare dei lettori competenti. «Non si dà spazio sufficiente a una lettura gratuita di puro piacere»: così la poesia vivacchia in circoli sempre più ristretti...

Le antologie che cercano di raccogliere, selezionare e documentare la poesia contemporanea sono sempre più voluminose [...]. Si moltiplicano i commenti, le introduzioni, le analisi.

Ma chi conosce a memoria un paio di testi scritti dalle ultime generazioni di poeti? Si direbbe che quanto meno intensamente si legge poesia tanto più i critici e gli insegnanti si accaniscono a spiegarcela. Così a scuola la poesia comincia subito col sembrare materia per produrre interpretazioni. Invece che interpretare allo scopo di leggere, si legge allo scopo di interpretare. Anche i più voraci e allenati lettori di narrativa contemporanea, di fronte a un testo in versi si mettono in allarme. Hanno l'impressione di non capire. Temono di non superare l'esame.

In un libro uscito un anno fa da Einaudi, *Che noia la poesia*, Enzensberger[1] e io parlavamo di "lettori stressati". Non c'è da meravigliarsi. Ormai sono ben pochi i docenti universitari che si impegnano volentieri in un corso sulla poesia contemporanea. Pochissimi gli studenti che scelgono di laurearsi su un poeta.

[...] La poesia sembra diventata la specialità dei "perdenti" e i critici che se ne occupano dimostrano un'inspiegabile vocazione al martirio. Chi li inviterà mai a un convegno? Quale giornale recensirà i loro libri?

È chiaro che in una tale situazione il pubblico che non vuole stressarsi ma rilassarsi può anche assistere a qualche lettura pubblica di poeti, ma poi non compra i loro libri e quindi non li legge. Paradossalmente a questo genere letterario ancora

1 **Enzensberger**: Hans Magnus Enzensberger (1929) è uno scrittore, poeta e critico tedesco.

L'AUTORE

Alfonso Berardinelli è uno dei critici letterari più autorevoli del panorama culturale italiano. Nato a Roma nel 1943, ha insegnato Letteratura contemporanea all'Università di Venezia; è autore di articoli – collabora infatti con diversi quotidiani, fra cui "Il Sole 24 Ore" – e volumi nei quali riflette, spesso con stile ironico, da colto e raffinato polemista quale egli è, sullo stato di salute della cultura odierna. Fra i suoi libri ricordiamo *Che noia la poesia* (2006, con H.M. Enzensberger), in cui gli autori spiegano come sono strutturati i versi, quali sono le varie forme poetiche, dall'antichità fino ai giorni nostri, e forniscono alcune indicazioni pratiche su come accostarsi alla scrittura poetica, e *Poesia non poesia* (2008), nel quale Berardinelli sostiene che la poesia oggi va difesa da se stessa, cioè da tutto ciò che l'ha resa omologa al mondo culturale così com'è, snaturandola.

considerato, in linea di principio, un genere essenziale e nobile, viene di fatto riservato un consumo veloce e un ascolto distratto. I manuali su «come leggere poesia» partono di solito da un presupposto pericoloso, perché danno per scontato che l'atto di leggerla sia di per sé un problema. Il problema, cioè, viene creato da chi si offre di risolverlo. Non si dà spazio sufficiente a una lettura gratuita di puro piacere, la sola da cui può nascere quella familiarità verbale necessaria a creare dei lettori.

È vero che la poesia moderna, da metà Ottocento a metà Novecento, ha voluto essere il contrario della familiarità e della normalità comunicativa: niente poesia senza shock, straniamento, deviazione dalla norma linguistica, spaesamento, provocazione e aggressione al lettore. Ma proprio per questo il lettore dovrebbe fare esperienza di tutto ciò, prima di esorcizzare oscurità e difficoltà traducendole in interpretazioni corrette. Naturalmente la poesia scritta secoli fa richiede un po' di studio anche solo per essere letta, la sua semantica[2] è storica. Ma questo è vero più per poeti come Dante e Baudelaire che per poeti come Catullo, Heine o Withman, leggibili con un minimo di note. La poesia contemporanea dovrebbe essere anzitutto letta. La prima forma di studio somiglia all'attrazione erotica. Se non c'è, la poesia non attira, non si vende, non ci saranno mai lettori competenti, dato che la competenza deriva dall'uso.

Nella musica, nel cinema, nel calcio, nella cucina, nell'abbigliamento, perfino nella narrativa, un pubblico competente esiste, ha maturato le sue esigenze e riesce a giudicare. In poesia questo non avviene.

[...] L'esistenza di collane specializzate non migliora le cose: devono per forza pubblicare un certo numero di poeti anche se la materia scarseggia. Si creano delle caselle vuote che poi bisogna occupare comunque. Sarebbe meglio, credo, non specializzare ma mescolare i generi, facendo collane miste. In questo caso il criterio diventerebbe esclusivamente uno: scegliere libri interessanti e di qualità. La poesia dovrebbe reggere il confronto con la prosa e con il teatro. E questo sarebbe utile per far uscire la poesia dai suoi gerghi e ghetti, restituendo ai poeti la passione di essere letti.

A. Berardinelli, *Togliamo la poesia dal ghetto?*, in "Il Sole 24 ore", 27 maggio 2007

2 **semantica**: qui, l'insieme delle espressioni linguistiche proprie di una certa epoca.

Attività

Comprendere l'articolo

1 **Il titolo** Che cosa significa "togliere la poesia dal ghetto"?

2 **Le responsabilità** Quali responsabilità attribuisce l'autore alla scuola?

3 **La soluzione** Quale soluzione prospetta l'autore? Qual è la tua opinione al riguardo?

Analizzare l'articolo

4 **«voraci»** Nel testo è presente l'aggettivo «voraci» riferito ai lettori. Che cosa vuol dire? Di solito in quale ambito è usato?

5 **Il campo semantico** Nella terminologia del testo riscontri un campo semantico prevalente?

RACCOGLIAMO LE IDEE

1 Sintesi dei contenuti

Attraverso le attività seguenti, raccogli le idee sui concetti e sulle informazioni contenute nell'Unità. Se lo ritieni utile, puoi inserire altre citazioni dai testi a tua scelta.

In questa Unità abbiamo visto come, attraverso i loro scritti, alcuni poeti definiscano se stessi e la poesia. Abbina ognuna delle tre brevissime sintesi dei testi letti al poeta corrispondente, indicandone il nome.

A. Il poeta non può sperare di raggiungere l'immortalità con la poesia. Solo il tempo trasforma la realtà, e la poesia al massimo ne può prendere atto.

B. Il poeta è un essere superiore, regale, ma gli uomini comuni lo irridono.

C. Il poeta può esprimersi solo lontano dal frastuono della vita quotidiana. Il suo canto dolce e profondo lo pone all'altezza della divinità e della natura.

2 Citazioni dalle liriche

Il Poeta è come lui, principe dei nembi
che sta con l'uragano e ride degli arcieri.
In terra, fra grida di scherno, solo,
con le sue ali da gigante non riesce a camminare.

Charles Baudelaire, *L'albatro*

I poeti lavorano di notte
quando il tempo non urge su di loro,
quando tace il rumore della folla
e termina il linciaggio delle ore.

Alda Merini, *I poeti lavorano di notte*

Soltanto il tempo veramente scrive
usando come penna il nostro corpo.
Per le strade, nei cinema o in un letto
questa calligrafia va persa
ed è atroce l'incuria
degli dei e degli uomini.

Valerio Magrelli, *Soltanto il tempo veramente scrive*

[...]
....
....
....
....
....

[...]
....
....
....
....

3 Scrittura guidata *il testo descrittivo*

Dopo aver passato in rassegna i diversi modi – sintetizzati nella pagina precedente – in cui i poeti stessi concepiscono il proprio ruolo e quello della poesia, e aver letto le citazioni riportate sopra, rifletti sulla tua personale idea di poeta e di poesia, ed elabora un testo descrittivo dal titolo "Il mio poeta", in cui esponi le caratteristiche di un poeta da te immaginato.

Puoi utilizzare, se vuoi, la seguente scaletta.

Introduzione

- Esposizione e ampliamento del tema proposto nella traccia

Sviluppo

- Paragrafo 1: aspetto fisico, abbigliamento, interessi...
- Paragrafo 2: informazioni sulla vita
- Paragrafo 3: formazione scolastica
- Paragrafo 4: qualità, doti interiori
- Paragrafo 5: percezione della realtà
- Paragrafo 6: scelte stilistiche
- Paragrafo 7: confronto con la tradizione
- ....

Conclusione

- Esposizione sintetica ma completa dell'idea base del testo

Umberto Saba

Amai

Da
Il Canzoniere,
1961

Lirica

Umberto Saba (► p. 9), ormai anziano, condensa in una breve lirica i fondamenti della sua poesia, le linee guida da lui seguite per tutta la vita nel comporre: fedeltà alla tradizione, ricerca della verità, semplicità di parola.

Amai trite parole che non uno
osava. M'incantò la rima fiore
amore,
la più antica difficile del mondo.

Amai la verità che giace al fondo,
quasi un sogno **obliato**, che il dolore
riscopre amica. Con paura il cuore
le si accosta, che più non l'abbandona.

Amo te che mi ascolti e la mia buona
carta lasciata al fine del mio gioco.

U. Saba, *Tutte le poesie*,
a cura di A. Stara, Mondadori, Milano, 1988

PAROLE *sotto la lente*

Obliato

Participio passato del verbo *obliare*, dal francese antico *oblier*, a sua volta derivante dal latino *oblitare*, "dimenticare". Dal verbo deriva il sostantivo "oblio", dimenticanza, non breve e dovuta a distrazione o a mancanza di memoria, ma più o meno duratura. Nella mitologia classica il fiume Lete (citato anche da Dante nella *Commedia*) era considerato il fiume, appunto, dell'oblio, le cui acque cancellavano ogni ricordo.

Attività

Cerca tre sinonimi del termine di registro linguistico colloquiale.

Carlo Levi, *Ritratto di Umberto Saba*, 1953. (Roma, Galleria Nazionale d'Arte Moderna e Contemporanea)

1-2 **Amai...osava**: il poeta dichiara di aver sempre preferito parole logorate, consumate («trite») che nessuno più considerava. Saba polemizza con le innovazioni della poesia del Novecento.

2-4 **M'incantò...mondo**: la rima «fiore amore» è quella cui i poeti hanno pensato sin dalle origini della poesia, perciò la più antica, ma anche la più difficile da usare perché comporta il rischio della banalità. Saba dichiara di averla usata perché ricerca da sempre la chiarezza e la semplicità.

5 **verità...fondo**: soltanto nel fondo della coscienza, della psiche risiede la verità.

6 **obliato**: dimenticato.

6-7 **che il dolore...amica**: molte volte il dolore deriva dalla scoperta di una verità che genera sofferenza, ma tale verità spesso è di aiuto all'uomo per capire il senso profondo della sua esistenza («che il dolore riscopre amica»).

7-8 **Con paura...l'abbandona**: la coscienza («il cuore») si accosta con paura alla verità, ma poi questa verità (il «che» del v. 8 è riferito sempre a «la verità» del v. 5) non abbandona più il cuore.

9-10 **Amo...gioco**: amo te, o lettore che leggi la mia sincera poesia («la mia buona carta»), che mi è ancora permessa, giunto ormai al termine della vita (vita espressa dalla metafora del gioco delle carte).

Attività

Comprendere e analizzare: verso l'INVALSI

1 **Il tema** Qual è il tema principale trattato nel componimento?

a. La vita dell'autore
b. La felicità
c. I valori
d. La poetica

2 **Lo stile** Qual è lo stile espressivo scelto dall'autore per questa lirica?

a. Complesso e aulico
b. Semplice
c. Colloquiale
d. Altisonante

3 **Gli altri poeti** Nella prima strofa compare l'espressione «che non uno / osava». A chi allude l'autore?

a. Ai poeti che scrivono versi migliori
b. Ai poeti che non hanno il coraggio della semplicità
c. Ai poeti che usano solo termini dotti
d. Ai poeti che non vogliono essere banali

4 **La rima** Il poeta sostiene che la rima *fiore/amore* è la più difficile. Perché?

a. Non compare mai nelle sue poesie
b. È così comune che sembra aver perso il suo più profondo significato
c. Non suscita interesse nei lettori
d. Rimanda a un argomento banale e inadatto alla poesia

5 **La realtà** Dove si trovano gli aspetti veri ed essenziali della realtà?

a. In superficie
b. Nei dettagli accessori
c. In profondità
d. In ogni aspetto delle cose

6 **Le occasioni** Quale condizione umana spinge alla ricerca della verità?

a. La gioia
b. La morte
c. Il dolore
d. La fatica

7 **La chiusura** Quale sentimento sembrano suggerire le parole «Amo» e «buona / carta» presenti in chiusura della lirica?

a. Dolore per la vita ormai al tramonto
b. Indifferenza nei confronti del dolore
c. Speranza di serenità
d. Amore per la famiglia

8 **La forma metrica** Descrivi la forma metrica e indica lo schema delle rime.

9 **Gli *enjambement*** Molto frequente è nella lirica l'uso di *enjambement*. Individua tutti quelli presenti nel testo.

10 **La coesione** Quali elementi linguistici rendono coeso il componimento?

a. L'uniformità della metrica
b. L'anafora del verbo "amare" e le rime
c. L'anafora con variazioni del verbo "amare"
d. L'uso dello stesso tempo verbale

11 **I preziosismi** La lirica si presenta come un manifesto della semplicità, tuttavia contiene alcune ricercatezze formali. Fornisci un esempio di ogni tipologia indicata sotto.

a. Una parola di registro linguistico elevato: ....

b. Una figura di ordine: ....

Rielaborare e produrre

12 **La sintesi** Sintetizza in meno di 50 parole il contenuto del testo.

13 **Il commento** Scrivi un commento (▶ p. 65) della poesia, riflettendo sul legame fra la verità e il dolore espresso dall'autore nella seconda strofa.

14 **Il tuo parere** Scrivi un testo argomentativo che risponda alla domanda: "La semplicità nel pensiero e nell'esposizione rappresenta il punto d'arrivo di una faticosa ricerca o una banale superficialità?".

Solo canzonette o vera poesia?

La disputa sul rapporto tra poesia e mondo della canzone non è certo sorta oggi, ma quando sono comparsi, negli anni Cinquanta e Sessanta del secolo scorso, artisti che hanno cominciato a proporre testi di valore non solo sul piano musicale ma anche culturale. I "**cantautori**" hanno tradotto in musica e in versi il loro anticonformismo e un particolare intimismo, diventando presto delle star in grado di influenzare culturalmente un vasto pubblico. Ci riferiamo, per esempio, ad artisti come **Bob Dylan**, **Leonard Cohen**, scomparso di recente, **Georges Brassens**, **Fabrizio De André**, **Francesco De Gregori**, **Francesco Guccini**, **Bruno Lauzi** e molti altri.

Tale disputa – solo canzonette o vera poesia? – ha trovato nuova linfa con l'assegnazione a **Bob Dylan** del premio Nobel per la Letteratura 2016. In molti si sono chiesti che cosa c'entri Dylan con la letteratura, eppure la motivazione del premio asserisce che il suo merito principale è stato quello di "aver creato un **nuovo genere poetico** all'interno della grande tradizione della musica folk americana". In effetti Dylan, nato nel 1941 e soprannominato il "menestrello d'America", è autore di ballate malinconiche e poetiche cui affianca canzoni di protesta di straordinario vigore. Alla celebre *Blowin' in the wind* (1963) hanno fatto seguito altri capolavori, come *Mr. Tambourine man* (1965), la sua più importante canzone folk, una poesia visionaria che lo fece conoscere al pubblico di tutto il mondo; *It's all right, Ma (I'm only bleeding),* del 1965, una protesta contro il mondo del consumismo, il cui verso più noto, che ne riassume il senso, dice: "I soldi non parlano, bestemmiano"; *Just like a woman* (1966), una raffinata ballata country-rock, in cui la protagonista "soffre come una donna, ma piange come una bambina"; *Like a Rolling Stone* (1966) forse il più grande successo di Dylan, una canzone sulla progressiva rovina di una donna; *I Shall Be Released* (1967), il toccante racconto di un prigioniero che prega per la libertà; *Hurricane* (1975) una denuncia dell'ingiustizia sociale.

Legato alla "canzone d'autore" francese, quella di Georges Brassens (1921-1981), è il cantautore genovese **Fabrizio De André** (1940-1999), il cui repertorio musicale è molto ricco di riferimenti poetici, basti pensare all'album *Non al denaro non all'amore né al cielo* (1971), ispirato all'*Antologia di Spoon River* del poeta americano Edgar Lee Masters. Ma vere e proprie poesie sono anche le sue famose **ballate**: *La guerra di Piero*, *La ballata degli impiccati*, *Via del campo*, *Bocca di rosa*, *Il pescatore*, *La canzone dell'amore perduto*.

Quella più nota è forse *La canzone di Marinella,* racconto fiabesco e popolare della vicenda di una ragazza alle prese con la sua prima storia d'amore: l'incontro con un re giovane e bello le regala la felicità, che però dura solo un giorno, a conferma dell'antico intreccio tra amore e morte. Il testo è costituito da quartine di endecasillabi a rima baciata, la cui cadenza è sottolineata anche dall'accompagnamento musicale, facilmente orecchiabile. La sintassi delle strofe rispetta le esigenze ritmiche e poggia sempre su di un unico periodo, suddiviso in due frasi, corrispondenti a due versi.

A sinistra, Leonard Cohen. Sotto, Bob Dylan nel 1987.

per guardare oltre

Intersezioni nell'antologia

LETTURE

- La ricerca delle peculiarità del poeta è il tema di questa Unità. Per svilupparlo, ci siamo affidati a voci autorevoli come quella di Alda **Merini** (*L'uccello di fuoco*, ▶ p. 47). La poetessa milanese, abituata a scavare nell'animo umano, ci fornisce la prova di quanto il poeta sia una figura anticonformista.
- Ci sono stagioni nelle quali il poeta è chiamato a stare fianco a fianco con gli uomini tutti, in difesa dei diritti civili, delle libertà individuali: ne danno testimonianza Primo **Levi** (*Se questo è un uomo*, ▶ p. 187) e Salvatore **Quasimodo** (*Uomo del mio tempo*, ▶ p. 191). Di grande interesse risulta la lettura dell'intervista ad Andrea **Zanzotto** (▶ p. 117), a dimostrazione del fatto che i poeti possiedono un'anima profondamente ecologica.
- Un testo denso di spunti interessanti sui destini della poesia moderna è quello di Alfonso **Berardinelli**, *Togliamo la poesia dal ghetto?* (▶ p. 88).

Altri orizzonti

POESIE

- Negli ultimi decenni si è assistito a un ritorno alle forme poetiche della tradizione, di cui suggeriamo qualche titolo. Per cominciare, segnaliamo la poesia di Maurizio **Cucchi** nel volume riepilogativo *Poesie 1965-2000* (2001). Una preziosa raccolta di testi, con relativa presentazione critica dei singoli autori, è *Poesia del Novecento italiano*, a cura di Niva **Lorenzini** (2002).
- Alcune recenti antologie poetiche hanno il merito di evidenziare quanto la poesia italiana sia vitale: *Dopo la lirica. Poeti italiani 1960-2000*, a cura di Enrico **Testa** (2005); *La poesia italiana dal 1960 a oggi*, a cura di Daniele **Piccini** (2005).
- Una poesia curiosa, fatta di *nonsense*, per lo più basata su allitterazioni e accostamenti di significato sorprendenti (Dentro Torino un rinoceronte / perso una notte: «Sono innocente!»/cacciando un urlo così lacerante/da render tonto mezzo Piemonte) è quella di Toti **Scialoja**, in *Versi del senso perso* (2009).
- La poesia è ritmo, suono e tanto altro. Lo spiega con mille esempi illustri la poetessa milanese Donatella **Bisutti** in *La poesia salva la vita. Capire noi stessi e il mondo attraverso le parole* (2009).

PITTURA

- Una vita sregolata, contraddistinta tuttavia da una pittura di livello altissimo, è stata quella di un celeberrimo artista come **Caravaggio** (1571-1610), il cui animo irrequieto, lo portò ad affrontare diverse vicissitudini durante la sua breve esistenza.
- Caratterizzato dall'eterna aureola di pittore maledetto, estraneo a tutto quanto lo circondava, è stato Amedeo **Modigliani** (1884-1920), capace di un'arte superlativa, specie nell'attitudine di rubare l'anima altrui con i suoi ritratti.

FILM

- Poesia eroica è quella di *Non uno di meno*, di Zhāng **Yìmóu** (1999), racconto garbato della vicenda della supplente più giovane del mondo, perché la tredicenne Wei Minzhi, piccola donna d'acciaio, prende in consegna, in uno sperduto villaggio cinese, una classe elementare con l'imperativo che nessun allievo abbandoni lo studio.
- In *Il postino* (1994), del regista Michael **Radford**, la poesia è al centro del rapporto fra un postino intellettualmente vivace e il poeta Pablo Neruda.
- Anche nel film *L'attimo fuggente* (1989) di Peter **Weir** l'amore per la poesia, sapientemente suscitato da un insegnante sognatore, diviene il fulcro degli interessi di una scolaresca in un college inglese degli anni Cinquanta.

MUSICA

- La fragilità dell'ispirazione poetica si ritrova tutta nel russo Pëtr Il'ič **Čajkovskij** (1840-1893), per esempio nella Sesta Sinfonia, la *Patetica* o nelle partiture musicali per balletti quali *Il lago dei cigni*, *Lo schiaccianoci* e *La bella addormentata*.
- La musica "leggera" ha le sue note alte, ad esempio quelle di Lucio **Dalla**, amico di poeti e lui stesso poeta ispirato in tante sue canzoni, come *L'anno che verrà, La sera dei miracoli, Anna e Marco.*

Philippe Noiret (Pablo Neruda) e Massimo Troisi (Mario Ruoppolo) in una scena del film *Il postino*, regia di Massimo Troisi e Michael Radford (1994).

PERCORSO B

UNITÀ 2

Voci della natura

• La natura e le arti • Nella natura, in tutte le sue meravigliose manifestazioni, l'uomo ha riconosciuto i segni del proprio essere, della sua stessa esistenza: l'eterno succedersi del ciclo stagionale, per esempio, è stato accostato allo scorrere inesorabile del tempo umano, al succedersi inarrestabile dei giorni fino alla conclusione della vita. Per questa ragione i poeti si sono sempre ispirati alla natura e, con la loro sensibilità, hanno costruito immagini potenti, capaci di suscitare sentimenti appassionati. La natura è sempre stata ed è **fonte d'ispirazione** anche **per tutte le arti**, specie quelle figurative. Un esempio emblematico di artista che ha passato la vita immerso nella natura per coglierne in profondità l'anima misteriosa è il pittore Ennio **Morlotti**.

Ennio Morlotti dipinge nel suo studio, anni Sessanta.

• L'idea di natura "rivisitata" • Nato a Lecco nel 1910, Morlotti frequenta l'Accademia di Belle Arti di Firenze (1936) e intraprende la carriera di pittore, prediligendo fin da subito soggetti come i paesaggi e le nature morte. Nel 1937 trascorre un breve soggiorno a Parigi, dove ha modo di conoscere le avanguardie del tempo. Nel 1939 si stabilisce a Milano e qui aderisce dapprima al gruppo di "Corrente", sostenitore di una pittura d'**impronta realista**, poi, dal 1950 intraprende una sua personale ricerca, nella quale diventa centrale la pittura dal vero di ambienti paesaggistici. Appartengono ai suoi decenni migliori (anni Cinquanta e Sessanta del secolo scorso) i *Dossi, Paesaggi dell'Adda, Campi di grano, Sterpi, Paesaggi della Liguria, Girasoli, Ulivi, Rocce*. Morlotti sviluppa sempre più un'**arte astratta**, nella quale l'idea di natura viene interpretata secondo il suo personale sentire. Muore nel 1992.

DOMANDE

- Quale delle due opere raffigurate ti sembra improntata a una maggiore astrazione? Perché?
- Considera i due dipinti dal punto di vista cromatico: a quali stati d'animo ti fanno pensare?
- Nella ricerca formale del pittore lecchese la natura non è una cosa da vedere, ma «da partecipare, in cui entrare, in cui andar dentro, in cui perdersi» (G. Testori). Preferisci una simile interpretazione della natura oppure la consueta raffigurazione con elementi concreti e ben riconoscibili? Motiva la tua risposta.

• Il mistero e la luce • L'arte migliore di Morlotti nasce dalla sua ricerca del "mistero" della natura, nella quale ha sempre amato immergersi per cogliere la suggestiva presenza dei tanti organismi in crescita sommessa, incessante, dentro il vasto alveo della vita materiale. In un'intervista ebbe a dichiarare: «Mi sentivo come un insetto dentro quel mondo»; da una simile sensazione scaturisce la sua pittura, che sperimenta nuovi spessori di materia, pennellate ampie, linguaggi astratti, frutto di una profonda interiorità, in **equilibrio** tra **espressione** e **visione**, come rivela il dipinto intitolato *Estate* (1946). È un'ora afosa, da meriggio accaldato: i dossi collinari sono proposti in maniera alquanto astratta, con geometrie luminose frutto dell'accostamento di toni vivaci: bruni, gialli, rossi. Quanta vita c'è in questa vegetazione, più pensata che riprodotta.

Una successiva stagione vede Morlotti impegnato sulle alture liguri, tra ulivi, sassi e sterpaglie. Dipinge un lungo ciclo intitolato *Rocce*: nell'esempio proposto (1986) è evidente la ricerca di valori assoluti, e l'essenza stessa della luce nella materia pittorica è ridotta a un semplice colloquio di verdi, marroni, ocra, in rapporto all'alto cielo azzurro che occupa tutta la parte superiore della tela. Siamo, ormai, alle soglie della riconoscibilità del soggetto, a un passo dall'**astrazione**.

A sinistra, Ennio Morlotti, *Estate*, 1946. (Collezione Privata)

Sotto, Ennio Morlotti, *Rocce*, 1986. (Collezione Privata)

in questa Unità impareremo a

- **conoscere** le biografie e il contesto storico-letterario degli autori, le caratteristiche e le condizioni del paesaggio naturale, fonte della loro ispirazione
- **comprendere** il significato globale dei testi in relazione alla percezione e interpretazione simbolica della natura, alla quale spesso i poeti si ispirano
- **analizzare** le liriche secondo le regole della poesia e le tecniche stilistiche per approfondirne la comprensione e le tematiche
- **interpretare** lo scritto, comprendendo le emozioni e le problematiche in esso contenute
- **produrre** parafrasi, commenti, testi espositivi e descrittivi a partire dai temi delle liriche
- **comunicare oralmente**, per riferire i contenuti delle poesie e riflettere sulle loro tematiche in forma strutturata e chiara

in questa Unità scopriremo

È un'emozione antica quella che la natura suscita in noi: da sempre è fonte d'ispirazione per artisti, letterati, musicisti che hanno tradotto su una tela, nelle pagine di un romanzo o su un pentagramma la loro partecipazione emotiva davanti agli spettacoli che essa sa offrire. La poesia non è estranea a certe suggestioni: quando dedicano i propri versi a temi legati alla natura, i poeti non sono mai soltanto descrittivi ma tendono ad attribuire a un paesaggio, ai momenti di una stagione, agli aspetti di una qualsiasi manifestazione naturale valori simbolici, nascosti. In alcune circostanze la natura, nei versi del poeta, può addirittura riflettere una situazione personale oppure rimandare a sentimenti e problemi che coinvolgono tutti gli individui.

• L'armonia della natura e della poesia •

Un aspetto che lega la poesia alla natura è la comune ricerca d'armonia. La **natura** è in primo luogo governata da **leggi armoniche**: i suoi cicli naturali rispondono a leggi immutabili che hanno sempre colpito e affascinato l'uomo; la vita si sviluppa seguendo una regolarità impressionante; dal semplice granello di sabbia all'immensità dell'universo, tutto vive secondo modalità e ritmi preordinati.

Anche la **poesia** ricerca una **simile armonia**. Il suo linguaggio è scandito da regole basate sulla misura, sui suoni, sulle corrispondenze, sulle trasposizioni, sempre con la finalità di trovare il giusto equilibrio, la giusta armonia. In questo senso si può dire che la poesia sia la lingua più adatta a riflettere sulla natura e a parlarne.

• I paesaggi dell'anima •

Così si esprime Charles **Baudelaire** (▸ p. 77) in una delle sue poesie: «La Natura è un tempio dove pilastri vivi / mormorano a tratti indistinte parole; / l'uomo passa, lì, tra foreste di simboli / che l'osservano con sguardi familiari» (*Corrispondenze*). È il suo modo visionario per descrivere il misterioso rapporto che lega il poeta alla natura: essa è vista come un tempio in cui l'uomo, sorretto dalla visione familiare di alberi e foreste, entra in comunicazione con la divinità. Solo il poeta è in grado di intuire un tale mistero e di farsene interprete.

Scrive invece Ugo **Foscolo** in un celebre sonetto: «Forse perché della fatal quïete / Tu sei l'imago a me sì cara vieni, / O sera!» (*Alla sera*). Qui il poeta considera la sera come la rappresentazione della morte che, in quanto atteso riposo dal travaglio dell'esistenza, gli è cara.

Sono due esempi di come la natura sia considerata espressione degli **stati d'animo del poeta**. Le ansie, i moti interiori sono percepiti attraverso parallelismi con il mondo naturale: la descrizione di un'alba è spesso simbolo dell'inizio di una nuova vita, così come la fine del giorno è paragonata allo spegnersi della stessa; la calma e la gioia interiore sono collegate a immagini di cieli aperti e sereni; l'onda del mare in

Charles Baudelaire in un ritratto fotografico di Felix Nadar del 1855. (Collezione Privata)

burrasca che s'infrange sullo scoglio simboleggia non di rado affanni e dolori; un ramo inaridito rimanda a un sentimento ormai sbiadito e così via. Simili accostamenti sono riscontrabili nella poesia di tutti i tempi: sono immagini, paesaggi dell'anima.

• L'idea della vita e il senso del mistero •

Spesso la poesia ha fatto ricorso alla natura per esprimere anche una visione della vita, una **concezione dell'universo**, l'idea del rapporto uomo-Dio. Nell'antichità classica **Virgilio** (70-19 a.C.), nelle *Georgiche* e nelle *Bucoliche*, ha cantato un legame idilliaco dell'uomo con la natura; quando si è affermata una visione cristiana della vita, anche la poesia ha ruotato attorno a questa idea centrale: si pensi a *Il cantico delle creature* di **San Francesco** oppure alla *Divina Commedia* di **Dante**. Molto più tardi, nel XIX secolo, con il Romanticismo, si cercherà di scoprire proprio nella natura un significato superiore della vita umana. **Leopardi**, invece, ne avrà una duplice visione: la giudicherà matrigna, responsabile di ogni male per gli esseri viventi, ma anche fonte di dolcezza e di gioia, come appare in tanti suoi versi.

Oltre a essere, nelle opere poetiche, strumento di conoscenza per arrivare a una più profonda comprensione della vita, la natura ha sempre avuto dentro di sé un elemento di mistero, ineliminabile persino dai progressi scientifici dei nostri tempi: ecco perché la poesia continua a mantenere intatto il suo ruolo di analisi e di riflessione su questo mistero. La conoscenza razionale che l'uomo persegue non consentirà mai una spiegazione logica e completa dei tanti affascinanti aspetti che la natura dispiega.

E così l'uomo contemporaneo, forte di tante certezze, ma anche appesantito da altrettanti dubbi, vive un'esistenza contraddittoria e spesso tenta di trovare ancora nella natura le **segrete corrispondenze**. Pascoli, Quasimodo, Cardarelli, Zanzotto e altri grandi poeti si sono spesso rapportati alla natura proprio per meglio esprimere l'angustia dell'uomo moderno, impegnato nella ricerca di una verità sempre perseguita e mai raggiunta in maniera definitiva.

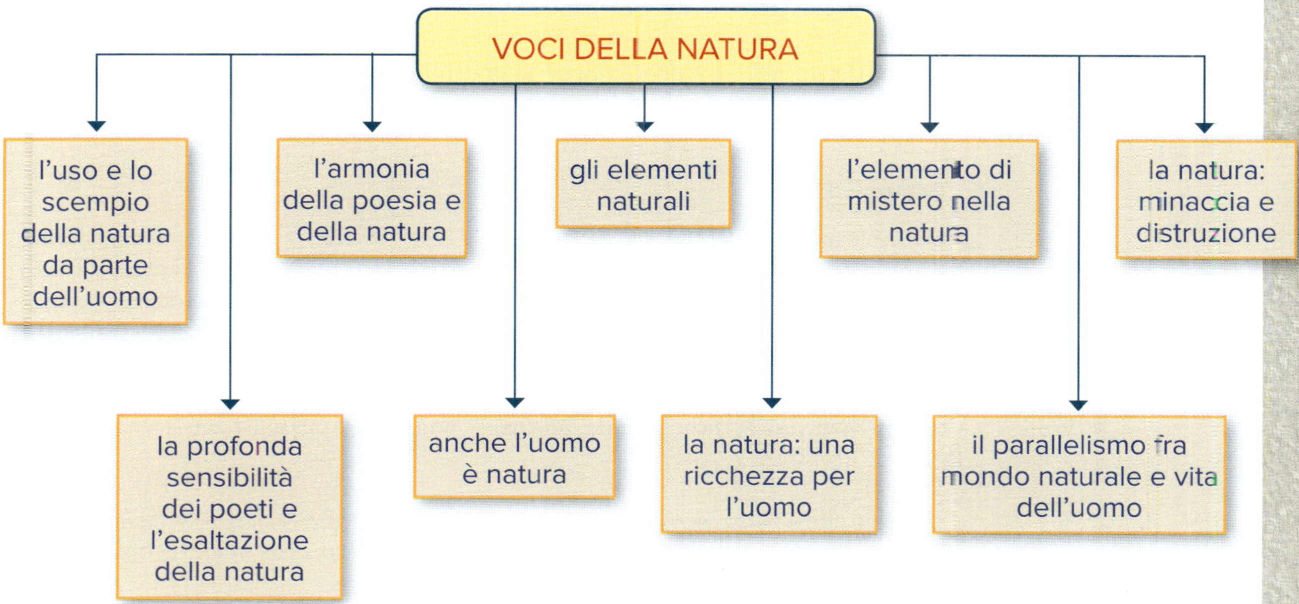

• Il percorso antologico •

Il percorso che questa Unità propone si svolge su diversi versanti. L'isolamento quasi totale in cui è vissuta Emily **Dickinson** (1830-1886) non le ha impedito di sognare, di sentire, di penetrare a fondo la natura, sua fonte primaria d'ispirazione per la composizione di tante liriche. La poetessa esprime tutta la sua raffinata sensibilità in *Tempesta* (► p. 101); osservando la natura, sconvolta dalla furia di un forte temporale, le appaiono, materializzandosi, immagini bizzarre e inquietanti, da fine del mondo.

Gabriele **D'Annunzio** (1863-1938), personaggio di primo piano della scena culturale e mondana d'inizio Novecento, si accosta alla cultura simbolista europea e al Decadentismo, elaborando una poesia nella quale di frequente natura e persone sembrano fondersi in un abbraccio vitale. Accade anche in *La pioggia nel pineto* (► p. 105), dove la pioggia è portatrice di freschezza e di vita al punto da far sentire i protagonisti della lirica come parte viva della natura, creature vegetali.

I «piccoli versi» della lirica intitolata *Versicoli quasi* **ecologici** (► p. 110) di Giorgio **Caproni** (1912-1990) ci riportano all'oggi, a una natura minacciata se non addirittura perduta per sempre, in cambio di ricchezze e di potere. Caproni, che ha cercato di improntare la sua poesia alla verità, alla semplicità e alla regolarità, si è sempre sottratto a ogni sperimentalismo formale, trovando ispirazione nella vita quotidiana, come dimostra anche la lirica qui presentata.

Poeta appartato e solitario, Andrea **Zanzotto** (1921-2011) ha a lungo lavorato sul linguaggio per produrre una poesia originale e intimista, in cui, soprattutto nei suoi ultimi decenni, il tema della natura è diventato centrale. È una natura rivelatrice di profonde verità quella rappresentata nella poesia *La quercia sradicata dal vento* (► p. 113), nella quale un avvenimento reale è trasformato in metafora esistenziale.

Di Vincenzo **Cardarelli** (1887-1959), un autore che in tante manifestazioni della natura ha saputo leggere aspetti esistenziali, proponiamo *Autunno* (► p. 122), lirica pacata, ma meritevole di attenta riflessione, in cui l'avanzare della stagione autunnale viene accostato al declinare della vita. Autodidatta, avviato alla carriera giornalistica ma dedicatosi alla poesia, Cardarelli ha trovato nei poeti classici i suoi modelli e ha fatto della malinconia generata dal trascorrere delle stagioni uno dei suoi temi preferiti.

Da ultimo, invitiamo a leggere l'intervista di Fabrizio **Ravelli**, *Il poeta Andrea Zanzotto a difesa della Terra* (► p. 117), in cui, in merito ai rischi ecologici che il nostro pianeta corre, il giornalista ci dà la dimostrazione di come i poeti sappiano vivere con coraggio l'attualità e non vivano affatto sulle nuvole.

PAROLE *sotto la lente*

Ecologico

Da "ecologia", nome formato dal greco *óikos*, "casa, abitazione", e *lógos*, "discorso". Coniato dal biologo tedesco E. Haeckel nel 1866, il termine indica la parte della biologia che studia le relazioni tra gli organismi e il loro ambiente naturale. L'ecologia oggi si suddivide in numerose branche (agraria, umana, applicata ecc.) e tratta temi fondamentali come lo sfruttamento dei territori, la conservazione della natura, la tutela del paesaggio, la lotta all'inquinamento nei Paesi molto popolati e industrializzati. In senso più generale il termine è usato per indicare la necessità di proteggere e salvaguardare la natura.

Attività

Distingui, tra le parole seguenti, quelle che contengono il prefissoide *eco-* da quelle composte dal nome "eco": *economia, ecografia, ecoscandaglio, ecosistema, economista, ecometro*.

Emily Dickinson

Tempesta

Un forte temporale estivo può sorprendere e anche incutere paura. Ci si aspetta che la **tempesta** passi senza causare troppi danni, ma non si penserebbe mai che preannunci la "fine del mondo", come invece suggerisce l'acuta sensibilità della poetessa in questi versi mirabilmente tradotti da un altro grande poeta, Eugenio Montale (► p. 296).

Da
Poesie, 1890
Lirica
in vari metri

Con un suono di corno
il vento arrivò, scosse l'erba;
un verde brivido diaccio
così sinistro passò nel caldo
che sbarrammo le porte e le finestre
quasi entrasse uno spettro di smeraldo:
e fu certo l'elettrico
segnale del Giudizio.
Una bizzarra turba di ansimanti
alberi, siepi alla deriva
e case in fuga nei fiumi
è ciò che videro i vivi.
Tocchi del campanile desolato
mulinavano le ultime nuove.
Quanto può giungere,
quanto può andarsene,
in un mondo che non si muove!

E. Dickinson, *Tutte le poesie*, a cura di M. Bulgheroni, Mondadori, Milano, 1997

PAROLE *sotto la lente*

Tempesta

Deriva dal latino *tempestas*, in origine con il significato di "momento del giorno", poi di "stato atmosferico", infine di "tempo burrascoso", accezione con cui ricorre più frequentemente per indicare una violenta perturbazione atmosferica. In senso figurato, significa "impeto furioso, passione violenta" o "forte contrasto di passioni", ma anche "turbamento dell'animo".

Attività

Trova alcuni termini contrari a "tempesta" sia in senso proprio sia in senso figurato.

Andy Eccleshall, *Tempesta*, 2014. (Collezione Privata)

3 **un verde...diaccio**: il vento viene descritto attraverso una sinestesia, creata dalla sensazione visiva del colore verde unita a quella termica del freddo («brivido diaccio»).

6 **spettro di smeraldo**: la metafora del vento che si leva, improvviso come un'apparizione («spettro»), è collegata al v. 2 attraverso il sostantivo «smeraldo». Scuotendo l'erba, il vento sembra assumerne il colore.

7-8 **e fu...Giudizio**: la tempesta estiva è animata da fulmini («elettrico / segnale») che preannunciano l'imminente fine del mondo.

12 **ciò che...vivi**: l'inversione (la frase principale posticipata) mette in evidenza la stranezza di quanto sta accadendo, mentre il vento sradica ogni cosa e tutto si anima.

14 **mulinavano...nuove**: risuonavano delle ultime tristi notizie («nuove»).

per conoscere EMILY DICKINSON

EMILY DICKINSON nasce nel 1830 ad Amherst (Massachusetts) da una famiglia borghese di radicate tradizioni puritane. Nel 1855 compie un viaggio a Washington e a Filadelfia dove conosce il reverendo Charles Wadsworth, predicatore di grande fama, del quale forse s'innamora. Ritornata nella casa paterna, sceglie di vivere in modo appartato, rinchiudendosi nella propria camera e comunicando con i familiari tramite messaggi scritti; i motivi non sono noti, ma questa scelta deriva, almeno in parte, dall'insorgere di disturbi nervosi e dalla sua incapacità di stabilire normali relazioni con il mondo esterno. La scrittura di numerose lettere e poesie diventa la sua forma di comunicazione: compone 1775 liriche, scoperte alla sua morte, avvenuta nel 1886, dalla sorella.

Oggi Emily Dickinson è ritenuta una delle maggiori poetesse moderne, ma di lei ci si interessò soltanto a partire dal 1950, quando comparve una prima edizione generale commentata delle sue poesie. Fino ad allora si era stentato ad accettare che una donna, per di più vissuta reclusa in una stanza per gran parte della vita, potesse aver avuto immagini e visioni poetiche così sorprendenti, espresse con una lingua di grande efficacia e originalità.

• La poetessa autoreclusa • Durante la sua autoreclusione si dedicò alle cure del giardino, molto meno alle faccende domestiche; di sabato, calava dalla finestra un cestello di dolci per i bambini del villaggio, suoi amici. Un suo recente biografo, Lyndall Gordon (2013), ha ampiamente dimostrato come la Dickinson soffrisse di epilessia, malattia di cui all'epoca ci si vergognava e che in certi Paesi costituiva un impedimento al matrimonio; questo può contribuire a spiegare il suo nubilato, il suo isolamento interrotto solo da scarsi contatti epistolari con conoscenti e amici, e getta una nuova luce sia sulla reclusione sia sulle trascendenze estatiche riscontrabili nella sua avventura poetica.

• La poesia come «lettera al mondo» • Oggi i libri di e su Emily Dickinson, in lingua inglese e in traduzione, riscuotono grande successo e la sua casa museo nel Massachusetts è continuamente meta di visitatori. Questo accade oggi, ma fino alla metà del secolo scorso il suo *corpus* poetico è rimasto ignorato: soltanto sette delle liriche rinvenute alla sua morte e riunite in sessanta fascicoli cuciti con ago e filo, riposti in un bauletto, furono pubblicate in vita. Del resto lei stessa non voleva divulgare i propri versi, che poi esprimevano la sua anima, l'intera sua esistenza.

Emily Dickinson in un ritratto di Tullio Pericoli del 2000.

Nel chiuso della sua stanza, la Dickinson ha affrontato tematiche non conformi al gusto dell'epoca ma universali: l'amore, la morte, la potenza della natura, l'assenza di Dio, il bisogno di verità. Si fa fatica, tuttavia, a cogliere l'origine di questo suo sfolgorante mondo interiore, anche perché la poetessa amava presentarsi sotto mille sfaccettature, come strega, regina, monaca ribelle, zingara, mendicante.

Volendo dare una definizione della sua poesia, ricorriamo all'immagine che lei stessa ne ha dato, come di una personale «lettera al mondo». Ecco la sua breve, ma incisiva lirica: «È questa la mia lettera al mondo / che mai non scrisse a me – / semplici annunzi che dà la natura / con tenera maestà. / Il suo messaggio è consegnato a mani / per me invisibili. / Per amor suo, miei dolci compaesani, / benignamente giudicatemi!».

L'opera di Emily Dickinson ha esercitato una grande influenza sulla poesia moderna. Le sue liriche si esprimono in una forma così innovativa da risultare dirompente per l'uso spregiudicato della sintassi, l'assenza delle rime, il ricorso limitato alla punteggiatura, l'abbondanza di figure retoriche, il variare dei ritmi.

per L'ANALISI del TESTO

Una poesia visionaria

Nella solitudine della casa paterna, Emily Dickinson sviluppa una spiccata sensibilità che le permette di cogliere ogni particolare del ristretto mondo che la circonda, ogni minimo suono o colore: la sua scrittura assume caratteri potentemente visionari, come in questa lirica, in cui una tempesta estiva si carica di **significati e simboli sorprendenti**. La particolare percezione della poetessa non si limita, infatti, alla semplice descrizione di quanto sta succedendo, ma esprime una visione fortemente soggettiva, attraverso **immagini evocative** di grande potenza.

Lo scenario surreale

Nella **prima parte** della poesia la tempesta è descritta facendo ricorso a sensazioni uditive («suono di corno», v. 1) ed efficaci impressioni visive («verde brivido diaccio», v. 3; «spettro di smeraldo», v. 6; «elettrico / segnale», vv. 7-8). Nella **seconda parte**, timori e preoccupazioni si trasformano in visioni sorprendenti nella loro tragicità, perché la violenza del vento sradica ogni cosa e tutto sembra animarsi: gli alberi, le siepi, le case fuggono davanti alla furia della natura. In questo scenario surreale, una campana che risuona da un «campanile desolato» (v. 13) non può annunciare nulla di buono. Nei tre versi di **chiusura** si rivela la contrapposizione tra ciò che è destinato a passare (l'uomo e i segni della civiltà, travolti dalla tempesta) e ciò che invece resta (il «mondo che non si muove», v. 17).

È infine da notare l'aria di **cupa religiosità** che pervade la lirica: da quel «corno» (v. 1), che rinvia alle trombe angeliche del Giudizio universale, alla presenza invisibile e distruttiva del vento («spettro di smeraldo», v. 6), che suggerisce l'idea di una forza divina di fronte alla quale l'uomo è impotente.

Eastman Johnson, *La ragazza che ho lasciato dietro di me*, 1875. (Washington, Smithsonian Art Museum)

Attività

Leggere e comprendere

1 **La struttura** La poesia è formata da tre nuclei distinti. Individuali e sintetizzane il contenuto.

2 **La reazione degli uomini** In vivo contrasto con l'eterna immobilità del mondo, gli uomini sono sconvolti dallo scatenarsi della tempesta: quali sono i loro stati d'animo e i comportamenti?

3 **Le cose** Nella seconda parte, le cose, entità effimere e simboli della civiltà, sembrano animarsi e assumere caratteristiche inconsuete. Spiega questa affermazione con precisi riferimenti al testo.

4 **Il tema** Qual è il tema di fondo suggerito dai versi finali?

a. La speranza in un mondo migliore
b. Il timore della fine del mondo
c. Il contrasto tra ciò che passa e ciò che resta
d. Il brivido di una nuova emozione

5 **Il senso religioso** Sono presenti nel testo riferimenti a una religiosità vissuta in modo piuttosto cupo dalla poetessa. Quali sono le espressioni che la richiamano?

....

....

Riconoscere e analizzare

6 **I sensi** Completa la tabella con i dati descrittivi di carattere visivo, acustico e tattile presenti nei versi.

Vista	Udito	Tatto
....	....	....
....	....	....
....	....	....
....	....	....
....	....	....

7 **La sintassi** Nei versi 9-12 i complementi oggetto sono anticipati rispetto al soggetto e al predicato. Quale valore espressivo assume questa forte inversione?

8 **Il lessico** Il testo propone alcune metafore e l'accostamento straordinario di termini che conferiscono particolare originalità e incisività al linguaggio. Chiarisci le espressioni:

a. «verde brivido diaccio» (v. 3):

....

....

b. «spettro di smeraldo» (v. 6):

....

....

c. «elettrico / segnale del Giudizio» (vv. 7-8):

....

....

Rielaborare e produrre

9 **Discutere** Considera i versi 9-11: «Una bizzarra turba di ansimanti / alberi, siepi alla deriva / e case in fuga nei fiumi». Pensi che l'isolamento cui Emily Dickinson si è volontariamente sottoposta abbia influito sulla profonda partecipazione emotiva con cui la poetessa descrive gli elementi naturali? Esponi oralmente la tua opinione, confrontandola con quella dei compagni in un dibattito in classe.

10 **La parafrasi** Volgi in prosa (▸ p. 63) il componimento.

11 **Analisi e commento** In un testo di 200 parole analizza e commenta (▸ pp. 64-65) la poesia.

12 **La tua esperienza** Abbiamo visto come l'acuta sensibilità dell'autrice la induca a interpretare in modo quasi apocalittico l'evento naturale cui assiste: racconta in un breve testo le emozioni che tu hai provato durante un improvviso e violento temporale.

13 **Un confronto** Confronta la lirica di Emily Dickinson con le tre di Giovanni Pascoli riportate sotto – *Temporale*, *Il lampo* e *Il tuono* – e scrivi un breve testo argomentativo (massimo 200 parole) sottolineando le analogie e le differenze negli aspetti descrittivi (per esempio: si tratta di una descrizione oggettiva o soggettiva? Prevale l'aspetto informativo o emotivo?) e spiegando quale visione della natura emerga nei versi dei due poeti.

Temporale	*Il lampo*	*Il tuono*
Un bubbolìo lontano... Rosseggia l'orizzonte, come affocato, a mare; nero di pece, a monte, stracci di nubi chiare: tra il nero un casolare: un'ala di gabbiano.	E cielo e terra si mostrò qual era: la terra ansante, livida, in sussulto; il cielo ingombro, tragico, disfatto: bianca bianca nel tacito tumulto una casa apparì sparì d'un tratto, come un occhio, che, largo, esterrefatto, s'aprì si chiuse, nella notte nera.	E nella notte nera come il nulla, a un tratto, col fragor d'arduo dirupo che frana, il tuono rimbombò di schianto: rimbombò, rimbalzò, rotolò cupo, e tacque, e poi rimareggiò rinfranto, e poi vanì. Soave allora un canto s'udì, di madre, e il moto d'una culla. G. Pascoli, *Poesie*, Mondadori, Milano, 1939

Gabriele D'Annunzio

La pioggia nel pineto

Il poeta e la donna amata, Ermione, sono sorpresi da un temporale mentre vagano senza meta in un bosco solitario. Il crepitare delle gocce sulla vegetazione crea una sinfonia suggestiva, e le figure umane si fanno evanescenti, fondendosi in gioiosa comunione con la natura.

Da
Alcyone, 1904
Lirica

Taci. Su le soglie
del bosco non odo
parole che dici
umane, ma odo
parole più nuove
che parlano gocciole e foglie
lontane.
Ascolta. Piove
dalle nuvole sparse.
Piove su le tamerici
salmastre ed arse,
piove su i pini
scagliosi ed irti,
piove su i mirti
divini,
su le ginestre fulgenti
di fiori accolti,
su i ginepri folti
di coccole aulenti,
piove su i nostri vólti
silvani,
piove su le nostre mani
ignude,
su i nostri vestimenti
leggieri,
su i freschi pensieri
che l'anima schiude
novella,

John William Waterhouse, *Borea*, 1902. (Collezione Privata)

1 **Taci**: il poeta si rivolge alla donna che lo affianca durante la passeggiata nel bosco descritta nella poesia.
1-2 **soglie del bosco**: all'inizio del bosco.
3-4 **parole...umane**: parole pronunciate da esseri umani.
4-7 **odo...lontane**: il poeta ascolta i suoni prodotti dalle gocce e dalle foglie. È la voce della pioggia.
10-11 **tamerici...arse**: piante che crescono vicino al mare perciò sono definite «salmastre», cioè imbevute di salsedine, e bruciate («arse») dal sole.
13 **scagliosi ed irti**: dalla corteccia rugida e dalle foglie aghiformi.
14-15 **mirti divini**: il mirto era una pianta sacra a Venere, dea dell'amore.
16-17 **ginestre...accolti**: le ginestre sono splendenti («fulgenti»), di un vivido colore giallo, con i fiori raccolti come in grandi mazzi («accolti»).
19 **coccole aulenti**: bacche odorose, profumate.
20-21 **vólti silvani**: i volti del poeta e della sua donna, bagnati dalla pioggia, sono diventati ormai della stessa sostanza vegetale del bosco (dal latino *silva*, "bosco"). È l'inizio della metamorfosi delle due creature umane, che sarà totale nell'ultima strofa.
24 **vestimenti**: vestiti.
27-28 **anima...novella**: anima purificata, rinnovata dalla pioggia.

su la favola bella
che ieri
t'illuse, che oggi m'illude,
o Ermione.
Odi? La pioggia cade
su la solitaria
verdura
con un crepitìo che dura
e varia nell'aria
secondo le fronde
più rade, men rade.
Ascolta. Risponde
al pianto il canto
delle cicale
che il pianto australe
non impaura,
né il ciel cinerino.
E il pino
ha un suono, e il mirto
altro suono, e il ginepro
altro ancóra, stromenti
diversi
sotto innumerevoli dita.
E immersi
noi siam nello spirto
silvestre,
d'arborea vita viventi;
e il tuo vólto ebro
è molle di pioggia
come una foglia,
e le tue chiome
auliscono come
le chiare ginestre,
o creatura terrestre
che hai nome
Ermione.

Ascolta, ascolta. L'accordo
delle aeree cicale
a poco a poco
più sordo
si fa sotto il pianto
che cresce;
ma un canto vi si mesce
più roco
che di laggiù sale,
dall'umida ombra remota.
Più sordo e più fioco
s'allenta, si spegne.
Sola una nota
ancor trema, si spegne,
risorge, trema, si spegne.
Non s'ode voce del mare.
Or s'ode su tutta la fronda
crosciare
l'argentea pioggia
che monda,
il croscio che varia
secondo la fronda
più folta, men folta.
Ascolta.
La figlia dell'aria
è muta; ma la figlia
del limo lontana,
la rana,
canta nell'ombra più fonda,
chi sa dove, chi sa dove!
E piove su le tue ciglia,
Ermione.

29-31 **favola bella...m'illude**: la «favola bella» è il sentimento d'amore, i sogni e le illusioni che si alternano e animano la vita dei due amanti.

32 **Ermione**: nome della donna, ricco di musicalità, che rinvia alla mitologia classica (Ermione era la figlia di Menelao, re di Sparta, ed Elena).

34-35 **solitaria verdura**: vegetazione del bosco, della pineta deserta.

36 **crepitìo**: è il rumore della pioggia che cade sul fogliame. Il termine ha valore onomatopeico.

37-39 **varia...men rade**: il suono della pioggia varia a seconda che il fogliame sia più o meno fitto.

41 **pianto**: la pioggia è vista come pianto del cielo.

43-45 **che...cinerino**: le cicale non sono spaventate né dalla pioggia portata dall'ostro, un vento meridionale, né dal cielo grigio.

55 **d'arborea...viventi**: ormai i due protagonisti si sono trasformati in esseri vegetali.

56 **ebro**: inebriato, felice per la trasformazione in atto.

60 **auliscono**: profumano.

65-70 **L'accordo...che cresce**: il canto all'unisono («L'accordo») delle cicale via via si affievolisce sotto la pioggia («il pianto») che cade sempre più intensamente.

71 **vi si mesce**: si inserisce.

75 **più fioco**: in modo sempre più impercettibile.

76 **s'allenta**: diminuisce d'intensità.

81-84 **Or s'ode...monda**: ora si sente scrosciare sul fogliame la pioggia, così fitta da sembrare argentata, che cadendo lava e purifica («monda»).

89 **La figlia dell'aria**: la cicala.

91 **limo**: fango.

Piove su le tue ciglia nere
sì che par tu pianga
ma di piacere; non bianca
ma quasi fatta virente,
par da scorza tu esca.
E tutta la vita è in noi fresca
aulente,
il cuor nel petto è come pèsca
intatta,
tra le pàlpebre gli occhi
son come polle tra l'erbe,
i denti negli alvèoli
son come mandorle acerbe.
E andiam di fratta in fratta,
or congiunti or disciolti
(e il verde vigor rude
ci allaccia i mallèoli
c'intrica i ginocchi)
chi sa dove, chi sa dove!
E piove su i nostri vólti
silvani,
piove su le nostre mani
ignude,
su i nostri vestimenti
leggieri,
su i freschi pensieri
che l'anima schiude
novella,
su la favola bella
che ieri
m'illuse, che oggi t'illude,
o Ermione.

G. D'Annunzio, *Versi d'amore e di gloria*, Mondadori, Milano, 1984

99-101 **non bianca…tu esca**: con la pelle ormai non più bianca, ma quasi verdeggiante («virente»), sembra che la donna esca dalla corteccia («scorza») di un albero, quasi come una ninfa.

107 **polle**: sorgenti d'acqua.

108 **alvèoli**: le cavità delle gengive nelle quali sono inseriti i denti.

110 **di fratta in fratta**: di cespuglio in cespuglio.

112-114 **e il verde…i ginocchi**: i rami dei cespugli e degli arbusti del sottobosco frenano il procedere dei due amanti, perché stringono le caviglie («mallèoli»), si attorcigliano alle ginocchia.

L'AUTORE

Gabriele D'Annunzio è una delle personalità più discusse, ma senza dubbio più significative, della scena letteraria e politica dei primi decenni del Novecento. Nato a Pescara nel 1863, si trasferisce nel 1881 a Roma per gli studi universitari, che presto abbandona per dedicarsi al giornalismo e alla letteratura. Qui conduce una vita all'insegna della mondanità e dell'estetismo, fedele al mito del "superuomo" dedotto dal filosofo tedesco Friedrich Nietzsche (1844-1900). Nel 1898, trasferitosi nella villa La Capponcina di Settignano (Firenze), vive in un lusso sfrenato, tale da essere economicamente insostenibile e costringerlo a fuggire in Francia (1910) a causa dei debiti. Torna in Italia per appoggiare la campagna interventista a favore della Prima guerra mondiale, cui prende parte personalmente, segnalandosi in coraggiose imprese. In opposizione al governo italiano occupa con una colonna di volontari la città di Fiume, in Istria, dal 1919 al 1921. Negli anni seguenti, dopo essere stato un fiancheggiatore del fascismo, cerca di opporsi al regime, ma, sconfitto politicamente, trascorre l'ultimo periodo della sua vita sul lago di Garda, dove si era ritirato nella villa-museo da lui stesso denominata "Vittoriale degli italiani". Muore nel 1938.

Auspicando una fusione tra arte e vita, D'Annunzio ha trasposto la sua vena estetizzante, tipica del Decadentismo (► p. 243), anche nella sua opera, misurandosi con tutti i generi letterari: poesia, drammaturgia e giornalismo. Della sua vasta produzione vanno ricordati i romanzi *Il piacere* (1889), *L'innocente* (1892), *Il trionfo della morte* (1894), *Le vergini delle rocce* (1895), le tragedie *Francesca da Rimini* (1902) e *La figlia di Iorio* (1904). I quattro libri delle *Laudi del cielo del mare della terra e degli eroi* (il ciclo di cui fa parte *Alcyone*, 1903) riuniscono le poesie della sua maturità.

per L'ANALISI del TESTO

Un'esperienza unica

La pioggia nel pineto è una delle liriche più conosciute di D'Annunzio, inserita nella raccolta *Alcyone* (1903), all'interno della quale il tema del contatto uomo-natura è predominante. Mentre si trovano in una pineta lungo le coste tirreniche, il poeta e la donna amata sono sorpresi da una pioggia estiva: è l'occasione per vivere un'esperienza unica di ascolto di una sinfonia sonora musicata dalla natura e di **progressiva trasformazione** da esseri viventi **in natura arborea**, una vera metamorfosi vegetale. Si tratta quasi di un laico battesimo che introduce a una dimensione positiva dell'esistenza, improntata alla gioia e alla pienezza, come solo un poeta "superuomo" poteva concepire e attuare.

Inebriamento e metamorfosi

La poesia si compone di quattro strofe. Le prime tre sono dedicate interamente al **concerto della natura**: il primo imperativo, «Taci» (v. 1), sollecita il silenzio per ascoltare l'avvio della melodia creata dalla pioggia; con l'interrogativo «Odi?» (v. 33) il poeta invita la sua compagna a distinguere i diversi suoni che la pioggia produce battendo sulle varie foglie, e la donna è ormai così immersa in questo ambiente naturale da essersi già trasformata in una «creatura terrestre» (v. 62). Anche l'esortazione «Ascolta, ascolta» (v. 65), con cui si apre la terza strofa, è un accorato invito a calarsi sempre più nell'intrico della vegetazione, cogliendo le diverse sfumature dei suoni, il canto della cicala che si smorza mentre cresce quello «più roco» (v. 72) della rana. Nell'ultima strofa, aperta dall'anafora «Piove» (v. 97), si sviluppa pienamente il tema della **metamorfosi**. Già in precedenza si parla di «vólti / silvani» (vv. 20-21), di «arborea vita» (v. 55), di «creatura terrestre» (v. 62), ma ora Ermione sembra uscire come una ninfa «da scorza» (v. 101), dalla corteccia di un albero, e il cuore, gli occhi, i denti sono paragonati ad altri elementi naturali.

In questo scenario irripetibile, però, anche l'amore si trasforma in un'illusione, definita come la «favola bella» (vv. 29 e 125) che lo scrosciare della pioggia ha alimentato, una favola che induce solo a pensieri leggeri e soprattutto positivi.

La parola si trasforma in musica

Lo schema metrico è dato da quattro strofe di trentadue versi liberi (quinari, senari, settenari ecc.) con irregolare ricorso alle rime. Il livello del significante è tanto importante quanto il significato: le parole sono state scelte dal poeta per esprimere soprattutto dei suoni, per la loro musicalità, e anche l'aspetto metrico e le figure retoriche sono finalizzati a far risaltare il valore musicale della poesia.

Il battere insistente della pioggia è reso da numerose rime («nu**ove**», «Pi**ove**», «sp**arse**», «**arse**», «p**ini**», «div**ini**» ecc.); rime interne («v**aria** nell'**aria**», v. 37; «al pi**anto** il c**anto**», v. 41); assonanze («par**o**l**e**... nu**o**v**e**», v. 5); consonanze («illu**d**e... ca**d**e», vv. 31 e 33), oltre ad allitterazioni e onomatopee. Il ritmo, nonostante gli *enjambement*, risulta abbastanza spezzato e quindi lento. Le **scelte lessicali** compiute dal poeta rispondono all'esigenza di **classicità** e di **raffinatezza** da lui sempre perseguite. Infatti, ricorrono parole rare, come i nomi delle specie vegetali: «tamerici», «mirti», «ginestre», «ginepri»; parole di derivazione latina: «fulgenti», «aulenti», «australe», «virente» ecc.; termini più letterari: «verdura», «si mesce», «scorza» ecc. Tutto concorre a innalzare lo stile sublime della poesia.

Gaston Bussière, *Ninfa*, 1929. (Zurigo, Koller Collection)

Attività

Leggere e comprendere

1 **Il luogo** Quali sono le caratteristiche del luogo in cui si svolge la scena?

2 **Le persone** Quali persone sono presenti e da quali elementi descrittivi si evince il loro aspetto e la situazione emotiva che stanno vivendo?

3 **Le funzioni della natura** Quali funzioni svolge la natura in questo componimento? Distingui quelle vere da quelle false.

	V	F
a. Fa da sfondo alla vicenda	☐	☐
b. Si umanizza	☐	☐
c. Fa da specchio alla vicenda	☐	☐
d. È una vera e propria protagonista della poesia	☐	☐

4 **La caratteristica della natura** Quale caratteristica della natura, in particolare, viene messa in evidenza?

a. La varietà
b. La maestosità
c. L'essenzialità
d. L'uniformità

5 **Il tema** Qual è il tema centrale del testo?

6 **La metamorfosi** I personaggi si fondono con la natura, subendo una progressiva trasformazione: come ci appare questa metamorfosi?

a. Improvvisa e sgradita
b. Graduale e attesa
c. Repentina e devastante
d. Attesa e inquietante

7 **L'intento del poeta** Il principale intento dell'autore sembra essere quello di:

a. tradurre in parole una scena agreste
b. esprimere in dettaglio la metamorfosi
c. riprodurre i suoni della pioggia nella pineta
d. esprimere sensazioni e sentimenti

Riconoscere e analizzare

8 **La forma metrica** Descrivi la forma metrica del componimento.

9 **Le figure metriche** La poesia è caratterizzata da una forte musicalità, impressa alle parole da figure metriche e di suono. Indica, per ognuna di quelle elencate, alcuni esempi tratti dal testo.

- Rime: ....
- Assonanze: ....
- Consonanze: ....
- Onomatopee: ....
- Cesure: ....
- *Enjambement*: ....

10 **Le figure retoriche** Quali figure retoriche prevalgono nel testo?

a. Di significato b. Di disposizione c. Di suono

11 **La circolarità** Quali sono gli elementi che imprimono un andamento circolare alla poesia?

12 **Il ritmo** Come definiresti il ritmo del componimento?

a. Vario
b. Lento
c. Veloce
d. Incalzante

13 **Un'orchestra silvestre** Quali sono gli elementi dell'orchestra naturale descritta nel testo? E i canti di quali animali si uniscono ai suoni di «gocciole e foglie»?

14 **Il punto di vista** Come definiresti la rappresentazione della natura che il poeta offre al lettore?

a. Personificata
b. Soggettiva
c. Oggettiva
d. Iperbolica

Rielaborare e produrre

15 **La tua interpretazione** Considera i versi 104-105: «il cuor nel petto è come pèsca / intatta». Che cosa intende il poeta con questa espressione? Rispondi in un breve intervento orale.

16 **Il riassunto** Sintetizza in 100 parole al massimo il contenuto del testo.

17 **Il panismo** *La pioggia nel pineto* è espressione del "panismo" dannunziano. Svolgi una breve ricerca su questa caratteristica della poetica di D'Annunzio ed esponila per iscritto.

18 **La tua esperienza** Ricorda un'occasione in cui ti sei sentito parte integrante della natura e racconta la tua personale esperienza descrivendo ampiamente l'ambiente in cui eri inserito, le tue sensazioni e i tuoi pensieri.

Giorgio Caproni

Versicoli quasi ecologici

Da *Res amissa*, 1991

Lirica

I «versicoli quasi ecologici» che ci apprestiamo a leggere rappresentano una poesia-appello, un accorato invito a non distruggere la natura, bene prezioso, per ottenere un vile guadagno; se viene meno la natura, ci fa capire il poeta, si dissolve anche il valore dell'amore e la vita stessa finisce per essere annullata.

Non uccidete il mare,
la libellula, il vento.
Non soffocate il lamento
(il canto!) del lamantino.
Il galagone, il pino:
anche di questo è fatto
l'uomo. E chi per introito vile
fulmina un pesce, un fiume,
non fatelo cavaliere
del lavoro. L'amore
finisce dove finisce l'erba
e l'acqua muore. Dove
sparendo la foresta
e l'aria verde, chi resta
sospira nel sempre più vasto
paese guasto: «Come
potrebbe tornare a esser bella,
scomparso l'uomo, la terra».

4 **lamantino**: mammifero marino simile al tricheco.

5 **galagone**: piccolo mammifero africano, simile a uno scoiattolo, con occhi grandi e orecchie appuntite; è un animale notturno.

7 **introito vile**: guadagno ignobile.

8 **fulmina...fiume**: cattura con mezzi di frodo un pesce o inquina un fiume.

9-10 **non fatelo...lavoro**: non dategli la nomina di "cavaliere del lavoro", una onorificenza che viene attribuita a chi si distingue nell'attività lavorativa.

16 **paese guasto**: un mondo ormai devastato nel suo ambiente naturale e corrotto nei suoi princìpi morali.

G. Caproni, *L'opera in versi*, Mondadori, Milano, 1998

Gerardo Dottori, *Lago umbro*, 1942. (Perugia, Museo Civico)

L'AUTORE

Giorgio Caproni nasce a Livorno nel 1912. A Genova frequenta la scuola e vive la sua giovinezza, studiando violino e composizione al Conservatorio, studi che tuttavia è costretto a interrompere per via della precaria situazione economica familiare. Chiamato alle armi, partecipa alla Seconda guerra mondiale sul fronte francese, quindi è attivo nella Resistenza in Val Trebbia per la liberazione del Paese dall'occupazione nazifascista. In seguito, si trasferisce a Roma, dove svolge la professione di maestro elementare; collabora con numerose riviste letterarie e traduce opere dal francese.

La poesia di Caproni è popolata di presenze concrete, di ricordi, di immagini tra le quali spicca quella de la madre, costante punto di riferimento per il poeta. Nei suoi vers si riscontra un linguaggio quasi parlato che, però, riesce a dar corpo a straordinarie evocazioni. Tra le sue raccolte poetiche si ricordano: *Ballo a Fontanigorda* (1938), *Il seme del piangere* (1959), *Il franco cacciatore* (1982) e, postuma, la raccolta *Res amissa* (1991).

Caproni muore a Roma nel 1990.

per L'ANALISI del TESTO

Il testamento spirituale

La lirica è inserita nell'ultima raccolta di Caproni intitolata *Res amissa*, "Un bene perduto", pubblicata un anno dopo la sua morte, nel 1991, e perciò quasi da considerare un testamento poetico e spirituale. Un certo spirito di umiltà lo ha spinto a definire tali versi come «versicoli quasi ecologici». In realtà, Caproni tocca in questa breve lirica un aspetto oggi centrale del nostro vivere e cioè l'enorme problema della **salvaguardia del pianeta**, così pericolosamente compromesso dalla crescita economica che l'uomo persegue in maniera incessante, senza alcun rispetto per l'ambiente e per chi vi abita. Si può affermare che il titolo dell'opera, ***Un bene perduto***, faccia riferimento proprio alla **natura**, componente decisiva della vita umana.

Una denuncia accorata

Come d'abitudine, anche in questa lirica Caproni si esprime con chiarezza ed energia nel dare voce alla sua denuncia. Il termine «versicoli», come già detto, sembra sminuire l'importanza della poesia, ma il contenuto che via via il poeta rende manifesto è di primaria importanza e si articola in due momenti: la **prima parte** (fino a metà del v. 7) ha il carattere dell'appello a salvaguardare la natura. Si succedono tre imperativi: «Non uccidete» (v. 1), «Non soffocate» (v. 3) e «non fatelo» (v. 9); sono delle **perentorie esortazioni** a non uccidere gli animali, a non inquinare l'aria e il mare che fanno parte della nostra vita, a non prendere d'esempio chi altera gli equilibri biologici, ma, anzi, a punirlo tramite la legge. Gli strani animali nominati – il «lamantino», il «galagone» – proprio in quanto poco conosciuti, costringono il lettore a prendere coscienza della mirabile varietà degli esseri viventi e di quanto la loro preziosa esistenza venga messa quotidianamente a rischio dai comportamenti umani.

La **seconda parte** (dalla seconda metà del v. 7 fino al termine) assume un tono di **ammonimento**, di invito a rendersi conto che il senso stesso della vita, dell'amore passa attraverso la salvaguardia dell'acqua, dell'aria, del suolo. Il poeta si esprime con un crescendo accorato: «chi resta / sospira nel sempre più vasto / paese guasto», come se l'uomo fosse una specie di sopravvissuto al suo stesso disastro ambientale. Caproni si spinge addirittura oltre, fino a sognare (o ad auspicare?) la scomparsa dell'uomo, così la Terra sarebbe libera dalla minaccia del suo primo nemico e distruttore: l'uomo, appunto.

Lo stile

La poesia si sviluppa in 18 versi, per lo più settenari con rime irregolari, rime interne, assonanze e consonanze. Le enumerazioni di animali ed elementi naturali presenti nel componimento rispondono all'esigenza di una certa **ricercatezza**: «lamen*to*» e «can*to*» (consonanza); «lama*ntino*» e «*pino*» (rima); «fulmina un pesce» (metafora); «aria verde» (sinestesia). Nella seconda parte la lirica poggia su **espressioni** più **prosaiche**, però sempre essenziali e forti («sparendo la foresta», «sospira», «paese guasto», «scomparso l'uomo»), che conseguono pienamente lo scopo della riflessione e della denuncia. Una frequente punteggiatura impone un **ritmo lento**, pausato.

Attività

Leggere e comprendere

1 **Il destinatario** A chi si rivolge il poeta e con quale tono lo fa? Motiva la tua risposta.

2 **Il titolo** Come interpreti la presenza dell'avverbio «quasi» accanto a «ecologici»?

3 **Il legame con la natura** Individua, riporta e spiega le parole con cui il poeta esprime l'indissolubile legame dell'uomo con la natura.

....

4 **La colpa dell'uomo** Per quale ragione l'uomo fa scempio della natura?

a. Per incoscienza
b. Per divertimento
c. Per profitto
d. Per bisogno

5 **Un controsenso** Che cosa può accadere, ironizza il poeta, a chi si macchia di gravi reati contro l'ambiente, a chi violenta la natura?

a. È oggetto di disprezzo e di biasimo
b. È punito dalla legge
c. Riceve onorificenze pubbliche
d. Gode della stima degli altri

6 **Il sentimento che «finisce»** Qual è il sentimento al centro della lirica, la cui sopravvivenza viene seriamente minacciata dal dissennato comportamento dell'uomo verso la natura che lo circonda?

a. Il rispetto
b. La riconoscenza
c. L'amore
d. La speranza

7 **Il futuro scenario** Negli ultimi versi Caproni tratteggia le condizioni di vita in un mondo senza foreste e aria pura: qual è lo scenario ipotizzato?

8 **Un paradosso** Con quale paradossale soluzione per evitare la distruzione della natura si chiude la lirica?

Riconoscere e analizzare

9 **La forma metrica** Descrivi la forma metrica del componimento.

10 **Le figure metriche** Nei versi è presente una fitta rete di rime, assonanze, consonanze; individuale ed evidenziale in modo diverso sul testo.

11 **Il ritmo** Come appare il ritmo nel testo, soprattutto per via della punteggiatura?

a. Veloce
b. Incalzante
c. Lento e pausato
d. Molto vario

12 **La personificazione** La natura assume in questa lirica connotati umani, viene personificata: cerchia sul testo le parole che rivelano questa personificazione.

13 **Una figura retorica** Come definiresti l'espressione «l'aria verde» del verso 14?

a. Enallage
b. Metonimia
c. Sinestesia
d. Inversione

14 **Il lessico** Quali osservazioni si possono fare sul lessico della poesia?

Rielaborare e produrre

15 **La tua interpretazione** Considera il verso 8: «fulmina un pesce». Perché il poeta sceglie il verbo "fulminare" per indicare l'uccisione di un pesce? Rispondi in un breve intervento orale.

16 **Il messaggio** Esponi e motiva con opportuni riferimenti al testo il messaggio che l'autore intende comunicare.

17 **Il commento** In un testo di (massimo) 200 parole commenta (▶ p. 65) la lirica di Caproni.

18 **Comportamenti antiecologici** Il tema dell'ecologia è ormai all'ordine del giorno a livello mondiale, eppure quotidianamente, si può dire, abbiamo notizia di sprechi, scempi e atti distruttivi contro la natura. Scegli, fra quelli che conosci, un esempio di questi dissennati comportamenti umani, spiegando perché si verifica e quali sono le sue conseguenze sull'ambiente.

19 **Il tema** Riesci a concepire una Terra senza l'essere umano? Siamo indispensabili? Scrivi un tema esponendo in modo ampio e dettagliato la tua personale opinione in merito.

Andrea Zanzotto

La quercia sradicata dal vento

nella notte del 15 ottobre MCMLVIII

La poesia scaturisce da un episodio reale: la caduta, a causa di un forte vento, di una quercia secolare, cara all'autore. È a quel punto che un comune, anche se infrequente, evento naturale assume, agli occhi del poeta, un profondo significato esistenziale.

Da
IX Ecloghe, 1962

Lirica

Nel campo d'una non placabile
idea,
d'una sera che il vento era tutto,
sì tutto, e mi premeva
col suo gelo verso il più profondo
di quell'idea di quel sogno,
tricosa Gordio
da atterrire il filo della spada.
Nel seno d'energia
di quella inibizione nera
che faceva le cose sempre più
sempre più terra nella terra.
Vedi: troppo vicine le mie stanze
sono a te, quercia: resisti
ora, sull'orlo, sta
anche per tutto il mio
mancare.
[...]
Ti rinvenimmo
attraverso la squallida bocca del giorno,

Jean-François Millet, *La raffica di vento*, 1871-1873. (Cardiff, National Museum of Wales)

1-2 **Nel campo...idea**: nel momento in cui era forte un'ossessione. «campo» è inteso qui nel senso di "campo elettrico" dove si manifesta un'idea così forte da non poter essere taciuta.

3-4 **d'una sera...mi premeva**: di una sera di tempesta nella quale soffiava un forte vento, considerato anche come uno sconvolgimento interiore («tutto, ... e mi premeva»).

6-7 **sogno...Gordio**: un sogno come un incubo, come un nodo di Gordio (per antonomasia, intricatissimo, simbolo del potere dei re di Frigia, tra cui Gordio, secondo un antico racconto mitologico) fatto di capelli intrecciati («tricosa» viene dal greco *trix*, "capello").

8 **da atterrire...spada**: un simile nodo gordiano non si riesce a tagliare neppure con un colpo di spada. Il riferimento è all'episodio leggendario secondo cui Alessandro Magno, non riuscendo a sciogliere il nodo di Gordio, lo tagliò a metà con la spada.

9 **Nel seno d'energia**: nel cuore della tempesta sia materiale, concreta sia psichica.

12 **più terra nella terra**: le cose diventavano sempre più incomprensibili, fosche.

13-14 **troppo...a te**: la casa («stanze») è troppo vicina alla quercia e la caduta della pianta trascinerebbe con sé non solo la casa, ma anche i destini del poeta.

15-17 **sta...mancare**: resisti, o quercia, anche per far da contrappeso al mio venir meno.

19 **squallida bocca del giorno**: sul far di un'alba triste e plumbea.

rovesciata. Nel basso,
empito umbrifero, plurimo,
di calme e aromi che ti spiegavi fin là,
sino alla fonte mai vista del fiume
sino all'infanzia fantastica balbettante degli avi.
Ai nostri abietti piedi
tu ch'eri la vetta cui corre
l'occhio e il tempo al riposo.
E ora il sole allarga aride ali
sul paese svuotato di te.
[...]
Quercia, come la messe
d'embrici e vetri, la dispersione
per selciati ed asfalti
– nostre irrite grida, irriti aneliti, –
quercia umiliata ai piedi
miei, di me inginocchiato
invano a alzarti come si alza il padre
colpito, invano
prostrato ad ascoltare
in te nostri in te antichissimi
irriti aneliti, irriti gridi.

A. Zanzotto, *IX Ecloghe*, in *Poesie (1938-1986)*, Mondadori, Milano, 1997

20-24 **Nel basso... avi**: la frase dipende dal verbo reggente «Ti rinvenimmo». Ti ritrovammo sradicata («Nel basso»), quercia che spandevi una folta ombra («empito umbrifero»), carica di rami e di foglie («plurimo»), un'ombra che si diffondeva nei luoghi più lontani («fonte mai vista del fiume»), fin dai tempi più antichi («infanzia...degli avi»).

25 **abietti piedi**: piedi che stanno ben piantati sulla terra.

28-29 **il sole...di te**: il sole spande, indifferente, i suoi raggi asciutti e infecondi là dove prima era la quercia a troneggiare con la sua ampia e ombrosa chioma.

30-33 **come la messe...aneliti**: la tempesta ha causato la caduta a terra («dispersione») di tegole («embrici») e vetri, e determinato anche il vano gridare («irrite grida») degli uomini, l'espressione di vane aspirazioni («irriti aneliti»).

36-37 **come...colpito**: il legame con la quercia è simile al legame più profondo che si ha con il proprio padre: si cerca di rialzare la quercia come si fa con un padre ferito, colpito.

L'AUTORE

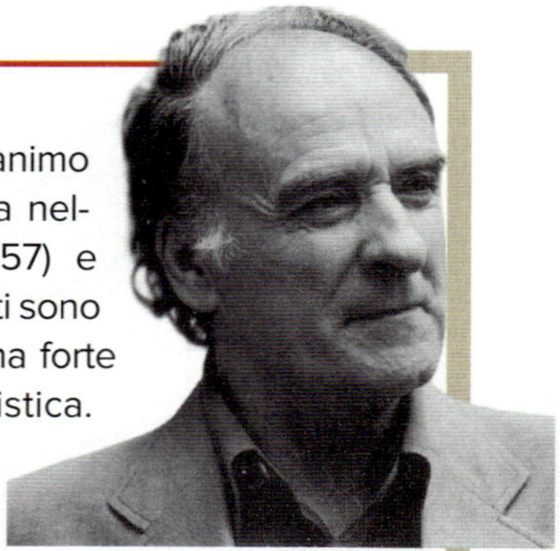

Andrea Zanzotto, nato a Pieve di Soligo (TV) nel 1921, trascorre infanzia e adolescenza sulle colline del centro trevigiano. Studia Lettere a Padova; nel dopoguerra soggiorna per anni in Francia e in Svizzera, svolgendo diversi lavori. Tornato al suo paese, si dedica per tanti anni all'insegnamento. Negli ultimi anni della sua vita si fa portavoce della difesa della campagna trevigiana, scrivendo accorate testimonianze sul valore della natura e di una vita a stretto contatto con essa. Muore a Conegliano nel 2011.

Poeta appartato e schivo, è oggi ritenuto uno dei più interessanti del secondo Novecento. Nelle prime due raccolte di poesie, *Dietro il paesaggio* (1951) ed *Elegia e altri versi* (1954), Zanzotto individua la natura come fonte della sua ispirazione, ricorrendo a una lingua intessuta di echi letterari. Successivamente, viene attratto dal profondo scavo psicologico nell'animo umano che si concretizza nelle raccolte *Vocativo* (1957) e *IX Ecloghe* (1962), i cui testi sono caratterizzati anche da una forte sperimentazione linguistica. L'opera giudicata dalla critica fra le più importanti della produzione poetica novecentesca è *La Beltà* (1968), nella quale la crisi dell'uomo moderno è espressa con formule comunicative innovative. Nei lavori successivi, come *Filò* (1976), Zanzotto recupera il dialetto locale e la lingua infantile, pregrammaticale (*petèl*), nella prospettiva di ottenere un linguaggio primordiale che sia immediata traduzione in suono della percezione del paesaggio.

per L'ANALISI del TESTO

Un albero carico di eternità

Un fatto concreto, seppur infrequente, come lo sradicamento di una quercia causato da un forte vento diventa occasione per Zanzotto di un'intensa riflessione sull'essere, sulla vita, sui rapporti parentali. L'episodio colpisce profondamente il poeta in quanto consapevole del valore simbolico rivestito in ogni epoca dalla pianta, che da sempre è **simbolo di forza, regalità, eternità**: il mondo classico vedeva nella quercia una divinità protettrice della famiglia; i Celti la descrivevano come forte, perfetta e salda, forza primordiale da cui si generava la vita. Tante sono le credenze legate a religioni, miti e leggende tramandate dalla tradizione su questo maestoso albero: ecco il retroterra culturale da cui Zanzotto fa scaturire la sua lirica.

Tre momenti

Nella **prima parte** (vv. 1-17), il poeta sviluppa dei **collegamenti analogici** fra la forte bufera in atto e il proprio stato d'animo sofferente e infelice («una non placabile / idea» vv. 1-2) e supplica la quercia di resistere alla forza distruttiva del vento, così che anch'egli possa far fronte ai suoi mali interiori. Nella **seconda parte**, l'autore della lirica constata che la quercia è stata divelta e la maestosa sua chioma è ormai a terra («rovesciata», v. 20); egli non può sottrarsi ai ricordi del suo **passato fulgore**, quando l'albero diffondeva insieme all'ombra anche serenità e sicurezza («di calme e aromi che ti spiegavi fin là», v. 22), mentre ora tutto è invaso da troppa luce, troppo sole («E ora il sole allarga aridi / sul paese svuotato di te», vv. 28-29). Nella **terza parte** si evidenzia il **significato simbolico** di questa pianta ormai caduta: la sua immagine viene accostata a quella di un padre atterrato che il poeta tenta di rialzare, al pari delle speranze umane che, a lungo nutrite e coltivate, ora appaiono nella loro reale essenza come inutili illusioni. E in questo traspare tutta l'amarezza dell'autore

Plurilinguismo e stile complesso

La principale caratteristica della poetica di Zanzotto è il plurilinguismo, cioè la **sperimentazione**, all'interno della sua opera, di **diversi linguaggi e** di differenti **stili poetici**, oltre alla tendenza a non considerare le strutture grammaticali per meglio esprimere l'angoscia dell'uomo contemporaneo. Anche questa lirica non presenta una sintassi del tutto lineare e regolare: nei primi due periodi, infatti, manca la proposizione reggente, così che i concetti rimangono come sospesi in ambiti oscuri («Nel campo», v. 1; «Nel sereno», v. 9), mentre di seguito registriamo ben tre imperativi («Vedi», v. 13; «resisti», v. 14; «sta», v. 15) a indicare il tentativo del poeta di opporsi al proprio disfacimento interiore. Si passa poi a un **linguaggio evocativo** nei termini («empito umbrifero, plurimo», v. 21; «di calme e aromi», v. 22), anche **di ascendenza mitologica** («fonte», v. 23; «avi», 24; «vetta», v. 26). Infine, assistiamo all'affettuosa espressione di ossequio e di rispetto che assume quasi i caratteri di una preghiera attraverso l'anafora («quercia... quercia», vv. 30-34; «invano... invano», vv. 36-37). Ne risulta uno **stile** complesso, variegato, **allusivo**, che alterna versi dal ritmo discorsivo ad altri dal ritmo più scandito.

Claude Monet, *La quercia o La foresta di Fontainebleau*, 1865.
(New York, The Metropolitan Museum of Art)

Attività

Leggere e comprendere

1 **Il vento e il poeta** Qual è il sentimento suscitato nel poeta dal vento che soffia forte e impetuoso nella sera?

a. L'allegria
b. La paura
c. Una cupa angoscia
d. Un sottile nervosismo

2 **L'invocazione di aiuto** A chi chiede aiuto il poeta per far fronte al suo travaglio interiore?

a. Alla quercia che tenacemente resiste al vento
b. A tutta la natura
c. A Gordio
d. Alla quercia che vacilla sotto le violente raffiche di vento

3 **Il giorno** Individua nel testo e spiega l'espressione che indica l'arrivo del giorno.

4 **La quercia** Come si presenta la maestosa pianta il giorno dopo la bufera?

a. Immutata
b. Priva di alcuni rami
c. Rovesciata dal vento
d. Senza foglie

5 **La personalità del poeta** Come definiresti la personalità del poeta nel suo complesso?

a. Insensibile e arida
b. Sensibile e tormentata
c. Rozza e superficiale
d. Serena e positiva

6 **Il sole** Come appare, nelle parole usate dal poeta, il sole che riscalda lo spazio lasciato vuoto dalla quercia?

a. Estraneo, indifferente
b. Pietoso e rispettoso
c. Pieno di rimpianto
d. Violento e crudele

7 **Il passato** Qual è stato il ruolo della quercia in passato? Che cosa ha offerto al poeta e alla sua famiglia?

8 **Il presente** Ormai la pianta abbattuta è senza vita: quali versi lo rendono evidente? Individuali e chiariscine il significato.

9 **Il gesto del poeta** Con quale atteggiamento il poeta si accosta alla quercia? Che gesto compie?

Riconoscere e analizzare

10 **La forma metrica** Qual è la forma metrica del testo?

11 **La struttura** Dal punto di vista del contenuto, la poesia risulta divisa in tre parti: indica i versi occupati da ognuna e attribuisci un titolo significativo a ciascuna di esse.

12 **Un parallelismo** Spiega il parallelismo su cui si fonda il componimento, facendo gli opportuni riferimenti al testo.

13 **La sintassi** I primi periodi della poesia presentano una struttura sintattica irregolare: quale?

a. Non ci sono soggetti espressi
b. Non c'è la punteggiatura
c. Manca la proposizione reggente
d. Le frasi sono tutte coordinate

14 **Il lessico** Nel testo sono presenti alcuni termini legati a specifici ambiti culturali. Individuali, chiarendo a quale ambito appartengono.

15 **Lo stile** Come valuti lo stile dell'autore?

a. Semplice e lineare
b. Difficile e allusivo
c. Sobrio e asciutto
d. Classico e regolare

16 **I concetti** Indica accanto a ogni concetto espresso dalla lirica ed elencato sotto a quale parte della poesia corrisponde (I, II, III).

a. Amore filiale ....
b. Indifferenza della natura ....
c. Violenza di un evento naturale ....
d. Perdita di dignità della quercia ....
e. Inutilità delle illusioni ....
f. Richiamo al passato ....

Rielaborare e produrre

17 **La tua interpretazione** Considera i versi 10-12: «di quella inibizione nera / che faceva le cose sempre più / sempre più terra nella terra». Che cosa vuole significare il poeta con queste parole? Rispondi in un breve intervento orale.

18 **Immedesimarsi** A volte può capitare, in un particolare stato d'animo, di immedesimarsi in un elemento naturale (un uccello in volo, la luna che spunta, le spighe che ondeggiano o il mare in burrasca). Racconta in modo ampio e dettagliato una tua esperienza personale di questo tipo.

Fabrizio Ravelli

Il poeta Andrea Zanzotto a difesa della Terra

In questa intervista resa a Fabrizio Ravelli, inviato del quotidiano “la Repubblica”, Andrea Zanzotto affronta il tema della difesa del territorio e i pericoli connessi con i cambiamenti climatici, scagliandosi con lucidità contro l’uomo che non vuole ammettere i propri limiti e dimostrando quanto anche i poeti possano avere i piedi per terra...

Da
“la Repubblica”

Testo argomentativo

Dice che ogni tanto scrive degli «epigrammini[1]», e uno degli ultimi è questo: «In questo progresso scorsoio / non so se vengo ingoiato / o se ingoio».

Andrea Zanzotto alza gli occhi, che dietro le lenti brillano di una luce metà disperata e metà ironica. Succedono cose, nel mondo là fuori, dentro l’orizzonte dove è germinata da sempre la sua poesia, e sono cose che sgomentano. Bisognerebbe fidarsi dei poeti, in generale, e tanto più di uno come Zanzotto, vertiginoso e profondo, trasparente e ulcerato[2], quando ti dice che là fuori, in mezzo al paesaggio che sta intorno alla sua villetta, si vede benissimo come il mondo stia andando a gambe all’aria. La dolce cantilena veneta stavolta non smussa gli spigoli: «Ormai ho un’età in cui ci voleva proprio la catastrofe climatica per scuotermi. Visto che ormai alle vicissitudini si è più o meno abituati, a una certa età, è capitato qualcosa che è assolutamente indigeribile».

Il clima che cambia, e il mondo che rotola verso il disastro. Ne discutono gli scienziati, e non passa giorno senza che una nuova profezia provi a illuminare il futuro. Si sottoscrivono protocolli fra stati. Gli ambientalisti rinnovano allarmi. Ma un poeta, che cosa vede in fondo a questa china? Lui, Andrea Zanzotto, classe 1921, è una vita che ci parla dal fondo di un paesaggio: *Dietro il paesaggio* è il titolo della sua opera prima, 1951. [...]

1 **epigrammini**: l’epigramma è un breve componimento in versi di tono ironico o satirico.

2 **ulcerato**: esasperato, irritato.

Un’installazione di Olafur Eliasson e Minik Rosing intitolata *Orologio di ghiaccio* e realizzata a Parigi a Place du Panthéon in occasione della Conferenza delle Nazioni Unite sui cambiamenti climatici del 2015.

Zanzotto è uno che di scienza si è sempre interessato, e riassume: «Adesso discutono, e mentre prima, fino a qualche tempo fa, c'era chi metteva dei dubbi, adesso sono tutti d'accordo nell'accettare. Tutti gli ultimi congressi sono quasi all'unanimità, per dire che qualcosa di catastrofico sta avvenendo». E sarà naturale, questo andazzo? «C'è sempre anche una parte che viene dalla Natura, che è ladra, assassina, disfattista, creativa, le fa tutte insieme contemporaneamente, in maniera da lasciarti lì a bocca aperta, o infuriato.» Ma questo salto non è casuale, non è uno scatto di quelli che possano «riabilitare l'idea di evoluzione come nonsenso».

No, in questo «progresso scorsoio», dice, «parlando del clima, salta fuori sempre la questione se questi fatti siano già avvenuti, per esempio il riscaldamento del globo. Si è certi, invece, che questo riscaldamento è avvenuto solo per opera umana. È una delle poche cose di cui non si dubita, salvo una minoranza che assume gli argomenti del presidente degli Stati Uniti. Ormai la conclusione di tutti i congressi è questa, pressappoco: chi dice entro cinquanta, chi entro sessanta, chi entro settanta anni, poi *consummatum est*, salta tutto, qualsiasi tipo di ordine».

Qui sta il «trauma grosso», nel non saper pensare un tempo che finisce: «Io credo che una delle cose più terribili che, vorrei dire, scusano quasi l'imbecillità umana, è che l'uomo di adesso, industriale e scientifico, non abbia ancora ingoiato il trauma del cambiamento del tipo di tempo». […]

Ma oggi, adesso, «il trauma grosso, che non è stato affatto ancora digerito, e viene rimosso in continuazione, è quello di agire come se si dovesse andare avanti a millenni. Guai se dici a uno che osserva l'andamento del Pil[3] da un anno all'altro: questa roba qua fra settant'anni non avrà più senso. Il vecchio mito sbagliato, e rimosso nel profondo, è proprio quello che autorizza l'euforia del capitalismo». Oggi, dice Zanzotto tamburellando le dita sul tavolo ingombro di carte, «abbiamo davanti un tempo che strapiomba».

Ma addirittura «che il tempo sia più corto non ha neanche più un senso, perché la stessa scienza che promette verità promette anche dubbi sempre nuovi. È il tentativo di fare umano qualcosa che è disumano. Qualcosa che cozza contro un dato di fatto: che l'*homo sapiens* vive poco, ha solo creato una catena di pensierini che si tramandano da una generazione all'altra. E anche quelli che sanno che le cose andranno a male fingono di non sentire, anzi si crea una specie di insensibilità friabilissima, senza la quale non si potrebbe neanche programmare dall'oggi al domani. Una forma di anestesia, di cui si sa che è anestesia. E altro è saperlo teoricamente, altro è batterci il naso contro, insomma».

3 **Pil**: acronimo per "Prodotto interno lordo", ovvero la ricchezza prodotta complessivamente da un Paese in un determinato periodo di tempo.

L'AUTORE

Fabrizio Ravelli è un giornalista milanese che ha fatto della sua città il centro dei suoi interessi lavorativi e culturali. Nasce a Milano nel 1951, frequenta il Liceo classico "Cesare Beccaria" e intraprende la strada del giornalismo, occupandosi appunto di Milano, di cui diventa un profondo conoscitore, soprattutto in relazione ai suoi aspetti più problematici e alla vita comune dei cittadini. Da tempo scrive sulle pagine milanesi del quotidiano "la Repubblica", trasformando le notizie di semplice cronaca in occasioni di riflessione.

È doloroso, per un uomo che ha sempre cercato da rabdomante[4] il corso della natura, frugando nelle «faglie», scavando un senso per la vita, scoprire che il tempo finisce, che dietro non c'è niente: «Insomma, adesso siamo in piena discontinuità, e io inciampo facilmente nella discontinuità. Essendo già vecchio, e avendo il cervello pieno di tarli». Un poeta che ha sempre cercato il buono del mondo: «Lo sento ancora questo impulso, perché c'è pur sempre un abisso fra il fatto che il mondo ci sia e il fatto che non ci sia. Perché c'è, invece che non esserci? Perché c'è tutta 'sta roba, che potrebbe anche apparire senza senso? Invece che, semplicemente, non esserci?».

Una poesia che è un voler credere, o una forma religiosa: «Siamo presi in una tagliola che è suicidio puro, e allora di fronte a questo la spinta religiosa si fa strada, perché uno magari pensa di avere avuto una rivelazione. Nella poesia, anche in quella che sembra più lontana, c'è sempre qualcosa, un impeto, qualcosa di affettivo, per cui si sente che almeno un certo momento di senso viene assunto dalla realtà, proprio perché se no si oscilla dentro il niente. Perché noi, che stiamo qui a chiacchierare, perché ci siamo? Sembra che, a questo punto, possa affiorare una divinità burlona. Penso a *Per un Iddio che ride come un bimbo*, che è di Ungaretti. Una bella definizione. Perché se si prendesse tutto come una burla, anche quello potrebbe portare un momento di tregua, ecco. Ridiamoci sopra. E teniamo sempre l'atteggiamento di umiltà».

«Io credo che la poesia nasca comunque», dice. «La vedo come una delle forze elementari». Certo, è dura se poi là fuori «è tutto talmente orrido». «Insomma, per quanto in fondo si possa andare, non si va giù mai quanto la realtà balorda che la testa umana produce per guadagnare. Oggi dietro il paesaggio non c'è più niente, è il paesaggio stesso che sta scomparendo». [...]

Gli occhi di Zanzotto brillano, la curiosità non si spegne, anche se dice di avere «il cervello pieno di tarli», qui «davanti a un tempo che strapiomba». La poesia nasce ancora, «sia dal paesaggio devastato sia dai pensieri sconquassati e incerti». «Magari come deprecazione[5], o rimpianto. La nostalgia non mi piace particolarmente, perché penso che noi siamo costretti a essere in un eterno presente, in realtà. Quando diciamo passato, è in realtà strapassato. Guai a soffermarsi. Salvo quando la realtà ti travolge, come un carrarmato, con le ruote dentate dell'economia, e allora non resta che farsi da parte».

F. Ravelli, *Il poeta Andrea Zanzotto a difesa della Terra*, in "la Repubblica", 2 giugno 2007

4 **rabdomante**: chi esercita l'arte divinatoria della rabdomanzia, secondo cui, tramite una bacchetta biforcuta, si possono individuare corsi d'acqua o metalli preziosi che si trovano sottoterra.

5 **deprecazione**: critica severa, condanna morale.

Attività

Comprendere il testo argomentativo

1 **In latino** Spiega con parole tue l'espressione latina *consummatum est* (r. 32) usata dal poeta.

2 **L'idea del tempo** Quale idea del tempo, secondo Zanzotto, l'uomo moderno non sa concepire?

3 **Ansia o saggezza?** Secondo te, le opinioni esposte sono timori eccessivi di un vecchio poeta oppure pensieri dettati da semplice saggezza?

4 **La poesia e le opinioni** La poesia può fare qualcosa? È in grado di cambiare qualche convinzione?

Analizzare il testo argomentativo

5 **«disfattista»** Rifletti sul termine "disfattista": che cosa vuol dire?

6 **Gli aggettivi** Definisci con tre aggettivi la posizione del poeta Zanzotto.

per approfondire

RACCOGLIAMO LE IDEE

1 Sintesi dei contenuti

Attraverso le attività seguenti, raccogli le idee sui concetti e sulle informazioni contenute nell'Unità. Se lo ritieni utile, puoi inserire altre citazioni dai testi a tua scelta.

Abbiamo visto come la natura sia stata fonte d'ispirazione per alcuni poeti che, nelle liriche presentate, ne hanno proposto l'osservazione dei vari aspetti, senza tralasciare le profonde emozioni a essi collegati. Completa la tabella con gli elementi richiesti.

Autore	Titolo	Paesaggio d'insieme	Elementi naturali	Elementi umani	Emozioni suscitate
Dickinson	*Tempesta*	....	....	....	....
D'Annunzio	*La pioggia nel pineto*	....	....	....	....
Caproni	*Versicoli quasi ecologici*	....	....	....	....
Zanzotto	*La quercia sradicata dal vento*	....	....	....	....

2 Citazioni dalle liriche

Con un suono di corno
il vento arrivò, scosse l'erba;
un verde brivido diaccio
così sinistro passò nel caldo
che sbarrammo le porte e le finestre
quasi entrasse uno spettro di smeraldo

Emily Dickinson, *Tempesta*

E immersi
noi siam nello spirto
silvestre,
d'arborea vita viventi;
e il tuo vólto ebro
è molle di pioggia
come una foglia,
e le tue chiome
auliscono come
le chiare ginestre

Gabriele D'Annunzio, *La pioggia nel pineto*

L'amore
finisce dove finisce l'erba
e l'acqua muore. Dove
sparendo la foresta
e l'aria verde, chi resta
sospira nel sempre più vasto
paese guasto: «Come
potrebbe tornare a esser bella,
scomparso l'uomo, la Terra».

Giorgio Caproni, *Versicoli quasi ecologici*

Ti rinvenimmo
attraverso la squallida bocca del giorno,
rovesciata. Nel basso,
empito umbrifero, plurimo,
di calme e aromi che ti spiegavi fin là,
sino alla fonte mai vista del fiume
sino all'infanzia fantastica balbettante degli avi.

Andrea Zanzotto, *La quercia sradicata dal vento*

[…]
……………………………………………………………………
……………………………………………………………………
……………………………………………………………………
……………………………………………………………………
……………………………………………………………………

[…]
……………………………………………………………………
……………………………………………………………………
……………………………………………………………………
……………………………………………………………………
……………………………………………………………………

3 Scrittura guidata *il testo espositivo*

La natura come fonte d'ispirazione nella poesia e nell'arte: rifletti su questo tema e stendi un testo espositivo in cui riporti le tue riflessioni utilizzando gli elementi raccolti nella tabella alla pagina precedente e le citazioni riportate sopra. Osserva quindi le tre famose opere di Vincent van Gogh (1853-1890) qui raffigurate e scrivi qual è, a tuo parere, il sentimento prevalente suscitato da ognuna di esse. Puoi servirti, se vuoi, della seguente scaletta.

Marina o barche a vela, 1888. (Mosca, Museo Puškin)

……………………………………………

La pianura della Crau con le rovine di Montmajour, 1888. (Amsterdam, van Gogh Museum)

……………………………………………

Notte stellata (Cipresso e paese), 1889. (New York, MOMA - Museum of Modern Art)

……………………………………………

Introduzione

- Il rapporto fra uomo e natura nella poesia e nell'arte

Sviluppo

- Paragrafo 1: gli elementi naturali (con opportuni riferimenti alle liriche lette e ai dipinti osservati)
- Paragrafo 2: gli elementi umani (idem)
- Paragrafo 3: le emozioni, i sentimenti, le riflessioni suggerite
- ……………………………………………

Conclusione

- Esposizione sintetica della tua personale opinione sulla natura come fonte d'ispirazione per poeti e artisti

Vincenzo Cardarelli

Autunno

Da
Poesie, 1936
Lirica
in versi liberi

Nel malinconico sopraggiungere dell'autunno, che già si annuncia con le prime raffiche di vento e le piogge di fine estate, il poeta Vincenzo Cardarelli (► p. 19) legge lo scorrere inesorabile del tempo, l'indugiare della sua stessa vita, giunta nel pieno della maturità e incamminata verso la fine.

Autunno. Già lo sentimmo venire
nel vento d'agosto,
nelle pioggie di settembre
torrenziali e piangenti,
e un brivido percorse la terra
che ora, nuda e triste,
accoglie un sole smarrito.
Ora passa e declina,
in quest'autunno che incede
con lentezza indicibile,
il miglior tempo della nostra vita
e lungamente ci dice addio.

V. Cardarelli, *Opere*, Mondadori, Milano, 1981

4 **piangenti**: che sembrano rattristarsi per l'estate ormai alla fine.
7 **smarrito**: incerto, pallido.
8 **declina**: tramonta.
9 **incede**: avanza.
10 **indicibile**: che non si può dire, esprimere.

Vassily Kandinsky, *Autunno, studio,* 1905. (San Pietroburgo, Museo Statale Russo)

Attività

Comprendere e analizzare: verso l'INVALSI

1 **Un'analogia** La poesia suggerisce un confronto tra due elementi. Quali?
- a. L'atmosfera autunnale e l'inizio della vecchiaia nell'uomo
- b. L'inizio dell'autunno e la maturità dell'uomo
- c. La fine dell'estate e la morte dell'uomo
- d. La primavera e la gioventù dell'uomo

2 **La struttura** Come si può suddividere la lirica di Cardarelli?
- a. In una parte narrativa e una descrittiva
- b. In una parte narrativa e una riflessiva
- c. In una parte descrittiva e una narrativa
- d. In una parte descrittiva e una riflessiva

3 **L'autunno** La descrizione dell'autunno presenta tratti molto umani; individua e riporta le parole che li esprimono.

....

....

....

4 **L'umanità** Che cosa ci rivelano le espressioni «sentimmo» (v. 1) e «nostra» (v. 11)?
- a. Il poeta si sente diverso dagli altri uomini
- b. Il trascorrere del tempo accomuna il genere umano
- c. Non tutti accettano l'inesorabile passare del tempo
- d. Il tempo non scorre allo stesso modo per tutti gli uomini

5 **Lo stato d'animo** Da quale stato d'animo è pervasa la parte finale della lirica?
- a. Profonda tristezza
- b. Pacata serenità
- c. Velata malinconia
- d. Disperato rimpianto

6 **Le parole del testo** Riporta le parole che rivelano lo stato d'animo evidenziato nell'esercizio 5.

....

7 **La forma metrica** Dal punto di vista della forma metrica il componimento è:

....

e le rime sono:
- a. baciate
- b. assenti
- c. al mezzo
- d. rare

8 **I suoni** Nella lirica sono presenti numerose allitterazioni: individuale e sottolineale.

9 **L'effetto** Quale effetto determinano le allitterazioni?
- a. Una frequente interruzione
- b. Una lenta musicalità
- c. Una noiosa continuità
- d. Un'insistente ripetitività

10 **Il ritmo** Come definiresti il ritmo della poesia?
- a. Lento
- b. Veloce
- c. Vario
- d. Incalzante

11 **La figura retorica sintattica** Individua l'inversione presente nel componimento.

12 **I campi semantici** Completa la tabella con i termini relativi alla natura e con quelli che si riferiscono allo scorrere inesorabile del tempo.

Natura	Scorrere del tempo

Rielaborare e produrre

13 **La parafrasi** Volgi in prosa (► p. 63) il componimento.

14 **Il commento** In un testo di (massimo) 200 parole commenta (► p. 65) la lirica di Cardarelli.

15 **Le stagioni della vita** Non solo poeti e letterati, ma anche la cultura popolare ha sempre associato le stagioni alle età dell'uomo. In particolare, la primavera è metafora di giovinezza, spensieratezza, allegria. Esponi in un breve testo argomentativo (massimo 200 parole) la tua opinione in merito.

La potenza della natura nei paesaggi di Hokusai

A partire dalla metà dell'Ottocento, l'apertura dei porti giapponesi al commercio europeo favorisce la diffusione di un nuovo gusto artistico; diviene di moda collezionare opere d'arte provenienti dall'Estremo Oriente e anche la critica produce numerosi articoli che commentano l'estetica giapponese, tanto che lo stile orientale riscuote molto successo alle esposizioni universali di quegli anni.

Grande interesse suscita l'*Ukiyo-e*, un genere di stampa figurativa su legno nato intorno al XVII secolo, che rappresenta scene di teatro o di vita quotidiana popolate di figure femminili poetiche e delicate e, in seguito, anche paesaggi. A incantare gli occidentali è – fra gli altri – un grande maestro, Katsushika Hokusai (1760-1849): se in un primo momento la natura, benché tratteggiata con maestria e signorilità, ha fatto da sfondo a momenti di vita quotidiana, con Hokusai essa assume una dignità pari a quella dell'uomo, diventa la vera protagonista della scena pittorica, composta di mari e cieli, animali e alberi, cascate, laghi e onde marine che divengono artigli pronti a graffiare, fiori e alberi di cui le nuvole assumono la forma confondendosi con essi. La perfezione tecnica delle sue incisioni è resa possibile dall'essenzialità delle forme: le linee disegnano i contorni delle figure e degli oggetti, i colori sono puri, stesi in modo uniforme, senza ombre.

Dalle opere di Hokusai hanno tratto ispirazione pittori come Edgar Degas (1834-1917), Claude Monet (1840-1926) e Vincent van Gogh (1853-1890), ma anche il compositore Claude Debussy (1862-1918) sostiene di essere stato influenzato dal maestro giapponese nella creazione della sinfonia *La mer*, tanto da riprodurre l'incisione più famosa dell'artista, *La grande onda di Kanagawa*, sulla copertina della sua opera. L'immagine fa parte della serie *Trentasei vedute del monte Fuji* (1826-1833), in cui la montagna viene rappresentata nelle più diverse condizioni meteorologiche e da vari punti di vista, a simboleggiare il tema dell'eterno confronto tra la potenza incontrollabile della natura, in questo caso dell'acqua, e la serenità impassibile del monte.

Katsushika Hokusai, *Pellegrini alla Cascata Kirifuri sul Monte Kurokami nella provincia di Shimotsuke*, 1831-1832. (Filadelfia, Museum of Art)

Katsushika Hokusai, *La grande onda di Kanagawa*, 1830-1831. (New York, The Metropolitan Museum of Art)

per guardare oltre

Intersezioni

LETTURE

- L'Unità *Voci della natura* raccoglie liriche che pongono la natura stessa in primo piano. Tuttavia è difficile leggere poesie che non contengano riferimenti al paesaggio e agli elementi della natura, sia per descriverli sia per evidenziarne il valore simbolico ed emotivo. Grandi squarci lirici sul mondo naturale sono rappresentati dalle poesie di Giacomo **Leopardi** (*L'amore per la vita di Giacomo Leopardi,* ► p. 210); una natura pulsante anima le liriche di Giovanni **Pascoli** (*Nostalgia e meraviglia in Giovanni Pascoli,* ► p. 240), in cui la descrizione si arricchisce di aspetti fonosimbolici. Diversi sono gli aspetti della natura che assumono valore di emblema in Eugenio **Montale** (*Meriggiare pallido e assorto,* ► p. 302) e di autentici simboli in Charles **Baudelaire** (*L'albatro,* ► p. 77). Sempre intimamente legate all'animo dell'autore sono le liriche di Federico **García Lorca** (*Paesaggio,* ► p. 11), Marino **Moretti** (*La prima pioggia,* ► p. 38) e Antonio **Machado** (*Nuda è la terra,* ► p. 45).

Altri orizzonti

RACCOLTA POETICA E INTERVISTA

- Oltre ai testi poetici antologizzati e citati sopra, proponiamo altri due approfondimenti sul tema trattato. Per esempio, una riflessione poetica interessante è quella proposta dalla raccolta di Cesare **Viviani**, *Credere all'invisibile* (Einaudi, 2009). Senese stabilitosi da trentacinque anni a Milano, psicanalista e poeta, Viviani ci accompagna pagina dopo pagina in una passeggiata nella natura; nella raccolta l'autore spiega che l'accettazione delle leggi naturali, l'abbandono a esse diventa, per l'uomo, il compimento del più nobile destino: «Eguagliare la natura, essere / eguagliati da essa. / Non c'è migliore augurio, / più alto valore».
- Nel libro-intervista *In questo progresso scorsoio* (Garzanti, 2009), il poeta Andrea **Zanzotto** in conversazione con Marzio Breda, lamenta «l'aggressione al paesaggio, la scomparsa del mondo agricolo, una proliferazione edilizia inconsulta e casuale».

PITTURA

- Una particolare interpretazione del tema della natura in ambito pittorico rinvia a Claude **Monet** (1840-1926), uno dei padri dell'Impressionismo, specie nell'ultima stagione della sua lunga attività artistica, quando dipingeva splendide serie di ninfee.

FILM

- *Into the Wild* (*Nelle terre selvagge*, 2007), scritto e diretto da Sean **Penn**, è un inno alla libertà giovanile vissuta negli ambienti naturali del territorio americano dei cui paesaggi incontaminati il film esalta la bellezza, giocando sul contrasto fra natura e civiltà.
- Documentario naturalistico di denuncia sulla situazione ecologica mondiale è invece *Earth* (*La nostra Terra*, 2007), realizzato dalla BBC.

MUSICA

- Il connubio fra poesia e natura è ben rappresentato anche in ambito musicale. Si pensi ai quattro concerti de *Le quattro stagioni* di Antonio **Vivaldi** (1678-1741), fra le composizioni più note e apprezzate dal pubblico: pochi sanno, però, che a ogni stagione è abbinato un sonetto, forse opera dello stesso Vivaldi, "illustrato" dal tema musicale.

Emile Hirsch in una scena del film *Into the Wild*, regia di Sean Penn (2007).

Ritratto di Antonio Vivaldi, XVIII secolo. (Bologna, Museo Internazionale della Musica)

UNITÀ 3

L'esperienza amorosa

Lorenzo Mattotti.

• Un tema lirico per eccellenza • La **poesia** ha rappresentato in ogni epoca uno strumento privilegiato per dare voce alla passione amorosa, per emozionare e svelare i profondi meccanismi della vita emotiva, ma va da sé che anche tutte le altre arti ruotano in gran parte intorno al tema amoroso. La pittura, per esempio, ha sempre affrontato il tema della rappresentazione dell'amore, offrendone un'immagine estremamente variegata e ricca di sfumature. Il pittore Lorenzo **Mattotti** ha declinato il rapporto d'amore fra un uomo e una donna rappresentandoli su di un letto per ben duecento volte, in un lavoro solo in apparenza banale e ripetitivo, ma in realtà enigmatico.

• Eclettismo d'artista: dai fumetti alla pittura al cinema • Lorenzo Mattotti nasce a Brescia nel 1954. Il lavoro del padre, ufficiale dell'esercito, lo costringe a frequenti trasferimenti in diverse città italiane. Studia Architettura, senza però laurearsi. Giovanissimo, inizia a pubblicare fumetti su riviste italiane e francesi; nel 1979 appare su "Linus" il suo primo lavoro importante, *Incidenti*. Nelle sue tavole è forte l'influenza dei disegnatori argentini José Muñoz (1942) e Carlos Sampayo (1943).

Contemporaneamente al lavoro di raffinato **illustratore** – *Pinocchio* (1990), l'*Inferno* (1999), il volume *Fiabe dei Balcani* (2000) – e alle collaborazioni con quotidiani e riviste di tutto il mondo, Mattotti continua la sua **ricerca pittorica**, realizzando quadri di grandi dimensioni, alcuni dei quali sono raccolti nel catalogo *Acryliques* (1999), e partecipa a progetti cinematografici. Vive e lavora a Parigi.

DOMANDE

- Con diverse soluzioni formali e cromatiche, Mattotti ripropone lo stesso motivo della coppia di amanti sospesi nello spazio di una stanza incantata. Che sensazioni ti trasmettono le sue opere? Come definiresti questa rappresentazione dell'amore?
- Quale tra le due *Stanze* qui raffigurate preferisci? Per quale ragione?

Lorenzo Mattotti, *Stanze*, 2005.

La rappresentazione dell'amore nelle *Stanze* • Oggi Mattotti dipinge grandi tele, privilegiando l'acrilico. Con la serie *Stanze*, che realizza a partire dal 2000, affronta il tema dell'amore rappresentandolo all'interno di una stanza, nell'**intimità casalinga** del rapporto a due. Le scene sono riprese dall'alto, con taglio cinematografico, e fotografano gli amanti abbracciati o sorpresi in movimenti impercettibili. L'artista riesce a cogliere frammenti di comunicazione non verbale espressi con gli occhi o con un gesto, raffigura il silenzio, la dolcezza di una carezza, il sonno. Lo stesso motivo della coppia di amanti, che sembra sospesa nello spazio, viene declinato con **tecniche differenti** – i colori acrilici, i pastelli, il carboncino e l'acquarello per una rappresentazione più trasognata delle figure –, il che risulta funzionale al tipo di emozione che si vuole trasmettere. Mattotti privilegia le linee curve, sinuose, che si fondono le une nelle altre, creando volumetrie che animano la scena, e i colori accesi, stesi in accostamenti stupefacenti e coinvolgenti, a definire grandi masse plastiche in cui la luce forma netti contrasti. Narratore di perpetui abbracci, le sue *Stanze* sentimentali rendono l'**incanto** dell'amore, un tema particolarmente ricco e affascinante, universalmente comprensibile.

in questa Unità impareremo a

- **conoscere** a grandi linee la vita e il contesto storico-letterario in cui vivono gli autori, e l'universalità del sentimento d'amore
- **comprendere** il significato globale dei testi in relazione all'importante esperienza esistenziale dell'amore vissuta e raccontata dai poeti
- **analizzare** le liriche secondo le regole della poesia e le tecniche stilistiche per affinarne la comprensione e approfondirne le tematiche
- **interpretare** lo scritto, comprendendo sia le emozioni di gioia e di sofferenza sia le problematiche in esso contenute
- **produrre** parafrasi, commenti, testi argomentativi e narrativi a partire dai temi delle liriche
- **comunicare oralmente**, per riferire i contenuti delle poesie e riflettere sulle loro tematiche in forma strutturata e chiara

in questa Unità scopriremo

L'amore rappresenta – per la sua imprevedibilità, la sua energia vitale, la difficoltà di essere sottoposto al controllo della ragione – un mistero che i poeti di ogni tempo hanno cercato di penetrare. Spesso sono la lode o la contemplazione della bellezza femminile a suggerire un canto d'amore; altre volte sono il ricordo e il rimpianto di esperienze amorose ormai lontane e di momenti irrimediabilmente perduti. Ciascuno di noi ne potrebbe parlare in prima persona: lo sanno bene anche gli adolescenti, che si trovano a sperimentare sentimenti e situazioni che segnano e caratterizzano la loro crescita, a gestire profonde emozioni non sempre facili da controllare.

Un'antica forma di poesia

Nell'antichità, due erano le forme poetiche maggiormente diffuse: l'epica, che cantava le gesta degli eroi, e la **poesia lirica**, capace di **esprimere** una vasta gamma di **sentimenti** e così chiamata perché la sua declamazione era accompagnata dal suono di uno strumento musicale a corde, la lira. I Greci facevano discendere la sua ispirazione direttamente dalla musa Calliope; avevano personificato la forza dell'amore nella dea Afrodite, la Venere romana, e in suo figlio Eros, che ritenevano il più bello degli dei: nessuno sapeva resistere al suo potere seduttivo, alle frecce del suo arco.

Alcuni fra i più celebri rappresentanti della poesia lirica sono **greci**: Esiodo, il quale proprio riguardo a Eros così si esprime: «... Eros, il più bello degli dei immortali, / che scioglie le membra, e di tutti gli dei e di tutti gli uomini / doma nel petto il cuore e la ragione e la saggezza» (*Teogonia*); la poetessa Saffo, profonda indagatrice dell'animo umano; e poi Alceo, Pindaro, Callimaco.

Su imitazione dei modelli greci, anche a **Roma** la poesia lirica ha avuto illustri rappresentanti: si pensi, per esempio, a Catullo, alla sua esortazione rivolta a Lesbia, la donna da lui amata, perché sappia godere della vita, abbandonandosi alla passione: l'amore, infatti, è un tormento irresistibile.

In ogni letteratura antica si parla d'amore; perfino nella **Bibbia** un intero libro, *Il cantico dei cantici*, racconta in versi l'amore tra due sposi, un amore dai forti accenti passionali.

Giovane con tavoletta cerata e stilo, identificata con la poetessa Saffo, in un affresco proveniente da Pompei, I secolo d.C. (Napoli, Museo Archeologico Nazionale)

• L'amore attraverso il tempo •

L'universalità dell'**esperienza amorosa** è senza dubbio un **fenomeno** naturale, ma anche **culturale**, perché attraverso i secoli l'amore è stato vissuto e considerato con diverse modalità e, pertanto, è via via cambiata l'immagine che di esso la poesia ha saputo trasmettere.

Nel **Medioevo**, per esempio, tema centrale della poesia lirica era il cosiddetto "amor cortese", codificato da regole precise che obbligavano un cavaliere al rispetto della dama della quale si dichiarava servitore; veri e propri trattati ci illuminano su questo particolare legame d'amore che si atteneva ai valori della società feudale e a quelli della religione cristiana. Una nuova espressione del sentimento d'amore si affermerà, nel XIII secolo, con il Dolce Stil Novo: Dante Alighieri parlerà della donna angelicata, «venuta da cielo in terra a miracol mostrare», e troverà in Beatrice la fonte ispiratrice della *Divina Commedia*. Anche Francesco Petrarca, pur attribuendo maggiore spazio all'introspezione, indicherà in Laura la figura femminile di riferimento nel suo *Canzoniere*.

Un cavaliere offre un cuore alla propria amata in un arazzo francese del XV secolo. (Parigi, Museo del Louvre)

Le forme ripetitive dei secoli successivi vengono superate nell'**Ottocento**, quando con il Romanticismo si afferma una nuova concezione dell'amore, avvertito come passione trascinante e inarrestabile, incapace di sottostare ad alcuna regola, un amore che spinge fortemente a fondersi con la persona amata, fino ad annullare la propria individualità.

Oggi l'amore rimane oggetto di un forte interesse e di molteplici valutazioni da parte di poeti, come di letterati e artisti. Tocca come sempre al poeta salvaguardare i modi della tradizione, ma nel contempo innestare su di essi una nuova, personale maniera di sentire e di esprimere l'amore odierno, apportando così un fruttuoso contributo al patrimonio comune della poesia.

• Il percorso antologico •

I testi proposti in questa Unità intendono rappresentare il sentimento d'amore in alcune delle sue sfaccettature, attraverso le voci di poeti appartenenti a stagioni e scuole diverse. Il primo di questi è Jacques **Prévert** (1900-1977), che, specie dopo il passaggio da temi surrealisti a temi maggiormente legati alla quotidianità della vita parigina, pone l'amore al centro di tante sue liriche. *Paris at night* (▶ p. 131) è una breve poesia che suggerisce una situazione di grande intensità sentimentale, attraverso un gioco, un'invenzione d'amore che mira a fissare un momento d'intimità.

Non di rado l'idea dell'amore richiama quella della morte. Il compito di saldare queste due importanti esperienze esistenziali è affidato al grande poeta cileno Pablo

Neruda (1904-1972), autore – oltre che significativo esponente culturale e politico di tutto il Sud America – di poesie ricche di passione, immaginazione e forte sensualità, senza mai tralasciare tuttavia di esaltare i valori della libertà e della dignità dell'uomo. In *Quando morrò voglio le tue mani sui miei occhi* (▸ p. 133), immaginando la sua morte, canta in realtà la vita attraverso l'amore e la passione che prova per la moglie.

Un'interiorità inquieta e tenera e un profondo bisogno d'amore traspaiono dai versi della poetessa Antonia **Pozzi** (1912-1938), la quale, pur avendo posto drammaticamente fine alla sua vita all'età di ventisei anni, ha lasciato significative tracce di sé e del suo tormentato sentire in un'accorata raccolta poetica, *Parole*. Con la poesia *Pudore* (▸ p. 137) dà voce sia al sentimento proprio della donna innamorata sia all'amore materno.

Ci sospinge a considerare un amore visto modernamente con ironia e sarcasmo Edoardo **Sanguineti** (1930-2010), nei cui versi, grazie alla sua acuta riflessione, accadimenti in apparenza banali acquistano il valore di paradigmi. Nella lirica *Vengo con la presente* (▸ p. 141) ironizza su un amore esclusivamente telefonico che, come tale, non può che essere fonte di sofferenza.

Il poeta ligure Camillo **Sbarbaro** (1888-1967), nella convinzione di non riuscire mai ad afferrare il bandolo della matassa della vita, incarna assai bene le ansie dell'uomo novecentesco, esprimendo la sua soddisfazione per un amore che finalmente compare in età adulta: in *Ora che sei venuta* (▸ p. 150), egli racconta il passaggio dalle pene alle gioie dell'amore.

Completa il percorso l'interessante riflessione di Silvia **Vegetti Finzi** (1938) e Anna Maria **Battistin** *La delusione d'amore: un'occasione di crescita* (▸ p. 145), in cui le autrici prendono in considerazione un momento fondamentale dell'educazione sentimentale di un giovane, sottolineandone l'aspetto formativo.

Jacques Prévert

Paris at night

Una breve lirica per fissare per sempre un momento d'intimità, intessuto di luce e di oscurità, ma pervaso dalla forza di un sentimento d'amore.

Da
Paroles, 1945

Lirica in versi liberi

Tre **fiammiferi** un dopo l'altro accesi nella notte
Il primo per vedere intero il volto tuo
Il secondo per vedere gli occhi tuoi
L'ultimo per vedere la tua bocca
E l'oscurità completa per ricordarmi queste immagini
Mentre ti stringo a me tra le mie braccia.

J. Prévert, *Poesie*, trad. di M. Cucchi, Guanda, Milano, 1992

PAROLE *sotto la lente*

Fiammifero

Il nome deriva dall'aggettivo latino *flammifer*, "che porta, che produce fiamma". Indica un piccolo stelo di legno o di altro materiale combustibile ricoperto alla sommità da sostanze che favoriscono l'accensione. Nell'espressione di senso figurato "prendere fuoco come un fiammifero" indica una persona che è facile all'ira.

Attività

Il nome è formato dal suffissoide *-fero* che deriva dal verbo latino *ferre*, "portare". Trova altri nomi così composti.

Kenneth Lavallee, *Accendere un fiammifero*, 2015. (Collezione Privata)

L'AUTORE

Jacques Prévert nasce nel 1900 a Neuilly-sur-Seine da una famiglia di origini bretoni. Della sua vita si è sempre saputo poco, nonostante sin dal 1930 sia stato presente e attivo nel mondo culturale francese, pubblicando le sue poesie sulle riviste più conosciute, poesie accolte dal pubblico con interesse, ma con riserbo dalla critica. Per un breve arco temporale fa parte del movimento d'avanguardia del Surrealismo, ma se ne distacca per divergenze ideologiche. Più tardi l'interesse di questo intellettuale eclettico si sposta nel campo del cinema, come soggettista e sceneggiatore di numerosi film, i più importanti dei quali sono *Il porto delle nebbie* (1938) e *Alba tragica* (1939). Mentre si esaurisce il successo cinematografico, si consolida quello letterario grazie alla raccolta poetica *Parole* (1945), nella quale la tematica dell'amore è svolta da numerose liriche improntate a un'ispirazione fresca e genuina. Tante sue composizioni vengono musicate con esito molto favorevole. Muore in un piccolo centro della Normandia nel 1977.

per L'ANALISI del TESTO

Una poesia di successo

Dopo la Seconda guerra mondiale, la poesia di Jacques Prévert ha avuto una straordinaria fortuna in Francia e in Europa. Il suo facile e arguto **lirismo sentimentale** è riuscito a farsi largo presso un vasto pubblico, soprattutto con la raccolta *Parole* (1945), di cui fa parte anche *Paris at night*, in cui il poeta offre un saggio di che cosa significhi trasformare un attimo di **vita quotidiana** in ispirazione lirica.

Prévert dedica questi versi alla donna che ama. Sembra quasi di vedere i due seduti a un tavolo intenti a fare un semplice gioco: accendere tre fiammiferi per cogliere nell'attimo luminoso il volto, gli occhi, la bocca di lei. Si tratta di un'invenzione d'amore, un modo giocoso di imprimere nella mente pochi istanti di indimenticabile intimità.

In un **crescendo** d'immagini, «l'oscurità completa» (v. 5) che avvolge i due innamorati al momento dello spegnimento del terzo fiammifero è un improvviso manto che li nasconde al mondo intero e li isola nel loro reciproco e appassionato sentimento.

Lo stile

La poesia si sviluppa in versi liberi, con un **ritmo lento**, dettato dalla numerazione dei fiammiferi. Le scelte linguistiche non hanno nulla di aulico, ma si rifanno alle parole di ogni giorno e si possono ripartire in **due campi semantici**: il primo, relativo al contrasto buio-luce, e il secondo riferito all'amore. In particolare, la ripetizione dell'aggettivo possessivo «tuo» dà corpo alla presenza femminile e diviene ancor più rilevante quando il poeta, nell'ultimo verso, gli contrappone l'aggettivo «mie» («le mie braccia», v. 6), unendo i due protagonisti nell'abbraccio finale.

Attività

Leggere e comprendere

1 **Il tema** Qual è il tema della poesia?

2 **Il titolo** Il titolo suggerisce un'altra presenza nella scena descritta: quale?

3 **Il filo conduttore** Qual è il filo conduttore che unisce le immagini presentate nella lirica?
- **a.** Il sentimento
- **b.** La luce
- **c.** La sensualità
- **d.** Le scelte lessicali

4 **I fiammiferi** A che cosa ritieni che alluda l'impiego dei fiammiferi?
- **a.** Alla vicinanza tra uomo e donna
- **b.** Alla futilità dell'incontro
- **c.** Alla semplicità dell'amore
- **d.** Alla povertà della loro vita

5 **Un'immagine tradizionale** Quale immagine tradizionalmente legata all'amore è richiamata dall'accensione dei fiammiferi?

6 **L'oscurità** Quale particolare funzione riveste l'oscurità nella poesia di Prévert?

Riconoscere e analizzare

7 **La forma metrica** Descrivi la forma metrica.

8 **Una figura retorica** Indica il valore espressivo della figura retorica presente nei versi.

9 **Il lessico** A che cosa sono improntate le scelte lessicali del poeta?
- **a.** Aulicismo
- **b.** Ricercatezza
- **c.** Semplicità
- **d.** Trascuratezza

10 **La descrizione** Che tipo di descrizione sceglie il poeta per rappresentare la scena?

11 **La presentazione del contenuto** Che cosa caratterizza il contenuto della poesia?
- **a.** La rapidità
- **b.** La gradualità
- **c.** L'attenuazione
- **d.** L'immediatezza

Rielaborare e produrre

12 **La tua interpretazione** Considera il verso 5: «E l'oscurità completa per ricordarmi queste immagini». Come interpreti queste parole? In che modo l'oscurità può sollecitare il ricordo? Rifletti su questo punto e rispondi in un breve intervento orale.

13 **La ricerca** Procurati e leggi altre poesie d'amore di Prévert, scegli quella che preferisci e motiva la tua scelta in un testo di 200 parole.

Pablo Neruda

Quando morrò voglio le tue mani sui miei occhi

Quando si è innamorati è come se si fosse immortali. La potenza dell'amore, infatti, sopravanza il senso di finitezza dell'uomo. Anche il poeta è innamorato; sente una corrispondenza così piena con la donna amata che neppure l'idea della morte lo rattrista.

Da
Cento sonetti d'amore 1959
Lirica

Quando morrò voglio le tue mani sui miei occhi:
voglio che la luce e il frumento delle tue mani amate
passino una volta ancora su di me la loro freschezza:
sentire la soavità che cambiò il mio **destino**.

Voglio che tu viva mentr'io, addormentato, t'attendo,
voglio che le tue orecchie continuino a udire il vento,
che fiuti l'aroma del mare che amammo uniti
e che continui a calpestare l'arena che calpestammo.

Voglio che ciò che amo continui a esser vivo
e te amai e cantai sopra tutte le cose,
per questo continua a fiorire, fiorita,

perché raggiunga tutto ciò che il mio amore ti ordina,
perché la mia ombra passeggi per la tua chioma,
perché così conoscano la ragione del mio canto.

P. Neruda, *Cento sonetti d'amore*,
a cura di G. Bellini, Passigli, Firenze, 1996

1 **le tue mani**: il poeta si rivolge alla moglie.
2 **frumento**: identificando nel frumento le mani dell'amata, il poeta le paragona a una fonte di nutrimento.
4 **cambiò il mio destino**: innamorandosi di lei, il poeta ha dato un nuovo corso alla sua vita.
8 **arena**: sabbia.
14 **conoscano**: il soggetto sottinteso è "tutti gli altri".

Octavio Ocampo, *Estasi nel campo di gigli*, XX secolo. (Sedona - Arizona, Fine Art Gallery)

PAROLE *sotto la lente*

Destino

Il nome deriva dal latino *destinus*, ed è legato al verbo *destinare*, "stabilire in maniera ferma e irrevocabile". Indica la fatale determinazione dei fatti che accadono, superiore alla volontà e all'azione degli uomini. Talora è personificato, come nell'espressione "essere perseguitato dal destino". In un'accezione particolare, specie nella pratica mercantile, assume il significato di "destinazione".

Attività

Cerca alcuni sinonimi del nome nell'accezione usata nella poesia.

per conoscere PABLO NERUDA

PABLO NERUDA (pseudonimo di Neftalí Ricardo Reyes, assunto in ricordo dello scrittore praghese Jan Neruda, cantore di temi sociali) nasce nel 1904 a Parral, in Cile, e trascorre infanzia e adolescenza nel Sud del Paese, dove il padre lavora come ferroviere. Frequenta l'università e si avvia alla carriera diplomatica, cominciando nel frattempo a pubblicare versi carichi di vivida immaginazione, di passionalità e di forte sensualità.

Allo scoppio della guerra civile in Spagna, nel 1936, Neruda si trova come console cileno a Madrid: si schiera dalla parte dei repubblicani, contro Francisco Franco, sostenuto dal fascismo e dal nazismo. Assume sempre più il ruolo di poeta impegnato contro il neocolonialismo, ansioso di celebrare le lotte per la libertà, la giustizia e l'uguaglianza sociale. Eletto senatore nelle fila del Partito comunista cileno nel 1945, è costretto tre anni dopo all'esilio, dopo la presa del potere da parte del generale Videla. Rimane lontano dal Cile per molti anni, toccando vari Paesi, tra cui l'Italia (1951-1952), e facendovi ritorno nel 1953. Quando nel 1970 il socialista Salvador Allende viene eletto Presidente della Repubblica, Neruda è inviato come ambasciatore a Parigi. Nel 1971 vince il premio Nobel per la letteratura, e l'anno successivo ritorna a Santiago, dove muore nel 1973.

• La carriera diplomatica e la politica • La carriera diplomatica lo porta a svolgere il ruolo di ambasciatore cileno in Birmania (1927), Argentina (1933), Spagna (1934) – dove ha modo di conoscere e frequentare i poeti Federico García Lorca e Rafael Alberti –, Messico (1940) e Francia (1970). Sempre nette sono le sue prese di posizione politiche: nella guerra civile spagnola (1936), si schiera per la Repubblica contro il fascismo franchista; iscritto al Partito comunista, fa proprie le posizioni sovietiche, diventa un «partigiano della pace» e sostiene Salvador Allende, nominato Presidente della Repubblica; Neruda è al suo fianco anche tre anni dopo, quando un colpo di Stato rovescia il legittimo presidente, instaurando una lunga stagione dittatoriale.

• Una vasta opera poetica • Autore molto prolifico, ha pubblicato un'ampia antologia di testi, caratterizzati dalla sua capacità di innalzare un canto alla vita, alla gioia, all'amore, alla dignità dell'uomo, percorrendo vie poetiche sperimentali sia in ambito linguistico sia metrico, ma sempre privilegiando la semplicità. Come disse García Lorca, i versi di Neruda sembrano scritti «più che con l'inchiostro con il sangue», tanta è la sua partecipazione sentimentale e umana, soprattutto quando la sua poesia si fa portatrice di istanze sociali e politiche.

Pablo Neruda in un ritratto di Tullio Pericoli del 2005.

Appartiene alla stagione iniziale la raccolta *Venti poesie d'amore e una canzone disperata* (1924), con la quale Neruda ottiene un ampio riconoscimento di critica e di pubblico. La scelta politica a favore dei repubblicani spagnoli imprime una profonda svolta anche alla sua poesia, che da allora ruota soprattutto attorno a temi politici e civili, come dimostra la raccolta *Spagna nel cuore* (1937). Pubblica nel 1950 *Canto generale*, una sorta di poema epico sulla storia del Cile e di tutta l'America, ma non di sola ispirazione politica e civile sono i suoi versi: negli anni d'esilio Neruda scrive opere più personali, in cui celebra la natura, l'amore, la quotidianità, come *Odi elementari* (1954), nelle quali il poeta si abbandona a una visione ottimistica della vita, *Cento sonetti d'amore* (1959), l'opera teatrale *Splendore e morte di Joaquín Murieta* (1967), dramma sull'oppressione esercitata dal Nordamerica sul resto del continente, e infine le prose autobiografiche *Confesso che ho vissuto* (1973).

per L'ANALISI del TESTO

L'amore che vince sulla morte

La raccolta *Cento sonetti d'amore* (1959), da cui è tratta questa poesia, è dedicata alla moglie, Matilde Urrutia, che Neruda descrive come una sorgente di vita, di luce, una natura feconda, lo specchio del suo intero universo.

Nonostante il titolo e il verso d'apertura della lirica possano evocare un tema triste e doloroso, il poeta in realtà vuole trasmettere la profondità di un'emozione cui neanche la morte è in grado di resistere, perché la forza dell'amore – qui descritto come un **sentimento totalizzante** che lega Neruda alla sua donna – **sopravvive** nella persona amata.

Il poeta pensa alla sua fine ed esprime un desiderio carico di significato: spera che la donna gli posi un'ultima volta le mani, che lui ha tanto amato, sugli occhi; desidera che lei viva nella gioia e non nel rimpianto, continuando a godere di tutto quello che i due hanno amato insieme; aspira a poter sopravvivere in lei, perché il loro amore non finisca.

Un sonetto dalla struttura lineare

Nelle quattro strofe in cui si articola la composizione, Neruda segue un percorso lineare: nella prima strofa esprime un desiderio che lo riguarda in prima persona («miei occhi», «su di me», «mio destino», vv. 1, 3, 4), nella seconda si rivolge alla moglie, esortandola a continuare ad apprezzare le cose belle che la vita offre e nella terza desidera che ciò che egli ama continui a vivere. L'anafora del verbo «voglio» sottolinea la forza delle richieste del poeta.

Infine, l'ultima strofa chiarisce la ragione dei suoi desideri: egli si augura che con la moglie sopravviva anche la sua poesia («la ragione del mio canto», v. 14). La **donna** si salda così alla **poesia**, il canto all'amore: sono le componenti essenziali della creazione poetica, quelle che alimentano l'umanità del poeta e gli consentono di percepire i segreti e i misteri da cui scaturisce la vita stessa.

Neruda si è affidato allo schema del sonetto, pur rinunciando alle rime. Anche nella traduzione sono presenti alcune figure retoriche: metafore e iterazioni di termini importanti per la comprensione del messaggio poetico.

Pablo Neruda e la moglie Matilde Urrutia a Mosca nel 1967.

Attività

Leggere e comprendere

1 **La struttura** Ogni strofa presenta una sua unità di significato. Sintetizza brevemente il contenuto di ciascuna.

I: ....

....

II: ....

....

III: ....

....

IV: ....

....

2 **Il desiderio del poeta** Neruda, pensando al momento della sua morte, esprime un desiderio. Che cosa chiede alla moglie di fare? Per quale motivo?

3 **La morte** Come considera il poeta la propria morte?

a. Come un doloroso distacco dalla moglie
b. Come un lungo sonno, in attesa della moglie
c. Come un modo di far conoscere la propria poesia
d. Come l'oblio di ogni cosa

4 **Le azioni** Quali azioni il poeta si augura che la moglie continui a compiere dopo la sua morte?

5 **Un'aspirazione** Immaginando la propria morte, Neruda dà voce a una profonda aspirazione: quale?

6 **Il ruolo della donna** Continuando «a fiorire, fiorita» (v. 11), la moglie manterrà in vita il poeta. In quale modo?

7 **Le sfere sensoriali** Completa la tabella con le parole tratte dal testo che si riferiscono alle diverse sfere sensoriali: vista, tatto e olfatto.

Vista	Tatto	Olfatto
....	....	....
....	....	....
....	....	....
....	....	....
....	....	....

Riconoscere e analizzare

8 **Il ritmo** Come definiresti il ritmo del componimento? Motiva la tua risposta.

a. Lento
b. Veloce
c. Spezzato
d. Vario

9 **L'iterazione** Nella poesia appare evidente l'aspetto iterativo. Quali elementi sono ripetuti? Elencali e chiariscine il valore espressivo.

....

....

10 **Le metafore** Sono tre le metafore presenti nella lirica: riportale qui e spiegane il significato.

....

....

....

Rielaborare e produrre

11 **Discutere** Considera i versi 9-10: «Voglio che ciò che amo continui a esser vivo / e te amai e cantai sopra tutte le cose» e rifletti sul loro significato. Credi che i sentimenti d'amore possano sopravvivere alla morte, e magari diventare più intensi, o che invece svaniscano?
Esponi oralmente la tua opinione confrontandola con quella dei compagni in un dibattito in classe.

12 **La parafrasi** Volgi in prosa (▸ p. 63) il componimento.

13 **Analisi e commento** In un testo di (massimo) 200 parole analizza e commenta (▸ pp. 64-65) la lirica.

14 **Un confronto** Confronta la poesia di Neruda con *Ho sceso, dandoti il braccio, almeno un milione di scale* di Eugenio Montale (▸ p. 308) e scrivi un breve testo argomentativo (massimo 200 parole) evidenziando analogie e differenze nel legame che unisce i poeti alle donne amate. Puoi partire, per esempio, dal fatto che entrambi si rivolgono alla moglie, l'uno immaginando il futuro, l'altro ricordando il passato.

Antonia Pozzi

Pudore

È un amore a due facce quello che ci presenta in questa lieve poesia Antonia Pozzi, l'amore che anima un legame sentimentale ancora incerto, inespresso per **pudore** e paragonabile all'insicurezza di un giovanile amore materno.

Da
Parole, 1939
Lirica

Se qualcuna delle mie povere parole
ti piace
e tu me lo dici
sia pur solo con gli occhi
io mi spalanco
in un riso beato
ma tremo
come una mamma piccola giovane
che perfino arrossisce
se un passante le dice
che il suo bambino è bello.

1° febbraio 1933

A. Pozzi, *Parole*, Garzanti, Milano, 1989

PAROLE *sotto la lente*

Pudore

Dal latino *pudor,* derivato dal verbo *pudere,* "provare vergogna", il nome evidenzia il senso di disagio in relazione ad atti, parole o allusioni connessi alla sfera sessuale, ma indica anche ritegno, ritrosia e ancora più genericamente allude a un sentimento discreto e riservato.

Attività

Trova almeno tre modi di dire comuni che contengono la parola "pudore".

L'AUTRICE

Antonia Pozzi nasce a Milano nel 1912, in una ricca famiglia dell'alta borghesia, in parte di nobili origini. Timida e schiva, cresce sentendo tutto il peso della rigida educazione che i genitori le impartiscono. Mentre frequenta il liceo, si innamora del suo insegnante di latino e greco, ma la relazione è fortemente avversata dalla famiglia. Vi deve rinunciare nel 1933, e la profonda sofferenza che ne consegue non viene lenita né dagli studi universitari di filologia né dai tanti interessi culturali che la giovane coltiva e neppure dai viaggi compiuti in vari Paesi europei. All'università conosce e frequenta Vittorio Sereni (1913-1983) e altri giovani intellettuali; segue i corsi di Estetica di Antonio Banfi, con il quale si laurea nel 1935, discutendo una tesi su Gustave Flaubert (1821-1880). Per lei sono anni tormentati, in costante oscillazione tra fiducia nel futuro e disperazione. Le leggi razziali del 1938 causano la fuga da Milano di alcuni suoi amici, che si sottraggono così ai rischi delle persecuzioni e degli arresti: questo suscita nella poetessa un ulteriore sconforto che contribuirà ad aggravare la sua già fragile condizione esistenziale che avrà come esito il suicidio, il 3 dicembre 1938, a soli 26 anni.

La sua opera poetica compare postuma: la raccolta di poesie, *Parole*, esce infatti nel 1939; sarà Eugenio Montale, nel 1948, a farla conoscere alla critica. Lettere, scritti, poesie testimoniano un'interiorità inquieta e tenera, una personalità ricchissima e profondamente lacerata.

per L'ANALISI del TESTO

Un amore timido

Antonia Pozzi parla in prima persona, parla di sé, del suo bisogno d'amore, rivolgendosi a un interlocutore che è anche al centro della sua vita affettiva. C'è fra i due un'**intesa sentimentale** ancora **fragile**, che sta maturando piano piano, un'intesa che si alimenta non di convinte e sicure dichiarazioni d'amore, ma – come se si fosse agli inizi di questo rapporto – di sguardi, di parole dette con gli occhi («e tu me lo dici / sia pur solo con gli occhi», vv. 3-4). Non ci sono certezze in lei: il fatto di definire con un'inversione le proprie parole come povere («mie povere parole», v. 1) evidenzia l'eccessiva dipendenza da quest'uomo, dal cui assenso dipende tuttavia la sua gioia. I versi successivi (vv. 5-6), infatti, sono di totale apertura: «spalanco», «riso beato» sono forti espressioni di felicità. Non per nulla, sul piano sintattico, costituiscono la proposizione principale.

Il **campo semantico** osservabile in questa prima parte della lirica è quello dell'**amore**.

Il desiderio di maternità

La seconda parte della poesia è aperta dalla congiunzione avversativa «ma» (v. 7), un «ma» che mette a nudo le inquietudini e le ansie che sono alla base di tutta la poesia di Antonia Pozzi. La similitudine («come una mamma», v. 8) evidenzia un'**altra faccia dell'amore**, quello materno, qui, in particolare, l'amore di una mamma «piccola giovane» (v. 8) che sa soltanto arrossire di fronte al complimento di un passante. Tutta la seconda parte ruota attorno al **campo semantico** della **maternità**, forse un'esperienza di vita che la poetessa ha invano desiderato senza potervi accedere.

Restano le parole, rimane la poesia come inesauribile possibilità di esprimere i tanti, troppi sentimenti che si sono sempre affollati nell'animo di Antonia Pozzi. Anche in questa lirica sono parole semplici, delicate ma eloquenti a rivelare i suoi stati d'animo, la sua incessante riflessione esistenziale.

L'autobiografismo

La lirica si presenta come una semplice riflessione maturata in un momento di tenerezza e di commozione, sentimenti propri della poetessa, animata da un notevole **vitalismo** (la passione per le escursioni in montagna e la fotografia, i viaggi all'estero, l'impegno negli studi filosofici), ma spesso dedita a un'approfondita **introspezione**, abituata a porsi domande impegnative, a chiedersi il motivo, le finalità dei comportamenti umani.

L'accentuato autobiografismo di Antonia Pozzi ci rinvia a una certa poesia crepuscolare, ma la leggerezza delle immagini e le scelte stilistiche (termini correnti, eppure carichi di significato) ci consentono di chiamare in causa anche la poesia della quotidianità del triestino Umberto Saba (▸ pp. 9, 68, 92).

La circolarità

Da ultimo, si osservi il costrutto circolare della poesia: la prima parte si apre con una proposizione subordinata condizionale («Se...**»**, vv. 1-4), cui segue la reggente (vv. 5-6); la seconda parte si apre con una reggente (v. 7), completata da una subordinata condizionale (vv. 10-11).

Moïse Kisling, *Ritratto con colletto*, 1930. (Collezione Privata)

Attività

Leggere e comprendere

1 **L'interlocutore** Chi può essere la persona cui la poetessa si rivolge?

2 **La modalità di comunicazione** Come si comunicano i due innamorati i propri sentimenti?
a. Con timide parole e sguardi
b. Con gesti affettuosi
c. Con poesie
d. Con intense espressioni d'amore

3 **I sentimenti** Quali sono i sentimenti che si percepiscono attraverso le parole della poesia?
a. Amore e passione
b. Tenerezza e commozione
c. Felicità e speranza
d. Rimpianto e pentimento

4 **La felicità** Qual è la massima espressione di felicità della poetessa nel veder ricambiato il suo amore?

5 **Le sensazioni** Alla gioia provata dalla poetessa è unita l'incertezza: quali sensazioni suscita in lei questo binomio?

6 **Il paragone** Nella seconda parte della poesia, a chi si paragona l'autrice?

7 **Un tipo di amore** Considerando il suo accostamento a una giovane madre (versi 7-9), quale tipo di amore ti sembra che stia vivendo la poetessa?
a. Possessivo
b. Sensuale
c. Tenero e puro
d. Tormentato

Riconoscere e analizzare

8 **La forma metrica** Definisci la forma metrica della poesia.

9 **Una scelta sintattica** Quale scelta sintattica si osserva in questi versi?

10 **La costruzione** Il componimento, seppur semplice da leggere, è costruito in modo articolato, sia per quanto riguarda il contenuto sia per quanto riguarda la sintassi. Scomponilo e riporta le parole del testo che guidano a questa distinzione.
- Contenuto: ....
....
- Sintassi: ....
....

11 **«ma»** La congiunzione avversativa con cui si apre la seconda parte del testo serve anche a sottolineare:
a. la fugacità dell'amore
b. l'impossibilità dell'amore
c. la complessità dell'amore
d. l'inutilità dell'amore

12 **I campi semantici** Individua i campi semantici presenti nella prima e nella seconda parte della poesia e trascrivi le parole che li compongono.

....
....
....
....
....
....
....

13 **Il ritmo** Come giudichi il ritmo di questa poesia?
a. Veloce
b. Lento
c. Cadenzato
d. Vario

Rielaborare e produrre

14 **La tua interpretazione** Considera i versi 5-6: «io mi spalanco / in un riso beato». Come interpreti questa espressione della poetessa? Che cosa lascia intendere con queste parole che descrivono la sua felicità? Rispondi in un breve intervento orale.

15 **La riscrittura** Riscrivi la poesia, cambiando il lessico e mantenendo invariata la struttura sintattica.

16 **Il commento** In un testo di (massimo) 200 parole commenta (▸ p. 65) la lirica di Antonia Pozzi.

17 **Un ritratto** A partire da quanto appreso sulla vita della poetessa e su questa lirica, immagina e delinea un ritratto coerente (aspetto, carattere, professione...) dell'uomo al quale si rivolge l'autrice.

per SAPERNE di PIÙ

L'anima e la poesia di Antonia Pozzi

Antonia Pozzi è una delle voci femminili più intense della poesia italiana del secolo scorso. Nella presentazione della sua raccolta *Parole*, Eugenio Montale nel 1948 scrive: "Anima di eccezionale purezza e sensibilità che non poté reggere al peso della vita". In questa sintetica affermazione ci viene offerta una via per conoscere la sua figura di donna e di poetessa.

La «vita sognata»

Chi l'ha frequentata nega che avesse un carattere incline alla malinconia e che il suicidio fosse uno sbocco predestinato, anzi ne scrive come di una donna vibrante ed **entusiasta della vita**. Lei stessa, all'età di quattordici anni si definisce con questi quattro aggettivi: "palpitante, ridente, nostalgica, appassionata". Di carattere schivo, Antonia Pozzi è alla ricerca di una guida, che incontra nella figura del suo docente di greco e di latino al liceo. Il professor Antonio Maria Cervi non ha alcun fascino fisico, ma agli occhi della giovane studentessa possiede qualità ben più decisive: cultura e onestà intellettuale. Proprio la sua natura di giovane libera e indomita le fa sentire come lacci intollerabili i pregiudizi e le convenzioni, per cui si spinge a sognare con lui la propria personale realizzazione, una vita normale, una famiglia, un figlio: è quella che lei stessa definirà la «vita sognata». La ferma opposizione paterna tronca ogni progetto, così che Antonia **smarrisce il senso di sé**; si sforza di ricercare un'apparente calma che vorrebbe essere un segno esteriore di superiore rassegnazione, ma in realtà da quel momento, non trovando risposta alcuna alla sua «volontà» dilaniata, si ferma «in riva alla vita», senza più avere il coraggio di intraprendere fino in fondo altri progetti. Di fronte alla sua tragica morte, il padre nega il suicidio, un gesto troppo infamante, e nega questo amore, affrettandosi a distruggere il testamento della figlia, correggendo e censurando le sue poesie, cancellando ogni dedica siglata «AMC», bruciando lettere e fotografie, nel tentativo di immortalare un'immagine della figlia più consona ai valori della tradizione familiare.

Verso vette più alte

Questi fatti personali hanno sospinto Antonia Pozzi a percorrere con maggior convinzione la via dell'interiorità e della riflessione. A un certo punto della sua vita, si sente sempre più come un "mare agitato", uno spirito in perenne balia delle onde tempestose della vita. Antonia mira sempre alle vette più alte, così anche il suo andare in montagna, desiderosa d'assoluto, è un'avventura dello spirito: da Pasturo (Lecco), dove la famiglia Pozzi ha la residenza estiva, sale sui versanti della Grigna alla ricerca di un continuo perfezionamento.

È molto esigente con se stessa. Nei testi della sua biblioteca troviamo alcune significative sottolineature, come questa: «La vita vera è impeto di ascesa ed ogni attimo di stasi non è regresso, è morte». La poetessa è perennemente alla ricerca di qualcosa che «stia e resista» nella tempesta.

La poesia come canto dell'anima

Scrivere per Antonia diventa via via uno strumento privilegiato per esprimere sentimenti, stati d'animo, dolori. Sin dall'adolescenza ha composto versi e ora, quando la sua vita ha già subìto forti scuotimenti, intensifica questa attività. Ma Antonia non scrive per evadere dalla sua deludente condizione: sono i versi a scaturire proprio da questa sua **realtà intima e dolorosa** e a oggettivare sentimenti, tensioni, attese. Ne risulta, una poesia che si salda in maniera piena, totale, appassionata alla sua stessa vita, una poesia nella quale predomina il **desiderio di elevazione**, impedito e frenato dalla pesantezza del corpo. In questa continua tensione interiore pensiamo che si possa individuare soprattutto oggi la modernità e la validità della sua ricerca morale e poetica.

Antonia Pozzi sulle Alpi Ossolane nel 1937.

Edoardo Sanguineti

Vengo con la presente

Un innamorato un po' particolare, immerso nel suo ruolo di impiegato commerciale, scrive all'amata tutta la sua sofferenza nel doverla sentire solo per telefono: una simile relazione sentimentale è per lui una tortura insopportabile.

Da
Scartabello. XLVII poesie, 1982

Lirica

vengo con la presente, a te, per chiederti
formalmente di esentarmi d'urgenza
dal comunicare, con te, per **telefono**:
(io non posso battere zuccate disperate,
contro il primo muro che mi trovo a
disposizione, ogni volta, capirai,
appena mollo giù il ricevitore):
(perché, mia diletta, io non saprò mai
separare, stralciandole, le tue parole,
a parte, dai tuoi gomiti, dai tuoi alluci,
dalle tue natiche, da tutta te): (da tutto me):
sola, la tua voce mi nuoce:

E. Sanguineti, *Scartabello. XLVII poesie*,
in *Segnalibro*, Feltrinelli, Milano, 1982

PAROLE *sotto la lente*

Telefono

Composto da *tele-* (dal greco *téle*, "lontano") e *-fono*, "suono", significa letteralmente "suono a distanza". Solo nel 1885, passando attraverso l'inglese *telephone*, assume il significato attuale di dispositivo che permette la trasmissione della voce e dei suoni a distanza. È usato in moltissime locuzioni: attaccare il telefono, colpo di telefono, telefono amico, telefono senza fili ecc.

Attività

Dopo aver cercato sul dizionario l'etimologia del termine, trova altri nomi con il prefissoide *tele-*, non appartenenti però allo stesso campo semantico.

1 **vengo con la presente**: tale espressione è propria della corrispondenza del mondo commerciale; s'intende "mi rivolgo a voi con questa lettera".
2 **esentarmi**: liberarmi dal dovere.
9 **stralciandole**: ancora un termine tecnico, precisamente giuridico: separandole.
12 **sola…nuoce**: ascoltare la sola tua voce è per me impossibile da sostenere («mi nuoce»); l'amore richiede una maggiore vicinanza, rapporti più assidui e intimi.

Roy Lichtenstein, *Ohhh... Alright...*, 1964. (New York, Roy Lichtenstein Foundation)

L'AUTORE

Edoardo Sanguineti nasce nel 1930 a Genova; consegue la laurea in Lettere (1956) a Torino, dove avvia la sua carriera di docente universitario. In seguito, insegna Letteratura italiana nelle Università di Salerno e di Genova. Esordisce come poeta nel 1956 con *Laborintus*. Nel 1961 contribuisce all'antologia *I novissimi*, curata da Alfredo Giuliani, un'opera che riunisce lo sperimentalismo poetico di quel tempo. Due anni dopo, Sanguineti fa parte del "Gruppo '63" con il ruolo di teorico degli obiettivi di questo innovativo movimento. Pubblica testi teatrali, volumi di critica letteraria su aspetti e autori della nostra letteratura antica, romanzi e nuove raccolte di poesie, tra le quali due riassuntive: *Catamerone. 1951-1971* (1974) e *Segnalibro. Poesie 1951-1981* (1982). Del 2004 è la raccolta antologica *Mikrokosmos. Poesie 1951-2004*.

Sanguineti è una figura centrale della Neoavanguardia. Partendo dalla constatazione della crisi dell'uomo moderno, reinventa anche il suo linguaggio, traducendo sulla pagina la confusione della società, il disordine e l'incoerenza attraverso forme sintattiche disarticolate e parole prive del significato originario, magari ornate d'ironia. La vita quotidiana è il suo terreno di riflessione privilegiato, in cui riconosce se stesso e le vicende del mondo. Sanguineti muore nel 2010 nella sua città natale.

per L'ANALISI del TESTO

Un poeta imprevedibile

La lirica è un saggio della dirompente capacità di Edoardo Sanguineti di trattare in maniera non solo originale, ma del tutto impensata un argomento consueto come quello dell'innamoramento. Il tema eterno dell'amore, svolto per secoli soprattutto con espressioni improntate alla dolcezza, alla gentilezza, al rimpianto, magari ricorrendo all'eterna rima «fiore-amore», è qui affrontato con il linguaggio burocratico, convenzionale di una lettera commerciale, perché risiede proprio in questa **rivoluzione espressiva** il carattere di novità e pertanto il valore della poesia, secondo Sanguineti. Il poeta ligure mira a sovvertire il linguaggio della comunicazione letteraria moderna, da lui considerato come degradato e incapace di trasmettere valori.

L'esasperazione in chiave ironica

In fondo, potremmo dire che nel testo si parla di uno spiritoso innamorato che fa vivacemente presente alla sua donna come non sia possibile mantenere un rapporto sentimentale a distanza, alimentarlo con le sole telefonate, la cui palese conseguenza è l'intensificarsi del sentimento e quindi del desiderio. Lo comprendiamo dalle sue reazioni scomposte: quel «battere zuccate disperate» (v. 4) contro il muro è sintomo di esasperazione; il pensiero della fisicità della donna espresso con il richiamo a «gomiti», «alluci», «natiche» (vv. 10-11) non può essere attenuato dalla sola voce di lei, anzi («sola, la tua voce mi nuoce:», v. 12). Il culmine di questa insostenibile lontananza è rivelato dalle due **espressioni totalizzanti**: «da tutta te» e «da tutto me» (v. 11), con quei due punti nel mezzo a sottolineare la forzata e non più accettabile separazione.

Una lingua non comune

Sanguineti si esprime con versi di natura prosastica, molto lunghi e per di più continuamente spezzati. In questo si può leggere la convinzione del poeta secondo il quale, oggi, la poesia non è più esprimibile ricorrendo a una lingua classica, a termini colti o aulici, propri della tradizione letteraria. Inoltre, anche i ritmi non possono rincorrere il verso melodioso, e le consuete figure retoriche hanno perso il loro valore, perché si è tutti i giorni a contatto con una lingua massificata, appiattita.

La lirica prende avvio con un **registro** linguistico tipicamente **commerciale** (quel «vengo con la presente» ancora in uso fino a pochi anni fa per avviare una lettera di natura commerciale), che lascia spazio successivamente a **espressioni** più **colloquiali** racchiuse tra parentesi, che rappresentano i veri pensieri dell'innamorato (vv. 4-7 e 8-11).

L'apertura con l'iniziale minuscola e il ripetuto inserimento dei due punti vogliono significare che il **discorso** è già avviato e non è **mai concluso**, proprio come il continuo trascorrere odierno dei pensieri e dei sentimenti. Significativa è l'inversione dell'ultimo verso: la parola «sola» (v. 12), in apertura, staccata dalla parola «voce», riassume tutta la poesia.

Attività

Leggere e comprendere

1 **Il destinatario** A chi si rivolge l'autore con questa poesia costruita come una lettera? Quali espressioni del testo rivelano l'identità del destinatario?

....

2 **La richiesta** Che cosa chiede il poeta alla sua donna?

a. Di chiamarlo al telefono

b. Di evitargli di comunicare solo telefonicamente con lei

c. Di rispondergli al telefono

d. Di scrivergli una lettera

3 **Le conseguenze** Con immagini piuttosto forti, l'autore descrive il suo stato d'animo dopo ogni telefonata con la donna. Quali sono le emozioni prevalenti?

....

....

4 **Il motivo del malumore** Nella seconda espressione tra parentesi viene chiarita la causa del suo malumore. Qual è?

5 **Oltre la voce** Quali sono le parti del corpo della donna di cui egli lamenta la mancanza?

....

6 **La donna nella tradizione poetica** Nella poesia d'amore antica e moderna sono altre le parti del corpo femminile a essere tradizionalmente citate. Facendo scorrere velocemente le altre liriche di questa Unità, individua e riporta almeno cinque di questi termini tradizionali.

....

....

....

7 **Le scelte stilistiche** Per quale ragione Sanguineti opera le scelte stilistiche di cui questa lirica è un esempio?

a. Vuole rinnovare la poesia d'amore

b. Preferisce il registro commerciale a quello aulico

c. Vuole evidenziare la concretezza dell'amore

d. Sostiene che anche il linguaggio della poesia deve cambiare

8 **I versi finali** Con quali parole, nei versi conclusivi, il poeta manifesta il desiderio di una totale vicinanza all'amata? Riportale qui.

....

....

Riconoscere e analizzare

9 **La forma metrica** Descrivi la forma metrica della poesia.

10 **Le anomalie grafiche** Nel testo sono presenti elementi grafici inconsueti rispetto alla forma tradizionale della poesia: quali?

....

....

....

11 **Le parentesi** Che cosa inserisce il poeta tra parentesi?

a. Osservazioni poco importanti

b. Le reazioni della donna

c. Riflessioni sulla poesia contemporanea

d. I suoi reali pensieri

12 **I registri e i sottocodici** Nel componimento è possibile riconoscere diversi registri e sottocodici linguistici. Fornisci uno o più esempi di ciascuno di quelli elencati sotto, traendoli dal testo.

- Registro aulico:

....

....

- Registro colloquiale:

....

....

- Linguaggio burocratico - commerciale

....

....

- Linguaggio burocratico - giuridico:

....

....

13 **L'alternanza di registro** Che cosa si può osservare in merito alla distribuzione dei diversi registri all'interno del testo? È casuale o segue un ordine riconoscibile?

14 **L'impressione del lettore** Quale impressione trae, a tuo avviso, il lettore dall'accostamento di tutti questi linguaggi?
- **a.** Di armonia
- **b.** Di gradualità
- **c.** Di molteplicità
- **d.** Di disorientamento

15 **L'intento del poeta** Da quale presupposto muovono le scelte linguistiche e sintattiche di Sanguineti?
- **a.** Bisogna ammodernare la poesia per mettersi al passo con l'attualità
- **b.** Oggi non si può più aspirare a versi melodiosi
- **c.** Per fare poesia non serve una preparazione culturale adeguata
- **d.** Ai lettori piacciono molto i contrasti

16 **I campi semantici** Nel testo si nota la presenza di due diversi campi semantici, quello della solitudine e quello della totalità. Individua e trascrivi le parole che a essi si riferiscono.

Solitudine	Totalità
....	....
....	....
....	....
....	....

17 **Le figure retoriche** Nonostante il pensiero dell'autore riguardo alla poesia tradizionale, comprese le figure retoriche, nel componimento è possibile riconoscerne alcune: quali?

Rielaborare e produrre

18 **La tua interpretazione** Considera il verso conclusivo: «sola, la tua voce mi nuoce». Come interpreti questa dichiarazione del poeta? Rispondi in un breve intervento orale.

19 **La riscrittura** Riscrivi il testo adottando un registro non settoriale, come è invece quello scelto dal poeta, ma più elevato per sintassi e lessico.

20 **Il commento** Elabora il tuo personale commento (▸ p. 65) alla poesia di Sanguineti in un testo di almeno 200 parole.

21 **Le trasformazioni** Oggi, ancor più di quanto stigmatizzi l'autore, il nostro modo di comunicare, anche in ambito sentimentale, dipende da mezzi tecnici: telefoni, smartphone, face time, Skype e altro. Anche tu, come il poeta, pensi che questi strumenti impoveriscano, limitino un rapporto d'amore? Scrivi le tue riflessioni in un testo argomentativo.

per approfondire

Silvia Vegetti Finzi e Anna Maria Battistin

La delusione d'amore: un'occasione di crescita

Capita ai ragazzi d'innamorarsi, magari dei compagni di banco. Poi succede all'improvviso che quell'intesa apparentemente perfetta e indistruttibile si spezza, perché anche i più grandi amori possono finire. Come reagire allora? È possibile ripartire con un rinnovato ottimismo?

Da *L'età incerta. I nuovi adolescenti*, 2001

Testo argomentativo

Se le prime delusioni d'amore lasciano una traccia così profonda nell'educazione sentimentale dell'adolescente è perché, per la prima volta, mettono in scena dal vivo una delle più antiche paure, da sempre radicata nell'animo umano insieme all'"angoscia di abbandono": la paura di non essere amati. È un'angoscia atavica[1], tramandata di generazione in generazione come un'eredità filogenetica[2], che si ritrova nel pianto disperato del neonato, quando si sente precipitare nel vuoto della solitudine, come se non dovesse riemergere mai più: una disperazione totale, assoluta, di cui riaffiora l'eco lontana nel dolore di ogni abbandono [...].

Per la prima volta l'angoscia di abbandono, vissuta nell'infanzia come una terrificante fantasia, simile alle fiabe nelle quali più si identificano i bambini, diventa un'esperienza concreta, reale. Non si tratta più di una paura immaginaria che svanisce fra le braccia della mamma, non appena il bambino riemerge dal vuoto dell'assenza. E non si tratta più neppure di un sentimento del tutto privato, segreto, ma di un "fatto pubblico": quel ragazzo, quella ragazza mi ha mollato. Nella delu-

1 **atavica**: antica.

2 **eredità filogenetica**: qualcosa che è giunto fino a noi per via ereditaria, per discendenza.

Edvard Munch, *Separazione*, 1896. (Oslo, Munch Museum)

per approfondire

sione d'amore prende così corpo una paura del rifiuto e dell'abbandono che non si può più negare né nascondere: è il primo confronto con la realtà dei sentimenti, al di fuori del caldo riparo della famiglia. E la delusione è tanto più dolorosa, quanto più felice, ricca di emozioni di una intensità senza precedenti è stata l'esperienza d'amore vissuta prima, nei suoi momenti più belli.

Ogni adolescente ha un suo stile personale nell'affrontare queste prime tumultuose esperienze, che riflette il tipo di educazione sentimentale e sessuale che si è andata via via formando nel corso dell'infanzia, attraverso l'intreccio dei legami familiari e i primi teneri amori fra coetanei. I bambini ci guardano, si sa. E già da piccoli sono molto attenti a cogliere il tipo di relazione che unisce i genitori, a intuirne gli aspetti positivi e quelli negativi. Che nell'adolescenza si riflettono poi, per imitazione o per contrasto, nel modo di vivere le prime vere esperienze d'amore: con gioia, entusiasmo, disponibilità, e una certa leggerezza che consente di affrontare e superare delusioni e sconfitte senza sentirsi annientare. Oppure con un senso di calamità incombente, di inadeguatezza, di ansietà che trasforma un appuntamento mancato in una tragedia, una sventura irreparabile, un sicuro presagio d'abbandono. [...]

Ancora oggi si tende a pensare che le ragazze siano più vulnerabili alle "pene d'amore", come se la sofferenza sentimentale fosse una prerogativa[3] femminile. In realtà la mascherano meno dei ragazzi, che pur atteggiandosi a "duri" non sono affatto più corazzati di loro. E soffrono come loro. Ma spesso per motivi diversi. Le ragazze badano certamente di più alla qualità del rapporto, alla sua intensità affettiva, alla capacità di intuire i desideri dell'altro senza che vengano espressi. E possono soffrire per i motivi apparentemente più banali, per equivoci o incomprensioni che sfuggono ai maschi: basta che lui non si ricordi l'anniversario del loro primo incontro, o non capisca che a lei farebbe più piacere stare da soli, quella sera, piuttosto che andare al cinema o in pizzeria con il gruppo, perché l'ombra del disamore sembri già in agguato.

I ragazzi tendono invece a soffrire per motivi meno labili[4], più concreti, che feriscono il loro orgoglio. E allora basta un rifiuto inatteso – «No, questa sera no» –, un commento poco gratificante[5], un palese interesse per qualcun altro, magari

3 **prerogativa**: caratteristica esclusiva.
4 **labili**: effimeri e momentanei.
5 **poco gratificante**: che non appaga, che non dà soddisfazione.

LE AUTRICI

Silvia Vegetti Finzi (1938) è una psicologa e psicoterapeuta, la cui attività professionale è in gran parte incentrata sui problemi dell'infanzia, della famiglia e della scuola. È nota al grande pubblico per i suoi interventi televisivi sui temi della famiglia; tiene, su quotidiani e settimanali, rubriche che trattano gli aspetti psicologici della nostra quotidianità. Ha pubblicato numerosi testi scientifici e di divulgazione, sempre inerenti agli studi psicologici, tra i quali si segnala la trilogia che copre l'intero arco evolutivo redatta in collaborazione con Anna Maria Battistin (*A piccoli passi. Psicologia dei bambini da 0 a 5 anni*; *I bambini sono cambiati. Psicologia dei bambini da 5 a 10 anni*; *L'età incerta. I nuovi adolescenti*).

Anna Maria Battistin è una giornalista specializzata nei problemi dell'età evolutiva e della psicoanalisi. Scrive su alcuni quotidiani e settimanali presentando e commentando gli studi e le ricerche più recenti in campo psicologico e psicoterapeutico.

solo sul piano intellettuale o dell'amicizia, perché lui si senta colpito nella sua identità virile, ancora fragile, nonostante la maschera da "vero maschio" con cui spesso cerca di nascondere le proprie debolezze. E la propria sofferenza.

Cambiano le apparenze, i comportamenti esteriori, le facciate: ma oggi come ieri l'amore è il sentimento più forte che si prova nell'adolescenza, come nell'età adulta. Ma è sempre questo sentimento che traccia in modo più netto la linea di confine tra il femminile e il maschile, riconfermando la differenza sessuale non solo come polo di attrazione ma anche di separazione. Nelle prime esperienze d'amore l'adolescente affronta la diversità dell'altro sesso in tutta la sua complessità. E non è strano che alla gioia, all'entusiasmo del primo incontro con l'amore segua quasi sempre il dolore della sua perdita.

La delusione fa a sua volta parte dei riti di passaggio[6] dell'adolescenza. Per la prima volta, attraverso la nascita di un sentimento così forte e la sua perdita, l'adolescente prende coscienza di un senso della vita più totale, in cui insieme all'amore affiora anche l'idea della morte. Un binomio certo drammatico. Ma inevitabile. Chi non ne è mai stato sfiorato, da adolescente? Basta voltarsi indietro. E ricordare. Magari si dimentica il volto di quel lontano primo amore. Ma non si dimentica quanto si è stati felici. Né quanto si è sofferto poi. Con la strana sensazione di sentirsi straordinariamente *vivi* anche quando si soffriva "da morire": proprio come quando si era felici.

S. Vegetti Finzi, A.M. Battistin, *L'età incerta. I nuovi adolescenti*, Mondadori, Milano, 2001

6 **riti di passaggio**: rituali, consuetudini che segnavano e segnano la vita dell'adolescente (nella nostra società, un tempo il servizio militare, oggi la maturità scolastica).

Lucio Ranucci, *Giovani amanti sul divano*, serigrafia, 2009. (Soriano nel Cimino, Scuderie di Palazzo Chigi-Albani)

Attività

Comprendere il testo argomentativo

1 **Infanzia e abbandono** Che rapporto c'è fra «l'angoscia di abbandono» e l'infanzia?

2 **Un fatto pubblico** Che cosa vuol dire che l'abbandono è un «fatto pubblico»?

3 **Sentimenti opposti** Con quali opposti sentimenti si può vivere una situazione di abbandono?

4 **Maschi e femmine** Ragazzi e ragazze vivono le «pene d'amore» in maniera diversa. Sai delineare brevemente queste diversità?

5 **Il rito di passaggio** In che senso una delusione d'amore è un «rito di passaggio»?

Analizzare il testo argomentativo

6 **Il lessico** Quali termini specifici del linguaggio psicologico riscontri?

7 **La sintesi** Quali sono le parole chiave del testo?

RACCOGLIAMO LE IDEE

1 Sintesi dei contenuti

Attraverso le attività seguenti raccogli le idee sui concetti e sulle informazioni contenute nell'Unità. Se lo ritieni utile, puoi inserire altre citazioni dai testi a tua scelta.

L'amore, tema lirico dalle molteplici sfaccettature, è rappresentato in modo diverso dagli autori delle poesie che hai letto. Abbiamo riunito nella tabella alcune informazioni riguardanti le quattro liriche presentate nell'Unità: completala tu con gli elementi richiesti.

Situazione	Tipo d'amore	Altre emozioni	Titolo e autore	Immagini incisive e metafore
Un incontro tra innamorati in una notte parigina	Sensuale e totalizzante	Tenerezza, passione		
I momenti che seguono alla morte del poeta	Generoso e altruista	Speranza, voglia di amare, volontà di sopravvivere		
Il desiderio di essere accettati, in un momento imprecisato, dalla persona amata	Tenero e delicato	Timore, incertezza, riservatezza		
Una conversazione telefonica con l'amata	Fisico e intenso	Esasperazione, rifiuto di un rapporto insoddisfacente		

2 Citazioni dalle liriche

Tre fiammiferi un dopo l'altro accesi nella notte […]
E l'oscurità completa per ricordarmi queste immagini
Mentre ti stringo a me tra le mie braccia.

Jacques Prévert, *Paris at night*

Voglio che tu viva mentr'io, addormentato, t'attendo,
voglio che le tue orecchie continuino a udire il vento,
che fiuti l'aroma del mare che amammo uniti
e che continui a calpestare l'arena che calpestammo.

Pablo Neruda, *Quando morrò voglio le tue mani sui miei occhi*

Se qualcuna delle mie povere parole
ti piace
e tu me lo dici
sia pur solo con gli occhi
io mi spalanco
in un riso beato

Antonia Pozzi, *Pudore*

[...]
....
....
....
....
....
....
....

(perché, mia diletta, io non saprò mai
separare, stralciandole, le tue parole, a parte,
dai tuoi gomiti, dai tuoi alluci,
dalle tue natiche, da tutta te): (da tutto me):
sola, la tua voce mi nuoce:

Edoardo Sanguineti, *Vengo con la presente*

[...]
....
....
....
....
....
....
....

3 Scrittura guidata *il testo argomentativo*

Conosciamo la complessità dell'amore mediante le nostre esperienze o i racconti di altri, ma anche attraverso la lettura, il cinema, la musica, l'arte. Al contempo, l'amore è un sentimento in qualche modo "semplice" perché immediato, irrazionale, che non ha bisogno di spiegazioni.
Qual è la tua idea dell'amore? Esponila in un testo argomentativo dal titolo "L'amore: una questione semplice o un problema complesso?". Per sostenere la tua opinione, puoi utilizzare la tua esperienza personale, mettendola a confronto con le liriche che hai studiato in questa Unità (le cui caratteristiche sono riassunte nella tabella della pagina precedente), con altri testi che hai letto o con altre opere artistiche che hanno trattato il tema. Leggi le citazioni sopra riportate e cita – se occorre – brevi passi di eventuali altre opere alle quali intendi fare riferimento. Se vuoi, puoi usare la scaletta che segue per sviluppare il tema proposto.

Introduzione

- Chiarificazione e ampliamento della traccia
- Esposizione della tua idea sull'amore

Sviluppo

- Paragrafo 1: la persona amata e i "sintomi" dell'innamoramento (positivi? negativi?)
- Paragrafo 2: le gioie, le sofferenze e i sentimenti correlati
- Paragrafo 3: i luoghi e i tempi dell'amore
- Paragrafo 4: il ruolo del ricordo nel sentimento amoroso
- ....

Conclusione

- Riproposizione sintetica della tua opinione
- Eventuali spunti di riflessione

Camillo Sbarbaro

Ora che sei venuta

Da *Rimanenze*, 1955

Lirica in versi liberi

Una donna, a lungo sognata, irrompe a un tratto sulla scena a rischiarare la vita del poeta. E a lui, ormai adulto, sembra di conoscerla da sempre, fin da quando era un ragazzo.

Ora che sei venuta,
che con passo di danza sei entrata
nella mia vita
quasi **folata** in una stanza chiusa –
a festeggiarti, bene tanto atteso,
le parole mi mancano e la voce
e tacerti vicino già mi basta.

Il pigolìo così che assorda il bosco
al nascere dell'alba, ammutolisce
quando sull'orizzonte balza il sole.

Ma te la mia inquietudine cercava
quando ragazzo
nella notte d'estate mi facevo
alla finestra come soffocato:
che non sapevo, m'affannava il cuore.
E tutte tue sono le parole
che, come l'acqua all'orlo che trabocca,
alla bocca venivano da sole,
l'ore deserte, quando s'avanzavan
puerilmente le mie labbra d'uomo
da sé, per desiderio di baciare…

C. Sbarbaro, *L'opera in versi e in prosa*, Garzanti, Milano, 1999

PAROLE *sotto la lente*

Folata

Il nome deriva da una variante settentrionale del nome "folle", mantice, dal latino *follis*, "borsa gonfia d'aria, mantice". Indica un soffio impetuoso, una raffica di vento, ma ha anche un uso letterario (grande quantità di animali, persone o cose che si riversa impetuosamente in un luogo).

Attività

Trova alcuni sinonimi del termine e costruisci un campo semantico collegato al vento.

4 **quasi folata**: il sopraggiungere della donna è paragonato a un'improvvisa raffica di vento (similitudine).

6 **e la voce**: è un'inversione.

9 **ammutolisce**: tace, si zittisce.

13 **mi facevo**: mi affacciavo.

15 **che non sapevo…cuore**: qualcosa che non conoscevo mi gravava sul cuore.

16-21 **E tutte tue…di baciare…**: tutti dedicati a te sono i versi che spontaneamente sgorgavano dalle mie labbra, come l'acqua che trabocca dall'orlo di un vaso, nelle ore di solitudine («l'ore deserte»), quando le mie labbra ormai di uomo adulto si protendevano da sole in modo infantile («puerilmente») alla ricerca di un bacio.

Tamara de Lempicka, *Idillio*, 1931. (Collezione Privata)

L'AUTORE

Camillo Sbarbaro nasce a Santa Margherita Ligure nel 1888. Compie studi classici e, in un primo momento, trova lavoro in un'industria siderurgica. Dopo aver partecipato alla Prima guerra mondiale, si dedica all'insegnamento di greco e latino, ma è costretto ad abbandonare la cattedra perché rifiuta di iscriversi al Partito fascista; si mantiene traducendo dal greco e dal francese e vendendo ai musei di tutto il mondo muschi e licheni che, da appassionato erborista, raccoglie e classifica lui stesso. Nel 1951 si ritira a vivere insieme alla sorella a Spotorno; muore a Savona nel 1967.

La poesia di Sbarbaro è lontana da ogni moda letteraria. La sua prima raccolta di liriche, *Resine*, nel 1911, a cui segue *Pianissimo* (1914), è un'opera che testimonia la mancanza di certezze tipica dell'uomo del Novecento, impossibilitato a stabilire solidi rapporti sociali, quindi destinato alla solitudine e all'indifferenza. Seguono alcuni volumi a metà tra la lirica e la narrativa (*Trucioli*, 1920; *Liquidazione*, 1928; *Fuochi fatui*, 1956; *Scampoli*, 1960; *Gocce*, 1963). Le raccolte *Rimanenze* (1955) e *Primizie* (1958) confluiscono in *Poesie* del 1961. A caratterizzare la sua poesia sono i toni intimi, gli scorci paesaggistici, le rapide suggestioni, nella convinzione che il senso della realtà sia del tutto inafferrabile.

Attività

Comprendere e analizzare: verso l'INVALSI

1 **Il tema** Al centro della poesia è certamente l'amore per una donna, ma il tema può essere circoscritto in modo ancora più preciso: con quali parole?

- **a.** La lunga attesa dell'amore e la sua realizzazione
- **b.** Una felice esperienza d'amore e la sua conclusione
- **c.** L'inappagato desiderio dell'amore
- **d.** La felicità dell'amore

2 **La struttura** Elencati sotto in ordine sparso trovi i titoli delle tre parti in cui si può suddividere la lirica. Riordinali e indica a quale gruppo di versi si riferiscono.

- L'effetto della comparsa della donna ....
- L'apparizione della donna amata e la gioia del poeta ....
- Il ricordo delle sofferenze del passato ....

3 **La reazione del poeta** Come vive il poeta l'arrivo tanto atteso della donna amata?

- **a.** Non trova le parole per esprimere la sua gioia
- **b.** Non riesce a pensare a un modo di festeggiare
- **c.** Non trova le parole per esprimere la bellezza della donna
- **d.** Non intende festeggiarlo

4 **La donna attesa** Elenca le espressioni che si riferiscono alla venuta della donna a lungo attesa.

....

....

....

5 **L'atmosfera** L'arrivo della donna assume, attraverso una figura retorica, la connotazione di:

- **a.** evento meteorologico
- **b.** evento naturale
- **c.** evento pubblico
- **d.** evento psicologico

6 **Lo stato d'animo giovanile** Qual era il sentimento dominante del poeta quando era giovane e aspettava l'amore?
- **a.** Lo struggimento
- **b.** L'indifferenza
- **c.** L'inquietudine
- **d.** La sicurezza

7 **Le espressioni rivelatrici** Riporta le parole del testo che rivelano lo stato d'animo individuato come appartenente al poeta nell'esercizio precedente.

....

....

....

8 **La forma metrica** Descrivi la forma metrica della lirica, precisando il tipo di versi di cui è composta.

9 **Il ritmo** La prima strofa presenta un ritmo rapido e vivace, quasi volesse riprodurre il «passo di danza» con cui la donna irrompe nella vita del poeta. Quali figure di suono determinano questo ritmo?
- **a.** Le iterazioni
- **b.** Le allitterazioni
- **c.** Le onomatopee
- **d.** Le consonanze

10 **La sintassi** Nella lirica sono presenti due inversioni: nella prima strofa la proposizione principale è posta alla fine; nella terza strofa vengono anticipati «te» e «tue». Quale valore espressivo hanno queste scelte?
- **a.** Rappresentano un elemento di imprevedibilità
- **b.** Stimolano l'attenzione del lettore
- **c.** Mettono in primo piano la donna amata
- **d.** Evidenziano l'attenuarsi dell'inquietudine del poeta

11 **Il lessico** Il lessico impiegato è per lo più quotidiano, solo alcuni termini rivelano una certa ricercatezza: individuali ed elencali.

....

....

....

12 **Le figure retoriche** Definisci le seguenti figure retoriche:
- «quasi folata» (v. 4): ....
- «le parole mi mancano e la voce» (v. 6): ....
- «pigolìo» (v. 8): ....
- «pigolìo così che assorda il bosco» (v. 8): ....
- «come l'acqua all'orlo che trabocca» (v. 17): ....

Rielaborare e produrre

13 **La parafrasi** Volgi in prosa (▸ p. 63) il componimento.

14 **Analisi e commento** In un testo di circa 200 parole analizza e commenta (▸ pp. 64-65) il componimento.

15 **Il tuo finale della storia** La poesia propone il tema dell'incontro pieno di gioia con la donna tanto attesa. Prova a immedesimarti nel poeta e immagina come potrebbe proseguire questo rapporto d'amore, stendendo un breve testo narrativo.

per guardare oltre

Intersezioni nell'antologia

LETTURE

- Come abbiamo visto, infinite sono le sfumature dell'amore e gli stati d'animo che suscita; la sua potenza è tale che fin dall'antichità è stato collegato all'altra fondamentale esperienza umana, la morte. Ritroviamo il motivo del legame amore-morte nei versi di altri poeti presenti nell'antologia: Eugenio **Montale** (*Ho sceso, dandoti il braccio, almeno un milione di scale,* ► p. 308) e Giacomo **Leopardi** (*A Silvia*, ► p. 220), che, per contro, ne *Il sabato del villaggio* (► p. 228) allude alla vitalità dell'amore. Alla forza di tale sentimento come potenza creatrice fa riferimento Primo **Levi** (*Se questo è un uomo,* ► p. 187) quando definisce «freddo il grembo» della donna nei campi di sterminio, ed è ancora l'amore che anima i due protagonisti di una lirica di Gabriele **D'Annunzio** (*La pioggia nel pineto,* ► p. 105).

Altri orizzonti

RACCOLTE E ANTOLOGIE

- Il poeta turco Nâzim **Hikmet** (1902-1963) offre in *Poesie d'amore* (1963) un saggio di come la vita intera trovi nell'amore la sua spinta propulsiva. La costante sentimentale è sempre sottesa alla poesia di Paul **Eluard**, come in *Ultime poesie d'amore* (1971).
- Ritroviamo il tema dell'amore unito a quello dell'impegno civile in *Carne e cielo* (2015), poesie di Pierpaolo **Pasolini**, mentre *Shakespeare in amore* (2007), a cura di Danilo Bramati e Gabriella Galzio, è un'antologia che riunisce i mille versi in cui il poeta inglese William **Shakespeare** ha declinato l'espressione «Ti amo». Il volume *Tutte le opere* (2009) comprende l'intera produzione poetica e la prosa di Antonia **Pozzi**, un'autrice colta e scrupolosa, animata da un'intensa attività intellettuale.
- Vivian **Lamarque** offre un ampio panorama della sua ispirazione in *Poesie, 1972-2002*, dove fra le tante emozioni mirabilmente raccontate non può mancare il sentimento d'amore.
- Infine, *Come dirsi addio. Versi oltre la fine dell'amore*, a cura di Daniele **Piccini** (2008), è un'antologia poetica sul tema dell'abbandono, in cui trovano posto testi che vanno da Saffo a Petrarca, da Foscolo a Prévert, fino ai poeti contemporanei.

PITTURA

- Gli artisti, soprattutto i pittori, hanno interpretato questa emozione in tantissimi modi, raffigurando, ad esempio, una semplice manifestazione d'amore come il bacio in tutte le epoche e in tutti gli stili. Un celeberrimo dipinto di Francesco **Hayez** (1791-1882), intitolato per l'appunto *Il bacio* (1859), è considerato uno dei quadri più rappresentativi del Romanticismo italiano.
- Il richiamo ossessivo al binomio amore-morte è al centro dell'interesse di due artisti viennesi: Gustav **Klimt** (1862-1918) ed Egon **Schiele** (1890-1918). Tuttavia, in un dipinto molto noto e altrettanto amato di Klimt, *Il bacio* (1907-1908), l'obiettivo del pittore è quello di sottolineare la potenza vivificatrice dell'eros.
- È sorprendente è senza dubbio il modo in cui il pittore Marc **Chagall** (1887-1985) racconta in alcune tele l'amore per la moglie Bella Rosenfeld: *Compleanno* (1915), opera dai colori potenti capace di trasmettere allo spettatore la tenerezza di un amore vissuto giorno per giorno, è una di queste.

FILM

- Si riveste di poesia l'amore di due ragazzi diventati genitori troppo presto, ragazzi che reagiscono in maniera diversa di fronte a una scelta drammatica, ma che alla fine si ritrovano per ricominciare da capo. È il tema del film *L'enfant - Una storia d'amore*, di Jean-Pierre e Luc **Dardenne** (2005).

MUSICA

- *Metti in circolo il tuo amore*, canzone di Luciano **Ligabue** contenuta nell'album *Radiofreccia* (1998), è un chiaro invito a non tenere la ricchezza del proprio sentimento solo per sé, ma ad accettare l'invito a mettersi in gioco.

Una scena tratta dal film *L'Enfant – Una storia d'amore* diretto dai fratelli Jean-Pierre e Luc Dardenne nel 2005.

UNITÀ 4

Il tempo e la memoria

• Lo scorrere del tempo e la memoria del passato • Il susseguirsi delle stagioni, il trascorrere della giovinezza, l'incedere degli anni, il ricordo del passato: i poeti di ogni epoca hanno attinto a questi temi per i loro versi, come anche gli artisti. La pittura è riuscita, poi, nell'impossibile impresa di fermare il tempo attraverso un tipo particolare di raffigurazione, la **natura morta**: l'artista vi ritrae fiori e frutti destinati a morire, rendendoli così eterni e, con essi, gli oggetti (per esempio, gli strumenti musicali o gli utensili da cucina) che la sua sensibilità lega indissolubilmente a momenti, stagioni, persone significative. Un pittore che più di altri si è dedicato alla natura morta è Filippo **de Pisis**.

Filippo de Pisis nel 1945.

• Poeta e pittore • Filippo de Pisis nasce a Ferrara nel 1896. La sua vita artistica si divide fra l'ambito pittorico e quello letterario: si laurea in Lettere, scrive versi, conosce poeti come Govoni, Palazzeschi, Cardarelli, pubblica una raccolta (*Poesie*, 1939) e si accosta contemporaneamente alla pittura, frequentando a Ferrara gli studi di Carrà, De Chirico e Savinio, tra i principali esponenti della corrente metafisica. Prima a Roma poi a Parigi, de Pisis vive esperienze decisive per la sua formazione pittorica. La prima grande mostra a lui dedicata si tiene a Milano nel 1926, quindi riscuote un grande successo con una personale, a Londra, nel 1935. Atmosfere un po' magiche e ambigue, angoli cittadini, **oggetti evocativi e nostalgici** sono i suoi temi preferiti, sempre dipinti con un gusto che oscilla tra il metafisico e il crepuscolare. Alla vigilia della Seconda guerra mondiale, tornato in Italia, de Pisis si stabilisce prima a Milano e poi a Venezia. Muore nel 1956 a Milano.

DOMANDE

- Perché la natura morta, come genere pittorico, ben si adatta a esprimere il senso del tempo, la memoria del passato?
- Osserva la tela di de Pisis, *Natura morta con gli occhi*. Che cosa rinvia maggiormente al passato e che cosa esprime maggiore ambiguità?

Filippo de Pisis, *Natura morta con gli occhi*, 1924. (Milano, Collezione Privata)

Il passato è sempre presente • Nella casa di Ferrara de Pisis allestiva in una delle sue stanze, come lui stesso scrisse, un «bric à brac di oggetti come bambole rotte, vecchi libri, palle pendenti, girandole, gabbiette e quadri», capaci di creare suggestioni misteriose ed estetiche. Il dipinto *Natura morta con gli occhi* (1924) conserva gli echi dell'esperienza metafisica di quegli anni. Nella composizione, **tempo** e **memoria** la fanno da padroni: un metronomo per misurare il tempo in primo piano, uno spolverino, disegni di briganti e di soldati e, su tutto, inquietanti, alcuni occhi tracciati su un foglio di carta che interrogano chi guarda.

in questa Unità impareremo a

- **conoscere** le biografie e il contesto storico-letterario degli autori, il tempo nella sua dimensione oggettiva e soggettiva, la indissolubile relazione tra tempo e vita
- **comprendere** il significato globale dei testi in relazione alla percezione e alla valutazione del tempo e della vita espresse dai poeti
- **analizzare** le liriche secondo le regole della poesia e le tecniche stilistiche per affinarne la comprensione e approfondire le tematiche
- **interpretare** lo scritto, comprendendo le emozioni e le problematiche in esso contenute
- **produrre** parafrasi, commenti, testi espositivi e descrittivi a partire dai temi delle liriche
- **comunicare oralmente**, per riferire i contenuti delle poesie e riflettere sulle loro tematiche in forma strutturata e chiara

in questa Unità scopriremo

Antologia

Konstantinos Kavafis • *Itaca*
Rainer Maria Rilke • *Tu non devi capire la vita*
Sandro Penna • *La vita... è ricordarsi di un risveglio*
Luciano Erba • *Gli addii*

Per approfondire

Eugenio Borgna • *Come cambia il tempo della vita*

Verifica delle competenze

Maurizio Cucchi • *L'uomo della Bovisa non poteva immaginare*

PERCORSO B

UNITÀ 4

Lo scorrere rapido del tempo è sempre stato motivo d'inquietudine per l'uomo, cosciente che ogni giorno trascorso lo avvicina al suo destino di morte. E mentre il tempo procede inarrestabile, nonostante le mirabolanti promesse fatte dalla moderna medicina di una vita sempre più prolungata, si accumula nella nostra mente la memoria del passato. E ai ricordi l'uomo si aggrappa per stabilire una relazione fra la vita già vissuta e quella che vive, cercando, attraverso di essi, di dare un senso al presente, spesso frutto di scelte operate in giorni lontani.

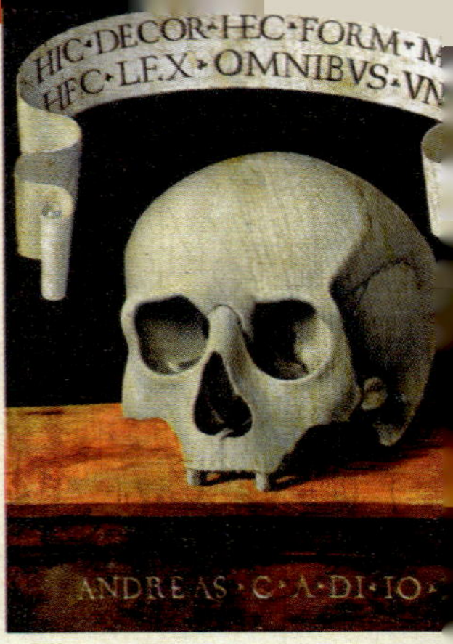

In alto a destra, Andrea Previtali, *Ritratto di un uomo - Memento mori*, XV secolo. (Milano, Museo Poldi Pezzoli)

• Echi dal passato •

Oggi più che mai spetta alla memoria il ruolo fondamentale di "dipanare la matassa", illuminare di luce nuova alcuni fatti – che possono acquistare un'altra valenza se considerati con il necessario distacco ed equilibrio –, stabilire relazioni che consentano di assegnare al tempo presente una dimensione più significativa proprio sul piano esistenziale. Ma uno sguardo a ritroso nel tempo ci rivela innumerevoli esempi di quanto sia sempre stato radicato negli uomini il bisogno di **conservare la memoria** del passato: si pensi alle piramidi egizie, ai templi del mondo greco, agli archi di trionfo romani ecc.

Rimanendo, però, in ambito letterario, la filosofia greca ha basato con **Platone** (428 o 427-348 o 347 a.C.) la nostra capacità di apprendere su quella di ricordare; la classicità romana ha toccato il suo vertice quando **Seneca** (4 a.C.-65 d.C.), nell'opera *La brevità della vita,* esorta a far tesoro del tempo che ci è dato vivere conservando sempre la memoria degli errori passati. Nell'Alto Medioevo è **Agostino** (354-430) a cimentarsi sul tema del ricordo, della memoria: nelle sue *Confessioni* egli sottolinea come l'attività della nostra mente sia riposta principalmente nella memoria, capace di trasformare quello che i sensi percepiscono. In **epoca** umanistico-**rinascimentale**, poi, si assiste a una gara nella riscoperta della classicità, dei suoi valori, ritenuti fondanti anche per la modernità. Innumerevoli opere d'arte vengono disegnate, scolpite, dipinte sulla base di modelli antichi che gli studi riportano in vita e che la memoria via via avvalora.

Raffaello Sanzio, *La Scuola di Atene*, 1511. (Città del Vaticano, Musei Vaticani)

• Il poeta e la memoria collettiva •

Sulla memoria del passato l'uomo ha costruito ideologie, sistemi di pensiero, le più svariate teorie, e la poesia ha sempre attinto a questo patrimonio intellettuale per elaborare i suoi versi, pur contaminando i ricordi con elementi del sogno e della fantasia. Il poeta, infatti, non si limita a registrare l'oggettività dei fatti, ma attraverso la memoria riporta in vita, ricrea, **arricchisce il passato** di nuove immagini e percezioni.

La sua riflessione sul passato non è mai fine a se stessa, ma ha lo scopo di creare legami, istituire confronti con il tempo presente, illuminare il nuovo significato che fatti e vicende trascorse tornano oggi a rivestire. Non va mai dimenticato che il poeta è **portavoce** dell'intera umanità, pertanto uno dei suoi compiti è quello di conservare la memoria individuale e collettiva, l'identità di popoli e di culture, superando attraverso i versi poetici lo spazio temporale e ogni altra barriera.

Giorgio De Chirico, *Gli archeologi*, 1927. (Roma, Galleria d'Arte Moderna)

• Il percorso antologico •

Il percorso antologico propone alcuni interessanti aspetti della relazione fra poesia e memoria. Nella lirica *Itaca* (► p. 159), una delle più note di Konstantinos **Kavafis** (1863-1933), che si dedicò a ridare vita alla letteratura greca sia in patria sia all'estero, il poeta attinge appunto alla memoria dell'antichità per guidare i passi giovanili del lettore. La memoria sta alla base del lungo **viaggio** esistenziale che il poeta neoellenico invita a compiere: ci si deve ricordare di demoni e pericoli per affrontare con sicurezza le prove della vita e non dimenticare le relative esperienze, che si trasformano poi in ricchezza morale.

Ha faticato non poco Rainer Maria **Rilke** (1875-1926) a far emergere la sua vocazione letteraria, sostenuto dalla madre, ma ostacolato dal padre: neoromanticismo, misticismo e simbolismo sono elementi della sua ricca e inebriante poesia, di cui *Tu non devi capire la vita* (► p. 163) è un esempio. Nella lirica il poeta accosta la memoria del passato all'esperienza del presente con lo scopo di preservare lo spirito del bambino che è in tutti noi, uno spirito infantile che rappresenta il giusto atteggiamento per affrontare la complessità dell'esistenza.

Anche Sandro **Penna** (1906-1977) – difficilmente etichettabile come poeta, in quanto la sua lirica è improntata alla semplicità, alla facile fruibilità, senza per questo risultare meno impegnata e densa di valori esistenziali –, con *La vita... è ricordarsi di un risveglio* (► p. 166) rivive nel ricordo un'esperienza

PAROLE *sotto la lente*

Viaggio

Deriva dal provenzale *viatge*, in francese antico *veiage*, che è poi il latino *viaticum*, "provvista per il viaggio", passato successivamente a indicare "viaggio". Moltissime sono le locuzioni legate al nome: viaggio d'istruzione, di nozze, viaggio della speranza, cestino da viaggio, libro di viaggi, borsa da viaggio. In un uso gergale, designa lo stato di alterazione mentale di chi è sotto l'effetto di sostanze stupefacenti.

Attività

Crea un campo semantico a partire dalla parola "viaggio", costituito da almeno 20 termini.

passata, triste e malinconica, trasformata all'improvviso in un momento di dolcezza e di serenità, pieno di colori e di spontaneità, per dare slancio alla sua lunga giornata.

Luciano **Erba** (1922-2010) scrive di piccole cose, di eventi quotidiani, e li permea di profonda ironia così da farne risaltare gli aspetti più raffinati e sottili. Nella poesia *Gli addii* (► p. 169) affronta il tema del passato che riporta alla mente le amicizie scolastiche, pur nella consapevolezza che tali amicizie sono destinate a perdersi in breve tempo.

Il poeta Maurizio **Cucchi** (1945), in *L'uomo della Bovisa non poteva immaginare* (► p. 178) è stupefatto per la velocità con la quale certi luoghi della periferia milanese si sono trasformati in mastodontiche rovine industriali: questo è avvenuto perché il tempo è corso troppo velocemente in avanti, e tocca ora alla memoria dare un senso a fatiscenti costruzioni che campeggiano nelle aree una volta brulicanti di lavoro.

Completa il percorso una riflessione dal carattere esistenziale, *Come cambia il tempo della vita* (► p. 173), di Eugenio **Borgna** (1930), per il quale è il tempo interiore, quello che non si misura con gli orologi, a scandire la nostra vita.

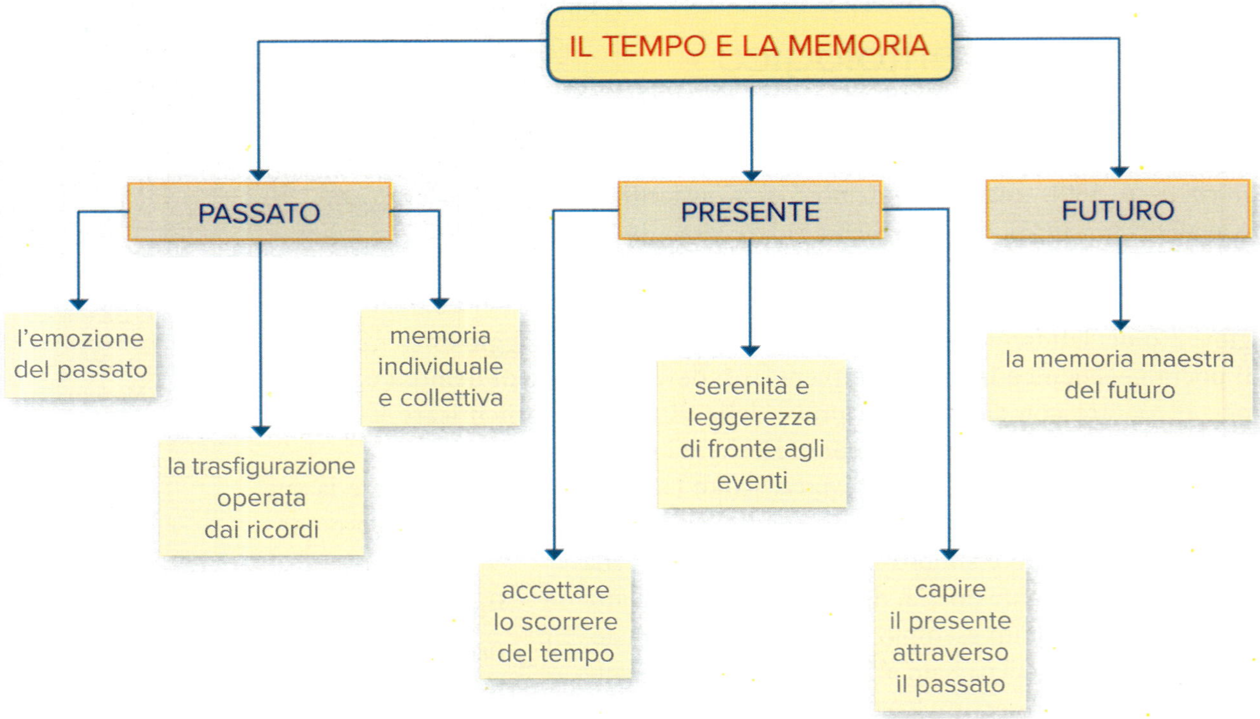

Konstantinos Kavafis

Itaca

Il poeta identifica il suo destino con quello di Ulisse, il viaggiatore per eccellenza. La meta, però, solo in apparenza è Itaca, perché l'isola greca assume il valore di qualcosa di più prezioso e universale.

Da
Poesie,
1905-1915

Lirica
in versi liberi

Se ti metti in viaggio per Itaca,
augurati che sia lunga la via,
piena di conoscenze e di avventure.
Non temere Lestrigoni e Ciclopi
o Posidone incollerito:
nulla di questo troverai per via
se tieni alto il pensiero, se un'emozione
eletta ti tocca l'anima e il corpo.
Non incontrerai Lestrigoni e Ciclopi,
e neppure il feroce Posidone,
se non li porti dentro, in cuore,
se non è il cuore a alzarteli davanti.
Augurati che sia lunga la via.
Che siano molte le mattine estive
in cui felice e con soddisfazione
entri in porti mai visti prima;
fa' scalo negli empori dei Fenici
e acquista belle mercanzie,
coralli e madreperle, ebani e ambre,
e ogni sorta di aromi voluttuosi,
quanti più aromi voluttuosi puoi;
e va' in molte città d'Egitto,
a imparare, imparare dai sapienti.

Tienila sempre in mente, Itaca.
La tua meta è approdare là.
Ma non far fretta al tuo viaggio.
Meglio che duri molti anni;
e che ormai vecchio attracchi all'isola,
ricco di ciò che guadagnasti per la via,
senza aspettarti da Itaca ricchezze.

Itaca ti ha donato il bel viaggio.
Non saresti partito senza lei.
Nulla di più ha da darti.

E se la trovi povera, Itaca non ti ha illuso.
Sei diventato così esperto e saggio,
e avrai capito che vuol dire Itaca.

K. Kavafis, *Le poesie*,
a cura di N. Crocetti, Einaudi, Milano, 2015

Alberto Savinio, *Ulisse e Polifemo*, 1929.
(Francoforte, Fondazione VAF)

1 **Itaca**: isola del Mar Ionio nota per essere la patria di Ulisse, l'eroe greco che vi fa ritorno dopo aver combattuto a Troia per dieci anni.

4-5 **Lestrigoni e Ciclopi...incollerito**: sono popoli mostruosi della mitologia greca; Poseidone è il dio del mare che i Romani chiamavano "Nettuno", qui «incollerito» poiché secondo l'*Odissea*, il poema omerico, Poseidone, adirato con Ulisse, gli scatena contro venti furiosi causando continui naufragi.

7-8 **un'emozione eletta**: un sentimento forte, profondamente radicato.

12 **a alzarteli davanti**: a presentarli sul tuo cammino.

17 **empori dei Fenici**: negli scali marini di un tempo, l'emporio era un grande deposito di merci destinate alla vendita. I Fenici erano un'antica popolazione di navigatori e di commercianti le cui navi solcavano tutto il Mediterraneo.

L'AUTORE

Konstantinos Kavafis nasce ad Alessandria d'Egitto nel 1863, da genitori greci originari di Istanbul. Trascorre gran parte della sua vita nella città natale, ma risiede anche a Londra, Parigi e Atene.

Kavafis scrive, in lingua greca, 154 poesie, pubblicate postume con il titolo *Poesie*; oggi, però, si conoscono anche altre sue liriche, riunite in *Poesie nascoste* e *Poesie rifiutate*. I suoi temi attingono alla memoria storica, all'età ellenistico-romana, all'età bizantina, ma parlano con efficacia anche all'animo moderno, poiché la sua sensibilità e la sua inquietudine sono proprie di un poeta a noi contemporaneo.

Lo stesso Kavafis le suddivide in tre categorie: «filosofiche», «storiche» e «sensuali». Le prime hanno un carattere ammonitorio, di riflessione sulle debolezze umane; le seconde sono incentrate su popoli antichi, personaggi storici da cui trarre insegnamenti, sul mondo della Grecia classica da lui ereditato e che si sente in dovere di far conoscere ai posteri; nelle poesie sensuali, infine, traspare l'omosessualità del poeta, consapevole di vivere in una società che bolla questo tipo di amore come illecito, anomalo, morboso. Pur rifacendosi in larga parte al passato, la sua poesia è estremamente attuale per i significati, gli esempi proposti, i costanti richiami all'introspezione che suggerisce.

Il tema, però, che accomuna ogni aspetto della sua opera è quello del tempo che tutto appiattisce e cancella: invano l'uomo cerca di opporvisi con imprese audaci, imperi, glorie, progetti; la polvere del tempo si deposita lentamente su ogni cosa e, in maniera inesorabile, la ricopre.

Kavafis scrive con i suoi versi una Storia tutta personale, all'interno della quale non rifulgono i Cesari, i vincitori, ma soprattutto le umili comparse di una Storia minuscola e dimenticata, capace, però, di raccontare autenticamente la vita. Il poeta muore ad Alessandria d'Egitto nel 1933.

per L'ANALISI del TESTO

Il significato del viaggio

Itaca è una delle poesie più note e significative di Kavafis, poeta di immagini dolci e forti, di slanci e di ardori. È costruita sulla metafora del **viaggio**, inteso come vita, come **esperienza esistenziale**. Tale simbologia legata al viaggio è molto antica, e la si ritrova già nella Bibbia con i cammini dei patriarchi e l'esodo del popolo di Israele, nei poemi omerici e nell'*Eneide* con gli avventurosi viaggi di Ulisse ed Enea, così come nel visionario viaggio dantesco dall'inferno al paradiso nei versi della *Divina Commedia*: in tutti questi casi, il viaggio non è tanto uno spostarsi fisicamente da un luogo all'altro, quanto un **percorso dell'anima**, un percorso di crescita, di cambiamento alla ricerca di se stessi.

Tante altre metafore

Kavafis si rivolge al suo lettore-interlocutore sin dalla prima battuta («Se ti metti in viaggio», v. 1) e lo sollecita a questo viaggio, sicuro che sarà per lui un'occasione di arricchimento, dimostrandosi anche prodigo di consigli e di suggerimenti. Nulla, però, degli eventuali pericoli o dei vantaggi connessi al viaggio è detto in termini palesi, ma tutto ci viene proposto sotto il velo della poesia, quindi ricorrendo a numerose **simbologie**, a continue metafore.

Fedele al mondo culturale dell'antichità classica, i pericoli vengono rappresentati attraverso i «Lestrigoni e Ciclopi» (v. 4) o «Posidone incollerito» (v. 5) per figurare, in realtà, la negligenza, la malavoglia, l'apatia che frena sempre ogni azione umana. E allora, questo viaggio non può che essere lungo: per ben due volte il poeta ripete l'augurio, la speranza: «augurati che sia lunga la via» (vv. 2 e 13), a cui fa seguire, quasi in elenco, tante immagini simboliche di quanto nel corso del viaggio si può incontrare, acquisire, conseguire, immagini luminose di «mattine estive», «mercanzie», «aromi», e poi «città» da visitare, incontri con «sapienti». Ecco come si può e si deve riempire il «viaggio per Itaca» o, fuor di metafora, l'esistenza umana.

La vita è di per sé una ricchezza

Il testo sembra assumere anche **contorni** un po' **paradossali**: il poeta sollecita il viaggio verso quest'isola, ma nel contempo augura al suo lettore di arrivarci tardi, soltanto in vecchiaia, e di non aspettarsi altre ricchezze oltre a quelle accumulate durante la navigazione precedente. Naturalmente, non sta parlando di beni materiali e di denaro, ma di valori e di conoscenze. Ecco, dunque, che l'antitesi del verso 34 («E se la trovi povera, Itaca non ti ha illuso») si spiega proprio con la convinzione che al termine della vita, di una vita spesa con impegno e con coraggio, ciascuno di noi non può che sentirsi soddisfatto, tranquillo. In questo senso la vita, «Itaca» ci avrà dato tutto quanto era possibile, fino al conseguimento della saggezza (v. 35).

Lo stile

La poesia si dipana in versi liberi, con una lingua schietta, limpida, di carattere prosastico eppure musicale: ciò consente al poeta di sviluppare il suo tema come **sotto forma di racconto**. La metafora principale, Itaca intesa come la vita stessa, attraversa tutta la lirica ed è sostenuta da tante altre metafore: mare, porti, acquisti, sapienti ecc. Aperta dal "tu" colloquiale, si chiude allo stesso modo («Sei diventato...», «e avrai capito» vv. 35-36) a dimostrazione del tono affettuoso e amichevole con cui Kavafis regala il suo saggio consiglio al lettore.

Il successo di questo componimento è dovuto anche alla facile traducibilità dei suoi versi nelle altre lingue. Kavafis può infatti essere letto come un autore attuale, tanto che egli stesso amava affermare di sé che «Kavafis è un poeta del futuro».

Giorgio De Chirico, *Il ritorno di Ulisse*, 1968. (Roma, Fondazione Giorgio e Isa De Chirico)

Attività

Leggere e comprendere

1 **Mitologia e letteratura** Quali vicende mitologiche e letterarie sono alla base di questa lirica?

2 **L'interlocutore** A chi si rivolge il poeta?
- **a.** A se stesso
- **b.** Ai suoi lettori
- **c.** A un vecchio amico
- **d.** A tutti gli uomini

3 **L'augurio** Che cosa augura il poeta, in apertura del testo, al suo interlocutore?

4 **Gli incontri** Quali sono gli incontri che non deve temere il viaggiatore? Rispondi con gli opportuni riferimenti alle parole dei versi e chiarisci il loro significato metaforico.

5 **I consigli utili** Come si deve comportare l'uomo nel viaggio? Riporta i suggerimenti offerti dal poeta al viaggiatore, sempre espressi in forma di subordinate condizionali (introdotte da «se»).

6 **I luoghi e le cose** Per descrivere le opportunità di arricchimento che il viaggio verso Itaca può offrire, il poeta cita svariati luoghi e oggetti. Quali sono? A che tipo di ricchezza alludono?

7 **Le parole allusive** Ci sono parole, disseminate nei versi e legate alla vita dell'uomo, che concorrono a inquadrare e sostenere la precedente metafora della ricchezza: sai indicarle?

8 **Un lungo viaggio** Perché il poeta augura all'interlocutore che il suo viaggio sia lungo?
- **a.** Il tempo ben impiegato offre all'uomo opportunità di crescita e felicità
- **b.** Itaca rappresenta la morte, quindi è bene non affrettarsi
- **c.** La meta è di scarso interesse, Itaca è inferiore alle aspettative
- **d.** A Itaca non può arrivare nessuno

9 **Durante il viaggio o alla meta?** Quando si può accedere alla ricchezza cui allude l'autore? E a quale tipo di ricchezza l'uomo deve tendere?

10 **La meta** Quali parole del testo, in particolare, sembrano indicare il raggiungimento dell'obiettivo del viaggio, ossia della vita?
- **a.** «ti ha donato un bel viaggio»
- **b.** «Itaca non ti ha illuso»
- **c.** «se la trovi povera»
- **d.** «così esperto e saggio»

11 **Il messaggio** Con quale piglio, secondo quanto traspare dal testo, gli uomini dovrebbero affrontare la vita?
- **a.** In modo schivo e timoroso
- **b.** In modo preoccupato e cupo
- **c.** In modo coraggioso e positivo
- **d.** In modo egoista e superficiale

Riconoscere e analizzare

12 **La struttura metrica** Descrivi la struttura metrica della poesia.

13 **La figura retorica** Tutto il componimento è giocato su una figura retorica: quale? Indicane alcuni esempi e spiegane significato.

14 **Le iterazioni** Nel testo sono presenti ripetute iterazioni. Sottolineale e spiega il loro valore espressivo.

15 **Lo stile** Come ti sembra lo stile della poesia?
- **a.** Aulico e raffinato
- **b.** Semplice, diretto, intenso
- **c.** Colloquiale e toccante
- **d.** Formale e oscuro

Rielaborare e produrre

16 **La tua interpretazione** Considera il verso 7: «se tieni alto il pensiero». Come interpreti questa espressione? Quale auspicabile comportamento dell'uomo intende suggerire il poeta con le sue parole? Rispondi in un breve intervento orale.

17 **Il commento** In un testo di almeno 200 parole commenta (► p. 65) la lirica di Kavafis.

18 **Il racconto di una vita** Dal testo traspare l'invito a vivere pienamente per crescere, migliorare, arricchirsi interiormente. Conosci la storia di qualche persona di cui si possa dire che vive o ha vissuto così? Raccontala in un breve scritto.

Rainer Maria Rilke

Tu non devi capire la vita

La lirica è un chiaro invito a vivere la propria esistenza senza l'assillo di cercare una spiegazione logica per ogni cosa, ma accettando con spirito positivo, lo spirito di un bambino, quanto la vita ci riserva.

Da
Poesie, 1908
Lirica

Tu non devi capire la **vita**:
allora diventa una festa.
Lascia a ogni giorno il suo corso
come fa un bimbo in cammino
che da ogni brezza
si fa donare dei fiori.
Di radunarli e metterli da parte
non viene in mente al bimbo,
se li toglie ogni volta dai capelli
dov'erano felici prigionieri,
e alla sua cara gioventù tende le mani,
che gliene porga sempre di nuovi.

R.M. Rilke, *Poesie*, trad. di A.M. Carpi, Einaudi, Torino, 1995

PAROLE *sotto la lente*

Vita

Dal latino *vita*, derivato del verbo *vivere*, indica la forza attiva comune alle piante e agli animali. Nel linguaggio corrente, per "vita" si intende la parte di tempo compresa tra la nascita e la morte, ma numerose sono, oltre gli usi specifici e tecnici, le accezioni del termine: per esempio, usato in senso astratto, significa "forza, volontà di vivere, vitalità" e, in generale, "fermento, dinamicità"; come nome concreto, indica la parte del corpo sopra i fianchi.

Attività

Fai l'analisi morfologica delle quattro parole seguenti, che hanno la radice di "vita", e spiegane il significato.
Vitale, vitalismo, vitalità, vitalizio.

1 **Tu non devi... vita**: non devi sempre cercare una spiegazione logica a tutto ciò che accade.

3 **Lascia...corso**: lascia che le vicende della vita scivolino via in maniera naturale.

5 **brezza**: vento leggero.

6 **fiori**: i fiori di cui si parla anche nei versi successivi sono allegoricamente da considerare le esperienze della vita, quindi le gioie e i dolori.

Claude Monet, *Il giardino dei Monet a Vétheuil*, 1880. (Washington, National Gallery of Art)

per conoscere **RAINER MARIA RILKE**

Rainer Maria Rilke in un ritratto di Tullio Pericoli del 1991.

RAINER MARIA RILKE nasce nel 1875 a Praga in una famiglia di origini austriache. Durante l'adolescenza frequenta l'Accademia militare di Vienna, abbandonandola dopo anni di sofferenza, a causa della salute cagionevole e dei prevalenti interessi letterari. Nel 1896 si iscrive all'Università di Monaco e viene introdotto alle teorie psicanalitiche di Sigmund Freud. Viaggia a lungo in Europa e in Africa settentrionale, compiendo esperienze che poi costituiranno materia per le sue liriche. Ammalatosi di leucemia, muore nel 1926 in un sanatorio svizzero.

• Una vita al servizio della poesia • La parabola poetica di Rilke è contrassegnata da numerose vicende sofferte e dolorose, da scelte tormentate, spesso compiute soltanto in funzione della propria arte: in nome della sua travolgente passione per la poesia egli sacrifica la possibilità di avere un lavoro stabile, preferendogli l'insicurezza e la solitudine.

All'interno di questa vita errabonda e precaria ci sono periodi di intenso impegno lavorativo e occasioni di stringere amicizie significative, come quando, a Parigi, Rilke frequenta lo scultore Auguste Rodin (1905-1906) e conosce il pittore Paul Cézanne (1909). L'inverno 1911-1912 lo vede a Duino, presso Trieste, dove elabora nel più completo isolamento la sua poesia più matura. Il poeta trascorre i suoi ultimi anni in Svizzera, dedicandosi alla traduzione in tedesco della poesia del francese Paul Valéry.

• Le opere e i temi • Gli esordi poetici di Rilke sono legati a due raccolte, *Vita e canti* (1894) e *Poesie giovanili* (1896-1899), nelle quali sono già presenti i temi che saranno poi sviluppati nelle opere maggiori, come la centralità del suo Io lirico, il ricorso alla preghiera, la presenza di angeli e fanciulle, l'affermazione di un personale mondo mitologico. Nel 1902 esce *Il libro delle immagini* nel quale Rilke, risentendo della frequentazione parigina di pittori e scultori, elabora una poesia più vicina al reale, ricca di suggestioni figurative.

Il primo libro di successo è *Libro d'ore* (1899-1903), un testo di meditazioni spirituali, di liriche composte sotto l'influenza del pensiero del filosofo tedesco Friedrich Nietzsche e della religiosità del grande scrittore russo Lev Tolstoj. Si tratta di un'opera, come Rilke stesso ebbe a dire, di «preghiere» non in senso cristiano, ma come atteggiamento espressivo dei livelli profondi della propria coscienza. Sono invece frutto di un nuovo soggiorno parigino le *Nuove poesie* (1907-1908), quando egli risiede nella capitale francese per scrivere una biografia dello scultore Rodin, del quale diventa segretario. Parigi diviene lo scenario di una poesia orientata alla rivelazione delle persone, degli animali, delle cose che affollano la città, dal cui fascino di metropoli moderna Rilke si sente attratto ma anche respinto. Ne consegue una poesia dallo stile complesso, ricco di sfumature espressive.

Con *Elegie duinesi* (1912-1922) Rilke raggiunge il culmine della sua maturità poetica. Le dieci elegie vengono avviate nel 1912 nel castello di Duino e poi riprese a distanza di dieci anni, quando egli si è ormai stabilito nel Vallese (Svizzera). Nate dalla sua angoscia esistenziale, esse rappresentano il momento più intenso della sua capacità creativa e ruotano attorno ai temi che gli sono più cari: la fragilità della vita, l'incertezza dei sentimenti, la continua minaccia della morte che condiziona tutte le scelte umane. Successivamente, *I sonetti a Orfeo* (1922) riprendono i temi della vita e della morte, chiamando in causa il mitologico cantore greco non solo per aver conosciuto da vicino l'una e l'altra, ma per aver istruito le genti sul valore della poesia come strumento per conquistare una dimensione più spirituale.

per L'ANALISI del TESTO

Lasciare che la vita scorra

Il poeta si rivolge a una persona, forse già adulta, per mostrarle quale debba essere il modo di affrontare le alterne vicende della vita: non è sempre utile voler dare una spiegazione a tutto ciò che accade attorno a noi («Tu non devi capire la vita», v. 1), così come non è necessario vivere pianificando ogni azione per ottenere sempre un risultato; è forse meglio lasciare che i fatti della vita si compiano in modo naturale, senza intestardirsi a fare dell'efficienza e dell'utilità i soli criteri sui quali impostare la propria esistenza («fiori... radunarli e metterli da parte», vv. 6-7).

Lo spirito di un bambino

Ciò che Rilke fa nei suoi versi non è invitare a vivere in modo scriteriato ma rivelare un suo personale segreto, indicando come si debba prendere ad esempio l'atteggiamento con cui vive le sue giornate un bambino. Anche da adulti si deve cercare, dice il poeta, di **conservare** un **animo infantile**, il che non significa essere tali quando c'è bisogno di compiere scelte da adulti, ma soltanto mantenere la curiosità, la gioia, lo slancio verso la vita che sono tipici del bambino, pronto a trarre giovamento da ogni occasione.

Tanti fiori, tante esperienze

Rilke maschera, sotto la metafora dei fiori che il «bimbo in cammino» raccoglie, le esperienze che la vita quotidiana («ogni brezza», v. 5) gli offre, le gioie e i dolori che egli vive senza troppo riflettere, con abbandono, perché in questo sta il senso del nostro vivere: pensare all'**esistenza come** a un continuo **dono**. Infatti, il bambino si augura che il tempo gli regali altri «fiori», prove da affrontare con la sua consueta leggerezza («gliene porga sempre di nuovi», v. 12).

Lo stile

La lirica mostra un'efficace capacità comunicativa: con un **linguaggio semplice** esprime, in forma di consiglio, una profonda verità riguardo alla vita.

Il componimento è in versi liberi, privo quindi di rime, ma non per questo meno ricco sul piano poetico. In primo luogo c'è la similitudine del bambino (v. 4) sulla quale poggia l'intera lirica; ricorrono poi le metafore della «brezza» e dei «fiori», l'ossimoro «felici prigionieri», i **due campi semantici** della natura gioiosa e dello scorrere del tempo, in un crescendo di significati e di valori poetici.

Attività

Leggere e comprendere

1 **Il «Tu» iniziale** A chi si rivolge l'autore?

2 **Vita/festa** Il poeta dice che la vita può trasformarsi in una festa: in che senso?

3 **Il «bimbo»** Perché, secondo il poeta, proprio il «bimbo» diventa un modello di comportamento?

4 **Le esperienze** Con quale immagine si rappresentano le esperienze di vita del bambino?

5 **L'atteggiamento del bambino** Che cosa non fa il bambino di fronte agli eventi di ogni giorno?

6 **L'adulto/bambino** Quale persona adulta può accostarsi alla vita come fa il bambino?

a. Ogni uomo
b. Un sacerdote
c. Un filosofo
d. Un poeta

Riconoscere e analizzare

7 **Una similitudine** Descrivi i termini della similitudine su cui poggia la lirica.

8 **Le figure retoriche** La poesia è impreziosita da altre due evidenti figure retoriche. Quali?

9 **I campi semantici** Individua i campi semantici presenti nel testo ed elenca le parole di ognuno.

Rielaborare e produrre

10 **La tua interpretazione** Considera il verso 10: «dov'erano felici prigionieri». Che cosa suggeriscono, secondo te, queste parole dell'autore, riferite ai «fiori» che il bambino «si fa donare»? Rispondi in un breve intervento orale.

11 **Il commento** In un testo di (massimo) 200 parole commenta (► p. 65) la lirica di Rilke.

Sandro Penna

La vita… è ricordarsi di un risveglio

Da
Poesie, 1939
Lirica
in endecasillabi
sciolti

Uno scomodo viaggio in treno obbliga il poeta a un intorpidito risveglio di primo mattino, quando fuori incomincia appena ad albeggiare. Basta poco, però – la vicina immagine della gioventù –, per riconciliarsi con la vita.

La vita… è ricordarsi di un risveglio
triste in un treno all'alba: aver veduto
fuori la luce incerta: aver sentito
nel corpo rotto la malinconia
vergine e aspra dell'aria pungente.

Ma ricordarsi la liberazione
improvvisa è più dolce: a me vicino
un marinaio giovane: l'azzurro
e il bianco della sua divisa, e fuori
un **mare** tutto fresco di colore.

S. Penna, *Poesie*, Garzanti, Milano, 1970

3 **incerta**: debole, chiaroscurale, che non delinea i contorni delle cose.
4 **rotto**: indolenzito per lo scomodo viaggio in treno.
4-5 **la malinconia…pungente**: il sentimento della malinconia che compare nuovo, ancora inespresso e aspro come l'aria frizzante del primo mattino.
6 **liberazione**: dalla malinconia.
7-8 **a me…giovane**: la vista del giovane marinaio suscita nel poeta il ricordo dell'amore, della gioiosa vitalità della giovinezza.

PAROLE *sotto la lente*

Mare

È interessante notare come, nell'antichità, popoli del Nord – Celti, Slavi e Germani – dessero al mare lo stesso nome dei Latini (*mare*, appunto), probabilmente per averlo appreso sulle sponde del Mar Nero prima che questo si separasse dal Mediterraneo: un esempio di come antiche popolazioni abbiano potuto scambiarsi merci e conoscenze grazie al fatto che si affacciavano su uno stesso mare, navigandolo e approdando sulle sue coste.

Attività

Scrivi il maggior numero possibile di parole con la stessa radice di "mare", raggruppandole per categorie morfologiche: nomi, aggettivi, verbi.

L'AUTORE

Sandro Penna, nato a Perugia nel 1906 da una famiglia borghese, compie studi irregolari, conseguendo comunque il diploma di ragioniere. Si trasferisce dapprima a Milano, poi, nel 1929, a Roma, città in cui risiederà per tutta la vita. Collabora ad alcune riviste letterarie, ma non riesce ad allacciare rapporti durevoli con il mondo culturale ufficiale, pur essendo i suoi versi assai apprezzati. Poche e selezionate anche le sue amicizie, prima fra tutte quella con Umberto Saba (▸ p. 9), amico-maestro a cui invia le sue poesie; conosce anche Pier Paolo Pasolini (1922-1975) che lo incoraggia a continuare nell'attività poetica. Muore nel 1977 in miseria e in solitudine, così come aveva trascorso gran parte della sua vita.

I versi di Penna – senza mai riflettere una reale preoccupazione per gli aspetti teorici – nascono da una vocazione espressiva irresistibile, spontanea e immediata; vi ricorrono di frequente i temi dell'amore, della passione, della contemplazione della bellezza adolescenziale, della gioia di vivere condensati in brevi immagini di grande leggerezza. Per le forme metriche si rifà alla tradizione, mentre il suo stile è lineare e prosastico, collocandosi vicino alla semplicità di Saba. Nella prima raccolta, *Poesie* (1939), sono già presenti i motivi che caratterizzeranno tutta la sua poetica; alla seconda, uscita nel 1950 con il titolo *Appunti*, seguirà, nel 1976, l'ultima, *Stranezze*. Nel 1957 gli viene assegnato il Premio Viareggio. La sua intera produzione poetica è ora raccolta in un volume complessivo dal titolo *Poesie*, del 1989.

per L'ANALISI del TESTO

La dualità di strofe e contenuti

In armonia con la sua esperienza di poeta ispirato dalla quotidianità, dalla gioia di vivere e dall'amore per la natura, Sandro Penna esprime anche in questa lirica simili sentimenti.

La poesia risulta divisibile in **due parti** non solo dal punto di vista della struttura, ma anche del contenuto. Nella **prima**, domina la malinconia, espressa nell'immagine del faticoso risveglio, di primo mattino, su uno di quei treni con i sedili di legno della prima metà del secolo scorso, scomodi e senza alcuna possibilità di attutire movimenti e urti; nella **seconda**, il poeta si libera dalla tristezza con un guizzo d'ottimismo, vedendo con sorpresa accanto a sé un marinaio, immagine della giovinezza. Al senso di stanchezza e di oppressione espresso nella strofa iniziale succede dunque un senso di sollievo e di gioia.

Il valore del ricordo

Il poeta, che istituisce attraverso queste due immagini un'analogia con la vita, non intende definirla in assoluto («La vita... è...», v. 1), quanto piuttosto sottolineare il **valore soggettivo** del ricordo (espresso dall'iterazione del verbo «ricordarsi» in apertura di entrambe le strofe, vv. 1 e 6) e ribadire quanto la nostra esperienza interiore ci condizioni nel valutare la nostra esistenza, un'alternanza di gioie e di colori, di momenti tristi e altri più felici.

Il viaggio, metafora della vita

La poesia descrive una banale situazione, una scena che si svolge in un vagone ferroviario in movimento. Ecco, dunque, comparire l'idea del viaggio come metafora della vita, della nostra perenne ricerca di luoghi, sentimenti e valori.

Roberto Salbitani, *Il viaggio*, 1982.

Tale metafora prosegue e si completa nella figura del marinaio, cui solitamente associamo l'idea della navigazione verso Paesi lontani. Se inizialmente questo viaggio è segnato dal **dolore** e dalla **fatica** («luce incerta», «corpo rotto», «malinconia», «aria pungente», vv. 3-5), successivamente è il senso di **sollievo** e di **gioia** a prevalere, non solo perché il marinaio è «giovane» (v. 8), ma perché veste i colori chiari e freschi del mare stesso lungo il quale il treno sta correndo.

Lo stile

All'apparente stile discorsivo della poesia – in versi sciolti, privi del legame della rima – è sottesa un'accurata costruzione basata su **simmetrie e opposizioni**. Nella prima strofa osserviamo un movimento **descrittivo** dall'esterno («aver veduto / fuori», vv. 2-3) all'interno («aver sentito / nel corpo rotto», vv. 3-4); nella seconda strofa assistiamo a un percorso opposto, che va dall'interno («a me vicino / un marinaio giovane», vv. 7-8) all'esterno («e fuori... / di colore», vv. 9-10). La contrapposizione risiede anche, a **livello visivo**, nei colori ancora spenti, poco visibili del mattino che avanza all'esterno (prima strofa), e in quelli vivaci e luminosi incarnati dal giovane marinaio (seconda strofa): ancora una volta si assiste al passaggio da un ricordo di sofferenza a un ricordo di gioia. Perno sintattico di questo cambiamento è la congiunzione «Ma» con la quale si apre la seconda strofa. Il ritmo risulta variato dalla presenza di numerosi *enjambement* che contribuiscono a evidenziare l'ultima e la prima parola dei versi («risveglio / triste», vv. 1-2; «veduto / fuori», vv. 2-3 ecc.).

Attività

Leggere e comprendere

1 **La vita** Con quali immagini il poeta sceglie di definire gli opposti aspetti della vita?

2 **La rappresentazione delle scene** Come vengono presentate le scene che si svolgono nello scompartimento del treno?

a. Come una riflessione
b. Come un ricordo
c. Come un sogno
d. Come una fantasia

3 **La definizione** Quale carattere assume la definizione di "vita" data dal poeta nel primo verso, considerando l'esplicito riferimento al ricordo?

a. È una definizione razionale
b. È un credo filosofico
c. È una definizione soggettiva
d. È una definizione assoluta

4 **I sentimenti** Le due brevi scene sono pervase da sentimenti opposti, da sensazioni contrarie. Riporta le parole chiave collegate ai sentimenti e alle sensazioni che emergono in ciascuna delle due scene.

Scena	Parole	Sentimenti e sensazioni
I	....	....
	....	....
	....	....
	....	....
II	....	....
	....	....
	....	....
	....	....

5 **Il treno** Perché il poeta ambienta su un treno le due scene che rappresentano gli aspetti opposti della vita?

Riconoscere e analizzare

6 **La struttura metrica** Come si presenta la struttura metrica del componimento?

7 **Gli *enjambement*** Nella poesia sono presenti alcuni *enjambement*. Rintracciali e illustra la loro funzione espressiva.

8 **La struttura** Qual è la relazione tra strofe e contenuto?

9 **La coesione** Qual è l'elemento che stabilisce un'evidente coesione fra le due strofe?

10 **Le corrispondenze** All'interno delle strofe si notano evidenti richiami e corrispondenze. Indica, accanto ai termini della prima strofa, i termini a essi corrispondenti nella seconda.

- «risveglio triste» ....
- «luce incerta» ....

11 **L'ordine della descrizione** La stessa modalità descrittiva (fuori-dentro) è presente in entrambe le strofe, ma in senso contrario. Rintraccia nei versi le parole a sostegno di questa affermazione e spiegala.

....

....

Rielaborare e produrre

12 **La tua interpretazione** Considera i versi 4-5: «la malinconia / vergine e aspra dell'aria pungente». Come interpreti queste parole? Quali sensazioni vuole richiamare il poeta? Rifletti su questo punto e rispondi in un breve intervento orale.

13 **Il commento** In un testo di (massimo) 200 parole commenta (► p. 65) la lirica di Penna.

14 **La tua esperienza** Dice Penna, parlando della propria poesia: « [...] è la poesia che io ho scritta per prima, e in un periodo in cui nemmeno pensavo che esistesse la poesia [...]. Quasi nel dormiveglia vidi la mia calligrafia e non capivo che cosa avessi scritto; poi mi resi conto che era una poesia».
È capitato anche a te di scrivere alcuni versi d'istinto, quasi senza rendertene conto? Se sì, racconta brevemente la tua esperienza per iscritto. Se invece non ti è successo, spiega in un testo espositivo che cos'è per te l'ispirazione poetica e come si manifesta.

Luciano Erba

Gli addii

La poesia prende spunto da una banale situazione domestica: un padre si appresta a sgridare la figlia per il suo ritardo, ma la giustificazione della ragazzina gli fa cambiare idea e scopre di condividere con lei la stessa preoccupazione riguardo al fatto che un periodo della vita si chiude e un altro comincia...

Da
Il Nastro di Moebius, 1980
Lirica

a Francesca

potrebbe essere l'ultima volta che li vedo
mi dici dei tuoi compagni di classe
che ti hanno fatto far tardi
oggi che è finita la scuola
dovrei sgridarti e sto invece a ammirare
i tuoi **quaderni** ben ordinati
(con qualche sbavatura d'inchiostro
di dita sudate di giochi di giugno)
in autunno andrai alle superiori
e questa tua bella scrittura un po' tonda
potrebbe essere l'ultima volta che la vedo.

L. Erba, *Poesie: 1951-2001*, Mondadori, Milano, 2001

PAROLE *sotto la lente*

Quaderno

Il nome deriva dall'aggettivo numerale latino *quaternus*, "formato di quattro", e in origine indica l'unione di quattro fogli di carta (o un foglio ripiegato in quattro), per poi passare a significare numerosi fogli tenuti insieme da una copertina.

Attività

La carta, di cui è fatto il quaderno, è il principale materiale scrittorio, ma sono esistiti ed esistono altri supporti: cita tutti quelli che conosci.

1 **potrebbe...li vedo**: è la risposta della figlia a una sottintesa osservazione del padre. «l'ultima volta» è riferito ai «compagni di classe».

2 **mi dici**: si sta svolgendo il dialogo fra padre e figlia, e sottinteso c'è il soggetto "tu".

5 **dovrei sgridarti**: ecco l'intervento diretto del padre.

7-8 **(con qualche...giugno)**: siamo in giugno, alla chiusura dell'anno scolastico; per aver giocato all'aperto le mani sono sudate e, passando sull'inchiostro, macchiano la pagina («sbavatura d'inchiostro»).

L'AUTORE

Luciano Erba nasce a Milano nel 1922. Frequenta il liceo "A. Manzoni" e ha come insegnante il poeta Vittorio Sereni (▶ p. 31). Lavora come correttore di bozze al "Corriere della Sera", ma a causa della guerra si rifugia in Svizzera, abbandonando ogni immediato progetto per il futuro. Conclude gli studi universitari, laureandosi in Lettere, nel 1947; si dedica successivamente all'insegnamento di Lingua e letteratura francese nelle Università di Verona e poi di Milano, interessandosi in particolare alla letteratura del XVII secolo, al Simbolismo e alla poesia francese d'inizio Novecento. Esordisce come poeta nel 1951 con *Linea K*, in cui traspare l'influsso del surrealismo francese. Nel 1954 pubblica con Piero Chiara l'antologia poetica *Quarta generazione*, e sono sempre degli anni Cinquanta altre raccolte confluite poi nelle opere *Il male minore* (1960) e *Il Nastro di Moebius* (1980), con cui vince il Premio Viareggio. Seguono *L'ippopotamo* (1989) e *L'ipotesi circense* (1995). In tutte queste raccolte, Erba si dimostra poeta elegante e raffinato, traendo i suoi temi lirici dal quotidiano, attento a cogliere un frammento di vita per rivestirlo di più ampi significati, lontano da ogni retorica. Erba muore a Milano nel 2010.

per L'ANALISI del TESTO

Un duplice addio

La poesia scaturisce da un'occasione semplice: un padre è in attesa di una ragazzina-scolara che tarda a tornare a casa nell'ultimo giorno di scuola e, mentre sta per rimproverarla, si accorge che i motivi del ritardo sono molto simili ai pensieri che nascono in lui. La figlia ha preferito rimanere un po' di più con i **compagni** perché quella potrebbe essere l'ultima occasione di stare con loro («potrebbe essere l'ultima volta che li vedo», v. 1); dal canto suo, il padre, guardando le pagine di un quaderno della figlia, si rende conto che forse sta osservando per l'ultima volta la sua **grafia** semplice e infantile («questa tua bella scrittura un po' tonda», v. 10), dal momento che la ragazzina si appresta, il seguente anno scolastico, a frequentare la scuola superiore. In tal modo si spiega il plurale del titolo, *Gli addii*.

"Licenza di crescere"

Quello che doveva essere un piccolo scontro si trasforma così in un momento di comprensione e di **riflessione** reciproca, soprattutto **paterna**. Il padre riflette infatti su alcuni aspetti propri del carattere di sua figlia, che si rispecchiano in un quaderno tanto ordinato da suscitare ammirazione, ma anche tenerezza per via delle «sbavature d'inchiostro» dovute ai giochi, ancora per poco vivaci e infantili, all'aperto, e della «bella scrittura un po' tonda» (v. 10), segno di una stagione che ormai va lasciata alle spalle. Egli deve confessare a se stesso che la figlia è cresciuta e sembra accordarle il permesso di una maggiore autonomia, di qualche scelta un po' più personale, grazie a un rapporto che sottintende la necessaria fiducia.

Una struttura circolare

La lirica è formata da un'unica strofa di 11 versi liberi che, tuttavia, sono inseriti in un'architettura ideativa circolare, perché ad aprire e chiudere il componimento è un verso quasi identico (vv. 1 e 11). Non c'è punteggiatura: né le virgolette per introdurre l'affermazione iniziale della ragazzina, né il punto fermo al termine della parte introduttiva della lirica, costituita dai primi quattro versi, né il punto fermo al termine di una possibile seconda strofa, in chiusura del verso ottavo. Gli ultimi tre versi (vv. 9-11) tirano le somme del componimento e, finalmente, il punto fermo chiude l'intera riflessione paterna. Soltanto un unico dettaglio significativo è compreso fra due parentesi (vv. 7-8). La mancanza di punteggiatura segnala il **fluire** ininterrotto **dei pensieri** che si materializzano con naturalezza prima nella mente paterna, poi nei versi del poeta. Anche i termini usati sono semplici e chiari; ruotano attorno a **due aree tematiche**, quella del ricordo e quella della scuola.

Pierre Bonnard, *Donna che scrive*, 1920. (Oslo, Sonja Henie Collection)

Attività

Leggere e comprendere

1 **I personaggi** Quali sono i protagonisti del componimento? Quale punto di vista prevale?

2 **Lo spunto** Descrivi la scena che offre al poeta lo spunto per i suoi versi.

3 **Il ritardo** Perché la ragazzina ha tardato a rientrare in casa?

a. Ha appena iniziato la scuola superiore
b. Piove forte
c. Vede i compagni per l'ultima volta
d. È stata in gita con la classe

4 **Il rimprovero** Pur considerandolo opportuno, il padre rinuncia a rimproverare la figlia. Perché?

a. La figlia chiede subito scusa per il ritardo
b. Il padre non vuole essere troppo assillante
c. Il padre prende atto che la vita scorre e la figlia cresce
d. In fondo, il padre è felice del rapporto della figlia con i compagni

5 **Il quaderno** La descrizione di aspetti concreti riferiti al quaderno lascia trasparire numerose caratteristiche del carattere della ragazzina. Inserisci i primi e le seconde nella tabella.

Aspetti del quaderno	Caratteristiche della ragazzina
....	....
....	....
....	....
....	....

6 **Le superiori** Quale significato più ampio è da attribuire all'espressione paterna «andrai alle superiori»?

7 **Gli addii** Il titolo della poesia racchiude in sé la duplicità del testo. Spiega questa affermazione.

8 **L'ultima volta** Quale sentimento trapela dall'affermazione del padre «potrebbe essere l'ultima volta che la vedo»?

a. Soddisfazione
b. Rimpianto
c. Delusione
d. Sorpresa

Riconoscere e analizzare

9 **La forma metrica** Descrivi la forma metrica della poesia.

10 **La struttura** La lirica presenta un andamento circolare: qual è l'elemento che rivela questa caratteristica?

11 **La scelta sintattica** I pensieri e le parole scorrono in un flusso continuo per un'evidente caratteristica sintattica: quale?

12 **L'ambientazione** Qual è il luogo in cui si svolge la scena? Lo suggeriscono parole precise o l'ambientazione viene lasciata all'immaginazione del lettore?

13 **Il lessico** Come definiresti il lessico usato nella poesia?

a. Aulico e solenne
b. Astratto
c. Semplice e fresco
d. Di diverso registro

14 **Un preziosismo** Il componimento, tuttavia, non è privo di ricercatezze. Considerando, per esempio, l'espressione «e sto invece a ammirare», spiega qual è l'effetto prodotto dal verbo fraseologico "sto ad ammirare" usato al posto del semplice "ammiro".

15 **«invece»** Il valore avversativo della congiunzione "invece" è intensificato dalla figura retorica di cui fa parte: come si chiama?

16 **Una metafora** Quale metafora è suggerita dalla presenza ravvicinata dei termini «giugno» e «autunno»?

Rielaborare e produrre

17 **Discutere** Considera i versi 2-3: «mi dici dei tuoi compagni di classe / che ti hanno fatto far tardi». Perché la ragazzina dà al padre questa spiegazione? Solo perché teme i suoi rimproveri? Oppure per sottolineare l'importanza che attribuisce all'esperienza del prossimo distacco dai compagni? O per altre ragioni?
Esponi oralmente la tua opinione confrontandola con quella dei compagni in un dibattito in classe.

18 **La riscrittura** Riscrivi il testo in terza persona, usando il discorso indiretto. Un inizio potrebbe essere questo: "(Francesca) dice al padre di aver fatto tardi...".

19 **Il commento** Stendi un commento (► p. 65) alla poesia di almeno 150 parole.

20 **La tua descrizione** Usa la tua immaginazione per descrivere la scena raffigurata dal poeta, completandola con le informazioni mancanti e in modo coerente con quanto è presente nel testo. Ti indichiamo alcuni elementi utili alla descrizione: l'ambiente in cui la scena si svolge, l'età dei due protagonisti, il loro aspetto fisico, quello caratteriale e le caratteristiche psicologiche suggerite dalle loro parole.

confronti

Poeti che riflettono sul tempo

Un tema caro alla lirica di tutti i tempi è la precarietà dell'esistenza umana: già il poeta latino Quinto Orazio Flacco (65-8 a.C.), ad esempio, aveva cantato lo scorrere inesorabile del tempo. L'ode I, 11 è nota per il suo esplicito invito al godimento («*carpe diem, quam minimum credula postero*», "cogli l'attimo, non credere al domani"), che può essere letto appunto come risposta al progressivo e lento avvicinarsi della morte.

Nel Quattrocento Lorenzo de' Medici (1449-1492) compone la *Canzona di Bacco*, una ballata che dietro l'apparente frivolezza nasconde una certa malinconia e la lucida consapevolezza della caducità di ogni cosa.

Quant'è bella giovinezza
che si fugge tuttavia!
Chi vuol esser lieto, sia,
di doman non c'è certezza.
Quest'è Bacco e Arïanna,

belli e l'un dell'altro ardenti;
perché 'l tempo fugge e inganna,
sempre insieme stan contenti.

L. de' Medici, *Opere*, a cura di T. Zanato, Einaudi, Torino, 1992

Michelangelo Merisi da Caravaggio, *Bacco adolescente*, 1595. (Firenze, Galleria degli Uffizi)

La fugacità del tempo, che miete ogni speranza, è un tema assiduamente presente anche nella lirica del Novecento: in *Illusa gioventù* di Vincenzo Cardarelli (► p. 19), ad esempio, il poeta pare rassegnato al suo destino, in quanto «così rapida fugge la vita / che ogni sorte è buona / per tanto breve giornata»; mentre il premio Nobel Eugenio Montale (► p. 296), in *Casa sul mare*, canta l'implacabilità del tempo che scorre «come i giri di ruota della pompa».

In anni più vicini a noi, la poetessa austriaca Ingeborg Bachmann (1926-1973) continua a interrogarsi su questo tema e nella poesia *Sorte umana* (1952) vede gli uomini «esiliati nel tempo, / e dallo spazio scacciati» e si domanda: «Chi sa se già non moriamo da lunghissimo tempo?». Nella lirica *Corrente* (1957), inoltre, afferma tutta la sua solitudine di fronte al tempo che avanza e l'ineluttabilità del destino dell'uomo.

Già così innanzi nella vita e prossima
alla morte, da non poterne disputare con nessuno,
strappo alla terra la mia parte:

trafiggo diritto al cuore il tacito oceano
col verde cuneo, e tutta mi inondo.

Si levano uccelli di stagno e odore di cannella!
Col mio assassino, il Tempo, io sono sola.
Ebbrezza e azzurro ci imbozzolano insieme.

I. Bachmann, *Poesie*, a cura di M.T. Mandalari, TEA, Milano, 1996

Eugenio Borgna

Come cambia il tempo della vita

Attraverso i ricordi personali dell'adolescenza, degli studi universitari e quindi del primo lavoro come medico, l'autore riflette sullo scorrere inarrestabile del suo tempo, sui modi diversi di viverlo, sul tempo interiore che non si misura con gli orologi, approdando poi alla grande riflessione sul tempo di Seneca.

Da *Il tempo e la vita*, 2015

Saggio

Come cambia il tempo, come cambia l'esperienza del tempo, nel corso della vita? Non lo si può fermare, certo, e nondimeno scorre più, o meno, velocemente, più, o meno, lentamente, nelle diverse età della vita, e nelle diverse situazioni della vita; e in ciascuna di queste età la modificata esperienza del tempo si accompagna ad una diversa riflessione sul senso della vita e della morte: del vivere e del morire. Ma il tempo, il modo di vivere il tempo, cambia non solo nelle diverse età della vita ma anche in modi diversi in una stessa età.

Nella adolescenza

Se ripenso alla mia vita, non posso non considerarla riempita da un tempo che trascorreva lento, e meditativo, e che si è messo poi a correre sempre più velocemente a mano a mano che le età della vita avanzavano implacabili.

Riandando alla mia adolescenza, non posso non dire che, inizialmente tranquilla, è stata poi cambiata dalle vicende storiche legate all'armistizio dell'8 di settembre 1943[1], e alla conseguente lotta partigiana di liberazione: alla Resistenza. Mio padre doveva lasciare la casa e la città nella quale abitavamo, essendo ricercato dai tedeschi, ma anche noi siamo stati costretti ad allontanarci, e a rifugiarci in un piccolo paese, Grassona, immerso nel verde delle colline che circondano, dall'alto, il lago d'Orta[2]. [...]

Le notti

Ci siamo adattati alla nuova casa dalle ampie scale che dal giardino portavano alle stanze del primo e del secondo piano. Nulla cambiava apparentemente nella nostra vita familiare contrassegnata nondimeno dall'attesa: dall'attesa che la guerra con le sue inutili stragi finisse, e dall'attesa che potessimo rivedere nostro padre. Ma cambiava la mia esperienza del tempo alla quale non avevo mai dato importanza quando la vita non conosceva il dolore della lontananza. Dal campanile della chiesa, che

1 **armistizio... 1943**: è l'armistizio proclamato dal generale Badoglio, a capo dell'esercito italiano, con gli anglo-americani, in conseguenza del quale l'esercito tedesco da alleato diventò nemico

2 **il lago d'Orta**: è situato tra le province di Novara e del Verbano.

L'AUTORE

Eugenio Borgna (1930) è uno psichiatra, primario emerito di Psichiatria dell'Ospedale Maggiore di Novara, dove ha lavorato per 53 anni; ha insegnato Clinica delle malattie nervose e mentali presso l'Università di Milano. Ansia, follia, speranze, solitudini sono gli stati d'animo da lui frequentemente analizzati nei suoi libri, quali *Malinconia* (1992), *L'arcipelago delle emozioni* (2002), *Le intermittenze del cuore* (2003), *Le emozioni ferite* (2009), *La fragilità che è in noi* (2014).

era vicinissima alla casa, giungevano ogni quarto d'ora i battiti dell'ora: di giorno e di notte; ma mentre di giorno la cosa non aveva importanza, e il tempo scorreva normalmente, di notte tutto cambiava: il tempo non passava mai: quante notti in bianco nel timore che i tedeschi ci raggiungessero ancora. Ma in quelle notti rivivevo la lentezza del tempo: un tempo che non passava mai, e che le rendeva interminabili: anche se senza fine interrotte dal suono delle ore. Le cose cambiavano con il sorgere del giorno: il tempo della vita riprendeva il suo corso normale. [...]

Alla fine della guerra l'autore torna nella casa di città e a una vita consuetudinaria.

La rinascita

La vita rinasceva in noi, e nella nostra casa. Mio padre era tornato, e riprendeva la sua vita di avvocato, e di grande impegno politico. Il tempo scorreva rapidamente dal passato al presente, e dal presente al futuro, si riprendeva ad andare a scuola, e la casa veniva lentamente ricostruita nelle sue componenti essenziali. Il tempo perduto diveniva a mano a mano tempo ritrovato, e ciascuno di noi ritornava ad inserirsi nei solchi di una vita non più chiusa nell'angoscia ma aperta alla speranza. La mia vita, in particolare, scorreva scandita dalle abituali concordanze e discordanze fra il tempo degli orologi, il tempo misurabile, e il tempo dell'io, il tempo soggettivo; e a mano a mano si attenuava il ricordo di quegli anni, e di quei mesi in particolare, che ci avevano avvicinati agli abissi della disperazione. Certo, con il crescere dell'età, lo scorrere del tempo si faceva più rapido, sempre più rapido, e dal liceo all'Università gli anni passavano senza pause, e senza cambiamenti, fino a quando, conseguita la libera docenza, dalla Clinica delle malattie nervose e mentali della Università di Milano, venivo a Novara in manicomio, lavorando nei reparti femminili che sarebbero divenuti ospedale psichiatrico femminile autonomo.

In manicomio

Si viveva, vivevo, in manicomio come in una monade isolata[3], chiusa in sé, staccata dal mondo degli altri, e in essa il tempo seguiva un suo proprio cammino: le mie ore scorrevano lente, e meditate, non così lente come quelle delle notti di Grassona, e nondimeno diverse da quelle che vivevo al di fuori del manicomio, quando le ore seguivano il loro febbrile ritmo di ogni giorno. Le pazienti, murate in giornate sempre uguali e sempre vuote, vivevano immerse in un tempo pietrificato[...]. Non solo nelle pazienti, ma anche in chi le curava e le assisteva, il tempo tendeva a ripetersi inaridendosi, e svuotandosi di senso. [...]

3 **monade isolata**: luogo unico e fuori dal mondo.

Salvador Dalí, *La persistenza della memoria*, 1931. (New York, Museum of Modern Art)

La quotidiana esperienza del tempo

Uscito dall'ospedale psichiatrico, è cambiata la mia esperienza del tempo che è venuta a mano a mano adeguandosi a quello che di solito avviene. Sempre più rapida la successione dei giorni, delle settimane e degli anni, divorati da una fuga inarrestabile e inafferrabile del tempo: i giorni si dissolvono vertiginosamente, ci si alza e le ore fuggono bruciate dalla loro apparente inconsistenza, e dalla impossibilità di arrestarle almeno un attimo, e nemmeno di frenarle. Si è appena iniziata la mattina, e già si è a mezzogiorno, ma siamo alla soglia della sera: la danza delle ore è così vertiginosa e così tumultuosa che non si riesce in alcun modo a frenarla, e tanto meno ad arrestarla; e i mesi, e gli anni, scorrono, e dall'inverno si è già giunti alla estate, e poi all'inverno successivo. [...]

La brevità della vita

Alle domande sul tempo, su cosa sia il tempo, su come scorra nella vita di ciascuno di noi, ha dato risposte radicali Seneca[4], il grande filosofo romano, che in un suo testo (*La brevità della vita*) di grande tensione morale ha insistito sull'importanza che ha il tempo, l'esperienza del tempo, nel dare un senso, o nel negarlo, alla vita. Non è la durata della vita che conta ma l'uso che se ne fa; e così non importa quanto a lungo si viva ma quanto bene si viva: non sono gli anni, e nemmeno i giorni, a farci vivere a lungo, ma l'animo. La vita è breve se, come le persone dalle troppe occupazioni, la sperperiamo in cose banali e inutili, ed è invece abbastanza lunga se utilizziamo la vita nel fare cose buone e giuste.

Così, già nella prima delle venti lettere che compongono il libro, Seneca sostiene che il diverso uso del tempo si costituisce come la linea di radicale separazione fra chi sa, e chi non sa vivere. [...] L'esortazione alla saggezza, alla riflessione, alla meditazione, al rifiuto della dispersione e della distrazione in cose insignificanti e futili, a ricercare e a trovare almeno un'ora di quiete nel corso delle nostre giornate, e in fondo a rivivere il tempo come occasione di crescita morale, è il senso ultimo del discorso di Seneca che nulla ha perduto della sua prodigiosa modernità in un momento storico, come questo, divorato dalla crisi, e contemporaneamente ansioso di ritrovare relazioni umane significative e creatrici.

E. Borgna, *Il tempo e la vita*, Feltrinelli, Milano, 2015

4 **Seneca**: Lucio Anneo Seneca è nato a Cordova (Spagna) nel 4 a.C. Filosofo e scrittore latino, si dedicò all'educazione del giovane Nerone, futuro imperatore. Accusato di aver congiurato contro di lui, si tolse la vita nel 65 d.C., affermando così la sua indipendenza e libertà.

Gyuri Lohmuller, *Cercando di fermare il tempo*, 2012.

Attività

Comprendere il saggio

1 **La definizione** Che cosa è il tempo interiore, il tempo dell'Io, il tempo soggettivo?

2 **Due idee di tempo** Che rapporto c'è fra tempo misurabile e tempo interiore?

3 **Tempo breve e tempo lungo** Perché «con il crescere dell'età, lo scorrere del tempo si faceva più rapido» (rr. 44-45)? Concordi con la valutazione dell'autore?

4 **Una massima** «non sono gli anni, e nemmeno i giorni, a farci vivere a lungo, ma l'animo» (rr. 84-85), così l'autore sintetizza la riflessione di Seneca sullo scorrere del tempo. Spiega tale affermazione e commentala in un breve testo.

Analizzare il saggio

5 **Le sequenze** Quale tipo di sequenze prevale nel testo?

6 **Il lessico** A quale lessico attinge l'autore?

per approfondire

RACCOGLIAMO LE IDEE

1 Sintesi dei contenuti

Attraverso le attività seguenti raccogli le idee sui concetti e sulle informazioni contenute nell'Unità. Se lo ritieni utile, puoi inserire altre citazioni dai testi a tua scelta.

Rileggi le poesie presentate nell'Unità e inserisci nei riquadri l'idea chiave espressa in ciascuna lirica in riferimento ai concetti di tempo e memoria nella vita dell'uomo. Ti invitiamo a ripetere l'attività anche con estratti di altri testi selezionati e qui proposti.

Itaca
Kavafis →

Tu non devi capire la vita
Rilke →

La vita... è ricordarsi di un risveglio
Penna →

Gli addii
Erba →

Mentre rinviamo al futuro, la vita se ne va.
Tutto il resto, Lucilio, appartiene agli altri, solo il tempo è nostro; la natura ci ha dato il possesso di quest'unico bene fuggevole e malsicuro, e da questo possesso ci scaccia chiunque lo voglia.
Seneca, *Lettere a Lucilio* →

Mentre parliamo, il tempo ìnvido [invidioso] fugge.
Goditi il presente, e credi poco a quello che verrà.
Orazio, *Odi I,11* →

Chi vuole esser lieto, sia:
di doman non c'è certezza.
Ciascun apra ben gli orecchi,
di doman nessun si paschi,
oggi sìan, giovani e vecchi,
lieti ognun, femmine e maschi.
Lorenzo de' Medici, *Canzona di Bacco* →

2 Citazioni dalle liriche

Augurati che sia lunga la via. […]
Ma non far fretta al tuo viaggio.
Meglio che duri molti anni…

Konstantinos Kavafis, *Itaca*

Lascia a ogni giorno il suo corso
come fa un bimbo in cammino
che da ogni brezza
si fa donare dei fiori […]
e alla cara gioventù tende le mani,
che gliene porga sempre di nuovi.

Rainer Maria Rilke, *Tu non devi capire la vita*

in autunno andrai alle superiori
e questa tua bella scrittura un po' tonda
potrebbe essere l'ultima volta che la vedo.

Luciano Erba, *Gli addii*

La vita… è ricordarsi di un risveglio
triste in un treno all'alba: […]
Ma ricordarsi la liberazione
improvvisa è più dolce

Sandro Penna, *La vita è… ricordarsi di un risveglio*

[…]
....
....
....
....
....

3 Scrittura guidata *il tema*

Il rapporto fra il tempo e la vita è variamente interpretato dai poeti, per i quali è spesso inscindibile dal tema della memoria, del ricordo. Qual è la tua opinione in proposito? Prova a esporla in un tema che segua questa traccia:

"Ogni uomo ha una propria percezione del tempo: c'è chi si immerge nel presente, chi si aggrappa ai ricordi, chi punta tutto sul futuro, chi vuole cogliere solo gli attimi felici e cancellare quelli tristi. Comunque sia, tutti siamo costretti a fare i conti con il tempo, che governa la nostra vita."

Rifletti sui concetti chiave suggeriti dalle liriche dell'Unità e schematizzati nella pagina precedente, sugli altri brevi passi letterari che ti abbiamo proposto e sulle citazioni riportate sopra.

Se vuoi, puoi usare la scaletta che segue per sviluppare il tema proposto.

Introduzione

- Chiarificazione del tema proposto nella traccia
- Esposizione della tua idea sulla relazione tempo / vita.

Sviluppo

- Paragrafo 1: il valore del tempo (e della memoria) nella vita dell'uomo
- Paragrafo 2: i diversi modi di percepire il tempo
- Paragrafo 3: quale tempo per l'uomo: presente, passato o futuro?
- ....

Conclusione

- Riproposizione sintetica dell'idea centrale del testo
- Eventuali spunti di approfondimento

Maurizio Cucchi

L'uomo della Bovisa non poteva immaginare

Da
Poesie della fonte, 1993
Lirica

Basta uno sguardo alle zone periferiche della città per rendersi conto delle loro trasformazioni, di come i diroccati impianti industriali riportino alla mente la vita di un tempo.

L'uomo della Bovisa non poteva immaginare
che il suo avvenire, così presto,
sarebbe divenuto preistoria.
Torna e rimugina quei nomi: la società Smeriglio,
l'officina del Gas e scopre come un monumento
la torre di mattoni altissima,
dove di dentro gli operai si arrampicavano.

In un oblìo forse sognante, quei diroccamenti
e le navate al sole o nella palta,
gli immensi alberi strani contro il cielo, nelle **refezioni**,
gli insegnano la muta dignità delle rovine.

M. Cucchi, *Poesie della fonte*, Mondadori, Milano, 1993

1 **Bovisa**: quartiere a nordovest di Milano, dove sin dalla fine dell'Ottocento si è sviluppata una vasta area industriale. Negli ultimi decenni, dopo la chiusura di molti stabilimenti, il quartiere si è trasformato in zona residenziale, con anche la presenza di università e teatri.

4 **rimugina**: continua a ripensare.
la società Smeriglio: una storica società meccanica.

5 **l'officina del Gas**: la società che trasformava il carbone fossile in gas, con torri di distillazione e gasometri di conservazione.

8 **oblìo**: qui sta per abbandono, stato di chi si lascia andare ai ricordi.

9 **palta**: termine dialettale che indica il fango.

10 **refezioni**: qui nel senso di mense per gli operai.

PAROLE *sotto la lente*

Refezione

Il nome, che viene dal latino *reficere*, "ristorare le forze per mezzo del nutrimento", composto di *re-*, "di nuovo", e *facere*, "fare", indica solitamente un pasto semplice, soprattutto consumato in comune, come nell'espressione "refezione scolastica". Questa venne introdotta in Italia tra l'Otto e il Novecento, quando, grazie al pensiero pedagogico che poneva al centro della sua attenzione il bambino, ci si rese conto della necessità di integrare il cibo che gli alunni portavano da casa.

Attività

Cerca sul dizionario l'etimologia di verbi come *rimandare, raccogliere, refrigerare* ed evidenzia l'elemento in comune con quella del termine "refezione".

Mario Sironi, *Periferia*, 1934.
(Milano, Collezione Privata)

L'AUTORE

Maurizio Cucchi nasce nel 1945 a Milano, dove tuttora vive. Collabora come critico letterario a giornali e riviste. Per le maggiori case editrici ha tradotto le opere di poeti quali Mallarmé, Prévert, Stendhal, Flaubert e curato alcune antologie di poeti italiani dell'Otto-Novecento. Pubblica i suoi primi versi nel 1976, riuniti nella raccolta *Il disperso*, in cui coniuga la sua vena sperimentale con la tradizione concreta della poesia lombarda. Con *Le meraviglie dell'acqua* (1980) il poeta si cimenta con composizioni più fantasiose, oniriche. È del 1993 la raccolta *Poesie della fonte*, con la quale ribadisce la ricerca della quotidianità, affidata a toni semplici, a inserti parlati, colloquiali, in accordo con le sue scelte poetiche. Negli ultimi anni ha concentrato la sua attività sulla stesura di romanzi, come *L'indifferenza dell'assassino* (2012).

Attività

Comprendere e analizzare: verso l'INVALSI

1 **La Bovisa** Che cos'è la «Bovisa» che compare nel titolo?

- **a.** Un quartiere centrale di Milano, che ospita le sedi legali di grandi industrie
- **b.** Un quartiere periferico di Milano, sede di molte industrie fino a pochi decenni fa
- **c.** Un quartiere periferico di Milano ancor oggi altamente industrializzato
- **d.** Un quartiere periferico di Milano in cui sopravvive qualche azienda agricola

2 **Il punto di vista** Attraverso il punto di vista di chi è descritta la scena?

- **a.** Di un lavoratore della Bovisa che si è trasferito altrove
- **b.** Di un lavoratore che lavora alla Bovisa
- **c.** Di un lavoratore che torna e osserva la Bovisa dove ha lavorato
- **d.** Di un architetto che sottolinea il valore dell'archeologia industriale

3 **L'avvenire** A che cosa si riferisce l'uomo della Bovisa con l'espressione «il suo avvenire»?

- **a.** Alle aziende che, da giovane, gli hanno offerto lavoro
- **b.** Alle aziende multinazionali che hanno sede alla Bovisa
- **c.** Ai sogni nutriti da ragazzo alla Bovisa
- **d.** Ai centri culturali sorti dagli anni Ottanta del secolo scorso nel quartiere

4 **La «preistoria»** Perché l'uomo che torna alla Bovisa usa il termine «preistoria» per definire il suo passato?

- **a.** Perché sono trascorsi moltissimi anni da quando era un giovane operaio
- **b.** Perché il tempo passa molto velocemente e opera incredibili trasformazioni
- **c.** Perché quell'epoca gli appare più remota in quanto priva di tecnologia
- **d.** Perché ripensa all'arretratezza culturale degli operai della Bovisa

5 **Il «monumento»** Perché un vecchio edificio industriale viene definito così?

- **a.** Perché è un'opera d'arte
- **b.** Per le sue dimensioni enormi, gigantesche
- **c.** Perché è un monito per le nuove generazioni
- **d.** In quanto testimonianza della vicenda umana

6 **Il lavoro alla Bovisa** Riporta la frase che evoca l'idea delle difficili condizioni di lavoro degli operai alla Bovisa.

7 **L'«oblio... sognante»** È quello in cui all'uomo della Bovisa appaiono immersi i ruderi delle fabbriche: che cosa indica questa espressione?

a. Un vivido ricordo
b. La totale dimenticanza
c. Un abbandono quasi magico
d. Un'attività frenetica

8 **Lo stato di abbandono** Quali parole del testo evidenziano il degrado degli edifici industriali?

....

....

9 **L'antica dignità** Quali sono le parole del componimento che rivelano la dignità di questo luogo della memoria? Elencale e motiva brevemente la tua scelta.

....

....

....

....

10 **La forma metrica** Descrivi la forma metrica del testo.

....

....

....

....

11 **Il lessico** Come definiresti il lessico utilizzato dall'autore?

a. Semplice e dimesso
b. Colloquiale e generico
c. Elevato e specifico
d. Formale e oggettivo

12 **Le parole chiave** Le parole chiave, legate al degrado e al ricordo, occupano una particolare posizione all'interno della poesia: dove si trovano?

a. Sono tutte nella prima strofa
b. Sono all'inizio e/o alla fine del verso
c. Sono tutte alla fine del verso
d. Sono tutte all'inizio del verso

13 **Le figure retoriche** Riporta un esempio di similitudine e uno di metafora presenti nel testo.

....

....

14 **Il poeta** Qual è l'atteggiamento del poeta di fronte alla radicale trasformazione di questi luoghi?

a. Critico
b. Distaccato
c. Partecipe
d. Favorevole

Rielaborare e produrre

15 **La riscrittura in sintesi** Fai una sintesi del componimento in circa 100 parole, riscrivendolo in prima persona.

16 **La tua esperienza** Il tempo trasforma ogni cosa, e certi luoghi, quartieri, città subiscono, anche a opera degli uomini, cambiamenti profondi. Ti è mai capitato di ritornare in un posto, in una strada che conoscevi e di averli trovati completamente trasformati, quasi irriconoscibili? Racconta la tua esperienza, dando ampio spazio alla descrizione sia dei dati oggettivi sia delle tue percezioni soggettive.

per guardare oltre

Intersezioni nell'antologia

LETTURE

- Il tempo è la dimensione in cui tutta la vita dell'uomo si svolge e spesso sollecita la riflessione del poeta, anche se sta trattando altri temi; ecco perché possiamo leggere del tempo in numerose poesie. Giovanni **Pascoli** colloca il tema del passare del tempo sullo sfondo di *Nebbia* (▸ p. 257). Centrale è la riflessione sul tempo in Giacomo **Leopardi**, come dimostrano *La quiete dopo la tempesta* (▸ p. 224) e *Il sabato del villaggio* (▸ p. 228). Eugenio **Montale** ne fa l'oggetto centrale di alcune sue liriche: *Cigola la carrucola del pozzo* (▸ p. 305) e *La casa dei doganieri* (▸ p. 316). La percezione del tempo sta alla base, poi, delle liriche di Alfonso **Gatto** (*Canzonetta*, ▸ p. 25) e Carlo **Betocchi** (*Il tempo ci rapisce, e il cielo è solo*, ▸ p. 23), così come di Marino **Moretti** (*La prima pioggia*, ▸ p. 38), di Antonio **Machado** (*Nuda è la terra*, ▸ p. 45) e di Vincenzo **Cardarelli** (*Autunno*, ▸ p. 122).

Altri orizzonti

RACCOLTE E POESIA DIALETTALE

- L'opera poetica di Konstantinos **Kavafis** è stata recentemente ritradotta e proposta nella raccolta *Le poesie* (2015) a cura di N. Crocetti. Una sorta di manuale di vita è costituito da *Lettere ad un giovane poeta* di Rainer Maria **Rilke** (2000).
- Fra i più interessanti poeti contemporanei, Milo **De Angelis**, con *Tema dell'addio* (2005), continua una sottile e inquieta operazione di scavo nelle pieghe della condizione umana; mentre una poesia incentrata sulla natura e sulla riscoperta del mito è quella proposta da Giuseppe **Conte**, con *Ferite e rifioriture* (2006).
- Anche la poesia dialettale ha trattato il tema del tempo e della memoria: vi invitiamo a conoscerla leggendo le opere del triestino Virgilio **Giotti** (1885-1957), del milanese Delio **Tessa** (1886-1939), del veneto Biagio **Marin** (1891-1985), del materano Albino **Pierro** (1916-1995), del romagnolo Tonino **Guerra** (1920-2012) e infine del milanese di origini liguri Franco **Loi** (1930).

PITTURA

- Il tempo e la memoria scorrono nelle nature morte di Giorgio **Morandi** (1890-1964), anche se l'artista sembra voler fermare il tempo riproponendo in continuazione gli stessi vasi, le stesse bottiglie, nello stesso contesto.

FILM

- Ridefinisce i concetti di spazio e di tempo il film *Il grande silenzio*, opera del regista tedesco Philip **Gröning** (2005), che per diciannove anni ha cullato il desiderio di realizzare un documentario sulla vita dei monaci e sul tempo. Il film è frutto dell'esperienza diretta del regista, che ha condiviso per alcuni mesi la semplice vita quotidiana dei monaci certosini, ripresi nella pace del monastero della Grande Chartreuse sulle Alpi francesi.

MUSICA

- *Immagina* (2016) raccoglie racconti, disegni, versi, appunti, sogni scaturiti dal genio dei Beatles, John **Lennon**, con tanta rabbia e molta tenerezza.

Sotto, una scena tratta dal film *Il grande silenzio* diretto da Philip Gröning nel 2005.

A destra, John Lennon a New York nel 1974.

UNITÀ 5

Valori e passioni civili

Giacomo Manzù accanto alla scultura che ritrae la compagna Inge Schabel negli anni Sessanta.

• Un potere immateriale • Poeti e intellettuali non sono sempre persone introverse e isolate come alcuni superficiali stereotipi suggeriscono: spesso svolgono un ruolo attivo nella società, che sono in grado di orientare con il loro contributo alla riflessione su temi culturali e sociali. Nel corso della storia alcuni di essi hanno addirittura incarnato il ruolo di **guida della società** per trasmettere valori e passioni civili e per diffondere nuove idee e **comportamenti virtuosi** così da migliorare la non facile convivenza umana.

E l'arte pittorica? Anche il pittore è un intellettuale che ha spesso attribuito alla sua opera il valore di denuncia di tragiche situazioni o di affermazione di alti valori morali, come ha fatto lo scultore Giacomo **Manzù**.

• Sobrietà e armonia • Giacomo Manzù nasce a Bergamo nel 1908. Sin da ragazzo viene avviato al lavoro di intagliatore e di stuccatore così da acquisire grande familiarità con diversi materiali. Dopo aver frequentato l'Accademia a Verona, nel 1930 si stabilisce a Milano, dove entra in contatto con gli artisti del gruppo "Corrente" (Guttuso, Sassu, Birolli, Morlotti) – dal nome della rivista fondata dal pittore Ernesto Treccani, che si opponeva all'arte celebrativa e sottomessa al potere fascista –, ma è anche attratto dalle forme morbide e sensuali di Rodin. Va poi alla scoperta di Roma (1935), dove trae ispirazione per la fortunata serie intitolata *Cardinali*. In seguito si interessa a oggetti e temi della **vita quotidiana** (*Passi di danza*, 1954; *Ritratto di Inge*, 1960; *Amanti*, 1966). La sua fama ha ormai assunto carattere internazionale, e Manzù viene chiamato a realizzare le formelle di alcune porte di grandi cattedrali (San

DOMANDE

- Osserva le due opposte figure dell'uomo crocifisso e del generale: quali sentimenti evocano?
- Quale elemento suggerisce che si tratti di un partigiano e di un soldato tedesco?
- Che valore assumono le due diverse nudità, quella del crocifisso e quella del generale?
- Cerca in rete l'immagine del monumento donato da Manzù alla città di Bergamo e il testo della dedica ivi incisa dallo scultore stesso.

Pietro a Roma, duomo di Salisburgo, Rotterdam). L'impegno politico antifascista lascia il posto al suo impegno civile contro la guerra: nel 1977 realizza il *Monumento al partigiano* (1977), donato alla città di Bergamo. La sua arte è una sintesi di sobria **armonia e** di **classicità**. Muore ad Ardea (Roma) nel 1991.

Giacomo Manzù, *Il crocifisso e il generale*, 1942. (Roma, Galleria Nazionale d'Arte Moderna)

• **L'impegno civile e la denuncia contro la guerra** • Elemento comune di tutti i suoi lavori è l'intreccio di **senso religioso**, volontà di **giustizia** e **impegno politico**, uniti in un comune slancio ideale. Si osservi il bassorilievo *Il crocifisso e il generale*, realizzato nel 1942, nell'infuriare della Seconda guerra mondiale, in cui Manzù si rifà alla tradizionale iconografia della Crocifissione per denunciare la guerra e i suoi patimenti. La scena si presenta divisa in due parti dal legno della croce: a sinistra penzola il corpo senza vita della **vittima**, appeso alla croce per un polso; a destra campeggia la grossa e brutale figura del generale **carnefice**, che, sebbene privo di vestiti, ostenta una spada appesa al fianco e un elmetto chiodato, in uso nell'esercito tedesco durante la Prima guerra mondiale. L'opera richiama, allora come oggi, la **brutalità della guerra**, di ogni guerra perché non c'è conflitto in cui non vengano stravolti i rapporti umani e si creino sempre nuove ingiustizie.

in questa Unità impareremo a

- **conoscere** la biografia degli autori e i valori (impegno civico, libertà e partecipazione alla vita sociale e politica) cui essi fanno riferimento nei loro testi
- **comprendere** il significato globale dei testi in relazione alla formazione, alle idee e alla poetica degli autori impegnati nella crescita morale e civile della società
- **analizzare** le liriche secondo le regole della poesia e le tecniche stilistiche per affinarne la comprensione e approfondirne le tematiche
- **interpretare** lo scritto, comprendendo le idee in esso contenute e analizzando il modo in cui l'autore le espone
- **produrre** parafrasi, commenti, testi espositivi, argomentativi e descrittivi a partire dai temi delle liriche
- **comunicare oralmente**, per riferire i contenuti delle poesie e riflettere sulle loro tematiche in forma strutturata e chiara

in questa Unità scopriremo

Spesso il poeta è stato animato dalla convinzione di poter trasmettere i suoi ideali all'intera società e dalla speranza di riuscire a incidere nella realtà, non solo di rappresentarla. Tale impegno morale, e quindi politico, si è manifestato ogni qual volta i poeti sono stati mossi da slanci positivi, da una visione della vita improntata alla fiducia, anche se non sono mancate stagioni in cui ha prevalso in loro un cupo pessimismo. Guardando al passato, si delinea con chiarezza una folta schiera di poeti e di intellettuali che hanno cercato di promuovere la crescita morale e civile della società.

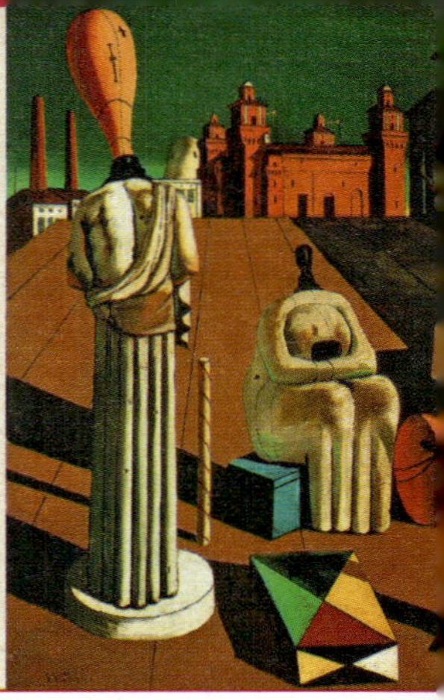

In alto a destra, Giorgio De Chirico, *Le muse inquietanti*, 1918. (Milano, Collezione Privata)

L'impegno dei poeti

In epoca classica, il poeta si identificava con la voce delle muse, si riteneva un *vates* da loro ispirato con il compito di educare il popolo proprio in quanto tramite fra gli dei e gli uomini; di conseguenza, alla poesia era affidata una missione etica e civilizzatrice. Succedeva, allora, che i poeti finissero spesso con l'appoggiare i programmi riformatori di un sovrano, di un imperatore.

Nella Roma di età augustea, nessun poeta è chiamato a ricoprire incarichi politici diretti, ma, in effetti, **Virgilio**, **Ovidio** e **Properzio**, in forme e modi diversi, sostengono il programma riformatore di Augusto (63 a.C. - 14 d.C.) e ne diventano anche i principali portavoce. Si pensi poi a **Virgilio** (70-19 a.C.), che nell'*Eneide* celebra la gloria divina dell'Impero romano e nelle *Georgiche* esalta i valori tradizionali della romanità (frugalità, religiosità, culto della famiglia e della patria); lo stesso Virgilio è considerato da Dante il massimo esponente della più alta forma di poesia, tanto da farne la sua guida durante il cammino nell'oltretomba. Proprio **Dante** Alighieri (1265-1321) nella *Divina Commedia* si è assunto il compito di evidenziare quanto la società del tempo fosse corrotta e quanto il potere politico-religioso fosse preda dell'avidità, della sete di potere, additando ai contemporanei la rigenerazione interiore come la sola via di rinascita. Perfino Francesco **Petrarca** (1304-1374), pur mantenendo una piena indipendenza di giudizio, non rimane estraneo agli accadimenti del suo tempo e stigmatizza le lotte fratricide delle Signorie italiane nella nota canzone *Italia mia*.

Nei secoli successivi, l'idea del poeta vate si rafforza sempre più e nella seconda metà del Settecento, con la diffusione delle teorie dell'**Illuminismo**, si accentua il ruolo della poesia come strumento utile alla società, mezzo per elevare il popolo, istruire la plebe, unitamente alla diffusione del sapere e del progresso. Essa abbandona dunque i temi idillici per diventare

Eugène Delacroix, *La barca di Dante*, 1822. (Parigi, Museo del Louvre)

espressione di istanze volte alla promozione sociale, civile e morale. A questi ideali si ricollega il poeta Giuseppe **Parini** (1729-1799), che sia nelle *Odi* sia nel poemetto *Il giorno* biasima con pungente tono satirico gli abusi della nobiltà. Dopo di lui è Ugo **Foscolo** (1778-1827) ad abbandonare nei *Sepolcri* la concezione pessimistica della vita per incitare gli italiani a guardare con rispetto alla propria storia e con ammirazione agli illustri connazionali che in ogni tempo l'hanno illuminata con la loro presenza allo scopo di rinnovarne la grandezza.

Nel cuore dell'Ottocento, Giosue **Carducci** (1835-1907) agita la bandiera del poeta vate per scuotere l'Italia postrisorgimentale. A lui fa seguito la verbosa poesia di Gabriele **D'Annunzio** (1863-1938) che contribuirà a sospingere l'Italia verso glorie effimere e soprattutto verso la tragedia della Prima guerra mondiale.

PAROLE *sotto la lente*

Civile

L'aggettivo deriva dal latino *civis*, "cittadino, residente in un Paese", che lo distingueva dal *peregrinus*, che viene da un altro luogo per tornarvi, dal *nomas*, che erra per cambiare pascoli, e dall'*inquilinus*, abitante non fisso di un luogo. Nell'italiano odierno indica ciò che si riferisce ai cittadini di una collettività, di uno Stato e, in particolare, a quello che, ispirandosi ai valori propri della comunità, è rivolto a formare un buon cittadino.

Attività

Cerca ed elenca altri aggettivi che abbiano il significato di "civile" nell'accezione usata nell'Unità.

• La poesia civile nel Novecento •

Le teorie esistenziali del Novecento, improntate a un forte pessimismo, e il **dramma bellico** esercitano inizialmente una profonda influenza anche sui poeti, che a volte si rinchiudono in un recinto di dolore e di solitudine, come accade a Giuseppe **Ungaretti** (1888-1970). Tuttavia, proprio le atrocità della guerra, gli stermini di massa, le deportazioni scuotono l'animo dei poeti, i quali tornano a far sentire la propria voce e con accenti accorati condannano i crimini compiuti dall'uomo. In Italia questo ruolo è svolto con forza da Salvatore **Quasimodo** (1901-1968) e anche da Eugenio **Montale** (1896-1981), mentre per quanto riguarda gli altri Paesi non si può dimenticare la poesia del cileno Pablo **Neruda** (1904-1973), del tedesco Bertolt **Brecht** (1898-1956), del francese Paul **Éluard** (1895-1952), e ne potremmo citare molti altri.

Il Novecento è stato un secolo di grandi progressi, ma anche un secolo segnato da radicali e spesso drammatici cambiamenti, rispetto ai quali la poesia non si è mai sottratta al compito di richiamare l'uomo ai suoi doveri civili. Alla metà del secolo scorso, i poeti che scelgono l'**impegno civile** – come Pier Paolo **Pasolini** (1922-1975), Franco **Fortini** (1917-1994), Elio **Pagliarani** (1927-2012), Andrea **Zanzotto** (1921-2011) – denunciano i pericoli legati al consumismo, alla distruzione ambientale, all'indifferenza per le disuguaglianze sociali.

Oggi, nella babele comunicativa dei mass media, la voce del poeta sembra destinata a naufragare, sia perché si fa sempre più ardua l'affermazione di valori e di passioni universali sia perché la poesia appare come uno strumento inefficace, riservato a una élite. Tuttavia, non è da escludere che ancora una volta i grandi cambiamenti possano partire da un poeta, dallo slancio fiducioso di chi, con i suoi versi, indica la via per la costruzione di un mondo migliore.

A sinistra, Pier Paolo Pasolini.

• Il percorso antologico •

Una delle più alte lezioni morali elaborate dopo la Seconda guerra mondiale è sicuramente ascrivibile a Primo **Levi** (1919-1987), che ha legato in modo indissolubile il suo nome alla riflessione sulla Shoah, sullo sterminio del popolo ebraico nei lager tedeschi. Nella poesia *Se questo è un uomo* (► p. 187), Levi, che ha sofferto la prigionia del campo di concentramento nazista, alza la sua voce a difesa della dignità umana e denuncia con tutto se stesso l'orrore delle deportazioni e dei lager, augurandosi vivamente che l'uomo ne tragga una lezione perché simili atrocità non si ripetano.

È questo il punto di partenza della riflessione di un altro poeta, Salvatore **Quasimodo** (1901-1968), che, in *Uomo del mio tempo* (► p. 191), condanna la violenza di ogni epoca e in particolare quella dell'uomo contemporaneo che, per sete di potere, torna a comportarsi come l'uomo primitivo.

Massimo esempio di tale primitiva, umana efferatezza è lo scoppio della bomba atomica in Giappone, qui ricordata dal poeta turco Nâzim **Hikmet** (1902-1963) in *La bambina di Hiroshima* (► p. 194); i suoi versi, di forte impronta civile e profonda umanità, danno voce a una delle innumerevoli, piccole vittime di quell'immane tragedia.

Chi invece si incarica di richiamare la nostra attenzione sul moderno dramma dell'emigrazione è Erri **De Luca** (1950). Profondamente toccato dall'esodo biblico in atto, con la poesia *Naufragi* (► p. 197) il poeta-romanziere scuote il nostro animo di fronte alla tragedia più amara della contemporaneità.

La poetessa Maria Luisa **Spaziani** (1922-2014), autrice ricca e multiforme nei temi poetici, mette frequentemente in primo piano la riflessione sul senso della vita, fiduciosa che ciascuno faccia la sua parte per costruire un mondo migliore. Per questo, con la poesia *Aspetta la tua impronta* (► p. 204), ci sollecita a non cadere nel grigiore dell'indifferenza.

Completa il percorso una riflessione di Costanzo **Ranci** su una forma di impegno civile, il volontariato, da tempo assai diffusa, specie fra i giovani.

Primo Levi

Se questo è un uomo

La poesia, posta in epigrafe al romanzo autobiografico *Se questo è un uomo*, è un'ammonizione severa rivolta a tutti gli uomini, perché non dimentichino la tragedia della Shoah.

Da
Se questo è un uomo, 1958

Lirica in versi liberi

Voi che vivete sicuri
nelle vostre tiepide case,
voi che trovate tornando a sera
il cibo caldo e visi amici:
considerate se questo è un uomo
che lavora nel fango
che non conosce pace
che lotta per mezzo pane
che muore per un sì o per un no.
Considerate se questa è una donna,
senza capelli e senza nome
senza più forza di ricordare
vuoti gli occhi e freddo il **grembo**
come una rana d'inverno.
Meditate che questo è stato:
vi comando queste parole.
Scolpitele nel vostro cuore
stando in casa andando per via,
coricandovi alzandovi;
ripetetele ai vostri figli.
O vi si sfaccia la casa,
la malattia vi impedisca,
i vostri nati torcano il viso da voi.

P. Levi, *Se questo è un uomo*, Einaudi, Torino, 1989

David Olère, *Olocausto - Inadatti al lavoro*, 1952. (New York, Museum of Jewish Heritage)

PAROLE *sotto la lente*

Grembo

Dal latino *gremium*, "seno", o meglio "quello che si può stringere al seno", il nome è passato a indicare lo spazio, la cavità fra il petto e le ginocchia in cui le nutrici tengono i bambini durante l'allattamento. Per estensione, è usato nel senso di "ventre, utero".

Attività

Il nome di un oggetto di uso comune, specie in cucina, è un derivato di "grembo": individualo, se occorre, con l'aiuto del dizionario.

1 **Voi**: il poeta si rivolge direttamente ai lettori.

5 **considerate...uomo**: si riferisce all'uomo deportato nel lager, come spiegano i versi successivi, al pari della donna dei vv. 10-14.

15 **che questo è stato**: è successo davvero.

21 **O vi si sfaccia la casa**: o la vostra casa venga distrutta.

23 **torcano il viso**: voltino il viso con disprezzo, guardino da un'altra parte.

per conoscere PRIMO LEVI

PRIMO LEVI, nato a Torino nel 1919 da una famiglia di religione ebraica, si laurea in Chimica nel 1941. Svolge la sua attività professionale a Milano fino all'armistizio dell'8 settembre 1943, quando entra nel Partito d'azione e si unisce a un gruppo di partigiani in Valle d'Aosta. Nel 1943 viene arrestato dai nazifascisti e nel febbraio del 1944 deportato ad Auschwitz, dove, malato, scampa alla marcia di evacuazione dal campo ed è abbandonato dai tedeschi in fuga nel gennaio del 1945. L'esperienza del lager segna in modo indelebile l'esistenza di Levi, che fra il 1945 e il 1947 scrive *Se questo è un uomo*, tragica testimonianza degli orrori del campo di concentramento. Muore suicida a Torino nel 1987.

• La testimonianza sulla Shoah • Levi esordisce come scrittore e narratore con *Se questo è un uomo* che, ripubblicato da Einaudi nel 1958, ottiene un vasto successo diventando uno dei testi più significativi sulla Shoah, termine biblico scelto dall'autore per indicare lo sterminio degli ebrei, da preferire a "olocausto", che implica un'idea di sacrificio volontario estranea al popolo israelita. Egli racconta in quest'opera tutti gli aspetti della vita ad Auschwitz senza retorica o forzature, con una scrittura pacata e precisa. Intende testimoniare quanto accaduto perché non venga dimenticato e soprattutto vuole contribuire a una riflessione più generale sulle ragioni per le quali tale tragedia si è verificata. Non si accontenta di spiegazioni che si richiamino alla follia o alla brutalità umana, ma sostiene con convinzione che i lager e le deportazioni siano una conseguenza dell'idea esasperata che «ogni straniero è nemico», come egli scrive nella Prefazione: infatti, nei lager sono stati uccisi anche zingari, omosessuali, Testimoni di Geova, oppositori politici, cioè tutti coloro che erano portatori di una diversa cultura, di una diversa identità.

• *La tregua* e le altre opere • Altre opere di Levi sono incentrate sull'esperienza della deportazione. Con *La tregua* (1963) egli racconta, non senza una certa ironia, l'odissea del ritorno in patria dei deportati, costretti a girovagare per mezza Europa e a sopportare ulteriori sofferenze.

Levi, però, non è autore soltanto di opere memorialistiche, frutto delle sue esperienze di vita, ma anche di opere d'invenzione, come alcune raccolte di racconti, a cominciare da *Storie naturali* (1966) seguite poi da *Vizio di forma* (1971), nelle quali prende il sopravvento la figura del tecnico-chimico che lavorava nell'industria. Questa sua indagine sulla materia e sulla natura si amplia con la stesura di due raccolte a tema, *Il sistema periodico* (1975) e *La chiave a stella* (1978): nella prima, Levi sviluppa ventuno racconti incentrati sempre su di un elemento chimico, mentre nella seconda il protagonista è un tecnico montatore di tralicci, di nome Faussone, che narra gli imprevisti del suo difficile lavoro allo scopo di sottolinearne anche gli aspetti morali.

Primo Levi in un ritratto di Tullio Pericoli del 2000.

Con l'animo sempre travagliato, angosciato dalla persecuzione subita nel lager, Levi ritorna a questo tema con il suo unico vero romanzo, *Se non ora, quando?* (1982): sollecitato dall'esigenza di smentire la consueta idea di remissività degli ebrei davanti al nemico, egli narra la storia di un gruppo di partigiani ebrei dell'Europa orientale che cerca di opporsi materialmente, con una rivolta, all'oppressione nazista. L'ultimo suo lavoro è un'ulteriore riflessione sul «mondo concentrazionario» dei lager attraverso i saggi che compongono *I sommersi e i salvati* (1986), un'opera sofferta e tormentata. Sempre più ossessionato dall'imperativo di non dimenticare, Levi scrive: «È avvenuto, quindi può accadere di nuovo: questo è il nocciolo di quanto abbiamo da dire». La preziosa lezione morale di Primo Levi – il cui volto è apparso incessantemente per anni nelle scuole d'Italia o in televisione quando si trattava di discutere i gravi temi della Shoah – interpella tuttora con urgenza l'animo di ciascuno di noi.

STORIE da SCOPRIRE

Se questo è un uomo di Primo Levi

Se questo è un uomo (1945-1947) è uno dei libri più toccanti fra quelli che raccontano e documentano l'inferno dei lager, una testimonianza sconvolgente nella sua spoglia cronaca dei fatti e, nel contempo, anche un capolavoro letterario per la misura e la compostezza della sua narrazione.

Si tratta di un romanzo autobiografico in cui Primo Levi, arrestato in quanto partigiano il 13 dicembre 1943, tradotto prima nel campo di concentramento di Fossoli, vicino Modena, e poi destinato ad Auschwitz, narra la sua vita all'interno del campo di sterminio fino al gennaio 1945, quando le armate russe liberano i prigionieri rimasti in vita.

Levi attribuisce la sua sopravvivenza a circostanze fortunate: conosce la lingua tedesca e, in quanto chimico, può lavorare in un luogo chiuso e al caldo. Come tutti gli altri soffre la fame, le umiliazioni, le malattie, è sottoposto alle selezioni, assiste a torture indicibili, ricorre a ogni genere di espediente per cercare di sopravvivere, negli ultimi dieci giorni trascorsi al campo si ammala di scarlattina, ma riesce a salvarsi.

Il libro nasce dalla volontà del suo autore di testimoniare quanto è accaduto, temendo che a distanza di tempo gli uomini possano dimenticare o addirittura negare la disumanità dei lager, ritenuti da Levi non un imprevisto della Storia, ma l'apice, l'espressione estrema del nazifascismo in Europa. Quanto è accaduto è, sul piano morale, talmente grave che Levi, nel tentativo di analizzarne le ragioni, non ha mai saputo accettare una qualsiasi spiegazione razionale, né tantomeno trovare conforto in una dimensione religiosa, ribadendone in tal modo la mostruosità, la non umanità.

per L'ANALISI del TESTO

Scrivere per raccontare

Posta in apertura di *Se questo è un uomo*, la poesia rappresenta un **monito** ai lettori e sintetizza la riflessione morale e civile di Levi. Egli iniziò a scrivere il libro quando era ancora nel lager, per rispondere alla necessità di raccontare la mostruosità di quanto era accaduto, temendo che si potesse dimenticare e che, con l'andare del tempo, si travisassero il senso e la responsabilità delle persecuzioni, delle deportazioni e dell'uccisione di milioni di persone. Narrata senza alcuna enfasi, la vicenda di Primo Levi tocca in profondità l'animo umano per la crudeltà e l'eccezionalità dei fatti che riporta.

La dignità dell'uomo e la memoria

La lirica si apre rivolgendosi direttamente ai lettori con l'anaforico «voi» (vv. 1, 3) e impostando da subito un aspro confronto fra coloro che hanno la fortuna di godere di una vita tranquilla, ricca di benessere («tiepide case... cibo caldo... visi amici», vv. 2-4) e coloro che, invece, si sono visti sottrarre ogni bene e sono costretti a lavorare «nel fango» (v. 6), a lottare, a vedere la propria vita dipendere dal capriccio altrui («che muore per un sì o per un no», v. 9). In simili condizioni **si perde la propria dignità**, non si è più uomini, così come non sono più donne quelle che si trascinano «senza capelli e senza nome» (v. 11), private di ogni attributo femminile. L'imperativo «considerate se questo è un uomo» (v. 5) introduce il corpo centrale della poesia (evidenziato anche da una rientranza tipografica), richiamando il dramma dei deportati, e si ripete al v. 10, «Considerate se questa è una donna».

Altrettanto significativo è l'imperativo successivo «Meditate che questo è stato» (v. 15), rafforzato da altri moniti («vi comando... Scolpitele... ripetetele», vv. 16-20), tesi a sottolineare la **necessità della memoria**. Da questi sentimenti così vivi scaturisce il cambio di passo dei tre versi finali: Levi minaccia una tremenda **maledizione**, di tono profetico e apocalittico, nei confronti di chi dimenticherà una simile tragedia.

Uno stile prosastico

I versi hanno un carattere prosastico, lo stile è sobrio e chiaro, con poche figure retoriche (anafora, similitudine); risalta il **ritmo** insistente e **ossessivo**, dovuto ai numerosi imperativi in apertura dei versi e alla loro particolare accentazione, che ricorda lo stile dei testi sacri ebraici (l'Antico Testamento, in particolare il Libro del profeta Isaia).

Attività

Leggere e comprendere

1 **Il tema** Quale tematica affronta il poeta in questa lirica?

a. La critica verso chi vive nell'agio

b. La necessità di ricordare la tragedia vissuta dagli ebrei

c. L'importanza della scrittura come testimonianza

d. La ripetitività della storia

2 **La struttura** La poesia può essere suddivisa, a livello contenutistico, in cinque parti. Individuale, indicando i versi che le compongono, e attribuisci a ciascuna un titolo.

I vv.	
II vv.	
III vv.	
IV vv.	
V vv.	

3 **Il coinvolgimento** Il lettore si sente da subito profondamente coinvolto dal monito del poeta. Perché?

4 **I lettori** A quali lettori si rivolge in particolare l'autore? Come immagina la loro vita?

5 **L'uomo** Elenca le azioni degradanti imposte all'uomo prigioniero, azioni che lo privano della sua dignità.

....

....

....

....

6 **La donna** Di quali cose, materiali e immateriali, viene privata invece la donna confinata nel lager?

....

....

....

....

....

....

7 **I moniti** Quali sono le ammonizioni che Levi rivolge ai lettori? Motiva la tua risposta con le opportune citazioni dal testo.

8 **La maledizione** Che cosa augura il poeta a chi dovesse dimenticare la tragedia dello sterminio ebraico?

Riconoscere e analizzare

9 **Iterazione e ritmo** Individua le numerose ripetizioni e le anafore presenti nella lirica, spiegando anche l'effetto che esse determinano sul ritmo.

10 **Le accumulazioni** Individua le accumulazioni presenti nel componimento e spiega qual è, a tuo avviso, la loro funzione.

11 **La similitudine** Al verso 14 il poeta paragona la donna, nel campo di prigionia, a una «rana d'inverno». Che cosa esprime questa similitudine?

Rielaborare e produrre

12 **La tua interpretazione** Considera i versi 21-23: «O vi si sfaccia la casa, / la malattia vi impedisca, / i vostri nati torcano il viso da voi». Come interpreti questa maledizione? Quale idea dell'uomo lascia trapelare in questi versi Primo Levi? Rispondi in un breve intervento orale.

13 **La parafrasi** Volgi in prosa (► p. 63) il componimento.

14 **Analisi e commento** In un testo di 200 parole analizza e commenta (► pp. 64-65) il componimento.

15 **Le testimonianze** Quali altre testimonianze – libri, interviste, incontri a scuola – di sopravvissuti ai campi di concentramento nazisti conosci? Parlane in un breve testo espositivo. Se invece non ti è capitato di approfondire l'argomento, che cosa pensi del valore della testimonianza, della necessità di non dimenticare orrori come la Shoah? Esponi la tua opinione in un testo di 200 parole.

Salvatore Quasimodo

Uomo del mio tempo

Il poeta riflette sulla morale dell'uomo contemporaneo, osservando come la guerra e la sete di potere abbiano riportato l'umanità alla condizione di barbarie e di inciviltà propria dell'uomo primitivo.

Da
Giorno dopo giorno, 1947

Lirica in versi liberi

Sei ancora quello della pietra e della fionda,
uomo del mio tempo. Eri nella carlinga,
con le ali maligne, le meridiane di morte,
– t'ho visto – dentro il carro di fuoco, alle forche,
alle ruote di tortura. T'ho visto: eri tu,
con la tua scienza esatta persuasa allo sterminio,
senza amore, senza Cristo. Hai ucciso ancora,
come sempre, come uccisero i padri, come uccisero
gli animali che ti videro per la prima volta.
E questo sangue odora come nel giorno
quando il fratello disse all'altro fratello:
«Andiamo ai campi». E quell'eco fredda, tenace,
è giunta fino a te, dentro la tua giornata.
Dimenticate, o figli, le nuvole di sangue
salite dalla terra, dimenticate i padri:
le loro tombe affondano nella cenere,
gli uccelli neri, il vento, coprono il loro cuore.

S. Quasimodo, *Tutte le poesie*, Mondadori, Milano, 1970

1 **quello...fionda**: per il poeta, l'uomo moderno non è diverso dall'uomo primitivo, che si serviva di pietre e fionde per uccidere.

2-3 **nella...morte**: nella cabina («carlinga») di un aereo da guerra dalle «ali maligne» perché portatrici di distruzione, e dotato di strumenti per centrare gli obiettivi («meridiane di morte»).

4 **carro di fuoco**: carro armato.

6 **scienza...allo sterminio**: il sapere dell'uomo, messo al servizio di morte e distruzione.

11 **quando...fratello**: riferimento all'episodio biblico dell'uccisione di Abele per mano del fratello Caino (Genesi, 4, 8).

14-15 **Dimenticate...terra**: dimenticate l'insegnamento dei padri, basato sulla violenza («le nuvole di sangue»).

16-17 **le loro tombe...il loro cuore**: le tombe dei padri sono coperte dalla cenere delle distruzioni da loro stessi causate e i loro cuori sono soffocati dai lutti («uccelli neri») e dall'abbandono («vento»).

Tom Lea *Quello sguardo perso nel vuoto*, 1944. (Washington, U.S. Army Center for Military History)

L'AUTORE

Salvatore Quasimodo nasce a Modica (Ragusa) nel 1901 e trascorre la sua infanzia in Sicilia. A sedici anni fonda una rivista letteraria sulla quale compaiono le sue prime liriche. Nel 1919 si trasferisce a Roma per frequentare l'università, che poi abbandona per motivi economici. Stabilitosi a Milano nel 1934, trova un impiego nell'editoria e approfondisce la sua vocazione poetica. La pubblicazione di un volume di traduzioni dei *Lirici greci* gli vale, nel 1941, l'incarico di professore di Letteratura italiana presso il Conservatorio "G. Verdi" di Milano. Durante la guerra, svolge un'intensa attività di traduttore, non solo di testi classici, ma anche di poeti antichi e contemporanei. Nel 1959 gli viene conferito il premio Nobel per la Letteratura. Quasimodo muore a Napoli nel 1968.

La sua parabola poetica è caratterizzata da tre diverse stagioni che coincidono con la pubblicazione di alcune sue raccolte. Nella prima stagione, le liriche più numerose sono dedicate al suo legame con la Sicilia (*Acqua e terre*, 1930), da lui considerata come il favoloso mondo perduto dell'innocenza contrapposto al Nord, in cui egli vive immerso nell'anonimato della metropoli moderna.

Le raccolte della seconda stagione – *Oboe sommerso* (1932), *Erato e Apollion* (1936), *Ed è subito sera* (1942) –, rivelano il legame di Quasimodo con l'Ermetismo (► p. 283) sul piano stilistico e tematico: temi centrali sono la solitudine dell'uomo e l'insoddisfazione del tempo presente.

La Seconda guerra mondiale segna uno spartiacque nell'evoluzione tematico-stilistica dell'autore: con le raccolte *Giorno dopo giorno* (1947) e *La vita non è sogno* (1949) si avvia la terza stagione poetica, in cui prevale l'impegno sociale unito a uno stile più comunicativo, presente anche in *Il falso e vero verde* (1956), *La terra impareggiabile* (1958), *Dare e avere* (1966).

per L'ANALISI del TESTO

La condanna della violenza di ogni tempo

Uomo del mio tempo conclude la raccolta *Giorno dopo giorno* (1947), il cui tema dominante è la guerra. Quasimodo vi attesta la sua volontà di assumere il ruolo di testimone della **barbarie bellica**, accusando i suoi contemporanei di essere, come sempre, portatori di violenza e di morte: il tema della lirica, infatti, si può ricondurre all'idea dell'**immutabilità** della **natura umana**, tant'è vero che la denuncia di Quasimodo tocca, purtroppo, anche l'uomo di oggi, protagonista di tante efferate violenze.

La struttura

La poesia è composta da un'unica strofa, in cui è possibile individuare quattro parti. Il primo verso presenta un parallelismo tra l'uomo contemporaneo e quello primitivo: ancora oggi l'uomo è dominato da un animo ferino, che conosce solo la **logica del più forte**.

Nei versi successivi (vv. 2-9), Quasimodo ricorre a incisive immagini metaforiche, prendendo in considerazione gli strumenti di morte del passato e del presente: le «forche», le «ruote di tortura», aerei e carri armati. Egli si rammarica che né l'esperienza né la «scienza esatta» (v. 6) siano servite a migliorare i **rapporti umani**, ma anzi li abbiano resi più **ostili**.

La terza parte (vv. 10-13) è occupata dal richiamo al passato attraverso un passo biblico: Caino che uccide il fratello Abele è l'immagine simbolo della **violenza sugli innocenti**, dell'uomo sul proprio fratello.

Nell'ultima parte, il poeta si rivolge in maniera diretta ai figli, alle nuove generazioni (vv. 14-17), perché non ripercorrano il cammino dei padri («dimenticate i padri», v. 15) e non commettano le stesse atrocità. Nonostante la lirica si concluda con un appello carico di **speranza**, restano predominanti la condanna dell'umanità per la sua storia passata e l'angoscia per i suoi futuri destini. Il poeta avverte come il vuoto di sentimenti e l'assenza di devozione religiosa abbiano fatto regredire l'uomo a uno stato di barbarie.

Lo stile

Il **tono** generale della lirica è **accusatorio**, sostenuto dalle voci verbali di seconda persona («Sei... eri... Hai ucciso», vv. 1, 5, 7) e dai pronomi di seconda persona («t'ho visto... ti videro», vv. 4, 9), ma diventa **esortativo** negli ultimi tre versi, quando il poeta si rivolge alle nuove generazioni. Il lessico è essenziale e di registro medio, con l'inserimento di metafore e analogie che conferiscono alla lirica un'espressività intensa, vigorosa. A questo risultato concorre anche il **ritmo** complessivo, severo e **solenne**.

Attività

Leggere e comprendere

1 **La struttura** Il testo può essere suddiviso in quattro parti distinte. Prendi in esame i versi cui si riferisce ogni singola parte e attribuiscile un titolo.

I vv. 1-2	
II vv. 2-9	
III vv. 10-13	
IV vv. 14-17	

2 **Il poeta** Quale espressione indica la testimonianza diretta del poeta?

3 **Gli strumenti di violenza** Individua ed elenca gli strumenti di morte ai quali gli uomini hanno fatto ricorso nel tempo.

....

....

4 **La scienza** Quale effetto ha prodotto la scienza sull'uomo moderno, secondo Quasimodo?

a. Ha reso l'uomo migliore

b. È servita a fornirgli armi di sterminio

c. Ha migliorato le condizioni dell'umanità

d. Non ha portato a nessun progresso tecnico

5 **Le azioni** Individua le azioni, espresse da due similitudini, che accostano l'uomo moderno a quello del passato.

6 **L'episodio biblico** Il poeta inserisce nel suo componimento la citazione di un episodio biblico: individuala e spiega il suo significato.

7 **L'esortazione finale** Quale invito rivolge il poeta alle giovani generazioni?

a. A dimenticare la storia passata, che non serve per affrontare presente e futuro

b. A respingere le azioni crudeli compiute dagli uomini di ogni tempo

c. A non pregare sulle tombe dei padri che hanno compiuto gravi violenze

d. A ripetere le scelte e le azioni dei padri

8 **In ogni tempo** La lirica prende in considerazione tre diversi momenti della storia dell'uomo: il passato, il presente e il futuro. Specifica le espressioni che si riferiscono a ciascun tempo.

Riconoscere e analizzare

9 **Il ritmo** Come definiresti il ritmo del componimento? Quali elementi lo determinano?

a. Lento

b. Veloce

c. Vario

d. Incalzante

10 **Le figure retoriche** Individua le metafore e la sinestesia presenti nella lirica e spiegane il significato.

11 **Il lessico** Individua tutti i termini che evocano l'orrore della guerra e della morte.

....

....

Rielaborare e produrre

12 **Discutere** Considera i versi 5-7: «T'ho visto: eri tu, / con la tua scienza esatta persuasa allo sterminio, / senza amore, senza Cristo» e rifletti sul valore della scienza per l'umanità: qual è la tua opinione al riguardo? È uno strumento sempre positivo e benefico o, in una certa misura, può danneggiare l'uomo? In che modo potrebbe produrre solo vantaggi per tutta l'umanità? È sufficiente la scienza a garantire la sua evoluzione? Esponi oralmente la tua opinione, confrontandola con quella dei compagni in un dibattito in classe.

13 **La parafrasi** Volgi in prosa (▶ p. 63) il componimento.

14 **Analisi e commento** In un testo di 200 parole analizza e commenta (▶ pp. 64-65) il componimento.

15 **Un confronto** Metti a confronto in un breve testo espositivo il modo di affrontare il tema della crudeltà umana in Primo Levi (▶ p. 187) e in Salvatore Quasimodo. Puoi partire dalla considerazione degli eventi che muovono i poeti a comporre i loro versi, prendere in esame le riflessioni e le emozioni che suscitano, le esortazioni rivolte ai lettori e, naturalmente, altri aspetti ancora, esprimendo sempre il tuo personale punto di vista.

Nâzim Hikmet

La bambina di Hiroshima

Da
Poesie, 1956
Lirica

La voce straziante di una bambina rimasta vittima dell'esplosione della bomba atomica su Hiroshima scuote le nostre coscienze e ci implora di "mettere una firma", di firmare una petizione per il disarmo nucleare e assicurare la sopravvivenza a tutti i piccoli abitanti della Terra.

Apritemi sono io...
busso alla porta di tutte le scale
ma nessuno mi vede
perché i bambini morti nessuno riesce a vederli.

Sono di Hiroshima e là sono morta
tanti anni fa. Tanti anni passeranno.
Ne avevo sette, allora: anche adesso ne ho sette
perché i bambini morti non diventano grandi.
Avevo dei lucidi capelli, il fuoco li ha strinati,
avevo dei begli occhi limpidi, il fuoco li ha fatti di vetro.
Un pugno di cenere, quella sono io
poi il vento ha disperso anche la cenere.

Apritemi; vi prego non per me
perché a me non occorre né il pane né il riso:
non chiedo neanche lo zucchero, io:
a un bambino bruciato come una foglia secca non serve.

Per piacere mettete una firma,
per favore, uomini di tutta la terra
firmate, vi prego, perché il fuoco non bruci i bambini
e possano sempre mangiare lo zucchero.

N. Hikmet, *Poesie*, trad. di I. Ambrogio, Editori Riuniti, Roma, 1960

5 **Hiroshima**: è la città giapponese sulla quale è stata sganciata la prima bomba atomica il 6 agosto 1945.
9 **strinati**: bruciacchiati.

L'AUTORE

Nâzim Hikmet nasce nel 1902 a Salonicco, al tempo sotto il controllo della Turchia. È destinato alla carriera militare, ma all'età di diciassette anni fugge dall'Accademia e attraversa a piedi l'Anatolia: è un viaggio che cambia la sua esistenza, perché gli permette di conoscere da vicino la vita di fatica e di stenti dei contadini turchi. Perseguitato dal governo del presidente Kemal Atatürk, è costretto ad abbandonare la Turchia e a fuggire in Unione Sovietica. Tornato in patria nel 1938, viene condannato a 28 anni di carcere per aver aderito al Partito comunista; grazie a una vasta mobilitazione internazionale di intellettuali e democratici, il governo turco lo libera nel 1950, ma lo espelle l'anno successivo. Trasferitosi in Unione Sovietica, muore a Mosca nel 1963. Le opere di Hikmet sono state tradotte in tutto il mondo. Della sua vasta produzione lirica vanno citati il poema epico *In quest'anno 1941* (1961) e le *Poesie d'amore* (1933-1962). Caratteristica di Hikmet è l'armonia, la coerenza tra la vita vissuta e la sua espressione poetica. I suoi versi sono carichi di speranza e di fiducia nelle possibilità umane e scaturiscono dalla convinzione profonda che la poesia possa essere lo strumento per un vero dialogo tra gli uomini.

per L'ANALISI del TESTO

Una lirica-appello

Questa poesia s'inserisce pienamente nella vita di Nâzim Hikmet, coerentemente spesa in difesa degli ultimi e degli oppressi. L'occasione è data da una raccolta di firme, quindi una presa di coscienza individuale e collettiva, a favore del disarmo nucleare pochi anni dopo il lancio di due bombe atomiche in Giappone, sulle città di Hiroshima e Nagasaki (6 e 9 agosto 1945), che ebbe come conseguenza la morte di circa 200.000 civili.

Hikmet scrive una lirica struggente dal profondo valore morale. Si cala nei panni di una bambina vittima dell'esplosione nucleare e immagina che sia questa bambina a rivolgere a tutta l'umanità un **monito** e un accorato **appello** perché si rinunci a un'arma così spaventosa. La sua esile voce è innegabilmente in grado di toccare in profondità e di scuotere anche gli animi più insensibili.

Per non dimenticare

La lirica si apre con l'anaforico «Apritemi» del verso 1, ripetuto con immutata insistenza al verso 13: non si tratta di aprire solo le porte, ma i cuori. La bambina si presenta come una vittima della disumana malvagità dell'uomo: è morta ed è quindi invisibile; parla di sé al passato («avevo» più volte ripetuto), degli effetti devastanti che la terribile fiammata della bomba ha causato sui suoi capelli («strinati», v. 9), sui suoi occhi metaforicamente cristallizzati («di vetro», v. 10), sul suo corpo trasformatosi in «Un pugno di cenere» (v. 11), un corpo paragonato con efficace similitudine a «una foglia secca» (v. 16).

Il **contenuto morale** della poesia è presentato in un **crescendo**: infatti, alle prime tre strofe, maggiormente descrittive, seguono le altre due che spiegano il fine ultimo della preghiera di questa bambina che non ha più bisogno di nulla; il suo vibrante appello è volto a difendere tutti gli altri bambini perché non muoiano più bruciati come lei e possano vivere serenamente, crescere in un mondo senza guerre e senza odio, un auspicio allegoricamente espresso dal verso finale «e possano sempre mangiare lo zucchero» (v. 20).

Versi discorsivi

Lo stile della poesia di Hikmet è solo in apparenza discorsivo, perché si rivela straordinariamente potente nella costruzione delle immagini e nella scelta dei termini. L'autore vuole arrivare a toccare l'animo di ognuno di noi, perciò si affida a una voce esile, ma molto espressiva ed eloquente, e dissemina i suoi versi di efficaci figure retoriche (anafora vv. 1-13; metafora v. 10; similitudine v. 16; allegoria v. 20) che ruotano attorno a due **campi semantici antitetici**: guerra e pace. Il ritmo è piano, così che la comprensione e la riflessione procedano di pari passo con la lettura.

Una bambina giapponese piange tra le macerie di Hiroshima dopo la deflagrazione della bomba atomica lanciata dagli americani il 6 agosto del 1945. In quell'occasione morirono istantaneamente circa 80.000 persone e ogni edificio della città fu distrutto o gravemente danneggiato.

Attività

Leggere e comprendere

1 **Il destinatario e la richiesta** A chi si rivolge la bambina? Che cosa chiede?

2 **La protagonista** Chi è la bambina che fa questa richiesta?

3 **«non diventano grandi»** Quale particolare aspetto della violenza bellica viene sottolineato con queste parole al verso 8?

a. L'uso dell'energia nucleare
b. La sete di potere
c. La distruzione di giovani vite
d. L'annientamento di tantissime vite umane

4 **L'aspetto fisico** Quali elementi evidenziano l'aspetto fisico della bambina prima e dopo la bomba?

Prima	Dopo
....	....
....	....
....	....
....	....

5 **Una morte nell'oblio** Per quale ragione nessuno piange sulla tomba della bambina e la ricorda?

a. La bambina non ha più parenti
b. Il mondo non ha memoria degli eventi tragici
c. La bambina è diventata cenere dispersa dal vento
d. Il corpo della bambina è sepolto in una fossa comune

6 **Lo scopo** L'accorata richiesta della bambina ha uno scopo preciso: quale?

a. Reclamare una tomba tutta per sé
b. Tornare in vita
c. Pretendere la punizione dei colpevoli
d. Evitare per sempre che ciò che le è successo possa capitare ad altri bambini

7 **L'occasione** A quale concreta occasione sono legati i versi che contengono questo appello?

Riconoscere e analizzare

8 **La forma metrica** Descrivi la forma metrica del componimento.

9 **I campi semantici** Nel testo si trovano termini appartenenti ai campi semantici dell'infanzia e del fuoco. Individuali e inseriscili nella tabella.

Infanzia	Fuoco
....	....
....	....

10 **L'iterazione** Più volte ricorre nella lirica, in varie forme, la figura retorica della ripetizione / iterazione. Cercane degli esempi, spiega il loro valore espressivo e, se puoi, precisa di quale tipo di ripetizione si tratta.

11 **Il ritmo** Come definiresti il ritmo di questa poesia?

a. Spezzato e lento
b. Lento
c. Veloce
d. Incalzante

12 **La similitudine** Individua la similitudine presente nel testo e riportane le parole.

....

Rielaborare e produrre

13 **La tua interpretazione** Considera il verso 4: «perché i bambini morti nessuno riesce a vederli». Come interpreti questa affermazione? Rispondi in un breve intervento orale.

14 **Il messaggio** Quale messaggio vuole comunicare Hikmet con questi versi?

15 **La sintesi** Scrivi un breve testo, in terza persona, in cui sintetizzi il contenuto del componimento.

16 **Il commento** Stendi un commento (► p. 65) di 200 parole sulla poesia, facendo riferimento anche all'esperienza umana dell'autore, ispirata ai suoi ideali di pace.

17 **L'atomica** Le esplosioni delle bombe nucleari a Hiroshima e Nagasaki costituiscono mostruosi atti di forza, sulla cui necessità si è a lungo dibattuto. Informati sulle cause e le conseguenze di queste azioni belliche, quindi ordina sinteticamente le tue conclusioni in un testo espositivo.

Erri De Luca

Naufragi

Il viaggio per mare e l'esodo dei disperati che tentano di raggiungere le coste dell'Italia sono il tema di questa breve e quanto mai attuale poesia. L'autore osserva il naufragio dei migranti e denuncia l'indifferenza con la quale sono vissute queste tragedie ormai quotidiane.

Da
Opera sull'acqua e altre poesie, 2002

Lirica in versi liberi

Nei canali di Otranto e Sicilia
migratori senz'ali, contadini di Africa e di oriente
affogano nel cavo delle onde.
Un viaggio su dieci s'impiglia sul fondo,
il pacco dei semi si sparge nel solco
scavato dall'ancora e non dall'aratro.
La terraferma Italia è terrachiusa.
Li lasciamo annegare per negare.

E. De Luca, *Opera sull'acqua e altre poesie*, Einaudi, Torino, 2002

1 **canali…Sicilia**: i canali di Otranto e di Sicilia sono i tratti di mare che separano l'Italia dall'Albania e dal Nordafrica e si trovano pertanto sulle rotte dei migranti.

PAROLE *sotto la lente*

Migratore

Di solito riferito agli uccelli o ad altri animali, il nome indica anche chi migra (dal latino *migrare*, "trasferirsi"), cioè si sposta da un luogo all'altro (per esempio, un popolo, un gruppo etnico). L'aggettivo corrispondente è "migratorio", "che concerne la migrazione", usato in espressioni come: flussi migratori, saldo migratorio ecc.

Attività

Migrante, emigrato, immigrato: termini che, pur condividendo la stessa radice, hanno differenti sfumature di significato secondo i diversi contesti in cui vengono usati. Fornisci un esempio d'uso di ciascun termine.

L'AUTORE

Erri De Luca nasce a Napoli nel 1950. Di famiglia agiata, partecipa attivamente alle lotte politico-sociali degli anni Settanta, militando nel movimento di "Lotta continua". Svolge vari mestieri manuali (operaio, camionista, muratore) e intanto si dedica allo studio delle lingue, tra cui l'ebraico. Durante la guerra civile nell'ex Jugoslavia (1991-1995) partecipa a iniziative di volontariato dirette a soccorrere le popolazioni in difficoltà. Attualmente collabora a varie testate giornalistiche, tra cui "la Repubblica" e "il manifesto", e si interessa di studi biblici. È autore di numerosi romanzi, tra i quali *Non ora, non qui* (1989), *Aceto, arcobaleno* (1992), e di racconti: *In alto a sinistra* (1994), *Tu, mio* (1998), *Montedidio* (2001), *Il contrario di uno* (2003) e *Il peso della farfalla* (2009). Ha scritto anche diverse raccolte poetiche, fra le quali *Opera sull'acqua e altre poesie* (2002) e *Bizzarrie della Provvidenza* (2014). Pur dichiarandosi non credente, è fortemente interessato allo studio della Bibbia e alla traduzione di testi biblici. Tra le sue ultime opere citiamo, a metà fra la narrativa e la saggistica, *La faccia delle nuvole* (2016), una storia evangelica.

Nei suoi scritti, sempre percorsi da una forte tensione morale, De Luca mostra una particolare attenzione per i temi dell'emarginazione e della povertà, nella costante ricerca di valori ispirati a una più profonda spiritualità. Ha suscitato scalpore la sua opposizione alla realizzazione della TAV, la nuova linea ferroviaria Torino-Lione: per il contenuto di alcune interviste, nel 2015 è stato rinviato a giudizio; nel corso del dibattimento, conclusosi con un'assoluzione, Erri De Luca ha rivendicato il diritto a non essere censurato nella sua libertà di espressione.

per L'ANALISI del TESTO

Il dramma dell'emigrazione

È con questa breve lirica che il poeta s'incarica di richiamare la nostra attenzione sul problema sociale maggiormente vivo e drammatico di questi nostri decenni, quello dei migranti, di chi entra illegalmente in un Paese non potendo viaggiare in altro modo. Erri De Luca, come d'abitudine, assolve il doppio ruolo di poeta-scrittore e attento osservatore coinvolto negli eventi d'attualità, e **denuncia** con ferme parole quanto sta avvenendo: un **fenomeno inarrestabile** che vede quasi ogni giorno "carrette del mare" trasportare sulle coste di Italia, Grecia e Turchia centinaia di migranti, con frequenti naufragi e un numero impressionante di morti, trasformando il Mediterraneo in un illimitato cimitero marino.

Migranti come contadini del mare

Sulle rotte dei canali d'Otranto e di Sicilia, il poeta vede gli immigrati scomparire tra le onde del mare («affogano» v. 3). Li immagina come i contadini di un tempo, con la sacca delle sementi sulle spalle, ma, invece di arare e di rendere fertile la terra, essi spargono i loro semi sul fondo del mare, dove si disperdono anche i loro corpi («nel solco scavato dall'ancora e non dall'aratro», vv. 5-6). De Luca vive tale dramma così profondamente nel proprio animo da chiudere la sua poesia con un doppio verso finale di forte denuncia: l'**Italia**, l'Occidente si presenta purtroppo non come agognata terraferma, terra di approdi, ma come «**terrachiusa**» (v. 7) che serra egoisticamente le porte a chi vi cerca riparo, fuggendo da guerre e carestie. E, per essere ancora più esplicito, nell'ultimo verso egli scrive a chiare lettere: «Li lasciamo annegare per negare», negare la tragedia in atto, facendo finta che attorno a noi non succeda nulla.

Lo stile

La poesia di De Luca ha un andamento prosastico, ma è disseminata di immagini retoriche che arricchiscono il testo e ne impreziosiscono il contenuto. I migranti sono al centro di una **doppia metafora**: quella che li vede come «migratori senz'ali» (v. 2), uccelli migratori impossibilitati a volare, e quella di contadini destinati ad arare il mare, per cui i loro stessi corpi equivalgono a semi che non daranno frutti. Balza agli occhi l'antitesi fra i due strumenti «ancora» e «aratro», qui accostati ma solitamente destinati a usi ben diversi. Inoltre, da notare è la **musicalità** del componimento, che risuona nell'assonanza «fondo» e «solco» (vv. 4-5); nella consonanza «onde» e «fondo» (vv. 3-4); nell'allitterazione «scavato dall'ancora e non dall'aratro» (v. 6); nelle rime interne come «canali» e «ali» (vv. 1-2), «annegare» e «negare» (v. 8). Anche la stessa base etimologica dei termini «terraferma» e «terrachiusa» (v. 7) accresce l'armonia complessiva della lirica e ne consolida il significato.

La zattera di Lampedusa è un'opera sottomarina dello scultore inglese Jason deCaires Taylor realizzata nel 2016 in ricordo dei migranti annegati nelle acque del Mediterraneo. Il gruppo scultoreo rappresenta un gommone con alcuni di essi e vuole essere una rivisitazione in chiave moderna della celebre *Zattera della Medusa* di Théodore Géricault (1819). È appoggiato sulla sabbia del fondale di Lanzarote, in Spagna.

Attività

Leggere e comprendere

1 **I canali** Perché vengono citati proprio questi due bracci di mare?

2 **«migratori senz'ali»** Quale realtà mette in luce questa espressione?

3 **I contadini** Perché l'autore sottolinea la tradizionale occupazione dei migranti?

a. Vuole porre l'accento sulla loro povertà

b. Intende dire che provengono da società arretrate

c. Vuole riferirsi alla loro scarsa conoscenza del mare

d. Vuole evidenziare la differenza tra il loro passato e il loro presente

4 **Le sementi** Chiarisci quali significati e allusioni siano racchiusi nella parola «semi».

5 **Il solco** Un duplice senso, di vita e di morte, è contenuto nella parola «solco». Spiega il significato di questa affermazione.

- Senso di vita: ....

....

- Senso di morte: ....

....

6 **La contrapposizione** Chiarisci la contrapposizione fra i due termini presenti nel verso 7: «terraferma... terrachiusa».

7 **La denuncia** La parte conclusiva della poesia rappresenta una forte denuncia, un'aspra critica. Quali sono le parole che negli ultimi due versi la evidenziano?

8 **"Noi"** Che significato assume l'uso della prima persona plurale del verbo nell'ultimo verso?

9 **L'atteggiamento del poeta** Quale posizione assume l'autore in relazione a questa tragedia collettiva?

Riconoscere e analizzare

10 **La forma metrica** Qual è la forma metrica del componimento?

11 **La sintassi** Descrivi la struttura sintattica del testo.

12 **I suoni** La poesia è senza rime, ma l'aspetto fonetico è sottolineato da altri elementi. Individua nel testo:

- un'assonanza: ....
- una consonanza: ....
- una rima interna: ....
- una figura etimologica: ....
- un'allitterazione: ....
- una paronomasia: ....

13 **Il lessico** Come ti sembra il lessico utilizzato da poeta?

a. Semplice

b. Aulico

c. Formale

d. Colloquiale

Rielaborare e produrre

14 **La tua interpretazione** Considera il verso 8: «Li lasciamo annegare per negare». Che cosa intende dire l'autore con «per negare»? Rispondi in un breve intervento orale.

15 **La parafrasi** Fai la parafrasi (▶ p. 63) del componimento, chiarendo adeguatamente la doppia metafora dei migranti.

16 **Il commento** Esponi in un testo di 200 parole il tuo commento (▶ p. 65) alla poesia.

17 **Un dramma senza fine** Dal 2002 – anno di pubblicazione della poesia – a oggi la tragedia dei migranti ha assunto dimensioni sempre più vaste e preoccupanti. Cerca dati aggiornati sul fenomeno (provenienza, naufragi, morti, accoglienza, problemi politici connessi) e riportali in un breve testo espositivo.

per approfondire

Costanzo Ranci

Il volontariato

Da
Il volontariato, 2006
Saggio

L'impegno come "volontario" in qualche associazione o attività di tipo socio-assistenziale, culturale o ambientale è da tempo assai esteso. Il testo riassume le motivazioni e le finalità di questo fenomeno dei nostri tempi, diffuso soprattutto fra i giovani.

Fare volontariato è un'esperienza contemporaneamente facile e difficile. È facile perché l'accesso agli enti che lo organizzano è spesso semplice e diretto: basta rispondere ad un'inserzione oppure chiamare ad un *call center*[1] e il gioco è fatto.

Al tempo stesso, fare volontariato presenta non poche difficoltà. Se è vero che l'accesso alle associazioni volontarie è spesso rapido e facile, ciò tuttavia richiede, a monte[2], una decisione personale, la determinazione ad affrontare un'esperienza nuova e inedita, mai sperimentata in precedenza. Implica un calcolo del tempo da mettere a disposizione, ma anche delle energie psichiche e materiali che possono essere impegnate nella nuova attività. Gli impegni lavorativi e familiari devono essere commisurati, così come l'intero sistema delle nostre relazioni affettive e sociali deve essere adattato alla nuova attività. Implica anche una precisa e realistica considerazione delle nostre capacità e delle nostre predisposizioni: non tutti sopportano di dover assistere una persona che non è in grado di muoversi e di parlare, mentre altri possono avvertire come faticosa e noiosa un'attività spesa dietro ad uno sportello informativo. Infine, fare volontariato implica – ed è forse l'aspetto più delicato – l'apertura di una relazione con un altro che è, per lo più, del tutto estraneo e lontano al nostro mondo, ai nostri pensieri, ai rapporti che ci sono più familiari. L'incontro con chi sino a quel momento ci è estraneo rappresenta forse la sfida più difficile, ma anche la potenziale ricchezza del volontariato. Ma ciò, naturalmente, richiede disponibilità, coraggio, preparazione, stabilità emotiva. [...]

Il volontariato rappresenta oggi la forma più diffusa di impegno pubblico. Molto più estesa e apprezzata, stando alle statistiche, dell'impegno politico e di quello sindacale.

«Fare volontariato» costituisce infatti – prima ancora che un fatto visibile e di dominio pubblico – un'*esperienza personale e associativa*, che riguarda il volontario sia come individuo, sia come appartenente al gruppo di persone che condividono con lui tale scelta (gli altri volontari, le persone che fruiscono della sua attività). Qualcosa di strettamente personale, ma anche di socialmente condiviso. Un'attività, magari banale

1 **call center**: centralino, centro di chiamate telefoniche.
2 **a monte**: alla base dell'esperienza.

Manifesto realizzato dalla Presidenza del Consiglio dei Ministri per la promozione del Servizio Civile Nazionale, riservato ai ragazzi che hanno tra i 18 e i 26 anni.

L'AUTORE

Costanzo Ranci è docente di Sociologia e Politica sociale al Politecnico di Milano. Studia temi inerenti alle politiche sociali: benessere individuale, situazioni di disagio, cooperative sociali, volontariato. Su questi temi ha pubblicato varie opere: *Le nuove disuguaglianze sociali in Italia* (2002), *Politica sociale. Bisogni sociali e politiche di welfare* (2004), *Le politiche di welfare* (2014).

nei suoi contenuti pratici, ma che risponde a importanti sollecitazioni interiori, ad un moto dell'anima a cui si decide, spesso con sacrificio e serietà d'impegno, di dare ascolto traducendolo in una pratica. Il volontariato è innanzitutto una *pragmatica*, si traduce cioè in azioni concrete, servizi forniti, aiuti prestati, relazioni umane instaurate. Ma la pratica del volontariato non esisterebbe se non ci fossero i volontari, ovvero le persone che scelgono questa forma di impegno. Nessuno li può costringere, né sono generalmente previsti premi speciali che fungano da incentivi.

Un secondo aspetto del volontariato degno di considerazione sta nel fatto che si tratta di un'attività mossa da un orientamento solidaristico[3]. In un duplice senso.

Innanzitutto, come tutti sanno, fare volontariato implica la totale *gratuità* dell'impegno. Si tratta, in altri termini, di un'attività "disinteressata", che non è finalizzata al perseguimento di interessi egoistici o utilitaristici. L'azione del volontario non può attendersi, se non negando la sua natura, alcuna contropartita economica. In questo sta la sua diversità dal lavoro professionale: si tratta di un'attività umana costitutivamente[4] sottratta ai meccanismi di circolazione del denaro [...].

Tuttavia la gratuità, da sola, non implica alcuna solidarietà. Sono infatti molteplici le attività umane che non sono motivate dall'interesse economico pur non assumendo alcun orientamento solidaristico. La scelta del volontariato implica dunque un secondo ingrediente fondamentale: l'assunzione di un impegno diretto a soddisfare i bisogni e gli interessi di un'altra persona, frequentemente collocata in una posizione svantaggiata sul piano sociale ed economico. La solidarietà consiste, in prima battuta, nel fatto che l'attività del volontario è finalizzata a sostenere l'*altro*, una persona oppure una comunità distinta da quella di appartenenza del volontario stesso.

In questo sta la differenza rispetto ad altre forme diffuse di impegno sociale. Anche chi opera nella lotta politica o sindacale attribuisce alla propria attività una finalità solidaristica: si tratta di sostenere i diritti e gli interessi di un'intera collettività. Ma l'azione del volontario è diversa: può essere definita un trasferimento di tempo e di risorse da se stessi ad altri, senza alcuna contropartita economica ma sulla base di un ulteriore e reciproco riconoscimento umano. Detto sinteticamente, l'impegno volontario è un *dono*.

C. Ranci, *Il volontariato*, il Mulino, Bologna, 2006

3 **orientamento solidaristico**: finalità di solidarietà.

4 **costitutivamente**: per sua natura, per scelta di base.

Una ragazza volontaria in Africa all'interno di un progetto della Fondazione Mission Bambini di Milano.

Attività

Comprendere il saggio

1 **Le doti** «disponibilità, coraggio, preparazione, stabilità emotiva» sono le doti richieste a chi pratica del volontariato. Prova a spiegare queste qualità.

2 **Le motivazioni interiori** Quali possono essere, a tuo giudizio, le motivazioni interiori che sorreggono la scelta di fare del volontariato?

3 **Un dono** L'autore definisce l'impegno volontario come un "dono". Che cosa intende?

Analizzare il saggio

4 **La lingua** Che tipo di registro linguistico usa l'autore?

5 **I vocaboli** Trova almeno quattro vocaboli o espressioni legati al gergo sociologico.

per approfondire

RACCOGLIAMO LE IDEE

1 Sintesi dei contenuti

Attraverso le attività seguenti raccogli le idee sui concetti e le informazioni contenute nell'Unità. Se lo ritieni utile, puoi inserire altre citazioni dai testi a tua scelta

Inserisci nella tabella gli elementi mancanti relativi alle poesie che hai letto, scegliendoli fra quelli elencati sotto:

semplice, con immagini • non fare più guerre • i campi di sterminio nazisti • l'esplosione della bomba atomica nel 1945 • accogliere i migranti • ordine perentorio • invito caloroso • non dimenticare mai • no • riflessione accorata • semplice, con metafore • semplice, discorsivo • la tragedia dei migranti dalla fine del XX secolo • no • sì

Autore, titolo, anno di pubblicazione	Fenomeno storico-sociale cui la poesia fa riferimento	Messaggio trasmesso	Presenza di un interlocutore	Tono	Stile
Levi, *Se questo è un uomo*, 1958			Sì		
Quasimodo, *Uomo del mio tempo*, 1947	Seconda guerra mondiale 1940-1945				Elevato, elaborato
Hikmet, *La bambina di Hiroshima*, 1956		Non produrre armi nucleari			
De Luca, *Naufragi*, 2002				Riflessione aspra	

2 Citazioni dalle liriche

Voi che vivete sicuri
nelle vostre tiepide case,
voi che trovate tornando a sera
il cibo caldo e visi amici:
considerate se questo è un uomo
che lavora nel fango
che non conosce pace
che lotta per mezzo pane
che muore per un sì o per un no.

Primo Levi, *Se questo è un uomo*

Sei ancora quello della pietra e della fionda,
uomo del mio tempo. Eri nella carlinga,
con le ali maligne, le meridiane di morte,
– t'ho visto – dentro il carro di fuoco, alle forche,
alle ruote di tortura. T'ho visto: eri tu,
con la tua scienza esatta persuasa allo sterminio,
senza amore, senza Cristo.

Salvatore Quasimodo, *Uomo del mio tempo*

Apritemi; vi prego non per me
perché a me non occorre né il pane né il riso:
non chiedo neanche lo zucchero, io:
a un bambino bruciato come una foglia secca non serve.

Per piacere mettete una firma,
per favore, uomini di tutta la terra
firmate, vi prego, perché il fuoco non bruci i bambini
e possano sempre mangiare lo zucchero.

Nâzim Hikmet, *La bambina di Hiroshima*

[...]
....
....
....
....
....
....

Nei canali di Otranto e Sicilia
migratori senz'ali, contadini di Africa e di oriente
affogano nel cavo delle onde.
Un viaggio su dieci s'impiglia sul fondo,
il pacco dei semi si sparge nel solco
scavato dall'ancora e non dall'aratro.

Erri De Luca, *Naufragi*

[...]
....
....
....
....
....
....

3 Scrittura guidata: *il tema*

Come si è visto nel corso dell'Unità, l'impegno civile e politico non è inconciliabile con la poesia, al contrario, i poeti non di rado assumono un ruolo sociale, offrendo ai propri lettori un prezioso strumento di riflessione. Ripercorri le liriche presenti nell'Unità utilizzando la tabella riassuntiva della pagina precedente e leggi le citazioni tratte dai testi che esaltano valori etici e impegno politico dell'uomo; esponi quindi le tue riflessioni in un tema dal titolo: "L'impegno dei giovani d'oggi nella vita sociale e politica".

Puoi servirti della seguente scaletta per sviluppare l'argomento proposto.

Introduzione

- Esposizione del tema proposto nella traccia, partendo dalla considerazione che, fin dai tempi dell'antica Grecia, alla vita sociale dell'individuo veniva attribuito un grande valore, se è vero che Aristotele definiva l'uomo un "animale politico"

Sviluppo

- Paragrafo 1: forme di partecipazione e impegno giovanile (volontariato, difesa dell'ambiente, degli animali...)
- Paragrafo 2: motivazioni e valori promossi con la concreta partecipazione alla vita civile e politica
- Paragrafo 3: ragioni della scelta opposta del disimpegno
- Paragrafo 4: opinione personale rispetto al tema dell'impegno/disimpegno
- ....

Conclusione

- Esposizione sintetica del risultato delle tue riflessioni
- Proposta di eventuali spunti di approfondimento

Maria Luisa Spaziani

Aspetta la tua impronta

Da *La stella del libero arbitrio*, 1986

Lirica

La lirica, che si fa portatrice di un pressante messaggio morale, rappresenta un monito a non lasciarsi vincere dall'indifferenza, assumendo invece le responsabilità che la vita comporta.

L'indifferenza è inferno senza fiamme.
Ricordalo scegliendo
fra mille tinte il tuo fatale grigio.

Se il mondo è senza senso,
tua solo è la colpa.
Aspetta la tua **impronta**
questa palla di cera.

M.L. Spaziani, *Poesie, 1954-1996*, Mondadori, Milano, 2000

1 **L'indifferenza…fiamme**: essere indifferente corrisponde a una vita all'inferno, una situazione terribile anche senza tormenti visibili («senza fiamme»). Il riferimento è all'inferno dantesco, dove si trovano gli ignavi (indifferenti).

3 **fra mille tinte**: fra i vari punti di vista. **il tuo…grigio**: la tua inevitabile idea piatta e banale («grigio»).

7 **palla di cera**: metafora per indicare il mondo, plasmabile come la cera, il quale richiede che ciascuno lasci un suo positivo segno («impronta»).

PAROLE *sotto la lente*

Impronta

Il nome è una variante dell'antico *imprenta*, che deriva dal francese *empreindre*, "imprimere", a sua volta derivato dal latino *imprimere*. Nel significato letterale di "segno che resta su una superficie in seguito a una pressione" è un termine usato in molti campi scientifici, ma è anche ricco di significati figurati (caratteristica, marchio, tono).

Attività

Spiega, usando il dizionario, il significato di ciascuna parola in queste coppie di omofoni. Impronta / impronta; improntare / improntare; impronto / impronto.

L'AUTRICE

Maria Luisa Spaziani nasce a Torino nel 1922. A diciannove anni, non ancora laureata in Lingue, dirige una rivista letteraria che le consente di entrare in contatto con poeti come Umberto Saba (▸ p. 9), Sandro Penna (▸ p. 166) e Leonardo Sinisgalli. Nel 1949 conosce Eugenio Montale (▸ p. 296), con il quale intreccia un intenso sodalizio intellettuale e una duratura amicizia. La poesia, la musica e il canto sono i loro comuni campi d'interesse, che coltivano a Milano, dove entrambi vivono e lavorano. Nel 1966 si trasferisce a Roma e, anni dopo, a Messina per insegnarvi Lingua e letteratura francese all'università. Come poetessa esordisce nel 1954 con la raccolta *Le acque del sabato*, liriche che si rifanno all'Ermetismo; seguono le raccolte *Utilità della memoria* (1966) e *L'occhio del ciclone* (1970), incentrate su una riflessione intorno al senso ultimo della vita, ai suoi valori di fondo, ma anche sui paesaggi del Sud Italia; l'opera *La stella del libero arbitrio* (1986) è ricca di suggestioni legate a viaggi reali e immaginari; un libro fortunato è il poema-romanzo *Giovanna d'Arco* (1990). Scrive poi saggi su Proust, sul teatro francese, raccolte di racconti, collabora a vari quotidiani, intrattenendo a lungo relazioni con importanti intellettuali internazionali; più volte è candidata al premio Nobel. Nel 2012 esce il volume riassuntivo della sua vasta opera: *Tutte le poesie* (Meridiani Mondadori). Muore a Roma nel 2014.

Attività

Comprendere e analizzare: verso l'INVALSI

1 **Un inferno senza fiamme** Quale riferimento culturale o letterario contiene questa espressione?

a. Agli inferi dell'*Odissea* di Omero
b. All'inferno della *Divina Commedia* di Dante
c. All'aldilà dei musulmani
d. All'aldilà nella saga dei Nibelunghi

2 **L'indifferenza** Che cosa intende la poetessa con il termine "indifferenza"?

a. La capacità di non soffrire per ogni accadimento
b. La volontà di non scegliere, di non schierarsi né per il bene né per il male
c. Il disinteresse per gli altri e per le loro condizioni
d. Il disinteresse per persone e idee

3 **Il giudizio etico** Com'è la condizione di chi vive nell'«inferno senza fiamme» rispetto a quella di chi vive "tra le fiamme"?

a. Più apprezzabile
b. Più colpevole
c. A volte peggiore
d. Uguale all'altra

4 **La scelta** Il verbo «scegliendo», presente al v. 2 della poesia, indica:

a. l'opportunità di scegliere dei valori e di impegnarsi a sostenerli
b. la necessità di scegliere dei valori e di impegnarsi a sostenerli
c. l'opportunità di non scegliere dei valori e di non impegnarsi a sostenerli
d. la necessità di scegliere dei valori ma non quella di impegnarsi a sostenerli

5 **«fra mille tinte»** Quali opzioni di scelta si celano dietro questa espressione metaforica?

a. Le varie attività degli uomini
b. Le varie religioni degli uomini
c. Le varie concezioni morali e politiche
d. I vari campi in cui ci si può impegnare

6 **Un colore «fatale»** La poetessa mette in guardia il lettore dal rischio rappresentato dal «fatale grigio», cioè da:

a. la sobria eleganza
b. la scarsa produttività
c. il piatto conformismo
d. la rivoluzione

7 **La prima strofa** Giunti al termine della prima strofa, appare chiaro il suo contenuto, che è:

a. il pensiero dell'autrice su valori e impegno
b. un rimprovero velato a chi non pratica l'impegno civile
c. un perentorio invito all'impegno civile
d. la presa di coscienza dell'impossibilità di impegnarsi

8 **Il mondo** Perché il mondo è definito dall'autrice «senza senso»?

a. Perché la fede religiosa ha sempre minor peso
b. Perché non tutti gli uomini condividono gli stessi valori
c. Perché nel mondo prevale l'indifferenza
d. Perché l'impegno civile profuso da molti è senza risultato

9 **La ripetizione** Che cosa vuole evidenziare la ripetizione dell'aggettivo possessivo «tua» ai versi 5-6?

a. L'accusa rivolta dalla poetessa agli uomini
b. La possibilità di una soluzione individuale
c. La responsabilità personale di ciascuno
d. Il comportamento virtuoso della poetessa

10 **La cera e l'impronta** Che significato contiene l'immagine del mondo come «palla di cera» proposta negli ultimi due versi?

a. Il mondo sta per sciogliersi, andare in rovina
b. Il mondo si può trasformare facilmente
c. Il mondo ha bisogno dell'impegno responsabile di ognuno
d. Il mondo è perfetto nella sua sfericità

11 **Il messaggio** Il forte monito rivolto dall'autrice al suo interlocutore – l'uomo – è articolato nelle due strofe. Di quale esortazione si tratta?

a. Non essere indifferente, segui l'esempio di chi si impegna
b. Scegli il tuo punto di vista e sostienilo attivamente
c. Scegli il tuo punto di vista anche senza impegnarti
d. Non schierarti e cerca di passare inosservato

12 **La forma metrica** Descrivi la forma metrica del componimento.

13 **La struttura sintattica** Nel testo prevale:

a. la paratassi
b. l'ipotassi

14 **Le metafore** La breve lirica è ricca di espressioni metaforiche. Quali?

a. L'inferno, i colori
b. L'inferno, i colori, il mondo di cera
c. L'indifferenza, i colori, il mondo senza senso
d. L'inferno, il grigio, il mondo di cera

15 **Il ritmo** Come definiresti il ritmo della poesia?

a. Lento nella prima strofa, veloce nella seconda
b. Veloce in tutto il testo
c. Lento in tutto il testo
d. Veloce nella prima strofa, lento nella seconda

16 **«Ricordalo scegliendo»** Queste parole polisillabiche del secondo verso contribuiscono a comunicare:

a. la facilità di scegliere e impegnarsi
b. la difficoltà e la fatica di scegliere e impegnarsi
c. la difficoltà di scegliere e la facilità di impegnarsi
d. l'impossibilità di scegliere e impegnarsi

17 **Le allitterazioni** Il verso iniziale di ciascuna strofa contiene un'allitterazione. Quale?

- Primo verso: ....
- Quarto verso: ....

18 **Lo stile** Osservando globalmente la forma espressiva (metrica, lessico, sintassi, figure retoriche), come definisci lo stile di questa poesia?

a. Colloquiale
b. Semplice
c. Aulico
d. Formale

Rielaborare e produrre

19 **La riscrittura** Riscrivi il testo senza ricorrere alle metafore usate dalla poetessa.

20 **Il commento** In un testo di circa 200 parole esprimi il tuo commento (► p. 65) alla poesia.

21 **La tua esperienza** Racconta in un breve testo un episodio, una situazione concreta nella quale ti è stato difficile osservare o mettere in pratica un valore etico in cui credi, o perché motivo di scontro con le posizioni sostenute da coetanei e adulti o per altre ragioni.

La mia classe

Regia
Daniele Gaglianone

Interpreti
Valerio Mastandrea e attori non professionisti

Data di uscita
2013

Genere
Drammatico

La locandina del film *La mia classe* diretto da Daniele Gaglianone nel 2013.

Trama

Il maestro di una classe d'immigrati adulti tiene lezioni serali d'italiano, il cui apprendimento è fondamentale perché costoro si vedano confermare il permesso di soggiorno.

La trama si fa oltremodo realistica quando ciascuno si sforza di raccontare il proprio passato, fatto di violenza e di soprusi, di affetti troncati, di lontananze struggenti, d'incerto futuro (Shadi, egiziano, parla della protesta in piazza al Cairo; la ragazza iraniana Mahbobeh non riesce a riferire la sofferenza di essere ripudiata dalla sua famiglia; la nigeriana Easther è arrivata a bordo di un gommone, dopo le violenze banditesche in territorio libico, e altri casi ancora).

Nella narrazione cinematografica, si verifica una svolta radicale quando la realtà prende il sopravvento. Un giorno, l'ivoriano Issa si presenta in classe e dichiara ai compagni e a tutta la troupe che il suo permesso di soggiorno è scaduto e non può più restare. Chiede aiuto, ma nessuno è in grado realmente di intervenire. Il maestro, che a quel punto rientra nei panni di se stesso e cioè dell'attore Valerio Mastandrea, è il primo a entrare in crisi, perché si rende conto che non è sufficiente girare un film per denunciare la difficile accoglienza che il nostro Paese riserva agli immigrati e sbotta nella frase: «Non serve a niente!», lasciando in sospeso l'esito del lavoro.

Analisi

La mia classe è un film dal carattere molto insolito, perché pur delineandosi fin dall'inizio come un atto di denuncia, a un certo punto la simulazione si trasforma addirittura in realtà, smaschera la finzione scenica e lascia emergere le contraddizioni in cui vive da tempo la nostra società, incapace di attuare una vera accoglienza e l'integrazione dei cosiddetti "extracomunitari".

Nel film, a fingere è solo il bravo Valerio Mastandrea, l'unico attore professionista, perché tutti gli altri, gli immigrati-attori, recitano se stessi, raccontano le proprie storie. Mastandrea è costretto a entrare e uscire dal doppio ruolo di attore-maestro e di uomo comune, autentico, per metterci di fronte alla triste verità: troppo spesso restiamo solo spettatori davanti ai drammi dell'emigrazione, anzi ci facciamo l'abitudine.

Non si tratta dunque di un film in senso proprio e neppure di un documentario, ma di una forma di meta-arte, ovvero di un'arte che implica da subito la riflessione su se stessa, in questo caso di un film nel film, che mette in crisi, prima ancora degli spettatori, coloro che lo stanno realizzando – il regista, l'attore Mastandrea e tutti i collaboratori – quando si accorgono che la realtà è ben peggiore di quello che raccontano.

per guardare oltre

Intersezioni nell'antologia

LETTURE

- I testi dell'Unità hanno come tema centrale la riflessione del poeta su argomenti legati alla vita sociale dell'individuo, come la libertà, i diritti e i valori, accompagnata spesso da un appello carico di speranza in un futuro migliore per l'uomo e la società. Temi analoghi, anche se legati prevalentemente alla più alta forma di violenza attuata dall'uomo, la guerra, si ritrovano anche in Giovanni **Raboni**, *Non sono bandiere queste bandiere* (► p. 33), e in Vittorio **Sereni**, nella poesia *Terrazza* (► p. 31). La guerra sollecita l'impegno di un altro poeta, Giuseppe **Ungaretti** (*Veglia*, ► p. 274), mentre l'esigenza di libertà riecheggia nei versi di Federico García **Lorca** (*Paesaggio*, ► p. 11).

Altri orizzonti

RACCOLTE POETICHE E INTERVISTE

- Parlare di poesia civile significa chiamare in causa Pier Paolo **Pasolini** con *Le ceneri di Gramsci* (1957) o *La religione del mio tempo* (1961). Su questo versante dell'impegno merita di essere citata anche l'opera *Conglomerati* (2009) di Andrea **Zanzotto**, soprattutto per la difesa ambientalista da lui condotta con determinazione. Poeta, narratore e saggista, Paolo **Ruffilli**, nella raccolta di poesie "civili" intitolata *Le stanze del cielo* (2009), affronta gli aspetti più disagiati del nostro vivere, incarnati da emarginati, tossicodipendenti, carcerati, senza arrendersi di fronte all'odio e alle ipocrisie che la società riversa su chi ne è sostanzialmente escluso. Maria Luisa **Spaziani** (► p. 204), in *Il fuoco sacro della poesia* (2014), una lunga conversazione-intervista, spiega il suo modo di operare, la sua idea di poesia, che definisce "un antidoto contro il qualunquismo, il menefreghismo, la banalità."

PITTURA

- Non hanno vissuto ignorando la loro contemporaneità, ma l'hanno posta al centro di tante loro opere, artisti come Francisco **Goya** (1746-1828), Honoré **Daumier** (1808-1879), George **Grosz** (1893-1959), Otto **Dix** (1891-1969), Georges **Rouault** (1871-1958), Pablo **Picasso** (1881-1973), Giacomo **Manzù** (1908-1991).

FILM

- In *Million Dollar Baby*, di Clint **Eastwood** (2004), film tenero e duro al tempo stesso, si racconta non solo una vicenda boxistica al femminile, ma anche il tormento per scelte morali grandi e difficili da compiere. La lotta per ottenere il diritto di voto è narrata nel film *Suffragette* (2015), di Sarah **Gavron**. Lucida testimonianza del dramma degli sbarchi dei migranti, ma soprattutto dell'impegno civile di Lampedusa e dei suoi abitanti è *Fuocoammare* (2016), docu-film di Gianfranco **Rosi**.

MUSICA

- Di stampo civile, tesa a sottolineare il valore della partecipazione e della responsabilità, è la bella canzone *La storia siamo noi* di Francesco **De Gregori**.

Una scena tratta dal film *Suffragette* diretto da Sarah Gavron nel 2015.

Francesco De Gregori.

PERCORSO C

I maestri

PERCORSO C

UNITÀ 1

L'amore per la vita in Giacomo Leopardi

• La nuova sensibilità romantica • Verso la fine del Settecento, in conseguenza di importanti avvenimenti storici – Rivoluzione francese, avvento di Napoleone, Restaurazione – che provocarono mutamenti radicali nella società e nella visione del mondo, si sviluppò un movimento culturale denominato **Romanticismo**. Prendendo avvio dalle esperienze di poeti inglesi e tedeschi, influenzò poi anche Paesi come la Francia e l'Italia, dove aveva sempre prevalso la tradizione classicistica.

La sensibilità romantica vedeva nel **sentimento** e nella **fantasia** dell'individuo gli **strumenti della conoscenza**, in grado di stabilire un proficuo collegamento con la realtà universale, con il mondo della natura. Come la letteratura e la musica, anche la pittura è stata ampiamente influenzata dai canoni estetici romantici. In Germania, in **ambito pittorico**, emerge la figura di Caspar David **Friedrich**, un artista che nelle sue opere esprime la tensione verso l'infinito e l'aspirazione dell'uomo al superamento della propria finitezza.

Johann Karl Bähr, *Ritratto di Caspar David Friedrich*, 1836. (Dresda, Galerie Neue Meister)

• Friedrich e il Romanticismo • Caspar David Friedrich nasce nel 1774 a Greifswald, cittadina affacciata sul Mar Baltico. La sua infanzia è segnata da una serie di tragici fatti, quali la perdita della madre e di tre fratelli; a simili eventi luttuosi si fa risalire la **vena malinconica** caratteristica dell'artista. Dopo gli studi all'Accademia di Copenaghen (1794), si trasferisce a Dresda, città nella quale, a parte alcuni brevi viaggi, trascorre il resto della vita. Di frequente si ritira sull'isola di Rügen, dove più forte lo prende il senso di struggimento per la maestosità del mare e di tutta la natura. A partire dal 1824 viene gradualmente emarginato dal mondo dell'arte e una grave malattia ne limita l'attività negli ultimi anni di vita. Muore a Dresda nel 1840.

DOMANDE

- Che cosa si intende per "sensibilità romantica"?
- Quali sono gli elementi lirici di questo dipinto?
- Perché la luna suggerisce sovente pensieri "romantici", come in quest'opera di Friedrich?
- Quali personali sensazioni ti suscita il dipinto?

Caspar David Friedrich, *Luna nascente sul mare*, 1820. (San Pietroburgo, Museo Ermitage)

• L'intensità delle sue passioni • Pur non disdegnando i contatti con gli ambienti culturali, Friedrich ha condotto in prevalenza una vita solitaria, nella consapevolezza che tale è la condizione dell'esistenza umana. Per il pittore tedesco, la vera arte scaturisce unicamente dal contatto tra l'**interiorità dell'artista** e la **natura**, espressione del divino sulla Terra.

Anche oggi davanti a un'opera di Friedrich si è presi da un senso di rapimento, di suprema ammirazione e anche di smarrimento per la tensione verso la totalità e il senso di **aspirazione all'infinito** che essa suscita.

Osservando il dipinto *Luna nascente sul mare*, si è invasi da una silenziosa emozione: sedute su di un masso, due donne osservano il sorgere della luna; più avanti, su uno scoglio sporgente dall'acqua, un'altra coppia di uomini guarda il mare aperto e l'astro notturno. Cielo e mare sono rischiarati da un'ampia luce chiaroscurale.

Qualcuno ha letto questo capolavoro in chiave religiosa (la luce lunare come emblema della redenzione cristiana); tuttavia, a imporsi sono innanzitutto la vena lirica dell'artista, una certa malinconia data dai toni violetti, la vastità della scena.

in questa Unità impareremo a

- **conoscere** la biografia dell'autore e il clima culturale e letterario del primo Ottocento
- **comprendere** il significato globale dei testi in relazione al pensiero dell'autore
- **analizzare** le liriche secondo le regole della poesia e le tecniche stilistiche per affinarne la comprensione e approfondirne le novità e le tematiche
- **interpretare** lo scritto, comprendendo l'universalità e l'attualità delle tematiche in esso contenute
- **produrre** parafrasi, commenti, testi narrativi e argomentativi a partire dai temi delle liriche
- **comunicare oralmente**, per riferire i contenuti delle poesie e riflettere sulle loro tematiche in forma strutturata e chiara

in questa Unità scopriremo

Antologia

L'infinito
A Silvia
La quiete dopo la tempesta
Il sabato del villaggio

Per approfondire

Il tentativo di fuga da Recanati

Verifica delle competenze

A se stesso

Uno dei massimi interpreti della nuova sensibilità romantica è senza dubbio Giacomo Leopardi. Il poeta recanatese si inserisce a pieno titolo, pur con i caratteri di originalità e di peculiarità che appartengono all'intera sua opera, nel nuovo contesto culturale romantico.

Egli trova nella poesia la forma espressiva più consona al suo animo per esprimere la tensione tra finito e infinito, reale e ideale, che anima l'uomo all'inizio dell'Ottocento.

A. Ferrazzi, *Ritratto di Giacomo Leopardi*, 1820. (Recanati, Casa Leopardi)

La poesia secondo l'Illuminismo

Caratteristica centrale dell'Illuminismo è l'ottimismo con cui si guarda al destino dell'uomo: grazie all'uso della ragione, non c'è problema che non possa avere un'adeguata soluzione. La cultura illuminista ha una straordinaria diffusione: si ricordi la pubblicazione dell'*Enciclopedia* (1751-1780) a cura di D. Diderot (1713-1784) e J.B. D'Alembert (1717-1783), che intendeva mettere a disposizione di ognuno le conoscenze basilari del tempo, contrastando così impulsi religiosi o superstiziosi, ritenuti di natura irrazionale.

Nella seconda metà del Settecento, anche la poesia è chiamata dunque ad abbandonare gli "inutili" temi idillici e sentimentali, per diventare uno **strumento di promozione sociale, civile e morale**. Al letterato, rinchiuso a scrivere e a filosofeggiare, si sostituisce la figura del poeta impegnato, capace di parlare a tutti.

La nuova poesia romantica

Le conversazioni filosofiche di un gruppo di intellettuali illuministi in un dipinto di Martin Knoller del 1758. (Innsbruck, Kunstgeschichtliche Sammlungen)

Tuttavia, coloro che si erano nutriti del positivo pensiero illuminista, qualche decennio dopo, si trovano a dover fare i conti con alcuni gravi avvenimenti storici: i radicali cambiamenti prodotti dalla Rivoluzione francese (1789), la lunga dominazione napoleonica sull'Europa (1799-1814), la reazione restauratrice seguita al Congresso di Vienna (1815). Tutto ciò genera negli animi più attenti un'amara delusione e la convinzione che la cultura illuminista non sia in grado di spiegare le trasformazioni in atto e di dare risposte a domande spirituali più profonde.

A fine Settecento si sviluppa un complesso movimento culturale e letterario che dapprima si manifesta in Germania con il gruppo dello *Sturm und*

Drang (Tempesta e assalto, 1760-1785) per poi prevalere in tutta Europa, a partire dai primi decenni dell'Ottocento. Si parla di "Romanticismo" per indicare un'epoca culturale (1798-1850) nella quale la **poesia** torna a essere **essenzialmente lirica**, libera espressione degli affetti e delle esperienze individuali. I capisaldi di questa nuova poesia romantica poggiano saldamente su alcune convinzioni:

- l'artista romantico si rivolge più al **passato** che al presente, sfugge a regole letterarie consolidate per affermare, invece, la sua **individualità**, le sue esperienze personali. Così, il letterato e poeta romantico assume atteggiamenti originali, anticonformistici, contrari agli ideali di ordine e sottomissione vigenti nel suo tempo; egli scopre il proprio "Io", il personale groviglio di **sentimenti**, **sogni**, pulsioni irrazionali e fantastiche che gli suggeriscono di tornare a sviluppare i temi perenni dell'amore, del dolore e della morte. È, questa, la dichiarazione poetica dell'inglese John Keats (1795-1821);
- l'uomo moderno e romantico si rende conto di vivere una stagione lontana dalla purezza delle antiche popolazioni che si trovavano in **simbiosi con la natura** – considerata come sacra, sede di valori autentici –, di conseguenza egli soffre per questa sua condizione: il suo senso di colpa nasce dalla consapevolezza che il progresso dell'uomo sta degradando la natura e violandone la sacralità. Spetta così al poeta dar vita a una poesia dei sentimenti, che possa recuperare uno stato originario di armonia e di pienezza;
- l'**anelito religioso** è un altro principio cardine del mondo romantico, e il Cristianesimo si può considerare conforme alle istanze culturali del Romanticismo. Il rifiuto della realtà puramente oggettiva e della logica razionale che la domina spinge l'artista verso una tensione continua alla ricerca dell'infinito. Limiti e barriere vanno superati per approdare a una realtà più vera, ancora sconosciuta: si assiste, pertanto, a un ritorno al misticismo, alla spiritualità come in A. Manzoni (1785-1873) e F.R. Chateaubriand (1768-1848);
- la **storia** acquista sempre **più valore**. Mentre l'Illuminismo svalutava il passato considerandolo un cumulo di errori persino aberranti, il Romanticismo lo recupera nella convinzione che i popoli nel corso della storia abbiano espresso se stessi, dato voce alle loro speranze e sofferenze. Si comincia a parlare di "nazione" e assumono primaria importanza le caratteristiche proprie di ogni Paese, le sue vicende, le sue memorie. I romantici sono i primi a guardare con interesse al Medioevo, un'epoca storica fino ad allora trascurata, che invece essi considerano determinante per la formazione della coscienza nazionale. All'interno della valorizzazione della storia, tutto ciò che ha un **carattere popolare** risulta significativo, come i canti, i racconti, le fiabe, le saghe popolari;
- segni distintivi specificamente italiani emergono nell'ambito del Romanticismo europeo. Nella Penisola il movimento assume un forte **carattere politico** e si sviluppa di pari passo con il Risorgimento. La ricerca dell'identità nazionale segna l'avvio del processo di unificazione del Paese, con le guerre d'indipendenza e l'affermazione delle idee liberali.

Joseph Severn, *Ritratto di John Keats*, 1823. (Londra, National Gallery)

• La rivoluzione poetica di Giacomo Leopardi •

Giacomo Leopardi in un ritratto di Tullio Pericoli del 1987.

Chi porta al culmine questo processo di interiorizzazione della poesia, intesa come espressione dell'Io individuale e soggettivo, è Giacomo Leopardi.

• La vita • Nato nel 1798 a Recanati, nelle Marche, da una famiglia nobile, Giacomo Leopardi trascorre la sua infanzia e la giovinezza in un ambiente rigidamente conformista, nel quale si scontra con l'indifferenza del padre e l'eccessiva severità della madre. La sua istruzione è affidata a precettori ecclesiastici; all'età di 11 anni, da autodidatta, si dedica con grande alacrità allo studio della letteratura italiana, delle lingue e letterature classiche, dell'ebraico, della storia e dell'astronomia, acquisendo in questo modo una cultura vastissima. Ne risente però la sua salute, già precaria, a tal punto che una malattia agli occhi si aggrava, accentuando il suo senso di solitudine e di prigionia. Le incomprensioni familiari e il ristretto ambiente recanatese finiscono per accrescere la sua personale insoddisfazione e per fargli maturare una visione negativa della condizione umana. Nel 1819 tenta, vanamente, la fuga dalla casa paterna (► p. 232).

Ciononostante, nel biennio successivo attraversa una fase creativa, il cui frutto è la stesura degli *Idilli*. Nel 1822 si reca a Roma, presso gli zii, ma dopo pochi mesi rientra a Recanati, deluso e insoddisfatto. Annota su un diario, lo *Zibaldone*, le proprie riflessioni letterarie ed esistenziali e compone le *Operette morali* (1824), prose e dialoghi di carattere filosofico nei quali rivela la propria concezione pessimistica della vita. Tra il 1825 e il 1828 è a Milano, poi a Bologna, Firenze e Pisa, dove ha modo di conoscere e di confrontarsi con gli ambienti progressisti e liberali italiani. Nel frattempo, la sua salute peggiora, e nel novembre del 1828 è costretto a ritornare nella città natale. Immerso in un isolamento assoluto, vivamente consapevole della sua totale infelicità, Leopardi scrive i cosiddetti "grandi idilli", canzoni e poesie che pubblicherà, unitamente ai precedenti idilli, in un unico volume, i *Canti* (1831).

Con l'aiuto di alcuni amici, lascia definitivamente Recanati e si trasferisce a Firenze (1830), dove conosce il giovane esule napoletano Antonio Ranieri (1806-1888) e s'innamora, non ricambiato, della nobildonna Fanny Targioni Tozzetti. Nel 1833 segue l'amico Ranieri a Napoli; qui trascorre gli ultimi anni in ristrettezze e in un ambiente che gli è ostile, curando la pubblicazione definitiva delle sue opere. Vi muore nel giugno del 1837.

• Poeta e filosofo • La vicenda biografica di Leopardi appare di certo tormentata e soffocata nei suoi slanci culturali, affettivi e sociali, ma nel contempo il poeta non smette mai di alimentare quella vitalità interiore che lo spinge a riflettere, a scrivere, ad amare la vita: quanto più si rende conto della limitatezza del mondo che lo circonda, tanto più ricerca in sé, nella sua vasta cultura le motivazioni per vivere un'esistenza piena e ricca.

Fritz von Wille, *Paesaggio con ginestre*, 1941. (Colonia, Lempertz Kunstauktionshaus)

La sua personalità si esprime andando ben oltre i fatti contingenti, materiali della quotidianità: nel corso del tempo, infatti, Leopardi va sviluppando la sua **riflessione** poetica e filosofica sull'esistenza umana, allargando la visuale da un piano personale a un **piano universale**, che coinvolge l'intera umanità. Una volta constatata la propria infelicità, egli matura la convinzione che l'infelicità sia comune a tutti gli uomini perché tale è la nostra sorte. Scrive a tale proposito nello *Zibaldone* il 27 giugno 1820: «Il dolore o la disperazione che nasce dalle grandi passioni e illusioni o da qualunque sventura della vita, non è paragonabile all'affogamento che nasce dalla certezza e dal sentimento della nullità di tutte le cose, e della impossibilità di essere felice a questo mondo, e dalla immensità del vuoto che si sente nell'anima».

In genere si parla di pessimismo cosmico, come punto di arrivo della sua riflessione, ma tale pessimismo non arriva ad annullare l'amore per la vita di Leopardi. Nei suoi canti sono tante le immagini luminose: la dolcezza dei paesaggi, i ridenti suoni e colori della quotidianità, il desiderio struggente di felicità, la gioia della festa. Tutto questo testimonia quanto il poeta amasse la vita e, al culmine del suo pessimismo, abbia saputo accettare la sfida dell'esistenza con dignità, a testa alta, trovando dentro di sé il coraggio per non farsi travolgere da quel senso di cupezza che lo ossessionava.

Quando, trasferitosi a Napoli, sale sulle pendici del Vesuvio, nella primavera del 1836, scrive un canto di congedo, una sorta di testamento lirico-filosofico, *La ginestra, o fiore del deserto*, nel quale individua nella spontanea solidarietà fra gli uomini la forza in grado di fronteggiare le crudeltà della natura, così come il fiore umile e tenace della ginestra attecchisce e resiste alla lava e alle eruzioni del vulcano.

• Le opere • La sua poesia, così come la sua ampia riflessione filosofica, è espressa nelle seguenti opere:

- ***Canti*** (► p. 217). Si è soliti distinguere fra piccoli e grandi idilli, sia perché scritti in anni diversi sia perché è possibile individuare un'evoluzione del pensiero poetico e filosofico dell'autore: la natura, da madre benigna, si trasforma in avversa matrigna e, pur dando vita al genere umano, non se ne cura; il **pessimismo storico**, riguardante il presente, si trasforma in pessimismo **cosmico**, nella convinzione che il dolore umano non è circoscritto nel tempo, ma riguarda l'intera storia dell'umanità;
- ***Zibaldone di pensieri***. Leopardi vi raccoglie appunti di carattere personale, di argomento letterario, filosofico e linguistico, composti dal 1817 al dicembre 1832. Pub-

PAROLE *sotto la lente*

Idillio

Il sostantivo proviene dal latino *idillium*, a sua volta derivato del greco *eidýllion*, diminutivo di *èidos*, "piccola figura, bozzetto". Presso i Greci l'idillio era un piccolo componimento poetico in genere descrittivo, non necessariamente pastorale; nella poesia italiana indica un breve componimento di argomento bucolico, tendente a rappresentare la vita agreste in modo idealizzato. In senso lato indica un rapporto amoroso tenero, ingenuo e sentimentale.

Attività

La radice di questo nome è presente in due aggettivi. Trovali e indica poi almeno tre aggettivi di significato contrario.

blicata (in sette volumi) soltanto tra il 1898 e il 1900, quest'opera monumentale consente di comprendere lo sviluppo del pensiero e della filosofia esistenziale di Leopardi, anche attraverso numerosi **ricordi familiari** e intimi. Lo *Zibaldone*, nato a scopo personale e non rivolto a un pubblico di lettori, resta un ciclopico e prezioso documento di uno dei più grandi letterati italiani;

- ***Operette morali***. Scritte, per la maggior parte, nel 1824, vengono pubblicate nel 1827; a questa edizione seguirà, nel 1834, un'altra versione con alcune modifiche. In seguito, sarà l'amico Antonio Ranieri a curarne l'edizione postuma, nel 1845. **Dialoghi ironico-satirici**, su modello dello scrittore e retore greco Luciano (125-180 ca), trattano i temi cari a Leopardi: l'infelicità del vivere (*Dialogo di Malambruno e di Farfarello, Dialogo della Natura e di un'anima, Cantico del gallo silvestre*), l'impossibilità del piacere (*Dialogo di Torquato Tasso e del suo genio familiare*), l'ostilità della natura nei confronti dell'uomo (*Dialogo di un folletto e di uno gnomo, Dialogo della Natura e di un islandese*).

Alimentata da moti, fervori, passioni, elevata da slanci riflessivi di alta e sofferta meditazione, quella di Leopardi è una poesia dei sentimenti tipica del Romanticismo, di cui egli accoglie anche la lezione di **rinnovamento** delle stesse **strutture formali**: pur non rompendo con l'elegante tradizione dei classici – la sua formazione è rigorosamente classicista –, si sottrae a ogni rigidità e apre la via a un profondo rinnovamento metrico, preferendo ai sonetti, alle ballate, ai madrigali la struttura aperta dei *Canti*. Così, anche sul piano lessicale, Leopardi innesta su di una lingua poetica che discendeva da Dante, Petrarca, Tasso, e poi Foscolo, un tessuto linguistico legato alla realtà quotidiana, creando un intreccio di straordinaria raffinatezza e musicalità, in grado di esprimere tutta la gamma dei sentimenti. Nel poeta recanatese ogni parola rivela echi letterari, nobiltà d'animo, immagini appassionate.

• Il percorso antologico •

L'incessante meditazione sul senso della vita, sul destino dell'uomo, sul valore dei sentimenti è alla base degli scritti di Leopardi, a cominciare dai *Canti*. La struttura di queste composizioni è data da un alternarsi di momenti descrittivi, altamente lirici, e di altri di natura più riflessiva, se non filosofica.

Pietro Annigoni, *Viandante*, 1946. (Firenze, Museo Annigoni)

È emozionante leggere (o rileggere) ***L'infinito*** (▸ p. 217), per sentire insieme al poeta i brividi che la percezione dell'eternità può dare, per misurarsi con il senso di piccolezza e di nullità che ne può scaturire. ***A Silvia*** (▸ p. 220) è tra le poesie più popolari di Leopardi: i versi raccontano lo struggente ricordo e il vivo rammarico del poeta per le illusioni della perduta giovinezza, simbolicamente rappresentata da questa delicata figura femminile. ***La quiete dopo la tempesta*** (▸ p. 224) e ***Il sabato del villaggio*** (▸ p. 228) costituiscono un dittico di grande poesia: leggendo le due liriche siamo chiamati a riflettere sul tema del piacere e della felicità, uno di quelli più cari al poeta. Conclude il nostro breve ma significativo percorso la poesia ***A se stesso*** (▸ p. 236), nata da una delusione sentimentale trasformata dal poeta in una riflessione sul destino amaro che la sorte riserva al genere umano.

Infine, in una lettera tratta dall'*Epistolario*, il giovane Leopardi dà sfogo a tutta la sua insofferenza per l'angusto ambiente recanatese.

Giacomo Leopardi

L'infinito

Una siepe che ostacola, ma in un certo senso non preclude, la vista di spazi illimitati e lo stormire del vento offrono al poeta l'occasione per riflettere sul concetto di infinito e di eternità.

Da
Canti, 1831

Lirica
in endecasillabi
sciolti

Sempre caro mi fu quest'ermo colle,
e questa siepe, che da tanta parte
dell'ultimo orizzonte il guardo esclude.
Ma sedendo e mirando, interminati
spazi di là da quella, e sovrumani
silenzi, e profondissima quiete
io nel pensier mi fingo; ove per poco
il cor non si spaura. E come il vento
odo stormir tra queste piante, io quello
infinito silenzio a questa voce
vo comparando: e mi sovvien l'eterno,
e le morte stagioni, e la presente
e viva, e il suon di lei. Cosí tra questa
immensità s'annega il pensier mio:
e il naufragar m'è dolce in questo mare.

G. Leopardi, *Canti*, Einaudi, Torino, 1993

1 **caro…ermo colle**: il colle è il monte Tabor, poco lontano da casa Leopardi, giudicato dal poeta caro e solitario («ermo»).

2-3 **tanta…esclude**: la siepe impedisce di vedere («esclude») gran parte dell'orizzonte; «ultimo» significa "più lontano".

4 **mirando**: fissando non tanto con lo sguardo, ma con gli occhi della mente.

5 **di là da quella**: al di là della siepe.

5-6 **sovrumani silenzi**: silenzi così maestosi che vanno oltre le capacità umane di comprensione.

7 **mi fingo**: mi raffiguro, immagino.

7-8 **ove…il cor non si spaura**: in quegli spazi e silenzi il cuore quasi si smarrisce.

8-11 **E come…comparando**: non appena («come», con valore temporale) sento il rumore del vento tra gli alberi, confronto quel silenzio infinito a questo suono («questa voce»).

11 **l'eterno**: l'eternità, l'infinito temporale.

13 **il suon di lei**: il rumore della stagione presente, della mia vita.

MONDI POETICI da SCOPRIRE

Canti di Giacomo Leopardi

Leopardi pubblica il volume *Canti* nel 1831 e nel 1835, mentre l'edizione definitiva, che comprende 41 componimenti, esce postuma nel 1845, per iniziativa dell'amico Antonio Ranieri.

Si è soliti individuare nei *Canti* due sezioni: la prima è costituita dagli *Idilli* composti tra il 1819 e il 1821, in cui il poeta parla soprattutto di sé, pur sapendo di rappresentare esperienze di vita comuni a tutti gli uomini, ed esprime il senso di vacuità dell'esistenza; la natura è considerata una madre benigna, mentre la causa delle sofferenze umane va ricercata nella ragione. È la fase del "pessimismo storico": la visione negativa di Leopardi tocca solamente il presente in cui egli si trova a vivere.

Una seconda sezione dei *Canti* è costituita dai "grandi idilli", composti tra il 1828 e il 1830, nei quali Leopardi accosta a temi personali, umili e quotidiani, altri temi di carattere metafisico che interessano tutte le «umane genti». Egli dimostra una maggiore consapevolezza di quanto assurda sia l'esistenza umana e di come l'individuo sia destinato a soffrire. La critica parla per questa fase di "pessimismo cosmico": la natura non è più vista come una forza benevola, bensì come una matrigna che, pur avendo dato vita al genere umano, lo ha abbandonato in una condizione precaria e dolorosa.

Nonostante le loro distinzioni, i *Canti* rivelano un'unitarietà nella comune concezione della Storia, della vita e dell'animo umano. Leopardi si interroga sul senso dell'esistenza, traducendo la meditazione filosofica in espressione poetica; pur vedendo con chiarezza il dolore universale che affligge gli uomini, è riconoscibile nei suoi versi una continua tensione a superare gli affanni della vita per affermare la dignità dell'uomo.

per L'ANALISI del TESTO

Descrizione e riflessione

Nell'idillio, uno dei primi, risalente al 1819, troviamo attuata quella mirabile **sintesi** tra la descrizione e la riflessione che è una delle componenti fondamentali della poesia leopardiana. Un colle solitario e il vento suggeriscono al poeta una riflessione su **problemi esistenziali**: il tempo che scorre, la condizione dell'uomo sospeso tra la sua condizione di finitezza, di mortalità e la percezione di un'immensità spaziale e temporale. Da questa sensazione di infinito scaturisce nell'animo del poeta un temporaneo abbandono («il naufragar», v. 15) a questa nuova dimensione, che lo porta ad annullare la propria identità e a dimenticare i dolori della vita.

Il componimento, dunque, esprime una forte **tensione verso l'infinito**, un tema ricorrente nella poesia romantica.

Il valore dell'immaginazione

Nel luglio del 1820, Leopardi teorizza nello *Zibaldone*: «L'anima si immagina quello che non vede, che quell'albero, quella siepe, quella torre gli nasconde, e va errando in uno spazio immaginario, e si figura cose che non potrebbe, se la sua vista si estendesse da per tutto, perché il reale escluderebbe l'immaginario».

Ebbene, proprio l'immaginazione permette al poeta di andare oltre la siepe del monte Tabor che rappresenta un ostacolo all'osservazione dell'orizzonte (vv. 1-3) e di immergersi in una tale immensità e quiete da incutergli quasi paura (vv. 4-8).

Ma il frusciare del vento tra le piante, comparato al silenzio profondo degli «interminati / spazi» dei versi 4-5, lo riporta alla realtà e gli consente di cogliere tutta la distanza tra il presente e il passato, tra il momento circoscritto e il fluire perenne del tempo, cioè l'**eternità**. A questo punto, egli assapora rasserenato la dolcezza dell'abbandono all'idea dell'immensità («e il naufragar m'è dolce in questo mare», v. 15).

Pertanto questa esperienza d'**infinito** si compie su due piani: dapprima l'infinito **spaziale**, percepito con la vista («mirando», v. 4), poi quello **temporale**, stimolato dal suono del vento («odo», v. 9).

La poetica del vago

Per rendere poeticamente questa sua avventura spirituale, Leopardi usa un **lessico evocativo** e indefinito: «interminati», v. 4; «sovrumani», v. 5; «profondissima», v. 6; «infinito», v. 10; «immensità», v. 14. Inoltre si può rilevare un **crescendo** sul piano lessicale: nei primi tre versi compaiono parole brevi («caro», «ermo», «colle», v. 1; «siepe», «parte», v. 2; «guardo», v. 3), cui seguono parole sempre più lunghe («sedendo», «mirando», «interminati», v. 4; «sovrumani», v. 5; «profondissima», v. 6; «immensità», v. 14; «naufragar», v. 15), che concorrono a determinare una dilatazione spazio-temporale corrispondente alla fuga da una condizione umana limitata.

La struttura sintattica è **paratattica**: prevale la coordinazione per polisindeto («e... e... e...») che evidenzia il crescente stupore del poeta. I numerosi *enjambement*, alcuni dei quali di grande effetto ritmico («interminati / spazi», vv. 4-5; «sovrumani / silenzi», vv. 5-6; «quello / infinito silenzio», vv. 9-10; «questa / immensità», vv. 13-14), ampliando la lunghezza del verso, determinano un procedere fluido e sottolineano la percezione dell'immensità dello spazio e del tempo.

Frederic Edwin Church, *Alba sopra le nuvole*, 1849. (Tuscaloosa-Alabama, Westervelt-Warner Museum)

Attività

Leggere e comprendere

1 **La scena** Descrivi la scena raffigurata nella poesia.

2 **La siepe** Pur costituendo un ostacolo alla vista, la siepe suscita nel poeta un'intensa esperienza. Quale?

3 **Il vento** Quale ruolo riveste il vento nella lirica?

4 **La reazione** Come reagisce l'animo del poeta a questa straordinaria esperienza di infinito e di eternità?

a. Soffre per la caducità della vita

b. Si lascia andare a un sentimento di comunione con la natura

c. Si sente parte dell'immenso ed eterno universo

d. Si sente in balia di forze non controllabili

Riconoscere e analizzare

5 **La struttura** Descrivi la struttura metrica della poesia e rifletti sulla sua relazione con la tradizione.

6 **Il ritmo** Come definiresti il ritmo del componimento? Motiva la tua risposta.

a. Lento

b. Veloce

c. Vario

d. Incalzante

7 **Il lessico** Ricerca e inserisci nella tabella i vocaboli che si riferiscono a immagini concrete e quelli che richiamano concetti astratti.

Immagini concrete	Concetti astratti
....	....
....	....
....	....
....	....
....	....
....	....

8 **Gli aggettivi** Osserva l'uso degli aggettivi dimostrativi "questo" e "quello" accoppiandoli ai termini cui si riferiscono, quindi riporta le espressioni nella tabella e chiarisci il loro valore.

Questo	Quello

9 **Lo spazio** La lirica presenta un alternarsi di spazi finiti e infiniti. In base a questo criterio, suddividila in quattro sequenze, specifica a quali versi e a quale tipo di spazio si riferiscono e mettile in relazione tra loro.

Sequenze	Spazio
I.....	....
II.....	....
III.....	....
IV.....	....

Rielaborare e produrre

10 **Discutere** Considera il verso 15: «e il naufragar m'è dolce in questo mare» e rifletti sulle emozioni contrastanti di sgomento e dolcezza provate dal poeta di fronte all'idea d'immensità. Ritieni che sia possibile provare entrambe queste emozioni contemporaneamente? O l'una esclude necessariamente l'altra? Esponi oralmente la tua opinione, confrontandola con quella dei compagni in un dibattito in classe.

11 **La parafrasi** Volgi in prosa (▶ p. 63) la poesia.

12 **Analisi e commento** In un testo di 200 parole analizza e commenta (▶ pp. 64-65) la lirica

13 **Una pagina di diario** L'esperienza, nuova e sorprendente, di cui Leopardi ci rende partecipi è frutto del suo desiderio di fondersi con l'infinito, del quale avverte la presenza in quel luogo particolare. Hai mai sperimentato qualcosa di simile davanti a un paesaggio naturale? Hai mai provato il desiderio di non avere limiti e costrizioni? In quale altra occasione? Racconta la tua esperienza, immaginando di scrivere una pagina di diario.

Giacomo Leopardi

A Silvia

Da
Canti, 1831

Lirica,
canzone libera

Attraverso il ricordo di Silvia, una fanciulla morta prematuramente, Leopardi esprime la consapevolezza, propria dell'età adulta, della vanità dei sogni e delle illusioni tipiche della giovinezza. Con dolore inconsolabile, il poeta non può che rivolgere il suo lamento a una natura crudele, che non mantiene le sue promesse di felicità.

Silvia, rimembri ancora
quel tempo della tua vita mortale,
quando beltà splendea
negli occhi tuoi ridenti e fuggitivi,
e tu, lieta e pensosa, il limitare
di gioventú salivi?

Sonavan le quiete
stanze, e le vie dintorno,
al tuo perpetuo canto,
allor che all'opre femminili intenta
sedevi, assai contenta
di quel vago avvenir che in mente avevi.
Era il maggio odoroso: e tu solevi
cosí menare il giorno.

Io gli studi leggiadri
talor lasciando e le sudate carte,
ove il tempo mio primo
e di me si spendea la miglior parte,
d'in su i veroni del paterno ostello
porgea gli orecchi al suon della tua voce,
ed alla man veloce
che percorrea la faticosa tela.
Mirava il ciel sereno,

William-Adolphe Bouguereau, *Ritratto di giovane ragazza*, 1898. (Collezione Privata)

1 **Silvia**: nome di donna tipico della poesia pastorale; potrebbe alludere a Teresa Fattorini, figlia del cocchiere di casa Leopardi, morta di tisi in giovanissima età. **rimembri**: ricordi.

2 **quel...mortale**: il tempo della tua vita terrena, cioè quando eri ancora viva.

3 **quando...splendea**: quando la bellezza risplendeva. La forma dell'imperfetto in "-ea" è propria della lingua poetica antica.

4 **ridenti e fuggitivi**: pieni di gioia, ma anche schivi («fuggitivi»), per un certo pudore adolescenziale che porta a non reggere a lungo lo sguardo altrui.

5-6 **limitare...salivi**: eri sul punto di varcare la soglia della giovinezza.

7 **Sonavan**: risuonavano.

10-11 **allor che...sedevi**: quando sedevi, occupata nei lavori femminili.

12 **vago**: incerto, indefinito.

14 **menare il giorno**: trascorrere la giornata.

15-16 **gli studi...carte**: interrompendo talvolta gli studi, motivo di soddisfazione («leggiadri») ma che richiedevano anche impegno e fatica («sudate carte»).

17-18 **ove...parte**: sui quali consumavo la prima e miglior parte della mia giovinezza.

19 **d'in su...ostello**: dai balconi della casa paterna.

22 **faticosa tela**: il pesante lavoro al telaio.

23 **Mirava**: contemplavo.

le vie dorate e gli orti,
e quinci il mar da lungi, e quindi il monte.
Lingua mortal non dice
quel ch'io sentiva in seno.

Che pensieri soavi,
che **speranze**, che cori, o Silvia mia!
Quale allor ci apparia
la vita umana e il fato!
Quando sovviemmi di cotanta speme,
un affetto mi preme
acerbo e sconsolato,
e tornami a doler di mia sventura.
O natura, o natura,
perché non rendi poi
quel che prometti allor? perché di tanto
inganni i figli tuoi?

Tu pria che l'erbe inaridisse il verno,
da chiuso morbo combattuta e vinta,
perivi, o tenerella. E non vedevi
il fior degli anni tuoi;
non ti molceva il core
la dolce lode or delle negre chiome,
or degli sguardi innamorati e schivi;
né teco le compagne ai dí festivi
ragionavan d'amore.

Anche peria fra poco
la speranza mia dolce: agli anni miei
anche negaro i fati
la giovanezza. Ahi come,
come passata sei,
cara compagna dell'età mia nova,

PAROLE *sotto la lente*

Speranza

Deriva dal latino *sperare* (da *spes*, speranza), sull'esempio del francese antico *espérance*. Indica un sentimento di attesa fiduciosa nella realizzazione di quanto si desidera; più genericamente, è la fiducia nell'avvenire.

Attività

Spiega il significato delle seguenti espressioni che contengono la parola "speranza": speranza di vita, di belle speranze, speranza del calcio, speranza matematica, viaggio della speranza.

26-27 **Lingua...seno**: non si può esprimere con le parole («lingua mortal») quello che io provavo nel cuore.

29 **che cori**: quali stati d'animo. Il poeta, con una metonimia, indica la sede del sentimento (il cuore) e non il sentimento stesso.

30-31 **Quale...fato!**: la nostra vita e il nostro destino ci sembravano belli e ricchi di promesse.

32 **sovviemmi...speme**: mi tornano alla mente tutte quelle speranze.

33-34 **un affetto...sconsolato**: un dolore («affetto») aspro e inconsolabile mi opprime.

36-39 **O natura...figli tuoi?**: o natura, perché non tieni fede («non rendi») in età adulta («poi») a quanto hai promesso nella giovinezza («allor»)? Perché inganni i tuoi stessi figli?

40 **pria che...verno**: prima che l'inverno (il «verno», soggetto della frase) seccasse la vegetazione.

41 **da chiuso...vinta**: combattuta e sconfitta da un male insidioso e segreto («chiuso morbo»).

42 **perivi, o tenerella**: morivi, giovane Silvia.

43 **il fior...tuoi**: la tua giovinezza.

44-46 **non ti molceva...schivi**: non ti intenerivano («molceva») il cuore né i complimenti per i tuoi capelli neri né per gli occhi pudichi che facevano innamorare.

47-48 **né teco...d'amore**: neppure le amiche, nei giorni di festa, s'intrattenevano a scambiare con te confidenze d'amore.

49-50 **Anche...dolce**: nello stesso modo, dopo la tua morte, sarebbero cadute anche le mie dolci speranze giovanili.

50-52 **agli anni...giovanezza**: il destino («i fati») ha negato anche a me, come a te, la giovinezza.

54 **dell'età mia nova**: della mia giovinezza.

mia lacrimata speme!
Questo è quel mondo? questi
i diletti, l'amor, l'opre, gli eventi,
onde cotanto ragionammo insieme?
questa la sorte delle umane genti?
All'apparir del vero
tu, misera, cadesti: e con la mano
la fredda morte ed una tomba ignuda
mostravi di lontano.

G. Leopardi, *Canti*, Einaudi, Torino, 1993

55 **mia lacrimata speme**: mia speranza sempre rimpianta.
56-58 **Questo…insieme?**: è dunque questo il mondo tanto sognato? Sono queste le gioie, gli amori, i progetti, le azioni di cui tanto abbiamo parlato tra di noi?
59 **questa…genti?**: questo il destino degli uomini?
60-63 **All'apparir…lontano**: appena la verità è emersa in tutta la sua disumanità («All'apparir del vero»), tu, infelice speranza, sei venuta meno e mi indicavi da lontano la morte come unico mio destino.

per L'ANALISI del TESTO

L'amara visione della vita

Il canto, scritto a Pisa nel 1828, apre la seconda stagione della poesia di Leopardi, quella dei "grandi idilli".

Silvia e il poeta sono accomunati dal fatto di avere vissuto gli stessi sogni giovanili, coltivato le stesse speranze che la natura, matrigna, si è incaricata di cancellare, riservando loro, come a tutti gli uomini, un'esistenza fatta soltanto di **dolore e morte**.

L'amara visione della vita contenuta in questi versi trova un riscontro preciso nello *Zibaldone*: «Che cosa è la vita? Il viaggio di uno zoppo e infermo che con un gravissimo carico in sul dosso per montagne ertissime e luoghi sommamente aspri, faticosi e difficili, alla neve, al gelo, alla pioggia, al vento, all'ardore del sole, cammina senza mai riposarsi dì e notte uno spazio di molte giornate per arrivare a un cotal precipizio o un fosso, e quivi inevitabilmente cadere» (17 gennaio 1826), in cui – si noti – il verbo «cadere» riecheggia il «cadesti», qui riferito a Silvia, del verso 61.

La contraddizione della natura

Il poeta si rivolge a tre interlocutori: Silvia (vv. 1-14), la natura (vv. 36-39) e la speranza (vv. 52-63). Al centro della canzone vi sono la natura e la meditazione sull'**inevitabile destino** che attende ogni essere umano: il passaggio dalla speranza – espressa nella parte iniziale della lirica con il ritratto di Silvia – alla delusione si ha con la quarta strofa, in cui viene esplicitata la contraddizione tra l'attesa dei sogni giovanili e la dolorosa consapevolezza dell'inganno che riserva la natura. La quinta strofa, con la rievocazione della morte di Silvia, e la sesta, in cui l'«apparir del vero» (v. 60) coincide con la fine definitiva della speranza, racchiudono il triste bilancio del poeta.

Silvia, inizialmente ritratta con realismo e concretezza («negli occhi tuoi ridenti e fuggitivi», v. 4; «negre chiome», v. 45; «sguardi innamorati e schivi», v. 46), diviene una figura indefinita, il **simbolo** della giovinezza e delle **speranze infrante**. C'è una correlazione tra la ragazza e la speranza che si evidenzia nella costruzione simmetrica dei passaggi fondamentali del testo: Leopardi si rivolge a entrambe in modo accorato («Silvia, rimembri ancora», v. 1, e «cara compagna dell'età mia nova, / mia lacrimata speme!» vv. 54-55). Il valore universale del destino di Silvia è reso dalla domanda retorica dell'ultima strofa: «questa la sorte delle umane genti?» (v. 59).

Lo stile

La lirica presenta due toni che si intrecciano: quello **evocativo**, quando Leopardi ricorda Silvia intenta alle sue occupazioni quotidiane, e le emozioni che la ragazza suscita in lui; quello **riflessivo**, quando viene svelata la sorte che la natura riserva alla giovane e più in generale alle speranze degli uomini.

Il poeta si esprime con periodi lunghi, lenti e articolati quando descrive Silvia e le sue attività oppure se stesso, mentre ricorre a periodi brevi, incisivi, quando riflette sulla crudeltà della natura matrigna. Per accentuare l'atmosfera del ricordo, egli ricorre a espressioni evocative che rispecchiano la poetica del "vago" e dell'indeterminato («vago avvenir», v. 12; «Che pensieri soavi, / che speranze, che cori», vv. 28-29).

Attività

Leggere e comprendere

1 **I contenuti** Quali sono i contenuti della lirica?

2 **Il destinatario** A chi si rivolge principalmente il poeta?
a. Alla natura matrigna
b. A Silvia
c. A tutta l'umanità
d. Agli uomini di cultura

3 **Due destini** Spiega le ragioni che spingono il poeta ad accomunare il proprio destino a quello di Silvia.

4 **Il simbolo** Che cosa rappresenta Silvia?

Riconoscere e analizzare

5 **La struttura metrica** Fai l'analisi metrica del componimento.

6 **Le strofe** Rileggi le strofe e completa la tabella seguente, attribuendo un titolo significativo a ognuna di esse.

Strofa	Titolo
I	....
II	....
III	....
IV	....
V	....
VI	....

7 **Il ritmo** Analizza il ritmo complessivo della lirica, soprattutto attraverso l'analisi sintattica.

8 **I campi semantici** Ricerca nel testo i vocaboli che attengono agli aspetti positivi della vita e quelli che esprimono invece aspetti negativi.

Positività	Negatività

9 **Le figure retoriche** Definisci le figure retoriche di ordine e di significato indicate di seguito e chiariscine il significato.

- «il limitare / di gioventú salivi» (vv. 5-6):
....
....
- «maggio odoroso» (v. 13):
....
....
- «Io gli studi leggiadri» (v. 15):
....
....
- «pria che l'erbe inaridisse il verno» (v. 40):
....
....
- «il fior degli anni tuoi» (v. 43):
....
....
- «cara compagna» (v. 54):
....
....

Rielaborare e produrre

10 **Discutere** Considera i versi 26-27: «Lingua mortal non dice / quel ch'io sentiva in seno» e rifletti sulla difficoltà di esprimere a parole le proprie emozioni. Credi che Leopardi riesca ugualmente a trasmettere i propri sentimenti, nonostante questa affermazione? Esponi oralmente la tua opinione, confrontandola con quella dei compagni in un dibattito in classe.

11 **La parafrasi** Volgi in prosa (► p. 63) la lirica.

12 **Analisi e commento** Analizza e commenta (► pp. 64-65) il componimento in un testo di 200 parole.

13 **La tua esperienza** Nel dialogo immaginario con Silvia, Leopardi affronta un tema a lui caro: il crollo delle illusioni e delle aspettative giovanili. Hai mai sperimentato una delusione dolorosa? Come hai reagito? Racconta la tua esperienza in un testo di 200 parole.

Giacomo Leopardi

La quiete dopo la tempesta

Da
Canti, 1831

Lirica,
canzone libera

Il cielo che si rasserena dopo una tempesta e la ripresa gioiosa delle attività quotidiane rappresentano per il poeta un raro, fugace momento di piacere, legato più a una temporanea sospensione della sofferenza e della paura che a una reale felicità.

Passata è la tempesta:
odo augelli far festa, e la gallina,
tornata in su la via,
che ripete il suo verso. Ecco il sereno
rompe là da ponente, alla montagna;
sgombrasi la campagna,
e chiaro nella valle il fiume appare.
Ogni cor si rallegra, in ogni lato
risorge il romorio,
torna il lavoro usato.
L'artigiano a mirar l'umido cielo,
con l'opra in man, cantando,
fassi in su l'uscio; a prova
vien fuor la femminetta a còr dell'acqua
della novella piova;
e l'erbaiuol rinnova
di sentiero in sentiero
il grido giornaliero.
Ecco il Sol che ritorna, ecco sorride
per li poggi e le ville. Apre i balconi,
apre terrazzi e logge la famiglia:
e, dalla via corrente, odi lontano
tintinnio di sonagli; il carro stride
del passeggier che il suo cammin ripiglia.

2 **augelli**: uccelli; è un arcaismo usuale nella lirica leopardiana.

4-5 **Ecco il sereno...montagna**: verso occidente il sereno squarcia («rompe») le nuvole.

6-7 **sgombrasi...appare**: la campagna si libera di nebbie e di foschie («sgombrasi») e il fiume torna a scorrere limpido.

10 **torna...usato**: si ritorna al lavoro abituale («usato»), dopo la pausa causata dal temporale.

11-13 **L'artigiano...uscio**: l'artigiano, tenendo in mano il lavoro («opra») e cantando, si affaccia («fassi») sulla soglia per osservare il cielo ancora umido di pioggia. «opra» e «fassi» sono due arcaismi.

13-15 **a prova...piova**: una fanciulla esce per raccogliere («a còr») dell'acqua della recente («novella») pioggia, in gara («a prova») con le sue amiche.

16-18 **l'erbaiuol...giornaliero**: il venditore ambulante di erbe e di ortaggi ripete il suo grido quotidiano, con il quale segnala il suo passaggio lungo i sentieri.

19-20 **Ecco il Sol...ville**: la luce del sole fa scintillare («sorride») le colline («li poggi») e i villaggi («le ville»).

21 **la famiglia**: la servitù. È un latinismo da *familia*.

22 **via corrente**: via centrale, maestra.

22-24 **odi lontano...ripiglia**: si odono in lontananza sonagli di animali e il carretto di un viaggiatore che riprende il cammino.

Si rallegra ogni core.
Sí dolce, sí gradita
quand'è, com'or, la vita?
quando con tanto amore
l'uomo a' suoi studi intende?
o torna all'opre? o cosa nova imprende?
Quando de' mali suoi men si ricorda?
Piacer figlio d'affanno;
gioia vana, ch'è frutto
del passato timore, onde si scosse
e paventò la morte
chi la vita abborria;
onde in lungo tormento,
fredde, tacite, smorte,
sudàr le genti e palpitàr, vedendo
mossi alle nostre offese
folgori, nembi e vento.

O natura cortese,
son questi i doni tuoi,
questi i diletti sono
che tu porgi ai mortali. Uscir di pena
è diletto fra noi.
Pene tu spargi a larga mano; il duolo
spontaneo sorge: e di piacer, quel tanto
che per **mostro** e miracolo talvolta
nasce d'affanno, è gran guadagno. Umana
prole cara agli eterni! assai felice
se respirar ti lice
d'alcun dolor: beata
se te d'ogni dolor morte risana.

G. Leopardi, *Canti*, Einaudi, Torino, 1993

Caspar David Friedrich, *La grande riserva*, 1832. (Dresda, Staatliche Kunstsammlungen)

PAROLE *sotto la lente*

Mostro

Il nome viene dal latino *monstrum*, "prodigio, cosa straordinaria, portento", che ha origine dal verbo *monere*, "ammonire, avvertire". Nel significato originario il termine contiene dunque l'idea di "avvertire" di un fenomeno straordinario fra gli uomini e in natura. Genericamente indica una creatura di aspetto orribile.

Attività

Con l'aiuto del dizionario elenca gli usi figurati del temine, fornendo di ognuno un esempio.

26-27 **Sì dolce…vita?**: quando la vita è così dolce e piacevole come ora?

28-29 **quando…intende?**: quando l'uomo ritorna alle sue occupazioni («a' suoi studi intende») con così tanto amore?

30 **o torna…imprende?**: o ritorna alle sue attività consuete? O ne intraprende di nuove?

33-36 **gioia…abborria**: è una gioia priva di consistenza («vana») quella che scaturisce dalla paura appena provata, a causa della quale («onde») chi odiava («abborria», che sta per "aborriva") la vita si è ricreduto («si scosse») e ha davvero temuto di morire. La forma dell'imperfetto in "-ia" è propria della lingua poetica antica.

37-41 **onde…vento**: a causa della quale (la paura) gli uomini, a lungo tormentati, freddi, silenziosi e pallidi sudarono e palpitarono, vedendo scatenarsi contro di loro i fulmini, le nuvole e il vento.

42 **cortese**: generosa, gentile; il tono è di amara ironia.

44-45 **questi i diletti…mortali**: sono queste le gioie («diletti») che tu natura concedi agli uomini.

45-46 **Uscir…fra noi**: smettere di soffrire è per gli uomini motivo di gioia.

47-50 **il duolo…guadagno**: il dolore («duolo») si genera spontaneamente e quel poco di piacere, che a volte in casi straordinari («per mostro e miracolo») scaturisce dalla sofferenza, è da ritenere un grande guadagno. «mostro» è usato qui in senso etimologico, con valore di "prodigio".

50-51 **Umana prole…eterni!**: genere umano, come sei caro agli dei!

51-53 **assai felice…dolor**: potrai ritenerti felice se ti è concesso («ti lice») avere un po' di tregua da qualche dolore. «lice» è un latinismo da *tibi licet*, "si può, è concesso".

53-54 **beata…risana**: ma ritieniti davvero fortunata («beata») se sopraggiunge la morte a porre fine alle tue pene.

per L'ANALISI del TESTO

I "grandi idilli"

Questa lirica è stata composta tra il 17 e il 20 settembre 1829, per essere pubblicata nella prima edizione dei *Canti* nel 1831. Fa dunque parte della cosiddetta stagione dei "grandi idilli", composti da Leopardi in età matura, in cui egli approfondisce la sua riflessione sul destino umano e matura convinzioni di deciso pessimismo, rimproverando alla **natura**, sentita come **matrigna**, il fatto di abbandonare gli uomini alla loro sorte di perenne insoddisfazione, dopo averli illusi di poter accedere alla felicità.

Un quadretto impressionistico

La struttura della lirica si presenta divisa in **due parti**, la prima di carattere descrittivo (vv. 1-24), la seconda meditativa e riflessiva (vv. 25-54). Inizialmente, Leopardi descrive la vita del piccolo borgo, tracciandone un quadretto impressionistico: il cielo sereno che si apre da ponente sulla montagna, il fiume che ritorna a scorrere con acque limpide, il sole che sorride e illumina «li poggi e le ville» (v. 20). Su queste immagini, che possono considerarsi ispirate alla **poetica** leopardiana **del vago** e dell'indefinito perché calate in uno spazio e in un tempo indeterminati e lontani, si inseriscono le figure dimesse e familiari dell'«artigiano» (v. 11), della «femminetta» (v. 14), del venditore di erbe (v. 16), del carrettiere (v. 24). Ciò conferisce all'ambiente i caratteri di un borgo comune, rendendo ancora più universali i sentimenti descritti e soprattutto le successive considerazioni.

L'infelice condizione umana

A partire dal v. 25 («Si rallegra ogni core»), si sviluppa la riflessione sulla condizione umana, avviata da una insistita serie di domande che mutano subito il tono complessivo dell'idillio: quando l'uomo sperimenta un maggiore attaccamento alla vita? Quando prova maggiore felicità? La risposta giunge secca e concisa al v. 32, «Piacer figlio d'affanno»: il piacere deriva soltanto dalla **cessazione momentanea** di un **dolore** o di un timore. L'affermazione suona come una sentenza inappellabile e racchiude il significato dell'intera poesia.

Rivolgendosi in maniera diretta alla natura, sua reale interlocutrice, il poeta passa da un tono di amara ironia («O natura cortese... questi i diletti sono... Pene tu spargi a larga mano...», vv. 42-47) alla triste consapevolezza della infelice condizione umana, per la quale la morte è da considerarsi «beata» (v. 53), perché pone termine a ogni affanno.

Lo stile

Anche da un punto di vista formale, l'idillio si presenta diviso tra una **prima parte** più **scorrevole** nel ritmo e nei costrutti sintattici e una **seconda parte** più **tesa** e drammatica, basata su domande secche, brevi. Leopardi ricorre a un lessico che alterna espressioni proprie della lingua quotidiana ad arcaismi e termini della tradizione letteraria («augelli», v. 2; «opra», v. 12; «paventò», v. 35). Sono poi presenti numerose anafore («Ecco... ecco...; Ogni... ogni...; Apre... apre...»), rime baciate o interne e assonanze che contribuiscono a dare musicalità ai versi.

Hugo Mühlig, *Fattoria con carretto*, XIX secolo. (Collezione Privata)

Attività

Leggere e comprendere

1 **Dopo la tempesta** Elenca gli avvenimenti che segnano la fine della tempesta.

....

....

....

....

....

2 **Le attività** Gli abitanti del borgo ritornano alle loro attività. Che cosa fanno?
- L'artigiano: ....
- La femminetta: ....
- L'erbaiuolo: ....

3 **Il piacere** In che modo Leopardi definisce il piacere, inteso come momentanea felicità dell'uomo?

a. «Figlio» del dolore
b. «Figlio» di una «natura cortese»
c. Un «gran guadagno», una fortuna
d. Fratello dell'uomo

4 **La natura** All'inizio della terza strofa, Leopardi si rivolge direttamente alla natura: con quale tono?

5 **La felicità** Qual è la massima felicità riservata al genere umano?

Riconoscere e analizzare

6 **La forma metrica** Analizza la forma metrica del componimento, tenendo conto anche delle rime.

7 **Le strofe** Attribuisci un titolo significativo a ciascuna delle tre strofe.

Strofa	Titolo
I	....
II	....
III	....

8 **I suoni** Individua ed elenca i suoni e i rumori presenti nella lirica.

....

....

....

....

9 **Il ritmo** Come definiresti il ritmo del componimento? Motiva la tua risposta, prestando attenzione a ogni strofa e specificando gli elementi che lo determinano.

a. Lento
b. Veloce
c. Vario

10 **Il lessico** Completa la tabella indicando i termini tratti dal linguaggio colloquiale e quelli propri della lingua poetica arcaica.

Termini colloquiali	Termini poetici arcaici

11 **Le figure retoriche** La seconda parte del testo (che abbiamo indicato nei vv. 25-54) è caratterizzata da una serie di figure retoriche che contribuiscono ad aumentarne la tensione e a renderla più drammatica. Quali sono le più evidenti?

12 **Le inversioni** A partire dall'*incipit*, sono presenti nella lirica numerose inversioni: individuale e spiegane l'effetto.

Rielaborare e produrre

13 **Discutere** Considera il verso 32: «Piacer figlio d'affanno»: sei d'accordo nel 'intendere il piacere solo come cessazione momentanea di un dolore o di una paura? Oppure è una condizione che può esistere di per sé, indipendentemente dalla sua contrapposizione al dolore? Esponi oralmente la tua opinione, confrontandola con quella dei compagni in un dibattito in classe.

14 **La parafrasi** Volgi in prosa (▸ p. 63) il componimento.

15 **Analisi e commento** In un testo di 200 parole analizza e commenta (▸ pp. 64-65) la lirica.

16 **La tua esperienza** Partendo dalla riflessione di Leopardi, secondo la quale il piacere non esiste in sé, essendo soltanto "figlio" della cessazione di una forte paura o di un dolore, racconta in un breve testo un episodio in cui hai personalmente sperimentato questa condizione di felicità e sollievo seguiti a un evento traumatico.

Giacomo Leopardi

Il sabato del villaggio

Da
Canti, 1831

Lirica,
canzone libera

Uno spaccato di vita di paese, il giorno precedente alla festa, offre a Leopardi l'occasione di riprendere i temi dell'infelicità umana e del rapido sfiorire della giovinezza.

La donzelletta vien dalla campagna,
in sul calar del sole,
col suo fascio dell'erba; e reca in mano
un mazzolin di rose e di viole,
onde, siccome suole,
ornare ella si appresta
dimani, al dí di festa, il petto e il crine.
Siede con le vicine
su la scala a filar la vecchierella,
incontro là dove si perde il giorno;
e novellando vien del suo buon tempo,
quando ai dí della festa ella si ornava,
ed ancor sana e snella
solea danzar la sera intra di quei
ch'ebbe compagni dell'età piú bella.
Già tutta l'aria imbruna,
torna azzurro il sereno, e tornan l'ombre
giú da' colli e da' tetti,
al biancheggiar della recente luna.

1 **donzelletta...campagna**: giovinetta che torna dal suo lavoro quotidiano nei campi.

3 **col suo...dell'erba**: come ogni sera porta il foraggio per nutrire le sue bestie.

5-7 **onde...crine**: con il quale («onde»), come è solita fare per il giorno di festa, si prepara («si appresta») ad adornare il petto e i capelli («crine»).

10 **incontro...giorno**: rivolta («incontro») a occidente, dove tramonta il sole.

11 **novellando vien**: racconta.

14-15 **intra...più bella**: insieme a coloro («intra di quei») che erano suoi compagni di gioventù («dell'età più bella»).

16 **imbruna**: si oscura.

17 **torna...il sereno**: il cielo («il sereno») ora diventa progressivamente più scuro, azzurro.

17-19 **e tornan...luna**: appena sorge la luna con la sua luce («biancheggiar»), i colli e i tetti proiettano le loro ombre.

Jules Breton, *Giovane ragazza nei campi*, 1864. (Collezione Privata)

Or la squilla dà segno
della festa che viene;
ed a quel suon diresti
che il cor si riconforta.
I fanciulli gridando
su la piazzuola in frotta,
e qua e là saltando,
fanno un lieto romore:
e intanto riede alla sua parca mensa,
fischiando, il zappatore,
e seco pensa al dí del suo riposo.

Poi quando intorno è spenta ogni altra face,
e tutto l'altro tace,
odi il martel picchiare, odi la sega
del legnaiuol, che veglia
nella chiusa bottega alla lucerna,
e s'affretta, e s'adopra
di fornir l'opra anzi il chiarir dell'alba.

Questo di sette è il piú gradito giorno,
pien di speme e di gioia:
diman tristezza e noia
recheran l'ore, ed al travaglio usato
ciascuno in suo pensier farà ritorno.

Garzoncello scherzoso,
cotesta età fiorita
è come un giorno d'allegrezza pieno,
giorno chiaro, sereno,
che precorre alla festa di tua vita.
Godi, fanciullo mio; stato soave,
stagion lieta è cotesta.
Altro dirti non vo'; ma la tua festa
ch'anco tardi a venir non ti sia grave.

G. Leopardi, *Canti*, Einaudi, Torino, 1993

PAROLE *sotto la lente*

Garzoncello

Il nome è diminutivo di "garzone", che alcuni ritengono derivi dal germanico *war*, "guerra", e *sohn*, "figlio", con il significato originario di "fanciullo addetto alle armi", ovvero "servo di guerriero, scudiere". Un tempo indicava genericamente un giovanetto, un adolescente; oggi il suo significato si è esteso a "lavoratore subordinato addetto a semplici mansioni".

Attività

Trova almeno due sinonimi (diversi da quelli presenti nella definizione) per il significato antico del termine e due riferiti invece a quello odierno.

20 **squilla**: campana del paese.
23 **si riconforta**: si rasserena.
25 **in frotta**: a piccoli gruppi.
28 **riede…mensa**: ritorna («riede») a casa per consumare la sua cena frugale («parca mensa»).
30 **seco**: tra sé e sé.
31 **face**: arcaismo per "luce".
34 **che veglia**: che rimane sveglio.
37 **di fornir…alba**: di terminare il lavoro prima dell'alba.
38 **Questo**: il sabato.
40-41 **diman…l'ore**: domani («diman») le ore porteranno soltanto momenti di noia e di tristezza.
41-42 **ed al travaglio…ritorno**: e ciascuno ritornerà a pensare al lavoro abituale («travaglio usato»).
43 **Garzoncello scherzoso**: ragazzino spensierato.
44 **cotesta età fiorita**: codesta età fiorita, cioè la tua giovinezza.
47 **che precorre…vita**: che anticipa («precorre») e annuncia l'età matura.
48 **stato soave**: condizione fortunata, beata.
50-51 **Altro…grave**: non voglio dirti altro, ma anche se questa festa, cioè l'età adulta, tarda ad arrivare, ciò non ti sia di peso. Il poeta, in altre parole, consiglia al «garzoncello scherzoso» di non avere fretta di crescere.

per L'ANALISI del TESTO

Idillica realtà e triste illusione

La lirica, composta a Recanati nel settembre del 1829, ci mostra il borgo descritto come un universo in piccolo, nel quale ogni accadimento riflette la vita del mondo intero. Così come era avvenuto per *La quiete dopo la tempesta* (► p. 224), anche qui il componimento si può dividere in **due parti**: nella prima il poeta descrive scene di **vita quotidiana**, per poi dare voce, nella seconda (dal v. 38), alla sua **riflessione**.

Con l'arrivo del sabato sera, tutto il paese si prepara alla festa del giorno successivo: una giovane contadina rientra a casa con un fascio d'erba, simbolo del lavoro, e un «mazzolin di rose e di viole» (v. 4) per farsi bella, il giorno di riposo. Sullo sfondo appaiono una «vecchierella» (v. 9) che ricorda i bei tempi, un gruppo di ragazzi che giocano, uno zappatore che ritorna dalla famiglia e un artigiano che lavora fino a tarda sera per potersi riposare la domenica. Ma la rappresentazione idillica lascia il posto alla meditazione sul **carattere illusorio dell'attesa**: alla giornata di festa subentreranno molto presto «tristezza e noia» (v. 40). Nell'ultima strofa, rivolgendosi a un giovane interlocutore (il «Garzoncello» del v. 43), il poeta crea un parallelismo tra le speranze riposte nel giorno festivo e le aspettative rispetto alla maturità. L'invito a lui rivolto è quello di godere appieno dell'età giovanile, prima di sperimentare la delusione alla quale, come tutti gli uomini, è destinato.

La felicità è nell'attesa

Se in *La quiete dopo la tempesta* Leopardi descrive il piacere come la cessazione del suo contrario, il dolore, in *Il sabato del villaggio* il piacere consiste nella speranza che è contenuta nell'attesa del giorno di festa. Per il poeta è vano aspirare a una vita felice, dal momento che la natura ha riservato all'uomo solamente dolore; l'unica felicità possibile è data dai brevi momenti di pausa tra una sofferenza e l'altra e dalla speranza, tipicamente fanciullesca, in una gioia che, tuttavia, in seguito verrà negata.

Lo stile

Nonostante il pessimismo di fondo, la poesia trasmette comunque un senso di serenità, ottenuto attraverso opportune e calibrate scelte sintattiche e lessicali: a termini eleganti, di stampo letterario, seguono altri vocaboli più semplici. Dal punto di vista stilistico, è da notare la grande **musicalità** dei versi dovuta alla presenza di assonanze («onde, siccome suole», v. 5), di allitterazioni («dimani, al dì di festa», v. 7), di rime («face... tace», vv. 31-32).

L'alternarsi di endecasillabi e settenari determina un ritmo ora lento, ora più mosso, rispondendo con efficacia ai vari passaggi descrittivi e riflessivi dell'idillio e contribuendo in maniera decisiva a conferire al canto grazia e raffinatezza.

Raffaello Gambogi, *La mattina del giorno di festa*, 1899. (Collezione Privata)

Attività

Leggere e comprendere

1 **I personaggi** Quali figure vengono presentate nel testo? Indicale in ordine di apparizione e descrivine i comportamenti.

2 **Il tempo** La poesia è tutta giocata sullo scorrere del tempo. Sottolinea i versi che segnano i vari momenti della giornata.

3 **Il sabato** Il poeta sostiene che il sabato, tra tutti i giorni della settimana, è il più felice. Perché? In quali versi trovi espressa questa sua opinione?

4 **La felicità** Secondo il poeta, è possibile per l'uomo raggiungere la felicità?

5 **L'invito finale** Quale invito rivolge Leopardi al «garzoncello»?

a. Di godere appieno la vita, perché l'età adulta è noiosa
b. Di godere appieno la vita, prima di diventare consapevole del dolore cui è destinato
c. Di prendere consapevolezza del dolore cui è destinato
d. Di evitare ogni occasione di gioia

Riconoscere e analizzare

6 **La forma metrica** Descrivi la forma metrica del componimento.

7 **Il primo "quadretto"** Ricava lo schema delle rime del primo "quadretto" (vv. 1-7).

8 **Il ritmo** Come definiresti il ritmo del componimento? Motiva la tua risposta, specificando gli elementi che lo determinano.

a. Lento
b. Veloce
c. Vario
d. Incalzante

9 **La struttura della lirica** Riconosci le due parti in cui si può dividere la poesia e osserva quale carattere prevalga (narrativo/descrittivo/riflessivo) in ciascuna di esse.

10 **Le figure retoriche** Attraverso quali metafore viene presentata la giovinezza?

....
....
....
....
....
....
....

Rielaborare e produrre

11 **Discutere** Considera i versi 48-49: «Godi, fanciullo mio; stato soave, / stagion lieta è cotesta». Credi anche tu che la fanciullezza sia un'età serena? Se sì, per quale motivo? Ci sono contesti, con riferimento all'attualità, in cui non è realistico pensare che lo sia? Oppure la giovane età rappresenta sempre e comunque, di per sé stessa, una fonte di serenità e un antidoto contro le avversità? Esponi oralmente la tua opinione, confrontandola con quella dei compagni in un dibattito in classe.

12 **Il riassunto** Riassumi in 100 parole il contenuto del componimento.

13 **Analisi e commento** In un testo di 200 parole analizza e commenta (▸ pp. 64-65) il componimento.

14 **La tua opinione** Negli ultimi due versi, Leopardi esorta il «garzoncello» a non considerare negativamente il fatto che la sua maturità («festa») tarda ancora a venire, lo invita cioè a non avere fretta di crescere, perché proprio nelle speranze contenute in quell'attesa sta l'effimera felicità concessa agli uomini. A tuo avviso, è possibile alla tua età condividere il pensiero del poeta? O la giovinezza ne rappresenta l'antitesi, considerando come il futuro sia pieno di promesse? Esponi la tua opinione al riguardo in un testo di 300 parole.

per approfondire

Giacomo Leopardi

Il tentativo di fuga da Recanati

Da *Epistolario*, 1816-1837

Lettera

La lettera seguente è tratta dall'*Epistolario* di Giacomo Leopardi, che ne comprende circa mille, composte dal 1816 al 17 maggio 1837. Il giovane Leopardi si rivolge al padre esponendogli le ragioni del tentativo di fuga che non si realizzerà proprio per il suo intervento.

«Mio Signor Padre. Sebbene dopo aver saputo quello ch'io avrò fatto, questo foglio le possa parere indegno di esser letto, a ogni modo spero nella sua benignità che non vorrà ricusare di sentir le prime e ultime voci di un figlio che l'ha sempre amata e l'ama, e si duole infinitamente di doverle dispiacere. Ella conosce me, e conosce la condotta ch'io ho tenuta fino ad ora, e forse, quando voglia spogliarsi d'ogni considerazione locale, vedrà che in tutta l'Italia, e sto per dire in tutta l'Europa, non si troverà altro giovane, che nella mia condizione, in età anche molto minore, forse anche con doni intellettuali competentemente inferiori ai miei, abbia usato la metà di quella prudenza, astinenza da ogni piacer giovanile, ubbidienza e sommessione[1] ai suoi genitori, ch'ho usata io. Per quanto Ella possa aver cattiva opinione di quei pochi talenti che il cielo mi ha conceduti, Ella non potrà negar fede intieramente a quanti uomini stimabili e famosi mi hanno conosciuto, ed hanno portato di me quel giudizio ch'Ella sa, e ch'io non debbo ripetere. [...] Era cosa mirabile come ognuno che avesse avuto anche momentanea cognizione di me, immancabilmente si maravigliasse ch'io vivessi tuttavia in questa città, e com'Ella sola fra tutti, fosse di contraria opinione, e persistesse in quella irremovibilmente. [...] Contuttoché si credesse da molti che il mio intelletto spargesse alquanto più che un barlume, Ella tuttavia mi giudicò indegno che un padre dovesse far sacrifizi per me, né le parve che il bene della mia vita presente e futura valesse qualche alterazione al suo piano di famiglia. [...] Io sapeva bene i progetti ch'Ella formava su di noi[2], e come per assicurare la felicità di una cosa ch'io non conosco, ma sento chiamar casa e famiglia[3], Ella esigeva da noi due il sacrifizio, non di roba né di cure, ma delle nostre inclinazioni, della gioventù, e di tutta la nostra vita. [...] Ella conosceva ancora la miserabilissima vita ch'io menava per le orribili malinconie, ed i tormenti di nuovo genere che mi proccurava la mia strana immaginazione, e non poteva ignorare quello ch'era più ch'evidente, cioè che a questo, ed alla mia salute che ne soffriva visibilissimamente, e ne sofferse sino da quando mi si formò questa misera complessione[4], non v'era assolutamente altro

1 **sommessione**: sottomissione.
2 **Io sapeva...su di noi**: il riferimento è all'intenzione di avviare lui e il fratello Carlo alla carriera ecclesiastica.
3 **casa e famiglia**: il disagio del poeta nel vivere nella casa paterna è tanto forte da fargli affermare di non riconoscere nella propria famiglia i normali sentimenti di affetto.
4 **complessione**: costituzione fisica.

Una veduta di Recanati.

rimedio che distrazioni potenti e tutto quello che in Recanati non si poteva mai ritrovare. Contuttociò ella lasciava per tanti anni un uomo del mio carattere, o a consumarsi affatto in istudi micidiali, o a seppellirsi nella più terribile noia, e per conseguenza, malinconia, derivata dalla necessaria solitudine, e dalla vita affatto disoccupata, come massimamente negli ultimi mesi. [...] Ed ora che la legge mi ha già fatto padrone di me, non ho voluto più tardare a incaricarmi della mia sorte. Io so che la felicità dell'uomo consiste nell'esser contento, e però più facilmente potrò esser felice mendicando, che in mezzo a quanti agi corporali possa godere in questo luogo. Odio la vile prudenza che ci agghiaccia e lega e rende incapaci d'ogni grande azione, riducendoci come animali che attendono tranquillamente alla conservazione di questa infelice vita senz'altro pensiero. So che sarò stimato pazzo, come so ancora che tutti gli uomini grandi hanno avuto questo nome. E perché la carriera di quasi ogni uomo di gran genio è cominciata dalla disperazione, perciò non mi sgomenta che la mia cominci così. Voglio piuttosto essere infelice che piccolo, e soffrire piuttosto che annoiarmi, tanto più che la noia, madre per me di mortifere malinconie, mi nuoce assai più che ogni disagio del corpo. [...] Avendole reso quelle ragioni che ho saputo della mia risoluzione, resta ch'io le domandi perdono del disturbo che le vengo a recare con questa medesima e con quello ch'io porto meco[5]. Se la mia salute fosse stata meno incerta avrei voluto piuttosto andar mendicando di casa in casa che toccare una spilla del suo. [...] Me ne duole sovranamente, e questa è la sola cosa che mi turba nella mia deliberazione, pensando di far dispiacere a Lei, di cui conosco la somma bontà di cuore, e le premure datesi per farci viver soddisfatti nella nostra situazione. [...] Mio caro Signor Padre, se mi permette di chiamarla con questo nome, io m'inginocchio per pregarla di perdonare a questo infelice per natura e per circostanze. Vorrei che la mia infelicità fosse stata tutta mia, e nessuno avesse dovuto risentirsene, e così spero che sarà d'ora innanzi. Se la fortuna mi farà mai padrone di nulla, il mio primo pensiero sarà di rendere quello di cui ora la necessità mi costringe a servirmi. L'ultimo favore ch'io le domando, è che se mai le si desterà la ricordanza di questo figlio che l'ha sempre venerata ed amata, non la rigetti come odiosa, né la maledica; e se la sorte non ha voluto ch'Ella si possa lodare di lui, non ricusi di concedergli quella compassione che non si nega neanche ai malfattori.»

G. Leopardi, *Lettere*, Mondadori, Milano, 2006

5 **meco**: con me.

Attività

Comprendere la lettera

1 **Il rapporto affettivo** Dalla lettura di questa lettera, come ti sembra fosse impostato il rapporto tra padre e figlio?

2 **Le accuse** Elenca le accuse precise che Leopardi muove al genitore.

Analizzare la lettera

3 **L'autostima** Sottolinea nel testo le espressioni riferite all'autostima che Leopardi rivela.

4 **Semplicità o complessità?** La lettura di questo testo risulta semplice o complessa? Motiva la tua risposta.

per approfondire

RACCOGLIAMO LE IDEE

1 Sintesi dei contenuti

Attraverso le attività seguenti e le citazioni tratte dalle poesie lette, raccogli le idee sui concetti e le informazioni contenute nell'Unità. Se lo ritieni utile, puoi inserire altre citazioni per te significative.

Nelle liriche presentate, i riferimenti alla vita dell'autore, agli aspetti del paesaggio a lui familiare e alla sua riflessione poetica sono indissolubilmente legati. Individuali nei versi e inseriscili nella tabella, insieme alla data di composizione di ogni poesia.

Titolo	Data	Riferimenti alla vita dell'autore	Aspetti paesaggistici a lui familiari	Temi di riflessione
L'infinito		....	....	....
A Silvia		....	....	....
La quiete dopo la tempesta		....	....	....
Il sabato del villaggio		....	....	....

2 Citazioni dalle liriche

E come il vento
odo stormir tra queste piante, io quello
infinito silenzio a questa voce
vo comparando: e mi sovvien l'eterno,
e le morte stagioni, e la presente
e viva, e il suon di lei. Cosí tra questa
immensità s'annega il pensier mio:
e il naufragar m'è dolce in questo mare.

L'infinito

Ahi come,
come passata sei,
cara compagna dell'età mia nova,
mia lacrimata speme!
Questo è quel mondo? questi
i diletti, l'amor, l'opre, gli eventi,
onde cotanto ragionammo insieme?
questa la sorte delle umane genti?
All'apparir del vero
tu, misera, cadesti: e con la mano
la fredda morte ed una tomba ignuda
mostravi di lontano.

A Silvia

O natura cortese,
son questi i doni tuoi,
questi i diletti sono
che tu porgi ai mortali. Uscir di pena
è diletto fra noi.
Pene tu spargi a larga mano; il duolo
spontaneo sorge: e di piacer, quel tanto
che per mostro e miracolo talvolta
nasce d'affanno, è gran guadagno. Umana
prole cara agli eterni! assai felice
se respirar ti lice
d'alcun dolor: beata
se te d'ogni dolor morte risana.

La quiete dopo la tempesta

Garzoncello scherzoso,
cotesta età fiorita
è come un giorno d'allegrezza pieno,
giorno chiaro, sereno,
che precorre alla festa di tua vita.
Godi, fanciullo mio; stato soave,
stagion lieta è cotesta.
Altro dirti non vo'; ma la tua festa
ch'anco tardi a venir non ti sia grave.

Il sabato del villaggio

[...]
....
....
....
....
....
....

[...]
....
....
....
....
....

3 Scrittura guidata *il testo argomentativo*

Utilizzando le informazioni riassunte nella tabella alla pagina precedente e le citazioni tratte dalle poesie lette, stendi un testo argomentativo dal titolo: "Leopardi tra slanci e delusioni: una forte carica vitale accanto alla visione dolorosa della vita, all'impossibilità del piacere, alla fine delle speranze, al profondo pessimismo". Rifletti su questa singolare dicotomia servendoti, per sostenere la tua tesi, di altre citazioni o anche delle pagine introduttive dell'Unità e delle schede di presentazione e analisi dei singoli testi.

Per sviluppare l'argomento proposto puoi servirti della seguente scaletta.

Introduzione

- Enunciazione del tema di riflessione
- Esposizione sommaria della tua posizione sulla base delle letture fatte

Sviluppo

- Primo paragrafo: argomenti a favore della tua posizione, con opportune citazioni dai testi che mettano in luce:
  - l'amore-piacere per la vita
  - la temporanea felicità nella vita dell'uomo
  - la sconsolata delusione
  - la cupa visione del destino degli uomini
- Secondo paragrafo: presentazione e confutazione di possibili argomenti contrari, con citazioni dai testi
  - ....
  - ....

Conclusione

- Conferma dell'opinione iniziale
- Proposta di eventuali spunti di riflessione

Giacomo Leopardi

A se stesso

Da
Canti, 1835
Lirica

Leopardi compone questa poesia nel 1833, traendo spunto dalla delusione dovuta alla scoperta che la donna amata, Fanny Targioni Tozzetti, la signora dei salotti fiorentini, non corrisponde al suo sentimento. La lirica si presenta fin da subito come un colloquio con se stesso, come l'affermazione lucida e ragionata dell'impossibilità per chiunque di strappare alla natura anche il più piccolo brandello di felicità: è un dialogo interiore improntato a un assoluto pessimismo, che neppure il ricordo può addolcire.

Or poserai per sempre,
stanco mio cor. Perì l'inganno estremo,
ch'eterno io mi credei. Perì. Ben sento,
in noi di cari inganni,
non che la speme, il desiderio è spento.
Posa per sempre. Assai
palpitasti. Non val cosa nessuna
i moti tuoi, né di sospiri è degna
la terra. Amaro e noia
la vita, altro mai nulla; e fango è il mondo.
T'acqueta omai. Dispera
l'ultima volta. Al gener nostro il fato
non donò che il morire. Omai disprezza
te, la natura, il brutto
poter che, ascoso, a comun danno impera,
e l'infinita **vanità** del tutto.

G. Leopardi, *Canti*, Einaudi, Torino, 1993

1 **Or poserai**: finalmente ti riposerai.

2-3 **Perì…credei**: è svanita l'illusione dell'amore («inganno estremo») che io ho ritenuto essere eterna.

4-5 **in noi…spento**: dentro di me si è ormai spenta non soltanto la speranza («non che la speme»), ma anche il desiderio delle dolci illusioni d'amore («cari inganni») è morto.

6 **Posa per sempre**: si rivolge sempre al suo cuore e lo invita a placarsi.

7-9 **Non val…terra**: non c'è alcunché al mondo («Non val cosa nessuna») che meriti i tuoi palpiti («moti tuoi») e nulla sulla Terra è degno dei tuoi moti affettuosi.

9 **Amaro**: amarezza.

11 **T'acqueta omai**: ormai smetti di agitarti e trova finalmente pace.

11-12 **Dispera…volta**: rinuncia a sperare per l'ultima volta.

12 **Al gener nostro**: al genere umano.

13-16 **Omai…tutto**: ormai devi disprezzare (il soggetto è il cuore) te stesso, la natura, il potere malvagio che, di nascosto («ascoso») domina il mondo e ha come finalità il male di tutti gli esseri umani («a comun danno impera») e l'infinita insensatezza («vanità») di ogni cosa.

PAROLE *sotto la lente*

Vanità

Il nome proviene dal latino *vanitate(m)*, derivato dall'aggettivo *vanus*, "vuoto, vano". In senso proprio indica quindi la condizione di essere senza corpo, privo di consistenza materiale e, più ampiamente, l'essere inutile, inefficace o, anche, effimero, dal valore solo apparente. Ma l'accezione più comune è quella che indica il "compiacimento di sé unito al desiderio di piacere".

Attività

Trova una frase significativa per ognuna di queste accezioni del termine: l'essere materialmente inconsistente; l'essere inefficace, inutile; l'essere frivolo, fatuo.

Attività

Comprendere e analizzare: verso l'INVALSI

1 **L'interlocutore** A chi si rivolge l'autore nei primi versi?

- **a.** A un amico
- **b.** A se stesso
- **c.** Al proprio cuore
- **d.** Alla propria mente

2 **L'inganno** Quale «inganno estremo» ha avuto fine per sempre?

- **a.** La felicità
- **b.** La ricchezza
- **c.** L'amore
- **d.** La giovinezza

3 **Il pessimismo**. Chi è destinato all'infelicità nella vita?

- **a.** Il poeta
- **b.** Gli innamorati
- **c.** Tutti gli uomini
- **d.** I poveri

4 **Vita e mondo** Riporta gli epiteti che il poeta attribuisce alla vita e al mondo.

....

....

....

....

....

5 **Il dono** Quale unico dono è riservato dal fato agli uomini?

- **a.** La vita
- **b.** La morte
- **c.** L'amicizia
- **d.** L'amore

6 **Il disprezzo** A chi deve indirizzare il proprio disprezzo il cuore del poeta?

- **a.** Alla natura
- **b.** Al destino
- **c.** A se stesso e alla natura
- **d.** Alla donna amata

7 **La struttura metrica** Descrivi la struttura metrica del componimento.

8 **Il ritmo** Definisci il ritmo della lirica.

- **a.** Lento
- **b.** Veloce
- **c.** Spezzato
- **d.** Vario

9 **La sintassi** Come si presentano prevalentemente i periodi?

- **a.** Semplici
- **b.** Composti
- **c.** Complessi

10 **Il lessico** Come si può definire il lessico di questo componimento?

- **a.** Descrittivo
- **b.** Ornato
- **c.** Scarno
- **d.** Altisonante

11 **Il campo semantico** Domina nella lirica il tema della morte. Riporta le parole appartenenti a questo campo semantico.

....

....

....

....

Rielaborare e produrre

12 **La parafrasi** Volgi in prosa (► p. 63) il componimento.

13 **Il diario** Hai mai vissuto un momento di totale disperazione? Descrivilo e racconta i tuoi sentimenti in una pagina di diario.

Il giovane favoloso

Regia
Mario Martone

Interpreti
Elio Germano, Massimo Popolizio, Anna Mouglalis, Isabella Ragonese

Data di uscita
2014

Genere
Biografico

Trama

L'infanzia di Giacomo Leopardi trascorre nella casa-biblioteca di Recanati, assieme ai fratelli Carlo e Paolina. I rapporti con il padre Monaldo sono assai difficili, e, crescendo, il giovane, sempre più insofferente dell'ambiente angusto e retrivo, vuole allontanarsi dalla casa paterna e dal luogo natale. Giacomo è però tormentato da numerosi problemi di salute, e un suo primo tentativo di fuga viene vanificato dal padre. A ventiquattro anni riesce finalmente a lasciare Recanati e si reca a Firenze, dove conosce Antonio Ranieri, un nobile napoletano che diventerà il suo migliore amico; frattanto continua a dare alle stampe le sue opere di poesia e prosa, che non sempre ricevono dalla critica un'accoglienza favorevole. Frequentando i salotti letterari fiorentini, incontra Fanny Targioni Tozzetti, della quale s'invaghisce non ricambiato.

Partito da Firenze, Giacomo si stabilisce prima a Roma, poi a Napoli, grazie a un modesto aiuto economico della famiglia: qui l'amico Ranieri si prende cura di lui, preoccupandosi anche di mettere in salvo i suoi scritti. Scoppiato il colera, Giacomo e Ranieri si trasferiscono in una villa alle pendici del Vesuvio, dove, ormai prossimo alla morte, Leopardi trova ispirazione per la lirica considerata il suo testamento poetico, *La ginestra*.

La locandina del film *Il giovane favoloso* diretto da Mario Martone nel 2014.

Analisi

Il giovane favoloso ha avuto il merito di indurre un vasto pubblico a riscoprire la figura di Giacomo Leopardi, il «giovane favoloso» del titolo: si tratta, infatti, di un film che racconta la vita e descrive il mondo interiore del poeta senza essere una pedissequa e didascalica biografia.

Il regista ha scelto di trasferirne sullo schermo alcuni momenti significativi, alternando sapientemente fasi narrative ad altre più riflessive e letterarie, rese attraverso la declamazione calibrata di alcuni versi o la lettura di alcuni passi di liriche e opere leopardiane. *L'infinito* irrompe nella narrazione con la sua forza evocativa a conclusione della prima parte del film; la chiusura è affidata invece ai versi de *La ginestra*, mentre si assiste all'eruzione vesuviana e all'incalzare del colera. Un fugace passaggio è riservato anche alla figura di Silvia, indimenticata protagonista della lirica a lei dedicata, ma ci si sofferma di più sulla delusione amorosa inflitta al poeta dalla fiorentina Fanny Targioni Tozzetti.

La figura di Leopardi è magistralmente interpretata dall'attore Elio Germano, il quale ha studiato a lungo la vita, le opere, gli ambienti del poeta recanatese per meglio calarsi nel personaggio: il risultato di questi sforzi – prova d'attore e maestria registica – è il ritratto di una persona consapevole di essere dotata di grandi qualità intellettuali, di un animo ricco di vitalità, sempre sensibile al richiamo della vita e, forse per questo, inviso a tutti.

per guardare oltre

Intersezioni nell'antologia

LETTURE

- Un autore che dichiaratamente ha fatto della poesia di Leopardi un modello è Vincenzo **Cardarelli**: la sua malinconia, i suoi amori sfioriti, la fuga del tempo si ritrovano in *Amicizia*, *Gabbiani*, *Autunno* (▸ pp. 18, 81, 122). Anche Umberto **Saba** è un poeta "classico", che per alcuni temi si richiama a Leopardi, per esempio con le liriche *Ulisse*, *Il garzone con la carriola* e *Amai* (▸ pp. 9, 68, 92). Può essere interessante mettere a confronto la figura di poeta leopardiana con l'idea di poeta presente in alcuni testi dell'unità B1: *L'albatro* (▸ p. 77) di Charles **Baudelaire**, *I poeti lavorano di notte* (▸ p. 82) di Alda **Merini**, oppure osservare come la «natura matrigna» del poeta recanatese assuma un'altra dimensione in *Tempesta* (▸ p. 101) di Emily **Dickinson**. Infine è Eugenio **Montale** a sviluppare una personale riflessione, dagli echi leopardiani, incentrata sul "negativo" in *Spesso il male di vivere ho incontrato* (▸ p. 299) e sulle asprezze che riserva la vita in *Meriggiare pallido e assorto* (▸ p. 302).

Altri orizzonti

ROMANZI, POESIE, SAGGI

- L'approfondimento del Romanticismo passa attraverso alcune grandi opere, come il romanzo epistolare di Johann Wolfgang von **Goethe** *I dolori del giovane Werther* (1774), da cui prese ispirazione Ugo **Foscolo** per le sue *Ultime lettere di Jacopo Ortis* (1802). Aspetti del Romanticismo inglese sono espressi da S.T. **Coleridge**, P.B. **Shelley**, G.G **Byron** e J. **Keats**.
- Per sapere invece di più sulla vita di Leopardi, può essere utile la biografia del poeta recanatese scritta da Rolando **Damiani**, *All'apparir del vero. Vita di G. Leopardi* (2002).

PITTURA

- I dipinti di Caspar David **Friedrich** (1774-1840) riflettono lo spirito romantico per il senso spettacolare e grandioso della natura che il pittore tedesco ritrae. Nella sensibilità romantica il sogno ha ampio spazio, come dimostra l'opera di Johann Heinrich **Füssli** (1741-1825) oppure di Jean-Auguste-Dominique **Ingres** (1780-1867); una pittura improntata al "sublime" romantico è quella dell'inglese William **Turner** (1775-1851); mentre Francesco **Hayez** (1791-1882) – di cui si ricorda il celebre dipinto intitolato *Il bacio* – è stato il maggiore esponente del Romanticismo italiano.

MUSICA

- Nella lunga parentesi della musica romantica, che racchiude gran parte del XIX secolo, numerosi musicisti cercarono di riprodurre con le note le emozioni suscitate dalla natura. Ci limitiamo a qualche nome di grande importanza, all'interno delle rispettive scuole nazionali, come: per l'Austria, Franz **Schubert** (1797-1828); per la Germania, Johannes **Brahms** (1833-1897), Richard **Wagner** (1813-1883) e Franz **Liszt** (1811-1886); per l'Italia, Gioachino **Rossini** (1792-1868) e Giuseppe **Verdi** (1813-1901); per la Francia, Fryderyk **Chopin** (1810-1849).

Johann Heinrich Füssli, *Titania accarezza Bottom con la testa d'asino*, 1794. (Zurigo, Kunsthaus)

Giuseppe Verdi con amici e familiari in una fotografia di fine Ottocento.

PERCORSO C

UNITÀ 2

Nostalgia e meraviglia in Giovanni Pascoli

• Poesia e Impressionismo • In un'epoca in cui la poesia torna a essere essenzialmente lirica e si pone l'obiettivo di penetrare i misteri che accompagnano l'esistenza dell'uomo, a questi misteri Giovanni Pascoli cerca di dare una risposta con i suoi versi, spesso dal carattere impressionista nei toni, nelle immagini, negli accostamenti, nei colori, sulla scia di quanto avveniva nel mondo culturale francese, sia in ambito letterario sia pittorico. Infatti, gli esponenti del movimento artistico che va sotto il nome di Impressionismo, nato in Francia nella seconda metà dell'Ottocento, tentavano di fermare sulla tela le sensazioni visive tratte da ciò che si svolgeva intorno a loro, in primo luogo in **natura** – la loro prima **fonte d'ispirazione** –, quindi la luce, il sole, i colori, il movimento.

Chi ha vissuto con intensità un decennio d'ispirazione impressionistica è Paul **Cézanne**, le cui opere realizzate *en plein air*, all'aperto, immerso nel paesaggio naturale, non sono paragonabili a quelle dipinte in un atelier.

Paul Cézanne, *Autoritratto con tavolozza*, 1890. (Zurigo, Collezione Privata)

• Cézanne, artista schivo e solitario • Paul Cézanne nasce a Aix-en-Provence nel 1839 e, per volontà paterna, segue gli studi di Diritto. Nel 1861 si reca per la prima volta a Parigi, ove si dedica alla pittura e frequenta la corrente artistica che verrà poi definita come Impressionismo, ma i suoi dipinti vengono rifiutati alle esposizioni collettive periodicamente allestite nella capitale francese. Nel decennio 1870-1880, in compagnia dell'amico Pissarro, si ritira a Auvers sur Oise, a nord di Parigi, in una regione di grande bellezza ambientale, ed è proprio questa **rigogliosa natura** ad animare la sua **stagione impressionista**. In seguito, tornato nel 1883 nella sua Provenza, si concentra sulla ricerca tecnica per esaltare, attraverso il colore, le volumetrie della forma e quindi per dare una maggior solidità alla sua arte. Cézanne muore a Aix-en-Provence nel 1906.

DOMANDE

- Sai indicare un carattere importante della pittura impressionista?
- Quali sono le emozioni dominanti nel quadro di Cézanne?
- Quali colori ha utilizzato per esprimerle?
- Quale visione della natura hanno in comune Pascoli e Cézanne?

Paul Cézanne, *Auvers vista dalla Val Harmé*, 1879 ca. (Zurigo, Collezione Privata)

• A contatto con la natura • Nella sua stagione impressionista, Cézanne **dipinge *en plein air***, all'aria aperta, dove può inebriarsi di aria e di luce. Scrive nel settembre 1879: «La campagna è veramente sorprendente, sembra che vi sia un maggior silenzio. Ecco le sensazioni che non posso esprimere. È meglio sentirle». Sono le stesse sensazioni pascoliane che vibrano in lui e, quando riesce a coglierle, le ricompone sulla tela, come nel dipinto *Auvers vista dalla Val Harmé*.

Armonia e ordine dominano la scena. A piccoli tocchi di pennello, giocando su una ricca gamma di verdi, bruni e ocra, Cézanne tratteggia uno splendido paesaggio, frutto di un lavoro lento e meticoloso. Egli guarda il panorama dell'abitato di Auvers dall'alto: la stagione primaverile-estiva offre una natura rigogliosa, con prati, campi coltivati, alberi dalle folte chiome e, sullo sfondo, un cielo chiaro e luminoso che occupa tutta la parte superiore del dipinto, conferendogli maggior ampiezza e vastità di respiro. In quest'ambiente così sereno s'intravedono delle case, segno evidente che al suo interno c'è posto anche per l'uomo, che qui può vivere in comunione e armonia con la natura, in una condizione probabilmente simile a quella descritta nella poetica pascoliana del "fanciullino".

in questa Unità impareremo a

- **conoscere** la biografia dell'autore e il clima culturale e letterario del Decadentismo
- **comprendere** il significato globale dei testi in relazione alla vita e alla poetica dell'autore
- **analizzare** le liriche secondo le regole della poesia e le tecniche stilistiche per affinarne la comprensione e approfondirne le tematiche, focalizzando le scelte espressive e il fonosimbolismo
- **interpretare** lo scritto, comprendendo le problematiche in esso contenute e il modo in cui l'autore le affronta
- **produrre** parafrasi, commenti, testi narrativi e argomentativi a partire dai temi delle liriche
- **comunicare oralmente**, per riferire i contenuti delle poesie e riflettere sulle loro tematiche in forma strutturata e chiara

in questa Unità scopriremo

Antologia

Arano
Ultimo canto
X Agosto
Nebbia

Per approfondire

Ricordi di un vecchio scolaro

Verifica delle competenze

La mia sera

Negli anni in cui, a cavallo fra Otto e Novecento, crollano gli ideali positivistici e la fiducia nella ragione, si colloca la poesia intimistica di Giovanni Pascoli. Le sue vicende esistenziali concorrono a maturare in lui la convinzione che sia necessario saper cogliere, preservando lo spirito del fanciullo, quei segnali che la vita reale e la natura inviano all'uomo e che rappresentano la vera chiave di comprensione del mondo.

Giovanni Pascoli.

• Una fitta rete di significati nascosti •

Negli ultimi decenni dell'Ottocento, in Italia, si verificano profonde trasformazioni che investono la vita politica, la letteratura, le arti figurative, l'intera società. L'esperienza del Romanticismo è da considerarsi ormai superata. L'affermarsi della borghesia con i suoi valori economici e il processo di industrializzazione mettono in crisi anche il tradizionale ruolo dell'intellettuale e del poeta che si sente estraneo al mondo che lo circonda. L'idea che egli dia voce alla realtà, che la descriva come se fosse uno scienziato viene rifiutata: non ci si può più affidare alla ragione o alla scienza per spiegare ciò che è reale, al contrario, comincia a farsi strada l'ipotesi che al di là delle reali apparenze ci sia un'**essenza misteriosa**, esistano significati nascosti, simboli e sottili legami che spetta al poeta cogliere e rivelare.

• Il compito del poeta: decifrare la realtà •

La **poesia** viene intesa e valorizzata come l'**unica forma di conoscenza** possibile. Ci si rifà alle teorie estetiche di Charles **Baudelaire** (1821-1867), la cui prima opera poetica, *I fiori del male* (1857), appare così innovativa da essere ritenuta scandalosa sia per gli argomenti trattati sia per le scelte linguistiche. Il punto di partenza da cui muove il **poeta** francese è la sensazione di essere un esiliato, un **alieno** rispetto al mondo, come l'albatro catturato dai marinai di una delle sue liriche (► p. 77); ne consegue un cambiamento della funzione sociale del poeta, al quale non spetta più il ruolo di guida morale del popolo, bensì il compito di andare al di là dei limiti imposti dai sensi, di cogliere gli **aspetti irrazionali** della **realtà**, ricorrendo a parole e immagini evocative e suggestive.

Odilon Redon, *Malinconia*, 1876. (Chicago, Art Institute)

• Simbolismo e Decadentismo •

Tale nuovo corso della poesia assume i caratteri del **Simbolismo**, un movimento che si sviluppa in Francia sullo scorcio del XIX secolo e trova in Paul Verlaine (1844-1896), Arthur Rimbaud (1854-1891) e Stéphane Mallarmé (1842-1898) i suoi principali esponenti. Partendo dalla convinzione che la **realtà** sia **inconoscibile** e misteriosa, i poeti simbolisti vi cercano più profondi legami, intense corrispondenze, arcani simboli. A tal fine, i loro versi non si basano sui consueti processi logici, ma procedono per accostamenti analogici che costringono il lettore a interpretazioni individuali, soggettive; acquista sempre più valore la **musicalità** della **parola**, intesa come strumento per approdare al sogno.

In quest'opera di trasformazione del linguaggio poetico ottocentesco, il Simbolismo francese ha un benefico effetto anche sulla cultura italiana, che viene sospinta verso un concreto rinnovamento, di cui sono protagonisti due grandi personalità letterarie: Giovanni **Pascoli** (1855-1912) e Gabriele **D'Annunzio** (1863-1938). Entrambi sono i rappresentanti più autorevoli del **Decadentismo**, movimento culturale nato a cavallo fra Otto e Novecento, diretta emanazione del Simbolismo, del quale accentua la predilezione per l'**aspetto** misterioso e **onirico della realtà**.

Paul Verlaine, Arthur Rimbaud e altri poeti simbolisti francesi in un dipinto di Henri Fantin-Latour del 1872. (Parigi, Museo d'Orsay)

Mentre Pascoli incarna il poeta capace di dare voce al «**fanciullino**» insito in ciascun uomo e al quale tocca interpretare i numerosi segnali che la natura invia e che sono la chiave di comprensione del mondo, D'Annunzio, sulla scia di altri letterati europei, elabora la figura dell'intellettuale raffinato, spregiatore della mediocre vita quotidiana, tanto da essere etichettato dai suoi antagonisti come "eroe decadente": egli recupera l'idea del **poeta vate**, si affida alla magniloquenza della parola artificiosa ma spesso povera d'interiorità.

• La poesia inquieta di Giovanni Pascoli •

Lutti ed esperienze dolorose hanno segnato in maniera decisiva la personalità di Giovanni Pascoli sin dall'infanzia, causando in lui una profonda inquietudine e stimolando la sua riflessione sul senso della vita umana, un percorso a volte difficile da comprendere con la pura razionalità.

Le vicissitudini personali e familiari, vissute in maniera così intensa da trasformarle in temi d'interesse generale, riecheggiano in altrettante composizioni, rimanendo al centro di tutta la poetica pascoliana, fondata sull'**opposizione** fra la vita e la **natura** sentite come buone e gli **uomini** considerati cattivi, malvagi: da tale asserzione discende gran parte delle convinzioni e delle opere di Pascoli.

Giovanni Pascoli in un ritratto di Tullio Pericoli del 1992.

• La vita e le opere • Giovanni Pascoli nasce a San Mauro di Romagna nel 1855, quarto di dieci figli. Ha quasi 12 anni quando una tragedia familiare sconvolge la sua vita e quella di tutti i suoi cari: il 10 agosto 1867 il padre, fattore di un'ampia tenuta dei principi di Torlonia, viene ucciso forse per rivalità legate al suo lavoro; il colpevole non verrà mai individuato. L'anno successivo è segnato da altri **lutti** (la morte della madre e della sorella maggiore). Nel giro di pochi anni muoiono altri due fratelli in giovane età, la famiglia si disgrega, gli orfani vengono collocati in vari istituti.

Nonostante le difficoltà economiche, Pascoli frequenta l'Università di Bologna, dove entra in contatto con **ambienti socialisti e anarchici**. Partecipa a varie manifestazioni politiche e nel 1879 viene arrestato e condannato a tre mesi di carcere. Dopo questa dolorosa esperienza, sollecitato anche da Giosue Carducci (1835-1907), suo professore, riprende gli studi universitari che porta a termine nel 1882. In un primo momento insegna Lettere nei licei di Matera, Massa e Livorno, poi riceve l'incarico di **docente** all'Università di Messina e di Pisa.

Nel 1884 si trasferisce a Massa insieme alle due sorelle, Ida e Maria, ricostruendo il tanto desiderato "nido" familiare. Inizialmente i rapporti fra i tre sono improntati all'affetto e alla gioia della vita in comune, ma in seguito Pascoli diventa sempre più possessivo, tanto da non condividere la scelta di Ida di sposarsi e di tornare in Romagna.

Egli è ormai un poeta e letterato affermato: pubblica la sua prima raccolta poetica, ***Myricae***, nel 1891 e inizia anche a comporre in latino, cosa che gli procurerà fama internazionale; seguono nel 1897 i ***Poemetti***, una ripresa dei temi legati alla natura già affrontati nella prima raccolta, e nel 1903 i ***Canti di Castelvecchio***, nei quali emerge il senso di mistero della vita, che il poeta avverte tanto nelle piccole cose quanto nell'immensità del cosmo. Il mondo antico e in particolare la classicità greca gli suggeriscono i ***Poemi conviviali*** (1904). Nel 1905 viene chiamato a Bologna a succedere a Carducci nella prestigiosa cattedra di Letteratura italiana. Qui muore nella primavera del 1912.

PAROLE *sotto la lente*

Stupore

Dal latino *stupor*, derivato del verbo *stupeo*, "stupire". Nella lingua comune, indica una forte sensazione di meraviglia e sorpresa, ma viene anche impiegato nel linguaggio medico e psichiatrico per indicare particolari stati fisici e mentali. In Pascoli è l'emozione provata dal poeta di fronte a cose, anche consuete, che si svelano nel loro senso più profondo.

Attività

Il nome contiene la radice *stup-* presente in molti aggettivi: stupito, stupefatto, stupido, stupefacente, istupidito. Precisane i significati.

• I temi pascoliani • Secondo Pascoli è opportuno cercare di preservare il più possibile la capacità di provare **stupore** che è propria del fanciullo: soltanto chi mantiene intatte la sensibilità e la spontaneità infantili può entrare in contatto con la natura e comprendere il suo linguaggio segreto, capire la realtà andando oltre il velo delle apparenze. È quanto egli esprime nella prosa ***Il fanciullino***, pubblicata nel 1897 sulla rivista "Il Marzocco", in cui spiega la funzione del poeta, il solo in grado di dare voce al «fanciullino» che continua a vivere in ogni uomo anche dopo la fine dell'infanzia, leggendo e interpretando il mondo attraverso lo sguardo ingenuo, innocente di un bambino. La poesia acquista dunque, per Pascoli, il valore di unico mezzo di conoscenza del mistero che avvolge la vita.

Come un appartato osservatore della realtà, il poeta registra le immagini e i suoni del mondo e della natura, in cui trova temi e oggetti degni di essere raccontati in poesia: è la cosiddetta poetica delle "**umili cose**", cose modeste e familiari, appartenenti alla sfera della vita quotidiana.

Nel contempo, Pascoli scopre che l'essere umano è circondato dal male: la Terra è un granello di materia fredda che si muove nello spazio infinito, oppressa da un destino di dolore e di morte (► p. 253, *X Agosto*). Sotto la spinta delle vicende personali, il poeta non fa che ripiegarsi su di sé, rifugiandosi nel proprio **nido** sicuro e ovattato, la famiglia, dove poter coltivare l'affetto per i vivi e il ricordo dei morti.

PAROLE *sotto la lente*

Umile

L'aggettivo riporta il latino *humilis*, "poco elevato da terra", derivato da *humus*, "terra". In senso figurato significa "non nobile, modesto, soprattutto di nascita". Indica anche chi non esalta i propri meriti e si mostra sempre consapevole dei propri limiti.

Attività

Fai l'analisi morfologica (prefisso, radice, suffisso, desinenza) delle cinque parole elencate e aventi in comune la radice di *umile*.
Umiliare, umiliato, umiliazione, umiltà, umilmente.

• Un nuovo linguaggio poetico • Il rinnovamento espressivo di Pascoli influenzerà notevolmente la lirica del Novecento. Egli lavora sugli **effetti musicali** della parola, attraverso un ampio uso di figure retoriche di suono come allitterazioni, assonanze e onomatopee; le sue composizioni sono giocate sul valore evocativo del suono (**fonosimbolismo**) capace, attraverso nuove e sorprendenti analogie, di creare emozioni intense.

Con il ricorso a termini tecnici tratti da vari ambiti, per esempio dalla botanica, Pascoli conferisce dignità poetica a nomi di piante, fiori, uccelli, semplici oggetti esclusi fino ad allora dalla tradizione lirica. A livello sintattico predilige la frase nominale (frequente è infatti l'ellissi del verbo) e il suo uso della punteggiatura suggerisce l'idea del libero fluire dei pensieri.

• La poesia impressionista • La lirica pascoliana, in modo particolare in *Myricae* (► p. 248), è caratterizzata da **descrizioni paesaggistiche** realizzate attraverso tocchi suggestivi che la avvicinano alle tecniche della pittura impressionista. Il movimento dell'Impressionismo, nato in Francia negli anni Sessanta del XIX secolo, tentava per la prima volta di trasferire sulla tela la mutevolezza della natura: per far questo, i pittori lavoravano all'aria aperta, dove le variazioni di luce e di colore potevano essere colte e riprodotte immediatamente attraverso rapide pennellate. Allo stesso modo Pascoli, lavorando sulla struttura fonetica della lingua (con il ricorso a sinestesie e onomatopee) e sulla sintassi, per lo più nominale, riesce a creare particolari impressioni e **suggestioni visive e sonore**.

Gustave Courbet, *Paesaggio con muro e frutteto*, 1840. (Collezione Privata)

• La riscoperta del vate • Negli ultimi anni della sua vita Pascoli si lascia attrarre dal ruolo di poeta civile, di vate, cioè di colui che celebra le glorie della patria e le addita i futuri destini, facendosi influenzare dal suo maestro Carducci e anche da D'Annunzio, che del poeta vate è l'incarnazione. Si dedica, allora, a una **poesia** di argomento **storico-civile** (*Odi ed Inni*, *Poemi del Risorgimento*, *Poemi italici*, *Canzoni di re Enzio*), funzionale al nuovo Regno d'Italia. Culmine di quest'ultima stagione si può considerare il discorso ***La grande proletaria si è mossa***, del 26 novembre 1911, scritto allo scopo di esaltare la guerra coloniale in Libia. Da quel momento il **poeta ufficiale** va ad affiancarsi al letterato solitario e schivo, vissuto fino ad allora in un ristretto ambito provinciale, dedito alla lode delle «umili cose».

Frontespizio del celebre discorso *La grande proletaria si è mossa* che Giovanni Pascoli tenne nel 1911 a sostegno dell'intervento coloniale in Libia.

• La fortuna • Si può dire che la poesia del Novecento si faccia strada attraverso le soluzioni formali usate da Pascoli. Lo **sperimentalismo pascoliano**, nei suoi aspetti linguistici, metrici e formali, pur convivendo con elementi tradizionali e classici, suggerisce **scelte innovative** ai poeti della prima metà del Novecento: gli ermetici, in particolare, ma anche Sbarbaro, Saba, Govoni, Montale usufruiranno della sintassi spezzata, sperimenteranno ritmi inediti, frantumeranno il verso, riscopriranno il valore musicale della parola, finendo per dare grande rilevanza a un linguaggio analogico ed evocativo. In tal modo anch'essi mutueranno da Pascoli quell'alone di mistero che avvolge sempre la poesia.

• Il percorso antologico •

Il percorso che l'Unità didattica propone prende avvio da due liriche che ci avvicinano al tema principale della poetica pascoliana: l'osservazione da parte del poeta della natura.

In ***Arano*** (► p. 247) così come in ***Ultimo canto*** (► p. 250) Pascoli delinea due quadretti autunnali, incentrati su quel mondo contadino che ricorre ripetutamente nei suoi versi. Tuttavia non si tratta soltanto di componimenti dal carattere descrittivo, perché egli vi introduce immagini simboliste che rinviano ad altre misteriose realtà. Con ***X Agosto*** (► p. 253) il poeta compie un ulteriore passo in avanti nel delineare la sua filosofia di vita. Racconta di sé, della drammatica uccisione del padre, della disgregazione del suo "nido", collocando tale vicenda in un ambito molto ampio, cosmico, perché tutto il cielo è chiamato a piangere un simile orrendo delitto e a prendere atto della vastità del male che ormai si è incuneato nel cuore dell'uomo, senza che altri possano intervenire a estirparlo. In ***Nebbia*** (► p. 257) si conferma la volontà di Pascoli di mascherare gli affanni della vita dietro una coltre nebbiosa che acquista così un forte valore simbolico, mentre in ***La mia sera*** (► p. 264) egli vive la fine della giornata come un momento di pace e di serenità, come metafora della sua età matura, avviato ormai verso la conclusione della vita.

Da ultimo, in uno scritto autobiografico, ***Ricordi di un vecchio scolaro*** (► p. 260), il poeta racconta le paure e le incertezze nel sostenere una prova decisiva per le sue sorti di studente, alla presenza di Carducci.

Giovanni Pascoli

Arano

La lirica rappresenta una scena di vita campestre di grande suggestione: un campo, ancora avvolto dalla nebbia del mattino, dove i contadini sono intenti ad arare e seminare e, sullo sfondo, un passero e un pettirosso.

Da
Myricae, 1892

Lirica, madrigale

Al campo, dove roggio nel filare
qualche pampano brilla, e dalle fratte
sembra la nebbia mattinal fumare,

arano: a lente grida, uno le lente
vacche spinge; altri semina; un ribatte
le porche con sua marra pazïente;

ché il passero saputo in cor già gode,
e il tutto spia dai rami irti del moro;
e il pettirosso: nelle siepi s'ode
il suo sottil tintinno come d'oro.

G. Pascoli, *Poesie*, Mondadori, Milano, 1939

1-2 **roggio…brilla**: nel filare di viti brilla qualche foglia («pampano») di colore rosso ruggine («roggio»).

2-3 **dalle fratte…fumare**: dai cespugli («fratte») sembra alzarsi come fumo la nebbia del mattino.

4 **arano**: è il verbo reggente dell'intera strofa iniziale.

5-6 **un ribatte…pazïente**: un altro contadino spiana con pazienza le zolle di terra («porche») servendosi della zappa («marra»).

7 **saputo**: esperto.

8 **dai rami…moro**: dai rami del gelso («moro»), secchi e pungenti («irti») per la stagione autunnale.

9 **e il pettirosso**: anche il pettirosso spia il lavoro dei contadini.

10 **il suo sottil…d'oro**: si sente il suo verso, simile al suono metallico («tintinno») che producono le monete.

Giuseppe Magni
Aratura, 1902.
(Collezione Privata)

MONDI POETICI da SCOPRIRE

Myricae di Giovanni Pascoli

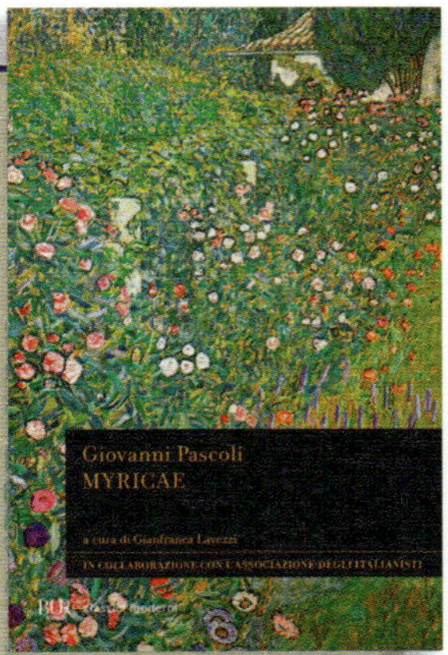

Pubblicata nel 1891 con soli 22 testi, questa prima raccolta poetica vedrà numerose altre edizioni, di cui quella definitiva, del 1900, comprende 156 testi. Il titolo *Myricae* ("tamerici", comuni arbusti ornamentali) deriva da un verso delle *Bucoliche* del poeta latino Virgilio (70-19 a.C.), «*Non omnes arbusta iuvant humilesque myricae*» (Non a tutti piacciono gli arbusti e le umili tamerici): tale scelta conferma l'intenzione di Pascoli di comporre liriche incentrate su temi modesti, semplici, tratti dalla quotidianità, convinto che dalle «umili cose», osservate con candore infantile, potesse scaturire la poesia.

Le liriche della raccolta, infatti, sono ispirate alla vita campestre osservata nel corso delle stagioni; i protagonisti sono contadini al lavoro nei campi, ragazzi che giocano, fanciulle che sfogliano il granoturco. Questo realismo descrittivo diventa lo scenario sul quale egli rappresenta sottilmente le sue inquietudini e i suoi smarrimenti: gli elementi concreti sfumano e assumono un valore simbolico, rinviando a una dimensione della natura e della vita umana ben più indefinita e complessa. Pascoli scopre come tra le cose s'instaurino rapporti nuovi, sotterranei, inediti, come esistano corrispondenze misteriose tra quanto osserva attorno a sé e il suo senso del vivere. Accanto al tema della natura, vista come grande consolatrice benefica in una realtà segnata dalla crudeltà degli uomini, c'è il tema del dolore e della morte, intesa non come semplice privazione della vita, ma come inevitabile passaggio a un mondo sconosciuto al di là del nostro.

Per esprimere questo universo poetico, Pascoli rinuncia a una lingua altisonante, poco adatta alle piccole cose, preferendo un linguaggio nuovo: egli attinge sia al lessico comune sia a vocaboli più tecnici e definiti. Inoltre, sfrutta la musicalità delle parole e, grazie a onomatopee e analogie, evoca le cose attraverso i suoni (fonosimbolismo), per penetrare quel senso di mistero che avvolge la vita umana.

per L'ANALISI del TESTO

Un quadro malinconico di vita campestre

La lirica, che compare per la prima volta nella seconda edizione della raccolta *Myricae* (1892), non è la semplice descrizione di una **scena autunnale**; in realtà, presenta una serie di immagini evocative e forme espressive particolarmente suggestive.

Nei campi aleggia quella nebbia che di primo mattino avvolge e offusca ogni cosa, lasciando intravedere uomini e cose; i contadini si muovono con gesti lenti, rituali, le loro grida sono ovattate. La scena trasmette una sensazione di stanchezza e di ripetitività della fatica; solo il canto del pettirosso sembra vivacizzare un ambiente quasi irreale.

La poesia, dunque, è espressione di uno stato d'animo e di un'idea della vita marcati da una profonda **malinconia**: la nebbia avvolgente diventa il simbolo del senso di **mistero** che la natura racchiude in sé.

Le sensazioni

Alle tre strofe del componimento corrispondono momenti e percezioni sensoriali differenti: la **prima terzina** presenta il paesaggio autunnale ed è contrassegnata da sensazioni visive (il rosso delle foglie, la nebbia che sembra fumo); nella **seconda** viene descritto il lavoro dei contadini e prevale la percezione uditiva (le grida e il rumore della zappa); nella **terza** strofa, dove sono protagonisti gli uccelli, predomina ancora la sensazione uditiva (il trillo del pettirosso che si diffonde come il tintinnio di un campanello).

Lo stile sperimentale

Sul piano sintattico-espressivo, il componimento è frutto dello sperimentalismo pascoliano; il poeta impreziosisce la lingua con numerosi **tecnicismi** («roggio», v. 1; «pampano», «fratte», v. 2; «porche», «marra», v. 6) e figure retoriche di suono e di significato (allitterazioni, ellissi, onomatopee, similitudini). A livello sintattico, i nessi logici risultano spezzati: infatti, la lirica si svolge in un unico periodo, con pause interne ai versi e con i prolungamenti degli *enjambement*. Il **ritmo** è **lento**, come se il poeta ci invitasse a osservare e nel contempo a riflettere.

Attività

Leggere e comprendere

1 **Un quadretto autunnale** La scena rappresentata nei versi si svolge in autunno. Quali elementi della descrizione lo indicano?

2 **La struttura** La poesia è divisa in tre parti: sintetizza il contenuto di ognuna.

vv. 1-3	....
vv. 4-6	....
vv. 7-10	....

3 **Le attività** Quali sono le attività descritte nella scena?

4 **L'atmosfera** Quali elementi concorrono a creare un'atmosfera indistinta, quasi magica, in questo lieve bozzetto di vita rurale?

....

....

....

Riconoscere e analizzare

5 **La forma metrica** Indica la forma metrica della lirica, individuando anche i tipi di versi e lo schema delle rime.

6 **La sintassi** La poesia è costituita da un unico periodo. Quale valore espressivo si può attribuire a questa scelta sintattica?

7 **I suoni** Nei versi finali, a che cosa alludono l'allitterazione del suono "s" e la frequente ripetizione dei suoni "l" e "r"?

8 **Il lessico** Elenca i vocaboli ricercati presenti nella lirica.

....

....

....

9 **Il ritmo** Come si può definire il ritmo del componimento?

a. Solenne
b. Cadenzato
c. Lento
d. Veloce

10 **Le impressioni** Completa la tabella con le impressioni sensoriali legate alla percezione dei colori e dei suoni.

Percezioni cromatiche	Percezioni acustiche
....	....
....	....
....	....
....	....
....	....

11 **Le figure retoriche** La semplicità, solo apparente, della lirica è testimoniata dal sapiente impiego che l'autore fa delle figure retoriche. Trova all'interno del testo un esempio di:

- iperbato: ....
- ripetizione: ....
- ellissi: ....
- similitudine: ....

Rielaborare e produrre

12 **Discutere** Considera i versi 4-6: «arano: a lente grida, uno le lente / vacche spinge; altri semina; un ribatte / e porche con sua marra paziënte». Quali sensazioni ti suscitano le immagini dei contadini intenti al lavoro nei campi? La fatica delle attività agresti oppure la monotonia di gesti ripetuti e consueti? O altro ancora? Esponi oralmente la tua opinione, confrontandola con quella dei compagni in un dibattito in classe.

13 **La parafrasi** Volgi in prosa (▸ p. 63) il componimento.

14 **Analisi e commento** In un testo di 200 parole analizza e commenta (▸ pp. 64-65) la lirica.

15 **La tua esperienza** Racconta, in un breve testo descrittivo di 150 parole, gli aspetti (dati sensoriali, emozioni) che ti hanno maggiormente colpito di una giornata trascorsa in campagna, a contatto con la natura.

Giovanni Pascoli

Ultimo canto

Da
Myricae, 1894
Lirica

Pascoli delinea qui alcune impressioni di vita campestre registrate all'inizio dell'autunno, lasciandosi andare alla dolcezza dell'idillio, non senza sottrarsi a una nota di mestizia con la quale chiude la poesia.

Solo quel campo, dove io volga lento
l'occhio, biondeggia di pannocchie ancora,
e il solicello vi si trascolora.

Fragile passa fra' cartocci il vento:
uno stormo di passeri s'invola:
nel cielo è un gran pallore di viola.

Canta una sfogliatrice a piena gola:
Amor comincia con canti e con suoni
e poi finisce con lacrime al cuore.

G. Pascoli, *Poesie*, Mondadori, Milano, 1939

1-2 **Solo...ancora**: è rimasto un solo campo, verso cui guarda il poeta, coperto di bionde pannocchie di granoturco.

4 **cartocci**: sono le foglie (o brattee) che avvolgono la pannocchia di granoturco.

6 **nel cielo...viola**: il pallore violaceo del cielo è il colore dominante.

PAROLE *sotto la lente*

Fragile

L'aggettivo riporta il latino *fragilis*, legato al verbo *frangere*, "rompere". Si riferisce in senso proprio a un oggetto che si rompe facilmente, come spesso è scritto sugli imballaggi. In senso figurato indica una persona debole, con scarsa resistenza fisica e morale.

Attività

Dal paradigma del verbo latino *frango, is, fregi, fractum, frangere*, deriva un'ampia famiglia lessicale. Elenca almeno dieci parole che le appartengono.

Heidi Malott, *Cielo mattutino e campi di granturco*, 2012. (Collezione Privata)

per L'ANALISI del TESTO

Un quadretto impressionista

Come in altri componimenti di *Myricae*, anche qui Pascoli apre la sua lirica tratteggiando un semplice quadretto autunnale, in cui sono inserite alcune **impressioni di vita campestre**. Al pari di un pittore che abbia posto il suo cavalletto a terra, il poeta osserva e poi traccia sulla carta quello che l'occhio vede, quello che il cuore sente. Avverte una stretta vicinanza con la campagna e con la natura circostante, dai colori ancora vivaci dell'autunno che è ormai sul finire.

L'oggetto del suo interesse è un semplice campo dove il contadino non è ancora passato a raccogliere le pannocchie di granoturco, per cui questo campo è punteggiato di frutti, le pannocchie, che in natura non sono gialle, ma brune: gialli sono i chicchi del granoturco, gialla è la polenta che, a fine Ottocento, costituiva l'unico cibo per tanti contadini. Completa questa gioia contenuta un tenue «solicello» che rischiara e rallegra la natura e, nel contempo, il cuore del poeta. Tale descrizione pittorica continua, ma s'incrina già la dolcezza di fondo precedente, perché compare il vento a portare scompiglio e a far fuggire i passeri: due presenze costanti – **vento e passeri** – nella poesia pascoliana, che rinviano a sensazioni e presentimenti indefiniti.

Una dolce mestizia

La poesia è costruita in modo che l'ultima terzina costituisca il culmine di questa malinconica scena autunnale. Vi compare (o almeno se ne avverte la presenza) l'elemento umano, nella figura di una giovane ragazza, «una sfogliatrice», che è dedita al lavoro e canta «a piena gola» quello che il cuore le suggerisce: le pene d'amore della canzone popolare rinviano in maniera più ampia al destino dell'uomo. Si potrebbe affermare che ancora una volta in Pascoli prevalga la nota dolente, la sfiducia nei confronti degli uomini, ma, almeno in questa lirica, la disposizione fondamentale del suo animo sembra essere una dolce mestizia che pervade ogni cosa e trova conforto nella contemplazione della campagna circostante, in cui tuttavia aleggia sempre il **segreto senso delle cose**, così come la perenne sensazione dell'**umana fragilità**.

L'espressività del componimento

La lirica si articola in tre terzine di endecasillabi variamente rimati: rime incrociate nei primi versi, quindi baciate e versi sciolti nella conclusione. Se ne ricava, nell'insieme, una sonorità che inclina a una certa serenità, impressione rafforzata dal ritmo lento e pausato. Vi concorre anche l'utilizzo di termini tecnici, quali «pannocchie», «cartocci», «stormo», «sfogliatrice» che, però, ben s'inseriscono in un contesto di lingua semplice e popolare. Dal mondo della **cultura popolare** deriva anche la rielaborazione del canto della giovane sfogliatrice, ampiamente diffuso. La lirica ha un carattere fortemente espressivo, che consente all'animo pascoliano di rivelarsi in tutta la sua malinconica essenza.

Attività

Leggere e comprendere

1 **Il punto di vista** Da quale punto di vista viene presentata la scena descritta nei versi? Da quali parole lo si comprende?

2 **Il momento** Attraverso la descrizione degli elementi che popolano la scena è possibile risalire al momento dell'anno in cui si colloca: di quale momento si tratta? Giustifica la tua risposta.

3 **Un sentimento** Il paesaggio raffigurato suscita prevalentemente un sentimento. Indicalo e riporta le parole del testo che lo evocano.

....

....

4 **Gli elementi descrittivi** Elenca in due distinte colonne i partecipanti (elementi descrittivi) presenti nel testo e le caratteristiche che l'autore attribuisce a ciascuno di essi.

5 **Una presenza umana** Qual è il mezzo sensoriale attraverso il quale si coglie la presenza della donna?

6 **La riflessione finale** Il malinconico bozzetto autunnale è accostato al pensiero dell'amore. Quale aspetto di questo sentimento viene sottolineato?

a. L'allegria
b. Il tormento
c. Il dolore che consegue alla sua fugacità
d. La serenità

Riconoscere e analizzare

7 **La forma metrica** Descrivi la forma metrica della poesia.

8 ***Enjambement* e cesure** Elenca gli *enjambement* presenti nel testo, indica le cesure e specifica quale delle due figure prevalga.

....

....

9 **Il ritmo** Quale ritmo infondono al componimento tali pause nei versi?

a. Veloce e incalzante
b. Lento e fluido
c. Spezzato e lento
d. Veloce e fluido

10 **Il lessico** Come definiresti il lessico utilizzato nel testo?

a. Semplice e quotidiano
b. Difficile e artefatto
c. Altisonante
d. Semplice ma raffinato

11 **Le figure di posizione** Nel testo sono presenti alcune figure retoriche di posizione (► p. 55). Prova a elencarne almeno due.

....

....

12 **La personificazione** Riporta la personificazione presente nel testo e chiariscine il significato.

....

....

Rielaborare e produrre

13 **Discutere** Considera il verso 7: «Canta una sfogliatrice a piena gola». Come le mondine nei campi di riso, la sfogliatrice rende meno monotono il suo lavoro ripetitivo cantando una canzone popolare che parla di sofferenze d'amore. Qual è l'emozione che a tuo parere muove il suo canto? La gioia o la disperazione? Confronta la tua opinione con quella dei compagni in un dibattito in classe.

14 **Il riassunto** Riassumi la poesia in meno di 50 parole.

15 **Il commento** Stendi un accurato commento (► p. 65) del testo di almeno 200 parole.

16 **Un confronto** Un'altra lirica di Pascoli, *Arano* (► p. 247), rappresenta una suggestiva scena di vita campestre. Metti a confronto in un breve scritto espositivo (massimo 200 parole) le due poesie sottolineando le analogie e le differenze negli aspetti descrittivi (per esempio: si tratta di una descrizione oggettiva o soggettiva? Prevale l'aspetto informativo o emotivo?) e nella scelta di alcuni degli elementi paesaggistici e non solo presenti nei versi.

17 **La tua esperienza** La visione della scena autunnale suggerisce a Pascoli malinconici pensieri legati al sentimento d'amore, con le sue pene, e al destino dell'uomo. Ti è mai capitato di sperimentare la stessa condizione? Racconta in un breve testo la tua esperienza.

Giovanni Pascoli

X Agosto

La notte di san Lorenzo, in cui secondo un'antica tradizione popolare si assiste al fenomeno delle stelle cadenti, rappresenta un doloroso anniversario per il poeta, perché in quel giorno, il 10 agosto dell'anno 1867, suo padre venne assassinato. Le stelle che cadono rapide diventano nei versi di questa lirica un «pianto» cosmico; il male imperversa a tal punto sulla Terra che vengono uccisi degli innocenti: una rondine che portava «la cena de' suoi rondinini» e un padre di famiglia atteso «in vano».

Da
Myricae, 1897
Lirica

San Lorenzo, io lo so perché tanto
di stelle per l'aria tranquilla
arde e cade, perché sì gran pianto
nel concavo cielo sfavilla.

Ritornava una rondine al tetto:
l'uccisero: cadde tra spini:
ella aveva nel becco un insetto:
la cena de' suoi rondinini.

Ora è là, come in croce, che tende
quel verme a quel cielo lontano;
e il suo nido è nell'ombra, che attende,
che pigola sempre più piano.

Anche un uomo tornava al suo nido:
l'uccisero: disse: Perdono;
e restò negli aperti occhi un grido:
portava due bambole in dono...

Ora là, nella casa romita,
lo aspettano, aspettano in vano:
egli immobile, attonito, addita
le bambole al cielo lontano.

E tu, Cielo, dall'alto dei mondi
sereni, infinito, immortale,
oh! d'un pianto di stelle lo inondi
quest'**atomo** opaco del Male!

G. Pascoli, *Poesie*, Mondadori, Milano, 1939

Due rondini in volo in un'illustrazione di John James Audubon del 1830.

1-2 **tanto di stelle**: così tante stelle.
3 **arde e cade**: nella notte di san Lorenzo il cielo è attraversato da uno sciame di stelle cadenti.
4 **concavo cielo**: la volta del cielo.
9 **come in croce**: con le ali spalancate, come se fosse in croce.
11 **e il suo nido**: metonimia: il «nido» sta per i rondinini che attendono la madre con il cibo.
13 **un uomo**: il padre del poeta.
17 **romita**: solitaria.
19 **attonito**: colto di sorpresa; **addita**: indica.
22 **sereni**: gli spazi celesti sono sereni perché esenti dai rancori, dagli odi degli uomini.
24 **quest'atomo...Male**: la Terra è un atomo, un corpo minuscolo nell'immensità dell'universo, freddo («opaco») perché dominato dal male.

PAROLE sotto la lente

Atomo

Il termine viene dal greco *áthomos*, "non tagliabile", composto di *a* privativo e *tomè*, "taglio", e indica quindi un corpo indivisibile. Nella filosofia antica, ciascuna delle piccolissime particelle che compongono le sostanze. In senso esteso indica una quantità minima, microscopica.

Attività

Fai l'analisi morfologica (prefisso, radice, suffisso, desinenza) delle cinque parole elencate e spiegane il significato.
Atomismo, atomizzare, atomista, atomizzazione, atomistico

per L'ANALISI del TESTO

Il dolore personale diventa universale

La poesia, comparsa per la prima volta nella quarta edizione di *Myricae* del 1897, rievoca l'uccisione del padre del poeta avvenuta il 10 agosto 1867, fatto che ha inciso in maniera radicale sulla sua vita e su quella dell'intera famiglia. Mentre tornava dal mercato di Cesena, Ruggero Pascoli fu ucciso con un colpo di fucile; l'assassino non fu mai individuato e il delitto rimase impunito.

La tragica **esperienza personale** viene proiettata dal poeta in una dimensione più ampia, cosmica, diventando il simbolo di ogni ingiustizia umana. È lo spunto per una **riflessione sul male**, che rappresenta una costante della poesia pascoliana: il male, però, non è dovuto alla natura, come per esempio in Leopardi, bensì alla malvagità degli uomini. E la violenza si propaga sulla Terra, minuscolo frammento dell'universo, intriso di male e sovrastato da un cielo vuoto, apparentemente indifferente alla sorte umana.

Il simbolismo pascoliano

Nella calda notte estiva di san Lorenzo le stelle sfavillano, s'incendiano e cadono: il poeta le osserva come se fossero le lacrime del cielo, che piange per la cattiveria umana. Tutta la poetica di Pascoli si basa sul simbolismo: l'immagine del «**nido**» ricorrente nella lirica (vv. 11 e 13) non è altro che la metafora della casa, della famiglia; simbolico è anche il parallelismo tra **la rondine e l'uomo**, entrambi emblema del dolore universale e dell'ingiustizia che regola la vita sulla Terra. La rondine, abbattuta mentre ritornava al proprio nido, lascia i suoi rondinini abbandonati a se stessi; la sua sorte è simile a quella del padre del poeta, anch'egli ucciso sulla via di casa, mentre la famiglia si ritrova ad affrontare la vita nella più completa solitudine. In particolare, l'immagine della rondine uccisa, che giace in terra con le ali aperte come se fosse in croce, richiama il sacrificio di Cristo, a evidenziare la barbarie umana.

La struttura simmetrica

La lirica presenta una struttura simmetrica: la prima e l'ultima quartina si richiamano attraverso il rinvio al cielo e al suo «pianto di stelle» (v. 23), mentre le quartine centrali presentano in parallelo un **duplice esempio del male**, l'uccisione della rondine e l'assassinio del padre di Pascoli. Inoltre la prima strofa si apre con un'**invocazione**-preghiera al santo («San Lorenzo», v. 1), così come l'ultima con un altro vocativo: «E tu, Cielo», v. 21. Costruzioni simmetriche si colgono anche tra le strofe centrali, «Ritornava una rondine al tetto» (v. 5) e «Anche un uomo tornava al suo nido» (v. 13), e la ripetizione del verbo «l'uccisero» (vv. 6 e 14).

La scelta di periodi brevi, interrotti dalla punteggiatura e senza nessi logici, sottolinea il susseguirsi di alcune azioni («l'uccisero: disse: Perdono», v. 14) e conferisce maggiore **rapidità** al ritmo. La lirica, infine, è caratterizzata da una particolare **musicalità** dovuta alla rima alternata, alle numerose allitterazioni e assonanze.

Vincent van Gogh, *Natura morta con nidi d'uccello*, 1885. (Otterlo, Kröller-Müller Museum)

Attività

Leggere e comprendere

1 **La data** Il 10 agosto è, secondo un'antica tradizione popolare, la notte delle stelle cadenti. In che modo il poeta interpreta questo fenomeno astronomico?

2 **La struttura** La poesia presenta un'articolata disposizione del contenuto, suddiviso nelle varie strofe. Precisa, disegnando una tabella, tale organizzazione dei temi.

3 **Il tema** Qual è il tema centrale della lirica?

a. L'osservazione di un particolare fenomeno astronomico
b. La celebrazione della sensibilità del poeta
c. La sofferenza del poeta per la morte violenta e improvvisa del padre
d. La malinconia suscitata dal trascorrere del tempo

4 **Il padre** Qual è l'ultima parola pronunciata dall'uomo? Che cosa porta con sé?

....

5 **La Terra** Come viene definita la Terra dal poeta? Quali sentimenti rivela questa definizione?

....

6 **Il cielo** La poesia si apre e si chiude con un riferimento al cielo, personificato e addirittura invocato nell'ultima strofa. In che modo il cielo partecipa al dolore del mondo?

Riconoscere e analizzare

7 **La struttura metrica** Come è costituito il componimento dal punto di vista metrico?

8 **Le rime** Qual è lo schema delle rime?

a. AABB, CCDD ecc. (rima baciata)
b. ABAB, CDCD ecc. (rima alternata)
c. ABBA, CDDC ecc. (rima incrociata)
d. Non sono presenti rime

9 **Il ritmo** Prova a definire il ritmo della lirica, tenendo conto dei tipi di verso usati, dei suoni, della presenza di *enjambement* e della struttura sintattica.

10 **I tempi verbali** Indica i tempi verbali di ciascuna strofa e rifletti sull'uso alternato che ne fa il poeta, spiegandone la ragione.

11 **Il lessico: «romita»** Quale significato, oltre a quello letterale, può assumere qui l'aggettivo «romita» (v. 17)?

12 **Il lessico: «attonito»** Che cosa lascia intendere, a tuo parere, l'aggettivo «attonito» attribuito al padre (v. 19)?

13 **Il campo semantico** Elenca i termini riconducibili al campo semantico del cielo.

14 **Un parallelismo** Riporta sul quaderno espressioni e strutture sintattiche che sottolineano il parallelismo tra la sorte della rondine e quella del padre.

15 **Le figure retoriche** Definisci le seguenti figure retoriche:

- «arde e cade» (v. 3): ....
- «tetto» (v. 5): ....
- «nido» (v. 11): ....
- «negli aperti occhi un grido» (v. 15): ....
- «aspettano, aspettano» (v. 18): ....

Rielaborare e produrre

16 **Discutere** Considera i versi 23-24: «oh! d'un pianto di stelle lo inondi / quest'atomo opaco del Male!». Rifletti sull'immagine dell'«atomo opaco», prestando particolare attenzione alla scelta dell'attributo; confronta quindi la tua opinione sulla concezione del male in Pascoli con quella dei compagni in un dibattito in classe.

17 **La parafrasi** Volgi in prosa (▸ p. 63) il componimento.

18 **Analisi e commento** In un testo di 200 parole analizza e commenta (▸ pp. 64-65) la lirica.

19 **La notte di san Lorenzo** Ti è mai capitato di assistere al fenomeno delle stelle cadenti da cui trae lo spunto *X Agosto*? Racconta la tua esperienza in un breve testo narrativo.

20 **Lo spirito religioso** Dopo aver indicato, in un testo espositivo, quali sono gli elementi di religiosità presenti nel componimento, spiega quale idea del divino ne emerge.

per SAPERNE di PIÙ

Pascoli e la morte del padre

Maria, l'ultima sorella di Giovanni Pascoli, ha pubblicato un volume di memorie in cui racconta i momenti più significativi della vita del poeta. Qui narra la tragedia della morte del padre.

La mattina del 10 agosto del 1867, giorno di san Lorenzo, nostro padre era pronto per recarsi a Cesena per ivi aspettare un certo signor Petri, che doveva arrivare da Roma, incaricato dal principe don Alessandro Torlonia di nominare l'amministratore della tenuta, che dopo la morte di Giovanni Pascoli, zio di nostro padre, non era ancor stato nominato. In casa nostra non c'era nessun dubbio che quel posto non fosse riservato a nostro padre essendo già 13 anni che l'occupava con scrupolosa onestà e con piena soddisfazione del Principe. Egli fece attaccare la sua cavallina al carrettino, ma prima di salire si fermò a dire qualcosa alla mamma [...]. La scena della partenza è descritta da Giovannino in Un ricordo che si trova nei Canti di Castelvecchio. Verso sera la mamma e la Margherita erano ad attenderlo a San Mauro presso la nostra casina, come gli avevano promesso [...]. Ma si faceva tardi, e non vedendolo arrivare cominciavano a pensare che gli fosse successa qualche disgrazia. Quand'ecco a un tratto udirono poco distante da loro una voce di donna che urlava: «Hanno ammazzato il signor Ruggero!» Dio mio! chi può immaginare lo schianto che fecero nei loro cuori quelle parole? La mamma voleva andar subito a vederlo, piangeva, si disperava, diceva di voler morire anche lei. La povera Margherita, affranta dallo strazio, corse a chiudere il pozzo di casa, e poi si buttò in ginocchio avanti la mamma dicendole con gran pianto: «Mamma, mamma, non ci abbandoni! siamo in otto nelle sue braccia!» Non so davvero chi potrebbe trovare parole per esprimere, in qualche modo, quell'atroce dolore! [...] Ma la mamma, poverina, era impossibile che potesse dare un po' di tregua al suo cordoglio. Quando poi ricondussero la cavallina e il carrettino, e vide i regalini che il babbo aveva comprato per le bimbe e anche per lei, come soleva sempre quando si allontanava, oh! allora che scoppi di pianto! che desolazione!

M. Pascoli, *Lungo la vita di Giovanni Pascoli*, Mondadori, Milano, 1961

Massimo D'Azeglio, *La vendetta*, 1835. (Milano, Pinacoteca di Brera)

Giovanni Pascoli

Nebbia

Immerso nella quotidianità del tempo presente, il poeta chiede alla nebbia di nascondere le cose lontane, il suo passato doloroso; il paesaggio circostante, allora, diventa metafora della condizione di pace cui egli incessantemente aspira.

Da *Canti di Castelvecchio*, 1903

Lirica

Nascondi le cose lontane,
tu nebbia impalpabile e scialba,
tu fumo che ancora rampolli,
su l'alba,
da' lampi notturni e da' crolli
d'aeree frane!

Nascondi le cose lontane,
nascondimi quello ch'è morto!
Ch'io veda soltanto la siepe
dell'orto,
la mura ch'ha piene le crepe
di valerïane.

Nascondi le cose lontane:
le cose son ebbre di pianto!
Ch'io veda i due peschi, i due meli,
soltanto,
che dànno i soavi lor mieli
pel nero mio pane.

1 **Nascondi…lontane**: i particolari lontani del paesaggio da cancellare sono metafora dei ricordi dolorosi del passato.

2 **scialba**: incolore, pallida.

3-6 **tu fumo…frane**: tu nebbia che scaturisci («rampolli») come un fumo generato da lampi notturni e da un fragore che proviene dal cielo («aeree frane»).

11 **la mura**: il muro di cinta.

12 **valerïane**: fiori spontanei di valeriana, un'erba medicinale.

14 **ebbre**: ubriache, nel senso che i ricordi dolorosi del passato stordiscono il poeta.

17-18 **i soavi…mio pane**: dai frutti degli alberi il poeta ricava le marmellate («mieli») che rendono dolce il pane di campagna, scuro. L'amore per queste piccole cose lo consola di tutte le amarezze

Caspar David Friedrich, *Il mattino*, 1822. (Hannover, Niedersächsisches Landesmuseum)

Nascondi le cose lontane
che vogliono ch'ami e che vada!
Ch'io veda là solo quel bianco
di strada,
che un giorno ho da fare tra stanco
don don di campane...

Nascondi le cose lontane,
nascondile, involale al volo
del cuore! Ch'io veda il cipresso
là, solo,
qui, solo quest'orto, cui presso
sonnecchia il mio cane.

G. Pascoli, *Poesie*, Mondadori, Milano, 1939

20 **che vogliono...che vada**: che pretendono che io con la mente ritorni ancora a loro e senta lo stesso dolore di una volta.

21-22 **quel bianco di strada**: la strada polverosa che conduce al cimitero.

26-27 **involale...cuore**: sottraile («involale») ai desideri e ai sogni del mio animo che vorrebbe ritornare in fretta («al volo») alle cose lontane.

29 **cui presso**: vicino al quale.

per L'ANALISI del TESTO

Il contrasto tra interno ed esterno

Nebbia fa parte della raccolta *Canti di Castelvecchio*, del 1903, composta dopo il trasferimento di Pascoli dalla Romagna a Castelvecchio, in provincia di Lucca; la raccolta approfondisce la riflessione esistenziale avviata dal poeta con *Myricae*.

La lirica ha i caratteri e i toni di una **preghiera**, di un'**invocazione** rivolta da Pascoli alla nebbia perché nasconda una realtà che al suo animo richiama soltanto tristi ricordi e quindi dolore. Al mondo esterno egli preferisce un luogo protettivo, il «nido» rappresentato dalla sua confortevole casa di campagna, in cui si rifugia a contemplare le umili cose, come gli alberi da frutto, la siepe dell'orto, il muro di cinta ricoperto di valeriana che lo isola dalle brutture del mondo. La poesia appare costruita sul **contrasto** fra la quotidiana e rassicurante esistenza (l'interno) e il minaccioso mondo circostante (l'esterno).

Una profonda afflizione

In *Nebbia* balza in primo piano l'**animo** fortemente **pessimista** di Pascoli: il continuo riandare con il pensiero a un passato angoscioso, la volontà d'isolarsi in un ristretto universo di piccole cose, l'assillo della morte sono aspetti dell'incapacità del poeta di aderire alla vita. L'espressione «cose lontane», ripetuta in maniera ossessiva, comprende, nella sua indeterminatezza, tutto ciò che non appartiene alla sola realtà del presente e della casa, intesa come luogo protettivo assediato dal male; anche il «pianto» (v. 14) rimanda ai fatti luttuosi della sua fanciullezza che lo richiamano in continuazione («che vogliono ch'ami e che vada!» (v. 20) e ai quali lui si sottrae a fatica («involale al volo del cuore!», vv. 26-27). Questo stato d'animo fa sì che anche gli aspetti in apparenza positivi assumano un carattere cupo, perché tale è il pensiero rivolto al cimitero, al mesto suono delle campane che accompagnerà il funerale del poeta. Lo stesso cane, spesso simbolo di amicizia e di fedeltà, rappresenta qui l'animo rassegnato di Pascoli.

Lo stile

La poesia è costruita su cinque strofe composte da quattro novenari, un verso ternario e uno senario, con il seguente schema metrico: ABCBCA. In evidenza risulta poi l'anafora del primo verso a inizio di ogni strofa (l'invito a nascondere) che concettualmente e fonicamente segna tutta la lirica; altrettanto forte è l'iterazione ai versi 9-15-21-27, (il desiderio di vedere), in contrasto con l'anafora precedente.

Il ritmo lento della composizione si evince anche dai numerosi rimandi fonici e sonori, come l'allitterazione della "l" e della "b" nel verso 2; dall'uso di numerose rime; dall'onomatopea «*don don*» al verso 24. Il linguaggio pascoliano, infine, fatto di un lessico molto semplice ma fitto di simboli e metafore, conferisce a ogni verso, a ogni parola un valore simbolico e di forte richiamo concettuale.

Attività

Leggere e comprendere

1 **La nebbia** Nella prima strofa il poeta attribuisce alla nebbia particolari caratteristiche: quali?

2 **Il valore simbolico** Che cosa rappresenta qui la nebbia per Pascoli?

a. Un fastidioso inconveniente che impedisce la vista oltre il giardino
b. Un normale fenomeno atmosferico tipico della stagione
c. Un evento al quale non ha mai assistito in vita sua
d. Uno schermo protettivo che gli permette di non vedere, non ricordare

3 **L'opposizione vicino/lontano** Tutto il componimento è giocato sulla contrapposizione fra cose vicine (ben definite) e cose lontane (indeterminate), cui il poeta attribuisce un diverso valore. Elenca sul quaderno, in due distinte colonne, le espressioni che si riferiscono alle une e alle altre, indicando i versi in cui si trovano.

4 **L'invocazione alla nebbia** All'inizio di ogni strofa i primi due versi sono occupati dall'invocazione del poeta alla nebbia: quali emozioni e sensazioni legate alla sua vita passata sono richiamate in queste espressioni?

5 **La morte** Il tema della morte è ampiamente presente nel testo. Indica i versi e le espressioni che vi fanno riferimento.

....

....

....

....

....

Riconoscere e analizzare

6 **La struttura** Come definiresti la struttura della lirica?

a. Irregolare
b. Ritmica
c. Semplice
d. Simmetrica

7 **Il lessico** Il semplice vocabolario pascoliano si arricchisce a volte di termini ricercati, soprattutto in presenza di figure retoriche. Te ne elenchiamo alcuni: accosta a ognuno di essi un sinonimo più comune.

- «scialba» (v. 2): ....
- «rampolli» (v. 3): ....
- «aeree frane» (v. 6): ....
- «ebbre» (v. 14): ....
- «involale» (v. 26): ....

8 **Una figura retorica** Le azioni dei due principali protagonisti del componimento – la nebbia e il poeta – sono evidenziate da una ripetuta figura retorica. Quale? Sottolineala nel testo.

9 **La figura di suono** Qual è la figura di suono presente nel testo? A quale tema è legata?

10 **Il ritmo** Le ripetizioni lessicali, le iterazioni nelle strutture sintattiche e le anafore imprimono al testo un ritmo particolare. Quale?

a. Veloce
b. Incalzante
c. Lento
d. Spezzato

Rielaborare e produrre

11 **Discutere** Considera i versi 17-18: «che dànno i soavi lor mieli / pel nero mio pane». Che cosa intende il poeta con l'espressione «nero mio pane»? Vuol dire che conduce una misera esistenza, che vive in povertà, oppure che la sua è una vita semplice, modesta? O altro? Esponi oralmente la tua opinione, confrontandola con quella dei compagni in un dibattito in classe.

12 **Il riassunto** Riassumi in meno di 100 parole il contenuto del testo.

13 **Un commento sul tema centrale** La poesia contiene alcune tematiche importanti: qual è a tuo avviso quella dominante? Motiva la tua risposta aggiungendo un breve commento (▶ p. 65).

a. La campagna
b. La morte
c. La natura
d. Il nido

14 **Il tuo "nido"** Anche tu puoi contare su un posto sicuro, un luogo / rifugio in cui ti senti protetto e sereno? Descrivilo e spiega le emozioni che ti suscita in una lettera a un amico.

Giovanni Pascoli

Ricordi di un vecchio scolaro

Da "Il Resto del Carlino", 1896

Testo narrativo

La figura di Giosue Carducci ha avuto sulla vita di Pascoli una grande influenza. Il brano autobiografico proposto, uscito nel 1896 sul quotidiano "Il Resto del Carlino" di Bologna, fa luce sull'animo di Pascoli studente e sulla scuola dell'epoca, sui rapporti familiari, sull'aura di venerazione che circondava Carducci.

In quell'anno, era bandito per la prima volta il concorso a sei sussidi[1] per chi studiasse lettere nell'università di Bologna. Era una liberalità[2] di questo Comune, di questa nobile città, liberalità vera e larga in quanto ammetteva al concorso tutti gli italiani, non i bolognesi soli: sicché anche dall'umile villaggio della Romagna, dove era quella casuccia[3] nella quale *faceva economia* quella famigliuola tutta di ragazzi e di bambine, il ragazzo più grande[4] udì il buon invito: fornì il suo minore (*il vecchio scolaro*: oh! dolcezza amara di ricordi!) di poche lire, troppe per chi le dava, un po' pochine per chi le riceveva; lo imbarcò solo soletto in una terza classe del treno e gli disse: Tuo babbo ti aiuti! Era il giorno avanti il primo esame. La mattina dopo, il povero ragazzo smilzo e scialbo si trovava tra una ventina d'altri ragazzi, venuti da tutte le parti d'Italia, o sorridenti o rumorosi, aspettando… Aspettando chi? Carducci. Egli doveva venire a dettare il tema d'italiano. Proprio Carducci? Carducci in persona. […]

A un tratto un gran fremito, un gran bisbiglio: poi, silenzio. *Egli* era in mezzo alla sala, passeggiando irrequieto, quasi impaziente. Si volgeva qua e là a scatti, fissando or su questo or su quello, per un attimo, un piccolo raggio ardente de' suoi occhi mobilissimi. "L'opera di Alessandro Manzoni" dettò. Poi aggiunse con parole rapide, staccate, punteggiate. *Ordine, chiarezza, semplicità! Non mi facciano un trattato d'estetica*. Una pausa di tre secondi; e concluse: *Già non saprebbero fare*. Sorrise a questo punto? Chi lo sa? S'indugiò ancora un poco e uscì.

Oh! Il povero ragazzo stette più d'un'ora senza nemmeno provarsi a intingere la penna! Il suo vicino, un bel fanciullone piemontese, con una sua grossa e buona testa dondolante, gli domandò con gentile atto: Non scrive? L'altro si svegliò dal suo torpore e cominciò a scrivucchiare. Che cosa, Dio mio? O piccolo padre[5] lontano! O dolci bambine preganti a quell'ora per lui! È fatta: nella testa non c'è nulla di buono; nel calamaio, qualche paroletta a quando a quando. […] E qualche giorno dopo ci fu l'esame orale. E il giovinetto romagnolo entrò avanti il consesso giudicante[6] come se vi fosse travolto da una ventata; e rivide

Un ritratto di Giosue Carducci dipinto da Vittorio Matteo Corcos nel 1892. (Bologna, Casa Carducci)

1 **sussidi**: borse di studio.
2 **liberalità**: generosa concessione.
3 **casuccia**: la casa della famiglia Pascoli.
4 **il ragazzo più grande**: Giacomo, il maggiore dei fratelli Pascoli.
5 **piccolo padre**: allusione al fratello Giacomo, diventato capofamiglia dopo la morte del padre.
6 **consesso giudicante**: commissione d'esame.

lui e si sentì interrogare. Ma *egli* qualche cosa doveva aver letto nel viso smunto e pallido del ragazzo: leggeva forse il pensiero che appariva tra uno sforzo e un altro per rispondere; pensiero d'assenti, pensiero di solo al mondo, pensiero d'un dolore e d'una desolazione che al maestro non potevano essere fatti noti se non dagli occhi del ragazzo, che pregava forse con essi più che non rispondesse con la bocca; dagli occhi di lui soli, perché nessuno aveva parlato o pregato per lui: certo il Maestro interrogava con non so qual pietà e ascoltava le risposte impacciate con una specie di rassegnazione cortese, accomodandole e spiegandole e giustificandole. Passò questo doloroso quarto d'ora; passarono gli altri. [...] Due o tre giorni dopo aspettava nell'università la sentenza che doveva essere lì per lì fatta pubblica dagli esaminatori. Egli si vergognava al pensiero che altri credesse che egli sperasse ancora e fosse lì per un'ultima pertinace[7] illusione. [...] Basta: a uno squillo di campanello tutti entrarono. Gli esaminatori erano tutti lì: la fiera testa del poeta si volgeva da parte, come indifferente.

Gandino[8], il severo e sereno Gandino, con quel volto che sembra preso a una medaglia romana, scandendo le parole con la sua voce armoniosa, ammonì: *Leggerò i nomi dei candidati secondo l'ordine di merito: i primi sei s'intende che hanno conseguito il sussidio comunale*. Pausa.

Al ragazzo romagnolo batteva il cuore; ma solo, per così dire, in anticipazione del palpito che lo avrebbe scosso in quel momento che era per separare il quinto nome dal sesto. Sonò il primo nome nel silenzio della sala... Era il suo. In quell'attimo egli, il povero ragazzo, vide lampeggiare un sorriso. Sì: la testa del poeta si era illuminata d'un sorriso subito spento.

G. Pascoli, *Poesie e prose scelte*,
Mondadori, Milano, 2002

7 **pertinace**: ostinata, caparbia.

8 **Gandino**: Giovanni Battista Gandino (1827-1905) è stato docente di Latino presso l'Università di Bologna.

Attività

Comprendere il testo narrativo

1 **Il tono** Qual è il tono con cui Pascoli racconta questa sua esperienza giovanile? Motiva la tua risposta.

2 **La decisione** È solo sua la decisione di partecipare al concorso per la borsa di studio? Quali rapporti familiari s'intravedono?

3 **L'ammirazione** Quali sono gli elementi che rivelano il senso di profondo rispetto e ammirazione da cui è circondata la figura di Carducci?

4 **Il responso** Come si comportano Pascoli e Carducci alla lettura dei nomi dei vincitori del concorso?

5 **La scuola ieri e oggi** Quali differenze noti tra la scuola attuale e quella descritta da Pascoli?

Analizzare il testo narrativo

6 **Il lessico** Quale idea di fondo è richiamata dall'uso, da parte di Pascoli, di termini quali «umile villaggio», «casuccia», «famigliola»?

7 **La narrazione retorica** Relativamente al testo che hai letto, si può parlare di una narrazione "retorica". Perché?

8 **I pronomi** A chi si rivolgono i pronomi «*lui*» ed «*egli*»? Perché a tuo parere sono scritti in corsivo, differenziandosi così dal resto del testo?

per approfondire

RACCOGLIAMO LE IDEE

1 Sintesi dei contenuti

Attraverso le attività seguenti e le citazioni tratte dalle poesie lette raccogli le idee sui concetti e sulle informazioni contenuti nell'Unità. Se lo ritieni utile, puoi inserire altre citazioni per te significative

A indirizzare le scelte poetiche di Pascoli non sono solo le esperienze di vita, ma anche il clima culturale del Decadentismo (▶ p. 243). Le sue liriche, pertanto, non sono mere descrizioni ma alludono a più profonde emozioni e misteriose realtà.
Approfondisci il confronto tra le poesie lette completando la seguente tabella con le informazioni mancanti elencate sotto.

Elementi concreti Stelle cadenti; una rondine e un padre uccisi, il nido e la famiglia, il cielo • Campagna autunnale, dei contadini al lavoro, un passero, un pettirosso • La siepe dell'orto, il muro con le crepe invase dalle valeriane, due peschi, due meli, il bianco di una strada, il cipresso, l'orto • Un campo, le pannocchie, i loro cartocci secchi, il vento, gli uccelli

Sensazioni personali Malinconia, rimpianto, senso della fugacità delle cose e in particolare dell'amore • Azioni malvagie degli uomini, distruzione dei "nidi", il compianto del Cielo e la sua impotenza di fronte al Male • Ricerca di protezione nella nebbia dal dolore patito in gioventù, timore per la vita reale

Interpretazione della realtà Esiste il male, al quale non ci si può opporre; il bene più prezioso, la famiglia, viene distrutto da azioni malvage • La realtà offre gioie effimere destinate a suscitare ben presto tristezza

Titolo	Elementi concreti	Sensazioni personali	Interpretazione della realtà
Arano		Stanchezza, malinconia, suggestioni profonde di fronte alla natura autunnale	La realtà è qualcosa di misterioso e connesso con la natura
Ultimo canto			
X Agosto			
Nebbia			Solo nel sicuro rifugio della casa, della famiglia, del tempo presente risiede la serenità

2 Citazioni dalle liriche

Anche un uomo tornava al suo nido:
l'uccisero: disse: Perdono;
e restò negli aperti occhi un grido:
portava due bambole in dono...

Ora là, nella casa romita,
lo aspettano, aspettano in vano:
egli immobile, attonito, addita
le bambole al cielo lontano.

E tu, Cielo, dall'alto dei mondi
sereni, infinito, immortale,
oh! d'un pianto di stelle lo inondi
quest'atomo opaco del Male!

X Agosto

Nascondi le cose lontane,
tu nebbia impalpabile e scialba,
[...]
Nascondi le cose lontane,
nascondimi quello ch'è morto!
Ch'io veda soltanto la siepe
dell'orto,
la mura ch'ha piene le crepe
di valerïane.
[...]
Nascondi le cose lontane,
nascondile, involale al volo
del cuore! Ch'io veda il cipresso
là, solo,
qui, solo quest'orto, cui presso
sonnecchia il mio cane.

Nebbia

[...]
....
....
....
....

3 Scrittura guidata *il tema*

Scrivi un tema sviluppando la seguente traccia: "Nelle opere di Pascoli sono costanti i richiami al 'nido', a un protettivo ambiente familiare visto anche come potente rimedio al timore dell'allontanamento. Approfondisci l'argomento, facendo riferimento alla biografia dell'autore e commentando i passi di alcune delle liriche che trattano apertamente il tema o ne fanno cenno". Per svolgere il tuo compito, possono esserti utili sia la tabella riassuntiva della pagina precedente sia le citazioni tratte dai testi sopra riportate o da te aggiunte. Puoi servirti, se vuoi, della seguente scaletta come punto di partenza.

Introduzione

- Esposizione del tema da sviluppare: l'importanza del «nido» nella poetica di Pascoli

Sviluppo

- Primo paragrafo: l'infanzia e la morte del padre
- Secondo paragrafo: la vita con le sorelle
- Terzo paragrafo: citazione e commento di liriche che trattano il tema del «nido»
- Quarto paragrafo: citazione e commento di poesie che alludono al dolore dell'allontanamento
- ....

Conclusione

- Riproposizione sintetica degli argomenti principali del tema
- Eventuali spunti di riflessione

Giovanni Pascoli

La mia sera

Da *Canti di Castelvecchio*, 1903
Lirica

Dopo un temporale diurno, di sera ritorna la pace e la natura è partecipe di questo cambiamento: allo stesso modo, a una giovinezza colma di sofferenze e affanni segue, per il poeta, una vecchiaia (la sua "sera") pacificata che evoca il tempo dell'infanzia più remota, allietata dalla voce della madre.

Il giorno fu pieno di lampi;
ma ora verranno le stelle,
le tacite stelle. Nei campi
c'è un breve *gre gre* di ranelle.
Le tremule foglie dei pioppi
trascorre una gioia leggiera.
Nel giorno, che lampi! che scoppi!
Che pace, la sera!

Si devono aprire le stelle
nel cielo sì tenero e vivo.
Là, presso le allegre ranelle,
singhiozza monotono un rivo.
Di tutto quel cupo tumulto,
di tutta quell'aspra bufera,
non resta che un dolce singulto
nell'umida sera.

È, quella infinita tempesta,
finita in un rivo canoro.
Dei fulmini fragili restano
cirri di porpora e d'oro.
O stanco dolore, riposa!
La nube del giorno più nera
fu quella che vedo più rosa
nell'ultima sera.

Che voli di rondini intorno!
che gridi nell'aria serena!

Josef Maria Auchentaller, *Campane a festa*, 1903. (Archivio Auchentaller)

3 **tacite**: silenziose.
5-6 **Le tremule...leggiera**: una brezza leggera e gioiosa («gioia leggiera») sfiora («trascorre») le foglie dei pioppi, facendole tremolare.
10 **sì tenero e vivo**: così dolce e palpitante (di luce stellare).
15 **un dolce singulto**: è lo scorrere del ruscello, paragonato al singhiozzo («singulto») di un pianto che si va placando.
17 **infinita**: che sembrava non voler mai finire.
18 **rivo canoro**: le acque del ruscello sembrano intonare un canto.
19 **fragili**: i fulmini appaiono fragili perché durano un attimo.
20 **cirri...d'oro**: nubi leggere, arrossate e dorate dal sole che tramonta.
22-24 **La nube...nell'ultima sera**: sul finire della giornata, ormai, i dolori trascorsi («la nube più nera») sembrano meno pesanti («più rosa»).

La fame del povero giorno
prolunga la garrula cena.
La parte, sì piccola, i nidi
nel giorno non l'ebbero intera.
Né io… e che voli, che gridi,
mia limpida sera!

Don… Don… E mi dicono, Dormi!
mi cantano, Dormi! Sussurrano,
Dormi! bisbigliano, Dormi!
là, voci di tenebra azzurra…
Mi sembrano canti di culla,
che fanno ch'io torni com'era…
sentivo mia madre… poi nulla…
sul far della sera.

G. Pascoli, *Poesie*, Mondadori, Milano, 1939

27 **La fame**: le rondini sono affamate perché, a causa del temporale («povero giorno»), non hanno potuto cercare il cibo.

28 **garrula cena**: pasto festoso, rumoroso.

29-30 **La parte…intera**: i piccoli non hanno avuto durante il giorno tutta la loro razione di cibo, per quanto modesta.

31 **Né io**: neppure a me è toccato quello che mi spettava.

36 **voci di tenebra azzurra**: sono i suoni serali delle campane che si propagano nel cielo.

39 **sentivo…nulla**: l'ultima voce sentita da Pascoli bambino prima di addormentarsi era quella della madre; poi il nulla, cioè il sonno, che nella metafora corrisponde alla morte.

Attività

Comprendere e analizzare: verso l'INVALSI

1 **Il titolo** A che cosa rimanda l'aggettivo possessivo «mia» del titolo?
- **a.** Alla predilezione dell'autore per la sera
- **b.** Ai temi autobiografici presenti nel testo
- **c.** Alla sera più triste della vita dell'autore
- **d.** Al confronto con la lirica di Leopardi, *La sera del dì di festa*

2 **La quiete serale** Che cosa rappresenta la quiete serale?
- **a.** La vecchiaia pacificata del poeta
- **b.** La stagione autunnale
- **c.** La stanchezza del poeta
- **d.** I ricordi malinconici del poeta

3 **Giorno e sera** Quale modalità descrittiva viene usata per evidenziare il contrasto tra il giorno e la sera?
- **a.** Il giorno è descritto nei suoi fenomeni naturali e la sera attraverso le emozioni che suscita
- **b.** Entrambi sono descritti nei loro aspetti naturali
- **c.** Il giorno è descritto attraverso le emozioni che suscita
- **d.** La sera è descritta sul piano naturalistico e il giorno sul piano emotivo

4 **Il cielo** La descrizione del cielo è al centro della poesia. Elenca i versi che vi fanno riferimento e precisane la posizione all'interno della strofa.

....

....

....

Verifica delle competenze

5 **La terra** Riporta le espressioni del testo che si riferiscono a elementi paesaggistici o animali.

....

....

....

....

....

6 **I ricordi** La situazione descritta richiama alla mente del poeta l'infanzia. Quale immagine, in particolare, lo suggerisce?

a. I voli delle rondini
b. La fame non saziata degli uccellini nel nido
c. La luce limpida della sera
d. La paura del temporale

7 **La forma metrica** Descrivi la forma metrica del componimento.

8 **Il ritmo** Definisci il ritmo della lirica.

a. Veloce
b. Musicale
c. Spezzato
d. Vario

9 **La struttura** Come si possono definire le strofe della poesia, dal punto di vista contenutistico?

a. Tre strofe descrittive e due autobiografiche
b. Due strofe descrittive e tre autobiografiche
c. Una strofa narrativa, due descrittive e due autobiografiche
d. Quattro strofe autobiografiche e una descrittiva

10 **I simboli** Scrivi accanto a ogni espressione letterale il suo significato simbolico.

- «nidi» (v. 29): ....
- «canti di culla» (v. 37): ....
- «nulla» (v. 39): ....

11 **Le immagini** La poesia ripercorre in modo analogico tutta la vita del poeta. Elenca le immagini contenute nei versi che si richiamano a ogni singola età della vita.

L'infanzia	
La giovinezza	
La vecchiaia	

12 **Le figure retoriche di suono** Trova un esempio per ogni figura retorica di suono indicata.

- Onomatopea: ....
- Allitterazione: ....

13 **Le figure retoriche di significato** Qual è il nome delle seguenti figure retoriche di significato?

- «dolce singulto» (v. 15): ....
- «voci di tenebra azzurra» (v. 36): ....

14 **La figura retorica di ordine** «*Don* ... *Don* ... E mi dicono, Dormi! / mi cantano, Dormi! sussurrano, / Dormi! bisbigliano, Dormi!» (vv. 33-35): quale figura retorica di ordine è contenuta in questi versi?

a. Un anticlimax
b. Un climax
c. Un iperbato
d. Un chiasmo

15 **Il fonosimbolismo** Individua nel testo le parole che attraverso i suoni alludono a sensazioni positive o negative.

- Positività: ....

....

- Negatività: ....

....

Rielaborare e produrre

16 **La parafrasi** Volgi in prosa (▶ p. 63) il componimento.

17 **Analisi e commento** In un testo di 200 parole analizza e commenta (▶ pp. 64-65) il componimento.

18 **La tua esperienza** Pascoli ci presenta in questa lirica una riflessione in chiave autobiografica, riandando con il pensiero, nella pace serale che segue a un temporale, alle età della sua vita. Ripensa a una sera da te vissuta, magari anche nella tua infanzia, come un momento di particolare serenità o di pace, e in una lettera a un amico rievoca immagini per te emotivamente intense.

per guardare oltre

Intersezioni nell'antologia

LETTURE

- Il tema degli affetti è naturalmente molto presente negli autori dell'Unità B3, *L'esperienza amorosa* (Prévert, Neruda, Sanguineti, Sbarbaro, ▸ pp. 131, 133, 141, 150). La sensibilità pascoliana verso la natura è la medesima di Emily **Dickinson** in *Tempesta* (▸ p. 101), e lo stesso sguardo pieno di malinconia rivolto alla natura o alla vita lo si ritrova in liriche come *Amicizia* e *Autunno* (▸ pp. 18, 122) di Vincenzo **Cardarelli**. I tormenti interiori di Giacomo **Leopardi** in *L'infinito* (▸ p. 217) evidenziano l'ansia del poeta di superare i limiti della realtà fisica per immergersi nella propria intimità, mentre Konstantinos **Kavafis**, in *Itaca* (▸ p. 159), esplora il tema del trascorrere del tempo, della memoria del passato.

Altri orizzonti

ROMANZI E ANCORA POESIE

- Uno scrittore italiano di fine Ottocento, Antonio **Fogazzaro** (1842-1911), cerca di cogliere, come farà Pascoli, il senso remoto delle cose: i protagonisti dei suoi romanzi (*Malombra,* 1881; *Piccolo mondo antico*, 1895) sono animati da profonde inquietudini e da gravi conflitti interiori. Opera dell'inglese Oscar **Wilde** (1854-1900) è un altro romanzo, *Il ritratto di Dorian Gray* (1890), pura espressione del Decadentismo.
- Arthur **Rimbaud** (1854-1891), la cui brevissima stagione poetica si colloca fra i 16 e i 19 anni, esprime la nuova lirica simbolista nell'opera *Una stagione all'inferno* (1873). La poesia di Guido **Gozzano** (1883-1916), con *I colloqui* del 1911, eredita dalla poetica pascoliana la dimensione delle piccole cose, la sfera intimista.

PITTURA

- Un artista che sembra quasi tradurre in pittura l'arte poetica di Pascoli è Giovanni **Segantini** (1858-1899): anche per il pittore trentino la natura è fonte di primaria ispirazione e si carica di un accentuato simbolismo. Oltre confine è l'arte del viennese Gustav **Klimt** (1862-1918) a imprigionare i simboli delle sue verità in un gusto marcatamente decorativo (*Giuditta II*, *Il bacio*).

MUSICA

- La musica impressionista, strettamente legata alla poetica simbolista e molto innovativa rispetto alla musica romantica dell'Ottocento, si esprime nei *Notturni* e nei *Preludi* di Claude **Debussy** (1862-1918).

FILM

- La società contadina e borghese (in una grande azienda agricola emiliana) dei primi anni del secolo scorso, lo stesso mondo in cui Pascoli ha sempre cercato rifugio e conforto all'interno del nucleo familiare, è ben rappresentata dal regista Bernardo **Bertolucci** nel film *Novecento - Atto I* (1976) nel pieno delle lotte contadine e in procinto di cimentarsi con i gravi fatti della Prima guerra mondiale.

Scena tratta dal film *Novecento* diretto da Bernardo Bertolucci nel 1976.

Claude Debussy nel 1908 in un ritratto fotografico di Felix Nadar.

UNITÀ 3

La tormentata interiorità di Giuseppe Ungaretti

• Un'esperienza comune • Negli anni in cui si compiono i tragici eventi della Prima guerra mondiale, la **parabola esistenziale** di Giuseppe Ungaretti è comune a quella di altri intellettuali e artisti. Uno di loro è Umberto **Boccioni**, un pittore che ha improntato tutta la sua vita alla ricerca di una cultura figurativa consona con i tempi moderni in cui si trovava a vivere. Diverse sono le esperienze che lo accomunano a Ungaretti: la frequentazione parigina dei movimenti culturali d'avanguardia; la considerazione della guerra come un grande balzo in avanti nel rinnovamento della società e del mondo intero; la partenza come volontario per il fronte dove, a differenza del poeta, troverà la morte.

• Un artista in continuo movimento • Nato a Reggio Calabria nel 1882, Umberto Boccioni segue il padre, impiegato di prefettura, nei suoi spostamenti. Si trova a **Roma**, nel 1900, quando incontra Giacomo Balla, che lo introduce alle tecniche del Divisionismo, alla ricerca della purezza del colore e della luce. Nel 1906 è a **Parigi**, dove rimane colpito dalla vitalità della capitale e dai numerosi, innovativi fermenti culturali in atto (Seurat, Picasso, Matisse). Rientrato in Italia, nel 1907 si stabilisce a **Milano**, città in ascesa e rispondente alle sue aspirazioni dinamiche. Progressivamente sposta i suoi interessi da una pittura ancora legata al Naturalismo a un'altra maggiormente improntata al Simbolismo. L'incontro con Filippo Tommaso Marinetti nel 1910 segna la sua **svolta artistica**: con altri amici pittori scrive il ***Manifesto dei pittori futuristi*** ed è il più attivo esponente del gruppo, svolgendo un ruolo trainante di teorico e di organizzatore di mostre. Nel luglio del 1915 parte volontario per la guerra, arruolandosi con altri pittori nel battaglione dei volontari ciclisti; muore l'anno successivo in seguito a una caduta da cavallo.

DOMANDE

- Su quali valori sociali e artistici si basa il Futurismo?
- C'è nel collage qualche elemento che rinvia in maniera esplicita alla Prima guerra mondiale?
- Da che cosa è maggiormente espresso il senso del dinamismo?
- Perché quest'opera si può accostare al cubismo iniziale di Picasso?

Umberto Boccioni, *Carica di lancieri*, 1915. (Milano, Museo del Novecento)

• Lo slancio vitalistico della guerra • Il fermento innovativo che anima Boccioni passa attraverso l'adesione al movimento artistico denominato **Futurismo**, del quale diventerà presto il teorico e l'animatore per quanto riguarda la pittura; scrive, infatti, nel 1910, il ***Manifesto tecnico della pittura futurista***. Il Futurismo rifiuta la cultura tradizionale e il pensiero accademico e si proietta nel futuro inneggiando al movimento, all'audacia, alla violenza, al progresso della tecnica che si manifesta nelle macchine, negli aeroplani, in tutto quanto esprime vitalismo.

La guerra è sollecitata e auspicata sulla base di idee estetiche, senza una visione politica dei problemi del mondo moderno; diventa il soggetto ispiratore di tante opere dei pittori futuristi e dello stesso Boccioni, il quale nel 1915 realizza *Carica di lancieri*. Si tratta di un collage in cui, con una tecnica che nei volumi già riprende l'arte cubista, Boccioni ritrae una massa di cavalli e di cavalieri all'assalto: la loro lunga lancia si scontra con le baionette dei nemici in procinto di essere travolti e scavalcati; si avverte tutta la frenesia e la concitazione del momento. L'urto fra attaccanti e difensori è terribile, e ne scaturisce un forte dinamismo.

Nella pagina di sinistra, Umberto Boccioni in un ritratto fotografico.

in questa Unità impareremo a

- **conoscere** la biografia dell'autore, il clima culturale e letterario del primo Novecento e il Futurismo
- **comprendere** il significato globale dei testi in relazione alla vita e alla poetica dell'autore
- **analizzare** le liriche secondo le regole della poesia e le tecniche stilistiche per affinarne la comprensione e approfondirne le tematiche, focalizzando le innovative scelte espressive
- **interpretare** lo scritto, comprendendo le profonde problematiche in esso contenute e il modo in cui l'autore le affronta
- **produrre** parafrasi, commenti, testi narrativi e argomentativi a partire dai temi delle liriche
- **comunicare oralmente**, per riferire i contenuti delle poesie e riflettere sulle loro tematiche in forma strutturata e chiara

in questa Unità scopriremo

Antologia

Veglia
Natale
Girovago

Per approfondire

Italo Calvino • *L'importanza della parola esatta*

Verifica delle competenze

Sono una creatura

All'interno del variegato percorso della poesia del Novecento, Giuseppe Ungaretti occupa un posto in primo piano. Poeta cosmopolita, egli ha anche rivestito il ruolo di intellettuale innovatore: cogliendo, all'inizio del secolo, il bisogno di rinnovamento che pervadeva la cultura del tempo, ha elaborato una poetica originale che sarà in grado di proporsi come modello e punto di riferimento per le esperienze letterarie successive, a partire da quella dell'Ermetismo (▶ p. 283).

In alto a destra, Giuseppe Ungaretti.

La sperimentazione poetica

Nel quadro dei grandi mutamenti d'inizio Novecento, anche in ambito poetico si assiste a una forte sperimentazione. Mentre sopravvive la poesia simbolista-decadente (Pascoli, D'Annunzio), non pochi poeti seguono vie insolite, sperimentando una nuova metrica, un linguaggio più moderno e temi più aderenti al momento attuale. La metrica classica viene abbandonata a favore del verso libero; la sintassi si fa illogica; le metafore oscure e irrazionali; gli argomenti deformano la realtà oppure sono di ispirazione onirica, se non addirittura tratti dall'inconscio.

I crepuscolari

Il Novecento si apre con il diffondersi del **Crepuscolarismo**, un'esperienza poetica di breve durata, collocata ai margini, che rappresenta in Italia il primo spartiacque fra il passato e la modernità. Al vitalismo di D'Annunzio e al simbolismo di Pascoli, i poeti crepuscolari – Guido **Gozzano** (1883-1916), Sergio **Corazzini** (1886-1907), Marino **Moretti** (1885-1979, ▶ p. 38) – contrappongono un'idea del mondo banale e piccolo-borghese, una quotidianità della quale ci si può accontentare, anche se piena di noia e di malinconia. Del resto, i crepuscolari rinunciano alla funzione sociale e civile del poeta, valutando come più adatta a loro l'idea di un intellettuale che vive ai margini, alla ricerca di un tranquillo angolo di mondo in cui narrare – anche in diverse forme – l'**ordinaria quotidianità**, la propria stanchezza interiore, la rinuncia a vivere pienamente la vita legata a una scarsa considerazione di sé e a una condizione di fragilità e debolezza.

Juan Gris, *Ritratto di Josette*, 1916. (Madrid, Museo del Prado)

Le avanguardie

Il termine "avanguardia" è di uso militare e indica un gruppetto di soldati che va in avanscoperta e traccia la via per il resto dell'esercito. Nel primo Novecento, tale parola passa a designare, in ambito letterario e artistico, i movimenti culturali di **rottura con il passato** e di **forte innovazione**, come il Futurismo, il Dadaismo, il Surrealismo. I loro programmi e le appartenenze furono spesso transnazionali. In Francia, per esempio, spicca la figura di Guillaume **Apollinaire** (1880-1918), poeta, teorico del movimento cubista, sostenitore della guerra. La sua fama è legata a due raccolte poetiche, *Alcools* (1913) e *Calligrammes* (1918), che presentano liriche dense, testi senza punteggiatura, dal ritmo accelerato, da "eseguire" come se fossero opere futuriste o cubiste.

Sempre in Francia, il poeta André **Breton** (1896-1966) scrive il *Manifesto del Surrealismo* (1924), un movimento che ha lo scopo di liberare l'individuo dai suoi numerosi freni inibitori e di privilegiare il mondo dell'inconscio, la libera associazione di idee, gli improvvisi e casuali accostamenti.

• Il Futurismo • In Italia, il movimento d'avanguardia che s'impone è il **Futurismo**: la sua nascita si deve a Filippo Tommaso **Marinetti** (1876-1944), il quale a Parigi, nel 1909, ne pubblica il *Manifesto* e ne sarà il principale animatore. Il Futurismo non si esaurisce in ambito letterario, ma si propone un ampio rinnovamento in tutte le arti, assumendo nuovi valori esistenziali e nuovi comportamenti.

I futuristi osservano e apprezzano il **progresso industriale** in atto e guardano con interesse a ogni suo aspetto: le macchine, le città in costruzione, le ciminiere, le masse operaie, la diffusione della corrente elettrica, l'automobile e l'aeroplano. È un'**accettazione supina** di tutto quanto ha il sapore della novità, della **modernità** e del nascente capitalismo, del quale i futuristi condividono anche lo spirito di aggressività e competitività: «Noi vogliamo esaltare il movimento aggressivo, l'insonnia febbrile, il passo di corsa, il salto mortale, lo schiaffo e il pugno» affermano con orgoglio. Si spingeranno sino a definire «la guerra come sola igiene del mondo».

Sul piano letterario, nel *Manifesto tecnico della letteratura futurista* Marinetti e gli scrittori futuristi propongono di abolire l'uso degli aggettivi, la punteggiatura, le forme abituali della sintassi. L'**abolizione** delle **regole del passato** apre definitivamente la strada all'immaginazione senza limiti, al libero accostamento analogico, alle «parole in libertà».

Tra i principali esponenti del Futurismo basti citare Giovanni **Papini** (1881-1956), Corrado **Govoni** (1884-1965) e Aldo **Palazzeschi** (1885-1974), autore, proprio negli anni di adesione al Futurismo, di liriche ironiche e divertenti come *La fontana malata* (► p. 40).

• Un percorso autonomo • Senza fare riferimento ai crepuscolari o ai futuristi, altri letterati, non esenti dalle inquietudini del loro tempo, operano in autonomia e seguono strade personali con differenti risultati. Tra questi, Dino **Campana** (1885-1932), autore dei *Canti Orfici* (1914), è la voce poetica più significativa. Come Orfeo, con i suoi versi, seppe smuovere le montagne, incantare la natura e liberare la donna amata dagli inferi, così il poeta toscano intende affermare che solo la poesia può illuminare e far comprendere la realtà che ci circonda, attraverso squarci e folgorazioni repentine.

Per la sua intensità visionaria, per la potente suggestione del suo linguaggio analogico, l'opera di Campana – di controversa collocazione – ha avuto un notevole influsso sulla poesia italiana successiva: senza i suoi *Canti*, non sarebbe possibile comprendere Giuseppe Ungaretti e tutta la lirica ermetica.

Giacomo Balla
Lampada ad arco, 1909. (New York, Museum of Modern Art)

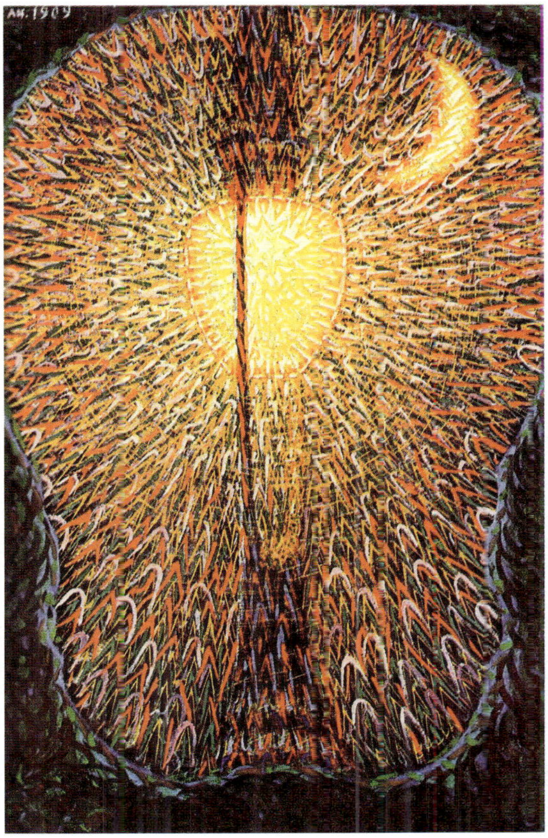

• La parola dolorosa di Giuseppe Ungaretti •

Quello che propone l'Unità antologica è l'Ungaretti della **fase poetica iniziale**, è il poeta che aderisce alla vita con tutto se stesso prima di imbattersi nel dolore più autentico, che lo obbligherà a rivedere le sue idee esistenziali. Riscoprirà, allora, le certezze offerte dalla fede tradizionale e maturerà la convinzione che la sua esperienza dolorosa sia un destino comune a quello di tutto il genere umano.

Giuseppe Ungaretti in un ritratto di Tullio Pericoli del 2000.

• La vita • Giuseppe Ungaretti nasce ad Alessandria d'Egitto nel 1888 da emigranti lucchesi. Nel 1890 perde il padre; nel 1912, terminati gli studi superiori, si trasferisce in Francia, ma l'**esperienza africana** ritornerà sempre nella sua poesia, attraverso suggestioni impresse nella sua memoria. A Parigi frequenta la Sorbona ed entra in contatto con il mondo stimolante delle avanguardie, intraprendendo quello che lui stesso definirà il «mestiere di poeta». Allo scoppio della Prima guerra mondiale, nel 1915, rientra in Italia, si arruola come volontario e combatte da soldato semplice di fanteria sul Carso. Al fante Ungaretti la **guerra** appare ben diversa da quella cui inneggiano D'Annunzio e i futuristi nelle loro rumorose manifestazioni: le sofferenze della trincea, la violenza dei bombardamenti, il dolore lasciano in lui un **segno indelebile**.

L'esperienza del fronte è raccontata nella sua prima raccolta poetica, *Il porto sepolto*, pubblicata nel 1916, che costituisce il primo nucleo della successiva raccolta *Allegria di naufragi* (1919). Al termine della guerra si stabilisce a Roma, occupandosi per lo più di **giornalismo**, e nel 1933 pubblica le liriche di *Sentimento del tempo*. Dal 1936 al 1942 è **docente** di Letteratura italiana presso l'Università di San Paolo, in Brasile; qui, la morte del figlio Antonietto, di 9 anni, diventa il tragico spunto per la raccolta poetica *Il dolore* (1947). Rientrato in Italia, Ungaretti continua il suo insegnamento universitario a Roma e ottiene vari premi letterari nazionali e internazionali. Muore nel 1970. L'anno prima, con il titolo *Vita d'un uomo*, era uscito il volume riepilogativo del suo percorso lirico, comprendente anche le raccolte *La terra promessa* (1950), *Un grido e paesaggi* (1952) e *Il taccuino del vecchio* (1960).

• Le raccolte • La raccolta poetica ***L'allegria*** (1931) costituisce la fase più interessante e "rivoluzionaria" della vicenda poetica di Ungaretti. Si tratta di liriche dal **carattere autobiografico**, scritte per lo più al fronte, in situazioni così difficili da consentire al poeta di esprimere delle «illuminazioni di verità», oggettive, valide per ogni uomo. È la poesia capace di cogliere il senso nascosto della vita, espresso sul piano formale con **parole scarnificate**, essenziali, senza alcuna concessione al decorativismo retorico. I temi sono quelli dell'infanzia e dell'adolescenza, l'esperienza del fronte, la guerra e il significato stesso della poesia.

La produzione lirica di Ungaretti successiva alla Prima guerra mondiale si riallaccia al generale "ritorno all'ordine" che domina la cultura italiana ed europea: in ***Sentimento del tempo*** (1933), il poeta recupera il **lessico** e i **metri tradizionali**, sul modello di grandi autori classici come Dante, Petrarca e Leopardi. La sua

conversione al cattolicesimo, avvenuta nel 1928, si avverte nelle scelte tematiche e nell'interrogarsi sulla solitudine dell'uomo di fronte al dolore e alla morte.

Dall'esperienza **personale** di **sofferenza** – le morti del fratello Costantino nel 1937 e del figlio Antonietto nel 1939 – e dall'angoscia per lo scoppio della Seconda guerra mondiale nasce la raccolta ***Il dolore*** (1947). In una nota introduttiva Ungaretti scrive: «Mi si è fatto osservare che in un modo all'estremo brutale, perdendo un bimbo che aveva nove anni, devo sapere che la morte è la morte. Fu la cosa più tremenda della mia vita. So che cosa significhi la morte, lo sapevo anche prima; ma allora, quando mi è stata strappata la parte migliore di me, la esperimento in me, da quel momento, la morte. [...] Quel dolore non finirà più di straziarmi».

• Le ultime opere • Tra le ultime opere di Ungaretti compaiono ***La terra promessa*** (1950) e ***Il taccuino del vecchio*** (1960). La prima è un poema che procede per frammenti, incentrato sulla tragedia di Didone e su Enea, alla ricerca della patria che gli hanno indicato gli dei: nell'opera il poeta proietta la propria esperienza umana in un **orizzonte mitico** e fortemente simbolico. A questa si ricollega *Il taccuino*, in cui Ungaretti traccia un **bilancio** della sua parabola di poeta e di intellettuale. Negli ultimi anni, si dedica alla revisione della sua intera produzione poetica preparando un'edizione definitiva di tutti i suoi componimenti che esce nel 1969, un anno prima della sua morte, con il titolo ***Vita d'un uomo. Tutte le poesie***. Nel 1974, infine, compare il volume postumo che raggruppa i suoi numerosi saggi critici.

• Il percorso antologico •

Seguiamo Ungaretti mentre prende piena coscienza della disumanità della guerra: con ***Veglia*** (► p. 274) egli esprime l'eterno confronto fra la morte e la vita. Una pausa alla ricerca di un po' di sollievo è espressa nella lirica ***Natale*** (► p. 278), così come in ***Girovago*** (► p. 281) il poeta si sforza di trovare un paese «innocente», lontano dalle brutture della guerra, ma invano. Egli è senza lacrime, il suo animo è fatto di pietra, ormai: è il senso della lirica ***Sono una creatura*** (► p. 288). Da ultimo, la necessità ungarettiana di ricorrere a una parola precisa, soppesata, illuminante riecheggia nella riflessione di Italo Calvino su ***L'importanza della parola esatta***.

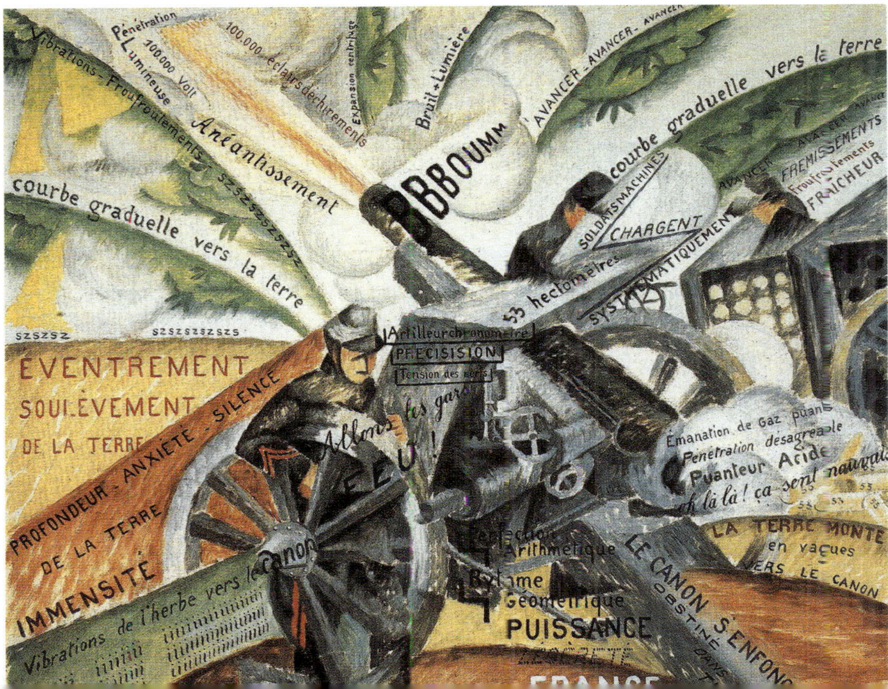

Gino Severini, *Cannoni in azione*, 1915. (Collezione Privata)

Giuseppe Ungaretti

Veglia

Da
L'allegria, 1931

Lirica
in versi liberi

Siamo al fronte, poco prima del Natale 1915. Il poeta, in una notte di **veglia**, riflette sull'eterno confronto tra la morte e la vita: da una parte il dolore e la drammaticità della guerra, dall'altra il naturale istinto di sopravvivenza.

Cima Quattro* il 23 dicembre 1915

Un'intera nottata
buttato vicino
a un compagno
massacrato
con la sua bocca
digrignata
volta al plenilunio
con la congestione
delle sue mani
penetrata
nel mio silenzio
ho scritto
lettere piene d'amore

Non sono mai stato
tanto
attaccato alla vita

G. Ungaretti, *Vita d'un uomo*, Mondadori, Milano, 2005

* **Cima Quattro**: è la località del Carso sul confine austriaco, dove Ungaretti si trovava in prima linea.

3 **buttato**: costretto.

7 **digrignata**: con i denti scoperti in un ghigno per l'ultimo spasimo dell'agonia.

8 **plenilunio**: luna piena.

9-10 **con la congestione...mani**: le mani del compagno sono livide e contratte nella rigidità della morte.

PAROLE *sotto la lente*

Veglia

Il nome è legato al verbo "vegliare" ("essere, restare sveglio, specie la notte, per vari motivi"), dall'antico provenzale *velhar*, derivato dal latino classico *vigilare*. Poiché la radice comune dei tre verbi citati sopra è l'aggettivo *vigil, -ilis*, "vigile", i due sostantivi "veglia" e "vigilia" hanno la stessa etimologia.

Attività

Dopo aver letto sul dizionario la definizione di "veglia" e "vigilia", componi una frase con ciascuno dei seguenti termini: vegliare, svegliare, veglione, vigilia, vigilare.

Christopher Nevinson, *Sentieri di gloria*, 1917. (Londra, Imperial War Museum)

MONDI POETICI da SCOPRIRE

L'allegria di Giuseppe Ungaretti

Quest'opera di Ungaretti ha una lunga storia editoriale. Il primo nucleo, intitolato *Il porto sepolto* (1916), raccoglie 32 brevi poesie scritte al fronte tra il 1915 e il 1916 e figura quasi come un libro a sé; a queste, si aggiungono nuovi testi compresi nella raccolta *Allegria di naufragi* (1919); nel 1923 esce una seconda edizione ampliata; ritocchi, aggiustamenti, struttura e titolo definitivo, *L'allegria*, vengono sanciti nell'edizione del 1931. Ora la raccolta costituisce la prima parte del volume *Vita d'un uomo* (1969), testo riassuntivo delle varie stagioni poetiche di Ungaretti.

Con la scelta del titolo *L'allegria*, l'autore vuole evidenziare la possibilità che l'uomo ha di scoprire in se stesso la forza d'animo per superare la sua disperazione; il poeta, «un frutto... maturato in una serra» (*Italia*), è colui che può aiutarlo a trovare le parole giuste e autentiche anche di fronte al dramma della guerra e quindi della morte.

Il problema di dare forma e voce a un'esperienza così traumatica diventa centrale nella ricerca poetica di Ungaretti: almeno nella sua prima produzione, egli riscopre la parola come unità di significato, una parola sofferta, soppesata, illuminante, risultato di uno scavo interiore continuo, ma nello stesso tempo anche di un'improvvisa folgorazione («Quando trovo / in questo mio silenzio / una parola / scavata è nella mia vita / come un abisso», *Commiato*). Nella prefazione è lo stesso Ungaretti a spiegare che «non si tratta di filosofia, ma d'esperienza concreta, compiuta sino dall'infanzia [...] e che la guerra 1914-1918 doveva fomentare, inasprire, approfondire, coronare».

L'esperienza del fronte è per il poeta causa di enormi sofferenze e sacrifici («La morte / si sconta / vivendo», *Sono una creatura*, ▸ p. 288) che impongono un comportamento basato sull'essenzialità, sulla rinuncia a ciò che è superfluo. Egli partecipa del dramma umano dei soldati, dei suoi compagni («Si sta come / d'autunno / sugli alberi / le foglie», *Soldati*), aderendo con tutto se stesso a valori quali la solidarietà, l'attaccamento alla vita, il desiderio d'innocenza («Cerco un paese / innocente», *Girovago*, ▸ p. 281) ed esprimendoli nella sua poesia.

Sul piano tecnico, la raccolta poetica è caratterizzata dalla frantumazione del verso, allo scopo di far risaltare forme brevi, spezzate, singole parole che richiamino altre parole. A tali risultati Ungaretti perviene dopo molte revisioni, tese a limare, a sopprimere congiunzioni, punteggiatura, frasi subordinate, così che il discorso proceda per analogie, mettendo «a contatto immagini lontane, senza fili».

per L'ANALISI del TESTO

La morte e la vita

Il poeta si ritrova, al fronte, a trascorrere l'intera notte accanto a un compagno morto e a fissare l'espressione di dolore rimasta impressa sul suo volto. In una tale angoscia, aggrappato all'àncora di salvezza della scrittura, sua unica consolazione («nel mio silenzio / ho scritto / lettere piene d'amore», vv. 12-14), egli esprime comunque nei tre versi finali un profondo senso di **attaccamento alla vita**. Il suo intento in questa lirica non è quello di mettere in risalto l'eroismo di chi vive in trincea a stretto contatto con la morte, ma di svelare e denunciare la tragicità e l'**assurdità della guerra**.

Uno stile alla ricerca della parola "pura"

L'intensità delle emozioni che una simile esperienza porta con sé è sostenuta anche dalle scelte stilistiche: adozione di versi liberi, rime costituite da participi passati, frequenti allitterazioni, mancanza della punteggiatura. I versi molto brevi, a volte costituiti da un'unica parola, che caratterizzano la lirica, sono i cosiddetti «**versicoli**», creati dal poeta attraverso la rarefazione delle parole sullo sfondo della pagina bianca e la frantumazione dei versi tradizionali, ridotti spesso a brevissimi sintagmi, a parole singole. Il verso risulta, così, spezzettato, e ogni singolo termine assume il valore di parola *per L'ANALISI del TESTO*

chiave, caricandosi di un significato profondo. È la "**parola pura**", scarna, essenziale, ma capace di comunicare sensazioni e sentimenti.

Nella prima, lunga strofa la scelta del termine «nottata» (v. 2), al posto di "notte", ne sottolinea la drammatica intensità, al pari del participio «buttato» (v. 3), che esprime la necessità di ripararsi dal fuoco nemico, ma al tempo stesso anche la sensazione del poeta di essere quasi un oggetto inanimato, privo di volontà, in balia degli eventi. La lunga serie dei participi («buttato», v. 3; «massacrato», v. 5; «digrignata», v. 7; «penetrata», v. 11), usati in sostituzione degli aggettivi qualificativi e posti quasi tutti in maniera isolata a costituire da soli un verso, scandisce la poesia, determinando un ritmo lento e intensificando il senso d'angoscia, anche per la ripetizione di alcuni suoni duri come "cr, gr, gn", dal **valore fonosimbolico**.

Se nella prima parte, parallelamente alla descrizione del compagno morto, prevalgono i **toni aspri**, nella parte conclusiva, la breve strofa di tre versi, la lirica assume un tono più pacato, concentrandosi sulla figura del poeta e sul suo bisogno di esprimere **fiducia** e **amore**. L'esperienza del dolore suscita nell'uomo il prepotente desiderio di vita e la disponibilità alla solidarietà e alla fratellanza, un tema ripreso dal poeta in altre liriche, come in *Fratelli*, incentrata sulla «fraternità degli uomini nella sofferenza».

Attività

Leggere e comprendere

1 **La situazione** Esponi in poche righe, sul quaderno, la situazione descritta nella poesia.

2 **Il titolo** A che cosa fa pensare il titolo del componimento? Quale atteggiamento del poeta sottolinea?

3 **Note di diario** Quali elementi possono dare l'impressione che si tratti di un testo diaristico?

4 **«Un'intera nottata»** Che cosa intende evidenziare il poeta con questa espressione?

5 **La struttura** La poesia può essere suddivisa in due parti, ognuna con un diverso protagonista: il soldato morto nella prima, il fante/poeta nella seconda. Individua e riporta le espressioni che si riferiscono ai due soggetti.

Soldato morto
Fante/poeta

6 **L'attaccamento alla vita** In prossimità della morte, il poeta sente nascere dentro di sé un potente desiderio di vivere. In quale attività si concretizza questo attaccamento alla vita?

a. Nella solidarietà verso il prossimo
b. Nella scrittura
c. Nella preghiera
d. Nel rifiuto della guerra

Riconoscere e analizzare

7 **La struttura metrica** Esamina gli aspetti formali del testo, descrivendo anche i tipi di verso e di rima adottati dal poeta.

8 **Il ritmo e i suoni** Analizza le scelte foniche, tenendo presente la suddivisione in due parti della lirica.

9 **La sintassi** La struttura sintattica è sorretta da numerosi participi passati: individuali e rifletti sulla loro funzione.

10 **I campi semantici** Completa la tabella con i termini relativi ai campi semantici di morte e vita.

Morte	Vita

11 **Le figure retoriche** Le seguenti espressioni costituiscono due figure retoriche di significato: quali?

- «penetrata / nel mio silenzio» (vv. 11-12):

  ....

- «ho scritto / lettere piene d'amore» (vv. 13-14):

  ....

Rielaborare e produrre

12 **Discutere** Considera i versi 15-17: «Non sono mai stato / tanto / attaccato alla vita». Ritieni che sia una reazione naturale sentirsi più che mai vivi di fronte alla morte? Quale altra reazione istintiva, a tuo avviso, può suscitare una tale esperienza? Esponi oralmente la tua opinione, confrontandola con quella dei compagni in un dibattito in classe.

13 **La parafrasi** Volgi in prosa (► p. 63) il componimento.

14 **Analisi e commento** In un testo di 200 parole analizza e commenta (► pp. 64-65) la lirica.

15 **La morte** Davanti alla morte si possono provare diversi e complessi sentimenti: dolore, rabbia, compassione, solitudine, rimpianto, sollievo, rassegnazione. Spiega in un breve testo espositivo qual è il sentimento suscitato in Ungaretti dalla morte del compagno.

16 **La guerra** Pur non essendo mai nominata, è la guerra la causa di tanto strazio. Quale ti sembra essere il giudizio implicito del poeta su di essa? Rispondi per iscritto alla domanda, descrivendo anche la tua posizione nei confronti della guerra.

per SAPERNE di PIÙ

"Parola" e "parlare"

"Parola" viene dal latino cristiano *para(bo)la(m)*, che indicava originariamente la parabola, ovvero un racconto breve usato da Gesù per trasmettere in modo semplice i suoi insegnamenti. Il termine latino è un calco del sostantivo greco *parabolé* (dal verbo *paraballein*, "mettere in parallelo"), usato sia in algebra (per indicare la curva derivante dalla sezione di un cono) sia in retorica (per indicare un paragone).

Grazie alla predicazione cristiana, dopo il IV secolo d.C. la parabola finì per definire la "parola" per antonomasia, sostituendo il sostantivo *verbum*, che nel latino classico significava appunto "parola", ma indicava anche, all'interno della frase, il verbo in opposizione a *vocabulum*, che era invece il "sostantivo". Quest'ultimo significato, di tipo grammaticale, si è conservato in italiano nel nome di quella parte del discorso che chiamiamo appunto "verbo". Il Verbo (con la maiuscola) è diventato inoltre, nel linguaggio cristiano, la "parola divina". Dal termine latino *vocabulum* si è formato il sostantivo "vocabolo", unità lessicale che fa parte del vocabolario.

Dopo la caduta dell'Impero romano il verbo usato in latino classico con il significato di "parlare", *loqui*, venne sostituito da *parabolare*, cioè "raccontare parabole", che si affermò in Italia (dando luogo al nostro "parlare") e in Francia (dove è diventato *parler*), e da *fabulare*, propriamente "raccontare favole", che si diffuse in Spagna (*hablar*) e in Portogallo (*falar*).

Il tardo latino *fabulare* è un derivato del sostantivo *fabula* (da cui la nostra "favola"), che a sua volta viene dal verbo *fari*, "parlare". Da *fari* deriva anche *fatum*, propriamente "parola divina", "oracolo", quindi "fato", destino. Dallo stesso verbo latino derivano in italiano l'aggettivo italiano "facondo" (eloquente) e una serie di parole composte con prefissi negativi: "infante" (lat. *infans*, propriamente "che non sa parlare") e "infanzia", "ineffabile", (indicibile), "nefando", (inconfessabile). Da *loqui* sono derivati invece "loquace" ed "elocuente", "loquela", "eloquio" ed "eloquenza", "colloquio" e "sproloquio".

René Magritte, *L'uso della parola* (particolare), 1928. (Collezione Privata)

Giuseppe Ungaretti

Natale

Da
L'allegria, 1931

Lirica
in versi liberi

È il Natale del 1916 e il fante Ungaretti è in licenza a Napoli; è un uomo stanco e non vuole dimenticare le atrocità della guerra fingendo di tuffarsi tra la gente in festa, ma preferisce rimanere da solo, accanto al fuoco del camino.

Non ho voglia
di tuffarmi
in un **gomitolo**
di strade

Ho tanta
stanchezza
sulle spalle

Lasciatemi così
come una
cosa
posata
in un
angolo
e dimenticata

Qui
non si sente
altro
che il caldo buono

Sto
con le quattro
capriole
di fumo
del focolare.

G. Ungaretti, *Vita d'un uomo*, Mondadori, Milano, 2005

3-4 **in un…strade**: nell'intrico delle vie cittadine.
21 **capriole**: volute.

PAROLE *sotto la lente*

Gomitolo

Il nome riporta il latino *glomus*, "palla di filo ravvolto", che è una forma parallela a *globus*, "cosa tondeggiante, palla, grumo", con lo stesso significato. In senso più esteso, allude a un insieme di elementi ravvolti in modo simile a una sfera. "Far gomitolo" si dice del gatto e del cane, quando, in riposo, si avvolgono su se stessi.

Attività

Con l'aiuto del dizionario, spiega il significato dei seguenti verbi: aggomitolare, sgomitolare, raggomitolare.

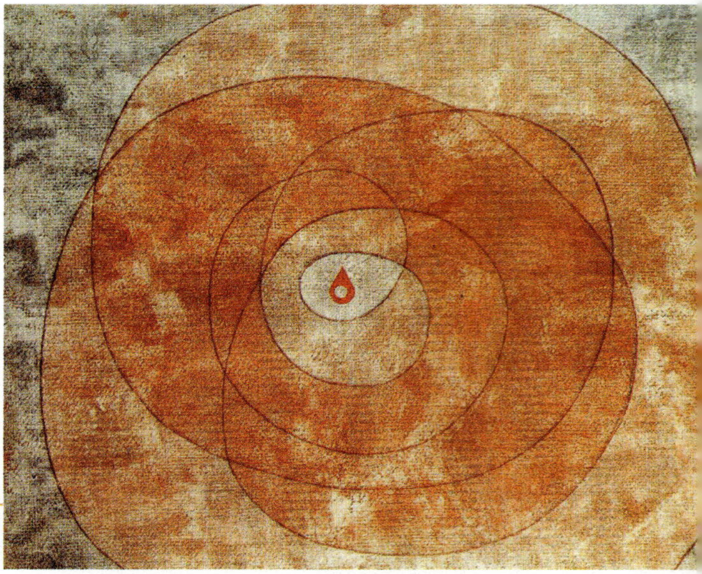

Paul Klee, *Al nucleo*, 1935. (Dallas, Museum of Art)

per L'ANALISI del TESTO

La ricerca della solitudine

La lirica è frutto della terribile esperienza vissuta dal poeta al fronte. Mentre si trova in licenza a Napoli, in casa di amici, pur essendo in un contesto familiare e in piacevole compagnia, non riesce ad abbandonarsi a sentimenti di gioia, a vivere la festività natalizia con il consueto trasporto. Il suo animo è tuttora gravato dal **dolore** provato in trincea, sul Carso, dalle continue atrocità vissute, dall'immagine dei compagni sofferenti o dilaniati durante le azioni di guerra; a tutto questo dolore allude la parola «**stanchezza**». Al poeta/soldato mancano le forze per immergersi nella calca delle piccole strade affollate di gente («gomitolo / di strade»); preferisce restare da solo, davanti a un focolare, con i suoi tormentosi pensieri.

Il ritmo come un singhiozzo

L'andamento sintattico della lirica è reso da cinque strofe alle quali corrispondono **cinque** semplici e dolenti **affermazioni**; ogni strofa costituisce un periodo, è di fatto l'espressione di un concetto in versi; sono versi così brevi (alcuni coincidono con una parola) e così frantumati da suggerire l'idea di un umano singhiozzo. Ne deriva un ritmo lento e pausato, necessario per dare corpo alla riflessione sulle atrocità della guerra che sono sempre davanti agli occhi del poeta, anche in un momento di tregua, di apparente lontananza dal fronte. Contribuisce a questo **ritmo frammentato** anche lo spazio bianco che separa le strofe: è come se le singole affermazioni (non voglio andare tra la gente; mi sento stanco; voglio stare da solo...) scaturissero in maniera forzata dall'animo del poeta, quasi in risposta a qualcuno che è davanti a lui e lo sta sollecitando a partecipare alla gioia della festa natalizia. Ma troppo doloroso è il peso che il poeta si porta nell'animo.

L'Io in primo piano

Come di consuetudine, Ungaretti si esprime in strofe articolate nei cosiddetti «versicoli», attribuendo una forte carica semantica ai termini che usa («gomitolo / di strade», vv. 3-4; «cosa / posata», vv. 10-11; «caldo buono», v. 18; «capriole», v. 21). Eccetto la quarta strofa, costruita impersonalmente, rileviamo una **insistita presenza** del soggetto, in particolare **dell'Io** (prima, seconda e quinta strofa) così da accentuare l'aspetto personale nell'esternazione dei sentimenti provati.

Anche le parole usate evidenziano il tumulto interiore dell'autore e si possono raggruppare in **due aree semantiche** ben precise: affetto (gomitolo, caldo buono, focolare) e dolore (stanchezza, cosa posata e dimenticata).

Sia la prima strofa sia l'ultima presentano interessanti **immagini analogiche**: il «gomitolo di strade» che rinvia alla ressa, alla confusione; le «capriole di fumo del focolare» che richiamano il tepore e la voglia di solitudine.

Attività

Leggere e comprendere

1 **Il titolo e la data** Perché il titolo e la data rivestono in questa poesia un significato particolarmente importante?

2 **Lo stato d'animo del fante/poeta** Tutta la poesia è dominata da una precisa sensazione e da un altrettanto definito desiderio del poeta. Descrivili con parole tue e con opportuni riferimenti al testo.

3 **La suddivisione** Da che cosa risultano suddivise le diverse riflessioni dell'autore?

a. Dai periodi
b. Dai versi
c. Dalle strofe
d. Dai connettivi

4 **Una cosa inanimata** Il poeta vorrebbe essere considerato una "cosa". Perché?

5 **Cinque parole** Quali sono, a tuo parere, le cinque parole che meglio rendono il significato della poesia? Sottolineale sul testo, motivando la tua scelta.

Riconoscere e analizzare

6 **La forma metrica** Descrivi le strofe, i versi e le rime della poesia.

7 **Le caratteristiche stilistiche** Quali elementi caratteristici della scrittura di Ungaretti ritrovi in questa poesia?

8 **La sintassi** Osserva la disposizione dei predicati, descrivila e indicane la funzione espressiva.

9 **Il pronome personale** La quarta strofa è l'unica a non avere l'Io in primo piano. Che cosa viene evidenziato dalla prevalenza di questo pronome personale?

a. La realtà del contenuto
b. La soggettività del contenuto
c. La veridicità del contenuto
d. La universalità del contenuto

10 **Le figure retoriche** Scrivi sotto ogni espressione elencata di quale figura retorica si tratta.

- «gomitolo / di strade» (vv. 3-4): ....
- «Ho tanta / stanchezza / sulle spalle» (vv. 5-7): ....
- «Lasciatemi così / come una / cosa» (vv. 8-10): ....
- «caldo buono» (v. 18): ....
- «capriole / di fumo» (vv. 21-22): ....

11 **Le analogie** Indica con una crocetta le espressioni analogiche tra quelle elencate.

a. «tuffarmi / in un gomitolo / di strade» ☐
b. «Ho tanta / stanchezza» ☐
c. «come una / cosa / posata» ☐
d. «altro / che il caldo» ☐
e. «con le quattro / capriole / di fumo» ☐

12 **Lo stile** Come definiresti lo stile di Ungaretti?

a. Edulcorato
b. Descrittivo
c. Scarno
d. Declamatorio

Rielaborare e produrre

13 **Discutere** Considera i versi 5-7: «Ho tanta / stanchezza / sulle spalle». A quale stanchezza allude il poeta? Alla stanchezza fisica, a quella emotiva, alla stanchezza di vivere? Esponi oralmente la tua opinione, confrontandola con quella dei compagni in un dibattito in classe.

14 **In licenza e in trincea** Ungaretti scrive questi versi mentre è in licenza, lontano dalla guerra e dal fronte, ma quella realtà è presente per contrasto nelle sensazioni avvertite dal poeta ed elencate sotto. Completa la tabella con le opposte condizioni della vita in trincea.

Sensazioni in licenza
1. Desiderio di solitudine 2. Profonda stanchezza 3. Aspirazione a essere una cosa dimenticata 4. Calore «buono» del focolare
Sensazioni in trincea
1. ....
2. ....
3. ....
4. ....

15 **Il commento** In un testo di 150-200 parole commenta (► p. 65) il componimento.

16 **La tua esperienza** Il poeta sta vivendo un breve momento di riposo dalla vita di trincea, di sollievo dopo i giorni tragici vissuti al fronte. È capitato anche a te di attraversare un periodo di particolare impegno o tensione emotiva e di trovare in qualche modo pace e ristoro fisico e mentale? Racconta la tua esperienza.

Giuseppe Ungaretti

Girovago

Costretto da vicende personali a continui spostamenti che gli impediscono di mettere radici in un luogo, il poeta vive questa condizione esistenziale con un sentimento di inquietudine e di nostalgia. È alla ricerca di posti nuovi, di un «paese / innocente» che non abbia conosciuto le atrocità della guerra.

Da
L'allegria, 1931
Lirica
in versi liberi

Campo di Mailly* maggio 1918

In nessuna
parte
di terra
mi posso
accasare

A ogni
nuovo
clima
che incontro
mi trovo
languente
che
una volta
già gli ero stato
assuefatto

E me ne stacco sempre
straniero

Nascendo
tornato da epoche troppo
vissute

Godere un solo
minuto di vita
iniziale

Cerco un paese
innocente

G. Ungaretti, *Vita d'un uomo*, Mondadori, Milano, 2005

Jean (Hans) Arp, *Non così lontano dal sole*, 1962. (Collezione Privata)

PAROLE *sotto la lente*

Straniero

Qui usato come aggettivo sostantivato, il termine deriva dal latino *extraneus*, "estraneo, esterno", a sua volta legato alla preposizione *extra*, "fuori". Condivide con gli aggettivi "strano" e "straniero" la stessa base etimologica e, sostanzialmente, il significato.

Attività

Indica almeno cinque aggettivi contrari a "straniero".

* **Campo di Mailly**: località sul fronte francese dove Ungaretti si trovava con il suo reggimento nell'ultimo periodo della guerra.

6 **accasare**: mettere su casa, fermarmi.

9 **clima**: qui sta per "paese, luogo".

11-16 **mi trovo…assuefatto**: in ogni posto nuovo in cui mi trovo mi sento privo di forze, disadattato, mentre una volta mi era stato familiare, mi ci ero adattato. Pur visitando posti nuovi, il poeta ha la sensazione di averli già visti e si ritrova sempre insofferente e nostalgico per l'impossibilità di ambientarsi in qualsiasi luogo.

19-24 **Nascendo…iniziale**: nascere di nuovo, ripercorrendo a ritroso le epoche del tempo fin troppo vissute (e dunque corrotte) e vivere almeno un minuto di vita incontaminata, pura («iniziale»).

26 **innocente**: un paese inviolato, risparmiato dagli orrori della guerra.

per L'ANALISI del TESTO

L'animo inquieto del poeta nomade

All'interno della raccolta *L'allegria* si trova una breve sezione di cinque poesie uscite su una rivista bolognese nel 1918, che raccontano la vita del soldato in guerra e approfondiscono il tema del viaggio, del "poeta nomade". La lirica qui presentata, *Girovago*, dà il nome alla sezione.

Viste le sue origini, Ungaretti ha sempre sentito il bisogno di definire la propria appartenenza geografica. Anche in età matura egli continua a spostarsi per motivi di lavoro: il suo girovagare viene letto come metafora di un animo sofferente, che si sente sempre estraneo al luogo in cui vive («E me ne stacco sempre / straniero», vv. 17-18).

Possiamo individuare **due temi portanti** della lirica: la sensazione di non appartenere ad alcun luogo e il bisogno di trovare un «paese / innocente» (vv. 25-26) che costituisca un punto di riferimento.

Nelle prime tre strofe, Ungaretti descrive il suo continuo errare senza meta e il senso di insoddisfazione e logorio («mi trovo / languente», vv. 11-12) con cui affronta questa condizione. Conoscendo posti sempre nuovi, egli sente di aver già provato più volte la stessa sensazione – l'insofferenza per l'**impossibilità di ambientarsi** persino nei luoghi già conosciuti, quelli cui si era abituato –, che accresce il suo disagio e rende ancora più spiacevole il suo essere «straniero». Altrove ha definito queste stesse situazioni esistenziali «naufragi», cioè fallimenti.

Nelle ultime tre strofe, il poeta, però, non si arrende, anche se sente di aver perso il suo originale candore; aspira, infatti, a ritrovare lo slancio vitale, la purezza primigenia dell'uomo della creazione. Questa esigenza interiore si traduce nel distico finale: «Cerco un paese / innocente», che allude anche a una **ricerca** dell'assoluto, **di un eden** al di fuori di ogni contesto geografico e storico.

La brevità di espressione nei versicoli

La struttura metrica di questa lirica è simile alle precedenti. Ungaretti ha elaborato una successione di strofe brevi, articolate nei cosiddetti "versicoli", con parole che, secondo la consuetudine della sua poesia, hanno un forte valore simbolico ed esprimono con immediatezza contenuti importanti («accasare», v. 6; «clima», v. 9; «straniero», v. 18; «iniziale», v. 24; «innocente», v. 26).

Nella lirica si osserva inoltre una costruzione sintattica particolare, con l'uso di predicati di forma implicita («Nascendo», v. 19; «Godere», v. 22) e di un anacoluto («che / una volta / già gli ero stato / assuefatto», vv. 13-16). Risaltano nel componimento gli **spazi bianchi** che intercorrono tra una strofa e l'altra: costituiscono **momenti di riflessione**, pause di silenzio carico di significati, e nel contempo contribuiscono a determinare un ritmo lento e scandito.

Attività

Leggere e comprendere

1 **La condizione del poeta** L'autore si sente «straniero» in ogni posto. Quali parole, in particolare, definiscono questo stato d'animo?

2 **Il disagio** La seconda strofa introduce un altro motivo di disagio del poeta. Quale?

3 **La reazione** Come reagisce Ungaretti quando avverte un senso di estraneità anche rispetto a luoghi già conosciuti?

a. Si adegua alla nuova realtà
b. È stimolato dall'idea di conoscere un posto nuovo
c. Si sente un disadattato
d. Pensa di non tornarci più

4 **Le aspirazioni** Quali sono le aspirazioni del poeta, espresse nelle due ultime strofe?

Riconoscere e analizzare

5 **I versicoli** Spiega l'effetto che produce sul piano espressivo l'uso dei versicoli.

6 **La struttura sintattica** Analizza la particolare struttura sintattica della lirica.

7 **Il verbo all'infinito** Quale valore si può attribuire all'infinito del verbo «Godere» (v. 22)?

8 **Il campo semantico** Il tema principale è il senso di estraneità provato dal poeta rispetto a ogni luogo. Quali vocaboli lo esprimono?

9 **Una figura retorica** Quale figura retorica viene usata nei versi finali?

a. Metafora
b. Ossimoro
c. Similitudine
d. Anafora

Rielaborare e produrre

10 **Discutere** Considera i versi 25-26: «Cerco un paese / innocente». A che cosa allude Ungaretti con queste parole, sulle quali la critica si è a lungo soffermata? Di quale innocenza parla il poeta? E che cosa significa, secondo te, quel bisogno di purezza? Esponi oralmente la tua opinione, confrontandola con quella dei compagni in un dibattito in classe.

11 **La parafrasi** Volgi in prosa (► p. 63) il componimento.

12 **Analisi e commento** In un testo di 200 parole analizza e commenta (► pp. 64-65) la poesia.

13 **Le migrazioni** Le grandi migrazioni di ogni tempo implicano che moltissimi uomini debbano abbandonare la propria terra natale e si sentano sradicati e ospiti nel Paese in cui sono spesso costretti a restare. Rifletti con i tuoi compagni su questo tema e stendi un breve testo argomentativo dal titolo "L'importanza delle proprie origini".

14 **Un confronto** La poesia riportata sotto, *Allegria di naufragi*, che dà il nome all'omonima raccolta, può essere accostata a *Girovago* per l'atteggiamento analogo del poeta verso le difficoltà della vita. Metti a confronto in un breve scritto argomentativo (massimo 200 parole) le due poesie, relativamente a questo aspetto e ai temi trattati.

Versa il 14 febbraio 1917

E subito riprende
il viaggio
come
dopo il naufragio
un superstite
lupo di mare

G. Ungaretti, *Vita d'un uomo*, Mondadori, Milano, 2005

15 **La tua esperienza** Hai mai avvertito il senso di estraneità e di inadeguatezza di cui parla il poeta verso la realtà che ti circonda? Quando? Che cos'hai fatto per sentirti meglio? Racconta la tua esperienza in un testo narrativo.

per SAPERNE di PIÙ

L'Ermetismo

La corrente poetica dell'Ermetismo si sviluppa negli anni Trenta a Firenze. Il nome deriva da Ermete Trismegisto, mitico autore di tarda età ellenistica, al quale fu attribuita una serie di testi definiti "ermetici", di alchimia, astrologia e scienze occulte. Inizialmente, il termine fu usato in accezione negativa, come sinonimo di incomprensibilità, dal critico letterario Francesco Flora (1891-1962) nel suo saggio *La poesia ermetica* (1936). Opponendosi al dannunzianesimo e al Futurismo e riallacciandosi al Simbolismo francese (► p. 243), i poeti ermetici ricercano una poesia pura, in grado di sviluppare al massimo la **potenzialità evocativa** della **parola** che è **ridotta all'essenziale**, privata di legami grammaticali e sintattici. Questo stile risulta spesso difficile, oscuro, per l'abbondanza di analogie e metafore attraverso cui si esprime l'esperienza interiore.

Per il suo particolare linguaggio poetico, Giuseppe Ungaretti è considerato uno dei precursori dell'Ermetismo; anche nella prima raccolta di Salvatore Quasimodo (1901-1968, ► p. 191), *Acque e terre* (1930), si possono individuare caratteri ermetici, per esempio, nella riduzione della sintassi e nella scelta di simboli elementari.

La corrente ermetica matura propriamente nel contesto delle riviste letterarie fiorentine "Il Frontespizio" (1929-1940) e "Campo di Marte" (1938-1939): rappresentanti di questa corrente poetica sono Mario Luzi (1914-2005, ► p. 60) con le raccolte *La barca* (1935) e *Avvento notturno* (1940), Alfonso Gatto (1909-1976, ► p. 25) con *Isola* (1932), Vittorio Sereni (1913-1983, ► p. 31) con *Frontiera* (1941), Carlo Betocchi (1899-1986, ► p. 23) con l'opera *Realtà vince il sogno* (1932).

Italo Calvino

L'importanza della parola esatta

Da *Lezioni americane*, 1988

Testo argomentativo

Calvino sottolinea, in questo stralcio di una delle sue *Lezioni americane*, come purtroppo stia prevalendo un uso piatto, approssimativo, banale della parola e dell'immagine, mentre il linguaggio preciso, la parola esatta è chiarezza di comunicazione, strumento di conoscenza, graduale avvicinamento alla verità.

[...] mi sembra che il linguaggio venga sempre usato in modo approssimativo, casuale, sbadato, e ne provo un fastidio intollerabile. Non si creda che questa mia reazione corrisponda a un'intolleranza per il prossimo: il fastidio peggiore lo provo sentendo parlare me stesso. Per questo cerco di parlare il meno possibile, e se preferisco scrivere è perché scrivendo posso correggere ogni frase tante volte quanto è necessario per arrivare non dico a essere soddisfatto delle mie parole, ma almeno a eliminare le ragioni d'insoddisfazione di cui posso rendermi conto. La letteratura – dico la letteratura che risponde a queste esigenze – è la Terra Promessa in cui il linguaggio diventa quello che veramente dovrebbe essere.

Alle volte mi sembra che un'epidemia pestilenziale abbia colpito l'umanità nella facoltà che più la caratterizza, cioè l'uso della parola, una peste del linguaggio che si manifesta come perdita di forza conoscitiva e di immediatezza, come automatismo che tende a livellare l'espressione sulle formule più generiche, anonime, astratte, a diluire i significati, a smussare le punte espressive, a spegnere ogni scintilla che sprizzi dallo scontro delle parole con nuove circostanze.

Non m'interessa qui chiedermi se le origini di quest'epidemia siano da ricercare nella politica, nell'ideologia, nell'uniformità burocratica, nell'omogeneizzazione dei mass-media, nella diffusione scolastica della media cultura. Quel che mi interessa sono le possibilità di salute. La letteratura (e forse solo la letteratura) può creare degli anticorpi che contrastino l'espandersi della peste del linguaggio.

L'AUTORE

Italo Calvino (1923-1985) è uno dei più importanti scrittori del Novecento italiano, attivamente coinvolto nel dibattito civile e poetico del suo tempo. Dopo aver partecipato alla Resistenza, si è iscritto al Partito comunista e ha lavorato come consulente editoriale per importanti case editrici e come collaboratore per alcuni quotidiani, per esempio "L'Unità". Ha diretto con Elio Vittorini (1908-1966) la rivista "Il menabò di letteratura" (1959-1966). La sua produzione letteraria spazia da romanzi di ispirazione neorealista a racconti fantastici e fiabeschi, a opere che riflettono sull'artificio della scrittura. Il volume da cui è tratto questo brano, *Lezioni americane* (1988), pubblicato postumo, raccoglie i testi delle conferenze che avrebbe dovuto tenere all'Università statunitense di Harvard.

Vorrei aggiungere che non è soltanto il linguaggio che mi sembra colpito da questa peste. Anche le immagini, per esempio. Viviamo sotto una pioggia ininterrotta d'immagini; i più potenti media non fanno che trasformare il mondo in immagini e moltiplicarlo attraverso una fantasmagoria di giochi di specchi: immagini che in gran parte sono prive della necessità interna che dovrebbe caratterizzare ogni immagine, come forma e come significato, come forza d'imporsi all'attenzione, come ricchezza di significati possibili. Gran parte di questa nuvola d'immagini si dissolve immediatamente come i sogni che non lasciano traccia nella memoria; ma non si dissolve una sensazione d'estraneità e di disagio.

Ma forse l'inconsistenza non è nelle immagini o nel linguaggio soltanto: è nel mondo. La peste colpisce anche la vita delle persone e la storia delle nazioni, rende tutte le storie informi, casuali, confuse, senza principio né fine. Il mio disagio è per la perdita di forma che constato nella vita, e a cui cerco d'opporre l'unica difesa che riesco a concepire: un'idea della letteratura.

I. Calvino, *Lezioni americane*, Mondadori, Milano, 1993

René Magritte, *Questa non è una pipa*, 1929.
(Los Angeles, County Museum of Art)

Attività

Comprendere il testo argomentativo

1 **Due modalità espressive** Calvino preferisce parlare oppure scrivere? Per quale motivo?

2 **La "peste" del linguaggio** Spiega con parole tue l'idea dell'autore secondo la quale esprimersi in maniera banale è una «perdita di forza conoscitiva» (r. 13).

3 **Una pioggia d'immagini** Condividi il giudizio implicitamente negativo dell'autore secondo il quale «Viviamo sotto una pioggia ininterrotta d'immagini» (rr. 24-25)? Cerca di motivare la tua risposta.

4 **La preoccupazione di Calvino** Analizza il modo in cui ti esprimi e in cui parlano i tuoi compagni e rifletti sulla preoccupazione di Calvino. La ritieni giusta e attuale?

Analizzare il testo argomentativo

5 **La metafora** Che cosa intende esprimere l'autore attraverso la metafora dell'epidemia pestilenziale?

6 **«fantasmagoria»** Ricerca l'etimologia della parola «fantasmagoria» (r. 26) e spiega perché, secondo te, Calvino sceglie di usare proprio questo termine in questo contesto.

7 **La convinzione** Nell'esprimere le proprie valutazioni, come ti sembra il grado di convinzione dell'autore? Motiva la tua risposta.

RACCOGLIAMO LE IDEE

1 Sintesi dei contenuti

Attraverso le attività seguenti e le citazioni tratte dalle poesie che hai letto, raccogli le idee sui concetti e sulle informazioni contenute nell'Unità. Se lo ritieni utile, puoi inserire altre citazioni per te significative.

In ogni lirica dell'Unità, le vicende esistenziali dell'autore, specialmente l'esperienza bellica, rappresentano il fulcro della sua riflessione poetica, influenzando profondamente anche il suo stile di scrittura.
Leggi lo schema di sintesi dei concetti e amplialo con altre informazioni.

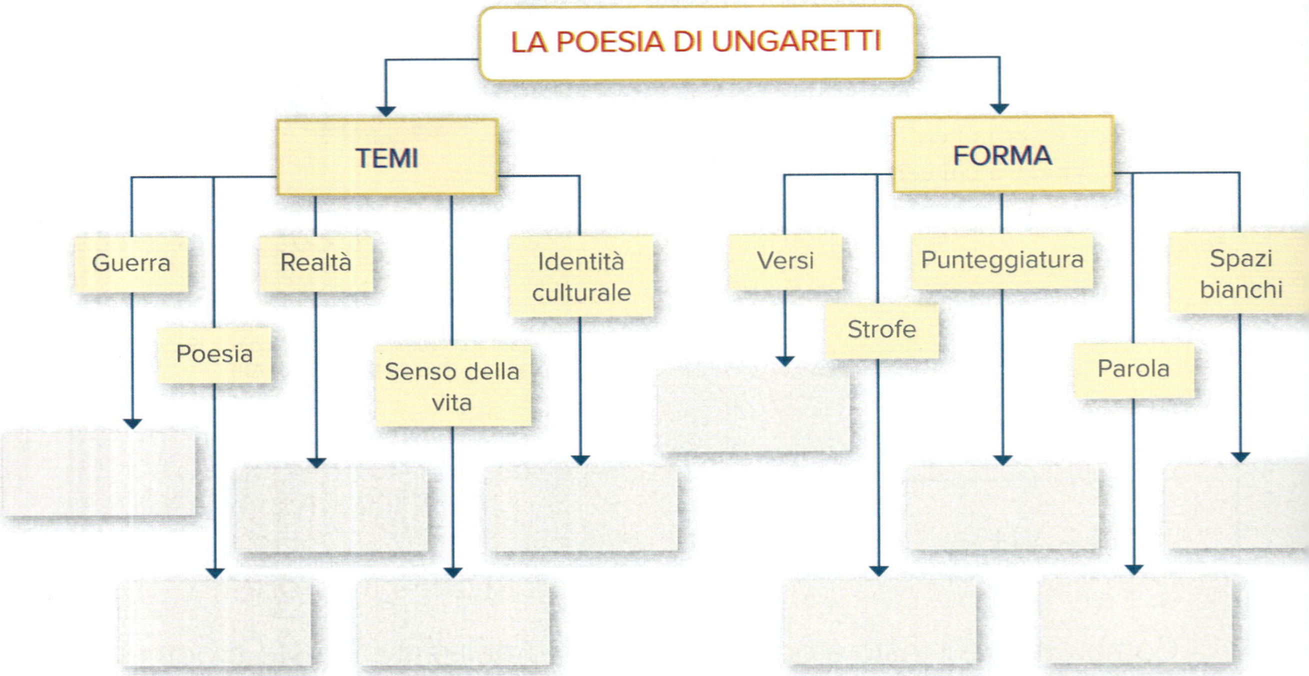

2 Citazioni dalle liriche

Un'intera nottata
buttato vicino
a un compagno
massacrato […]
ho scritto
lettere piene d'amore

Non sono mai stato
tanto
attaccato alla vita

Veglia

Lasciatemi così
come una
cosa
posata
in un
angolo
e dimenticata

Natale

[...]

....

....

....

....

[...]

....

....

....

....

In nessuna
parte
di terra
mi posso
accasare

A ogni
nuovo
clima
che incontro
mi trovo
languente
che
una volta
già gli ero stato
assuefatto

E me ne stacco sempre
straniero

Girovago

3 Scrittura guidata *il testo espositivo*

Le poesie di guerra di Ungaretti, e in particolare *Veglia*, riflettono tutta la violenza e l'orrore della Prima guerra mondiale vissuta dai soldati nelle trincee; ma un'altra poesia contenuta nel volume, *La bambina di Hiroshima* di Nâzim Hikmet (► p. 194), testimonia le ancor più feroci atrocità subite da un'intera popolazione nella Seconda guerra mondiale. Metti a confronto le due poesie in un testo espositivo di 300 parole.

Per stendere il tuo elaborato fai riferimento al "profilo" che introduce l'Unità e alle schede di presentazione e analisi dei singoli testi. Prima di concentrarti su *Veglia*, metti a fuoco la poetica di Ungaretti considerandone le caratteristiche tematiche e stilistiche sintetizzate nello schema della pagina precedente e traendo spunto dalle citazioni riportate sopra.

Puoi servirti della scaletta presentata di seguito come punto di partenza.

Introduzione

- Presentazione dei contenuti dei due testi

Sviluppo

- **Parte prima**: confronto tra gli autori Ungaretti e Hikmet (diversità di contesti culturali)
  - Primo paragrafo: protagonisti delle poesie che hanno subìto violenza
  - Secondo paragrafo: armi che l'hanno prodotta
  - Terzo paragrafo: sofferenze e ferite
  - Quarto paragrafo: reazione degli altri di fronte alla morte
  - Quinto paragrafo: responsabilità degli uomini al potere
  - Sesto paragrafo: messaggio implicito o esplicito presente nel testo
- **Parte seconda**: confronto stilistico fra Ungaretti e Hikmet
  - Primo paragrafo: versi, strofe
  - Secondo paragrafo: lessico
  - Terzo paragrafo: campi semantici
  - ....

Conclusione

- Valutazione personale

Giuseppe Ungaretti

Sono una creatura

Da
L'allegria, 1931

Lirica
in versi liberi

Terribile è l'assuefazione alla violenza, alla barbarie. In guerra l'uomo rischia di diventare simile agli esseri inanimati, a un minerale: l'animo del poeta, impietrito da ciò che sta vivendo, non riesce a sciogliersi nel pianto.

Valloncello di Cima Quattro il 5 agosto 1916

Come questa pietra
del S. Michele
così fredda
così dura
così prosciugata
così refrattaria
così totalmente
disanimata

Come questa pietra
è il mio pianto
che non si vede

La morte
si sconta
vivendo

G. Ungaretti, *Vita d'un uomo*, Mondadori, Milano, 2005

3 **S. Michele**: è il monte del Carso, presso Gorizia, noto per le sanguinose battaglie combattute durante la Prima guerra mondiale.

7 **refrattaria**: letteralmente, resistente alle alte temperature; qui, nel senso di "insensibile".

9 **disanimata**: priva di qualsiasi sentimento.

10-12 **Come...vede**: il mio pianto è tutto interiore, non produce lacrime, come questa pietra.

Un alpino italiano sull'Adamello nel 1916.

Attività

Comprendere e analizzare: verso l'INVALSI

1 **Il titolo** A che cosa allude il poeta con il titolo?

a. Alla creazione dell'uomo da parte di Dio
b. Alla finitezza dell'uomo, che è parte della natura
c. All'incapacità dell'uomo di dominare la natura
d. Alla potenza dell'uomo nei confronti della natura

2 **La similitudine** Su quale similitudine si fonda la poesia?

a. Tra la pietra e tutti gli animali
b. Tra la pietra del Carso e l'animo del poeta
c. Tra la pietra levigata dall'acqua e il corpo prosciugato del poeta
d. Tra la pietra sgretolata e il dolore del poeta

3 **Il significato** Qual è il significato espresso da questa similitudine?

a. L'insensibilità del poeta
b. L'indurimento dell'animo umano provocato dalla guerra
c. La durezza d'animo richiesta dalle circostanze
d. L'indifferenza degli altri uomini

4 **Il tema** Qual è, a tuo avviso, il tema prevalente della lirica?

a. Il pianto
b. La morte
c. La guerra
d. Il viaggio

5 **La vita e la morte** I tre versi conclusivi rovesciano il significato solito di vita e morte: in quale relazione il poeta pone i due termini?

a. La vita è bella e la morte pone fine alle sue gioie
b. La vita e la morte sono ugualmente tristi
c. La vita è sofferenza e la morte una liberazione
d. La vita e la morte sono entrambe serene

6 **La struttura metrica** Come si presenta il componimento dal punto di vista metrico? Quale tipo di verso prevale?

7 **Il ritmo** Come definiresti il ritmo del testo?

a. Lento, con molte pause
b. Veloce e senza pause
c. In crescendo, con molte pause
d. Vario e spezzato

8 **Il lessico** La ricerca della parola "nuda" ed espressiva è il tratto saliente della scrittura di Ungaretti; quali parole risultano particolarmente cariche di significato in questa lirica?

9 **I campi semantici** Sottolinea in modo diverso i termini che alludono all'assenza di vita e alla condizione angosciante del poeta.

10 **La sintassi** Come ti sembra la struttura sintattica della lirica?

a. Ricercata
b. Semplice
c. Articolata
d. Ipotattica

11 **Le figure retoriche** Quali figure retoriche di significato, di ordine e di suono riconosci nelle seguenti espressioni?

- «così... così... così... così... così» (vv. 4-8): ....
- «fredda» (v. 4); «dura» (v. 5); «disanimata» (v. 9): ....
- «Come questa pietra» (v. 2): ....
- «pietra» (v. 2); «morte» (v. 13); «fredda» (v. 4); «dura» (v. 5): ....

12 **Gli *enjambement*** Individua i due *enjambement* presenti nel testo.

Rielaborare e produrre

13 **La parafrasi** Volgi in prosa (► p. 63) la lirica.

14 **Analisi e commento** In un testo di 200 parole analizza e commenta (► pp. 64-65) la poesia.

15 **Una conclusione paradossale** Gli ultimi tre versi del componimento appaiono a prima vista paradossali. In che cosa consiste il paradosso? Spiegalo in un breve testo, esponendo la tua posizione.

Torneranno i prati

Regia	Ermanno Olmi
Interpreti	Claudio Santamaria, Alessandro Sperduti, Francesco Formichetti
Data di uscita	2014
Genere	Drammatico

La locandina del film *Torneranno i Prati* diretto da Ermanno Olmi nel 2014.

Trama

Siamo sul fronte italiano di Nord-Est, dopo gli ultimi sanguinosi scontri del 1917 sugli Altipiani, durante la Prima guerra mondiale. I fatti narrati si svolgono nel corso di una sola e lunga notte di luna piena: un avamposto, quasi sepolto dalla neve, è difeso da una ventina di soldati, comandati da un capitano, coadiuvato da un sergente e da un cappellano militare. Fra il rituale del rancio (il sostegno materiale) e la distribuzione della posta (il sostegno morale), sono due i fatti che accadono nella notte: il primo è l'arrivo di un maggiore con l'ordine di installare una nuova linea telefonica, per impedire le intercettazioni al nemico. È un ordine criminale, suicida, per eseguire il quale occorre uscire allo scoperto: non ci sono volontari, perciò un soldato semplice viene mandato allo sbaraglio diventando, dopo pochi passi, un facile bersaglio per i cecchini austriaci. Del secondo tentativo viene incaricato un soldato che, invece di obbedire, preferisce suicidarsi davanti al maggiore; l'ordine, allora, viene per il momento accantonato.

Sotto un'incantevole luce lunare, il nemico inizia a cannoneggiare: l'avamposto regge a fatica, muoiono alcuni soldati e altri rimangono feriti. I sopravvissuti sono molto provati, rassegnati e in preda allo scoraggiamento. A questo punto si compie il secondo evento, la beffa finale, rappresentata dall'ordine di ripiegamento che giunge da un trafelato portaordini: poche ore prima era di capitale importanza difendere a tutti i costi l'avamposto, adesso non è più necessario. In tale paradossale contrasto si riassume tutta l'assurdità e la bestialità della guerra.

Analisi

Con questo film Ermanno Olmi celebra la ricorrenza del centenario della Grande Guerra (1915-2015). Fra i tanti film antimilitaristi, quello di Olmi si distingue per la profondità del racconto, per la bellezza delle immagini e per la sua poesia (in apertura uno struggente canto di fraternità si alza dall'avamposto; quella notte le bestie parlano tra loro; un larice ormai disseccato per un attimo assume un colore dorato). Le immagini in bianco e nero degli interni dell'avamposto si alternano al tenue colore delle riprese in esterno delle vallate. Graduati e soldati semplici sono vittime di un folle susseguirsi di ordini e di minacce: il superiore scarica il peso di impossibili azioni belliche sul suo sottoposto, senza una logica. Perché non abbandonare tutto e tornare agli affetti familiari tanto desiderati? si chiedono i militari. Sono i loro primi piani a rivelare tutta l'angoscia, lo sgomento e il senso di ribellione provato verso un destino così disumano.

Al titolo *Torneranno i prati* non può essere attribuito un valore positivo, consolatorio: esso fa riferimento, infatti, alle migliaia di soldati morti e sepolti sotto la neve, dei quali tutti si scorderanno al primo apparire dell'erba nuova, a guerra finita. E insieme a quei corpi, sarà rimosso anche l'orrore della guerra stessa, di questa come di ogni altra guerra. In ciò risiede l'amaro messaggio del regista Olmi, nella denuncia alta e forte della disumanità di ogni conflitto.

per guardare oltre

Intersezioni nell'antologia

LETTURE

- Al centro delle poesie di Ungaretti presentate in questa Unità troviamo temi come la guerra, la morte, la ricerca di sé. L'orrore della guerra è descritto, in questa Antologia, anche in Primo **Levi** (*Se questo è un uomo*, ▸ p. 187), in Salvatore **Quasimodo** (*Uomo del mio tempo*, ▸ p. 191), in Nâzim **Hikmet** (*La bambina di Hiroshima*, ▸ p. 194).
- Il senso di morte che aleggia nelle liriche ispirate dalla guerra si potrebbe collegare a un altro tipo di morte, di carattere esistenziale, quella presentata da Federico **García Lorca** nella poesia *Paesaggio* (▸ p. 11).
- In *Girovago* Ungaretti affronta il problema dell'esistenza come pure Giacomo **Leopardi** (*L'infinito*, ▸ p. 217), Umberto **Saba** (*Ulisse*, ▸ p. 9), Eugenio **Montale** (*Spesso il male di vivere ho incontrato*, ▸ p. 299), Charles **Baudelaire** (*L'albatro*, ▸ p. 77) e Konstantinos **Kavafis** (*Itaca*, ▸ p. 159).

Altri orizzonti

SAGGI

- Per approfondire la vita cosmopolita di Ungaretti si veda *Vita di un poeta. Giuseppe Ungaretti* (1970), di Leone **Piccioni**. Fra le guide recenti che introducono a Ungaretti si segnala, di Andrea **Cortellessa**, *Ungaretti* (2000) e, sempre a cura dello stesso autore, *Le notti chiare erano tutte un'alba* (1998), una ricca antologia dei poeti italiani al tempo della Prima guerra mondiale.
- Per quanto riguarda il mondo dei crepuscolari descritto nel Profilo, si legga *Introduzione a Gozzano*, di Marziano **Guglielminetti** (1993), mentre un'esaustiva presentazione dell'avanguardia futurista si trova in Claudia **Salaris**, *Storia del Futurismo* (1992).

PITTURA

- Convinto interventista, il pittore tedesco Otto **Dix** (1891-1969), dopo l'esperienza al fronte nel corso della Prima guerra mondiale, ha denunciato con un'arte vigorosa i mali della società del tempo e i disastri prodotti dalla guerra.

MUSICA

- Musica d'avanguardia è quella composta da Igor' **Stravinskij** (1882-1971): elementi popolari russi, soggetti mitologici e folklorici sono rintracciabili nel capolavoro *L'uccello di fuoco* (1910).

FILM

- Con riferimento alla Prima guerra mondiale, uno straordinario messaggio antimilitarista si ricava dal film, ormai quasi centenario, *Charlot soldato* (1918) di Charlie **Chaplin**; anche in *Orizzonti di gloria* (1957) del regista britannico Stanley **Kubrick** si assiste a una feroce critica della guerra e di ogni militarismo.

Charlie Chaplin in *Charlot soldato*, film del 1918.

Leon Bakst, costume per il balletto *L'uccello di fuoco* di Igor' Stravinskij, 1910.

UNITÀ 4

La crisi del nostro tempo in Eugenio Montale

• Testimoni di un mondo in crisi • Eugenio Montale è stato un testimone della **crisi del nostro tempo** non solo in ambito poetico, ma nell'intero panorama culturale del Novecento. La condizione spirituale dell'uomo moderno, la cui comprensione della realtà – secondo il poeta – può avvenire soltanto attraverso barlumi, possibili rivelazioni illuminanti in grado di aprire varchi, spiragli su di essa, si riflette, in ambito pittorico, nelle opere di un altro grande artista, Lucio **Fontana**. Negli anni Cinquanta del secolo scorso, Fontana ha aperto degli altri "**varchi**" nella tela, spinto dalla necessità di oltrepassare la materia per approdare a una nuova luce, a un nuovo spazio.

Lucio Fontana nel suo studio.

• La nuova estetica di Lucio Fontana • Lucio Fontana (1899-1968) nasce in Argentina ma cresce in Italia: studia all'Accademia di Brera a Milano e acquista grande notorietà nell'immediato dopoguerra firmando a Buenos Aires il *Manifesto Blanco* (1946), ovvero il primo manifesto del **movimento spazialista**, con cui dà vita a una nuova corrente artistica. Raccogliendo l'eredità del Futurismo, Fontana elabora una **inedita concezione dello spazio**, che tiene conto delle recenti conquiste della scienza e dei progressi tecnologici. La nuova arte riesce così a svilupparsi in nuove dimensioni, nuove forme e nuovi materiali. Secondo Fontana, per superare l'idea dell'opera d'arte finita e chiusa in sé, è necessario che il fruitore dell'opera svolga un ruolo attivo: tocca a lui completare, aggiungere, modificare la creazione artistica.

• Le attese, i "varchi" • È il 1958 quando Fontana crea la celebre serie intitolata *Concetto spaziale*. Gli **squarci sulla tela**, che costituiscono l'**aspetto innovativo** della sua arte, possono sembrare – a un esame superficiale – privi di valore e di

DOMANDE

- Che impressione suscitano in te i "tagli" di Fontana?
- Perché queste opere sono considerate delle sculture?
- Trovi dei legami tra il «varco» di Montale e il "taglio" di Fontana?

Lucio Fontana, *Concetto spaziale. Attese*, 1965. (Collezione Privata)

significato; in realtà questo gesto è il risultato di un'elaborazione concettuale a lungo meditata e ricca di implicazioni artistiche, scientifiche, filosofiche. Su una tela dipinta in maniera uniforme con semplici colori da parete, Fontana incide dei brevi tagli – per lo più verticali – che interrompono la continuità della superficie; le fenditure generano sottili **ombre** estremamente concrete, reali. Questo fa sì che l'opera acquisti un carattere tridimensionale, perché mediante l'incisione l'artista materializza uno spazio nuovo, produce quel **varco** che permette di andare **oltre la materia** e di collegarsi con quell'infinito vertiginoso che si apre al di là di essa. La tela acquista dunque una **nuova dimensione**, assume i caratteri di una scultura, più che di un'opera pittorica.

Lucio Fontana, *Concetto spaziale. Attese*, 1964-1965. (Collezione Privata)

in questa Unità impareremo a

- **conoscere** la biografia dell'autore e i cambiamenti socio-culturali e letterari del Novecento
- **comprendere** il significato globale dei testi in relazione alla vita e alla poetica dell'autore
- **analizzare** le liriche secondo le regole della poesia e le tecniche stilistiche per affinarne la comprensione e approfondirne le tematiche, focalizzando le innovative scelte espressive
- **interpretare** lo scritto, comprendendo le profonde problematiche in esso contenute e il modo in cui l'autore le affronta
- **produrre** parafrasi, commenti, testi espositivi, argomentativi e temi a partire dagli argomenti trattati nelle liriche
- **comunicare oralmente**, per riferire i contenuti delle poesie e riflettere sulle loro tematiche in forma strutturata e chiara

in questa Unità scopriremo

Antologia

Spesso il male di vivere ho incontrato
Meriggiare pallido e assorto
Cigola la carrucola del pozzo
Ho sceso, dandoti il braccio, almeno un milione di scale

Per approfondire

Farfalla di Dinard

Verifica delle competenze

La casa dei doganieri

Eugenio Montale, convinto della negatività di un mondo in crisi, del non senso della vita, esprime nei suoi versi l'idea che il «male di vivere» non sia contingente ma connaturato all'uomo stesso, e lo fa attraverso una poesia scarna ed essenziale, affidata a «qualche storta sillaba e secca come un ramo».

Eugenio Montale.

• I primi decenni del Novecento •

Analizzando il periodo storico compreso tra le due guerre (1918-1940) in rapporto all'evoluzione e agli sviluppi della poesia, bisogna partire dalla considerazione che si tratta di due decenni – anni Venti e Trenta – di **forti cambiamenti** sociali ed economici. In particolare, in Italia s'instaura il regime fascista, che farà sentire tutto il suo peso condizionante anche sulle arti e quindi sulla letteratura (narrativa e poesia), imponendo ordine e subalternità, limitando i contatti con il mondo culturale straniero, ricercando e favorendo consenso e sostegno alla cultura dominante.

• La poesia straniera •

Oltre confine, si confrontano e si alternano **due tendenze poetiche**, quella di tipo classicistico e quella di tipo sperimentale. In Francia, uno degli esponenti più conosciuti della prima è Paul **Valéry** (1871-1945), il quale, tenendo presente la lezione dei classici, cerca di confrontarsi anche con il presente: la sua poesia, infatti, ripropone schemi metrici canonici, ma temi e argomenti legati alla realtà dei suoi tempi. Si ricollega maggiormente al filone dello sperimentalismo, e precisamente al Surrealismo, la poesia di Paul **Éluard** (1895-1952), che però ne mitiga gli aspetti più onirici a favore di una lirica socialmente più impegnata. Tradizione popolare e Surrealismo convivono nella poesia dello spagnolo Federico **García Lorca** (1898-1936, ▸ p. 11), autore di liriche dense di immagini metaforiche. Non si sottrae al ruolo di "poeta impegnato" il tedesco Bertolt **Brecht** (1898-1956), che esprime, prevalentemente in ambito teatrale ma anche in poesia, un'arte didattica, spesso oratoria, ma tanto efficace nei contenuti da essere imitata altrove.

Salvador Dalí, *Ritratto di Paul Éluard*, 1929. (Collezione Privata)

• La poesia italiana •

Le spinte contrastanti della cultura letteraria tra le due guerre danno vita a un forte **confronto** fra **avanguardia** e **restaurazione** anche in Italia. In primo luogo, il Futurismo va lentamente esaurendosi, accodandosi alla dominante cultura fascista, mentre resta ben viva la principale conquista espressa dalle avanguardie, vale a dire la possibilità per ogni artista di esprimersi liberamente al di fuori degli schemi della tradizione.

Tale atteggiamento viene condiviso anche da chi fa del ritorno al classicismo la propria bandiera, per esempio Vincenzo **Cardarelli** (1887-1959): il poeta romano, lontano dall'esigenza di sovversione e di rinnovamento delle avanguardie, individua in Manzoni e Leopardi modelli da seguire e tende a una lirica meditativa, frutto di compostezza e semplicità nella forma (▸ *Amicizia*, *Gabbiani*, *Autunno*, pp. 18, 81, 122). La dialettica tra passato e presente è tipica anche di Umberto **Saba** (1883-1957): sempre estraneo alle correnti poetiche, egli si caratterizza – sin dall'apparire del suo *Canzoniere* (1921) – per una poesia originale che, se nella forma resta legata alla tradizione, celebra il quotidiano ricorrendo a «parole senza storia», parole dimesse che non rinviano a complicazioni intellettualistiche (▸ *Ulisse*, *Il garzone con la carriola*, *Amai*, pp. 9, 68, 92).

• L'Ermetismo •

Seguendo la lezione di Giuseppe Ungaretti, negli anni Trenta e Quaranta si fa strada in Italia un'esperienza poetica che va sotto il nome di **Ermetismo** (▸ p. 283), termine che fa riferimento alla sua ricercata "oscurità" e ambiguità espressiva. I poeti ermetici hanno una **concezione negativa dell'esistenza**: la vita è dominata dal male, e ciò accade senza possibili spiegazioni di carattere filosofico o religioso. Per questo motivo essi sopportano con dolore la distanza che intercorre tra la vita che

Alberto Giacometti, *L'uomo che cammina*, 1960. (New York, Albright-Knox Art Gallery)

Vasilij Kandinskij, *Composizione X*, 1939. (Düsseldorf, Kunstsammlung Nordrhein)

vivono e quella alla quale aspirano (il «male di vivere» di Montale). Non va dimenticato che il clima dominante è quello cupo e soffocante della dittatura fascista, la qual cosa accentua negli ermetici la sensazione di essere una generazione abulica, priva di mete da conseguire. Senza idealità, essi ripongono nella propria **poesia** la sola possibilità di una conoscenza immediata, la concepiscono come **«espressione pura»**, slegata da ogni finalità oratoria, sentimentale, descrittiva.

Gli ermetici traducono queste premesse ideologiche in scelte tecniche, espressive: **essenzialità** della parola e ricorso all'**analogia**, due aspetti profondamente legati. Si tratta di ritornare all'uso di una lingua intuitiva, non logica e razionale, una lingua che vada in profondità e illumini la realtà che si vuole esprimere. In tal modo la parola riacquista la sua purezza originaria, e l'analogia è ampiamente utilizzata al fine di ottenere una maggior essenzialità.

Il pericolo corso dai poeti ermetici era quello di isolarsi nella contemplazione della purezza della propria poesia, di favorire un esagerato individualismo, fuori dalla storia e dai gravi accadimenti di quel ventennio; tuttavia, al crollo della dittatura fascista, essi si aprirono alla società e s'interessarono ai grandi temi civili e sociali.

I protagonisti di questa esperienza poetica sono: Carlo **Betocchi** (1899-1986), Salvatore **Quasimodo** (1901-1968), Alfonso **Gatto** (1909-1976), Vittorio **Sereni** (1913-1983) e Mario **Luzi** (1914-2005).

• Montale, poeta coerente •

L'itinerario poetico di Montale non è segnato da grandi fratture, da stagioni liriche molto diverse; egli si indirizza verso un continuo approfondimento della visione negativa della vita e del ruolo della poesia maturate in lui sin dai suoi primi versi, dalla prima raccolta, *Ossi di seppia*. Le sue convinzioni si vanno via via precisando e acquistano spessore attraverso un lavoro di **affinamento**, di **scavo paziente** condotto durante tutta la sua lunga attività poetica.

Eugenio Montale in un ritratto di Tullio Pericoli del 1986.

• La vita • Eugenio Montale nasce a Genova, in un'agiata famiglia borghese, nel 1896: la vita familiare è retta dalle rigide regole paterne, mitigate dalle numerose e protettive donne di casa. Si diploma in ragioneria (1915) e due anni più tardi, nel 1917, partecipa come ufficiale alla Prima guerra mondiale, in Trentino. Congedato, comincia a frequentare gli ambienti culturali torinesi e liguri, dove conosce il poeta Camillo Sbarbaro. Nel 1925 firma il *Manifesto degli intellettuali antifascisti* e pubblica la sua prima raccolta poetica, *Ossi di seppia*. Personaggio alquanto schivo e alieno da ogni mondanità, egli conduce una vita appartata; a Firenze, tuttavia, dove risiede dal 1927 al 1948, è abituale frequentatore del Caffè delle Giubbe Rosse, punto d'incontro degli intellettuali fiorentini, ed entra in contatto con Elio Vittorini, Carlo Emilio Gadda, Salvatore Quasimodo, Guido Piovene e il critico Gianfranco Contini. Nel capoluogo toscano, a partire dal 1928, dirige il **Gabinetto** scientifico-letterario **Vieusseux**, incarico dal quale viene allontanato nel 1938 perché non iscritto al partito fascista.

Nel 1939 esce una seconda raccolta, *Le occasioni*, in cui il dolore esistenziale sembra placarsi attraverso figure che riemergono dal passato. Nel frattempo lavora come **traduttore** di grandi autori americani contemporanei (John Steinbeck, William Faulkner ed Ernest Hemingway); nel 1944 ospita e salva dalla deportazione Carlo Levi e Umberto Saba. Terminata la guerra, si trasferisce a Milano per collaborare al "Corriere della Sera". Nel 1956 esce *La bufera e altro*, dove affronta il tema della guerra, e lo stesso anno vengono pubblicate le prose della *Farfalla di Dinard*. Segue un lungo **silenzio poetico**, cui fa da contraltare l'ampio successo che Montale riscuote in Italia e nel mondo. Nel 1963 muore la moglie Drusilla Tanzi, sposata nel 1962, alla quale dedica numerose liriche raccolte in *Xenia*. Nel 1966 esce un'ampia antologia di scritti di cultura e costume, *Auto da fé. Cronache in due tempi*, e nel 1967 è nominato **senatore a vita** in riconoscimento dei suoi meriti letterari. Esce nel 1971 una nuova raccolta di poesie, *Satura*, in cui l'autore alterna sezioni di grande intensità lirica ad altre di amara ironia sul mondo contemporaneo. Nel 1975 gli viene conferito il premio **Nobel** per la letteratura. Muore a Milano nel 1981.

• Una poesia senza illusioni • Montale occupa un posto di primo piano nella poesia e nella cultura del Novecento per la sua incisiva capacità di testimoniare con la poesia la **crisi** profonda del **mondo moderno**, della società consumistica e massificata. Senza dimenticare la tradizione e sempre attento a quanto la cultura contemporanea va elaborando in termini di sperimentazione, il poeta ligure riesce a richiamare l'attenzione sulla sua lirica per l'intensità e la coerenza dell'impegno con i quali ha espresso una **desolata visione della vita** umana, una vita arida e disarmonica, segnata dalla sofferenza, oppressa da un inganno che egli cerca invano di svelare.

Sebbene non si dichiari depositario di alcuna verità assoluta – anzi, è dubbioso sul fatto di poterla conseguire attraverso la poesia –, egli affida a quest'ultima il compito di esprimere i suoi dubbi, di rifiutare le illusioni, di cercare di interpretare una realtà caotica.

Per farlo, ricorre a una **lingua** e a uno **stile scarni ed essenziali**, dalla musicalità aspra e stridente, con pause, silenzi, attese che riflettono le sue convinzioni di fondo e nelle quali si rispecchia l'uomo moderno. Le emozioni e gli stati d'animo

Max Ernst, *L'Europa dopo la pioggia*, 1942. (Hartford, Wadsworth Atheneum of Art)

non sono esplicitati ma espressi mediante **correlativi oggettivi**. Elaborato dal poeta statunitense Thomas S. Eliot (1888-1965), il correlativo oggettivo è uno dei modi in cui è possibile caricare di un valore simbolico alcuni elementi: un oggetto, ma anche un evento, una situazione, che evoca, al suo apparire nel testo, una certa emozione, come se questa si fosse "materializzata" in esso.

• Raccolte poetiche e prose • Il percorso poetico di Montale prende avvio con la raccolta poetica ***Ossi di seppia*** (1925, ► p. 299), opera in cui colpiscono il linguaggio antilirico e quotidiano, la realtà paesistica descritta, quella ligure (*Meriggiare pallido e assorto*, ► p. 302), una cupa **angoscia esistenziale** (*Spesso il male di vivere ho incontrato*, ► p. 299), la dialettica negativa, il rifiuto di ogni facile consolazione.

Tali temi risultano ampliati e approfonditi nella successiva raccolta intitolata ***Le occasioni*** (1939), nella quale il poeta passa dalla sfera delle cose a quella della memoria: le occasioni sono, per Montale, quei **momenti** imprevisti e **rivelatori**, legati a un ricordo, che, irrompendo nella meccanicità dell'esistenza, consentono di entrare in contatto con la vita vera, autentica, pur nell'amara consapevolezza che la memoria non consente comunque il recupero del passato (*La casa dei doganieri*, ► p. 316).

Con la terza raccolta, ***La bufera e altro*** (1956), le cui poesie sono scritte durante la Seconda guerra mondiale, la **realtà** fa irruzione nel mondo poetico di Montale: si riafferma la negatività del destino umano, che nessuna fede può riscattare.

Nello stesso anno vengono pubblicate le prose della ***Farfalla di Dinard***, racconti fra autobiografia e invenzione, seguite, nel 1966, da un'ampia antologia di scritti di cultura e costume, ***Auto da fé. Cronache in due tempi***.

Il lungo silenzio poetico s'interrompe nel 1971, quando, in un contesto profondamente mutato, esce una nuova raccolta di poesie, ***Satura***, nella quale l'autore alterna sezioni di grande intensità lirica ad altre di amara ironia sul mondo contemporaneo, sulla società massificata e consumistica alla quale persino la poesia appare sottomessa.

• Il percorso antologico •

Proprio al «male di vivere», a questa idea riassuntiva della poesia di Montale, ci siamo richiamati impostando la presente Unità. La prima raccolta, *Ossi di seppia*, occupa ampio spazio con tre liriche significative: in ***Spesso il male di vivere ho incontrato*** (► p. 299), Montale traccia una sorta di bilancio consuntivo della propria vita e non può che citare immagini e memorie che attestino il dolore suo e degli uomini; inutilità e solitudine sono i sentimenti dominanti in ***Meriggiare pallido e assorto*** (► p. 302), un componimento che rinvia alle esperienze giovanili del poeta, alle assolate giornate estive trascorse nella sua Liguria; il tema della memoria è al centro della lirica ***Cigola la carrucola del pozzo*** (► p. 305), una memoria labile che offre un ricordo sbiadito e perciò angoscioso. Con ***Ho sceso, dandoti il braccio, almeno un milione di scale*** (► p. 308), inserita in *Satura*, apriamo un "varco" su aspetti più personali della vita e della poesia di Montale: la lirica è, infatti, un omaggio del poeta alla moglie, pur nella riconferma delle consuete convinzioni negative riguardo alla vita. Infine, facendo riaffiorare in ***La casa dei doganieri*** (► p. 316) un ricordo giovanile, Montale si aggrappa ancora alla memoria, ma senza la possibilità di recuperare il passato per potersi meglio orientare nel presente.

Una fugace incursione nell'opera in prosa di Montale è offerta dalla ***Farfalla di Dinard***, il breve racconto al quale è sottesa la domanda che tanto sta a cuore al poeta: qual è la realtà?

Eugenio Montale

Spesso il male di vivere ho incontrato

Non c'è scampo al «male di vivere»; l'unica possibilità di non soccombere sta nel cercare di guardare le cose con distacco.

Da
Ossi di seppia, 1925
Lirica

Spesso il male di vivere ho incontrato:
era il rivo strozzato che gorgoglia,
era l'incartocciarsi della foglia
riarsa, era il cavallo stramazzato.

Bene non seppi, fuori del prodigio
che schiude la divina Indifferenza:
era la statua nella sonnolenza
del meriggio, e la nuvola, e il falco alto levato.

E. Montale, *Tutte le poesie*, Mondadori, Milano, 1984

1 **male di vivere**: è il dolore connaturato all'esistenza.

2-4 **era...stramazzato**: la sofferenza si manifesta negli esseri animati come in quelli inanimati: nel ruscello («rivo») il cui fluire è rallentato, impedito («strozzato») da un ostacolo; nella foglia secca («riarsa») che si accartoccia; nel cavallo caduto a terra stroncato dalla fatica («stramazzato»).

5-6 **Bene...Indifferenza**: non ho conosciuto altra forma di bene («Bene non seppi»), afferma il poeta, se non il dono straordinario («prodigio») di distaccarsi dai mali del mondo che offre («schiude») l'«Indifferenza», definita «divina» in quanto caratteristica degli dei.

7-8 **era...alto levato**: tre immagini simboliche rappresentano il concetto di «Indifferenza»: la statua fredda e insensibile nell'atmosfera sonnolente di un caldo pomeriggio, la nuvola sospesa nel cielo, e il falco, che volteggia alto.

MONDI POETICI da SCOPRIRE

Ossi di seppia di Eugenio Montale

È la prima raccolta poetica di Montale, contenente liriche composte tra il 1916 e il 1925; l'edizione successiva (1928) si arricchirà di altre sei poesie, per giungere a quella pressoché definitiva del 1931. Quattro le sezioni tematiche in cui l'opera si articola, di cui la più importante è *Ossi di seppia*, formata da 22 componimenti di breve misura.

Il titolo della raccolta allude allo scheletro della seppia, un resto trascinato a riva dal moto incessante delle onde, simbolo dell'inutilità del mondo, della condizione esistenziale misteriosa e drammatica dell'uomo, incomprensibile dalla ragione ma assolutamente certa. Da questa inspiegabile certezza scaturisce il «male di vivere», un concetto sviluppato con coerenza in tutta l'opera di Montale. Tuttavia, pur nella consapevolezza della fatica di vivere, l'uomo continua a sperare che la rete in cui è costantemente impigliato presenti «una maglia rotta», «una via di fuga». Queste possibilità, però, sono rare e casuali, perciò non resta che aggrapparsi al ricordo, nonostante la memoria sia ingannevole e il tempo uno spietato tiranno. Tale condizione esistenziale si rispecchia nel paesaggio arido e aspro delle Cinque Terre, dove Montale trascorreva le sue estati; sterpi, crepe, foglie secche, serpi e cicale delineano un ambiente naturale brullo, assolato.

Pur componendo questi versi negli anni in cui predomina la ricercatezza espressiva della poesia ermetica (*L'Ermetismo*, ▸ p. 283), Montale rivela uno stile personale, un lessico scabro ed essenziale, ma preciso: utilizza, infatti, termini tecnici, rari, aulici, senza disdegnare espressioni dialettali o gergali.

per L'ANALISI del TESTO

L'indifferenza per il dolore universale

Pubblicata in *Ossi di seppia* (1925), la lirica racchiude in sé il motivo centrale dell'ispirazione montaliana: la sofferenza e il dolore sono esperienze comuni a tutti gli esseri, animati e inanimati. Rispetto a questa condizione esistenziale, l'**unico rimedio** consiste nell'**indifferenza**, intesa come distacco dagli eventi, impassibilità di fronte a tutto ciò che accade.

La struttura

Sul piano strutturale, il poeta divide la composizione in **due parti**, corrispondenti ai due momenti che costituiscono la sua riflessione: nella prima quartina, la constatazione del destino di dolore riservato all'uomo è espressa attraverso tre elementi («rivo strozzato», v. 2; «foglia / riarsa», vv. 3-4; «cavallo stramazzato», v. 4) appartenenti ai tre diversi regni naturali (minerale, vegetale, animale), mentre nella seconda strofa, in modo speculare, l'unico antidoto al «male di vivere» è ravvisato in un atteggiamento di indifferenza – personificata come divinità –, anch'esso evidenziato da **tre oggetti simbolici**, la «statua» (v. 7), la «nuvola» e il «falco» (v. 8).

Il correlativo oggettivo

Per meglio formulare la contrapposizione tra il male e il bene, Montale ricorre alla tecnica del cosiddetto "correlativo oggettivo", strumento espressivo elaborato dal poeta, drammaturgo e critico americano Thomas Stearns Eliot: gli **elementi fisici** che il poeta cita diventano **simboli "correlati" ai sentimenti** che egli vuole esprimere. Così il «rivo strozzato», la «foglia / riarsa», il «cavallo stramazzato» sono simboli che corrispondono al suo stato d'animo, alla sua dolorosa visione della vita, mentre la «statua», la «nuvola», il «falco» esprimono la «divina Indifferenza» (v. 6), un senso di distacco, di disinteresse rispetto alla realtà.

Lo stile

Il poeta sceglie immagini realistiche e concrete, cariche però di **suggestioni metaforiche**. Ad accentuare il loro valore concorrono gli **effetti sonori**: prevalgono suoni aspri (in particolare "r" e "s"), e hanno un forte peso le rime e le assonanze. Nell'immagine finale del «falco alto levato» (v. 8) l'assonanza della vocale "a" e la ripetizione della consonante "l" rafforzano il senso di lontananza, dilatando lo spazio.

Il **lessico** è essenziale e **asciutto**: nella prima strofa ruota attorno al campo semantico del dolore e della sofferenza, mantenendosi incolore e neutro anche nella seconda strofa. La lirica è ricca di figure retoriche (anafora, vv. 2, 3, 7; personificazione, vv. 5, 6; climax, vv. 7-8). L'inversione sintattica (anastrofe) ai vv. 5-6 punta a evidenziare i termini «Bene» e «Indifferenza». Il ritmo, lento nella prima parte, si fa più ampio nella seconda. Da ultimo va osservato come la contrapposizione tra il male e il bene sia giocata anche sull'**opposizione spaziale**, sul movimento che dal basso («rivo», «foglia», «cavallo») sale verso l'alto («statua», «nuvola», «falco»).

John Constable, *Studio di nuvole*, 1821. (New Haven, Yale Center for British Art)

Attività

Leggere e comprendere

1 **Il titolo** Il titolo della poesia contiene già il messaggio di fondo del testo. Chiarisci il senso dell'avverbio «Spesso» e dell'espressione «male di vivere».

2 **La coesione** La poesia è divisa dal punto di vista metrico e del contenuto in due parti, i cui elementi comuni, tuttavia, danno un'impressione di unitarietà. Indicali con una crocetta.

- **a.** Uso della prima persona del verbo ☐
- **b.** Ripetizione delle stesse immagini ☐
- **c.** Rime alternate ☐
- **d.** Anafora iniziale ☐
- **e.** Rima fra il primo e l'ultimo verso ☐
- **f.** Tripartizione degli esempi ☐

3 **Il «male di vivere»** Con quale modalità espressiva l'autore presenta «il male di vivere»? Quali oggetti coinvolge questa sofferenza?

4 **L'«Indifferenza»** Che cosa intende il poeta con l'espressione «divina Indifferenza»?

5 **Le immagini** Indica che cosa suggerisce ciascuna delle seguenti immagini.

- «rivo strozzato che gorgoglia» (v. 2): ....
- «foglia / riarsa» (vv. 3-4): ....
- «cavallo stramazzato» (v. 4): ....
- «statua nella sonnolenza / del meriggio» (vv. 7-8): ....
- «nuvola» (v. 8): ....
- «falco alto levato» (v. 8): ....

Riconoscere e analizzare

6 **La forma metrica** Analizza la forma metrica del testo e indica lo schema delle rime.

7 **I suoni** Completa la tabella con i suoni e le onomatopee prevalenti nella prima quartina. Che sensazione comunicano i suoni?

Suoni	Onomatopee
....	....
....	....
....	....

8 **L'anafora** I tre correlativi oggettivi della prima strofa sono collegati dall'anafora «era». Qual è la funzione di tale figura retorica?

9 **Il ritmo** Definisci il ritmo della strofa conclusiva, analizzando gli elementi che lo determinano.

10 **I campi semantici** Completa la tabella con i termini riferibili al campo semantico del «male di vivere» e con quelli relativi al bene.

Male di vivere	Bene
....	....
....	....
....	....
....	....
....	....

11 **Il lessico** Dopo aver individuato i termini appartenenti a un registro alto, indica per ognuno un sinonimo tratto dal linguaggio comune.

Rielaborare e produrre

12 **Discutere** Considera i versi 5-6: «Bene non seppi, fuori del prodigio / che schiude la divina Indifferenza». Di fronte al cosmico «male di vivere», il poeta sceglie l'indifferenza, il distacco dalle passioni del mondo: come giudichi questa scelta? Ti sembra dettata più dalla saggezza o dalla rassegnazione? Esponi oralmente la tua opinione, confrontandola con quella dei compagni in un dibattito in classe.

13 **La parafrasi** Volgi in prosa (► p. 63) il componimento.

14 **Analisi e commento** In un testo di 200 parole analizza e commenta (► pp. 64-65) la lirica.

15 **I simboli** Rifletti su quali potrebbero essere per te le immagini simboliche adatte a esprimere il «male di vivere» e motiva la tua scelta in un breve testo espositivo.

16 **Il correlativo oggettivo** L'uso del correlativo oggettivo per dare corpo alle proprie emozioni ti sembra uno strumento efficace? Rispondi brevemente per iscritto alla domanda.

Eugenio Montale

Meriggiare pallido e assorto

Da
Ossi di seppia, 1925
Lirica in versi liberi

Nelle ore più calde di un giorno assolato, il poeta si ferma presso il muro che circonda un orto a osservare e ascoltare gli elementi della natura. Ma quella «muraglia / che ha in cima cocci aguzzi di bottiglia» è il simbolo della condizione dell'uomo che non può andare al di là dell'apparenza delle cose.

Meriggiare pallido e assorto
presso un rovente muro d'orto,
ascoltare tra i pruni e gli sterpi
schiocchi di merli, frusci di serpi.

Nelle crepe del suolo o su la veccia
spiar le file di rosse formiche
ch'ora si rompono ed ora s'intrecciano
a sommo di minuscole biche.

Osservare tra frondi il palpitare
lontano di scaglie di mare
mentre si levano tremuli scricchi
di cicale dai calvi picchi.

E andando nel sole che abbaglia
sentire con triste meraviglia
com'è tutta la vita e il suo **travaglio**
in questo seguitare una muraglia
che ha in cima cocci aguzzi di bottiglia.

E. Montale, *Tutte le poesie*, Mondadori, Milano, 1984

PAROLE *sotto la lente*

Travaglio

Il nome trae probabilmente origine dal latino *trepalium*, uno strumento fatto da tre travi in cui i maniscalchi "contenevano" gli animali intrattabili, poi passato a essere uno strumento di tortura; da qui il significato di "affanno, tormento, cosa penosa".

Attività

Elenca alcuni sinonimi del nome usato in senso figurato.

A destra, Telemaco Signorini, *Strada alla Capponcina*, 1880. (Collezione Privata)

1 **Meriggiare...assorto**: trascorrere le ore calde del mezzogiorno («Meriggiare»), a pensare («assorto»), affaticato per il caldo. Il verbo all'infinito, come quelli che seguono, crea un'atmosfera sospesa, rimanda a un tempo indeterminato.

2 **rovente**: arroventato dalla canicola.

3 **tra...sterpi**: in mezzo ai rovi («pruni») e le sterpaglie.

4 **schiocchi**: i versi schioccanti, secchi del merlo.

5 **veccia**: pianta leguminosa di colore scuro.

8 **a sommo...biche**: sulla sommità di mucchietti di terra (la "bica" è il mucchio di covoni di grano).

9 **frondi**: arcaismo per "fronde" degli alberi.

9-10 **il palpitare...mare**: il tremolio, il luccichio delle onde che in lontananza assomiglia a frammenti di metallo («scaglie di mare»).

11-12 **mentre...picchi**: mentre dalle rocce nude, senza vegetazione («calvi picchi») si alza il frinire stridulo e intermittente («tremuli scricchi») delle cicale.

14-17 **sentire...bottiglia**: accorgersi, con amaro stupore, come tutto il senso della vita sia racchiuso nel camminare lungo un muro sormontato da pezzi di vetro taglienti, così da non essere scavalcato.

per L'ANALISI del TESTO

Il paesaggio e la condizione umana

Le liriche di Montale presentano costantemente elementi concreti in cui egli rintraccia i segni del doloroso destino umano: andando oltre le mere apparenze, scopre nella realtà i simboli dei suoi sentimenti, le sue sensazioni.

Qui, nelle prime tre strofe, il poeta descrive il paesaggio ligure inaridito e assolato di un mezzogiorno estivo e ne fa il **correlativo oggettivo** della sua **desolante concezione dell'esistenza** umana: sensazioni uditive (i versi degli uccelli, i fruscii dei rettili, i movimenti degli insetti) e visive (le piante rinsecchite, la luce abbagliante) scuotono il suo animo, suggerendogli il loro messaggio nascosto. Infatti, nella quarta strofa egli svolge la sua riflessione sul destino dell'uomo: la vita, per lo più fatta di dolore e solitudine, consiste nel costeggiare «una muraglia» (v. 16) che non si può valicare, perché «ha in cima cocci aguzzi di bottiglia» (v. 17).

Ancora una volta Montale esprime «il male di vivere», l'incomunicabilità umana, l'indifferenza della natura, l'impossibilità per l'uomo di evadere da tanta oppressione e di capirne il senso.

Un linguaggio aspro

Sul piano stilistico, il poeta utilizza un linguaggio aspro e spigoloso, sottolineato dall'uso insistente di **suoni duri**: si noti la frequenza della consonante "r" («sterpi», v. 3; «serpi», v. 4; «frondi», v. 9; «tremuli scricchi», v. 11), delle consonanti doppie («Meriggiare pallido», v. 1; «schiocchi», v. 4; «vecca», v. 5), del suono sibilante della consonante "s" («assorto», v. 1; «presso», v. 2; «sterpi», «schiocchi», «frusci» e «serpi», vv. 3-4), di termini onomatopeici («sterpi», «schiocchi», «frusci», vv. 3-4; «scricchi», v. 11).

La natura prevalentemente descrittiva della lirica è sottolineata dalla sintassi molto semplice, con un susseguirsi di verbi all'infinito (vv. 1, 3, 6, 9, 14, 16) che eliminano ogni preciso riferimento temporale, contribuendo alla condizione di staticità del paesaggio e dell'uomo e sottraendo l'azione all'individualità. Accanto al prevalere degli **effetti sonori**, il ricorso a numerose figure retoriche (iperbole, v. 2; inversione, v. 6; ossimoro, v. 14; metafora, v. 16) ha l'effetto di rendere questa poesia emblematica della concezione montaliana dell'uomo e dell'esistenza.

Attività

Leggere e comprendere

1 **La struttura** La poesia è costituita da due parti, una descrittiva e una riflessiva. Indicale sul testo e riproponi in sintesi il loro contenuto.

2 **Il «muro»** Il nome, associato all'aggettivo «rovente», anticipa «muraglia» del verso 16 e costituisce un evidente correlativo oggettivo. Che cosa rappresenta?

3 **Le sensazioni** Completa la tabella indicando gli elementi visivi e quelli uditivi descritti dal poeta.

Vista	Udito
....	....
....	....
....	....
....	....

4 **Le «formiche»** Tenendo conto della negativa considerazione dell'esistenza umana espressa nella lirica, a quale aspetto umano fa riferimento la lunga descrizione delle formiche?

a. Alla generosità
b. Alla fatica
c. Alla solidarietà
d. Alla previdenza

5 **Il mare** Quale sensazione evoca l'immagine del mare al verso 10?

a. Irrequietezza
b. Tranquillità
c. Monotonia
d. Libertà

6 **I correlativi oggettivi** Quali sensazioni trasmettono i correlativi oggettivi dell'ultima strofa?

- «sole che abbaglia» (v. 13): ....
- «muraglia» (v. 16): ....
- «cocci aguzzi» (v. 17): ....

Riconoscere e analizzare

7 **La forma metrica** Indica lo schema metrico del testo, analizzando le rime e gli effetti fonici.

8 **I suoni** L'asprezza del paesaggio e la desolazione della vita sono sottolineati dalle scelte foniche del poeta. Individua e riporta esempi di:
- onomatopee: ....
- gruppi di suoni aspri: ....
- consonanti doppie: ....
- allitterazioni con la consonante "s": ....

9 **La sintassi** Come si spiega l'uso dei verbi all'infinito? Quale particolare atmosfera creano?

10 **Il lessico** Sottolinea i termini precisi o inusuali che definiscono elementi naturali e indicane il significato.

11 **Le figure retoriche** Individua le seguenti figure retoriche:
- «rovente» (v. 2): ....
- «rosse formiche» (v. 6): ....
- «calvi picchi» (v. 12): ....

Rielaborare e produrre

12 **Discutere** Considera i versi 14-15: «sentire con triste meraviglia / com'è tutta la vita e il suo travaglio». Da che cosa nasce, a tuo avviso, la «triste meraviglia» di Montale? Alla luce della concezione montaliana della realtà, la trovi giustificata? Esponi oralmente la tua opinione, confrontandola con quella dei compagni in un dibattito in classe.

13 **La parafrasi** Volgi in prosa (► p. 63) la poesia.

14 **Analisi e commento** In un testo di 200 parole analizza e commenta (► pp. 64-65) la lirica.

15 **Un confronto** L'«incartocciarsi della foglia» in *Spesso il male di vivere ho incontrato* (► p. 299) può essere messo in relazione con il paesaggio ligure scabro e inaridito descritto in *Meriggiare pallido e assorto*: in entrambe le liriche il concetto di aridità richiama espressamente il «male di vivere». Esplicita questa affermazione, mettendo a confronto i contenuti delle due poesie.

per SAPERNE di PIÙ

Le estati a Monterosso

Le liriche della raccolta *Ossi di seppia* sono state composte durante le vacanze estive che la famiglia Montale trascorreva nelle Cinque Terre, in Liguria, vacanze descritte dal critico letterario Giulio Nascimbeni (1923-2008):

Dai dieci ai trent'anni Montale passò a Monterosso tutte le sue vacanze e ne trasse indelebili umori di vita e di poesia. [...]

A Monterosso c'era, poi, lo sfogo meraviglioso del mare. I fratelli di Eugenio partivano all'alba per andare a pesca al largo o tra gli scogli. Lui faceva piuttosto raramente il bagno, pur essendo un calmo e resistente nuotatore. Più frequenti erano le passeggiate. Saliva fino al santuario della Madonna di Soviore. Lo sguardo si affinava sempre più nel sentire l'immensa presenza del mare. La lastra azzurro-grigia che stava laggiù svelava ogni giorno un segreto. Nella memoria andavano a stratificarsi i momenti che poi si ritroveranno negli Ossi di seppia: le grotte «ombrose e amare», i detriti portati dalla risacca, le devastazioni dei venti, i ciottoli mangiati dalla salsedine [...].

I momenti più lieti, anche se meno ebbri, non entrarono nei versi di *Ossi di seppia*. Montale li conservava per qualche confidenza agli amici, altri li affidò alle pagine della *Farfalla di Dinard*, come quello della regata che si disputava il 20 settembre. Le barche partivano da Vernazza e arrivavano al traguardo a Monterosso, proprio all'altezza della villa dei Montale. La regata segnava la fine dell'estate: ancora pochi giorni e si sarebbe tornati in città. La barca dei Montale, un «gozzo», si chiamava Lampo. Era manovrata da quattro pescatori: uno vogava con due remi, due stavano in piedi con un remo ciascuno, il quarto faceva da timoniere. Lampo aveva sempre vinto [...].

Là, alle Cinque Terre, più che essere «fuori del mondo», si poteva tentare un colloquio silenzioso, non frastornato e deviato, con certe «voci» del mondo: il mare, la natura, lo scenario vaporoso delle colline.

G. Nascimbeni, *Montale. Biografia di un poeta*, Longanesi, Milano, 1986

Eugenio Montale

Cigola la carrucola del pozzo

Incentrata sul ricordo di un attimo, quasi un *flash*, la lirica riafferma quanto la memoria sia precaria ed evanescente, una convinzione costante nel lungo percorso montaliano.

Da
Ossi di seppia, 1925
Lirica

Cigola la carrucola del pozzo,
l'acqua sale alla luce e vi si fonde.
Trema un **ricordo** nel ricolmo secchio,
nel puro cerchio un'immagine ride.
Accosto il volto a evanescenti labbri:
si deforma il passato, si fa vecchio,
appartiene ad un altro...
Ah che già stride
la ruota, ti ridona all'atro fondo,
visione, una distanza ci divide.

E. Montale, *Tutte le poesie*, Mondadori, Milano, 1984

PAROLE *sotto la lente*

Ricordo

Dal verbo latino *recordari* (con lo stesso significato), derivato – con il prefisso *re*, "di nuovo, all'indietro" – da *cor, cordis*, "cuore", in quanto il cuore era considerato la sede della memoria.

Attività

Scopri sul dizionario le sfumature di significato del nome e componi una frase con ognuna di esse.

2 **vi si fonde**: l'acqua contenuta nel secchio viene investita dalla luce e sembra fondersi con essa: acqua e luce paiono un tutt'uno.

3 **Trema...secchio**: nel secchio colmo d'acqua appare un'immagine tremolante.

4 **nel puro cerchio**: sulla superficie dell'acqua, delimitata dalla perfetta rotondità del cerchio.

5 **evanescenti labbri**: labbra che svaniscono.

6-7 **si deforma...altro**: quel volto del passato perde i propri contorni, si allontana nel tempo e sembra appartenere ad altri.

7-9 **Ah che...divide**: la carrucola («da ruota») si è già messa in movimento, cigola e riconsegna il secchio al fondo oscuro del pozzo, portando con sé la visione apparsa per un solo attimo.

Vladimir Kush, *L'orologio della luna*. (Collezione Privata)

per L'ANALISI del TESTO

Una stretta corrispondenza

La lirica poggia su un'evidente corrispondenza metaforica fra pozzo e memoria, due **contenitori di cose preziose** per l'essere umano: dal pozzo si preleva l'acqua e con la memoria si accede al passato. Altrettanto evidente appare la **similitudine** delle **azioni**: come la carrucola fa risalire il secchio pieno d'acqua portandola alla luce del sole, così anche il ricordo permette che dal passato riaffiori un'immagine. Tutto ciò si compie nello spazio breve di un istante, perché come il secchio torna a scendere nel buio del pozzo, anche l'immagine richiamata alla memoria presto diviene estranea e scompare. Per un oscuro prodigio, nello specchio d'acqua compare il viso di una donna amata, ma la vaghezza del ricordo causa la perdita di quell'immagine e, inoltre, anche l'uomo di allora, con il passare del tempo, è diverso («un altro», v. 7) da chi, oggi, vorrebbe sfiorare gli «evanescenti labbri», v. 5).

Il valore della memoria

Per il poeta, la memoria è un prezioso serbatoio di ricordi, ma è anche **fonte di sofferenza**, dato che il piacere di ricordare è troppo momentaneo ed effimero: ecco perché il sentimento suscitato nel poeta dall'immagine illusoria di quel volto non può che essere di angoscia e di incolmabile distanza. L'immagine quotidiana di un semplice pozzo dotato di carrucola viene in questo caso trasfigurata e assume un forte **valore simbolico**, così come simbolica è la valenza assunta dall'**acqua**, per Montale simbolo di vita, richiamo alla gioventù; un richiamo espresso altresì nel gesto narcisistico di accostare «il volto a evanescenti labbri», anche se il bacio non può annullare l'insanabile frattura fra il presente e il passato, e l'inganno è ormai evidente.

Una struttura speculare

Montale ha costruito questa lirica secondo una struttura speculare: i **primi quattro versi** si specchiano negli **ultimi quattro**; nei primi si fa largo il ricordo di un'immagine che ride, mentre negli ultimi si scopre che si tratta di una visione fugace, destinata a ritornare subito in un «atro fondo». Il momento del distacco è evidenziato dal poeta ricorrendo alla rottura del verso 7 in due emistichi (un settenario e un quinario).

Da notare le scelte linguistiche, tese a far risaltare alcuni **effetti fonici** («cigola» e «stride», vv. 1 e 7, sono verbi dal carattere onomatopeico; «fonde» del v. 2 suona come «fondo» al v. 8; «altro» del v. 7 suona come «atro» al v. 8); sono presenti chiasmi (vv. 3, 4, 5), assonanze (v. 3 «ricordo»/«ricolmo») e allitterazioni (al v. 8 la consonante "r" in «ruota», «ridona», «atro»). Le rime sono irregolarmente distribuite. Nell'insieme, ancora una volta la poesia di Montale presenta un **lessico** quotidiano arricchito e significativo sul piano fonetico.

Odilon Redon, *Ofelia*, 1903. (Collezione Privata)

Attività

Leggere e comprendere

1 **Il contesto** Quale situazione viene suggerita dalla poesia?

2 **Il tema** Qual è il tema centrale del componimento?
a. L'amore
b. Il ricordo
c. Il dolore
d. La realtà

3 **Le azioni** Alcune azioni descritte nel testo possono essere assimilate allo sforzo di ricordare il passato: quali sono?

4 **L'attesa** Il secchio dell'acqua che torna alla luce suscita nel poeta un'aspettativa, un' illusione: quale?

5 **Il ricordo** Con quali aggettivi si potrebbe definire il ricordo di cui parla il componimento?
a. Illusorio e irrecuperabile
b. Facile e gradevole
c. Desiderato e accessibile
d. Indesiderato e respinto

6 **Le sensazioni** Quali sensazioni suscita nel poeta il vano tentativo di far rivivere il passato?

Riconoscere e analizzare

7 **La forma metrica** Descrivi la forma metrica del testo.

8 **Il lessico** Vocaboli legati ai concetti di speranza, incertezza e delusione appartengono al lessico della lirica. Individuali e riportali nella tabella.

Speranza	Incertezza	Delusione

9 **La struttura** Dal punto di vista formale e del contenuto, la poesia è divisa in due parti. Indicale, chiarendo quali elementi lessicali e grafici separano le due sezioni; poi attribuisci a ciascuna un titolo che espliciti qual è il sentimento in essa prevalente.

10 **Gli *enjambement*** Quale funzione riveste l'*enjambement* «stride / la ruota» dei versi 7-8?
a. Unisce le immagini
b. Rende chiara l'irrevocabilità dell'evento
c. Sottolinea la sgradevolezza del suono
d. Rallenta il ritmo del testo

11 **I suoni** Nei versi 7-8 è presente un'evidente figura di suono: individuala e spiegane il valore espressivo.

12 **Le figure retoriche** Individua nel testo e riporta
- un chiasmo: ....
....
- una paronomasia: ....
....

Rielaborare e produrre

13 **Discutere** Considera il verso 7: «appartiene ad un altro». Che significato è da attribuire, a tuo avviso, a queste parole? Qualcun altro si è impossessato dei ricordi del poeta oppure la lontananza, il trascorrere del tempo hanno reso estranei a lui stesso i suoi ricordi? Condividi la sensazione di Montale rispetto alla possibilità di conservare i ricordi? Esponi oralmente la tua opinione, confrontandola con quella dei compagni in un dibattito in classe.

14 **La sintesi** Sintetizza in poche righe il contenuto del testo.

15 **Il commento** Stendi un commento (► p. 65) del testo di almeno 200 parole.

16 **L'illusorietà dei ricordi** Non tutti concordano sull'idea di Montale che sia impossibile e inutile conservare i ricordi del passato, destinati a svanire, quindi illusori; anzi, molti ritengono che essi siano parte integrante e viva della nostra vita. Tu che cosa pensi? Componi un breve testo argomentativo su questo argomento.

Eugenio Montale

Ho sceso, dandoti il braccio, almeno un milione di scale

Da
Satura, 1971
Lirica
in versi liberi

Il componimento, dedicato alla moglie del poeta, rappresenta un omaggio, un elogio alla donna che, da poco scomparsa, lo ha accompagnato nel viaggio della vita.

Ho sceso, dandoti il braccio, almeno un milione di scale
e ora che non ci sei è il vuoto ad ogni gradino.
Anche così è stato breve il nostro lungo viaggio.
Il mio dura tuttora, né più mi occorrono
le coincidenze, le prenotazioni,
le trappole, gli scorni di chi crede
che la realtà sia quella che si vede.

Ho sceso milioni di scale dandoti il braccio
non già perché con quattr'occhi forse si vede di più.
Con te le ho scese perché sapevo che di noi due
le sole vere pupille, sebbene tanto offuscate,
erano le tue.

E. Montale, *Tutte le poesie*, Mondadori, Milano, 1984

1 **almeno...scale**: l'iperbole evidenzia la lunga durata del rapporto del poeta con la donna.

3 **Anche così...viaggio**: la vita («viaggio», metafora) vissuta insieme è risultata lunga solo in apparenza, perché di fatto si è interrotta precocemente («breve... lungo», ossimoro).

5 **le coincidenze, le prenotazioni**: è un riferimento ai continui viaggi che Montale doveva fare come giornalista.

6-7 **le trappole...si vede**: gli inganni e le delusioni («scorni») di chi crede solo nella realtà visibile.

11 **offuscate**: indebolite dalla miopia, da cui era affetta la moglie.

per L'ANALISI del TESTO

Satura

La lirica è tratta da *Satura*, la raccolta uscita nel 1971, dopo un decennio di silenzio. Essa rappresenta una svolta nel percorso poetico di Montale: il poeta, con uno stile più colloquiale, **riflette** in maniera disincantata **sulla società**, che giudica ormai priva di solidi princìpi, massificata. Ai versi tradizionali sostituisce **canzoncine**, **filastrocche**, più adatte a esprimere la leggerezza dei valori che dominano oggi. Lo stesso termine "satura" indica, nella letteratura latina, un genere in cui si mescolano prosa e poesia, adatto quindi ad affrontare gli argomenti più disparati.

Il dialogo con la moglie

La destinataria della lirica è la moglie del poeta, da lui soprannominata "Mosca", per le sue difficoltà nella vista a causa di una grave forma di miopia. Nonostante ciò, è sempre stato il suo sguardo quello davvero capace di penetrare il senso profondo delle cose, al di là delle apparenze. Una volta rimasto solo, il poeta si accorge di quanto fosse preziosa la presenza della **donna**, poiché era l'**unica in grado di vedere** («le sole vere pupille», v. 11) e di riconoscere la realtà per quello che è.

Con un tono dimesso e misurato, Montale dialoga con la moglie, rivelando frammenti di vita, abitudini personali (come il gesto di offrirle il braccio per scendere le scale), comprensibili tenerezze: ricorre alla metafora comune della **vita come viaggio**, resa però originale dall'immagine delle scale, che sembrano suggerire un percorso faticoso e pieno di insidie. Pur riconoscendo il ruolo di guida della moglie nella vita quotidiana, Montale ribadisce qui il suo giudizio negativo sulla condizione umana: mentre il resto degli uomini crede che «la realtà sia quella che si vede» (v. 7), egli, proprio grazie all'acume e alla sensibilità della donna, ha imparato a distinguere, nel caos, l'**inganno delle apparenze**.

Uno stile colloquiale

Lo stile risulta semplice e colloquiale, in virtù di un lessico dal **tono affettuoso** e privato. Montale, però, non rinuncia a esercitare la sua abilità costruttiva cercando di modulare musicalmente il componimento, per esempio con la ripetizione del verso di apertura delle due strofe (vv. 1, 8), pur con una leggera variazione, oppure con la forte rima («crede... vede», vv. 6, 7) che non solo sottolinea il concetto fondamentale della lirica, ma le conferisce anche un'efficace sonorità. Inoltre, si noti come, quasi a voler sorprendere il lettore, Montale affidi la conclusione a un verso breve, lapidario, che non ammette repliche («erano le tue», v. 12).

Attività

Leggere e comprendere

1 **Le immagini** Rileggi il testo e individua le due immagini principali su cui è costruito.

2 **La moglie** A quale caratteristica fisica della moglie allude il poeta?

3 **La vita** Il poeta ricorre alla metafora del viaggio per riferirsi alla vita. Sottolinea le diverse espressioni che lo testimoniano.

4 **La realtà** In che cosa si differenzia la visione della realtà di Montale da quella degli altri uomini?

5 **La guida** Il ruolo svolto dalla moglie nella vita del poeta è stato anche quello di preziosa guida: in che senso? Perché ciò potrebbe apparire quasi un paradosso?

6 **Il giudizio** Qual è il giudizio del poeta sulla realtà?
- a. È illusoria
- b. Infonde fiducia
- c. Trasmette serenità
- d. Incute timore

Riconoscere e analizzare

7 **La forma metrica** Descrivi la forma metrica del componimento, incluse rime e aspetti fonici.

8 **Il ritmo** Il ritmo della poesia è ampio, cadenzato dalle cesure che sottolineano concetti importanti. In un solo punto il ritmo è spezzato: quale?

9 **Il campo semantico** Evidenzia le espressioni che appartengono al campo semantico della vista e chiariscine il significato.

10 **Lessico e tono** Analizza il lessico e il tono del componimento, e spiega quale atteggiamento del poeta contribuiscono a delineare.

11 **Le figure retoriche** Definisci le seguenti figure retoriche, chiarendone anche il valore espressivo.
- «milione di scale» (v. 1): ....
- «breve il nostro lungo viaggio» (v. 3): ....
- «le coincidenze... gli scorni» (vv. 5-6): ....
- «Ho sceso milioni» (v. 8): ....
- «pupille» (v. 11): ....

Rielaborare e produrre

12 **Discutere** Considera il verso 3: «Anche così è stato breve il nostro lungo viaggio». Per quale motivo Montale definisce il viaggio compiuto con la moglie – la vita insieme – «breve» e al contempo «lungo»? Esponi oralmente la tua opinione, confrontandola con quella dei compagni in un dibattito in classe.

13 **La parafrasi** Volgi in prosa (▶ p. 63) la poesia.

14 **I sentimenti del poeta** Nella lirica dedicata alla moglie, da poco scomparsa, traspaiono i sentimenti del poeta. Descrivili e analizzali in un breve testo espositivo.

15 **La poetica** In un testo argomentativo di circa 200 parole spiega perché la lirica appena letta è espressione del modo di concepire la vita che è al centro della poetica di Montale.

confronti

Montale e Saba: un omaggio alle mogli

Per tutti i poeti, in ogni tempo, la figura femminile è stata fonte d'infinita ispirazione sia per lodarne, sospirando, le virtù sia per cantarne, lamentandosene, i difetti. Alcuni, come Eugenio Montale e Umberto Saba (► p. 9), hanno tratto materia per la loro poesia dalla propria moglie: riportiamo due composizioni dedicate dall'uno e dall'altro alle rispettive compagne, due distinti modi di guardare alla propria donna, frutto di una diversa concezione della vita e quindi della poesia.

Xenia*

Caro piccolo insetto
che chiamavano mosca non so perché,
stasera quasi al buio
mentre leggevo il Deuteroisaia
sei ricomparsa accanto a me,
ma non avevi occhiali,
non potevi vedermi
né potevo io senza quel luccichìo
riconoscere te nella foschia.

E. Montale, *Tutte le poesie*, Mondadori, Milano, 1984

* **Xenia**: è la prima delle 28 poesie riunite nella sezione degli *Xenia* e dedicate alla moglie, all'interno della raccolta *Satura*. Nell'antica Grecia *xenia* erano i doni fatti all'ospite: le poesie della raccolta costituirebbero dunque un dono per la moglie.

2 **mosca**: gli amici erano soliti chiamare "Mosca" la moglie del poeta, il cui nome era Drusilla Tanzi.

4 **Deuteroisaia**: è la seconda parte del libro di Isaia (Vecchio Testamento), in cui il profeta ha toni di fiduciosa attesa.

6 **occhiali**: la moglie era affetta da forte miopia.

8 **luccichìo**: il luccichìo delle lenti.

A mia moglie

Tu sei come una giovane,
una bianca pollastra.
Le si arruffano al vento
le piume, il collo china
per bere, e in terra raspa;
ma, nell'andare, ha il lento
tuo passo di regina,
ed incede sull'erba
pettoruta e superba.
È migliore del maschio.
È come sono tutte
le femmine di tutti
i sereni animali
che avvicinano a Dio.
Così se l'occhio, se il giudizio mio
non m'inganna, fra queste hai le tue uguali,
e in nessun'altra donna.
Quando la sera assonna
le gallinelle,
mettono voci che ricordan quelle,
dolcissime, onde a volte dei tuoi mali
ti quereli, e non sai
che la tua voce ha la soave e triste
musica dei pollai.

8 **incede**: cammina.

9 **pettoruta**: impettita.

18 **la sera assonna**: la sera fa addormentare.

22 **ti quereli**: ti lamenti.

Tu sei come una gravida
giovenca;
libera ancora e senza
gravezza, anzi festosa;
che, se la lisci, il collo
volge, ove tinge un rosa
tenero la sua carne.
Se l'incontri e muggire
l'odi, tanto è quel suono
lamentoso, che l'erba
strappi, per farle un dono.
È così che il mio dono
t'offro quando sei triste.

[…]
Tu sei come la provvida
formica. Di lei, quando
escono alla campagna,
parla al bimbo la nonna
che l'accompagna.
E così nella pecchia
ti ritrovo, ed in tutte
le femmine di tutti
i sereni animali
che avvicinano a Dio;
e in nessun'altra donna.

U. Saba, *Tutte le poesie*, Mondadori, Milano, 1998

25 **gravida**: incinta.

27-28 **libera…gravezza**: ancora agile e non appesantita nei movimenti.

38 **provvida**: previdente.

43 **pecchia**: ape.

Marc Chagall, *Dedicato alla mia sposa*, 1911. (Berna, Kunstmuseum)

Pur essendo espressione di **due diversi atteggiamenti** nel considerare la propria moglie, le liriche sono, per certi aspetti, accostabili. Montale compone *Xenia* quando la moglie, Drusilla Tanzi, è morta già da un anno; la compagna di un tempo sembra ritornare nella presenza di un insetto, una mosca, ma si tratta di una presenza-assenza, perché, pur essendo tornata al suo fianco, i due non si possono vedere: il «ma» avversativo (v. 6) spiega che senza occhiali non è possibile riconoscersi.

Anche Saba paragona la moglie, di nome Lina, non a uno solo ma a diversi animali: la donna amata è una giovane e bianca pollastra, una gravida giovenca e, nei versi non riportati, anche una gelosa e fedele cagna, una pavida coniglia, la rondine che torna a primavera e infine la previdente formica. La lirica di Saba, concepita come un'originale preghiera, è animata da un felice senso del vivere, da una saggezza biblica e, nello stesso tempo, anche da una **gioia infantile**. Mentre Montale non riesce a sottrarsi a un senso di insoddisfazione nei confronti della vita, e anche il passato più dolce, come può essere il ricordo della moglie, è ammantato da un **velo di tristezza**, Saba canta le qualità della moglie con gioia, senza alcuna irriverenza, perché vivere accanto a lei è un'esperienza che rinvia a Dio.

I due poeti si ritrovano vicini nell'uso di un **lessico familiare**. Montale ha abbandonato la durezza e l'ermetismo di altre liriche per accedere a una lingua più semplice e intima; Saba, come è suo costume, attinge alla lingua parlata, colloquiale, elevando, però, il tono complessivo della sua lirica attraverso una sintassi articolata, l'uso frequente di rime e di assonanze.

Eugenio Montale

Farfalla di Dinard

Da
Farfalla di Dinard, 1956

Testo narrativo

Alla produzione lirica Montale ha affiancato l'attività di giornalista e di critico letterario e musicale. Tra le tante raccolte di scritti in prosa va ricordata *Farfalla di Dinard*, pubblicata per la prima volta nel 1956, poi in successive edizioni fino a quella definitiva del 1973. Essa contiene cinquanta racconti brevi, l'ultimo dei quali dà il titolo all'intera raccolta. In questo testo percorso da sottile ironia, si riconosce una domanda che sta tanto a cuore all'autore: qual è la realtà? È davvero quella che percepiscono i sensi? È possibile rispondere a questo interrogativo e appropriarsi del senso della nostra esistenza?

La farfallina color zafferano che veniva ogni giorno a trovarmi al caffè, sulla piazza di Dinard[1], e mi portava (così mi pareva) tue notizie, sarà più tornata, dopo la mia partenza, in quella piazzetta fredda e ventosa? Era improbabile che l'algida[2] estate bretone suscitasse dai verzieri[3] intirizziti tante scintille tutte eguali, tutte dello stesso colore. Forse avevo incontrato non le farfalle ma *la* farfalla di Dinard e il punto da risolvere era se la mattutina visitatrice venisse proprio per me, se trascurasse deliberatamente gli altri caffè perché nel mio (alle Cornouailles) c'ero io o se quell'angolino fosse semplicemente inscritto in

1 **Dinard**: cittadina della Bretagna, vicino a Saint-Malo.
2 **algida**: fredda.
3 **verzieri**: giardini.

Christian Schloe, *Una lettrice comune*, 2012. (Collezione Privata)

un suo meccanico itinerario quotidiano. Passeggiata mattutina, insomma, o messaggio segreto? Per risolvere il dubbio, la vigilia del ritorno, decisi di lasciare un buon *pourboire*[4] alla cameriera, e insieme il mio indirizzo in Italia.

Avrebbe dovuto scrivermi un sì o un no; se la visitatrice si era rifatta viva dopo la mia partenza o se non s'era più lasciata vedere. Attesi dunque che la farfalletta si posasse su un vaso di fiori ed estraendo un foglio da cento, un pezzetto di carta e un lapis chiamai la ragazza. In un francese più esitante del solito, balbettando, spiegai il caso; non tutto il caso, ma una parte. Ero un entomologo[5] dilettante, volevo sapere se la farfalla sarebbe tornata ancora, fino a quando poteva durarla con quel freddo. Poi tacqui, sudato e atterrito.

«*Un papillon? Un papillon jaune*[6]*?*» disse la leggiadra Filli sgranando un par d'occhi alla Greuze[7]. «Su quel vaso? Ma io non vedo nulla. Guardi meglio. *Merci bien, Monsieur*[8]».

Intascò il foglio da cento e si allontanò reggendo un caffè filtro. Curvai la testa e quando la rialzai vidi che sul vaso delle dalie la farfalla non c'era più.

E. Montale, *Prose e racconti*, Mondadori, Milano, 1985

4 ***pourboire***: in francese significa "mancia".

5 **entomologo**: studioso di insetti.

6 «***Un papillon…jaune?***»: Una farfalla? Una farfalla gialla?

7 **Greuze**: Jean-Baptiste Greuze (1725-1805), pittore francese conosciuto soprattutto per i suoi ritratti.

8 ***Merci bien, Monsieur***: Grazie mille, signore.

Attività

Comprendere il testo narrativo

1 **La località** Dove si svolge la vicenda narrata?

2 **Le domande del poeta** Quali domande si pone il poeta sulla presenza della farfalla?

3 **L'esitazione** Perché il poeta esita nell'avanzare la propria richiesta alla cameriera?

4 **La comicità** C'è anche un aspetto comico nella reazione della cameriera? Quale?

Analizzare il testo narrativo

5 **Il simbolo** Che cosa simboleggia la farfalla?

6 **Le farfalle** A che cosa sono paragonate le farfalle?

7 **Con parole tue** Che cosa significa l'espressione «meccanico itinerario quotidiano» (r. 9)? Spiegalo con parole tue.

8 **Tre aggettivi** Definisci il breve racconto con tre aggettivi, motivando la tua scelta.

RACCOGLIAMO LE IDEE

1 Sintesi dei contenuti

Attraverso le attività seguenti e le citazioni tratte dalle poesie che hai letto, raccogli le idee sui concetti e sulle informazioni contenute nell'Unità.
In ognuna delle liriche presentate, Eugenio Montale esprime, in una prospettiva sostanzialmente negativa, la condizione spirituale dell'uomo moderno, il suo smarrimento di fronte alla realtà, fulcro della sua riflessione poetica.

Completa lo schema di sintesi dei concetti. Aggiungi negli spazi liberi il titolo della poesia e i versi che meglio esprimono la tematica indicata, scegliendoli tra quelli proposti nella pagina a fianco e integrando con altri versi a tua scelta.

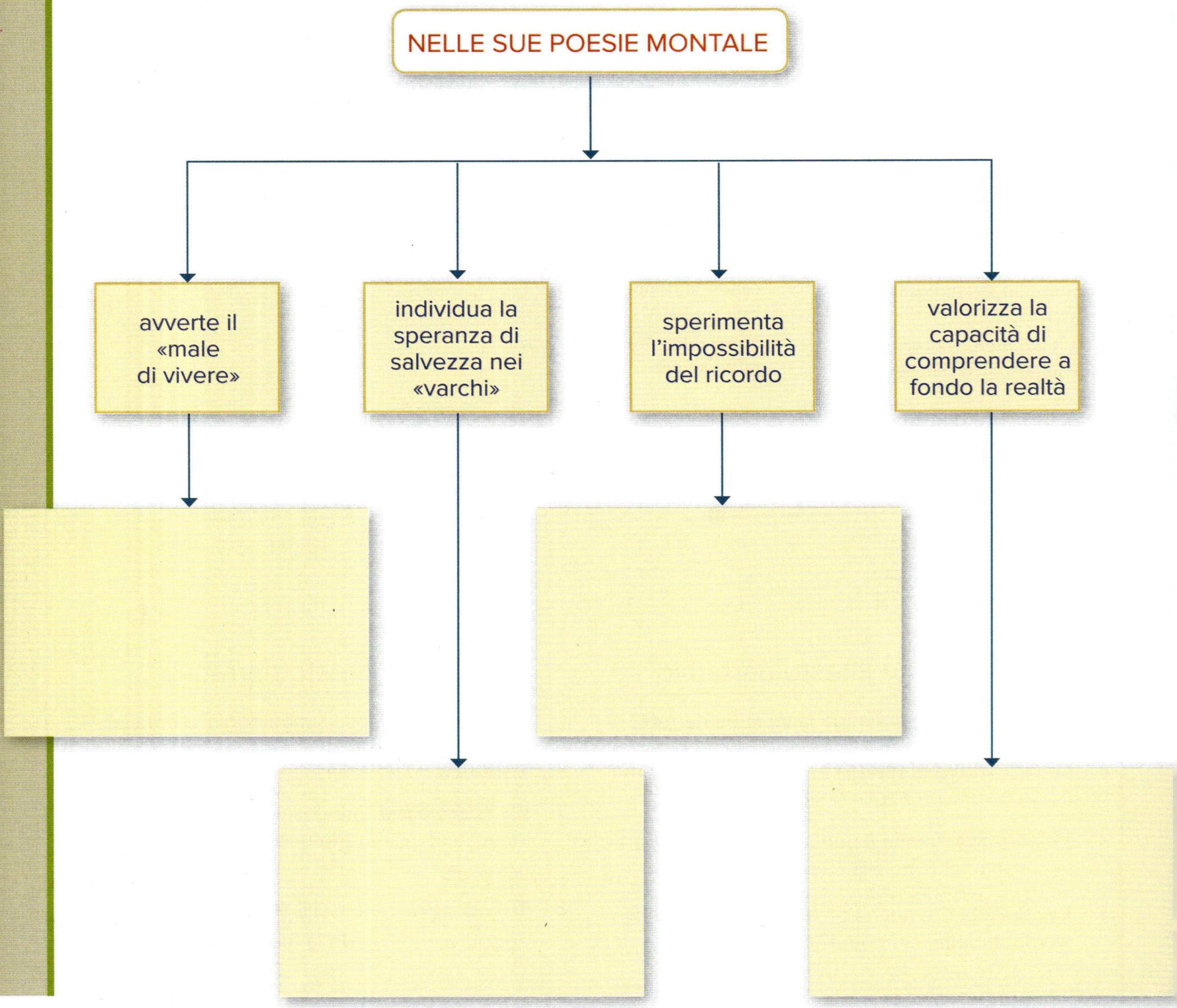

2 Citazioni dalle liriche

Spesso il male di vivere ho incontrato:
era il rivo strozzato che gorgoglia,
era l'incartocciarsi della foglia
riarsa, era il cavallo stramazzato.

Spesso il male di vivere ho incontrato

Accosto il volto a evanescenti labbri:
si deforma il passato, si fa vecchio,
appartiene ad un altro...
Ah che già stride
la ruota, ti ridona all'atro fondo,
visione, una distanza ci divide.

Cigola la carrucola del pozzo

Ho sceso milioni di scale dandoti il braccio
non già perché con quattr'occhi forse si vede di più.
Con te le ho scese perché sapevo che di noi due
le sole vere pupille, sebbene tanto offuscate,
erano le tue.

Ho sceso, dandoti il braccio, almeno un milione di scale

Meriggiare pallido e assorto
presso un rovente muro d'orto,
[...]
E andando nel sole che abbaglia
sentire con triste meraviglia
com'è tutta la vita e il suo travaglio
in questo seguitare una muraglia
che ha in cima cocci aguzzi di bottiglia.

Meriggiare pallido e assorto

3 Scrittura guidata *il testo argomentativo*

Dopo aver messo a fuoco la poetica di Montale sintetizzata nello schema della pagina precedente, considera come il poeta, nelle sue opere, presenti spesso il disagio e il dolore dell'esistenza e come tali sensazioni siano condivise non di rado da una larga parte dell'umanità. Partendo da questa riflessione, scrivi un testo argomentativo dal titolo: "Tutti nella vita sperimentano il disagio, il dolore, la difficoltà di affrontarlo e superarlo".

Per svolgere il tuo compito, puoi servirti della seguente scaletta.

Introduzione

- Esposizione e ampliamento del tema proposto nella traccia: il dolore come elemento ineliminabile della vita di ogni uomo

Sviluppo

- Primo paragrafo: il dolore fisico (la malattia, la fame...)
- Secondo paragrafo: il dolore morale (lutto, abbandono, emarginazione...) e psicologico (scoraggiamento, depressione, pessimismo...)
- Terzo paragrafo: modi per superare il dolore (fede, accettazione, coraggio, speranza...)
- Quarto paragrafo: è possibile dare un senso al dolore?
- Quinto paragrafo: il dolore annienta o fa crescere?
- ....

Conclusione

- Esposizione sintetica ma completa dell'idea base del testo

Eugenio Montale

La casa dei doganieri

Da *Le occasioni*, 1939
Lirica

Sul filo della memoria, il poeta cerca di intrecciare un dialogo con una figura femminile della sua gioventù, ma l'assenza irreversibile della donna non gli consente di recuperare il passato: nascono da qui l'incertezza e lo smarrimento del poeta di fronte al presente.

Tu non ricordi la casa dei doganieri
sul rialzo a strapiombo sulla scogliera:
desolata t'attende dalla sera
in cui v'entrò lo sciame dei tuoi pensieri
e vi sostò irrequieto.

Libeccio sferza da anni le vecchie mura
e il suono del tuo riso non è più lieto
la bussola va impazzita all'avventura
e il calcolo dei dadi più non torna.
Tu non ricordi; altro tempo frastorna
la tua memoria; un filo s'addipana.

Claude Monet, *La casa dei doganieri*, 1882. (New York, The Metropolitan Museum of Art)

1 **la casa dei doganieri**: una vecchia casa, ora abbandonata, che serviva come posto di vigilanza sulla scogliera di Monterosso.

3-5 **desolata…irrequieto**: da quella sera, abbandonata e vuota, aspetta la donna che per un attimo l'aveva animata con una moltitudine brulicante di pensieri («lo sciame»), con la sua giovinezza irrequieta.

6 **Libeccio…vecchie mura**: Libeccio è il vento impetuoso che spira da sud-ovest ed è metafora dell'inarrestabilità del tempo, così come le mura, invece, esprimono il perdurare delle cose.

7-9 **e il suono…non torna**: la donna non è più lieta come una volta, di conseguenza non esistono più certezze su cui fare affidamento; infatti, la bussola non segna più la direzione giusta e neppure il lancio dei dadi dà il risultato sperato. Ecco il disorientamento determinato da un passato non più recuperabile.

10-11 **Tu…s'addipana**: ormai altri fatti occupano la memoria della donna che non ricorda quella sera, e il tenue filo, metafora dei ricordi, si srotola e si aggroviglia da sé.

Ne tengo ancora un capo; ma s'allontana
la casa e in cima al tetto la banderuola
affumicata gira senza pietà.
Ne tengo un capo; ma tu resti sola
né qui respiri nell'oscurità.

Oh l'orizzonte in fuga, dove s'accende
rara la luce della petroliera!
Il varco è qui? (Ripullula il frangente
ancora sulla balza che scoscende…)
Tu non ricordi la casa di questa
mia sera. E io non so chi va e chi resta.

E. Montale, *Tutte le poesie*, Mondadori, Milano, 1984

Corey Aber, *La banderuola*, 2015. (Collezione Privata)

12-14 **Ne tengo…pietà**: soltanto il poeta tiene un capo di quel filo, di quel ricordo, mentre la casa (l'altro capo del filo) sfuma inesorabile in un passato sempre meno nitido e la «banderuola» (foglio di metallo issato sul tetto per indicare il vento), ormai arrugginita («affumicata»), continua a girare inutilmente.

15-16 **Ne tengo…nell'oscurità**: il poeta cerca di restare attaccato a questo passato («Ne tengo un capo»), ma la donna si dimostra irraggiungibile ed estranea.

17-18 **Oh l'orizzonte…petroliera!**: tutto questo sembra sul punto di dissolversi («Oh l'orizzonte in fuga»), mentre a volte sull'orizzonte appare la luce di una petroliera, forse a indicare una via di fuga dal peso dei ricordi.

19-20 **Il varco…scoscende**: il legame con questa donna poteva essere il «varco», il passaggio verso la salvezza? L'onda che continua a infrangersi contro la scogliera è simbolo della ripetitività della vita, dell'inutilità di ogni attesa, al pari di ogni illusione: ecco la risposta alla domanda precedente.

21-22 **Tu non…resta**: il non ricordo della donna fa sì che la sera sia solo del poeta, il quale constata una separazione ormai irreversibile da lei, equivalente alla mancanza di certezze sulla base delle quali proseguire la vita («E io non so chi va e chi resta»).

Attività

Comprendere e analizzare: verso l'INVALSI

1 **Il luogo** Nei suoi versi il poeta rievoca con tono nostalgico
- a. una casa in mezzo alla campagna
- b. una casa su una piccola isola
- c. una casa sulla spiaggia
- d. una casa su un promontorio a picco sul mare

2 **La presenza** Nel ricordo di una sera lontana, il poeta si rivolge
- a. a una figlia
- b. alla sua famiglia
- c. a una donna
- d. alla moglie

Verifica delle competenze

3 **Gli oggetti** La bussola, il filo, la banderuola descritti nel testo sono
- a. oggetti d'uso comune
- b. regali fatti alla donna
- c. oggetti che non svolgono più la loro funzione
- d. le uniche cose appartenute alla donna

4 **Il significato degli oggetti** Che cosa rappresentano gli oggetti per il poeta?
- a. La follia della donna
- b. L'impossibilità di far rivivere un ricordo
- c. La fine di una storia d'amore
- d. Il controllo dell'uomo sullo scorrere del tempo

5 **Le aperture** Che cosa rappresentano l'orizzonte e il «varco»?
- a. Il punto verso il quale tutti gli uomini si dirigono
- b. Il desiderio sempre vivo di uscire da una condizione dolorosa
- c. Il raggiungimento della piena felicità
- d. L'allontanamento dalla realtà

6 **La forma metrica** I versi della poesia sono
- a. tutti endecasillabi
- b. tutti liberi
- c. senari
- d. versi liberi ed endecasillabi

7 **Il lessico** Individua e riporta le parole che costituiscono l'area semantica del ricordo.

....

....

....

8 **La figura retorica** Come si chiama la figura retorica rappresentata dell'espressione «Tu non ricordi»?
- a. Metafora
- b. Anafora
- c. Anastrofe
- d. Apostrofe

9 **I correlativi oggettivi** La poesia non parla di sentimenti in modo diretto, ma degli oggetti che li rappresentano. Individuali e trascrivili qui sotto.

....

....

....

Rielaborare e produrre

10 **La sintesi** Riproponi in poche righe il contenuto della lirica.

11 **Il commento** In un testo di almeno 200 parole commenta (► p. 65) il componimento.

12 **Il tempo e la memoria** Il tema della memoria è strettamente intrecciato anche in questa lirica a quello del tempo, interpretato da Montale come un cieco, ripetitivo scorrere di eventi che distrugge anche i ricordi più amati e significativi. Scrivi un tema su questo argomento.

per guardare oltre

Intersezioni nell'antologia

LETTURE

- La poesia di Eugenio Montale contiene una moltitudine incredibile di rimandi alla tradizione ma anche di aperture alla poesia successiva. Pensiamo all'importanza del suo paesaggio ligure che rinvia, per alcuni aspetti, alla natura nota e amata di Federico **García Lorca** (*Paesaggio*, ▸ p. 11), ma anche alle liriche contenute nell'Unità *Voci della natura*, (▸ p. 96), in cui è ancora la natura a comunicare sensazioni profonde, e a quelle di Giovanni **Pascoli** (▸ p. 243). Con queste ultime la poesia montaliana – dai suoni aspri – condivide anche l'aspetto fonosimbolico della descrizione naturale, la presenza di oggetti quotidiani (*Meriggiare pallido e assorto,* ▸ p. 302) e degli affetti familiari (*Ho sceso, dandoti il braccio, almeno un milione di scale,* ▸ p. 308). La tematica esistenziale del «male di vivere» è trattata anche da Giacomo **Leopardi** (*A Silvia*, ▸ p. 220) e da Emily **Dickinson** (*Tempesta*, ▸ p. 101). L'allusione all'estrema difficoltà di conoscere la realtà è comune sia a *Ho sceso, dandoti il braccio, almeno un milione di scale* sia a *Tu non devi capire la vita* di Rainer Maria **Rilke** (▸ p. 163). Infine, nel «varco» di Montale ritroviamo un'aspirazione analoga a quella espressa da Giacomo **Leopardi** (*L'infinito*, ▸ p. 217).

PITTURA

- Anche l'arte pittorica si muove fra tradizione e avanguardia. L'olandese Piet **Mondrian** (1872-1944) ripropone con le sue geometrie la bellezza statica della classicità, mentre il catalano Joan **Miró** (1893-1983) esplora i territori dell'inconscio accostando oggetti disparati secondo una messinscena di gusto teatrale. In Italia, Giorgio **De Chirico** (1888-1978) legge la realtà con moduli surreali dando vita alla cosiddetta "pittura metafisica". Anche Felice **Casorati** (1883-1963) si riconosce in un'arte dai temi enigmatici, in un realismo dai contorni magici.

MUSICA

- Il compositore francese Maurice **Ravel** (1875-1937), mettendo a frutto gli stimoli della musica d'avanguardia e del jazz, compone opere accattivanti come il famoso *Bolero* (1928).

FILM

- La dimensione onirica, il groviglio di pulsioni e di allucinazioni è presente nei film dello spagnolo Luis **Buñuel** (1900-1983), come *La via lattea* (1969). Chi si è a lungo interrogato su temi esistenziali è il regista svedese Ingmar **Bergman** (1918-2007), autore di film come *Il posto delle fragole* (1957) e *Il settimo sigillo* (1957).

Altri orizzonti

SAGGI

- La vita di Montale è raccontata con tono discorsivo da Giulio **Nascimbeni** in *Montale. Biografia di un poeta* (1986). Originali analisi delle liriche del poeta ligure sono proposte in *Gli oggetti di Montale* (2002) di Luigi **Blasucci**.
- Nel più vasto ambito poetico dei primi decenni del Novecento, una voce particolare è quella di Clemente Rebora (1885-1957), la cui opera è tutta raccolta in un recente Meridiano Mondadori, *Poesie, prose e traduzioni* (2015), curato da Adele **Dei**. Un'ampia e qualificata analisi dei poeti ermetici è offerta da Sergio **Pautasso** in *Ermetismo* (1996), mentre la poesia di Federico García Lorca è riccamente presentata da Carlo **Bo** in *Tutte le poesie* (1975).

Un ritratto di Maurice Ravel del 1952. (Collezione Privata)

UNITÀ 5

Gioia e stupore in Wisława Szymborska

• Due anime affini • La poetessa polacca Wisława Szymborska, premio Nobel per la letteratura (1996), ha fatto della riservatezza, unita a tanta semplicità e altrettanta intelligenza, un principio di vita. Sono molte le affinità intellettuali e soprattutto morali che la legano a un artista italiano, Aldo **Carpi**: entrambi hanno vissuto positivamente la vita, sono stati invisi a regimi e dittature, non hanno mai assecondato mode culturali, hanno alimentato con la loro arte sogni e speranze, non si sono mai piegati alla rassegnazione e alla disperazione.

Un autoritratto di Aldo Carpi. (Collezione Privata)

• Un'alta figura umana • Aldo Carpi nasce a Milano nel 1886. Nel 1906 si iscrive all'Accademia di Belle Arti di Brera; esordisce con mostre nelle quali la sua arte esprime **semplicità e candore**, con figure stilizzate immerse in **atmosfere sospese**. Dal 1930 è titolare della cattedra di Pittura a Brera; all'attività didattica affianca quella artistica, in cui **si esprime per cicli**, come quello delle maschere (gli Arlecchini), delle marine, dei carabinieri, dei briganti.

Nel 1944 si rifugia con la famiglia in Brianza a causa della guerra; in seguito alla delazione di un collega, Carpi – per aver difeso un'alunna israelita – viene arrestato e deportato nel campo di concentramento di Mauthausen-Gusen. A distanza di 27 anni, pubblica il *Diario di Gusen* (1971), che, sotto forma di lettere indirizzate alla moglie e corredato di disegni relativi all'esperienza della deportazione, rappresenta una toccante testimonianza. Muore a Milano nel 1973.

• Gioia, sogni, dolore • La famiglia numerosa (sei figli) ha costituito per Carpi una fonte di gioia e d'ispirazione, come dimostra *La famiglia dell'artista* (1967): al centro c'è il pittore-padre, nell'atto di suonare piatti e grancassa, e intorno a lui, sulle note di un pianoforte, danzano i figli con pia-

DOMANDE

- Quali sentimenti esprimono le tre opere?
- Descrivi in poche parole la felicità familiare che si respira in *La famiglia dell'artista*.
- Osserva *Il deportato*: come sono raffigurati i due carabinieri, espressione del potere, e come è raffigurato il prigioniero inerme?

Aldo Carpi, *Il deportato*, 1951. (Collezione Privata)

Aldo Carpi, *La famiglia dell'artista*, 1967. (Collezione Privata)

cevole trasporto, mentre la madre osserva perplessa lo spettacolo improvvisato.

Sognare, tendere a una dimensione onirica, scavalcare la realtà contingente sono i caratteri di gran parte della sua pittura, che troviamo espressi anche nell'opera *Maschera rosa. È lungo il cammino* (1946). Accovacciata sulla strada, in un atteggiamento sognante, forse preoccupato, si riposa una figuretta vestita di un abito rosato: la via è lunga e non si sa che cosa possa riservare.

A questa domanda può rispondere in modo inequivocabile l'uomo che nel terzo dipinto è stretto fra due carabinieri, prigioniero. In *Il deportato* (1951), Carpi rievoca la sua cattura e la sua deportazione nel campo di Mauthausen, esprimendo il dramma vissuto da milioni di uomini: la sagoma scheletrica, ossuta del deportato è ritagliata tra due figure squadrate, due ubbidienti manichini, sottomessi a un potere tragico e disumano.

Aldo Carpi, *Maschera rosa. È lungo il cammino*, 1946. (Collezione Privata)

in questa Unità impareremo a

- **conoscere** la biografia dell'autrice, l'ambiente culturale-politico e i valori del mondo in cui è vissuta
- **comprendere** il significato globale dei testi in relazione alla vita, alla sensibilità e alla poetica dell'autrice
- **analizzare** le liriche secondo le regole della poesia e le tecniche stilistiche per affinarne la comprensione e approfondirne le tematiche, focalizzando le scelte espressive innovative ed efficaci
- **interpretare** lo scritto, comprendendo le profonde problematiche in esso contenute
- **produrre** parafrasi, commenti, testi espositivi, argomentativi e temi a partire dai contenuti delle liriche
- **comunicare oralmente**, per riferire i contenuti delle poesie e riflettere sulle loro tematiche in forma strutturata e chiara

in questa Unità scopriremo

Antologia

Il cielo
Amore a prima vista
Sulla morte senza esagerare
Fotografia dell'11 settembre

Per approfondire

Franco Marcoaldi • *Parlando, con Wisława, quando le muse sono strane*

Verifica delle competenze

In lode di mia sorella

PERCORSO C

UNITÀ 5

Quando, nel 1996, Wisława Szymborska ha ricevuto il premio Nobel per la letteratura, l'assegnazione ha suscitato grande stupore: non vi era alcuna familiarità con la poesia polacca contemporanea e la poetessa era considerata un'illustre sconosciuta, anche se la sua opera era tradotta in tutte le lingue europee fin dagli anni Cinquanta. Oggi la sua poesia è molto apprezzata non solo da studiosi e critici, ma dal pubblico di tutto il mondo: con ironia e leggerezza, infatti, Szymborska pone nei suoi versi domande universali alle quali offre risposte capaci di toccare l'animo umano.

Wisława Szymborska.

• La vita •

Wisława Szymborska nasce a Kornik, in Polonia, nel 1923. Con l'intera famiglia nel 1929 si trasferisce a Cracovia, dove, sotto l'occupazione tedesca, compie gli studi liceali seguendo corsi clandestini. Negli anni 1941-1943 svolge mansioni da impiegata nelle ferrovie per evitare di essere deportata come lavoratrice forzata. Nel marzo del 1945 pubblica su un giornale la sua prima poesia, *Cerco la parola* (la parola in grado di definire i crimini nazisti). Tra il 1945 e il 1947 studia **letteratura e sociologia** all'Università Jagellonica, studi che ben presto abbandona con la seguente motivazione: «Nel 1947 la sociologia diventò mortalmente noiosa; si doveva spiegare tutto con il marxismo. E poi ho lasciato l'università perché già allora dovevo guadagnarmi da vivere».

Dal 1953 al 1966 lavora come redattrice del settimanale "Vita letteraria"; in seguito, fino al 1981, vi collaborerà dall'esterno. Iscritta al Partito comunista polacco, se ne distacca pubblicamente nel 1960, entrando in contrasto con la dirigenza dopo aver cominciato a frequentare circoli dissidenti. In Polonia sono anni di gravi conflitti sociali: nel 1975 la poetessa firma una lettera di protesta contro il regime comunista polacco sostenuto dall'Unione Sovietica e si avvicina alle posizioni del sindacato indipendente Solidarność (Solidarietà), legandosi sempre più al forte e diffuso movimento di opposizione al regime che, all'inizio degli anni Ottanta, si afferma in tutto il Paese; nel 1989 è tra i fondatori dell'Associazione degli scrittori polacchi che riunisce i letterati dissidenti.

Wisława Szymborska in un ritratto di Tullio Pericoli del 1996.

Riceve **prestigiosi riconoscimenti** alla sua opera: nel 1991 viene insignita in Germania del premio Goethe, nel 1995 l'Università di Vienna le assegna il premio Herder – in occasione del quale, durante il discorso di accettazione, spiega per la prima volta in pubblico le sue precedenti scelte ideologiche e poetiche – e infine, nel 1996, le viene conferito il premio Nobel per la letteratura, nella cui motivazione si legge che la sua poesia «con precisione ironica, permette al contesto storico e biologico di manifestarsi in frammenti di umana realtà».

L'opera di Wisława Szymborska acquista progressivamente fama internazionale: invitata in tutto il mondo a convegni letterari sulle sue scelte poetiche, la poetessa sovente rinuncia per continuare a **vivere** una vita **appartata**, secondo il suo stile. Muore a Cracovia nel 2012.

• Riservatezza e solitudine • Wisława Szymborska non ha mai amato rilasciare interviste, rivestire un ruolo pubblico, dilungarsi sulla propria opera o sulla propria vita, preferendo la riservatezza e la riflessione in solitudine. I critici stessi non sono mai riusciti a "classificarla", a inserirla in qualche corrente letteraria o di pensiero. Di sé ha scritto in maniera ironica nella poesia *Epitaffio*: «Qui giace come virgola antiquata / l'autrice di qualche poesia. La terra l'ha degnata / dell'eterno riposo, sebbene la defunta / dai gruppi letterari stesse ben distante». Sono stati i lettori a riconoscere nei suoi versi temi e accenti nuovi, capaci di innovare profondamente tanta parte della poesia polacca e mondiale, una poesia capace di andare oltre i consueti ambienti letterari. E questo è di per sé un merito che va ben oltre la vanagloria di chi si sente o si dichiara "poeta".

• Le opere •

In circa cinquant'anni di attività, Wisława Szymborska ha prodotto una quindicina di **raccolte poetiche** e alcuni volumi che raggruppano i suoi **testi giornalistici**, in particolare le sue risposte ai lettori del settimanale per il quale lavorava. Pietro Marchesani, critico e traduttore in Italia della poetessa polacca, scrive che proprio in queste pagine «brilla l'intelligente leggerezza, la prontezza di spirito della scrittrice. Da esse traspaiono, oltre che uno straordinario, aforistico gusto dell'ironia e della battuta ricca di umorismo, una vasta cultura letteraria e una personale concezione della poesia e della scrittura in genere, che detesta in egual misura gli eccessi del sublime come del banale» (da *La gioia di scrivere*). Szymborska fa della quotidianità il suo centro d'interesse, ma sempre osservandola con appassionata arguzia, così da trasformarla in altro, capovolgendo i punti di vista, suscitando sorpresa, disorientamento e ammirazione.

Se le **prime due raccolte** poetiche, ***Per questo viviamo*** (1952) e ***Domande poste a me stessa*** (1954), non sono estranee al **realismo socialista**, già con l'opera ***Appello allo Yeti*** (1957) Szymborska si sbarazza di un fardello pesante e imbocca **strade poetiche nuove**: per esempio, diventa fondamentale il tema dell'amore, proposto non secondo schemi usuali, ma ripensato come miracolo, memoria, destino, casualità, suscitato o rovinato da imprevisti, non privo di sfaccettature esistenziali illuminanti, come nei versi: «Un amore felice. È normale? / è serio? è utile? / Che se ne fa il mondo di due esseri / che non vedono il mondo?» (*Un amore felice*), in cui, insomma, neppure all'amore è concesso di appartarsi egoisticamente.

La rimozione di una statua di Stalin dopo il crollo del socialismo nei Paesi dell'Est, Budapest, 1990. Foto di Federico Scianna.

Con la raccolta ***Sale*** (1957) e la successiva ***Uno spasso*** (1967) si ha conferma della brillantezza della sua poesia per i **contenuti riflessivi e scherzosi** e per una lingua nella quale prevalgono una forma di parlato colloquiale contrapposto ai modelli poetici tradizionali e la ricerca di metafore originali per tradurre idee complesse in armoniosa semplicità. Qualsiasi cosa di una comune giornata può diventare poesia: un incontro sul marciapiede, un dipinto, il gatto che dorme, una visita all'ospedale, il ritardo del tram, una fotografia. Lo sguardo di Szymborska «con penetrante acutezza amplia l'orizzonte conoscitivo, dilata la vista sulla realtà in genere e sull'uomo in particolare, con un ribaltamento dei luoghi comuni, delle convenzioni mentali e linguistiche che sorprende e che rinnova il nostro stupore» (P. Marchesani).

Nel 1972 Szymborska pubblica ***Ogni caso***, una raccolta di poesie di **natura** più **filosofica**, nelle quali prevale la riflessione sul senso della vita – un bene eccezionale –, sulla meraviglia che desta la creatura umana, consapevole della brevità della sua esistenza, ma non disposta ad abbandonarsi alla disperazione. La raccolta successiva, ***Gente sul ponte*** (1986), vede la poetessa ampliare ancora di più il suo orizzonte con una particolare attenzione agli altri. Tale carattere si riscontra anche nelle ultime raccolte ***La fine e l'inizio*** (1993), ***Attimo*** (2002), ***Due punti*** (2005), nelle quali, pur prevalendo il disincanto per l'apparente casualità della vita, per gli eventi tragici che la segnano, la poetessa polacca è in grado di riportare la riflessione a livelli concettuali più elevati, senza rinunciare all'**ironia** e alla sua proverbiale **leggerezza**.

• Il percorso antologico •

Il percorso antologico delinea un itinerario che tocca i temi più cari svolti da Wisława Szymborska, nella speranza di infondere la volontà e il desiderio di approfondire la sua poesia in maniera più diretta e ampia. Nella lirica intitolata ***Il cielo*** (► p. 325), la poetessa ci introduce nel suo vasto mondo positivo, animato dalla fiducia nella vita e in tutto quanto ci circonda. È bello poter pensare all'amore come a un sentimento fulmineo, che nasce all'improvviso, ma l'autrice, in ***Amore a prima vista*** (► p. 329), ci avverte che «già da parecchio tempo / il caso giocava con loro», con i due innamorati. Amore e morte, come ben sanno i poeti, vanno a braccetto: ecco allora Szymborska riflettere con moderata ironia su questo tema nella lirica ***Sulla morte senza esagerare*** (► p. 334), una riflessione che assume il tono di una lezione di vita. Poetessa della quotidianità, non si sottrae al confronto anche con i grandi e drammatici avvenimenti della nostra contemporaneità: in ***Fotografia dell'11 settembre*** (► p. 338) rende omaggio alle vittime di quella tragedia, sottraendole però alla morte, trattenendole in un sussulto estremo di vita. Infine, con ***In lode di mia sorella*** (► p. 346) può finalmente rilassarsi, liberarsi – in apparenza – dalla pesante responsabilità di essere una poetessa, per invidiare la maggior libertà della sorella, anonima casalinga.

Completa il percorso un'interessante riflessione del critico Franco Marcoaldi sull'originalità dell'autrice polacca (► p. 341).

André Lothe, *Le due amiche*, 1925. (Collezione Privata)

Wisława Szymborska

Il cielo

Il coinvolgimento nella vita, in ogni cosa – umana e naturale – che ci circonda è un tratto ben presente nell'animo della poetessa, intimamente partecipe anche dell'immensità del cielo che tutto avvolge, accomuna e alimenta.

Da
La fine e l'inizio, 1993
Lirica

Da qui si doveva cominciare: il cielo.
Finestra senza davanzale, telaio, vetri.
Un'apertura e nulla più,
ma spalancata.

Non devo attendere una notte serena,
né alzare la testa,
per osservare il cielo.
L'ho dietro a me, sottomano e sulle palpebre.
Il cielo mi avvolge ermeticamente
e mi solleva dal basso.

Perfino le montagne più alte
non sono più vicine al cielo
delle valli più profonde.
In nessun luogo ce n'è più
che in un altro.
La nuvola è schiacciata dal cielo
inesorabilmente come la tomba.
La talpa è al settimo cielo
come il gufo che scuote le ali.
La cosa che cade in un abisso
cade da cielo a cielo.

2 **telaio**: struttura in legno o alluminio in cui è inserito il vetro della finestra.

9 **mi avvolge ermeticamente**: mi racchiude perfettamente da ogni lato.

14 **ce n'è più**: s'intende di cielo.

18 **La talpa è al settimo cielo**: viene usata un'espressione abituale, «al settimo cielo», per significare che anche la talpa, animale che vive solitamente sottoterra, è nel cielo, avvolta dal cielo, ne partecipa.

19 **che scuote le ali**: che sa volare.

Un uomo ammira le stelle e le galassie.

22-23 Friabili...aerei: la materia, di qualsiasi natura e consistenza essa sia, è cielo.

Friabili, fluenti, rocciosi,
infuocati e aerei,
distese di cielo, briciole di cielo,
folate e cumuli di cielo.
Il cielo è onnipresente
perfino nel buio sotto la pelle.

Mangio cielo, evacuo cielo.
Sono una trappola in trappola,
un abitante abitato,
un abbraccio abbracciato,
una domanda in risposta a una domanda.

La divisione in cielo e terra
non è il modo appropriato
di pensare a questa totalità.
Permette solo di sopravvivere
a un indirizzo più esatto,
più facile da trovare,
se dovessero cercarmi.
Miei segni particolari:
incanto e disperazione.

W. Szymborska, *La gioia di scrivere. Tutte le poesie 1945-2009*, trad. di P. Marchesani, Adelphi, Milano, 2009

per L'ANALISI del TESTO

L'equazione fra cielo e vita

La poesia ci introduce in modo esemplare nel mondo positivo di Wisława Szymborska, un mondo sorretto dalla fiducia e dalla gioia di poter scoprire ogni giorno qualche cosa che arricchisce la vita. In questo caso, la poetessa ha percepito in maniera nitida quanto l'uomo sia intimamente partecipe della realtà naturale, dell'intero cosmo, e quanto sia in esso immerso. Si riferisce al creato chiamandolo allegoricamente "cielo", termine con il quale intende ogni aspetto, ogni elemento materiale, ogni presenza umana, ogni soffio di vita che aleggia sulla Terra. Questo è il **cielo** di Szymborska, un **punto d'osservazione** da cui ammirare la vita: metaforicamente è solo una «finestra», «ma spalancata» (vv. 2 e 4), dalla quale si può godere di una comunione gioiosa con la natura e partecipare alla vita che scorre.

Parti di un unico cielo avvolgente

Il corpo centrale della lirica è costituito da un susseguirsi di sorprendenti immagini che mirano a rovesciare il tranquillo punto di vista del lettore, obbligandolo a riflettere e a prendere atto del fatto che le apparenze ingannano. Se si osserva con attenzione, dice Szymborska, tutto è un unico, coinvolgente cielo che ci avvolge: non c'è bisogno di «alzare la testa, / per osservare il cielo» (vv. 6-7) perché ne siamo parte. In un gioco di contrasti, nella terza strofa, montagne e valli sono racchiuse dal cielo in egual misura (vv. 11-13), come la nuvola è cielo al pari della tomba (vv. 16-17), così anche la talpa, animale terrestre, si sente cielo come il gufo, creatura volatile (vv. 18-19): tutto ne è vivificato. Il **cielo** assume attorno a noi forme e consistenze diverse (vv. 22-25), ma va riconosciuto **in ogni cosa**.

Ogni essere è cielo

La poetessa spinge il suo assunto ancora oltre, perché supera gli elementi naturali per chiamare direttamente in causa l'individuo. Parla in prima persona, ma intende riferirsi di fatto a tutti noi, il genere umano: perfino nelle nostre funzioni corporali elementari («mangio cielo, evacuo cielo», v. 28) viviamo il cielo e, soprattutto, esso è fuori e dentro di noi in un continuo paradosso, espresso in una serie di apparenti stramberie: «una trappola in trappola» (v. 29), «un abitante abitato» (v. 30), «un abbraccio abbracciato» (v. 31).

È nella strofa conclusiva che Szymborska chiude il cerchio della sua riflessione, affermando con chiare parole l'**unicità del cosmo**, l'insieme del cielo e della terra come un'unica entità che chiama «totalità» (v. 35). E, come sua consuetudine, ricorre, in chiusura, a un tocco ironico: la distinzione fra la terra e il cielo è solo una **convenzione** per essere meglio rintracciati, un'indicazione di massima. A questo suo «indirizzo» la poetessa aggiunge due «segni particolari: / incanto e disperazione» (vv. 40-41): un accostamento problematico, che incrina sottilmente le precedenti e ottimistiche sicurezze.

Un breve racconto

La lirica si sviluppa come un breve racconto, prevale quindi un **carattere discorsivo**, facilitato anche dall'uso di termini semplici che tuttavia costruiscono immagini ardite. Non mancano alcune figure retoriche come la metafora iniziale del verso 2, l'antitesi più volte espressa nella terza strofa (vv. 11-19), una similitudine (v. 19), l'enumerazione di elementi materiali nella quarta strofa (vv. 22-25), fino all'ossimoro finale del verso 41. I numerosi *enjambement* rendono scorrevole la lettura del componimento e, dunque, facilitano la trasmissione del suo messaggio.

Attività

Leggere e comprendere

1 **L'immagine del cielo** Come si mostra il cielo alla poetessa?
- **a.** Come un'apertura vasta e accogliente
- **b.** Come una cappa plumbea e incombente
- **c.** Come uno spazio immenso e infinito
- **d.** Come uno spazio in cui ci si smarrisce

2 **Un'allusione metaforica** A che cosa allude metaforicamente il cielo in questi versi?
- **a.** All'universo
- **b.** Alla porzione di spazio celeste visibile dall'uomo
- **c.** Alla vita, allo spirito vitale che tutto pervade
- **d.** Al sentimento d'amore che muove gli uomini

3 **La presenza del cielo** Dove la poetessa riconosce la presenza del cielo?

4 **«mi solleva dal basso»** Chiarisci lo stato d'animo dell'autrice mettendo in relazione questa affermazione con la parola «disperazione» del verso 41.

5 **Una condizione comune** Non solo gli uomini, ma ogni cosa è avvolta dal cielo: quali esseri animati e inanimati sono citati nella poesia?

6 **I diversi aspetti** Sono molteplici, dice Szymborska, gli aspetti che il cielo può assumere agli occhi dell'uomo: con quali parole li descrive nel testo? Riportale qui sotto.

....

....

....

7 **Il rapporto con il cielo** Come si sente la poetessa nei confronti di questa entità, il cielo?
- **a.** Estranea
- **b.** Sempre inevitabilmente coinvolta
- **c.** A volte positivamente partecipe
- **d.** Libera di estraniarsene

8 **La distinzione** Perché, nella strofa finale, si definisce inappropriata la distinzione tra cielo e Terra?

9 **L'utilità** A che cosa serve mantenere l'apparente distinzione tra cielo e Terra?

10 **I «segni particolari»** Dai «segni particolari» che l'autrice riconosce come propri è possibile cogliere qualcosa del suo modo di intendere la vita. Che cosa?

Riconoscere e analizzare

11 **La forma metrica** Descrivi la forma metrica della poesia.

12 **L'Io lirico** Le parole della poetessa valgono per tutti gli uomini, ma in alcuni punti hanno il valore di una confessione personale. Quali sono questi passi? Quale aspetto morfologico li evidenzia?

13 **Le descrizioni** Ciò che rende efficaci, incisive le descrizioni non sono solo i vocaboli utilizzati, ma è anche la diversa struttura sintattica con cui vengono presentate. Definisci la sintassi dei versi 16-21 e quella dei versi 22-25.

14 **Alto/basso** Nella terza strofa si rileva un gioco di contrasto tra l'alto e il basso. Elenca le parole che contribuiscono a crearlo.

Alto	Basso
....	....
....	....
....	....

15 **I giochi di parole** Fatta salva la serietà dovuta al tema trattato, la poetessa inserisce, a volte, giochi di parole, espressioni paradossali o ironiche. Riportane alcune.

....

....

....

16 **La ripetizione** Perché il nome "cielo" è ripetuto tante volte nel testo?

a. Perché non ha sinonimi

b. Perché la ripetizione rappresenta l'onnipresenza del cielo

c. Perché la ripetizione è richiesta dalle rime

d. Perché la ripetizione allude all'infinito numero di cieli

17 **Le figure retoriche** Indica le espressioni che corrispondono alle seguenti figure retoriche:

- similitudine:

  ....

- enumerazione:

  ....

- ossimoro:

  ....

18 **Il ritmo** La poesia presenta un ritmo scandito e ripetitivo. Quali elementi linguistici contribuiscono a crearlo?

....

....

Rielaborare e produrre

19 **Discutere** Considera i versi 20-21: «La cosa che cade in un abisso / cade da cielo a cielo.» Alla luce delle considerazioni sul cielo presentate nell'analisi del testo, che cosa intende secondo te la poetessa con questa affermazione? Esponi oralmente la tua opinione, confrontandola con quella dei compagni in un dibattito in classe.

20 **La riscrittura** Riscrivi la poesia usando parole tue per spiegarne il significato.

21 **Il commento** Stendi un commento (► p. 65) del testo di almeno 200 parole.

22 **La tua esperienza** Confrontandoti con la riflessione di Szymborska, alla quale la vista del cielo ispira un sentimento di profonda intimità con l'intero creato, descrivi in un breve testo sensazioni (di pace, di vuoto, di vertigine o altro...), sogni, desideri che ti suscita l'osservazione del cielo.

Wisława Szymborska

Amore a prima vista

Tutti gli innamorati credono al colpo di fulmine e sono sicuri che l'**amore** possa sbocciare a prima vista; ma la poetessa sa leggere nel «libro degli eventi» e sa che ogni cosa accade per prepararne un'altra e poi un'altra ancora, fino allo scoccare della decisiva scintilla.

Da
La fine e l'inizio, 1993
Lirica

Sono entrambi convinti
che un sentimento improvviso li unì.
È bella una tale certezza
ma l'incertezza è più bella.

Non conoscendosi, credono
che non sia mai successo nulla fra loro.
Ma che ne pensano le strade, le scale, i corridoi
dove da tempo potevano incrociarsi?

Vorrei chiedere loro
se non ricordano –
una volta un faccia a faccia
in qualche porta girevole?
uno «scusi» nella ressa?
un «ha sbagliato numero» nella cornetta?
– ma conosco la risposta.
No, non ricordano.

Li stupirebbe molto sapere
che già da parecchio tempo
il caso giocava con loro.

Non ancora pronto del tutto
a mutarsi per loro in destino,
li avvicinava, li allontanava,
gli tagliava la strada
e soffocando una risata
con un salto si scansava.

Vi furono segni, segnali,
che importa se indecifrabili.
Forse tre anni fa
o lo scorso martedì
una fogliolina volò via
da una spalla a un'altra?
Qualcosa fu perduto e qualcosa raccolto.
Chissà, forse già la palla
tra i cespugli dell'infanzia?

PAROLE *sotto la lente*

Amore

Il latino *amor* viene dal verbo *amare*, affine al greco *maó*, "desidero". I Romani distinguevano fra *amare*, che indicava l'amore dell'istinto, la passione ardente, e *diligere*, che si riferiva invece all'amore dettato dalla ragione. Comunemente, il nome indica il sentimento reciproco che attrae due persone e può assumere forme di pura spiritualità o di sensualità.

Attività

Elenca almeno dieci parole appartenenti alla famiglia di "amore".

Elvira Pyrkova, *Cinquanta sfumature di lettura*, 2014. (Collezione Privata)

Vi furono maniglie e campanelli
su cui anzitempo
un tocco si posava su un tocco.
Valigie accostate nel deposito bagagli.
Una notte, forse, lo stesso sogno,
subito confuso al risveglio.

Ogni inizio infatti
è solo un seguito
e il libro degli eventi
è sempre aperto a metà.

W. Szymborska, *La gioia di scrivere. Tutte le poesie 1945-2009*, trad. di P. Marchesani, Adelphi, Milano, 2009

per L'ANALISI del TESTO

Il "colpo di fulmine"

Gli innamorati, tutti gli innamorati, sono certi di provare un sentimento unico e irripetibile, scaturito all'improvviso dal classico "colpo di fulmine" che travolge i cuori e unisce due vite. È così che incomincia l'amore; è questo che a prima vista osserva anche Szymborska (vv. 1-2), la quale però – riflettendo sul rapporto fra casualità e ineluttabilità dell'incontro amoroso – scruta in profondità gli accadimenti e alla certezza degli innamorati contrappone l'incertezza. Proprio a partire dal verso 4 («ma l'incertezza è più bella»), il ragionamento assume una piega differente, perché prende corpo la visione fantastica e sorprendente della realtà e della vita che anima la poetessa. Come sono andate davvero le cose? Chi lo sa? Il dubbio diventa la maniera di accostarsi a quest'amore e la poesia prosegue sull'onda delle ipotesi che si rincorrono, di **piccoli eventi** solo in apparenza insignificanti, ma in realtà **premonitori** e destinati a far scoccare la scintilla.

Il caso e il destino

Inizialmente è il caso a sovrintendere a tutto ciò, dice Szymborska («il caso giocava con loro», v. 19), perché i due potrebbero aver già condiviso attimi, situazioni, luoghi: potrebbero essersi già incontrati in «un faccia a faccia» (v. 11) oppure scontrati fortuitamente in una «ressa» (v. 13) o, ancora, parlati al telefono per errore («ha sbagliato numero», v. 14). Ma via via, con il susseguirsi del tempo e degli eventi, la **casualità** si è **trasformata in destino** che, a sua volta, si è rivelato con «segni, segnali» (v. 26) dapprima indecifrabili, come una foglia che vola da una spalla all'altra (vv. 30-31), una palla persa e ritrovata (v. 33) nel lontano passato, «maniglie e campanelli» che le mani dei due futuri innamorati hanno toccato (v. 35), perfino un sogno comune che poi le luci del mattino hanno disperso (vv. 39-40). Una vera e propria magia il succedersi di questi «segni e segnali», che stanno a dimostrare come i due innamorati siano stati più vicini di quanto essi abbiano mai sospettato.

Il «libro degli eventi»

La lettura che la poetessa ci offre di questi fatti scaturisce dalla sua sicurezza che la **vita** sia **come un libro**, fatto di tante pagine, nel quale gli eventi sono già scritti, un libro che è impossibile aprire alla prima pagina, poiché questa non esiste: è sempre successiva a qualcosa che l'ha preparata («Ogni inizio infatti / è solo un seguito», vv. 41-42) e si salda con ciò che seguirà («e il libro degli eventi / è sempre aperto a metà», vv. 43-44).

Lo stile

La lirica si dipana in maniera semplice e ordinata, con una ricca armonia d'immagini e di idee. Non mancano figure retoriche che impreziosiscono il testo, come il chiasmo dei versi 3-4, le ripetute personificazioni dei versi 7, 22, 23, 24 e la forte metafora conclusiva che dà il senso a tutta la poesia (vv. 41-44). Proprio perché il dubbio è l'acuto modo di porsi davanti alla realtà, il testo poggia su **frequenti domande** (ben sei punti interrogativi), ricorre a verbi che esprimono possibilità, ma non certezze («Vorrei», v. 9; «Li stupirebbe», v. 17), si avvale di **locuzioni** avverbiali **dubitative** («Forse», v. 28; «Chissà», v. 33) che, nell'insieme, suggeriscono quanto la realtà sia problematica e sfaccettata.

Attività

Leggere e comprendere

1 **La convinzione** Di che cosa sono convinti i due innamorati?

2 **Come nasce un amore** Perché gli innamorati sono certi che il loro amore sia nato in un momento, all'improvviso? Cerca nel testo le parole che esprimono questa sicurezza e trascrivile.

....

....

3 **«incertezza»** A che cosa fa riferimento la poetessa con questa parola?
a. I due innamorati non si conoscono ancora bene
b. Il loro incontro è improvviso e casuale
c. Gli innamorati non sanno che ci sono state precedenti occasioni di un loro incontro
d. Gli innamorati non hanno alcuna certezza sulla durata del loro amore

4 **«più bella»** Così la poetessa definisce l'incertezza: perché?

5 **Le precedenti occasioni** In quali occasioni i due innamorati possono essersi trovati inconsapevolmente vicini prima del "colpo di fulmine"?

6 **Il gioco** Quale elemento si è divertito a giocare con i due innamorati, a intrecciarne forse le vite anche prima del loro incontro?

7 **I segni indecifrabili** Perché le sottili trame del caso, trasformatesi nel destino dei due innamorati, non sono state da essi percepite?

8 **Un inizio** Chiarisci perché, secondo la poetessa, l'amore e tutti gli altri eventi della vita non hanno un vero e proprio inizio.

Riconoscere e analizzare

9 **La forma metrica** Descrivi la forma metrica del componimento.

10 **I contenuti prevalenti** Il testo si compone soprattutto di:
a. riflessioni e analisi psicologiche
b. quadretti di vita quotidiana
c. descrizioni di luoghi
d. descrizioni di oggetti

11 **La sintassi** Quale forma sintattica riconosci nella poesia?
a. Prevalentemente paratattica
b. Prevalentemente ipotattica
c. Prevalentemente nominale
d. Varia e composita

12 **Il lessico** Come definiresti il lessico del componimento?
a. Semplice
b. Colloquiale
c. Aulico
d. Formale

13 **Le figure retoriche** Nonostante la sua chiarezza e scorrevolezza, il testo contiene numerose e diverse figure retoriche. Indica, accanto ai versi in cui è presente, il tipo di figura retorica e le parole da cui è costituita.

Versi	Figura retorica	Parole da cui è costituita
3-4		
7		
11, 13, 14		
22-25		
22		
25		
26		
32		
43-44		

14 **Aspetti linguistici e significato** A sottolineare il tema centrale della lirica – la valorizzazione dell'incertezza, della possibilità, di ciò che sfugge al controllo della razionalità – concorrono alcuni aspetti linguistici. Quali sono?

Rielaborare e produrre

15 **Discutere** Considera i versi 43-44: «e il libro degli eventi / è sempre aperto a metà», che formulano in modo esplicito il messaggio della poesia: qual è l'idea che la poetessa vuole trasmettere? La condividi? Perché? Esponi oralmente la tua opinione, confrontandola con quella dei compagni in un dibattito in classe.

16 **La sintesi** Sintetizza in 100 parole il contenuto della poesia.

17 **Il commento** Scrivi un commento (▶ p. 65) al testo di almeno 200 parole.

18 **La tua esperienza** Hai mai sperimentato il "colpo di fulmine"? Ti sei mai innamorato/a a prima vista? Oppure ti è mai successo di capire immediatamente che qualcuno appena conosciuto sarebbe diventato il tuo miglior amico? Racconta questa esperienza in un breve testo narrativo.

per SAPERNE di PIÙ

Il poeta e il mondo

Il seguente discorso è stato tenuto dalla poetessa Wisława Szymborska in occasione della cerimonia di conferimento del premio Nobel a Stoccolma il 7 dicembre 1996.

«In un discorso, a quanto pare, la prima frase è sempre la più difficile. Ebbene, la prima è comunque andata. Ma ho la sensazione che anche le frasi successive – la terza, la sesta, la decima e così via, fino all'ultima parola – saranno altrettanto difficili, perché si suppone che io parli di poesia. Di questo argomento ho parlato molto poco, quasi niente, a dire il vero. E ogni volta che ho detto qualcosa, ho sempre avuto lo strisciante sospetto di non essere granché brava a farlo. Ecco perché il mio discorso sarà piuttosto breve: le imperfezioni sono più tollerabili a piccole dosi.

I poeti contemporanei sono scettici e sospettosi persino, o forse soprattutto, di se stessi. Sono riluttanti a confessare pubblicamente di essere poeti, quasi se ne vergognassero un po'. Ma in questa nostra epoca chiassosa è molto più facile ammettere i propri difetti, soprattutto se ben infiocchettati, che riconoscere i propri meriti, perché questi ultimi sono nascosti in profondità e noi per primi non ci crediamo del tutto.

Quando devono compilare un modulo o stanno conversando con un estraneo, vale a dire quando sono costretti a rivelare la loro professione, i poeti preferiscono usare il più generico "scrittore", o sostituire la parola "poeta" con il nome di qualunque altra attività svolgano oltre alla scrittura. I burocrati e i passeggeri degli autobus reagiscono con una sorta di incredulità e sconcerto quando si rendono conto di aver a che fare con un poeta. Immagino che anche i filosofi si trovino spesso in situazioni simili. Eppure, questi ultimi sono in una posizione di vantaggio, perché il più delle volte possono abbellire la loro affermazione con qualche titolo accademico. Professore di filosofia, ecco, suona molto più rispettabile.

Ma non esistono professori di poesia. Questo, dopo tutto, farebbe della poesia un'occupazione che necessita di studi specializzati, esami regolari, articoli teorici con tanto di bibliografie e note a piè di pagina e, infine, diplomi conferiti con tutti i crismi. E questo a sua volta vorrebbe dire che non basta riempire intere pagine di poesie, per quanto eccelse, per diventare poeti. L'elemento cruciale è un foglio di carta con un timbro ufficiale. Ricordiamo che l'orgoglio della poesia russa, il futuro premio Nobel Josif Brodskij, fu condannato all'esilio interno proprio per questo motivo: venne definito un "parassita" perché non poteva esibire un certificato ufficiale che gli conferisse il diritto di essere un poeta. [...]

Ho menzionato l'ispirazione. Quando viene chiesto loro cosa sia e se esista davvero, i poeti contemporanei rispondono evasivi. E non perché non abbiano mai avuto la grazia di questo impulso interiore. Solo, non è facile spiegare a qualcun altro ciò che tu stesso non capisci.

Quando mi viene posta questa domanda, anche io esito. Ma la mia risposta è: l'ispirazione non è privilegio esclusivo di poeti o artisti in generale. C'è, c'è stata e sempre ci sarà una serie di persone che riceve la sua visita. Di questo gruppo di individui fanno parte quanti hanno consapevolmente scelto la propria vocazione e svolgono il proprio lavoro con amore e immaginazione. Può trattarsi di medici, insegnanti, giardinieri – e potrei andare avanti a elencare migliaia di altre professioni. Il lavoro di queste persone diventa un'avventura continua, nella misura in cui riescono a trovarvi sempre nuove sfide. Le difficoltà e le battute d'arresto non soffocano la loro curiosità, e da ogni problema che risolvono scaturisce un nugolo di nuove domande. Qualunque cosa sia l'ispirazione, nasce da un continuo "Non lo so". [...]

Ecco perché do tanto valore a questa piccola frase: "Non lo so". È solo una frasetta, ma vola su ali possenti. Espande le nostre vite, abbracciando gli spazi dentro di noi e le distese esteriori in cui il nostro piccolo pianeta fluttua sospeso. Se Isaac Newton non si fosse mai detto "Non lo so", le mele del suo frutteto sarebbero cadute a terra come chicchi di grandine e, nel migliore dei casi, lui si sarebbe fermato a raccoglierle e a mangiarle con gusto. Se la mia compatriota Marie Skłodowska-Curie non si fosse mai detta "Non lo so", sarebbe probabilmente finita a insegnare chimica in qualche scuola privata per signorine di buona famiglia e avrebbe passato la vita a svolgere questa professione, altrimenti perfettamente rispettabile. Ma continuò a dirsi "Non lo so", e queste parole la portarono – non una, ma due volte – a Stoccolma, dove gli spiriti indomiti e curiosi vengono talvolta insigniti del premio Nobel.

I poeti, se sono genuini, devono a loro volta continuare a ripetersi "Non lo so". Ogni poesia testimonia lo sforzo di ribattere a questa affermazione, ma, non appena viene messo l'ultimo punto sulla pagina, il poeta comincia a esitare, inizia a

Wisława Szymborska.

capire che questa particolare risposta non era altro che un espediente, per di più del tutto inadeguato. Quindi, i poeti continuano a provare, e presto o tardi i risultati che derivano dalla loro stessa insoddisfazione vengono raggruppati, con un'enorme graffetta fermacarte, dagli storici della letteratura e battezzati l'"opera" [...]. Il mondo – qualunque cosa pensiamo quando ci sentiamo schiacciati dalla sua vastità e dalla nostra impotenza, o amareggiati dalla sua indifferenza al dolore individuale di persone, animali e persino piante (perché siamo certi che le piante non soffrano?); qualunque cosa possiamo pensare dello spazio attorno a esso, attraversato dai raggi di stelle circondate da pianeti che abbiamo appena iniziato a scoprire (pianeti già morti? ancora morti? non lo sappiamo), qualunque cosa possiamo pensare di questo sconfinato teatro per il quale abbiamo i posti prenotati, ma con biglietti dalla durata risibilmente breve, vincolata com'è da due date arbitrarie; insomma, qualunque pensiero possiamo formulare – è stupefacente.

Ma "stupefacente" è un epiteto che cela una trappola logica. Dopotutto, restiamo stupefatti da cose che esulano da una norma ben nota e universalmente riconosciuta, da quell'ovvietà alla quale siamo abituati. Ora, il punto è che un mondo così ovvio non esiste. Il nostro stupore esiste in quanto tale e non si basa sul confronto con qualcos'altro.

Certo, nel lessico quotidiano non ci soffermiamo su ogni parola e tutti usiamo espressioni come "il mondo normale", "la vita ordinaria", "il normale corso degli eventi"... Ma nel linguaggio della poesia, che soppesa ogni parola, nulla è consueto o normale. Non una singola pietra, né una singola nuvola al di sopra di essa. Non un giorno, né la notte che segue. E soprattutto, non una singola esistenza, l'esistenza di nessuno su questa Terra.

Sembra che i poeti avranno sempre il loro bel daffare.»

W. Szymborska, *La prima frase è sempre la più difficile*, trad. di S. Crimi, Terre di Mezzo editore, Milano, 2012

Wisława Szymborska

Sulla morte senza esagerare

Da
Gente sul ponte, 1986
Lirica

Sembra che tra Wisława Szymborska e la morte ci sia una stretta confidenza, tanto da permettere alla poetessa di trattarla con moderata ironia, onde non irritarla troppo. Mettendola in ridicolo, ne svela i limiti ed esalta la vita.

Non s'intende di scherzi,
stelle, ponti,
tessitura, miniere, lavoro dei campi,
costruzione di navi e cottura di dolci.

Quando conversiamo del domani
intromette la sua ultima parola
a sproposito.

Non sa fare neppure ciò
che attiene al suo mestiere:
né scavare una fossa,
né mettere insieme una bara,
né rassettare il disordine che lascia.

Occupata a uccidere,
lo fa in modo maldestro,
senza metodo né abilità.
Come se con ognuno di noi stesse imparando.

Vada per i trionfi,
ma quante disfatte,
colpi a vuoto
e tentativi ripetuti da capo!

1 **Non…scherzi**: il soggetto è la morte.

5-7 **Quando…sproposito**: sul domani la morte può solo intervenire nel senso di rovinare i progetti.

8-12 **Non sa…lascia**: strofa dal forte carattere ironico che sottolinea come la morte sia spesso improvvisa.

13-15 **Occupata…abilità**: perché, naturalmente, l'uomo muore malvolentieri.

20 **tentativi…da capo**: continua l'ironia per evidenziare le resistenze dell'uomo alla morte.

Ricardo Fernandez Ortega, *La benvenuta*, 2012. (Collezione Privata)

A volte le manca la forza
di far cadere una mosca in volo.
Più d'un bruco
la batte in velocità.

Tutti quei bulbi, baccelli,
antenne, pinne, trachee,
piumaggi nuziali e pelame invernale
testimoniano i ritardi
del suo ingrato lavoro.

La cattiva volontà non basta
e perfino il nostro aiuto con guerre e rivoluzioni
è, almeno finora, insufficiente.

I cuori battono nelle uova.
Crescono gli scheletri dei neonati.
Dai semi spuntano le prime due foglioline,
e spesso anche grandi alberi all'orizzonte.

Chi ne afferma l'onnipotenza
è lui stesso la prova vivente
che essa onnipotente non è.

Non c'è vita
che almeno per un attimo
non sia stata immortale.

La morte
è sempre in ritardo di quell'attimo.

Invano scuote la maniglia
d'una porta invisibile.
A nessuno può sottrarre
il tempo raggiunto.

W. Szymborska, *La gioia di scrivere. Tutte le poesie 1945-2009*, trad. di P. Marchesani, Adelphi, Milano, 2009

25-29 **Tutti quei... ritardi**: la natura si rinnova nonostante la presenza pervasiva della morte e la vita continua nelle sue innumerevoli forme.

31 **il nostro aiuto**: nel causare morti, decessi, stragi.

33 **I cuori...uova**: la riproduzione è continua, la vita si afferma.

37 **l'onnipotenza**: della morte.

40-42 **Non c'è vita... immortale**: nel momento in cui si è vivi, si può dire, almeno per quell'attimo di essere immortali.

48 **il tempo raggiunto**: quello che si è vissuto fino a quel momento.

per L'ANALISI del TESTO

«senza esagerare»

«La Szymborska parla della morte con delicatezza, quasi girandole intorno a distanza, senza sfidarla in modo diretto, perché sa che con lei non ha alcuna chance. Preferisce concentrarsi sugli istanti concreti, vivi, perché solo essi danno la garanzia che la Signora M. non si materializzi» (A. Bikont e J. Szczęsna, *Cianfrusaglie del passato*, 2015). Questa annotazione, tratta da una sua ricca biografia, si conforma perfettamente alla lirica, nella quale la poetessa "gira attorno" alla morte con uno sguardo carico d'**ironia**. È una poesia scritta come per **gioco**, su di un tema che dovrebbe far rabbrividire, ma che lei svolge con **leggerezza**, appunto «senza esagerare», riuscendo, però, a proporre una riflessione coinvolgente.

Una morte maldestra

Pur nominandola una sola volta e soltanto negli ultimi versi, Szymborska passa da una manchevolezza della morte a un'altra, così da evidenziarne tutti i limiti, sempre «senza esagerare». Le mancanze sono davvero numerose e sorprendenti, tanto da illuderci di poter stare tranquilli perché la morte (ormai personificata, richiederebbe l'iniziale maiu-

per L'ANALISI del TESTO

scola) non conosce alcun aspetto della quotidianità degli uomini (vv. 1-4 e successivi) e, addirittura, non è in grado di svolgere al meglio il suo mestiere («lo fa in modo maldestro», v. 14); molte volte risulta **perdente** davanti alle resistenze dell'uomo («quante disfatte, / colpi a vuoto», vv. 18-19); si dimostra così **imbelle** da non reggere neppure il confronto con animali insignificanti come una mosca o un bruco (vv. 21-24). L'ironia della poetessa diventa palese quando parla di «cattiva volontà» (v. 30) nell'operato della morte, dal momento che a proposito delle nostre azioni siamo soliti riferirci invece alla buona volontà.

Il richiamo epicureo

In verità, l'assunto della poesia risulta ancor più evidente a partire dal verso 33, quando si fa più esplicito il fronteggiarsi di morte e vita, sua grande antagonista, espressa dalle immagini delle uova pronte a schiudersi (v. 33), dei neonati che crescono (v. 34), della vegetazione che s'infoltisce (vv. 35-36), mentre la morte, che non è onnipotente, deve cedere il passo.

Dice il filosofo greco **Epicuro** (341 a.C.-270 a.C.) nella sua *Lettera sulla felicità*: «Quando ci siamo noi non c'è la morte, quando c'è la morte noi non siamo più qui», perciò è sciocco temerla. È il medesimo concetto affermato da Szymborska nei suoi versi: «Non c'è vita / che almeno per un attimo / non sia stata immortale» (vv. 40-42), con chiosa ironica sul ritardo della morte nei confronti del vivente (vv. 43-44).

La poesia si conferma come un **inno alla vita** anche nella sentenziosa chiusura finale, laddove si afferma che la morte nulla può rispetto a quello che si è vissuto e si vive in quel momento.

Struttura e stile

La lirica ha un **andamento** quasi **narrativo**: ogni strofa corrisponde a un'affermazione che fornisce nuovo stimolo al ragionamento. Se nella prima parte (vv. 1-32) la poetessa mostra i limiti della morte, del suo operare, nella seconda parte (vv. 33-48) esalta di riflesso la vita, ragion per cui la morte – qui personificata attraverso le sue azioni e la continua battaglia che da sempre ingaggia con l'uomo – non va temuta.

Attività

Leggere e comprendere

1 **La morte e l'uomo** Come si configura il rapporto della morte con l'uomo nelle prime due strofe?

2 **Il «suo mestiere»** In che senso la morte non «sa fare neppure ciò / che attiene al suo mestiere»?

3 **Il disordine** Quali sono i molteplici aspetti del disordine conseguente alla morte, rilevati ironicamente nei versi?

4 **L'utilità dell'uomo** Con quali parole la poetessa sembra suggerire l'idea che l'uomo sia di qualche utilità per la morte? Riporta le parole del testo.

v. 16 ....

v. 31 ....

5 **I passi falsi** La morte riporta, è vero, successi («trionfi») ma anche numerosi insuccessi. Elenca le espressioni che si riferiscono a questi ultimi.

....

....

....

6 **Più forti della morte** Per battere la morte non occorrono qualità straordinarie: anche piccoli esseri riescono a tenerle testa. Quali?

7 **La risposta** Come risponde la natura ai «ritardi» della morte?

a. Resta immobile, in attesa

b. Teme il suo arrivo

c. Continua a essere rigogliosa e vitale

d. Si prepara a un lungo sonno

8 **Il significato** Come si può spiegare il significato dei versi 30-32?

a. La morte sa bene come operare e l'uomo l'aiuta
b. La morte non sa realizzare i suoi scopi perché non ha l'aiuto dell'uomo
c. La morte non raggiunge i suoi malvagi obiettivi perché l'uomo le si oppone
d. La morte non sa concretizzare la sua «cattiva volontà» anche se l'uomo l'aiuta

9 **La vita** In quali forme si manifesta la forza della vita nella nona strofa?

10 **La prova** Perché chi afferma che la morte è onnipotente in realtà rappresenta la prova del contrario?

11 **«Invano scuote»** Che cosa vuole significare l'immagine dei vv. 45-46: «Invano [la morte] scuote la maniglia / d'una porta invisibile»?

12 **La sconfitta** In che senso la morte risulta comunque sconfitta? Di che cosa non può essere privato l'uomo?

Riconoscere e analizzare

13 **La forma metrica** Descrivi la forma metrica della poesia.

14 **L'ordine** Che relazione c'è fra le strofe e la presentazione delle affermazioni della poetessa?

15 **Le sequenze** Quali sono le due tipologie di sequenza che prevalgono nel testo?

a. Narrativa
b. Descrittiva
c. Riflessiva
d. Dialogica

16 **La figura retorica dominante** Con quale figura retorica è presentata la morte nel componimento?

a. Personificazione
b. Perifrasi
c. Enfasi
d. Sineddoche

17 **L'anafora** A negare la forza della morte contribuisce un'evidente anafora: quale?

18 **La mosca e il bruco** Nel confronto tra la morte e i minuscoli animali si possono individuare delle figure retoriche: quali?

19 **Il climax** Nella descrizione ai versi 35-36, «Dai semi spuntano le prime due foglioline, / e spesso anche grandi alberi all'orizzonte», è presente un climax. Individualo e spiegalo.

20 **Lo stile** Come definiresti lo stile di questa poesia?

a. Sobrio
b. Ornato
c. Enfatico
d. Prosastico

Rielaborare e produrre

21 **Discutere** Considera il verso 29: «del suo ingrato lavoro». Come si può interpretare, a tuo avviso, l'aggettivo «ingrato»? Esponi oralmente la tua opinione, confrontandola con quella dei compagni in un dibattito in classe.

22 **Il messaggio** Esponi in 100 parole il messaggio che intende trasmettere la poesia.

23 **Il commento** Scrivi un commento (▸ p. 65) al testo di almeno 200 parole.

24 **Il tema** Dopo aver ripensato alle ironiche parole dell'autrice e formulato riflessioni personali sul tema della morte – se possibile, confrontandoti con altri –, scrivi un breve testo argomentativo dal titolo: "Come si pone (o dovrebbe porsi) l'uomo di fronte alla morte?".

Wisława Szymborska

Fotografia dell'11 settembre

Da *Attimo*, 2002
Lirica

La poesia – come uno scatto fotografico – immortala per sempre le drammatiche immagini di uno degli attentati terroristici più impressionanti e spaventosi degli ultimi decenni, il crollo delle due Torri Gemelle a New York, l'11 settembre 2001.

Sono saltati giù dai piani in fiamme –
uno, due, ancora qualcuno
sopra, sotto.

La **fotografia** li ha fissati vivi,
e ora li conserva
sopra la terra verso la terra.

Ognuno è ancora un tutto
con il proprio viso
e il sangue ben nascosto.

C'è abbastanza tempo
perché si scompiglino i capelli
e dalle tasche cadano
gli spiccioli, le chiavi.

Restano ancora nella sfera dell'aria,
nell'ambito di luoghi
che si sono appena aperti.

Solo due cose posso fare per loro –
descrivere quel volo
e non aggiungere l'ultima frase.

W. Szymborska, *La gioia di scrivere. Tutte le poesie 1945-2009*, trad di P. Marchesani, Adelphi, Milano, 2009

PAROLE *sotto la lente*

Fotografia

Composto da due parole greche, *phós, photós*, "luce", e *graphía*, "scrittura", il nome indica sia il processo che permette, attraverso reazioni chimiche e un apposito apparecchio, di ottenere immagini di soggetti diversi, sia il risultato di tale procedimento riprodotto su supporti di varia natura.

Attività

Trova altri nomi composti con il suffissoide *-grafía* che indichino altre modalità di riproduzione di immagini, specificando il tipo di supporto usato.

Un uomo cade nel vuoto in un'illustrazione di Jeremy Cox.

1 **Sono...fiamme**: sono coloro che negli attentati dell'11 settembre 2001, prima del crollo dei due grattacieli Nord e Sud del World Trade Center di New York, hanno scelto di gettarsi nel vuoto.

4 **fissati vivi**: ripresi, immortalati ancora vivi.

7 **un tutto**: un corpo ancora integro.

10 **abbastanza tempo**: l'altezza dei grattacieli era tale che la caduta ha avuto una certa durata.

14 **nella sfera dell'aria**: distanti da terra, in caduta libera.

per L'ANALISI del TESTO

La banalità del terrorismo

Szymborska è solita mascherare anche i temi più angosciosi con l'**ironia**, con immagini fantasiose, riuscendo spesso a dissimulare perfino il sentimento della disperazione – che pure le appartiene – con il ricorso alla speranza. Anche qui, per continuare a essere una poetessa del suo tempo, sceglie di non cedere alla retorica dell'indignazione, di usare un tono leggero per descrivere immagini intensamente drammatiche. La poesia è un toccante ricordo di uno degli attentati terroristici più sconvolgenti e drammatici di questi decenni: l'abbattimento dei due grattacieli del World Trade Center di New York, l'11 settembre 2001, da parte di terroristi islamici, con circa 3000 morti. Pur non essendo rimasta estranea agli avvenimenti polacchi o internazionali, la poetessa non ha mai amato protestare in piazza, intrattenere rapporti confidenziali con troppa gente, essere sotto i riflettori. Tuttavia, non sono mancate le sue **prese di posizione**, che ha espresso **tramite i suoi versi**, la sua poesia, e del terrorismo ha denunciato la banalità oltre che la brutalità, con queste parole: «Per giorni interi pensano / a come uccidere, per uccidere» (*Gli attentatori*).

Un atto d'amore

Sin dal primo verso la poetessa visualizza l'aspetto centrale del dramma in corso. Non si lascia distrarre dal crollo delle due torri, dall'impressionante impatto degli aerei, ma pensa all'**essere umano**, e in particolare a coloro che «Sono saltati giù dai piani in fiamme» (v. 1), con l'assurdo intento di tenere in qualche modo in vita quei poveri sventurati, «fissati vivi» (v. 4) dalla fotografia, ancora integri fisicamente («un tutto», v. 7). Non rinuncia a una speranza impossibile per non cedere, come si diceva poc'anzi, alla disperazione. Non è un atto irriverente, ma un **atto d'amore** quello di descrivere come «si scompiglino i capelli» (v. 11) delle persone che stanno precipitando, come «dalle tasche cadano / gli spiccioli, le chiavi» (vv. 12-13). È con un simile stato d'animo che elabora la frase conclusiva, capace ancora una volta di sorprendere e di meravigliare, affermando di poter fare solo due cose: «descrivere quel volo» (v. 18), un compito già assolto, e tacere sullo schianto finale per un comprensibile e umano senso di pietà. Non parla di tonfi, di strazio, di dolore, non è necessario, le basta «non aggiungere l'ultima frase» (v. 19) e lasciare al suo interlocutore l'ultima deduzione.

Lo stile

Con questi versi Szymborska riesce ad andare oltre la provvisorietà della cronaca e a fissare attimi importanti della storia del mondo. Si serve di una **leggerezza espressiva** che scaturisce da una personale leggerezza mentale, in grado di elaborare una lingua semplice, discorsiva, frutto non d'improvvisazione ma di un'assoluta padronanza degli strumenti linguistici.

Attività

Leggere e comprendere

1 **La fotografia** Il titolo già chiarisce il contenuto del testo, ma quali sono il soggetto e il momento preciso dell'attentato dell'11 settembre 2001 che la poetessa vuole fissare, come in un'istantanea?

2 **Il luogo** Dove si trovano le persone descritte quando l'autrice scatta la "fotografia"?

3 **Le individualità** Nell'immensità del disastro, l'attenzione è focalizzata sulle singole persone il vero soggetto della poesia. Individua nei versi le parole che attestano questa affermazione e riportale qui sotto.

....

....

....

4 **Per pochi attimi** Come appaiono, nell'istantanea descrizione fisica, le persone che si sono buttate giù per salvarsi?

a. Composte

b. Con le loro fattezze ancora intatte

c. Imbrattate di sangue

d. Già morte

5 **Al rallentatore** La quarta strofa assomiglia a una sequenza al rallentatore. Che cosa può accadere, in quel breve intervallo di tempo, agli uomini che stanno precipitando?

6 **I dettagli** Perché la poetessa presta tanta attenzione ai piccoli particolari descritti nella quarta strofa?

a. Vuole valorizzare il coraggio delle vittime

b. Vuole raccontare oggettivamente

c. Vuole additare speranze impossibili

d. Vuole suscitare angoscia e sgomento

7 **La reticenza** Quale fatto inevitabile viene volutamente taciuto dalla poetessa?

8 **La motivazione** Da che cosa può essere motivata questa decisione di tacere sulla loro morte?

Riconoscere e analizzare

9 **La forma metrica** Descrivi la forma metrica del componimento.

10 **La prima strofa** La lunghezza dei versi della prima strofa sembra riprodurne il contenuto, ossia l'immagine, sempre più ravvicinata, della caduta. Osserva attentamente il testo e chiarisci questa affermazione.

11 **La terra** Il verso 6, «sopra la terra verso la terra.» presenta un'elaborazione retorica che mette fortemente in risalto la parola "terra". Prova a descriverla.

12 **Ognuno-tutto** Bastano questi due pronomi al verso 7, apparentemente antitetici, a rendere l'idea della scena, a descrivere coloro che stanno precipitando: in che modo?

13 **Il lessico** La quinta strofa contiene vocaboli riferiti allo spazio attraverso cui stanno cadendo gli uomini. Individuali e riportali qui sotto.

....

....

....

14 **«descrivere»** Con questa parola, al verso 18, la poetessa esprime un'idea di sobrietà lontana da ogni retorica e di oggettività. Eppure, la successiva figura retorica rivela tutta la sua umana pietà. Di quale figura retorica si tratta?

a. Enfasi

b. Personificazione

c. Ellissi

d. Ripetizione

Rielaborare e produrre

15 **Discutere** Considera il verso 4: «La fotografia li ha fissati vivi». Perché a tuo avviso la poetessa ha voluto fare questa precisazione, usando l'aggettivo "vivi"? Che significato si può attribuire alla sua scelta? Esponi oralmente la tua opinione, confrontandola con quella dei compagni in un dibattito in classe.

16 **La sintesi** Descrivi con le tue parole, in modo sintetico, le immagini che sono contenute nella poesia.

17 **Il commento** Stendi un commento (▸ p. 65) di almeno 200 parole sul testo.

18 **Una ricerca** Pur essendo un tema sempre attuale, l'attentato alle Torri Gemelle risale ormai a molti anni fa. Raccogli informazioni sul drammatico evento che ha segnato un'epoca, quindi organizzale in un testo espositivo, in cui, oltre a rispondere alle cinque domande chiave della cronaca (chi, dove, quando, come, perché), dovrai brevemente accennare alle conseguenze permanenti derivate dall'atto terroristico.

per approfondire

Franco Marcoaldi

Parlando, con Wisława, quando le muse sono strane

Facendo proprio lo stile ironico che qualifica la poesia di Wisława Szymborska, il critico letterario Marcoaldi sviluppa una riflessione che evidenzia l'originalità dell'autrice polacca e il valore altamente poetico della sua produzione.

Da "La Repubblica", 8 novembre 2008

Testo argomentativo

Chissà perché quando si dice "poesia", subito si pensa a qualcosa di enfatico, retorico, lacrimoso. "Poetico", appunto. Poco importa che John Keats[1], un signore che con i versi aveva una certa dimestichezza, ammonisse: «il poeta è la più impoetica delle creature». No, vulgata[2] vuole che a questo appellativo corrisponda chi, senza pensarci troppo, riversa sulla pagina sentimenti patetici, con paroloni il più possibile alti e vaghi [...]. Basta palpitare un poco, tirare fuori senza pudori le emozioni che si crede di provare e in un quarto d'ora il componimento è pronto per essere declamato da attori, se possibile più imbarazzanti degli autori stessi. Perché poi meravigliarsi se di fronte al numero esorbitante di chi scrive versi, pochi o punti[3] leggono poesia? Eppure, per sgomberare il campo da ogni equivoco, basterebbe mandare a memoria una paginetta di Wisława Szymborska.

Nella rubrica «Posta letteraria[4]», in cui risponde ad autori per lo più esordienti e in smaniosa ricerca di pubblicazione, la grande poetessa polacca invita a diffidare delle Muse (che sono «amorali e capricciose») e a intraprendere piuttosto mestieri slegati dagli umori altalenanti di quelle isteriche, perché «sulle isteriche non si può contare». D'altronde, che male c'è, se in assenza di talento letterario, si rinuncia all'avventura della scrittura e se ne intraprende un'altra, forse ancora più affascinante, quale la lettura? «Datemi una qualche speranza di poter essere pubblicato o almeno un qualche conforto», aveva scritto un altro aspirante poeta. E lei risponde: «Dopo aver letto, dobbiamo optare per la seconda ipotesi. Attenzione dunque, La stiamo confortando: l'attende una sorte meravigliosa, la sorte di lettore, e di lettore della miglior specie, perché disinteressato; la sorte di amante della letteratura, il quale sarà sempre il suo partner principale, ossia non colui che deve conquistare, ma è conquistato. Lei leggerà di tutto per il solo piacere di leggere».

1 **John Keats**: poeta romantico inglese, nato nel 1795 a Londra e morto nel 1821 a Roma.

2 **vulgata**: da "volgo"; s'intende l'opinione comune.

3 **pochi o punti**: pochi o nessuno.

4 **«Posta letteraria»**: è la rubrica che Szymborska tiene sul settimanale "Vita letteraria" dal 1953 al 1966.

L'AUTORE

Franco Marcoaldi (1955) è un uomo di cultura dai molteplici interessi: giornalista, critico letterario, autore di libretti d'opera, di testi teatrali, poeta. In effetti, è proprio la poesia l'ambito letterario in cui si è meglio espresso, convinto che scrivere versi, ma anche comporre musica, dipingere, l'arte in generale possa contribuire a migliorare il mondo. Una delle sue ultime raccolte poetiche s'intitola *Il mondo sia lodato* (2015), un inno al mondo, una preghiera laica d'ispirazione francescana.

In fondo, è quanto la stessa Szymborska fa da una vita intera. Perché la lettura è «il più bel passatempo mai escogitato dall'umanità». La Nostra[5] ne è talmente convinta da spingersi nei territori più insoliti e bizzarri. Perdendosi, se del caso, anche dietro libri futili, perché pure da quelli si possono ricavare informazioni o comunque qualche ora di svago. Nasce così un'ulteriore rubrica, «Letture facoltative», dove la poetessa polacca si esercita su quei testi che per lo più non vengono recensiti, pur essendo spesso tra i più venduti: manuali di ogni risma, libri di divulgazione scientifica, antologie, memorialistica, monografie. Non si tratta di recensioni canoniche, ma delle brillantissime divagazioni di «una lettrice amatoriale, su cui non gravi l'imperativo di un'incessante valutazione». [...]

Alcuni critici sostengono che le poesie di Wisława Szymborska sono un po' come le sue prose: trattano questioni apparentemente marginali e sicuramente trascurate. La verità è che qualunque argomento, dal più ordinario al più tragico, può essere condensato in una successione di versi. L'importante è come lo si fa. E nel "come", la Nostra è un'inarrivabile maestra: scetticismo, sobrietà e precisione si fondono in una lingua colloquiale che grazie al costante rovesciamento dei luoghi comuni, osserva Marchesani[6], «dilata la vista sulla realtà»; compressione del senso e accelerazione della fantasia vanno di pari passo a un gusto sopraffino per il gioco linguistico e a un sorvegliatissimo controllo delle metafore; l'innata predisposizione al ritmo si sposa a un'ironia compassionevole che tiene costantemente a bada il rischio del pathos. Si potrebbe condensare questo lungo lavorìo in un unico concetto, in un'unica parola: «naturalezza». Che è figlia però di un filtro di revisione quanto mai esigente: «pubblico poco perché scrivo di notte, ma di giorno ho la pessima abitudine di leggere ciò che ho scritto, e sono dell'opinione che non tutto resista alla prova di una rotazione del globo terrestre».

Wisława Szymborska legge un quotidiano nel 1954.

Per certo quel poco che sopravvive allo spietato giudizio dell'autrice, è un distillato capace di arrivare immancabilmente alla mente e al cuore dei lettori: sempre più numerosi, sempre più entusiasti; in patria e all'estero. Fors'anche per l'enorme simpatia che suscita la postura esistenziale[7] della Szymborska, la quale, a fronte delle dilaganti schiere di improbabili dottoroni che hanno sempre un'opinione su tutto e su tutti, ebbe l'ardire di far ruotare il suo bellissimo discorso di investitura al Nobel su due minuscole parolette: «non so». Lungi dall'offrire apodittiche[8] risposte, la sua poesia infatti è animata dal rovello del dubbio, da domande continue e inevase. Quella poesia non conosce né punti fermi, né tantomeno punti esclamativi. Semmai i *Due punti*, come suona il titolo della sua ultima, popolarissima raccolta.

Quei due punti segnalano un sentimento costante di apertura e stupore, un senso di grata meraviglia di fronte all'ininterrotto succedersi dei miracoli del mondo: «Un miracolo

5 **La Nostra**: cioè Szymborska.

6 **Marchesani**: Pietro Marchesani (1942-2011) è stato il traduttore italiano della poetessa, contribuendo in maniera decisiva a farla conoscere.

7 **postura esistenziale**: il suo stile di vita, i suoi valori.

8 **apodittiche**: evidenti, che non hanno bisogno di dimostrazioni.

normale:/l'abbaiare di cani invisibili/nel silenzio della notte/.Un miracolo fra tanti:/una piccola nuvola svolazzante,/e riesce a nascondere una grande pesante luna». Oppure: «Un miracolo all'ordine del giorno:/venti abbastanza deboli e moderati,/impetuosi durante le tempeste./Un miracolo alla buona:/le mucche sono mucche». Basta aprire bene gli occhi, mettere l'orecchio a terra e respirare a pieni polmoni per riscoprire nel consueto l'eccezionale, il miracoloso. Oltretutto l'uomo, malgrado se lo scordi spesso, è un animale dotato di immaginazione. E allora, apposta per lui, ecco «Un miracolo supplementare, come ogni cosa:/l'inimmaginabile/è immaginabile». Wisława Szymborska pare non dimenticare mai questo fondamentale assunto.

Anche nei momenti di massima malinconia, di massimo dolore. Come nella straziante poesia scritta dopo la scomparsa del compagno, Kornel Filipowicz, e affidata al punto di vista del gatto di famiglia («Il gatto in un appartamento vuoto»). Parca in tutto, e dunque in particolare nello svelare i tratti salienti della propria vita, la migliore definizione di sé ce la dà *en passant*, in due versi che suonano: «Miei segni particolari:/incanto e disperazione». Proprio da questa coppia di sentimenti contrastanti si irradia l'opera poetica forse più toccante e acuminata di un autore contemporaneo, che noi tutti abbiamo la fortuna di leggere.

F. Marcoaldi, *Parlando, con Wisława, quando le muse sono strane*, "La Repubblica", 8 novembre 2008

Un gatto nero in un'illustrazione di Midniterain del 2016.

Attività

Comprendere il testo argomentativo

1 **L'opinione comune** Secondo l'opinione comune, come si scrive una poesia?

2 **Il consiglio** Che consiglio dà Szymborska agli aspiranti poeti che non riescono a pubblicare i loro versi e quindi a emergere?

3 **Dubbi o certezze?** Szymborska è solita dispensare nella sua poesia verità e certezze?

Analizzare il testo argomentativo

4 **L'ironia** Si può dire che anche questo testo sia scritto con amabile ironia, così come le poesie di Szymborska? Perché?

5 **Il metodo** Qual è il metodo di lavoro utilizzato dalla poetessa?

6 **Due espressioni** Che cosa significano le espressioni 'lingua colloquiale" e "rovesciamento dei luoghi comuni"?

RACCOGLIAMO LE IDEE

1 Sintesi dei contenuti

Attraverso le attività seguenti raccogli le idee sui concetti e sulle informazioni contenute nell'Unità.

Dopo aver conosciuto almeno in parte Wisława Szymborska leggendo i testi proposti, stendi un'intervista immaginaria all'autrice. Nella finzione, svolgerai il ruolo di entrambi, l'intervistatore e la poetessa; porrai le domande che ti suggeriamo e risponderai a suo nome, attenendoti ai concetti e ai tratti stilistici presenti nelle liriche dell'Unità.

Si può sfuggire alla vita?

Che cosa pensa dell'amore a prima vista?

Si deve temere la morte?

Con quale stato d'animo affronta la vita?

Chi scrive poesie è superiore a chi non le scrive?

Qual è il tratto stilistico che caratterizza le sue liriche?

Il suo tono è lirico o prosastico, narrativo?

La semplicità del suo stile esclude il ricorso a figure retoriche?

2 Citazioni dalle liriche

La divisione in cielo e terra
non è il modo appropriato
di pensare a questa totalità.
Permette solo di sopravvivere
a un indirizzo più esatto,
più facile da trovare,
se dovessero cercarmi.

Il cielo

Sono entrambi convinti
che un sentimento improvviso li unì.
È bella una tale certezza
ma l'incertezza è più bella.

Non conoscendosi, credono
che non sia mai successo nulla fra loro.
Ma che ne pensano le strade, le scale, i corridoi
dove da tempo potevano incrociarsi?

Amore a prima vista

Non s'intende di scherzi,
stelle, ponti,
tessitura, miniere, lavoro dei campi,
costruzione di navi e cottura di dolci.
[...]
Non sa fare neppure ciò
che attiene al suo mestiere:
né scavare una fossa,
né mettere insieme una bara,
né rassettare il disordine che lascia.

Sulla morte senza esagerare

C'è abbastanza tempo
perché si scompiglino i capelli
e dalle tasche cadano
gli spiccioli, le chiavi.

Restano ancora nella sfera dell'aria,
nell'ambito di luoghi
che si sono appena aperti.

Fotografia dell'11 settembre

3 Scrittura guidata *il testo argomentativo*

Un tratto saliente delle poesie di Wisława Szymborska, come abbiamo visto, è la leggerezza e l'ironia con cui l'autrice affronta anche i temi più impegnativi, caratteristiche anche della lirica seguente, che ti invitiamo a commentare (▶ p. 65).

Prima di concentrarti su *Contributo alla statistica*, metti a fuoco la poetica di Szymborska considerandone le caratteristiche tematiche e stilistiche focalizzate nell'intervista immaginaria all'autrice e presenti nelle citazioni dei versi riportate sopra.

Per stendere il tuo elaborato puoi servirti della scaletta presentata di seguito come punto di partenza.

Leggi attentamente la poesia e individua i temi proposti

Organizza il commento sviluppando questi punti:

- parte introduttiva-descrittiva di presentazione del testo
- peculiarità dell'essere umano, nel bene e nel male, colte dalla poetessa
- valutazione personale

Contributo alla statistica

Su cento persone:
che ne sanno sempre più degli altri
– cinquantadue;

insicuri a ogni passo
– quasi tutti gli altri;

pronti ad aiutare,
purché la cosa non duri molto
– ben quarantanove;

buoni sempre,
perché non sanno fare altrimenti
– quattro, be', forse cinque;

propensi ad ammirare senza invidia
– diciotto;

viventi con la continua paura
di qualcuno o qualcosa
– settantasette;

dotati per la felicità,
– al massimo poco più di venti;

innocui singolarmente,
che imbarbariscono nella folla
– di sicuro più della metà;

crudeli,
se costretti dalle circostanze
– è meglio non saperlo
neppure approssimativamente;

quelli col senno di poi
– non molti di più
di quelli col senno di prima;

che dalla vita prendono solo cose
– quaranta,
anche se vorrei sbagliarmi;

ripiegati, dolenti
e senza torcia nel buio
– ottantatré
prima o poi;

degni di compassione
– novantanove;

mortali
– cento su cento.
Numero al momento invariato

W. Szymborska, *La gioia di scrivere. Tutte le poesie 1945-2009*, trad. di P. Marchesani, Adelphi, Milano, 2009

Wisława Szymborska

In lode di mia sorella

Da
Grande numero, 1976
Lirica

Vivendo di poesia e suscitando negli altri, per questa sua peculiarità, continue aspettative, Szymborska può finalmente respirare e rilassarsi pensando, con un po' d'invidia, alla sorella maggiore Nawoja, quell'«insuperabile modello di casalinga vecchio stampo», che non ha alcuna vocazione poetica o letteraria e non rovescia caffè sui manoscritti.

Mia **sorella** non scrive poesie,
né penso che si metterà a scrivere poesie.
Ha preso dalla madre, che non scriveva poesie,
e dal padre, che anche lui non scriveva poesie.
Sotto il tetto di mia sorella mi sento sicura:
suo marito mai e poi mai scriverebbe poesie.
E anche se ciò suona ripetitivo come una litania,
nessuno dei miei parenti scrive poesie.

Nei suoi cassetti non ci sono vecchie poesie,
né ce n'è di recenti nella sua borsetta.
E quando mia sorella mi invita a pranzo,
so che non ha intenzione di leggermi poesie.
Fa minestre squisite senza secondi fini,
e il suo caffè non si rovescia su manoscritti.

In molte famiglie nessuno scrive poesie,
ma se accade – è raro che sia uno solo.
A volte la poesia scende a cascate per generazioni,
creando gorghi pericolosi nel mutuo sentire.

Mia sorella pratica una discreta prosa orale,
e tutta la sua opera scritta consiste in cartoline
il cui testo promette la stessa cosa ogni anno:
che al ritorno dalle vacanze
tutto quanto
tutto
tutto racconterà.

W. Szymborska, *La gioia di scrivere. Tutte le poesie 1945-2009*, trad. di P. Marchesani, Adelphi, Milano, 2009

3 **Ha preso dalla madre**: ha ereditato questo tratto dalla madre.
5 **Sotto il tetto**: a casa.
7 **litania**: nenia, filastrocca.
17 **scende…generazioni**: è prodotta in maniera copiosa da familiari di diverse generazioni.
18 **creando…sentire**: causando accumuli, confusione nella comune percezione.

PAROLE *sotto la lente*

Sorella

Il nome deriva dal latino *soror*, con lo stesso significato, e indica, in senso stretto, ciascuna delle figlie nate dagli stessi genitori, mentre, in senso figurato, si riferisce al rapporto di stretta affinità fra due cose (nazioni sorelle). È anche l'appellativo, affine a "suora", di un membro femminile di una congregazione religiosa.

Attività

Precisa il significato delle seguenti espressioni contenenti il nome "sorella": sorella carnale, sorella minore (maggiore), sorellastra, sorella adottiva, sorella gemella, sorella di latte.

Attività

Comprendere e analizzare: verso l'INVALSI

1 **La sorella** Che cosa esprime la poetessa nei confronti della sorella che non scrive poesie?
- a. Disprezzo
- b. Critica
- c. Lode
- d. Indifferenza

2 **La sicurezza** Da che cosa pare sentirsi al sicuro la poetessa in casa della sorella?
- a. Dal fastidioso obbligo di cucinare
- b. Dal ruolo di giudice delle poesie di altri
- c. Dall'impegno di essere una poetessa
- d. Dalla paura dell'insuccesso

3 **La quotidianità** Qual è il giudizio implicito sulla vita quotidiana di coloro che non sono poeti?
- a. È più spontanea
- b. È disprezzabile
- c. È priva di valori
- d. È banale e arida

4 **«senza secondi fini»** A che cosa sembra alludere la poetessa con questa espressione?
- a. La sorella non chiede una ricompensa
- b. La sorella non le chiede un giudizio sulle sue poesie
- c. La sorella non vuole esibire la sua superiorità
- d. Molti spesso le chiedono valutazioni e consigli sulle loro poesie

5 **La creatività** Anche la sorella è dotata di una buona espressività. Come si rivela la sua dote?
- a. Nello scrivere semplici versi
- b. Nel parlare con tutti in modo appropriato
- c. Nello scrivere racconti
- d. Nel raccontare a voce

6 **Il talento poetico** Come vive l'autrice il fatto di possedere un talento poetico?
- a. Con arroganza
- b. Con forte impegno
- c. Con indifferenza
- d. Con entusiasmo

7 **«tutto quanto»** Sembra quasi che la poetessa provi un po' d'invidia per la sorella che promette di raccontare tutto quanto, ma proprio tutto. Perché?
- a. Lei non racconta le vacanze perché non ci va
- b. I poeti devono scegliere che cosa dire
- c. Le sue esperienze non possono essere riferite
- d. La sorella può non mantenere la promessa

8 **La forma metrica** La forma metrica conferisce al testo un tono
- a. lirico
- b. prosastico
- c. nostalgico
- d. recitativo

9 **Due parti** Nella poesia si possono distinguere due parti: una in cui si dice ciò che la sorella non fa, l'altra che descrive invece ciò che essa fa. Indica i versi che si riferiscono a l'una e all'altra.

10 **La ripetizione** La ripetizione della parola «poesie» a fine verso conferisce al testo un tono caratteristico: come lo giudica l'autrice?

11 **La negazione** Il testo contiene molte parole di significato negativo. Individua e riporta due esempi di avverbio, di congiunzione, di pronome.

12 **La metafora** Nella strofa in cui parla di "famiglie di poeti", lo stile della poetessa sembra ironicamente scostarsi dalla semplice sobrietà degli altri versi, come ci rivela la presenza di una metafora. Quale?

13 **L'anafora finale** Su che cosa pone l'accento l'anafora finale?
- a. Sull'ansia di tornare dalle vacanze
- b. Sulla piacevolezza delle vacanze
- c. Sulla gioia di raccontare
- d. Sulla pigrizia della sorella

Rielaborare e produrre

14 **Il giudizio** Ti pare che nella lirica la poetessa esprima un giudizio critico su una realtà diversa da quella – pervasa di poesia – in cui lei vive, oppure mostri di apprezzare anche altre esperienze di vita, oltre alla propria? Esprimi la tua opinione in un breve testo, argomentando.

15 **La sintesi** I versi di questa lirica ci rivelano in modo inequivocabile il rapporto tra la poetessa, la poesia e la vita quotidiana. Illustra tale rapporto in un sintetico scritto, corredandolo di opportuni riferimenti al testo.

per guardare oltre

Intersezioni nell'antologia

- Wisława Szymborska affronta nella sua opera poetica un'infinità di contenuti, di argomenti che la portano a riflettere su tematiche, valori e scelte individuali e a coinvolgere il lettore in questo attento esame della vita. Gli stessi problemi sono stati al centro della riflessione di altri grandi poeti, anche se con esiti spesso diversi.
- Il significato della vita e della morte è presente in *L'osteria* (▶ p. 60) di Mario **Luzi**, in tutte le liriche di Giacomo **Leopardi**, in particolar modo in *A Silvia* (▶ p. 220), e in *Spesso il male di vivere ho incontrato* (▶ p. 299) di Eugenio **Montale**.
- Gli affetti familiari sono il soggetto di *Ho sceso, dandoti il braccio, almeno un milione di scale* (▶ p. 308), sempre di **Montale**, che riflette anche sulla posizione del poeta nella vita quotidiana. Per un confronto su questo tema, si può leggere *L'uccello di fuoco* (▶ p. 47) di Alda **Merini**.
- La poesia delle cose concrete della quotidianità domina in Sergio **Solmi**, *Entro la densa lente dell'estate* (▶ p. 58). Il senso di profonda intimità con la natura si ritrova invece in *Sono una creatura* (▶ p. 288) di Giuseppe **Ungaretti**, e in un'altra poesia dello stesso autore, *Veglia* (▶ p. 274), si osserva l'attaccamento alla vita che insorge negli uomini persino nei momenti di maggior disperazione. Il tema dell'incontro tra innamorati, poi, trattato in modo disincantato e ironico, è al centro della poesia di Edoardo **Sanguineti** *Vengo con la presente* (▶ p. 141), e compare anche in Camillo **Sbarbaro** (*Ora che sei venuta,* ▶ p. 150).

Altri orizzonti

BIOGRAFIE E SAGGI, RACCOLTE

- Una ricca biografia di Wisława Szymborska è opera di due giornaliste culturali che l'hanno conosciuta e frequentata: *Cianfrusaglie del passato. La vita di Wisława Szymborska* (2015) di Anna **Bikont** e Joanna **Szczęsna**. È un testo che non si limita a parlare di fatti e date, ma riporta anche frequenti citazioni delle sue opere.
- Per un ulteriore approfondimento: *La vita a volte è sopportabile. Ritratto ironico di Wisława Szymborska*, ed. Casagrande, Bellinzona (2013); contiene il cd dell'omonimo film documentario girato dalla regista Katarzyna **Kolenda-Zaleska** e un volumetto che raccoglie vari contributi.
- Sulla fortuna che Szymborska ha avuto e ha in Italia si legga *La fiera dei miracoli, ovvero la Szymborska e lo szymborskismo in Italia*, di Luigi **Marinelli**, saggio disponibile anche on-line.
- Una raccolta particolare di Wisława Szymborska è intitolata *Taccuino d'amore* (2002), che raggruppa le sue poesie incentrate sul tema dell'amore.

PITTURA

- La vita artistica della famiglia **Carpi** è presentata nel catalogo di una mostra: *Il mondo dei Carpi* (2001).
- Una pittura problematica, ricca di fiducia nella vita e nel contempo anche di tensioni, è quella di Marc **Chagall** (1887-1985). Le sue origini ebraiche, l'emigrazione dalla Russia in Francia, la famiglia, i temi religiosi sono costantemente al centro della sua arte.

MUSICA

- Un artista travolgente nel suo entusiasmo, capace di parlare a un pubblico giovane ma non solo, è **Jovanotti**. Un suo recente brano, *Sabato*, si presenta come una canzone dall'atmosfera indefinibile, sospesa, che suscita una malinconica allegria.

FILM

- Il regista Andrzej **Wajda** (1926-2016) ha raccontato nei suoi film la recente storia polacca. *L'uomo di ferro* (1981), vincitore della Palma d'oro a Cannes, narra la resistenza al regime comunista.

La locandina del film *L'uomo di ferro* diretto da Andrzej Wajda nel 1981.

PERCORSO D

Gli strumenti del teatro

Unità D1 Il testo teatrale

Unità D2 La messinscena

PERCORSO D

UNITÀ 1

Il testo teatrale

William Hogarth, *L'attore Garrick nei panni di Riccardo III*, 1745. (Liverpool, Walker Art Gallery)

Il testo teatrale, poiché destinato alla rappresentazione, presenta delle caratteristiche peculiari che lo differenziano da ogni altro tipo di testo: deve infatti prestarsi a essere interpretato da un attore – con la sua voce e la sua gestualità – e reso scenicamente dall'abilità del regista e dei suoi collaboratori. Come il testo narrativo, anche il testo teatrale ha come scopo quello di narrare una storia, ma lo fa direttamente, attraverso i dialoghi dei personaggi che recitano sulla scena.

• La struttura del testo teatrale •

Di norma, un testo teatrale è suddiviso in **atti**, corrispondenti ai capitoli di un romanzo, in numero variabile a seconda dello sviluppo della vicenda. Le tragedie e le commedie classiche venivano strutturate in più atti, mentre nel teatro contemporaneo spesso vi è la tendenza all'abolizione di qualsiasi partizione, a favore dell'**atto unico**.

A sua volta l'atto è diviso in **scene**, che cambiano a seconda dell'entrata e dell'uscita degli attori. Una scena prevede, quindi, la presenza sul palcoscenico degli stessi attori. Un testo con atti suddivisi in numerose scene è improntato all'azione, al movimento; se invece le scene sono poche, il carattere del testo teatrale risulterà più statico.

Nella stesura di un testo teatrale, l'autore definisce gli interventi dei singoli personaggi, le cosiddette **battute**, accompagnandole con le **didascalie**, indicazioni utili alla rappresentazione, ma che non devono essere pronunciate dagli attori.

• Battute • Ogni testo vive attraverso le battute, la cui funzione è quella di delineare le vicende, i caratteri dei personaggi e ogni altro aspetto utile alla comprensione e al coinvolgimento del pubblico.
Le battute possono essere di diverso tipo. Si parla di:

- **dialogo** (dal greco *diálogos*, "discorso tra persone"), quando due o più personaggi conversano tra di loro; quando le battute sono brevi, il ritmo della rappresentazione è veloce, come nell'esempio seguente:

MADRE	Vedi ancora la barca di Juan?
FIGLIO	Sì.
MADRE	Il suo fanale è ancora acceso?
FIGLIO	Sì.
MADRE	Nessun'altra barca l'ha raggiunta?
FIGLIO	No. (*Pausa*)
MADRE	Strano. Perché in mare non c'è nessun altro?
FIGLIO	Ma lo sai.
MADRE	(*pazientemente*) Se lo chiedo, vuol dire che non lo so.
FIGLIO	In mare c'è solo Juan, perché ora hanno altro da fare che pescare.
MADRE	Ah, sì.

Bertolt Brecht, *I fucili di madre Carrar* in *Teatro*, Einaudi, Torino, 1975

- **monologo** (dal greco *mónos*, “solo”, e *lógos*, “discorso”), quando un personaggio recita la sua parte trovandosi da solo sulla scena, oppure parla senza rivolgersi agli altri attori, che restano sul palcoscenico in silenzio. Questo particolare tipo di battuta rallenta il ritmo dell’azione ed è utile per far conoscere allo spettatore avvenimenti non rappresentati o i pensieri del personaggio:

> ANTONIO Amici, concittadini, romani! Prestatemi orecchio. Sono venuto a seppellire Cesare, non a farne l’elogio. Il male che l’uomo fa, gli sopravvive; il bene, spesso, resta sepolto con le sue ossa. E così sia di Cesare. Il nobile Bruto vi ha detto che Cesare era ambizioso: se era, ebbe grave colpa; e Cesare l’ha gravemente scontata. Qui, col beneplacito di Bruto e degli altri – ché Bruto è uomo d’onore, e anche gli altri, tutti uomini d’onore – sono venuto a parlare al funerale di Cesare.
>
> William Shakespeare, *Giulio Cesare*, Feltrinelli, Milano, 2013

Marlon Brando interpreta Antonio nel film *Giulio Cesare* diretto da Joseph Mankiewicz nel 1953.

- **soliloquio** (dal latino *solus*, “solo”, e *lòqui*, “parlare”), quando sulla scena un personaggio parla tra sé. Il soliloquio permette al pubblico di conoscere i pensieri e a volte le riflessioni intime del personaggio:

> FAUST Ahimè!, ho studiato, a fondo e con ardente zelo, filosofia e giurisprudenza e medicina e, purtroppo, anche teologia. Eccomi qua, povero pazzo, e ne so quanto prima! Vengo chiamato Maestro, anzi dottore e già da dieci anni meno per il naso, in su ed in giù, in qua ed in là, i miei scolari. E scopro che non possiamo sapere nulla!
>
> Johann Wolfgang Goethe, *Faust*, Feltrinelli, Milano, 2005

- **a parte**, quando un personaggio si rivolge direttamente al pubblico, non udito dagli altri attori. Questo tipo di battuta è segnalata nel testo con formule tipo «da sé», «verso il pubblico» e ha lo scopo di informare il pubblico di qualche cosa che gli altri personaggi non devono sapere:

> FULGENZIO (Per me ho finito d’essere innamorato) (*passeggia*).
> EUGENIA (Voglio piuttosto mettermi un sasso al collo, e andarmi a gettar nel Naviglio) (*da sé*).
> FULGENZIO (Si vede chiaro, che è annoiata di me) (*da sé*).
> EUGENIA (Ha il cuore con tanto di pelo) (*da sé*).
> FULGENZIO (Ci scommetterei la testa, che il Conte le piace) (*da sé*).
> EUGENIA (Finto! Doppio come le cipolle!) (*da sé*).
> FULGENZIO (Son pur pazzo io a perdere il mio tempo, e a perdere la salute ed il riposo per lei) (*da sé*).
>
> Carlo Goldoni, *Gl’innamorati*, Garzanti, Milano, 2014

• Didascalie • Il testo teatrale prevede inoltre la presenza di **didascalie** (dal greco *didáskein*, “insegnare”), indicazioni poste tra parentesi, normalmente in corsivo, non destinate a essere recitate. Così l’autore può specificare il luogo in cui si svolge l’azione, la gestualità o l’atteggiamento dei personaggi.

Nell’antichità classica le didascalie erano poco usate, perché gli autori curavano direttamente la messinscena del testo; ancora nel Settecento se ne faceva un uso limitato.

Luigi **Pirandello** (1867-1936 ▸ p. 469), invece, ricorre a numerose e particolareggiate didascalie, ponendo in questo modo forti vincoli alla rappresentazione delle sue opere:

> *Atto primo*
>
> *Scena prima*
>
> La signora Beatrice, la Saracena e Fana
>
> *Al levarsi della tela, la signora Beatrice, seduta sul divano, piange. La Saracena, seduta di fronte, la guarda contrariata.*
>
> FANA (*indicando la signora che piange*) Siete contenta ora? Come non vi fate coscienza di attizzar questo fuoco? Di rovinare così una famiglia?
>
> LA SARACENA (*donnone atticciato, terribile, sui quarant'anni; sgargiante, con ampio fazzoletto di seta, giallo, al petto, e scialle anche di seta, celeste, con lunga frangia, stretto alla vita. Alzandosi*). Ooh, che diavolo dite? Coscienza, foco... Mi faccia il piacere, signora!
>
> BEATRICE (*sui trent'anni, pallida, isterica, tutta furie e abbattimenti subitanei; seguitando a piangere*) Non le date retta... Lasciatela perdere...
>
> Luigi Pirandello, *Il berretto a sonagli*, BUR, Milano, 1993

• I personaggi •

Nelle prime pagine di un testo teatrale compare l'**elenco dei personaggi**; accanto ai nomi possono essere precisati i rapporti di parentela, lo *status*, il ruolo. Solitamente, l'ordine di presentazione va dai personaggi principali alle comparse oppure segue l'ordine di entrata in scena:

> *Pantalone de' Bisognosi*
> *Clarice*, sua figliuola
> *Il dottore Lombardi*
> *Silvio*, di lui figliuolo
> *Beatrice*, torinese, in abito da uomo sotto nome di Federigo Rasponi
> *Florindo Aretusi*, torinese, di lei amante
> *Brighella*, locandiere
> *Smeraldina*, cameriera di Clarice
> *Arlecchino*, servitore di Beatrice, poi di Florindo
> Un cameriere della locanda, che parla
> Un servitore di Pantalone, che parla
> Due facchini, che parlano
> Camerieri d'osteria, che non parlano
>
> Carlo Goldoni, *Il servitore di due padroni*, Garzanti, Milano, 2011

Nell'esempio riportato, prima vengono introdotti i genitori (Pantalone e il dottor Lombardi) con i rispettivi figli (Clarice e Silvio); a seguire gli altri personaggi, fino alle comparse, divise tra coloro che parlano e coloro che non parlano. I personaggi rappresentano il perno del testo, perché è attraverso la loro voce e le loro azioni che si sviluppa la vicenda.

Il servitore di due padroni di Carlo Goldoni messo in scena da Giorgio Sangati per il Teatro Stabile del Veneto nel 2016.

• La caratterizzazione dei personaggi • I personaggi, così come emergono nello svolgimento del testo, possono essere distinti in **tipi** o in **individui**:

- il **personaggio tipo** si caratterizza per pochi tratti psicologici; normalmente incarna un vizio o una virtù (l'astuto, l'innamorato, l'avaro ecc.). Solitamente sono i protagonisti del genere comico;
- il **personaggio individuo** è delineato a tutto tondo, grazie all'approfondimento sulla complessità della sua psicologia. Tragedia e dramma moderno, rappresentando situazioni che stimolano la riflessione, ricorrono spesso a questi personaggi.

• Il linguaggio teatrale •

Il testo teatrale è destinato alla recitazione, perciò la lingua usata assume una funzione particolare, un **valore performativo** (orientato alla *performance*, all'azione). Le battute, infatti, esortano molto spesso ad agire oppure sollecitano il dialogo. Di qui l'uso frequente di imperativi o modi verbali con lo stesso valore coercitivo:

VIVIE [...] Da adesso io vado per la mia strada, nel mio lavoro e tra i miei amici. E tu va' per la tua. (*Si alza*). Addio.
SIGNORA WARREN (*si alza, atterrita*): Addio?
VIVIE Sì: addio. Andiamo, niente scene inutili: capisci benissimo.

George Bernard Shaw, *La professione della signora Warren*, Fabbri, Milano, 1985

• I deittici • Il linguaggio teatrale, proprio perché concepito per essere messo in scena, utilizza spesso **deittici** (dal greco *deíxis*, "indicazione"): si tratta di elementi della frase come pronomi personali e dimostrativi (io, tu, questo, quello ecc.), aggettivi e pronomi possessivi (mio, tuo ecc.) e avverbi di tempo e di luogo (ora, adesso, qui, lì ecc.) che servono a puntualizzare l'azione, a concretizzare i gesti degli attori e a contestualizzare nello spazio e nel tempo la rappresentazione:

ANTIGONE Luminosa scelta, la tua, per alcuni. La mia, per altri.
ISMENE Pure, c'è equilibrio di colpa, in noi due.
ANTIGONE Calmati. Tu sei sempre viva. Il mio io da tanto è nella morte, ed io conforto i morti.

Sofocle, *Antigone*, Feltrinelli, Milano, 2013

PERCORSO D

UNITÀ 2

La messinscena

Maschera teatrale greca in bronzo utilizzata per interpretare ruoli comici. (Atene, Museo Archeologico Nazionale)

Dal momento che il testo teatrale è pensato per essere recitato e rappresentato, vanno analizzati gli aspetti che concorrono alla messinscena.

Anzitutto va osservato lo **spazio scenico**, ovvero lo spazio concreto in cui si svolge la rappresentazione, che comprende:
- la scenografia;
- le luci;
- la musica;
- i costumi.

• Lo spazio scenico •

La rappresentazione di uno spettacolo si svolge in uno spazio concreto: nell'antichità si recitava all'aperto, nel **teatro** (dal greco *théatron*, "posto per spettacolo"), una struttura a forma di semicerchio, dotata di buona acustica.

Il teatro greco risultava composto di tre parti:
- la **cavea**, addossata a un pendio naturale, dove sedevano gli spettatori;
- l'**orchestra**, uno spazio circolare occupato dal coro;
- la **scena**, parte sopraelevata destinata alla rappresentazione.

Nel corso dei secoli la rappresentazione si è spostata in luoghi chiusi. Oggi, nei teatri moderni, si recita per lo più su uno spazio denominato **palcoscenico**: si tratta di un piano rialzato, posto davanti al pubblico, sul quale si muovono gli attori. Il palcoscenico è delimitato dalle **quinte** e da un **fondale**. Le quinte sono dei pannelli mobili, posti ai lati, che introducono nel **retroscena**, lo spazio in cui, non visti dal pubblico, gli attori aspettano di entrare in scena oppure dove rientrano al termine della recitazione. La scena, le quinte, il fondale e i vari elementi tecnici a cui oggi si fa ricorso (luci, musiche, proiezioni, macchinari e congegni meccanici ecc.) contribuiscono a dare l'illusione di un'ambientazione, a conferire realtà alla finzione. La **platea** è la parte riservata agli spettatori.

Un attore greco prova le maschere da utilizzare per una rappresentazione. (Città del Vaticano, Museo Gregoriano)

• La scenografia • La **scenografia** teatrale (dal greco *skené*, "scena", e *graphía*, "grafia") è il primo elemento fondamentale per trasmettere informazioni e per catturare fin da subito l'attenzione degli spettatori. Essa consiste nell'insieme degli elementi scenici allestiti per lo spettacolo.

Dai fondali fissi e dipinti del teatro greco e latino, nel corso dei secoli la scenografia si è evoluta attraverso l'uso di quinte mobili e dispositivi tecnici capaci di mutare l'ambientazione anche a ogni cambio di scena.

La scenografia può essere:

- **realistica**, quando riproduce spazi e ambienti reali;
- **simbolica**, quando è costituita da oggetti o strutture che evocano indirettamente la realtà.

• Le luci • Un tempo gli spettacoli si svolgevano di giorno e all'aperto, ma dal Cinquecento, quando si cominciò a recitare nei teatri al chiuso, diventò importante illuminare il palcoscenico.

Oggi l'impiego delle **luci** è opera di tecnici esperti, che contribuiscono non solo all'illuminazione della scena, ma anche alla creazione degli effetti scenografici. Il gioco delle luci è infatti fondamentale per creare **effetti simbolici** che è necessario interpretare: può ricreare l'alternarsi del giorno e della notte attraverso un fascio di luce; può porre in primo piano un personaggio, isolandolo dagli altri; sfruttando i colori, può anche evidenziare stati d'animo diversi.

• La musica • Il **commento musicale** riveste un'importanza fondamentale nell'allestimento di una rappresentazione teatrale. L'alternanza di brani musicali può segnalare il cambiamento di una scena, ma può anche arricchire di significato il testo rappresentato.

La musica può essere **dal vivo**, con l'effetto di un maggior coinvolgimento, oppure essere **riprodotta**. Il commento sonoro è affidato anche all'impiego di **rumori**, che riproducono eventi concreti (temporali, scrosci d'acqua, porte che cigolano, passi che si avvicinano ecc.), contribuendo a rendere realistica la rappresentazione.

• I costumi • L'uso di **costumi** è importante al fine di trasmettere informazioni allo spettatore, perché creano un personaggio, collocandolo in una determinata epoca storica e assegnandogli un preciso ruolo.

Nell'antica Grecia la **maschera** attribuiva a un attore un ruolo comico o tragico; in seguito, con la commedia dell'arte (► p. 409), i personaggi ricorrenti (Arlecchino, Pulcinella, Pantalone, Colombina ecc.) assumono maschere fisse e un abbigliamento immediatamente riconoscibile. I costumi aiutano l'attore a calarsi nel ruolo e lo spettatore a capire l'ambiente sociale a cui appartiene il personaggio e l'epoca storica nella quale si svolge la vicenda.

Arlecchino e Colombina in due statuette in ceramica modellate da Franz Anton Bustelli nel 1763. (New York, The Metropolitan Museum of Art)

• Un lavoro collettivo •

La messa in scena di un testo teatrale è il risultato di un lavoro collettivo. Alla sua realizzazione contribuiscono:

- il regista;
- gli attori;
- i tecnici;
- lo spettatore.

• **Il regista** • L'**autore** teatrale ha il compito di redigere un testo i cui contenuti saranno poi recitati dagli attori. Egli, infatti, a differenza di un autore di testi narrativi, sa che il dialogo è la tecnica principale attraverso la quale viene raccontata la vicenda; sa inoltre che le informazioni che delineano il contesto, gli ambienti, la gestualità, potranno essere indicate nelle didascalie.

Il passaggio dalla parola scritta a quella recitata avviene attraverso il lavoro fondamentale del **regista** (dal francese *régir*, "reggere"), una figura direttiva e di coordinamento.

Fino all'Ottocento era lo stesso autore a occuparsi della messa in scena del testo teatrale, oppure se ne incaricava il capocomico, mentre oggi le figure dell'autore e del regista tendono molto spesso a essere separate.

Il regista legge e interpreta il testo teatrale per costruirne l'allestimento e può:

- **restare fedele** al testo e ai suggerimenti dell'autore, salvaguardando il carattere storico di un'opera;
- **dare una libera interpretazione**, filtrando il messaggio dell'autore, accentuando o attenuando particolari aspetti relativi al contenuto o alla recitazione.

  Nel teatro contemporaneo si assiste di frequente a riletture e reinterpretazioni che possono arrivare a modificare in profondità il testo di partenza (per esempio, un regista può ambientare una vicenda in un'epoca o in un luogo diversi da quelli originali).

Di grande importanza è il lavoro che il regista svolge con gli attori. In primo luogo è lui che li seleziona sulla base di una corrispondenza con le caratteristiche dei personaggi da interpretare; li consiglia e li dirige nella costruzione e nell'interpretazione del ruolo affidato loro; infine lavora per rendere efficace e credibile l'interazione tra i diversi personaggi.

Inoltre il regista coordina tutti i tecnici che collaborano all'allestimento di uno spettacolo: egli infatti può suggerire scelte e soluzioni di tipo musicale, visivo o scenico, contribuendo in misura fondamentale, con la propria bravura e inventiva, al successo di una messa in scena.

Antoine Watteau, *Commedianti italiani*, 1720. (Washington, National Gallery)

• Gli attori • Da sempre l'**attore** (dal latino *agere*, "fare") costituisce l'elemento essenziale dello spettacolo.

La riuscita di un'interpretazione passa attraverso la capacità di un attore di:

- controllare e valorizzare la sua **voce**, in modo da modularla e regolarla nei toni a seconda dei momenti e delle parti che sta recitando;
- esprimersi attraverso la **mimica facciale**, cioè i movimenti, le espressioni che il viso via via assume nell'intento di dare corpo alle emozioni e alle sensazioni; a questo può contribuire anche il **trucco**;
- sfruttare la **gestualità** e il movimento del corpo in generale, una possibilità espressiva di fondamentale importanza per esternare sentimenti, passioni, slanci.

Il mimo francese Marcel Marceau nello spettacolo *Bip the Clown* messo in scena a New York nel 1973.

L'attore può interpretare la sua parte affidandosi a particolari tecniche:

- tecnica **classica**, che prevede una recitazione naturale e realistica;
- tecnica **declamatoria**, in cui prevalgono l'artificio e l'enfatizzazione; è una tecnica molto frequente nel Romanticismo;
- tecnica dell'**immedesimazione**, grazie alla quale l'attore si cala totalmente nel suo ruolo facendo propri i sentimenti e le emozioni del personaggio;
- tecnica dello **straniamento**, che consente all'attore di prendere le distanze dal personaggio, mettendone in evidenza le contraddizioni. È una tecnica che segue il teatro sperimentale di Bertolt **Brecht** (1898-1956 ▸ p. 478) e che mira a scuotere lo spettatore affinché rifletta e prenda posizione.

• I tecnici • Accanto al regista e agli attori, nella realizzazione di uno spettacolo teatrale sono fondamentali anche alcune figure tecniche:

- lo **scenografo**, colui che progetta e disegna le scene;
- il **costumista**, colui che disegna e realizza i costumi;
- il **truccatore**, colui che cura il trucco degli attori;
- il **tecnico delle luci**, colui che si occupa dell'illuminazione e degli effetti della luce sul palcoscenico;
- il **tecnico del suono**, colui che cura gli aspetti musicali e gli effetti sonori dello spettacolo.

• Lo spettatore • Il destinatario finale della messa in scena di una rappresentazione è lo **spettatore** (dal latino *spectare*, "guardare"). Egli può risultarne totalmente coinvolto e immedesimarsi nei personaggi, oppure restare distaccato e critico: in ogni caso, la sua reazione costituisce un elemento importante della riuscita dello spettacolo.

Honoré Daumier, *Gli spettatori*, XIX secolo. (New York, The Metropolitan Museum of Art)

Molière

Un insopportabile strozzino

Da
L'avaro, 1668
Commedia

L'avaro Arpagone intende offrire un pranzo e invitare la giovane Marianna, di cui è innamorato, e sua madre. Il vecchio vuole fare bella figura, ma, allo stesso tempo, non vuole spendere quattrini.

ATTO TERZO

SCENA PRIMA

ARPAGONE Su, venite qua, tutti quanti. Vi darò gli ordini per stasera, e ciascuno avrà il suo impiego preciso. Avanti, Claudia, comincerò da voi, vedo che avete già le vostre armi in mano. Il vostro compito è di fare pulizia dappertutto, ma non strofinate i mobili troppo forte, così da consumarli. Vi affido anche il governo delle bottiglie; e se per caso ne va persa o sbreccata[1] qualcuna, ne risponderete voi, sul vostro mensile.

MASTRO GIACOMO (*a parte*) Castigo politico.

ARPAGONE (*a Claudia*) Potete andare.

SCENA SECONDA

ARPAGONE Voi due, tu, Baccalà, e tu, Fildavena, sciacquerete i bicchieri e verserete da bere; ma soltanto a chi ha sete, non come fanno quei lacchè strafottenti che girano intorno agli invitati e offrono da bere quando nessuno ci pensa. Aspettate che ve lo chiedano, più e più volte, e badate a portare acqua, soprattutto, molta acqua.

MASTRO GIACOMO (*a parte*) Eh sì, il vino può dare alla testa.

BACCALÀ I nostri grembiali li togliamo, Signore?

ARPAGONE Sì, quando verranno gli invitati; ma state attenti ai vostri abiti, ci vuole poco a sciuparli.

FILDAVENA Ricorderete, Signore, che sul mio panciotto è caduto dell'olio di lampada. Proprio sul davanti c'è una brutta macchia.

BACCALÀ I miei pantaloni, Signore, dietro sono tutti bucati. Con rispetto parlando, mi si vede il...

ARPAGONE (*imponendogli di tacere*) Stai appiattito sulla parete, e fatti vedere solo di fronte. (*A Fildavena*) Quanto a te, quando servirai, tieni sempre il cappello così. (*Si mette il cappello sul petto*).

SCENA TERZA

ARPAGONE (*a Elisa*) Tu avrai il compito più adatto a una giovane figlia di famiglia. Terrai l'occhio bene aperto quando i servi sparecchiano, e controllerai che piatti e bicchieri tornino tutti al loro posto. Ma ora preparati a ricevere la mia futura sposa, che oggi verrà qui a farci visita. Toccherà a te accompagnarla a fare un giro alla fiera. D'accordo?

ELISA Sì, padre mio caro. (*Esce*).

SCENA QUARTA

ARPAGONE (*a Cleante*) E tu, mio bel bellimbusto, farai il favore di non storcere il naso quando la vedrai. Se non altro perché ti ho perdonato la brutta storia di poco fa, non dimenticarlo.

1 **sbreccata**: scheggiata sugli orli.

CLEANTE E perché mai dovrei storcere il naso?

ARPAGONE Mio dio, sappiamo tutti che cosa provano i figli quando un padre si risposa. Non sembra che le cosiddette matrigne siano mai state viste di buon occhio. Ma in considerazione del mio perdono, mi farai il favore di regalare a questa persona il migliore dei tuoi sorrisi, e ti rivolgerai a lei col più grande rispetto.

CLEANTE Vi dirò la verità, padre. Non mi piace che questa signora diventi *mia madre*. Dicessi il contrario, sarei un bugiardo. Ma quanto al festeggiarla, all'accoglierla con gioia quando verrà, sono pronto su questo capitolo a ubbidirvi puntualmente.

ARPAGONE Cerca di farlo, se non altro.

CLEANTE Non vi scontenterò, ve lo giuro.

ARPAGONE E farai bene.

SCENA QUINTA

ARPAGONE Adesso dammi una mano, Valerio. Avanti, Mastro Giacomo, tocca a te, ti ho lasciato per ultimo.

MASTRO GIACOMO Parlate al vostro cocchiere, Signore, o al cuoco? Io sono l'uno e l'altro.

ARPAGONE A tutti e due.

MASTRO GIACOMO E a chi per il primo?

ARPAGONE Al cuoco.

MASTRO GIACOMO Allora, per favore, un momento di pazienza. (*Si toglie la livrea da cocchiere, e appare vestito da cuoco*).

ARPAGONE Che cos'è? Un rituale?

MASTRO GIACOMO Parlate.

ARPAGONE Stasera, Mastro Giacomo, avremo non pochi ospiti a cena.

MASTRO GIACOMO Stupefacente novità!

ARPAGONE Allora, ci farai un buon trattamento?

MASTRO GIACOMO Sì, ma dipende dal denaro.

ARPAGONE E che diavolo! Sempre denaro! Ma non avete qualcos'altro a cui pensare? No: denaro, denaro, denaro! Sembra che vi chiudiate la bocca con questa parola, denaro. Sempre denaro! È un sottofondo, un tema obbligato, questo denaro.

L'avaro di Molière messo in scena dal regista Jurij Ferrini per il Teatro Stabile di Torino nel 2015.

VALERIO Mi sorprende l'impertinenza di questa richiesta. Bella teoria, preparare un buon pranzo a suon di quattrini. Chi non ne sarebbe capace? È la cosa più facile del mondo. Ma il segreto della vera cucina è un altro: mangiare bene, e spendere poco.

MASTRO GIACOMO Mangiare bene e spendere poco.

VALERIO Proprio così.

MASTRO GIACOMO Ci fareste tutti felici, Signor intendente, lo giuro, se ci regalaste un saggio di questo raro talento. Anzi, fate il cuoco al mio posto. In fondo non mirate a fare il factotum[2], qui dentro?

ARPAGONE Zitto. Che cosa ti serve, per una cena?

MASTRO GIACOMO C'è qui il Signor Valerio, lui sa come si mangia bene senza comprare niente.

ARPAGONE Ah! Rispondi! L'ho chiesto a te.

MASTRO GIACOMO Quanti sarete, a tavola?

ARPAGONE Otto o dieci, ma diciamo otto. Quando c'è da mangiare per otto, vuol dire che ce n'è per dieci.

VALERIO Ovvio.

MASTRO GIACOMO Ma... Vediamo... I *potages*[3], quattro zuppiere possono bastare; gli antipasti, più o meno cinque vassoi[4]...

ARPAGONE Ehi! Vuoi dare da mangiare a una città?

MASTRO GIACOMO L'arrosto...

ARPAGONE (*tappandogli la bocca con la mano*) Maledetto! Il patrimonio, mi vuoi mangiare!

MASTRO GIACOMO Qualcosa prima di servire i formaggi...

ARPAGONE (*gli tappa la bocca*) Ancora?

VALERIO (*a Mastro Giacomo*) Avreste per caso intenzione di assassinare tutti i commensali? Il Signore li avrebbe invitati per farli scoppiare ingozzandoli di cibo? Andate un po' a leggervi qualche manuale di buona salute, provate a chiedere a un medico se c'è qualcosa di peggio del mangiare senza misura.

ARPAGONE Ha ragione.

VALERIO Fate il favore d'imparare, voi e i vostri colleghi, che una tavola troppo imbandita è un'imboscata; che bisogna ispirarsi alla frugalità quando si offre un pranzo, se si è veramente amici; e che, come diceva quel filosofo antico, bisogna mangiare per vivere, non vivere per mangiare.

ARPAGONE Ah! Come hai detto bene! Vieni, lascia che ti abbracci. Mai ho sentito una massima più bella. Bisogna vivere per mangiare, e non mangiare... No, non era così. Come dice?

VALERIO Bisogna mangiare per vivere, e non vivere per mangiare.

ARPAGONE (*a Valerio*) Sì, così. Hai capito? (*A Valerio*) Chi è quel genio che l'ha detto?

VALERIO Non lo ricordo, in questo momento.

ARPAGONE Scrivimi queste parole. Voglio farle incidere a lettere d'oro sul camino della sala da pranzo.

VALERIO Sarà fatto. E alla cena provvederò io. Farò tutto il necessario.

ARPAGONE D'accordo, pensaci tu.

MASTRO GIACOMO Meglio così, non starò tanto a penare.

ARPAGONE (*a Valerio*) Ci vogliono quei cibi che appena li assaggi ti senti sazio, e li lasci lì; dei buoni fagioli grassi, un polpettone guarnito di castagne.

2 **factotum**: persona che svolge più compiti.

3 **I *potages***: le minestre.

4 **vassoi**: portate successive.

VALERIO Fidatevi di me.

ARPAGONE Passiamo alla carrozza. Bisogna darle una ripulita, Mastro Giacomo.

MASTRO GIACOMO Un momento. Questo è compito del cocchiere. (*Si rimette la livrea da cocchiere*) Dicevate…

ARPAGONE Che bisogna pulire la carrozza, e attaccare i cavalli per portare alla fiera…

MASTRO GIACOMO I cavalli? Vi giuro, Signore, che non possono muovere un solo passo. Non dico che se ne stanno lunghi distesi sullo strame[5], non sarebbe giusto, povere bestie, perché di strame non ne hanno visto mai; ma i severi digiuni a cui li obbligate li hanno resi dei fantasmi, delle pure idee di cavalli.

ARPAGONE Ma se non fanno niente.

MASTRO GIACOMO E con questo? Possono fare a meno di mangiare? Sarebbe molto meglio, poveri animali, se tirassero la carretta a più non posso, e mangiassero in proporzione. Mi piange il cuore a vedere quegli scheletri, perché ho una certa tenerezza, lo confesso, per i miei cavalli, e mi sembra, quando li vedo soffrire, di soffrire io. Mi tolgo dalla bocca un po' del mio cibo, ogni giorno, per darlo a loro. Bisogna avere il cuore di pietra, Signore, per restare insensibili alle sofferenze del nostro prossimo.

ARPAGONE Non sarà gran cosa, arrivare sino alla fiera.

MASTRO GIACOMO Mi manca il coraggio di guidarli, Signore. Non posso alzare la frusta su di loro, nello stato in cui sono. Come volere che tirino una carrozza, se non riescono a trascinare se stessi?

VALERIO Signore, farò in modo che li conduca il nostro vicino, ci sarà utile anche per preparare la cena.

MASTRO GIACOMO Meglio così. Preferisco vederli morire sotto la mano di un altro che sotto la mia.

VALERIO Mastro Giacomo ci dà lezioni di morale.

MASTRO GIACOMO Il Signor intendente fa bene la parte dell'insostituibile.

5 **strame**: lettiera per il bestiame.

L'AUTORE

Molière, pseudonimo di Jean-Baptiste Poquelin, nasce nel 1622 vicino a Parigi, da una famiglia di ricchi commercianti. È primogenito di sei figli; studia in un collegio retto dai Gesuiti e frequentato da nobili e ricchi borghesi. Per qualche tempo esercita la professione di avvocato, ma è ben presto attratto dal mondo del teatro e nel 1643 fonda la sua prima compagnia teatrale. Dopo anni di rappresentazioni in provincia, nel 1658 Molière recita con successo davanti a re Luigi XIV. Protetto dal re e amato dal pubblico, si dedica alla stesura di opere comiche, farse e commedie che riscuotono ampio successo, ma deve anche guardarsi dalle critiche che invidiosi e avversari gli muovono costantemente, soprattutto dopo la rappresentazione del *Tartufo*. Muore nel 1673 sulla scena, mentre sta recitando la quarta replica della sua opera *Il malato immaginario*, a causa di un grave malore che gli spettatori scambiano come parte della recita teatrale.

Con le sue commedie di costume, Molière mette in scena i vizi degli uomini e della società, mescolando il divertimento alla condanna morale. Le sue commedie più importanti sono: *La scuola delle mogli* (1662), *Tartufo* (1664), *Il misantropo* (1666), *L'avaro* (1668), *Il borghese gentiluomo* (1670) e *Il malato immaginario* (1673).

ARPAGONE Basta!

MASTRO GIACOMO Non posso soffrire gli adulatori, Signore. Tutto il suo gran daffare, i perpetui controlli sul pane, sul vino, sulla legna, sul sale, sulle candele, non hanno altro scopo che di grattarvi dove vi piace e leccarvi per il suo tornaconto. Questo mi fa infuriare, e sono stanco di sentire tutti i giorni quel che si dice in giro di voi. Tutto sommato, ho per voi della tenerezza, a dispetto di me stesso. Dopo i miei cavalli, siete la persona che amo di più.

ARPAGONE E si può sapere, Mastro Giacomo, che cosa si dice in giro di me?

MASTRO GIACOMO Certamente, Signore. Ma se fossi sicuro che non andrete in bestia.

ARPAGONE No, in alcun modo.

MASTRO GIACOMO Scusatemi, ma sono certo che andrete in bestia.

ARPAGONE Niente affatto. Anzi, mi farai piacere. Sono molto curioso di sapere che cosa si dice di me.

MASTRO GIACOMO Visto che lo desiderate, vi dirò con tutta franchezza che dappertutto si ride di voi. Siete l'anima di centinaia di storielle che bersagliano me e la vostra gente da ogni parte; è uno spasso generale tirarvi le brache e prendervi per il culo, e infilare una dopo l'altra delle barzellette che hanno per oggetto la vostra tirchieria. Si dice che avete fatto stampare dei calendari speciali, dove si duplicano le quattro tempora e le vigilie per raddoppiare i digiuni[6]; e che all'avvicinarsi delle feste, o quando un domestico si licenzia, avete già pronta una citazione in giudizio per non pagarlo. Dicono che abbiate citato in giudizio anche il gatto di un vicino, colpevole di avere trafugato in casa vostra gli avanzi di un cosciotto di montone. Si racconta che una notte siate stato sorpreso a rubare l'avena dei vostri stessi cavalli, e il cocchiere, quello che mi ha preceduto, vi ha riempito la schiena di legnate, che vi siete ben guardato dal denunciare. A farla breve: ovunque ci si rigiri, vi cucinano per le feste; siete un uomo ridicolo, la favola e lo zimbello di tutti; e non si parla di voi se non sotto i nomi di avaro, ladro, bifolco e usuraio.

ARPAGONE (*caricandolo di bastonate*) Stupido, bastardo, canaglia, svergognato!

MASTRO GIACOMO Ci siamo! Non ve l'avevo detto? Non avete voluto credermi. Ve lo ripeto: andate in bestia, a sentirvi dire la verità.

ARPAGONE T'insegno io a parlare.

Molière, *L'avaro*, Einaudi, Torino, 2004

6 **quattro...digiuni**: giorni che secondo la tradizione cattolica dovevano essere dedicati alla preghiera e al digiuno. Erano quattro, in quanto legati alla santificazione delle stagioni.

STORIE da SCOPRIRE

L'avaro di Molière

Un vecchio vedovo di nome Arpagone (dal greco *àrpax*, *àrpagos*, "rapace") è odiato dai suoi stessi figli, Elisa e Cleante, per la sua avarizia. Vuole maritare la figlia con un anziano gentiluomo, Anselmo, che l'accetterebbe anche senza dote, e lui stesso pensa di convolare a nuove nozze con la giovane Marianna la quale, però, è innamorata di Cleante. Il furto della cassetta del denaro di Arpagone da parte di un servo complica l'intreccio che, tuttavia, si scioglie positivamente con l'arrivo in scena del ricco Anselmo, che riconosce in Marianna e Valerio (innamorato segreto di Elisa) i suoi due figli. Gli innamorati si sposano e Arpagone si accontenta di ritrovare il suo denaro.

L'avaro è una commedia della maturità artistica di Molière. Commediografo affermato, Molière ha il sostegno del re e può permettersi di schernire la società del tempo, presentando la caricatura di una figura propria della società borghese del Seicento, quella dell'avaro.

Attività

Leggere e comprendere

1 **L'evento** Che cosa sta preparando Arpagone?

2 **Claudia** Con quale metodo il padrone ordina a Claudia, la cameriera, di non danneggiare o rompere le suppellettili della casa?

a. Persuasione
b. Gentilezza
c. Autorità
d. Ricatto

3 **Il decoro** Che cosa propone Arpagone ai camerieri che devono servire a tavola e che si lamentano di avere vestiti macchiati e strappati?

a. Di lavare gli indumenti
b. Di comperarne altri nuovi
c. Di indossarli con macchie e strappi
d. Di usare stratagemmi per coprire le magagne

4 **Il figlio** Arpagone chiede a Cleante, che non è molto disponibile, di rispettare la sua nuova moglie. Con quali due metodi glielo impone?

5 **Mastro Giacomo** Proprio nella persona di Mastro Giacomo si evidenzia l'avarizia di Arpagone. Perché? Quali gesti lo sottolineano?

6 **Valerio** Che atteggiamento mostra Valerio nei confronti del padrone di casa?

a. Cortese
b. Sottomesso
c. Adulatorio
d. Provocatorio

7 **La malafede** Per quale ragione Arpagone condivide la saggia norma di essere frugali nei cibi?

8 **Il significato** Che cosa offre allo spettatore questo passo della commedia?

a. Soltanto un'occasione per ridere
b. Una riflessione sui difetti degli uomini
c. La caricatura della borghesia dell'epoca
d. Una profonda riflessione sui mali del mondo

Riconoscere e analizzare

9 **Il ritmo** Questa tipologia di scene quale ritmo conferisce al testo?

a. Lento
b. Cadenzato
c. Veloce
d. Incalzante

10 **Le battute** Quali battute prevalgono nel passo?

a. Monologo
b. Dialogo
c. A parte
d. Soliloquio

11 **Le didascalie** Nel testo sono presenti delle didascalie; riportane alcuni esempi.

12 **I personaggi** I personaggi costituiscono dei tipi fissi o viene delineata la psicologia di ciascuno?

13 **I deittici** Ricerca nella prima scena la presenza di deittici e riportane alcuni esempi.

14 **La comicità** Scegli tra quelli elencati gli elementi che contribuiscono a rendere comico il testo.

a. Il numero dei personaggi
b. I nomi "parlanti" (come Arpagone = Avaro)
c. La "morale" di Mastro Giacomo
d. La gag dello strappo dei pantaloni
e. Le espressioni iperboliche, esagerate
f. Le seconde nozze del protagonista

Rielaborare e produrre

15 **Discutere** «A farla breve: ovunque ci si rigiri vi cucinano per le feste; siete un uomo ridicolo, la favola e lo zimbello di tutti; e non si parla di voi se non sotto i nomi di avaro, ladro, bifolco e usuraio.» (rr. 173-175).
Quali aspetti di Arpagone vengono presentati in queste parole di Mastro Giacomo? Rifletti e discutine anche con i tuoi compagni, poi esponi una tua interpretazione.

16 **Il riassunto** Sintetizza il testo in un massimo di 200 parole.

17 **Un personaggio** Presenta accuratamente uno dei personaggi del testo. Attieniti alla sua presentazione nella commedia per i suoi aspetti psicologici; completa invece a tuo piacimento l'aspetto fisico, secondo ciò che hai immaginato durante la lettura.

18 **La tua regia** Prova a immaginare di essere tu il regista di questa commedia. Quali soluzioni scenografiche o gestuali proporresti? Scrivi un breve testo con le tue indicazioni di regia.

La commedia

La griglia che ti forniamo è funzionale all'analisi di qualsiasi spettacolo teatrale.

Informazioni generali

Autore: ....

Opera: ....

Anno di pubblicazione: ....

Anno della prima rappresentazione: ....

Genere: ....

Trama: ....

....

....

Struttura

In quanti atti e quante scene si divide il testo?

....

....

Le battute sono:

- lunghe ☐
- brevi ☐
- monologhi ☐
- "a parte" ☐

Le didascalie sono:

- brevi ☐
- dettagliate ☐
- descrittive ☐

Personaggi

Elenca i personaggi del testo teatrale.

....

....

Si tratta di "personaggi tipo" o di "personaggi individuo"?

....

....

Stile

Che tipo di lingua è utilizzata nel testo?

....

....

Che ritmo ne deriva?

....

....

Spazio scenico

La scenografia è:

- realistica ☐
- simbolica ☐

Quale effetto creano le luci?

....

....

Il commento musicale è

- dal vivo ☐
- riprodotto ☐
- affidato all'impiego di rumori che riproducono eventi concreti ☐

Descrivi i costumi dei personaggi presenti sulla scena.

....

....

Messa in scena

Chi è il regista?

....

....

Il regista legge e interpreta il testo dell'autore

- restando fedele al testo ☐
- dando una libera interpretazione del testo ☐

Quanti attori recitano nello spettacolo?

....

....

Spiega brevemente il ruolo interpretato da ciascun attore.

....

....

Lettura di uno spettacolo teatrale — ANALISI VISUALE

Il malato immaginario di Molière

INFORMAZIONI GENERALI
- Titolo, regia, anno della prima rappresentazione, genere

Regia
Gabriele Lavia

Data della prima rappresentazione
1673

Data della prima rappresentazione della Compagnia Lavia
20 ottobre 2010

Genere
Commedia

Questa è stata l'ultima rappresentazione di Molière, che muore poco dopo esser stato colto da un malore in scena. L'ipocondriaco Argante trascorre la propria esistenza tra la propria camera da letto e il bagno, ed è talmente ossessionato dalle malattie da volersi imparentare con un dottore. Sceglie così di dare in sposa la figlia Angelica a Tommaso Diarreus, figlio di uno dei tanti medici che frequentano la sua casa. La ragazza però è innamorata, ricambiata, del giovanotto Cleante. Intanto Belinda, seconda moglie di Argante, si finge amante devota al solo scopo di ottenere tutta l'eredità del marito. Tommaso Diarreus, accompagnato dal padre, chiede la mano di Angelica in modo sciocco e pedantesco, mentre Cleante, introdottosi in casa fingendosi il sostituto del maestro di musica, canta il proprio amore per la ragazza. Argante a quel punto comprende l'interesse della figlia per il giovane e la minaccia che se non sposerà Tommaso la rinchiuderà in convento. Beraldo, fratello di Argante, e Tonina, la serva, sostengono Angelica e vogliono smascherare Belinda e i suoi piani opportunistici. I due costringono dunque Argante a fingersi morto, per fargli comprendere da chi è circondato: Belinda, di fronte al finto lutto, non nasconde la gioia e l'avidità, mentre Angelica dimostra sincero dolore: i due giovani, a questo punto, possono sposarsi. Beraldo propone poi ad Argante di diventare medico, così da poter curare autonomamente i propri mali. La commedia si chiude con Argante che si trascina in camera, chiamando vanamente qualcuno che lo assista nella sua malattia.

TRAMA
- Breve riassunto della storia messa in scena, con l'indicazione della situazione iniziale, dello svolgimento e della conclusione.

Messa in scena

Regia Gabriele Lavia riporta in vita il testo di Molière con una rilettura a metà strada fra tradizione e modernità. In questa operazione il regista focalizza la sua attenzione sulla paura della morte, che pervade il testo, e sul potere rappresentato dai medici. L'esistenza dell'ipocondriaco Argante, interpretato magistralmente dallo stesso Lavia, è confinata tra la camera da letto e il bagno. Attorno a lui ruotano i familiari e i medici. In tre ore di spettacolo Lavia coinvolge il pubblico con il suo protagonista succube del potere dei medici e schiacciato dalla paura di morire.

PERSONAGGI / ATTORI

Argante	Gabriele Lavia
Belinda, seconda moglie di Argante	Giulia Galiani
Angelica, figlia di Argante	Lucia Lavia
Beraldo, fratello di Argante	Gianni De Lellis
Cleante, innamorato di Angelica	Andrea Macaluso
Dottor Diarreus, medico	Pietro Biondi
Tommaso Diarreus, suo figlio e pretendente di Angelica	Michele Demaria
Professor Purgone, medico di Argante	Mauro Mandolini
Dottor Fetus, farmacista	Vittorio Vannutelli
Buonafede, notaio	Giorgio Crisafi
Antonietta, cameriera	Barbara Bengala

Spazio scenico

Scenografia Semplice ed essenziale, è composta dalla camera da letto di Argante (un letto sulla sinistra e una scrivania a destra, in primo piano) e dal bagno, velato da una tela dalla trama rarefatta, che si illumina ogni volta che Argante vi accede. E questo succede così spesso che il bagno diventa un elemento portante della scena, quasi una quinta che, invece di nascondere, rivela, seppur discretamente, l'ossessione di Argante.

Una pedana sale sul palco, pavimentato a scacchiera per accogliere l'ingresso di Pulcinella e Cleante. Nove specchi, calati dall'alto fanno rimbalzare i movimenti dei personaggi, creando spettrali riflessi deformati.

Luci Le luci sono fioche, deboli, a sottolineare l'atmosfera intima delle stanze di Argante e l'aria malata che vi aleggia. Fondamentale è la lampada da tavolo sulla scrivania, dove Argante siede a registrare.

Musica A catturare l'attenzione dello spettatore è soprattutto una voce ipnotica che esce da un vecchio registratore: sono pezzi tratti dal romanzo *Malone muore* di Samuel Beckett, un monologo di un uomo che attende solo la morte e la cui voce va spesso a sovrapporsi e incrociarsi con quella dei personaggi in scena.

Intermezzi musicali, classici per accompagnare la romantica entrata in scena di Cleante, o pop underground per la dichiarazione d'amore dello stesso giovane, rendono più dinamica la rappresentazione.

Costumi I costumi esaltano in modo particolare i ruoli dei personaggi: per sottolineare il carattere frivolo e opportunista la moglie Belinda diventa una sensuale *dark lady*, mentre Angelica indossa un tutù da ballerina che ne rivela gli atteggiamenti infantili e il candore dell'amore filiale. I medici hanno abiti eleganti, con giacca lunga, grosse pance e gobbe di gommapiuma, a deformarne simbolicamente il loro aspetto, occhiali tondi, moderni mostri dai caratteri gotici. Slang giovanili e movimenti sincopati animano Angelica e Cleante, con un look a metà tra il gotico e il *new romantic*.

Dagli appunti di regia di Gabriele Lavia

Il malato immaginario, l'ultima opera di Molière, pone, a partire dal titolo, due problemi. Due "altrove" dell'Essere: la Malattia e l'Immaginario… Il titolo è ambiguo e, probabilmente, vela il senso profondo. È la storia di un Malato (soggetto) Immaginario (predicato), oppure è l'Immaginario (soggetto) Malato (predicato)? In fondo basta spostare l'enfasi su una parola piuttosto che un'altra e cambia tutto… […] All'alzarsi del sipario del nostro spettacolo vediamo un uomo maturo, ma non vecchissimo, che sta "registrando" su un vecchio magnetofono i resoconti delle sue purghe e dei suoi clisteri imposti dal suo medico curante, il Professor Dottor Purgone. Come una specie di Krapp di Beckett, registra le sue memorie purgativo-clisteriche un uomo solo, irritato, antipatico e violento che passa la sua esistenza tra il letto e il cesso: nella luce fioca di una stanza della malattia dell'Immaginario che diventa specchio del mondo… L'Immaginario è il lato oscuro e malato di quest'uomo solo e succube del Potere e del suo edificio ideologico. Il Potere sono i Medici, l'Edificio Ideologico è la Malattia… […] La malattia di Argante è […] un cammino verso la morte. E Molière portava in scena, nel suo corpo, la realtà della propria morte.

PERCORSO E

I generi del teatro

UNITÀ 1

La tragedia

• Un'antichissima ispirazione • Le rappresentazioni teatrali sono forme di intrattenimento proprie delle civiltà di tutti i tempi. Quando i greci **Eschilo**, **Sofocle**, **Euripide** scrissero le loro tragedie erano certi di mettere in scena i grandi problemi della vita umana: la libertà individuale, il rapporto tra fede e ragione, il senso della giustizia, la sottomissione umana alle passioni. Così i protagonisti delle tragedie greche hanno ispirato grandi pittori, scrittori e musicisti. Chi ha attinto a piene mani a un simile mondo mitologico, fantastico, onirico è il pittore francese simbolista Gustave Moreau.

• Un pittore visionario • Gustave **Moreau** (Parigi, 1826-1898), artista isolato e insofferente alla folla, in contrasto con la pittura all'aria aperta degli Impressionisti, si crea un mondo che attinge alla classicità, un mondo di eroi e personaggi mitici spesso ritratti in pose scultoree e collocati in ambienti irreali, personaggi che si rifanno alla mitologia greca e alla Bibbia. *Edipo e la Sfinge* (1864), *Orfeo* (1865), *L'apparizione* o *Salomè* (1876) sono alcuni suoi capolavori che contribuiscono a creare la corrente pittorica che prenderà il nome di Simbolismo, i cui artisti, attraverso l'ambiguità del simbolo e in opposizione al Naturalismo e al Verismo, ricorrevano alla visione interiore, alla spiritualità di un'idea.

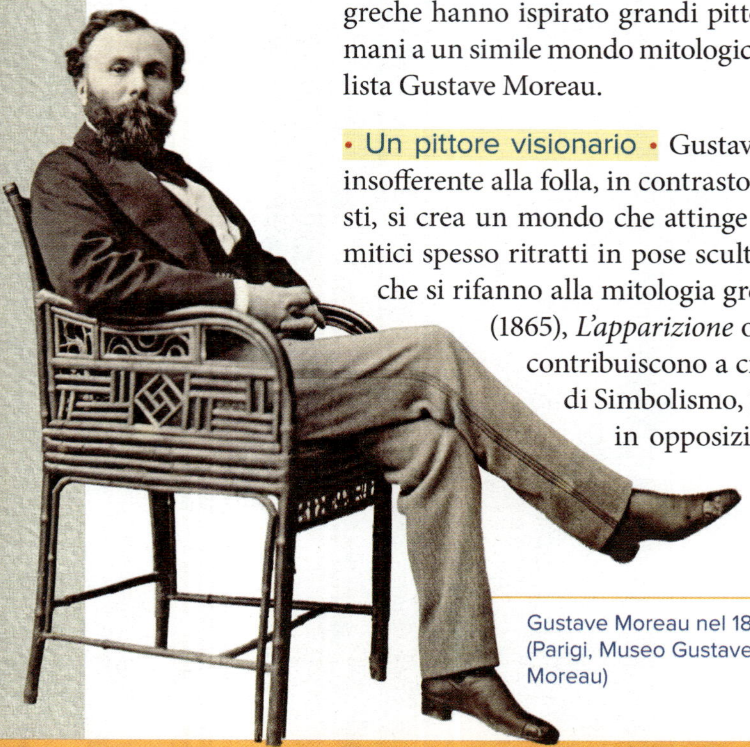

Gustave Moreau nel 1874. (Parigi, Museo Gustave Moreau)

DOMANDE

- Quali pensieri hai, osservando il dipinto di Moreau *Edipo e la Sfinge*?
- Quale aspetto l'artista ha voluto mettere in risalto?
- Quali sentimenti traspaiono dall'incontro di questi due personaggi?
- Perché l'artista sceglie di rappresentare il cielo cupo sullo sfondo?
- Conosci la pittura "simbolista"? Fai una ricerca e precisane brevemente caratteri e temi.

Edipo e la Sfinge Il mondo mitologico greco era popolato da animali mostruosi che hanno acceso la fantasia degli artisti. Si pensi alle sirene, alla chimera, al minotauro o alla sfinge. Quest'ultima era un mostro con la testa di donna, il petto e le ali di uccello, il corpo di leone. Il genio greco ha armoniosamente umanizzato questo mostro e forse è proprio questo aspetto che ha affascinato Moreau. L'artista ha ripreso varie volte uno dei temi tragici più noti, la storia di Edipo e l'ha riprodotta sulla tela.

Nell'opera *Edipo e la Sfinge* ha colto il momento in cui il mostro ha assalito Edipo e gli ha rivolto il suo enigma: «Qual è quell'animale che al mattino cammina con quattro zampe, a mezzogiorno con due e la sera con tre?». Edipo non indietreggia, non ha alcun timore. Bello, eroico, sicuro di sé, guarda negli occhi la sfinge, come se davanti al suo viso avesse una vera donna e non un mostro. Sa bene che se indovinerà, il mostro morirà e la città di Tebe sarà finalmente libera. Anche il contesto ambientale così fantasioso aiuta a immaginare come terribile lo scontro che si sta consumando fra i due. Quando Edipo risponderà correttamente all'enigma, libererà la città, ma avvierà la sua tragedia (il parricidio, l'incesto e la nascita di figli-fratelli).

Gustave Moreau, *Edipo e la Sfinge*, 1864.
(New York, The Metropolitan Museum of Art)

in questa Unità impareremo a

- **conoscere** la specificità e la complessità del linguaggio e della rappresentazione teatrale
- **comprendere** il significato globale dei testi, le tematiche universali presentate e il mondo interiore dei personaggi
- **analizzare** i passi secondo le regole del linguaggio del teatro, per raffinarne la comprensione e approfondirne le tematiche
- **interpretare** lo scritto, comprendendo le emozioni e le problematiche in esso contenute
- **produrre** commenti, testi espositivi, testi argomentativi e interviste a partire dai passi letti
- **comunicare oralmente**, riferendo i contenuti dei passi e riflettendo sulle loro tematiche in forma strutturata e chiara

in questa Unità scopriremo

Antologia
Sofocle • *Edipo e il dramma della conoscenza*
Euripide • *La lucida follia di Medea*
William Shakespeare • *L'amore vince ogni cosa*

Per approfondire
Erich Auerbach • *Tragedia antica e moderna*

Verifica delle competenze
Jean Racine • *La confessione di Fedra*

Ancora oggi quando diciamo «Che tragedia!» ci riferiamo a un evento che ha sconvolto la vita di una persona, di una famiglia o di una comunità. Questo senso tragico ha radici antiche... circa 2500 anni. Nelle società primitive, infatti, il teatro era connesso alla sfera del sacro e le rappresentazioni erano manifestazioni legate a cerimonie religiose. Da allora sino a oggi la tragedia, come genere teatrale, non ha smesso di ispirarci con i suoi significati profondi, universali e i suoi grandi protagonisti, quali Edipo, Medea o Romeo e Giulietta, ci hanno aiutato a rapportarci con le grandi domande della vita.

Statua in marmo del dio Dioniso, II sec. d.C. (Parigi, Museo del Louvre)

• La tragedia greca •

La tragedia conosce il suo massimo sviluppo nell'Atene del V secolo a.C. e nasce da un'evoluzione dei canti corali in onore del dio Dioniso, i ditirambi. Il suo nome significa "canto dei capri" (dal greco *trágos*, "capro", e *odé*, "canto"), perché i partecipanti indossavano maschere con la testa di capra. Nel VI secolo a.C., in occasione delle celebrazioni delle Grandi Dionisie, si disputavano delle gare (agoni) tra tre autori di testi teatrali, dei quali venivano rappresentate - una ogni giorno - tre tetralogie, ciascuna composta da tre tragedie e un dramma satiresco. In origine il tragediografo era anche attore, musicista e sceneggiatore. In seguito il numero degli attori aumentò a tre, i quali, dotati di maschere diverse, impersonavano più ruoli. Particolare rilievo aveva la voce: gli spettatori prestavano attenzione più alla parola che all'azione.

Nella *Poetica*, il filosofo Aristotele (384-322 a.C.) afferma che la tragedia deve suscitare pietà e terrore, due sentimenti che portano alla purificazione dell'animo umano. La finalità della rappresentazione era infatti educativa: venivano portati sulla scena problemi di carattere morale o civile, dal valore universale.

Un ruolo importante era rivestito dal **coro**: guidato dal corifeo, che spesso si esibiva autonomamente, il coro rappresentava la collettività e commentava l'azione principale, o tra sé e sé o interloquendo direttamente con l'attore.

Nella *Poetica*, Aristotele descrive la struttura della tragedia, dove il ruolo del coro è evidente:

- il **prologo**, la recitazione che precede l'ingresso del coro;
- il **pàrodo**, il primo intervento del coro;
- gli **stasimi**, i canti del coro, che separano gli episodi, di solito cinque, divisi in più scene, in cui gli attori recitano attraverso monologhi, dialoghi, sticomitie (battute di un verso) e riprese (due battute in un verso);
- l'**esodo**, il canto finale del coro.

Un coro greco in una rappresentazione dell'*Orestea* di Eschilo.

Temi e interpreti della tragedia greca

La tragedia classica si ispira alle divinità e agli eroi mitologici e rappresenta l'agire umano che si scontra con il fato (il destino ineluttabile), a cui è impossibile sottrarsi. L'azione prende avvio con la rottura di un equilibrio iniziale, in genere l'infrazione di un divieto (posto dagli dèi oppure etico-civile), e si conclude generalmente con un evento catastrofico, come un sacrificio o la morte violenta del protagonista.

La tragedia classica contempla l'**unità di tempo**, **luogo** e **azione**: la vicenda si svolge nell'arco di una giornata, sempre in uno stesso luogo e l'azione riguarda un'unica situazione.

Il linguaggio tragico è caratterizzato da un **registro alto e solenne**, ricco di invocazioni ed espressioni retoriche.

La grande stagione della tragedia greca risale al **V secolo a.C.**, quando il teatro ha un grande sviluppo e si affermano autori tragediografi come **Eschilo** (525/524-456/455 a.C.), che tratta nelle sue opere il tema della fede, della libertà e della giustizia; **Sofocle** (497-406 a.C. ca, ▸ p. 373), che affronta il tema della ragione e della volontà dell'individuo rispetto al volere degli dèi; **Euripide** (485 ca-406 a.C., ▸ p. 381), che delinea un cupo senso della vita, dominata dalle passioni in lotta con la ragione umana.

La tragedia attraverso i secoli

Nel mondo romano prevale un teatro dal tono canzonatorio e burlesco. Le poche tragedie pervenuteci – le nove di **Seneca** (4 ca a.C.-65 d.C.), tra cui *Edipo*, *Fedra*, *Medea* – ripropongono temi e miti del teatro greco. Nel Medioevo si diffondono i drammi religiosi, rappresentazioni che inscenano episodi biblici allo scopo di farli conoscere al popolo. Il melodramma secentesco recupera la tragedia classica, considerata la forma teatrale più nobile. In esso si alternano recitativi e parti cantate che sospendono l'azione. Sono esempi di questo particolare genere l'*Orfeo* (1607) di Claudio **Monteverdi** (1567-1643) e la *Didone abbandonata* (1724) di **Metastasio** (pseudonimo di Pietro Trapassi, 1698-1782). Con William **Shakespeare** (1564-1616, ▸ p. 386) in Inghilterra, e Pierre **Corneille** (1606-1684) e Jean **Racine** (1639-1699, ▸ p. 400) in Francia, la tragedia riacquista splendore, vivendo una fase di grande innovazione formale.

Tra Settecento e Ottocento il genere conosce un'ultima stagione di successi: Vittorio **Alfieri** (1749-1803) resta fedele allo stile classico (*Saul*, 1782, e *Mirra*, 1784-1786), mentre Alessandro **Manzoni** (1785-1873) predilige argomenti di carattere storico

Orfeo di Monteverdi, regia di Andrea Cigni, scene e costumi di Lorenzo Cutùli, Festival C. Monteverdi, Cremona, 2007.

(*Adelchi*, 1822). Johann W. **Goethe** (1749-1832), infine, approfondisce problematiche filosofiche proprie del Romanticismo (*Ifigenia in Tauride*, 1787), conciliando l'elemento popolare con uno stile classicheggiante e dimostrando il lento esaurirsi del genere tragico, che evolverà verso il dramma borghese.

• Il percorso antologico •

Il percorso antologico vuole delineare ampi aspetti dell'evoluzione della tragedia, a partire dal mondo greco per approdare alla stagione della ripresa e della rinascita, cioè il Seicento, dopo la decadenza in epoca romana e medievale.

Si inizia con **Sofocle**: pare sia stato un autore molto prolifico (avrebbe scritto circa 130 opere), ma di lui ci sono giunte solo sette tragedie e fra queste ha una particolare importanza il «ciclo tebano»: *Edipo re*, *Edipo a Colono* e *l'Antigone*. In queste tragedie Sofocle tratteggia un essere umano che, per sopportare la gravità delle sventure, cerca di affidarsi al suo intelletto e alla sua forza d'animo. Qui vengono presentati alcuni passaggi decisivi della sua tragedia più nota, l'*Edipo re* (▸ p. 373), così da avere una visione completa di quanto il destino umano sia sottoposto ai voleri di un Fato che riserva all'individuo una sorte sempre dolorosa, come fosse una maledizione continua.

Il secondo testo è tratto dalla tragedia *Medea* (▸ p. 381) di **Euripide**, opera potente che rappresenta fino in fondo le passioni femminili. Nel brano si prepara e si consuma la vendetta di Medea che, abbandonata dal marito, lo colpisce nel bene più prezioso: i figli. Euripide pone grande attenzione alla psicologia dei personaggi, specie femminili, e riprende i miti del mondo greco con una visione pessimista del rapporto uomo-divinità, nella consapevolezza che l'uomo ha in sorte una vita amara e un destino d'infelicità.

Medea interpretata da Teresa Strisciulli in una messa in scena diretta da Renato Zanella nel 2014. (Foto Ennevi, Fondazione Arena di Verona)

Di tragedia si parla anche per la notissima vicenda raccontata da William **Shakespeare** in *Romeo e Giulietta* (▸ p. 386). Spesso si mettono in risalto i passaggi poetici e dolci dell'innamoramento dei due giovani e si dimentica che la conclusione di questo amore è tragica. Genio assoluto del teatro e dei suoi generi, Shakespeare è autore di drammi storici, commedie, tragedie che per la loro profondità sfuggono a precise definizioni. L'autore si mostra perfettamente inserito nel suo tempo e in grado di dominare una cultura così vasta da riassumere le aspirazioni e le ansie degli uomini di ogni tempo.

Un ultimo brano è tratto dalla tragedia *Fedra* (▸ p. 400) di Jean **Racine**, altro testo significativo della ripresa di questo genere teatrale nel Seicento. Vi si narra il momento in cui la protagonista Fedra svela alla nutrice la causa della sua disperazione e cioè l'innamoramento per il figliastro Ippolito, che comporterà lutti e rovine per tutti. Il teatro di Racine riflette molto il mondo classico e le sue tragedie ruotano intorno alla passione tragica per eccellenza: l'amore. Nulla è in grado di contrastare questo sentimento: né la ragione, né la volontà, perché il drammaturgo francese non nutre alcuna fiducia nell'uomo, riservando solo a Dio la possibilità di risollevarlo dalle sue miserie.

Sofocle

Edipo e il dramma della conoscenza

Edipo, re di Tebe, aveva invocato l'oracolo per sapere come salvare la città dall'epidemia di peste che l'aveva colpita; il responso, però, contiene delle terribili verità che lo riguardano. Di seguito vengono presentate parti del II, del IV episodio e infine dell'epilogo. Per una migliore comprensione, puoi leggere la trama integrale dell'opera in Storie da Scoprire (► p. 380).

Da
Edipo re,
430-425 a.C.
Tragedia

[Edipo invita l'indovino Tiresia a rivelare ciò che sa riguardo alla morte di Laio ed egli, nel corso della conversazione, con velate allusioni, lascia intendere che l'assassino di Laio sia lo stesso Edipo. Successivamente arriva in scena Creonte, ed Edipo lo accusa di essersi accordato con Tiresia per ordire un complotto politico contro di lui. Giocasta interviene, rimprovera aspramente i due che, in un momento tanto tragico per la città, si curano dei loro privati interessi, e si preoccupa per lo stato di agitazione in cui versa il suo sposo.]

GIOCASTA Per gli dèi, spiega anche a me, o signore, che cosa ti ha mosso a tanta ira.

EDIPO Ti dirò, donna, poiché più di costoro io ti venero: è Creonte, per le insidie che ha tramato contro di me.

GIOCASTA Parla: dirai se con ragione sollevasti la contesa.

EDIPO Dice che l'uccisore di Laio sono io.

GIOCASTA Di sua propria scienza[1], o l'ha saputo da un altro?

EDIPO Ha incaricato un maligno profeta; quanto a sé, tiene libera la sua bocca[2].

GIOCASTA Tu dunque allontana da te queste parole, e ascoltami: sappi che nessun essere mortale possiede arte profetica; e te lo dimostrerò brevemente. A Laio venne una volta un oracolo – non dirò da parte dello stesso Apollo, ma dai suoi ministri –, che il suo destino era di morire per mano di un figlio, che fosse nato da me e da lui. Ebbene, come si racconta, lo uccisero predoni forestieri alla convergenza di tre strade. Dalla nascita del figlio non erano trascorsi tre giorni, che gli legò insieme le giunture dei piedi[3] e lo fece gettare per mano d'altri su un monte inaccessibile. Così Apollo non ottenne né che il bambino divenisse uccisore del padre, né che Laio soffrisse per mano del figlio la sorte tremenda, che paventava[4]. Eppure questo avevano stabilito i responsi degli oracoli; e dunque non devi curarti di essi: ciò che un dio vuole, lo mostrerà facilmente lui stesso.

EDIPO Quale smarrimento possiede l'animo mio, quale turbamento la mia ragione, o donna, per quello che ora ho udito!

GIOCASTA Che affanno ti fa parlare così, volgendo lo sguardo?

EDIPO Mi sembra di averti sentito dire che Laio fu ucciso alla convergenza di tre strade.

GIOCASTA Questo si disse allora, e si dice tuttora.

EDIPO E qual è il luogo, dove accadde il fatto?

GIOCASTA Focide è chiamata quella terra, dove convergono le strade da Delfi e da Daulia[5].

1 **Di sua propria scienza**: è una sua idea.

2 **Ha incaricato... bocca**: Creonte si sta servendo di un malvagio indovino per il suo complotto, non lancia le accuse direttamente.

3 **le giunture dei piedi**: etimologicamente Edipo significa "dai piedi gonfi".

4 **paventava**: temeva.

5 **Focide...Delfi... Daulia**: luoghi della Grecia.

EDIPO E quanto tempo è passato da questi fatti?

GIOCASTA Poco prima che tu diventassi sovrano del nostro paese, ne fu dato l'annuncio alla città.

EDIPO O Zeus, che vuoi fare di me?

GIOCASTA Che cosa turba il tuo animo, Edipo?

EDIPO Non domandarmi oltre: dimmi qual era l'aspetto di Laio, quale la sua età.

GIOCASTA Era alto, il capo aveva cominciato a incanutirsi[6], la sua figura non differiva molto dalla tua.

EDIPO Ahimè infelice; temo di avere scagliato poc'anzi terribili imprecazioni contro me stesso, senza saperlo.

GIOCASTA Che dici? Non posso guardarti, signore.

EDIPO Ho il dubbio atroce che l'indovino sia veggente. E me lo confermerai, se mi dirai ancora una cosa sola.

GIOCASTA Sono smarrita; tuttavia parla, e ti dirò quello che so.

EDIPO Viaggiava modestamente, o con gran seguito d'armati, come s'addice a un sovrano?

GIOCASTA Erano cinque in tutto, compreso l'araldo[7]; e c'era un solo carro, su cui viaggiava Laio.

EDIPO Ahimè, tutto è già chiaro. E chi fu mai, o donna, a farti questo racconto?

GIOCASTA Un servo, l'unico che ritornò salvo.

EDIPO Si trova ancora adesso nel palazzo?

GIOCASTA No; quando tornò di là e vide che regnavi tu, e che Laio era morto, mi supplicò, prendendomi la mano, di mandarlo nei campi e ai pascoli delle greggi, per essere quanto più possibile lontano dalla città. E io lo mandai: pur essendo uno schiavo, meritava un favore anche maggiore di questo.

EDIPO Si potrebbe farlo venire qui da noi al più presto?

GIOCASTA Si può; ma perché lo desideri?

EDIPO Temo per me, o donna, di avere parlato troppo, e appunto per questo desidero vederlo.

GIOCASTA Verrà certamente; ma sono degna anch'io di conoscere i tuoi affanni, signore.

EDIPO Non ne sarai privata, a tal punto d'apprensione sono giunto: con chi potrei confidarmi più che con te, attraversando un tale momento? Mio padre era Polibo di Corinto, mia madre Merope dorica. Là ero considerato il più importante dei cittadini, prima che mi capitasse questo caso, meritevole invero di meraviglia, ma non certo tale da doversene accorare[8] come feci io. In un banchetto un uomo completamente ubriaco mi chiamò, nel bere, falso figlio di mio padre. Ed io, crucciato[9], quel giorno mi trattenni a stento, ma l'indomani, recatomi da mio padre e da mia madre, li interrogai; ed essi si offesero dell'oltraggio[10] con chi aveva detto quella frase. Io rimasi soddisfatto della loro reazione, ma pure questa parola mi pungeva sempre; era penetrata profondamente in me. Di nascosto dal padre e dalla madre mi recai allora a Pito, e Apollo mi rimandò senza degnarmi della risposta per cui ero andato, ma mi predisse, sventurato, una sorte terribile e sciagurata: mi sarei congiunto con mia madre, e avrei mostrato all'umanità una stirpe mostruosa, e sarei divenuto assassino del padre

6 **incanutirsi**: imbiancarsi.

7 **araldo**: messaggero.

8 **accorare**: addolorare.

9 **crucciato**: preoccupato.

10 **oltraggio**: grave offesa.

Due attori interpretano Edipo e Giocasta nell'*Edipo* di Maria Grazia Tirasso nel 2014.

che mi aveva generato. E io, udito ciò, orientandomi sulle stelle lasciai per sempre la terra di Corinto; e fuggii dove giammai potessi vedere compiuta l'onta[11] dei miei infausti vaticini[12]. Nel mio viaggio giungo in quei luoghi, dove tu dici che ebbe morte il re di questo paese; e a te, donna, dirò la verità. Quando, camminando, fui prossimo all'incrocio delle vie, mi si fecero incontro un araldo e un uomo, quale mi hai descritto, su un carro trainato da puledri; e il guidatore e lo stesso vecchio mi sospinsero con violenza fuori dalla strada. In un impeto d'ira colpisco quello che mi spingeva, il conduttore del carro; ma il vecchio, come mi vide passare a lato del veicolo, mirando dritto alla testa mi ferì con uno staffile[13] a due punte. Non pagò alla pari il suo gesto: immediatamente, colpito col bastone da questa mia mano, cade supino ed è travolto dal carro; e li uccido tutti. E se tra questo straniero e Laio v'è qualche connessione, chi ora è più disgraziato di me? Quale uomo potrebbe essere più inviso[14] agli dèi? Nessuno straniero, nessun cittadino mi accoglierà nella sua dimora, né mi rivolgerà la parola, tutti mi respingeranno dalle loro case. E non altri, ma io stesso scagliai contro di me queste imprecazioni. E il letto del morto io contamino con queste mie stesse mani, che lo uccisero. Non sono dunque uno scellerato? Non sono del tutto impuro? Al punto che è necessario ch'io vada in esilio e che, una volta esiliatomi, non possa più vedere i miei, né mettere piede in patria, altrimenti è fissato che io mi unisca in nozze con mia madre, e che uccida mio padre, Polibo, che mi generò e mi allevò. Chi pensasse che questo destino viene sopra di me da un dio crudele, non avrebbe ragione? Ah no, no, sacra maestà degli dèi, che io non veda questo giorno, che io scompaia dal numero dei mortali prima di veder cadere su di me l'onta di una tale calamità!

CORIFEO Tutto questo, signore, è spaventoso; ma finché non avrai ascoltato chi fu presente, abbi speranza.

[Giunge alla reggia un messaggero da Corinto per annunciare che Polibo, di cui Edipo si crede figlio, è morto. Questo rassicura momentaneamente il re: non può essere stato lui ad aver ucciso il padre. Ma il messaggero rivela anche che Polibo non era il vero padre d'Edipo. Egli stesso lo aveva consegnato in fasce a Polibo dopo averlo ricevuto sul monte Citerone da un pastore della casa di Laio. Si chiarisce che il pastore fatto chiamare è proprio colui che ha affidato il bambino a questo messo di Corinto. Edipo sente imminente la sua rovina, ma nonostante Giocasta lo inviti a interrompere la ricerca, è risoluto a conoscere la verità. Nel quarto episodio, quindi, il confronto tra il messaggero, il pastore ed Edipo porta alla chiarificazione dei tragici avvenimenti.]

EDIPO Se devo fare anch'io, o vecchi, congetture[15] su una persona che non ho mai incontrato, credo di vedere il pastore che da tempo cerchiamo; la sua vecchiezza coincide con quella di quest'uomo. Inoltre ho riconosciuto quelli che lo accompagnano come miei servi; ma certo tu ne puoi sapere più di me, avendo già visto prima il pastore.

CORIFEO Lo conosco infatti, sappilo: era il pastore di Laio più fidato di tutti gli altri.

EDIPO Te interrogo per primo, ospite corinzio[16]: è lui che intendi?

NUNZIO Proprio quello che ti sta davanti agli occhi.

EDIPO E tu, vecchio, guarda qui a me, e rispondi alle mie domande. Tu un tempo appartenevi a Laio?

11 **onta**: infamia.
12 **infausti vaticini**: cattivi presagi.
13 **staffile**: striscia di cuoio, che unisce le due staffe alla sella del cavallo.
14 **inviso**: malvisto.
15 **congetture**: ipotesi.
16 **corinzio**: di Corinto.

SERVO Sì, ero suo schiavo, non comperato, ma allevato in casa.
EDIPO Che mansioni avevi, e quale condizione?
SERVO Per quasi tutta la mia vita ho condotto greggi.
EDIPO E in quali luoghi per lo più abitavi?
SERVO Sul Citerone, oppure nella regione circostante.
EDIPO E non ti ricordi di avere mai conosciuto quest'uomo?
SERVO Che faceva? E di quale uomo parli?
EDIPO Di questo, che è qui presente; lo incontrasti mai?
SERVO Non così da dirtelo subito a memoria.
NUNZIO E non è affatto strano, signore; anche se non mi riconosce, gli farò ricordare chiaramente. Sono sicuro che rammenta quando dalle parti del Citerone, lui con due greggi e io con uno, trascorremmo accanto interi semestri, da primavera all'autunno; e d'inverno le guidavamo io alle mie stalle, lui a quelle di Laio. Racconto fatti accaduti, oppure no?
SERVO Dici la verità, anche se dopo gran tempo.
NUNZIO E dimmi, ora, ti ricordi di avermi dato allora un bambino, perché io lo allevassi come mio proprio figlio?
SERVO Che c'è? Perché mi fai questa domanda?
NUNZIO (*indicando Edipo*) Ecco, mio caro, questo è il bambino di allora.
SERVO Va' in malora! Vuoi star zitto?
EDIPO Ah, non rimproverarlo, vecchio; le tue parole vanno castigate, più che le sue.
SERVO Di che cosa sono colpevole, ottimo tra i padroni?
EDIPO Non parli del bambino, di cui ti domanda.
SERVO Parla senza sapere nulla, e si dà pena inutilmente.
EDIPO Se non vuoi parlare per favore, parlerai con tuo danno.
SERVO No, per gli dèi, non maltrattarmi; sono vecchio.
EDIPO Presto, torcetegli le mani dietro la schiena.
SERVO Perché, povero me? Che cosa vuoi sapere?
EDIPO Desti tu a quest'uomo il bambino di cui domanda?
SERVO Sì. Fossi morto, quel giorno!

L'AUTORE

Sofocle vive nel V secolo a.C. ad Atene, durante l'età del governo di Pericle. L'importanza della sua figura è testimoniata da molti autori, tra cui Aristotele (384-322 a.C.). Nato nel 497 a.C. da una famiglia agiata, riceve un'adeguata educazione ginnico-musicale. Per la sua bellezza fisica partecipa nel 480 a.C. al coro dei fanciulli che celebrano la vittoria di Salamina, riportata contro i persiani. In seguito riveste cariche pubbliche e a circa trent'anni lavora alle prime tragedie. Non si allontana mai da Atene, dove muore nel 406 a.C. Per il grande successo e la stima che riscuote presso i concittadini, dopo la morte è venerato come un eroe.

Della ricca produzione di Sofocle (circa 130 opere) ci sono giunte intere sette tragedie: *Aiace* (456-455 a.C.), *Antigone* (442-441 a.C.), *Edipo re* (430-425 a.C.), *Trachinie* (430-425 a.C.), *Elettra* (418-413 a.C.), *Filottete* (409 a.C.), *Edipo a Colono* (406 a.C. ca). Considerato il rappresentante più significativo della tragedia antica, compone opere in cui i protagonisti affrontano con coraggio e dignità le sofferenze decise dal volere divino. Con Sofocle il testo teatrale si arricchisce di alcune innovazioni: ogni tragedia contiene una vicenda conclusa, mentre in precedenza la storia si dilatava in più opere; viene introdotto il terzo attore; aumenta il numero dei componenti del coro; gli attori sono professionisti.

EDIPO Ci arriverai, se non dici la verità.

SERVO Molto più sicura è la mia morte, se parlerò.

EDIPO Quest'uomo, a quanto pare, va per le lunghe.

SERVO No, davvero: ti ho detto che glielo diedi io.

EDIPO E dove l'avevi preso? Era tuo, o di qualcun altro?

SERVO Non era mio, lo ricevetti da un tale.

EDIPO Chi era, di questa città? E qual era la casa?

SERVO No, per gli dèi, padrone, non chiedermi di più.

EDIPO Sei morto, se dovrò domandartelo ancora.

SERVO Ebbene, era uno della famiglia di Laio.

EDIPO Era uno schiavo, oppure un suo parente?

SERVO Ahimè, eccomi a ciò che è terribile dire.

EDIPO E per me ascoltare: tuttavia devo farlo.

SERVO Si diceva che era figlio suo: ma meglio di tutti può spiegarti come stanno le cose tua moglie, che è in casa.

Antoni Brodowski, *Edipo cieco*, 1828. (Varsavia, National Museum)

EDIPO È stata lei a dartelo?

SERVO Proprio così, signore.

EDIPO Per quale scopo?

SERVO Perché lo uccidessi.

EDIPO Disgraziata, dopo averlo generato?

SERVO Per timore di vaticini funesti[17].

EDIPO Quali?

SERVO Si diceva che avrebbe ucciso i genitori.

EDIPO Perché allora tu lo desti a questo vecchio?

SERVO Ne ebbi pietà, signore: pensavo che l'avrebbe portato in un altro paese, nel suo. Ma egli lo salvò per le più grandi sciagure: se tu sei proprio quello che dice costui, disgraziata davvero è la tua sorte.

EDIPO Ahi, ahi, ogni cosa si compirebbe esattamente! O luce, che io ti veda ora per l'ultima volta, io che fui generato da chi non dovevo, e con chi non dovevo mi congiunsi, e chi non dovevo uccisi! (*Entra nel palazzo, seguito dai servi e dal nunzio.*)

[Un altro nunzio informa della tragedia che si è compiuta: Giocasta si è tolta la vita ed Edipo si è accecato con la fibbia d'oro della donna che gli era stata madre e moglie. Compare quindi in scena il re Edipo che esprime al corifeo tutta la sua disperazione.]

CORIFEO Non so se approvare la tua decisione. Era meglio per te morire, piuttosto che vivere cieco.

EDIPO Non venirmi a dire che non ho fatto ciò che era meglio, non darmi più consigli. Io non so con quali occhi, vedendo, avrei guardato mio padre, una volta disceso nell'Ade, o la misera madre: verso entrambi ho commesso atti, per cui non sarebbe bastato impiccarmi. O forse potevo desiderare la vista dei figli, nati come nacquero? No davvero, mai, per i miei occhi; e neppure la città, né le mura, né le sacre immagini degli dèi: di tutto ciò io sventuratissimo, l'uomo più illustre fra i Tebani, privai me stesso, proclamando che tutti scacciassero l'empio[18], l'individuo rivelato dagli dèi impuro e figlio di Laio. Dopo avere denunziato così la mia infamia, dovevo guardare a fronte alta questi cittadini? No, affatto: anzi, se fosse stato possibile otturare nelle mie orecchie anche la fonte dell'udito, non avrei esitato a sbarrare del tutto questo

17 **funesti**: cattivi.

18 **empio**: sacrilego.

mio misero corpo, così da essere sordo, oltre che cieco. È dolce per l'animo dimorare fuori dai mali. Ahi, Citerone, perché mi accogliesti? Perché, dopo avermi preso, non mi uccidesti subito, così che io non rivelassi mai agli uomini da chi sono nato? O Polibo e Corinto, e voi, che credevo antiche dimore degli avi, quale bellezza colma di male nutrivate in me: ora scopro d'essere uno sventurato, nato da sventurati! O tre strade e nascosta vallata, o querceto e gola alla convergenza delle tre vie, che beveste il sangue di mio padre, il mio, dalle mie stesse mani versato, vi ricordate di me? Quali delitti commisi presso di voi, e quali altri poi, giunto qui, ancora commisi! O nozze, nozze, voi mi generaste: e dopo avermi generato suscitaste ancora lo stesso seme, e mostraste padri, fratelli, figli, tutti dello stesso sangue[19]; e spose insieme mogli e madri, e ogni cosa più turpe[20] che esiste fra gli uomini. Ma, poiché ciò che non è bello fare non bisogna neppure dire, nascondetemi al più presto, per gli dèi, via di qui, o uccidetemi, o precipitatemi in mare, dove non mi vedrete mai più. Venite, non disdegnate di toccare un infelice; datemi ascolto, non temete: i miei mali nessun altro mortale può portarli, tranne me.

Sofocle, *Edipo re, Edipo a Colono, Antigone*, trad. di R. Cantarella, Mondadori, Milano, 2005

19 **nozze...sangue**: il matrimonio («nozze»), prima di Laio con Giocasta, ha generato Edipo e poi quello tra lo stesso Edipo e Giocasta («suscitaste ancora lo stesso seme») ha dato origine a discendenze «dello stesso sangue»: Edipo è infatti sia padre sia fratello dei figli avuti da Giocasta, sua moglie e madre.

20 **turpe**: infame.

per L'ANALISI del TESTO

L'ineluttabilità del destino

La tragedia, avvincente sul piano narrativo, presenta molte chiavi di lettura. Appare innanzitutto come un **rovesciamento**: Edipo, re di Tebe, precipita nella condizione di uomo colpevole, disperato, vittima del destino, responsabile di misfatti che non ha compiuto volontariamente.

Partito da Corinto per sfuggire alla terribile profezia secondo cui avrebbe ucciso il padre e sposato la madre, Edipo deve arrendersi all'**ineluttabilità del destino**: l'essenza dell'opera è concentrata proprio sul conflitto insanabile tra **responsabilità umana** e **volere divino**.

Edipo, un grande esempio di eroe tragico

Mentre Giocasta, spaventata e confusa, cerca di persuadere Edipo dell'inesattezza delle predizioni di Apollo, egli invece si rende progressivamente conto dell'agghiacciante verità e riconosce, con rassegnazione e senso di impotenza, l'inefficacia degli sforzi compiuti per sfuggire al destino che gli dèi avevano scritto per lui. La grandezza del personaggio, tuttavia, si rivela nell'**eroica accettazione della propria colpa**: scegliendo di accecarsi e di abbandonare la città, Edipo dimostra la propria statura morale e il proprio senso di giustizia, che lo induce a sopportare il peso di colpe compiute indipendentemente dalla propria volontà («i miei mali nessun altro mortale può portarli, tranne me», rr. 224-225).

La vista

Tutta la tragedia ruota attorno al tema della **vista**: Edipo, una volta venuto a conoscenza della verità che lo riguarda, sceglie di punirsi accecandosi, perché non potrebbe sopportare lo sguardo delle persone che ama. La vista è il senso collegato per eccellenza alla **conoscenza**: in greco, il verbo **"sapere"** deriva da una forma al passato del verbo **"vedere"**, alludendo al fatto che la **conoscenza** è conseguenza dell'"aver visto".

Lo stile

Sul piano espressivo, la narrazione è dominata dall'**ironia tragica**: più Edipo si accanisce nella ricerca della verità per il bene della sua terra, più si rende conto che si tratta di una verità terribile. L'opera è incentrata sull'**unità di tempo, luogo e azione**: è infatti presentata una sola vicenda, che si svolge in un'unica ambientazione ed è concentrata nell'arco di una giornata.

Ai **monologhi** dei personaggi si alternano **fitti dialoghi**, in cui a una battuta corrisponde un verso, le cosiddette "sticomitie".

Lo stile è elevato attraverso l'uso di invocazioni frequenti (alle divinità, ma anche tra gli stessi personaggi), di massime («È dolce per l'animo dimorare fuori dai mali», rr. 210-211) e di un lessico di **registro alto**.

Attività

Leggere e comprendere

1 **I luoghi e i personaggi** Dove si svolge la tragedia e chi sono i suoi protagonisti?
- **a.** Ad Atene e i personaggi appartengono al mito
- **b.** A Tebe e i personaggi sono storici
- **c.** A Tebe e i personaggi sono mitologici
- **d.** A Sparta e i personaggi sono mitologici

2 **Il racconto di Giocasta** Giocasta vuole calmare Edipo: che cosa gli racconta?

3 **Sempre più vicino alla verità** Nonostante gli sforzi di Giocasta, il re si rende conto di avvicinarsi sempre più a una terribile verità. Che cosa teme?

4 **Il passato di Edipo** Che cosa induce Edipo a sperare di essere estraneo alla vicenda?

5 **La confusione** Alla fine del colloquio con la moglie, Edipo è quasi persuaso di essere egli stesso il responsabile della morte di Laio, e teme:
- **a.** di dover uccidere il padre Polibo e unirsi alla madre Merope, secondo l'oracolo
- **b.** di dover uccidere Giocasta, che sa tutta la verità sulla morte di Laio
- **c.** di dover uccidere se stesso, perché ormai impuro e non più degno di governare Tebe
- **d.** di dover uccidere gli eventuali testimoni del suo delitto

6 **Il servo** Per quale ragione il vecchio vorrebbe non rispondere alle domande di Edipo?

7 **Morte o cecità** Nell'epilogo, Edipo compare in scena dopo essersi accecato. Perché egli ritiene che, di fronte alle proprie colpe, l'accecamento sia una punizione più adatta della morte?

Riconoscere e analizzare

8 **Le battute** La tragedia presenta monologhi, dialoghi e sticomitie. Cercane esempi nei passi presentati e segnalali nel testo.

9 **Il valore delle sticomitie** Quale valore espressivo ha l'uso delle sticomitie?
- **a.** Approfondisce il carattere di un personaggio
- **b.** Riduce la tensione rallentando il ritmo
- **c.** Con il suo ritmo incalzante aumenta la tensione
- **d.** Rende meno banale la comprensione della vicenda

10 **I personaggi** Quali qualità umane rendono Edipo un eroe tragico?

11 **Il lessico** Individua i vocaboli che appartengono alla sfera religiosa.

12 **Il campo semantico** Completa la tabella con i termini che riguardano il campo semantico della vista.

Vista
....
....
....
....
....

13 **Lo stile** Il linguaggio è:
- **a.** basso e colloquiale
- **b.** elevato e solenne
- **c.** elevato, con alcune espressioni colloquiali
- **d.** colloquiale e con alcune espressioni solenni

Individua elementi legati al contenuto e alla lingua che confermino la tua scelta.

Rielaborare e produrre

14 **Discutere** «i miei mali nessun altro mortale può portarli, tranne me.» (rr. 224-225).

Credi sia possibile cadere in disgrazia anche in modo indipendente dal proprio comportamento? Come valuti la scelta di questo grande eroe di ricercare fino in fondo la verità, e di autopunirsi? Confronta la tua opinione con quella dei tuoi compagni in un dibattito in classe ed esponi in un discorso ben organizzato l'interpretazione che ti convince maggiormente.

15 **Analisi e commento** Scrivi un testo di circa 50 parole in cui fornisci un'interpretazione e un commento del brano.

16 **La tua scenografia** Immagina di dover curare la messa in scena in chiave moderna dell'*Edipo re*: quale scenografia sceglieresti? Componi un breve testo sulle tue scelte, motivandole.

STORIE da SCOPRIRE

Il «ciclo tebano» di Sofocle

Le vicende drammatiche e luttuose di Edipo e della sua famiglia costituiscono una delle saghe più note e stupefacenti del mondo antico. Di seguito ne presentiamo un riepilogo attraverso le tre tragedie del cosiddetto «ciclo tebano» di Sofocle.

Edipo re (430-425 a.C.)

Dopo avere risolto l'enigma proposto dalla Sfinge, Edipo regna saggiamente a Tebe, sposo di Giocasta, vedova del precedente sovrano Laio. Ma la città è devastata dalla peste e l'oracolo rivela che per purificarla bisogna cacciare l'uccisore di Laio. Edipo si impegna solennemente a trovare l'assassino e chiama l'indovino Tiresia, il quale però, con velate allusioni, accende in Edipo il sospetto di essere proprio lui il colpevole. Il re vede in queste rivelazioni un complotto politico ordito dal cognato Creonte e si infuria con Tiresia, ma l'indovino ribadisce le accuse. Per tranquillizzare Edipo, Giocasta racconta la vicenda della morte di Laio, ucciso in un attacco di predoni. Nonostante le rassicurazioni, il sospetto si insinua sempre di più nella mente di Edipo, che ricorda di avere ucciso un uomo in circostanze simili. Desideroso di fare luce sulla vicenda, Edipo convoca l'unico testimone ancora in vita della morte del re Laio, un vecchio servo. Un nunzio giunge intanto da Corinto, la città di Edipo, portando la notizia della morte di Polibo e rivelando a Edipo, incredulo, che questi non era il suo vero padre. Tra speranze e timori, ma sempre deciso a scoprire la verità, confrontandosi infine con il vecchio servo e con il nunzio di Polibo, Edipo arriva a comprendere la tragica concatenazione di eventi: consegnato in fasce da Laio e Giocasta al vecchio servo perché lo uccidesse, evitando così il compimento della profezia per cui egli sarebbe stato l'assassino del padre, Edipo viene invece affidato a Polibo. È quindi proprio lui ad avere ucciso il padre Laio sulla strada per Tebe.

Appresa la verità, Giocasta si uccide ed Edipo si acceca. Disperato, si avvia a un esilio volontario, affidando a Creonte le due giovani figlie.

Edipo a Colono (406 a.C.)

Edipo, ormai vecchio e cieco, giunge a Colono con la figlia Antigone, consapevole di una vecchia profezia secondo la quale lì avrebbe finito i suoi giorni. Gli vanno incontro varie persone: la figlia Ismene che gli narra dei contrasti in atto tra Eteocle e Polinice, anch'essi figli di Edipo, per la conquista del trono di Tebe; il re di Atene, Teseo, che accoglie bene Edipo e gli accorda la sua protezione; il cognato Creonte, re di Tebe, che vorrebbe ricondurlo in patria. Arriva anche il figlio Polinice, che vuole strappare al padre il suo consenso allo scontro con il fratello. Scacciato da Edipo, le sorelle Antigone e Ismene lo ammoniscono a non sfidare gli dèi.

Nel mezzo di queste dispute scoppia un tuono. In questo segno Edipo riconosce la profezia dell'oracolo e cioè l'avvicinarsi della sua morte. Si addentra, allora, in un bosco sacro dove sparisce in modo misterioso.

Antigone (442-441 a.C.)

La tragedia affronta la contrapposizione tra il re Creonte, intransigente difensore della legge, e Antigone, appassionata eroina impegnata a tutelare la pietà verso i propri cari.

La storia si svolge a Tebe: nella notte sono stati respinti sette guerrieri che la volevano conquistare. Tra questi si trovava Polinice, figlio di Edipo che si è scontrato contro suo fratello Eteocle, schierato a difesa della città. I due fratelli si sono uccisi in duello. Creonte, il signore di Tebe, ordina che abbiano sepoltura solo i guerrieri che hanno difeso la città, tra cui Eteocle. Antigone, sorella dei due combattenti deceduti, chiede alla sorella Ismene di aiutarla nel dare sepoltura anche a Polinice; scoperta, viene rinchiusa in una caverna ad attendere la morte.

Emone, figlio di Creonte e promesso sposo di Antigone, cerca di convincere il padre a desistere dalla sua condanna, e sollecitato dall'indovino Tiresia, decide di liberarla.

Nell'epilogo, un nunzio rivela che Creonte è distrutto: Antigone si è suicidata ed Emone, dopo averlo minacciato con la spada, l'ha rivolta contro se stesso. Mentre Creonte porta sulle braccia il cadavere del figlio, un secondo nunzio lo informa del suicidio della moglie. Al re non rimane che invocare la morte.

Euripide

La lucida follia di Medea

ANALISI VISUALE

I brani ripercorrono il dramma di Medea: dalla sua denuncia del destino di sudditanza della donna rispetto all'uomo, alla realizzazione del suo piano di morte tramite gli ignari figli, fino alla irrevocabile decisione di uccidere anche loro.

Da
Medea, 431 a.C.
Tragedia

[Nel Prologo la Nutrice ha illustrato la difficile situazione che si è creata alla reggia della città di Corinto, dove Giasone, abbandonata Medea e i suoi due figli, sta per sposare Glauce, la figlia del re Creonte. Medea, non in scena, fa sentire i suoi disperati lamenti carichi di odio e desiderio di vendetta. Poi inizia il suo discorso.]

PASSI DAL PRIMO EPISODIO

I Parte

MEDEA Donne di Corinto[1], eccomi, sono uscita dal palazzo: così non avrete nulla da rimproverarmi. So di molti che sono passati per superbi, sia in questo sia in altri paesi: erano gente riservata, e invece si sono acquisiti la brutta nomea di persone insensibili. Ma non si può giudicare in modo obiettivo quando ci si sofferma all'apparenza: bisogna conoscere l'animo di una persona a fondo e non odiarla a prima vista, senza che ci abbia inflitto alcun torto. Certo, uno straniero deve adattarsi agli usi del paese che lo ospita, ma non lodo davvero un nativo arrogante che si renda antipatico ai suoi concittadini perché è un incivile. La sciagura inattesa[2] che si è abbattuta su di me mi ha schiantato, ha distrutto la mia esistenza. Non provo più gioia a vivere, desidero solo la morte, amiche mie. Lo riconosco, il mio sposo era tutto per me e mi si è rivelato il peggiore degli individui. Fra tutte le creature dotate di anima e intelligenza, noi donne siamo le più sventurate. Intanto, dobbiamo comprarci con una robusta dote un marito, anzi prenderci un padrone del nostro corpo, che è malanno peggiore. Ma anche nella scelta c'è un grosso rischio: sarà buono o cattivo, il marito che ci prendiamo? Tra l'altro la separazione è infamante per una donna e di ripudiare un marito neanche se ne parla. E poi, una donna che entra in un nuovo ambiente, dove esistono norme e abitudini diverse, deve essere un'indovina – certo non lo ha imparato a casa – per sapere con che compagno dovrà passare le sue notti. Mettiamo che i nostri sforzi vadano a buon fine, che lo sposo sopporti di buon grado il giogo del matrimonio: allora sì che l'esistenza è invidiabile. Ma in caso contrario, è meglio morire. Un uomo, quando è stanco di starsene in famiglia, esce, evade dalla noia [, si ritrova con amici e coetanei]; noi donne, invece, siamo costrette ad avere sotto gli occhi sempre un'unica persona. Si blatera[3] che conduciamo una vita priva di rischi, tra le mura domestiche, mentre i maschi vanno a battersi in guerra. Che assurdità! Preferirei cento volte combattere che partorire una volta sola.

Ma questo è un discorso che riguarda me e non te. Tu vivi nel tuo paese, a casa tua, con tutti gli agi, in mezzo agli amici. Io sono sola, priva di patria, sottoposta agli oltraggi dell'uomo che mi ha portato via come preda da una terra di barbari. Mi trovo in una situazione disperata, e non mi possono salvare madre o fratello o parenti. Un'unica cosa ti chiedo: non aprire bocca,

1 **Donne di Corinto**: Medea si rivolge alle donne corinzie che costituiscono il coro. Più oltre le chiamerà «amiche mie» (r. 17) e successivamente con un semplice «Tu» indistinto (r. 35).

2 **La sciagura inattesa**: il fatto di essere stata abbandonata, con i figli, dal marito Giasone.

3 **Si blatera**: si chiacchiera a vanvera.

se trovo un mezzo, un espediente per ripagare del male che mi ha fatto mio marito [e sua moglie e suo suocero]. Una donna in genere è piena di paure, è vile di fronte all'azione violenta, e alla vista di un'arma. Ma quando ne calpestano i diritti coniugali, non esiste essere più sanguinario di lei.

CORO D'ACCORDO Hai ragione a volerti vendicare di tuo marito, Medea, e non trovo strano che tu soffra per quanto è accaduto. Ma sta arrivando Creonte, il sovrano di questa terra: verrà a comunicare le sue decisioni più recenti.

[Medea ha saputo che Creonte, re di Corinto, vuole mandare in esilio lei e i suoi figli, ma con studiata abilità ottiene di poter rimanere ancora un giorno in città, con il segreto proposito di attuare la sua vendetta. In un vivace discorso con Giasone si mostra pacata, quasi convinta, ma chiede di ottenere da Creonte che i suoi figli possano essere educati alla reggia. Per persuaderlo invia, tramite i figli, dei regali a Glauce, doni che sono in realtà strumenti di morte.]

PASSI DAL QUARTO EPISODIO

II Parte

MEDEA Rivolgiti almeno a tua moglie: che supplichi lei suo padre di non esiliare i bambini.

GIASONE Sì, sì e spero proprio di persuaderla[4], se non è diversa dalle altre donne.

MEDEA Collaborerò anch'io a questa tua fatica: le manderò dei doni, che lo so bene, sono tra i più belli del mondo, un peplo[5] finissimo e una corona d'oro, glieli recapiteranno i miei figli. Forza, bisogna che qualcuna delle ancelle me li porti qui al più presto! Non una, ma mille volte si rallegrerà di aver trovato in te uno straordinario compagno delle sue notti, e di possedere gioielli che il Sole, padre di mio padre, aveva donato ai suoi discendenti. Su, bambini, ecco regali di nozze, andate, consegnateli alla sposa beata[6], alla principessa: riceverà dei presenti che non potrà disprezzare.

GIASONE Ma perché te ne vuoi privare? È una pazzia! Non crederai che nella reggia manchino pepli e oro? Serbali per te, questi gioielli, non darli via. Lei, se mi tiene in una certa considerazione, preferirà senz'altro me alla ricchezza.

MEDEA Non parlare così. Si dice che i regali persuadano anche gli dèi: l'oro, per la gente, conta molto di più di cento discorsi. La fortuna è dalla sua, un dio le sta concedendo prosperità, è giovane e già ha il potere: e io offrirei volentieri non solo oro, ma anche la vita per evitare l'esilio alle mie creature. Su, bambini, entrate in quel fastoso palazzo, supplicate la giovane sposa di vostro padre, la mia signora, scongiuratela di risparmiarvi l'esilio, mentre le porgete questi gioielli: è molto importante che li riceva proprio lei nelle sue mani. Sbrigatevi, fate presto, e tornate a riferire a vostra madre la bella notizia che è ansiosa di sapere: è tutto a posto.

CORO Ormai si è dissolta ogni speranza:

Barbara De Rossi interpreta *Medea* in un allestimento diretto da Francesco Branchetti nel 2015.

4 **Sì, sì...persuaderla**: è Giasone che parla e si riferisce alla sua nuova moglie Glauce, sensibile ai regali, a suo giudizio, come ogni donna.

5 **peplo**: abito femminile di stoffa, lungo, fermato da fibule sulle spalle. Aperto lungo il fianco destro, ma tenuto aderente attraverso una cintura.

6 **sposa beata**: Glauce.

i bambini muovono al luogo dell'eccidio.
La sposa sventurata riceverà bende dorate,
funebri bende dorate.
Sulla bionda chioma
con le sue stesse mani
disporrà i gioielli dell'Ade[7].

[Nella reggia si attua l'atroce vendetta: Glauce e Creonte muoiono tra terribili sofferenze. Un messaggero annuncia l'accaduto a Medea che, addolorata e furente, per vendicare il proprio onore e sottrarli all'irrisione dei nemici è sempre più determinata a uccidere anche i propri figli.]

PASSI DAL QUINTO EPISODIO

III Parte

NUNZIO Giacciono cadaveri[8], la figlia e il vecchio padre [vicini, un evento pauroso che esige lacrime]. Quanto a te, non voglio dire nulla: saprai da sola come sottrarti al castigo. Da tanto lo so, le cose dei mortali sono ombra; e affermo, senza timore: chi si crede un saggio, un pensatore profondo, si merita proprio la taccia[9] di stolto. Al mondo non esiste una persona felice. Se sopravviene il benessere, un uomo può essere più fortunato di un altro, ma non felice: mai.

CORO Sembra che in questo giorno un demone abbia stretto, giustamente, Giasone in una rete di mali. E tu, povera figlia di Creonte, che pietà provo per le tue sventure: tu scendi nell'Ade per colpa delle nozze con Giasone.

MEDEA Amiche[10], ho deciso: ucciderò i miei figli subito, al più presto, e poi mi allontano da questo paese. Se indugio, li consegnerò come vittime a una mano più nemica della mia. Devono assolutamente morire: e se è così, li ucciderò io, che li ho generati. Preparati, mio cuore. Ma perché esito? Quello che devo fare è orribile ma inevitabile. La mia povera mano impugni la spada, la impugni. Avviati, Medea, verso una vita di dolore, non essere vile, non ricordarti che li hai generati tu, questi figli, e come gli volevi bene: scordati per questo breve giorno dei tuoi figli, e poi, piangi. Anche se li ucciderai, tu li hai amati. Dio, che donna infelice sono.

Euripide, *Medea*, trad. di U. Albini, Garzanti, Milano, 1990

7 **Ade**: regno dei morti, secondo la mitologia greca.

8 **Giacciono cadaveri**: chi parla è un messaggero, un servo di Giasone, che ansimante e sconvolto è entrato sulla scena, visto e annunciato al Coro dalla stessa Medea.

9 **taccia**: la nomea, la cattiva fama.

10 **Amiche**: ancora una volta Medea chiama «amiche» le donne componenti del coro, alle quali confida i suoi sciagurati propositi.

L'AUTORE

Euripide nato a Salamina nel 485 ca a.C. e morto a Pella nel 406 a.C. ha scritto circa una novantina di opere; a noi sono giunte diciotto tragedie (le più famose sono *Alcesti*, 438 a.C.; *Medea*, 431 a.C.; *Troiane*, 415 a.C.; *Elettra*, 413 ca a.C.; *Baccanti*, 406 a.C.) e un dramma satiresco (*Il Ciclope*, 420-415 a.C.).

Euripide viene considerato un grande innovatore del teatro antico: riduce il ruolo del coro per dare maggiore spazio ai personaggi e ai loro conflitti interiori, e introduce il *deus ex machina*, un congegno meccanico che, nel finale, calava in scena una divinità per stabilire la soluzione della vicenda.

per L'ANALISI del TESTO

Una donna sola, ma piena d'orgoglio

Nelle sue tragedie, Euripide ha creato grandi figure femminili, inquietanti e complesse. Medea si sente una donna "schiantata" per l'insulto che sta subendo del tradimento e dell'abbandono e cerca la solidarietà delle donne «amiche» (r. 17) del coro. Sta maturando dentro di sé soluzioni terribili e comincia a preparare la strada per essere, se non giustificata, almeno capita. Per questo ricorda la totale sudditanza della donna rispetto all'uomo. Lo stesso matrimonio per la donna è sempre una scelta cieca, tanto che «è meglio morire» (r. 29) nel caso ci si trovi accanto un marito insensibile. Il suo apparente discorso di donna piegata e sottomessa ha un feroce sussulto in chiusura: sì, la donna può essere timorosa e indifesa, ma attenti a non calpestare i suoi «diritti coniugali» (r. 43), perché altrimenti «non esiste essere più sanguinario di lei» (r. 43).

Vendetta, terribile vendetta

Nella seconda parte antologica, Medea finge di rappacificarsi con Giasone, anzi è perfino disposta a omaggiare la nuova principessa. In apparenza, lo scopo è quello di evitare ai figli l'esilio, ma in realtà il coro rivela il maleficio: i doni – un peplo e una corona – sono avvelenati e condurranno alla morte chi li indosserà.

La decisione è presa

La tragedia, però, non si consuma con la morte della principessa e di suo padre, il re Creonte. Medea, ormai folle, vede il punto vulnerabile di Giasone: i figli, cioè la ricchezza e la speranza di un padre. Sì, il suo proposito vacilla, deve fare i conti anche con il suo essere madre, ma poi la cieca passione la spinge a consumare piena vendetta. Con l'uccisione dei figli, Medea distrugge in maniera totale anche Giasone che non avrà un regno, né una moglie, né una discendenza. Il prezzo che paga, però, è orrendo: «Dio, che donna infelice sono», esclama in un sussulto di consapevolezza.

La lingua

Ogni termine è carico di significato; ogni espressione rafforza i sentimenti di paura, di orrore, di follia. Ne consegue un **ritmo incalzante**, senza pause né scene di alleggerimento. I propositi di Medea sono così terribili che l'intera vicenda procede freneticamente fino alla distruzione finale.

Anselm Feuerbach, *Medea*, 1873.
(Vienna, Kunsthistorisches Museum)

STORIE da SCOPRIRE

Medea di Euripide

La tragedia, ambientata a Corinto, si apre con il prologo della nutrice che annuncia a Medea il ripudio da parte di Giasone, il quale ha scelto di sposare Glauce, figlia di Creonte, re della città e di bandire da Corinto Medea e i suoi figli. Dinanzi al coro di donne corinzie, Medea lamenta il suo amaro destino: lontana dalla propria patria, privata del conforto di parenti e amici, ora viene anche abbandonata dall'uomo che ama e da cui ha avuto due figli. Poi Giasone si presenta a lei per spiegarle le ragioni del suo nuovo matrimonio, che egli reputa la scelta migliore per la sistemazione dei figli. Il loro incontro si trasforma in un contrasto violento. Medea riesce a far recapitare dei doni nuziali imbevuti di veleno a Creonte e Glauce, che di lì a poco muoiono. Per concludere la propria vendetta verso Giasone, la donna decide di uccidere i figli, che egli ama profondamente.

Attività

Leggere e comprendere

1 **La raccomandazione** Qual è la prima raccomandazione che Medea fa al Coro delle donne corinzie a cui si sta rivolgendo?

a. Di punire i colpevoli della sua sciagura
b. Di non giudicare dalle apparenze
c. Di perdonare i colpevoli
d. Di sostenerla nei suoi propositi

2 **La difficoltà** Da quale difficoltà è ulteriormente acuita la disgrazia di Medea?

a. Dall'essere intelligente
b. Dall'essere straniera
c. Dall'essere madre
d. Dall'essere donna

3 **Il desiderio** Quale ultimo desiderio esprime?

4 **L'uomo e la donna** Come illustra Medea i rapporti che intercorrono tra marito e moglie?

5 **La richiesta** Medea chiede, attraverso Giasone, un favore a Creonte e Glauce. Quale?

6 **I doni** Medea, in apparenza gentile e remissiva, invia doni nuziali a Glauce per mano dei figli. Come appare questo gesto agli spettatori?

a. Gentile e garbato
b. Equivoco e carico di tristi presagi
c. Aggressivo e minaccioso
d. Sincero e generoso

7 **I figli** Con quali brevi e intensissime parole Medea esprime a Giasone il suo amore per i figli?

8 **La felicità** Quale riflessione esprime il messaggero sulla felicità degli uomini? Riporta le parole del testo.

....

....

9 **Il proposito** Oltre alla vendetta, perché Medea decide di uccidere i figli?

a. Per evitare loro l'esilio
b. Perché non vengano uccisi da altri
c. Perché li odia, dato che sono figli di Giasone
d. Perché non prova alcun affetto per loro

Riconoscere e analizzare

10 **Le battute** Quale tipologia di battute prevale nei passi letti?

a. Monologo
b. Dialogo
c. A parte
d. Soliloquio

11 **Medea** Il personaggio centrale è Medea, straziata e umiliata. Come sembra gestire il suo dolore nei passi letti?

a. Diventa preda della follia
b. Si mostra lucida e razionale
c. Si abbandona alla disperazione
d. Si ritiene colpevole e reprime la sofferenza

12 **Il campo semantico** Nel primo intervento di Medea, trova parole relative al campo semantico del dolore.

Rielaborare e produrre

13 **Discutere** «Da tanto lo so, le cose dei mortali sono ombra; e affermo, senza timore: chi si crede un saggio, un pensatore profondo, si merita proprio la taccia di stolto.» (rr. 98-100).
Che cosa intende dire il messaggero con queste parole?
Confronta la tua opinione con quella dei tuoi compagni in un dibattito in classe e poi esponi in un discorso ben organizzato l'interpretazione che ti convince maggiormente.

14 **Il commento** Stendi un commento al brano utilizzando almeno 50 parole.

15 **La vendetta** Medea compie un gesto tremendo per vendicarsi dell'abbandono del marito. Credi che abbia senso vendicarsi di un torto subito? Esprimi la tua opinione in un testo argomentativo dal titolo "La vendetta".

William Shakespeare

L'amore vince ogni cosa

Da *Romeo e Giulietta*, 1594-1595
Tragedia

La tragedia, ambientata a Verona, narra la notissima storia di Romeo e Giulietta e del loro amore impossibile. Si tratta di un sentimento così struggente da essere ripreso, nel corso dei secoli, in moltissime opere d'arte.

PROLOGO

Entra il Coro.

CORO

L'azione si svolge nella bella Verona, dove fra due famiglie di uguale nobiltà, per antico odio nasce una nuova discordia che sporca di sangue le mani dei cittadini. Da questi nemici discendono i due amanti, che nati sotto contraria stella, dopo pietose vicende, con la loro morte, annientarono l'odio di parte. Le tremende lotte del loro amore, già segnato dalla morte, l'ira spietata dei genitori che ha fine soltanto con la morte dei figli, ecco quello che la nostra scena vi offrirà in due ore.

Se ascolterete con pazienza, la nostra fatica cercherà di compensare qualche mancanza.

Esce.

[...]

ATTO SECONDO

SCENA SECONDA

Giardino dei Capuleti.
Entra Romeo.

ROMEO

Chi non ha mai avuto una ferita, ride
di chi ne porta i segni.
*Giulietta appare a un **balcone**, in alto.*
Ma quale luce
apre l'ombra, da quel balcone? Ecco l'oriente
e Giulietta è il sole... Alzati, dunque, o vivo sole
e spegni la luna già fioca, pallida di pena,
che ha invidia di te perché sei bella
più di lei, tu che la servi. E se ha invidia di te
lasciala sola. Il suo manto di vestale[1]
ha già un colore verde di palude,
e più nessuna vergine lo porta.
Gettalo via! Oh, è la mia donna, è il mio amore!
Ma non lo sa! Parla e non dice parola:
il suo occhio parla, e a lui risponderò.
Ma che folle speranza; non è a me che parla.
Due fra le stelle più lucenti, che girano
ora in altre zone, pregano i suoi occhi
di splendere nelle sfere[2] senza luce,
fino al loro ritorno. E se i suoi occhi

PAROLE sotto la lente

Balcone

Il nome è un accrescitivo di *balco*, dal longobardo *balk*, ossia trave, palco di legname; il termine è collegato a *palco*. Il suo significato è noto e indica una finestra aperta fino al livello del pavimento e munita di una ringhiera o di una balaustra. Il balcone è divenuto molto famoso, quasi un simbolo, proprio per il colloquio d'amore tra Giulietta e Romeo.

Attività

Trova qualche sinonimo di questo nome.

1 **vestale**: sacerdotessa del tempio di Vesta, obbligata a restare vergine.
2 **sfere:** nell'opinione degli antichi, sono le sfere dei cieli che circondano la Terra.

fossero nel cielo veramente e le stelle
nel suo viso? Lo splendore del suo volto
farebbe pallide le stelle, come la luce del giorno
la fiamma d'una torcia. Se poi i suoi occhi
fossero nel cielo, quanta luce su nell'aria:
tanta che gli uccelli credendo finita la notte
comincerebbero a cantare. Guarda come posa
la guancia sulla mano! Oh, se fossi un guanto
su quella mano per sfiorarle la guancia!

GIULIETTA
Ahimé!

ROMEO
Ecco, parla. Oh, parla ancora, angelo splendente!
Tu in questa notte appari a me, dall'alto,
di forte luce come un alato messaggero
agli occhi meravigliati dei mortali, quando
varca lente nuvole e veleggia nell'aria
immensa.

GIULIETTA
O Romeo! Romeo! Perché tu sei Romeo?
Rinnega dunque tuo padre e rifiuta quel nome,
o se non vuoi, légati al mio amore
e più non sarò una Capuleti.

ROMEO
Fra sé.
Devo rispondere o ascoltare ancora?

GIULIETTA
Solo il tuo nome è mio nemico: tu, sei tu,
anche se non fossi uno dei Montecchi.
Che cosa vuol dire Montecchi? Né mano,
non piede, né braccio, né viso, nulla
di ciò che forma un corpo. Prendi un altro nome!
Che c'è nel nome? Quella che chiamiamo rosa,
anche con altro nome avrebbe il suo profumo.
Anche Romeo senza più il suo nome
sarebbe caro, com'è, e così perfetto.
Rinuncia al tuo nome, Romeo, e per il nome,
che non è parte di te, prendi me stessa.

ROMEO
Ti prendo sulla parola, chiamami solo amore,
e avrò nuovo battesimo; ecco, non mi chiamo più Romeo.

GIULIETTA
Chi sei tu che difeso dall'ombra della notte
entri nel mio chiuso pensiero?

ROMEO
Con un nome non so dirti chi sono;

Julius Kronberg, *Giulietta e Romeo sul balcone*, 1886. (Collezione Privata)

odio il mio nome che ti è nemico,
straccerei il foglio dove fosse scritto.

GIULIETTA
Il mio orecchio non ha bevuto cento parole
di quella voce, e già ne riconosco il suono.
Non sei Romeo, uno dei Montecchi?

ROMEO
Né l'uno, mia bella fanciulla, né l'altro,
se non ti è caro né l'uno né l'altro.

GIULIETTA
Come, perché, sei giunto fino a qui?
Alti sono i muri del giardino e aspri

per conoscere WILLIAM SHAKESPEARE

WILLIAM SHAKESPEARE, poeta e drammaturgo inglese, nasce nel 1564 a Stratford-upon-Avon. Sua madre discende da un'agiata famiglia rurale e il padre è un noto commerciante di pellami. Frequenta la *grammar school*, dove conosce i classici, ma non affronta mai studi universitari. Si sposa molto giovane e ha tre figli. Fino al 1592 non ci sono notizie certe sulla sua vita. Forse si reca a Londra dove intraprende la carriera di attore e di autore teatrale. Nel 1594, alla fine dell'epidemia di peste che ha investito il Paese costringendo i teatri a chiudere, comincia a collaborare con la compagnia teatrale The Lord Chamberlain's Men, sostenuta dalla casa reale e adottata da Giacomo I, che più tardi le darà il nome di The King's Men.

Negli anni a cavallo tra Cinquecento e Seicento Shakespeare scrive la maggior parte delle sue opere: tragedie, commedie, poesie. Nel 1610, famoso e ammirato, si ritira a Stratford dove vive con la famiglia, da benestante gentiluomo di campagna, gli ultimi anni della sua vita, ma senza rinunciare a scrivere ancora per la sua compagnia teatrale. Muore nel 1616.

• Un genio letterario • Per l'ampiezza e la profondità dei temi sviluppati, sia in poesia sia in teatro, Shakespeare è considerato non solo il padre della letteratura inglese, ma anche uno dei fondatori della letteratura moderna. Pienamente inserito nel suo tempo, la sua genialità consiste, oltre che nella sapiente costruzione dell'intreccio, nella profondità e nell'originalità con cui è in grado di rielaborare le innumerevoli fonti a cui attinge. Egli vive nell'In-

William Shakespeare in un ritratto di Tullio Pericoli del 1991.

da scalare; e se qualcuno ora ti scopre,
se penso chi sei, questo è luogo di morte.

ROMEO
Con le ali leggere d'amore volai su questi muri:
per amore non c'è ostacolo di pietra,
e ciò che amore può fare, amore tenta:
non possono fermarmi i tuoi parenti.

GIULIETTA
Se ti vedono qui, ti uccideranno.

ROMEO
Ahimé! Il pericolo è più nei tuoi occhi
che non in venti delle loro spade:

ghilterra barocca, ma nella sua opera si riflettono le tensioni e i desideri di tre secoli di cultura europea. Tuttavia, Shakespeare non ha avuto sempre e solo fortuna e lodi. Fu per lungo tempo incompreso (Voltaire) e nel corso del XVIII secolo i suoi testi furono addomesticati, purgati e addirittura riscritti. Venne poi riscoperto e valorizzato nel XIX secolo, con il Romanticismo.

• La raccolta dei *Sonetti* • Nel 1609 Shakespeare pubblica una raccolta di 154 *Sonetti*. Sono liriche composte tra il 1593 e i primi anni del Seicento. La maggior parte (dall'1 al 126) è rivolta a un "bel giovane" dall'identità misteriosa del quale l'autore loda l'amicizia e la bellezza; altri sonetti (dal 127 al 154) sono dedicati a una "dama bruna" che incarna un'ideale femminile in contrasto con i canoni dell'amore e della bellezza suggeriti fino ad allora dalla tradizione poetica. Non mancano, poi, sonetti di riflessione sulla condizione umana, sulla labilità del tempo, sull'immortalità che si ottiene con la poesia.

• Tragedie e commedie • Il mondo teatrale shakespeariano è così ricco da accorpare in sé i tempi, i luoghi, le situazioni, i caratteri di gran parte della storia umana. Ricordiamo le sue opere, raggruppando tragedie e commedie su base tematica.

Shakespeare ha scritto **drammi storici** (imperniati su figure di sovrani inglesi, come *Riccardo III*, 1592-1593; *Re Giovanni*, 1596-1597; *Enrico VIII*, 1612-1613); **commedie d'ingegno** (basate su complicati giochi d'astuzia, *La commedia degli equivoci*, 1592-1593; *La bisbetica domata*, 1593-1594; *Sogno di una notte di mezza estate*, 1595-1596, *Il mercante di Venezia*, 1596); **drammi classici** (con personaggi del mondo greco e romano, *Tito Andronico*, 1593-1594; *Giulio Cesare*, 1599-1600; *Antonio e Cleopatra*, 1606-1607); **commedie romantiche** (ricche di vivaci tensioni amorose, *Molto rumore per nulla*, 1598-1599; *Le allegre comari di Windsor*, 1600-1601); **drammi dialettici** (in cui si indaga a fondo l'interiorità, *Amleto*, 1600-1601, e *Misura per misura*, 1604-1605); **tragedie** (dove la speranza svanisce per lasciare spazio al dolore, *Romeo e Giulietta*, 1594-1595; *Otello*, 1604-1605; *Macbeth* e *Re Lear*, 1605-1606) e **drammi romanzeschi** (composti soprattutto nell'ultima parte della sua attività, *Il racconto d'inverno*, 1610-1611, e *La tempesta*, 1611-1612).

Da questo quadro risulta evidente la straordinaria quantità di situazioni portate in scena, le variazioni di tono e di registro, dal comico al tragico, affidate sempre alla vivacità dei dialoghi, all'efficacia dei gesti e a una lingua ricca, articolata e raffinata. A unificare una produzione tanto estesa è la costante curiosità per la vita umana, la capacità di penetrare nell'animo, nei sentimenti, nel segreto dell'uomo. Moltissimi sono i suoi personaggi, tratti dalla storia e dalla vita quotidiana: re, tiranni, eroi del bene e del male, saggi, giovani innamorati. Ogni personaggio appare in tutta la sua complessità, con pregi e qualità morali, ma anche con difetti, incertezze e contraddizioni, in modo ben diverso dagli eroi puri, integri e perfetti della tradizione. Shakespeare, insomma, nella sua opera ha ritratto l'esistenza di noi tutti nelle sue tantissime sfaccettature.

se mi guardi con dolcezza, sarò forte
contro il loro odio.

GIULIETTA
Non vorrei
che ti vedessero qui, per tutto il mondo.

ROMEO
Il manto della notte mi nasconde; ma se non mi ami
lascia che mi trovino. Meglio che il loro odio
tolga la mia vita, e non che la morte tardi
senza il tuo amore.

GIULIETTA
Chi ti ha guidato in questo luogo?

ROMEO
Con i miei occhi, amore m'aiutò a cercarlo,
e con il suo consiglio. Io non sono pilota
ma se tu fossi lontana, quanto
la più deserta spiaggia del più lontano mare,
io mi spingerei là, sopra una nave,
per una merce tanto preziosa.

GIULIETTA
La maschera
della notte mi nasconde il viso: vedresti il rosso
allora, che copre le mie guance, per le parole dette
questa notte! Oh, come vorrei, volentieri, volentieri,
smentire le parole; ma ormai, addio finzioni!
Mi ami tu? So che dirai di sì, ed io ti crederò;
ma se giuri, tu puoi ingannarmi. Dicono che Giove
rida dei falsi giuramenti degli amanti.
O gentile Romeo, se mi ami, dimmelo veramente;
ma se credi che mi sia presto abbandonata,
sarò crudele (e lo diranno le mie ciglia),
dirò di no, e allora sarai tu a pregarmi;
se non lo pensi, non saprei dirti di no
per tutto il mondo. O bel Montecchi, è vero,
il mio amore è troppo forte, e, con ragione,
potresti dirmi leggera[3], mio gentile signore,
ma vedrai che sono più sincera delle donne
che più di me conoscono l'astuzia
di apparire timide. E più timida,
certo sarei stata: io stessa ancora non sapevo,
tu hai svelato in me un grande amore.
Non giudicarmi male; perdona
questo mio facile abbandono nell'amore,
che l'ombra della notte ti ha rivelato.

ROMEO
Per la felice luna che imbianca le cime
di questi alberi, io giuro...

3 **leggera**: superficiale, non seria.

Giulietta
Oh, non giurare per la luna,
per l'incostante luna che ogni mese muta
il cerchio della sua òrbita: non vorrei
che il tuo amore fosse come il moto della luna.

Romeo
E per che cosa devo allora giurare?

Giulietta
Non giurare; o giura per te, gentile,
che sei il dio che il mio cuore ama,
e sarai creduto.

Romeo
Se il caro amore del mio cuore…

Giulietta
No, non giurare. Ogni mia gioia è in te,
ma non ho gioia dal nostro patto d'amore
di questa notte; improvviso, inaspettato, ràpido,
troppo simile al lampo che finisce prima
che si dica "lampeggia". Buona notte, mio amore!
Questo germoglio d'amore che si apre al mite
vento dell'estate, sarà uno splendido fiore
quando ci rivedremo ancora. Buona notte,
buona notte! Un sonno dolce e felice
scenda nel tuo cuore come nel mio!

Romeo
Oh, tu mi lasci
con tanto desiderio!

Giulietta
E che desiderio puoi avere
questa notte?

Romeo
Scambiare il tuo amore con il mio.

Giulietta
Prima che lo chiedessi, io t'ho dato il mio,
e vorrei non averlo ancora dato.

Romeo e Giulietta sul balcone, in una messa in scena del 2016 al Teatro Alexandrinsky di San Pietroburgo.

Romeo
Vorresti, forse,
riprenderlo? E per quale ragione, amore mio?

Giulietta
Per offrirlo ancora una volta. Io desidero
quello che possiedo; il mio cuore, come il mare,
non ha limiti e il mio amore è profondo
quanto il mare: più a te ne concedo
più ne possiedo, perché l'uno e l'altro
sono infiniti. (*La nutrice chiama di dentro.*)
Sento qualche rumore
nella casa; caro amore, addio!
«Subito, mia buona nutrice.» E tu, amato Montecchi,
sii fedele: aspetta un momento il mio ritorno.

Si ritira.

W. Shakespeare, *Romeo e Giulietta*,
trad. di S. Quasimodo, Mondadori, Milano, 1949

STORIE da SCOPRIRE

Romeo e Giulietta di William Shakespeare

Scritta in versi e in prosa, la tragedia è composta da cinque atti ed è ambientata a Verona, dove da anni i Montecchi e i Capuleti sono in lotta tra loro, tanto che il principe Della Scala ordina alle rispettive famiglie di mettere fine ai conflitti, altrimenti pagheranno con la vita.

Il vecchio Capuleti organizza un banchetto per far conoscere alla figlia Giulietta il nobile Paride e concludere così le nozze tra loro. Alla festa partecipa di nascosto anche Romeo Montecchi per vedere la sua amata, Rosalina. Ma lì scorge Giulietta e se ne innamora perdutamente. La sera, dopo la festa, nascosto sotto il balcone della ragazza, scopre di essere ricambiato: i due giovani decidono di sposarsi in segreto con l'aiuto del confessore di lui, frate Lorenzo, e della nutrice di lei.

Quella stessa notte, nell'ennesimo scontro tra membri delle famiglie in lotta, Romeo uccide Tebaldo, cugino di Giulietta, e viene bandito dalla città; tuttavia i due innamorati riescono a trascorrere insieme la notte. Il padre impone a Giulietta di sposare Paride e la fanciulla, decisa a morire pur di non tradire l'amato, si rivolge a frate Lorenzo che le consegna una fiala in grado di dare la morte apparente: la fanciulla dovrà berla la notte prima delle nozze. L'indomani tornerà in vita e verrà portata via da Romeo, che nel frattempo verrà informato dei fatti a Mantova, dove si è rifugiato. La notizia tuttavia non lo raggiunge in tempo: al giovane arriva solo la voce che Giulietta è morta. Rientra a Verona di nascosto, dove si scontra con Paride, uccidendolo. Penetrato poi nel sepolcro di Giulietta, decide di avvelenarsi. Giulietta, risvegliatasi dallo stato di morte apparente e scoperto il cadavere di Romeo, si uccide a sua volta con un pugnale. Accorse alla tomba, le due famiglie si riconciliano davanti ai cadaveri dei loro figli.

per L'ANALISI del TESTO

Un amore osteggiato

La storia d'amore di Romeo e Giulietta era già nota nella novellistica antica: si tratta del racconto dell'appassionato sentimento che lega due giovani, contrastato dalla rivalità che divide le loro famiglie, i Montecchi e i Capuleti, nella Verona del Cinquecento. È quello che emerge dalla scena presentata: Romeo è pronto a sfidare qualsiasi ostacolo, rischiando persino la morte, pur di contemplare alla luce della luna la sua amata («per amore non c'è ostacolo di pietra, / e ciò che amore può fare, amore tenta», rr. 101-102).

I due protagonisti, consapevoli che la loro unione sarebbe osteggiata dalle rispettive famiglie, decidono tuttavia di **seguire le ragioni del cuore**, preferendo morire piuttosto che tradire i propri sentimenti.

Sarà solo il dolore straziante per la perdita dei figli a far comprendere alle due famiglie quanto vuote e sterili fossero le ragioni del loro odio.

Un linguaggio lirico

La lingua usata da Shakespeare è estremamente ricca di figure retoriche, tanto da avvicinare il **testo tragico** a quello **lirico**: **metafore** («Alzati, dunque, o vivo sole», r. 24), **iperboli** («Lo splendore del suo volto / farebbe pallide le stelle», rr. 40-41), **personificazioni** («amore m'aiutò a cercarlo», r. 122).

L'uso frequente di **deittici** («spegni la luna già fioca, pallida di pena, / che ha invidia di te perché sei bella / più di lei, tu che la servi. E se ha invidia di te / lasciala sola», rr. 25-28) serve a contestualizzare maggiormente i gesti e le azioni dei personaggi.

Frederic Leighton, *La riconciliazione di Montecchi e Capuleti*, 1854. (Collezione Privata)

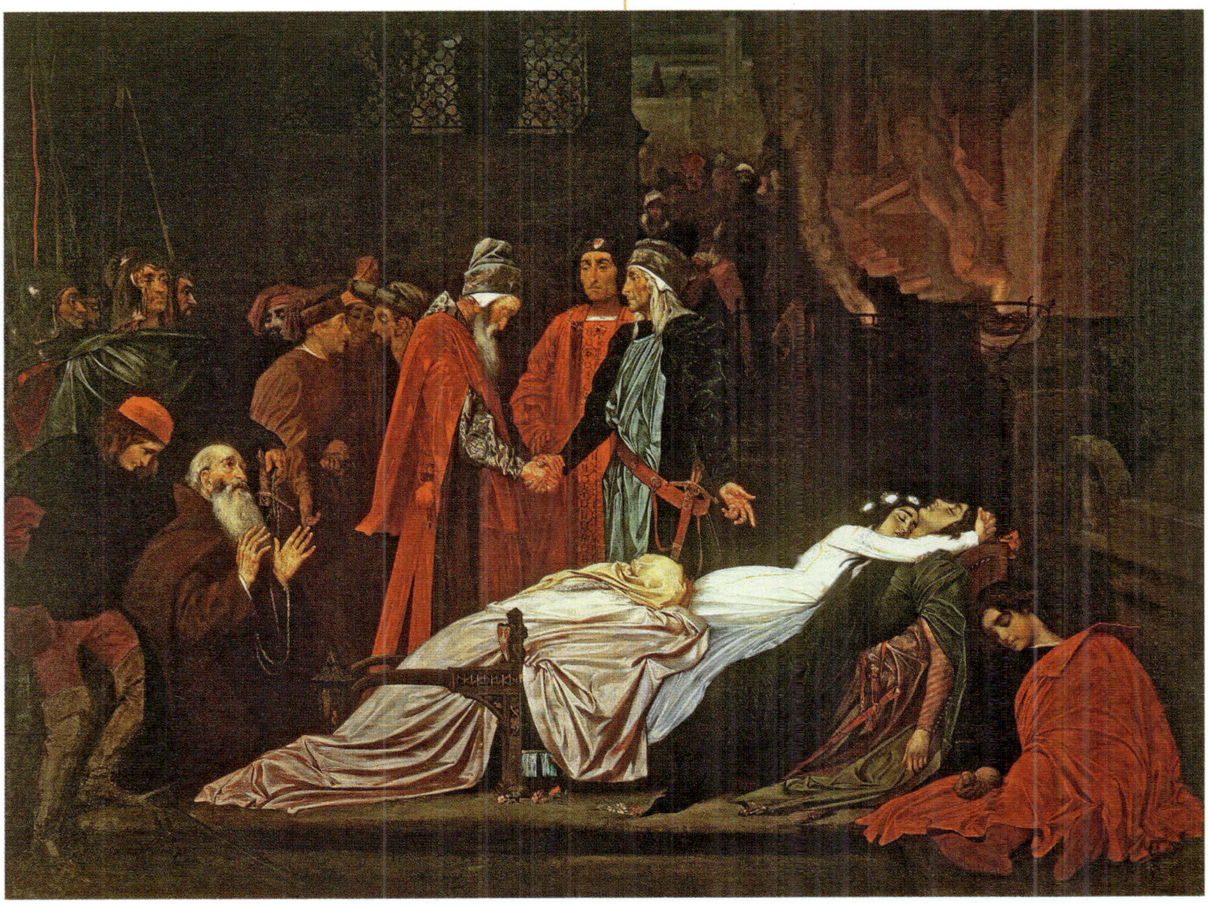

per SAPERNE di PIÙ

Il teatro elisabettiano

Gli anni di governo della regina Elisabetta I (1533-1603), dal 1558 alla sua morte, coincidono con un intenso sviluppo economico dell'Inghilterra e con una straordinaria fioritura culturale, nota come "età elisabettiana". Il teatro, in particolare, assume una grande importanza: nascono compagnie stabili di attori professionisti e gli autori di testi teatrali sono ben pagati. Sorgono anche edifici preposti alla rappresentazione: nel 1576 viene costruito a Londra il primo teatro pubblico, The Theatre, e in un ex monastero viene allestito il Blackfriars Theatre. Nel 1599 viene inaugurato il Globe Theatre, costruito dalla compagnia a cui apparteneva Shakespeare.

Caratteristiche principali del teatro elisabettiano erano la centralità del palcoscenico e le gallerie per gli spettatori collocate su più piani, in una sorta di anfiteatro; lo spettacolo esigeva infatti la partecipazione attiva del pubblico, favorita dalla struttura circolare del palcoscenico. Frequentavano il teatro persone di ogni ceto sociale, appassionandosi alle vicende tragiche o comiche delle opere shakespeariane. Con poche ed essenziali strutture si poteva mettere in scena qualsiasi cosa. Pochi oggetti simbolici (una corona, una spada, uno scettro, una coppa di veleno...) bastavano a collocare la scena nel modo giusto, senza la necessità di grandi e macchinosi apparati scenografici. Le rappresentazioni si svolgevano di giorno e all'aperto. Recitavano soltanto gli uomini; i ruoli femminili erano sostenuti da attori giovani. Alle donne era vietato recitare, in quanto considerata un'attività immorale.

Le personalità artistiche più note di questo periodo sono William **Shakespeare** (1564-1616), Christopher **Marlowe** (1564-1593), autore delle tragedie *Tamerlano il Grande* (1587-1588), *La tragica storia del dottor Faust* (1588 o 1592) e *Edoardo II* (1592), e Ben **Jonson** (1572 ca-1637), famoso per le commedie *Ognuno nel suo umore* (1598) e *Volpone* (1606). Le loro opere non seguono più le unità aristoteliche di tempo, luogo e azione: le vicende si snodano per più giorni, spesso in luoghi diversi. Si assiste, inoltre, a un approfondimento della personalità dei protagonisti: gli autori scavano nell'interiorità di personaggi dominati da ossessioni e dubbi (Otello e Amleto in Shakespeare, Faust in Marlowe).

Poi nel 1642 si conclude per il teatro inglese l'età felice: il Parlamento decide di chiudere a tempo indeterminato i teatri, giudicando questa forma d'arte pericolosa per la società.

La processione della regina Elisabetta in un dipinto di artista anonimo nel 1603. (Dorset, Sherborne Castle)

Una ricostruzione del Globe Theatre, il teatro in cui Shakespeare rappresentò molte delle sue opere.

Attività

Leggere e comprendere

1 **Romeo** Qual è l'atteggiamento di Romeo sotto il balcone dell'amata?

a. È innamorato, ma teme le conseguenze del suo amore
b. È felice che Giulietta lo ami e sa che non ci saranno ostacoli per la loro felicità
c. È innamorato e deciso a superare tutte le difficoltà per coronare il suo amore
d. Ha deciso di rivelare a Giulietta che non ricambia il suo amore

2 **Giulietta** Come si mostra, invece, Giulietta?

a. È cauta e spaventata
b. È felice e decisa a vivere la sua passione amorosa
c. Vuole lasciare che il sentimento cresca con il tempo
d. Intende rivelare a Romeo che è innamorata di un altro

Riconoscere e analizzare

3 **Il coro** Quale funzione svolge il coro all'inizio della tragedia?

a. Il coro si rivolge al pubblico e narra tutta la vicenda
b. Il coro incita i due innamorati a interrompere la pericolosa relazione
c. Il coro introduce la vicenda e chiede scusa al pubblico per eventuali mancanze
d. Il coro invita il pubblico a giudicare la qualità della rappresentazione

4 **Un personaggio** Analizza la figura di Giulietta quale emerge dalla seconda scena, citando battute del testo.

....
....
....
....
....
....
....
....

5 **Le immagini** Nell'esprimere il proprio amore, Romeo utilizza molte immagini legate alla luce e alla natura. Cerca degli esempi nel testo e riportali.

....
....
....
....

6 **Le figure retoriche** Spiega il significato delle seguenti figure retoriche presenti nel testo.

«Ecco l'oriente / e Giulietta è il sole» (rr. 23-24):

....

«Parla e non dice parola» (r. 32):

....

«Il manto della notte» (r. 115):

....

«il mio cuore, come il mare, / non ha limiti» (rr. 196-197):

....

Rielaborare e produrre

7 **Discutere** Secondo te la conclusione tragica dell'amore di Romeo e Giulietta è la conseguenza di un avverso destino o della volontà umana? Confronta la tua opinione con quella dei tuoi compagni in un dibattito in classe e poi esponi in un discorso ben organizzato l'interpretazione che ti convince maggiormente.

8 **Analisi e commento** Prova a scrivere un testo di circa 50 parole di interpretazione e commento del brano.

9 **L'amore contrastato** Conosci qualche storia d'amore ostacolata dalla famiglia? Quali motivi possono indurre oggi a un simile atteggiamento? Esponi la tua opinione in un testo espositivo di circa 200 parole.

10 **Amore-morte** I due innamorati non hanno dubbi: è meglio morire che rinunciare all'amore. Come giudichi questa scelta? Discutine con i tuoi compagni e riferisci in una relazione le opinioni espresse.

per approfondire

Erich Auerbach

Tragedia antica e moderna

Da *Mimesis*, 1946
Saggio critico

Analizzando la tragedia classica e quella elisabettiana, Auerbach ne coglie le differenze di struttura, soffermandosi in particolare sui personaggi.

Per l'antichità gli avvenimenti drammatici della vita umana consistevano prevalentemente nel cambiamento di fortuna che si abbatteva sull'uomo dal di fuori e dall'alto, mentre nella tragedia elisabettiana, la prima caratteristicamente moderna, comincia a prevalere il carattere dell'eroe quale artefice del suo destino. Questa è opinione generale, e in linea di massima è giusta. Essa ha bisogno, però, di essere completata. Nell'introduzione di un'edizione di Shakespeare che ho presente[1], viene così espressa:

> E qui veniamo alla grande differenza fra il dramma greco e quello elisabettiano: la tragedia nei drammi greci è una tragedia preordinata, in cui i caratteri dei personaggi non hanno una parte decisiva. Ad essi non spetta che agire e morire. La tragedia nei drammi elisabettiani viene invece direttamente dal cuore dei personaggi stessi. Amleto è Amleto, non perché un dio capriccioso lo abbia spinto verso una fine tragica, ma perché vi è un'essenza unica in lui per cui egli è incapace di comportarsi diversamente da come fa.

E il critico continua mettendo in rilievo la libertà d'azione di Amleto che provoca in lui dei dubbi e lo fa indugiare davanti alle decisioni: è una libertà d'azione che Edipo e Oreste non possiedono. Formulato in questo modo, il contrasto fra carattere e destino è troppo assoluto. Non si potrà fare a meno di attribuire, per esempio, anche alla Medea di Euripide un'«essenza unica», anzi una libertà d'azione e perfino dei momenti di indugio e di lotta contro la propria passione orribile; perfino Sofocle, per così dire il modello classico antico, presenta all'inizio dell'*Antigone*, nel dialogo fra le due sorelle, un esempio di due persone che, esattamente nella stessa situazione, senza alcuna costrizione del destino, si decidono ciascuna per un modo d'agire diverso, secondo la diversità del loro carattere. Con tutto ciò il pensiero fondamentale del critico inglese è giusto: il carattere dell'eroe nella tragedia elisabettiana, specialmente in Shakespeare, è molto più preciso e vario che nell'antichità e ha una parte più attiva nel dar forma al destino. La differenza può essere

1 **presente**: l'edizione di cui parla Auerbach è *The Complete works of Shakespeare*, con introduzione a cura di St. John Ervine, il «critico» cui si fa riferimento alcune righe sotto.

L'AUTORE

Erich Auerbach, critico letterario tedesco, nasce a Berlino nel 1892. Insegna Filologia romanza all'università di Marburgo. Di origine ebraica, nel 1936 è costretto a emigrare, prima a Istanbul, poi negli Stati Uniti, dove muore nel 1957. Nelle sue opere egli analizza gli autori dal punto di vista dello stile, senza trascurare il contesto storico, sociale e culturale. I suoi studi più noti sono: *Dante, poeta del mondo terreno* (1929); *Mimesis. Il realismo nella letteratura occidentale* (1946), in cui si occupa dei principali autori letterari dall'antichità al mondo moderno; *Lingua letteraria e pubblico nella tarda antichità latina e nel Medioevo*, uscito postumo nel 1958.

espressa, però, ancora in un altro modo, dicendo che la concezione del destino nella tragedia elisabettiana è più ampia e nello stesso tempo più strettamente collegata al carattere del personaggio che non nell'antica. In questa il destino non significa altro che l'azione tragica del momento, l'irretimento[2] in cui il personaggio si trova in quel determinato attimo. All'infuori dell'antefatto del conflitto, poco riferimento si fa alla vita dei personaggi, a tutto ciò che chiamiamo ambiente, e, astrazion fatta dell'età, del sesso, della condizione sociale e d'un cenno del tutto generico sul loro temperamento, non sappiamo nulla della loro esistenza. Il carattere del personaggio si sviluppa esclusivamente dentro l'azione tragica di quel determinato momento; tutto il resto viene trascurato. [...] La limitazione al conflitto tragico in atto dipende soprattutto dal fatto che gli argomenti della tragedia antica furono tratti quasi esclusivamente dal mito nazionale, in pochi casi singoli dalla storia nazionale, da avvenimenti sacri, i cui personaggi erano noti agli uditori; anche l'ambiente era noto e inoltre era quasi dappertutto lo stesso. Non vi era, perciò, nessuna ragione di descrivere il suo carattere e la sua atmosfera particolari. [...] Data la grande varietà degli argomenti e la notevole libertà di movimento del teatro elisabettiano, siamo informati di volta in volta dell'atmosfera particolare, delle condizioni di vita, dell'antefatto dei personaggi. Lo svolgimento dell'azione sul palcoscenico non si limita esclusivamente allo svolgimento del conflitto tragico, ma ci sono dei dialoghi, delle scene, dei personaggi non richiesti dall'azione vera e propria. In questo modo veniamo a conoscere molti particolari sui personaggi principali; ci formiamo un'idea della loro vita normale e del loro carattere particolare, indipendentemente dalla situazione in cui si trovano in quel preciso momento. Il destino acquista così un significato molto maggiore che non il conflitto attuale. Nella tragedia antica è sempre possibile distinguere fra il carattere naturale della persona e il suo destino. Il dramma elisabettiano nella maggioranza dei casi non rappresenta il carattere puramente naturale, ma quello già preformato dalla nascita, dalle condizioni di vita, dagli antefatti (quindi dal destino); un carattere nel quale il destino ha già una grande parte, prima di compiersi nel determinato conflitto tragico; questo è spesso soltanto il movente per mezzo del quale si realizza il tragico, già da tempo preparato.

E. Auerbach, *Mimesis. Il realismo nella letteratura occidentale*, trad. di A. Romagnoli, H. Hinterhauser, Einaudi, Torino, 1964

2 **irretimento**: situazione in cui ci si trova coinvolti involontariamente.

Attività

Comprendere il saggio critico

1 **La tragedia antica** Da che cosa derivavano gli eventi drammatici che colpivano gli eroi della tragedia antica?

2 **La tragedia elisabettiana** Da dove scaturisce il dramma nelle tragedie di epoca elisabettiana?

3 **La tragedia moderna** Perché nelle tragedie moderne è importante delineare il carattere e l'ambiente dei protagonisti?

Analizzare il saggio critico

4 **I campi semantici** Indica almeno cinque termini riferibili al campo semantico della tragedia.

5 **La parola** Spiega il significato della parola destino.

6 **La struttura** Nel testo si parla di tragedia antica e di tragedia elisabettiana con una finalità descrittiva o comparativa?

RACCOGLIAMO LE IDEE

1 Sintesi dei contenuti

Attraverso le attività seguenti e le citazioni tratte dai brani che hai letto, esegui un lavoro di sintesi e analisi dei concetti e delle informazioni presentati nell'Unità. Se lo ritieni utile, puoi inserire altre citazioni per te significative.

Approfondisci il confronto tra i passi letti completando il primo schema e ricordando che le tre tragedie appartengono a epoche molto diverse tra loro. Quindi per analizzare i brani, inserisci opportunamente nella seconda tabella le informazioni che ti elenchiamo a caso.

Destino • Vendetta • Famiglia • Sanno di non avere colpe dirette, ma nella sofferenza mantengono il rispetto per la divinità • Amore illecito • Vendetta • Famiglia • Ritengono di non avere colpe dirette, ma nella sofferenza mantengono il rispetto per la divinità.

Tragedia	Autore	Periodo di composizione	Protagonista	Motivo del dramma	Conclusione
Edipo re					
Medea					
Romeo e Giulietta					

Tragedia	Chi dà origine alla tragedia?	Quale valore muove le azioni dei protagonisti?	In quale ambito sociale si compie la tragedia?	Come si mostrano i personaggi verso la divinità?
Edipo re		Onore personale	Famiglia	
Medea	Giasone			
Romeo e Giulietta				Confidano nella divinità

2 Citazioni dalle liriche

GIULIETTA
O Romeo! Romeo! Perché tu sei Romeo?
Rinnega dunque tuo padre e rifiuta quel nome,
o se non vuoi, légati al mio amore
e più non sarò una Capuleti.

W. Shakespeare, *Romeo e Giulietta*

Io sono sola, priva di patria, sottoposta agli oltraggi dell'uomo che mi ha portato via come preda da una terra di barbari. Mi trovo in una situazione disperata, e non mi possono salvare madre o fratello o parenti. Un'unica cosa ti chiedo: non aprire bocca, se trovo un mezzo, un espediente per ripagare del male che mi ha fatto mio marito [e sua moglie e suo suocero]. Una donna in genere è piena di paure, è vile di fronte all'azione violenta, e alla vista di un'arma. Ma quando ne calpestano i diritti coniugali, non esiste essere più sanguinario di lei.

Euripide, *Medea*

Io non so con quali occhi, vedendo, avrei guardato mio padre, una volta disceso nell'Ade, o la misera madre: verso entrambi ho commesso atti, per cui non sarebbe bastato impiccarmi. O forse potevo desiderare la vista dei figli, nati come nacquero? No davvero, mai, per i miei occhi; e neppure la città, né le mura, né le sacre immagini degli dèi: di tutto ciò io sventuratissimo, l'uomo più illustre fra i Tebani, privai me stesso, proclamando che tutti scacciassero l'empio, l'individuo rivelato dagli dèi impuro e figlio di Laio. Dopo avere denunziato così la mia infamia, dovevo guardare a fronte alta questi cittadini? No, affatto: anzi, se fosse stato possibile otturare nelle mie orecchie anche la fonte dell'udito, non avrei esitato a sbarrare del tutto questo mio misero corpo, così da essere sordo, oltre che cieco.

Sofocle, *Edipo re*

[...]
....
....
....
....
....

3 Scrittura guidata *l'intervista*

Dopo aver letto le tragedie contenute nell'Unità e aver svolto l'attività di sintesi dei contenuti, scegli tra i protagonisti quello che più ti ha colpito e immagina di porgli una serie di domande e di ottenere una serie di risposte in un'intervista.

Dovrai prima scegliere i grandi argomenti su cui impostare la conversazione e poi saper cogliere dalle sue risposte altri spunti per ampliare e approfondire l'intervista. Ricordati di formulare domande brevi e chiare.

Attieniti, se vuoi, a questa scaletta

- **Presentati e spiega** le ragioni che ti spingono a intervistarlo/la
- **Informati** sul suo *status* (origine, famiglia...)
- **Chiedi notizie** della vicenda triste in cui è coinvolto/a (abbandono, amore contrastato...)
- **Domanda** quali sentimenti prova (ira, sgomento, senso di colpa...)
- **Fatti rivelare** quali sono i valori per lui/lei più importanti (amore, onore...)
- **Chiedi come** intende risolvere il suo doloroso problema (fuga, accettazione...)

Jean Racine

La confessione di Fedra

Da
Fedra, 1677
Tragedia

A Trezene, nella Grecia meridionale, Fedra brucia di ardente passione per il figliastro Ippolito, ma lui la respinge. Dopo un lungo viaggio, Teseo, marito di Fedra e padre di Ippolito, fa ritorno e maledice il figlio, causa dell'insano sentimento. L'azione si conclude con il suicidio di Fedra davanti agli occhi del marito e la morte di Ippolito a causa della maledizione del padre.

[Nella terza scena del primo atto Fedra rivela a Enone, la sua nutrice, il motivo della sua disperazione.]

FEDRA
Folle! dove sono?
e cosa ho detto? Ahimè!
gli dèi mi hanno rapito la ragione!
Il rossore mi copre il volto, Enone:
troppo ho lasciato che dei miei dolori
scorgessi la vergogna; mio malgrado,
tu lo vedi, i miei occhi si colmano di pianto.

ENONE
Se dovete arrossire
arrossite, signora, d'un silenzio
che del vostro soffrire fa più violenti i morsi[1].
Ribelle al nostro affetto, sorda ai nostri discorsi,
lascerete così senza pietà
finire i vostri giorni? Che furore ne ostacola
l'ancor giovane corsa? Che veleno,
che sortilegio ne blocca il fluire?
Per tre volte le ombre hanno oscurato il cielo
senza che il sonno vi sfiorasse gli occhi
e per tre volte il giorno ha scacciato le tenebre
da quando al vostro corpo rifiutate ogni cibo[2].
Da quale piano orribile vi lasciate tentare?
A voi stessa, signora, ardite d'attentare?
Così agli autori della vostra vita,
gli dèi, recate offesa, e tradite lo sposo
cui giuraste per sempre, e i vostri figli
che abbandonate a un giogo rigoroso[3].
Un medesimo giorno,
pensate, a loro toglierà la madre
e ridarà speranza all'altro, al figlio
della straniera, al nemico implacabile
vostro e del vostro sangue,
a colui che un'amazzone ha portato nel ventre,
a Ippolito[4]...

1 **d'un silenzio... morsi**: non riuscendo a dire il motivo della sua sofferenza, questa diventa ancora più cruda («violenti i morsi»).
2 **Per tre volte... cibo**: sono tre giorni che Fedra non dorme e non mangia.
3 **abbandonate... rigoroso**: se Fedra morisse i suoi figli potrebbero perdere la successione al trono di Teseo ed essere sottoposti al volere dell'altro figlio di Teseo, Ippolito.
4 **al figlio...Ippolito**: Teseo, marito di Fedra, aveva avuto il figlio Ippolito da un'amazzone.

FEDRA
Dèi! no!

ENONE
Vi colpisce, il rimprovero?

FEDRA
Disgraziata, che nome t'è uscito dalla bocca!

ENONE
Bene! la vostra collera s'accende con ragione[5]:
mi allieta vedervi trasalire
a quel nome funesto.
Vivete, dunque: fatelo per amore e dovere;
non lasciate che il figlio d'una scita[6],
schiacciando i vostri figli con imperio[7] odioso,
domini il più bel sangue di Grecia e degli dèi.
Non indugiate; ogni attimo vi uccide:
riparate le forze devastate,
finché la fiamma della vostra vita,
così vicina a spegnersi, resiste e può riprendersi.

FEDRA
Già fin troppo è durata, quella fiamma colpevole.

ENONE
Come! qualche rimorso vi tortura?
Che delitto può darvi tanta angoscia?
Certo un sangue innocente non vi macchia le mani!

FEDRA
Le mani, grazie al cielo, sono pure.
Volessero gli dèi che lo fosse anche il cuore!

ENONE
E che progetto orribile può aver mai partorito
da esserne ancora tanto sbigottito?

FEDRA
Basta, ho parlato troppo. Fammi grazia del resto.
Muoio per non svelare questo nodo funesto[8].

ENONE
Morite, dunque, ligia[9] a un silenzio inumano;
ma per chiudervi gli occhi cercate un'altra mano;
per esile che sia la vostra fiamma,
sarò io la prima a scendere fra i morti;
sono mille le strade per giungervi, e al mio cuore
mostrerà la più corta il suo dolore.
Vi sono stata, dunque, troppo poco fedele?
Non pensate, crudele, in quali braccia
siete stata cullata? Tutto, il paese, i figli,
ho abbandonato per restarvi accanto,
e questo è il premio che mi riservate?

5 **la vostra...ragione**: Enone crede che la proibizione di Fedra di nominare il figliastro Ippolito sia dovuta all'avversione che la regina prova per lui.

6 **scita**: proveniente dalla Scizia; secondo le fonti classiche era il luogo in cui vivevano le amazzoni, popolo di donne guerriere.

7 **imperio**: potere.

8 **funesto**: doloroso, luttuoso.

9 **ligia**: obbediente.

L'attrice Emma Vilarasau interpreta Fedra in una messa in scena del Teatro Romea di Barcellona del 2015.

FEDRA
Che cosa speri da tanta violenza?
Se rompo il mio silenzio, ne avrai soltanto orrore.

ENONE
E quale potrebbe essere peggiore
che vedervi rapire dalla morte?

FEDRA
Se saprai la mia colpa e la mia sorte
non morirò di meno, morirò più colpevole.

ENONE
Per tutte le mie lacrime,
per le vostre ginocchia tremanti a cui m'aggrappo,
toglietemi, signora, questo dubbio funesto.

FEDRA
Sei tu a volerlo. Alzati.

ENONE
Vi ascolto.

FEDRA
Cielo! che dirle? e come cominciare?

ENONE
Basta, vi prego, offendermi con assurdi timori.

FEDRA
O corruccio di Venere[10]! o collera fatale!
In quali errori si smarrì mia madre
per amore[11]...

ENONE
Scordiamoli, signora;
che un eterno silenzio li nasconda.

FEDRA
E tu Arianna, sorella, abbandonata
sui lidi dove a morte ti feriva l'amore[12]...

ENONE
Ma che fate, signora? quale tedio mortale
vi prende adesso contro il vostro sangue?

FEDRA
Di quel misero sangue io per ultima, io
più misera perisco, poiché lo vuole Venere.

ENONE
Voi amate?

FEDRA
Da ogni furia dell'amore sono squassata[13].

ENONE
E chi...?

10 **O corruccio di Venere**: l'esclamazione di Fedra si riferisce alla dea dell'amore, sdegnata per la sua colpa.

11 **In quali errori... per amore**: la madre di Fedra, Pasifae, si era accoppiata con un toro e aveva generato il Minotauro, mostro con corpo umano e testa taurina.

12 **E tu Arianna...l'amore**: Arianna, sorella di Fedra, dopo aver aiutato Teseo a uccidere il Minotauro, fuggì con lui per amore, ma Teseo l'abbandonò sull'isola di Nasso.

13 **squassata**: scossa.

FEDRA
Stai per udire il colmo degli orrori.
Amo… Al nome fatale rabbrividisco, tremo.
Amo…

ENONE
Chi?

FEDRA
Tu conosci il figlio dell'amazzone,
quel principe che a lungo fu mia vittima?

ENONE
Ippolito?

FEDRA
Sei tu che hai detto il nome.

J. Racine, *Teatro*, trad. di G. Raboni, Mondadori, Milano, 2009

Alexandre Cabanel, *Fedra*, 1880. (Montpellier, Musée Fabre)

L'AUTORE

Jean Racine è l'esponente più importante del teatro tragico francese del XVII secolo. Nasce a La Ferté-Milon (nord della Francia) nel 1639. Avviato ben presto agli studi classici, incomincia a interessarsi di teatro: le sue tragedie iniziali (*Tebaide*, 1664 e *Alessandro il Grande*, 1665) vengono rappresentate dinnanzi al re Luigi XIV. Un primo capolavoro è del 1667: *Andromaca*; in questa opera compare già il pessimismo di Racine riguardo alla natura dell'uomo, sempre vittima delle passioni. La sua produzione è caratterizzata, nel decennio successivo, dalla composizione di opere magistrali e di largo successo, quali *Ifigenia* (1674) e *Fedra* (1677). In seguito, una crisi spirituale lo spinge ad abbandonare il teatro e a ritirarsi accanto alla moglie e ai sette figli. Muore a Parigi nel 1699. Le sue tragedie sono accomunate dall'esplodere improvviso di una passione umana a lungo trattenuta. Per questo l'azione è un crescendo di sentimenti fino allo scioglimento finale, di frequente drammatico e tragico.

Attività

Comprendere e analizzare: verso l'INVALSI

1 **La sofferenza di Fedra** Perché la nutrice è preoccupata per la sua padrona?
- a. Non vuole vedere nessuno da tre giorni
- b. Rifiuta il cibo da una settimana
- c. Non dorme e non mangia da tre giorni
- d. Vuole vivere nonostante la sua colpa

2 **L'equivoco** Secondo Enone, da quale timore è causata la sofferenza di Fedra?
- a. Che il figliastro Ippolito la voglia uccidere
- b. Che il marito Teseo non ritorni più a casa
- c. Che Ippolito rubi il regno ai figli di Fedra
- d. Che Teseo ami ancora la madre di Ippolito

3 **Il silenzio** Fedra non vuole confessare la sua sofferenza alla nutrice. Perché?
- a. Teme di non essere compresa
- b. Si vergogna dei sentimenti che prova
- c. Non ha fiducia nella riservatezza di Enone
- d. Sa di aver commesso azioni riprovevoli

4 **Enone** Per quale motivo la nutrice insiste per conoscere i motivi della sofferenza di Fedra?
- a. Per il bene che prova per la padrona e per desiderio di aiutarla
- b. Per assolvere al proprio compito di nutrice
- c. Per evitare guai a Teseo
- d. Per rivelarli ai figli di Fedra

5 **La confessione** Alla fine, in che modo Fedra ammette il suo amore per Ippolito?
- a. Direttamente, pronunciando il nome dell'amato
- b. Indirettamente, facendo pronunciare il nome a Enone
- c. Direttamente, scrivendo il nome su un foglio
- d. Direttamente, urlando folle il nome di Ippolito

6 **Fedra** Quali reazioni mostra la protagonista per l'amore tormentoso che nutre dentro di sé?
- a. Si vergogna e si sente colpevole
- b. Si sente spensierata e felice
- c. Si vergogna, ma trova delle giustificazioni
- d. Si sente fiera del sentimento che prova, che la fa sentire giovane

7 **La nutrice** Rintraccia nel testo le espressioni che alludono alla fedeltà della nutrice nei confronti di Fedra.

....

....

....

8 **La lingua** Il linguaggio usato dai personaggi è
- a. elevato e tragico
- b. molto colloquiale
- c. colloquiale, ma con alcune espressioni di registro più elevato
- d. vario in relazione a chi parla

9 **Il campo semantico** Rintraccia nel testo le espressioni e i termini riferiti al campo semantico della sofferenza.

10 **Le invocazioni** Fedra si rivolge più volte agli dèi: quale funzione hanno queste invocazioni?
- a. Sottolineano il fatto che la vita dell'uomo è in balia del destino
- b. Sono un modulo espressivo tipico della tragedia classica che serve a interrompere l'azione
- c. Servono a sottolineare l'importanza della religione nella vita dell'uomo
- d. Sono espressioni impulsive ma superficiali dettate dallo stato d'animo di Fedra

Rielaborare e produrre

11 **Analisi e commento** Scrivi un testo di interpretazione e commento del brano di circa 50 parole.

12 **La reazione** Componi un breve testo sulla reazione di Enone alla sofferenza di Fedra.

13 **Personaggi tragici** Traendo spunto dall'attualità prova a tracciare il ritratto di un personaggio secondo te tragico, spiegando le motivazioni della tua scelta.

per guardare oltre

Intersezioni nell'antologia

- Nell'unità abbiamo incontrato personaggi estremamente sofferenti che risolvono la loro disperazione spesso con coraggio e lucidità, a volte in modo cruento. Possiamo ritrovare simili sentimenti, riferiti al senso globale della vita non sorretta dal conforto di alcuna fede, in poeti come Giacomo **Leopardi** *A se stesso* (▶ p. 236), Eugenio **Montale** *Spesso il male di vivere ho incontrato* (▶ p. 299), Alda **Merini** *L'uccello di fuoco* (▶ p. 47). Invece Primo **Levi** in *Se questo è un uomo* (▶ p. 187) e Nâzim **Hikmet** in *La bambina di Hiroshima* (▶ p. 194) esprimono il loro dolore per la malvagità colpevole dell'essere umano.

Altri orizzonti

LETTURE

- Un testo che inquadra il mondo greco del V secolo, quando si sviluppò la tragedia, è *La vita quotidiana in Grecia nel secolo di Pericle* di Robert **Flacelière** (1983). Una presentazione di tutto il teatro di Shakespeare è del critico Jan **Kott**, *Shakespeare nostro contemporaneo* (1980).

FILM

- Il cinema ha da sempre inseguito Shakespeare e i film che propongono i drammi shakespeariani sono tantissimi. Di *Romeo e Giulietta* in particolare è possibile vedere l'elegante versione di Franco **Zeffirelli** (1968), oppure la versione postmoderna di *Romeo + Juliet di William Shakespeare* (1996) di Baz **Luhrmann** con un giovane Leonardo Di Caprio, o il più spigliato *Shakespeare in Love* (1998) di John **Madden** (premiato con 7 Oscar).
- Due film consigliati per il loro valore, che alla tragedia possono essere accostati per toni e atmosfere, sono *Mystic River* (2003) di Clint **Eastwood**, definito una "tragedia americana", e *Cella 211* (2009) di Daniel **Monzón**, ambientato in un carcere.

Una scena tratta dal film *Mystic River* diretto da Clint Eastwood nel 2003.

MUSICA

- Un'incursione nell'opera lirica può aprire nuovi interessi culturali, magari scegliendo fra opere di genere diverso. Il dramma è possibile viverlo nella trilogia popolare di Giuseppe **Verdi** (1813-1901), costituita dal *Rigoletto*, dal *Trovatore* e dalla *Traviata*. L'estro di Giacomo **Puccini** (1858-1924) si ammira nell'opera *Tosca* oppure in *Madama Butterfly*. Nella musica contemporanea segnaliamo invece il *concept* album *10,000 Days* (2006) del gruppo progressive metal americano **Tool**, dove 10.000 sono i giorni di malattia della madre del cantante.

PITTURA

- Alcuni grandi dipinti contengono un urlo, come le maschere all'origine della tragedia greca: per esempio *Crocifissione* (1426), di Tommaso Cassai detto **Masaccio**. Ai piedi del dramma un urlo invisibile attira lo sguardo: la Maddalena tende le sue braccia, come ali inerti di un corpo che non accetta quella morte.
- *L'urlo* (o *Il grido*) (1893), di Edvard **Munch**. In questa opera espressionista, la voce, che sembra deformare l'ambiente circostante, rappresenta l'inquietudine dell'uomo per la propria solitudine, per la coscienza di un futuro di morte, per la difficoltà dei rapporti umani.

La locandina del film *Cella 211* diretto da Daniel Monzón nel 2009.

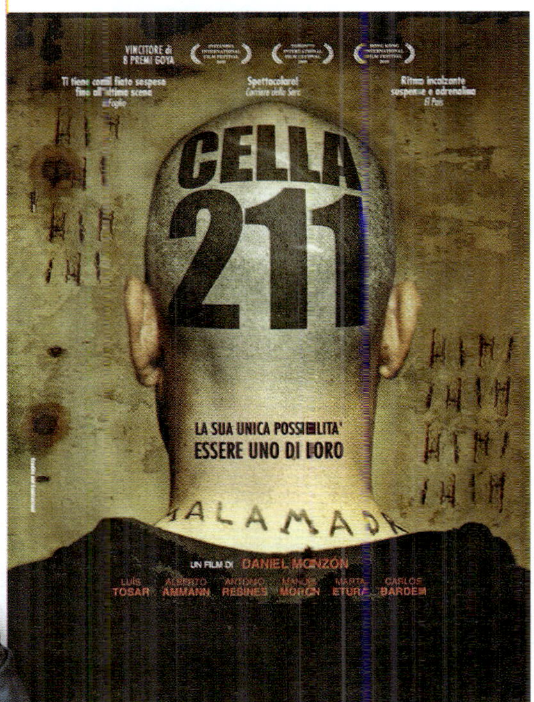

UNITÀ 2

La commedia

Georges Rouault nel 1938.

Lo spettacolo della realtà Con «commedia» si indica genericamente un testo più o meno comico, inerente la quotidianità pubblica e privata, con personaggi comuni e una conclusione positiva. La pittura ha spesso colto in questo genere teatrale, e in particolare nei protagonisti della «commedia dell'arte» – quella animata in primo luogo da Arlecchino e poi dalle maschere di Pulcinella, di Pantalone, dei servi sciocchi – i sentimenti del dolore, della miseria umana nascosti dietro una maschera sorridente. Un artista che ha guardato con simpatia e riflessione a questo mondo è Georges **Rouault**.

Un artista umile Georges Rouault nasce a Parigi nel 1871. Inizia a lavorare come apprendista nella bottega di un maestro vetraio. Alla Scuola Nazionale di Belle Arti di Parigi è allievo di Gustave **Moreau** (► p. 368); cresce manifestando una particolare attenzione per la pittura del passato di grandi artisti come Goya e Rembrandt. Artista piuttosto solitario, rimane estraneo alle tante teorie delle Avanguardie d'inizio Novecento, preferendo incentrare la sua pittura sui diseredati e gli emarginati (attori, clown, saltimbanchi, prostitute, mendicanti, condannati) che incontra sulla sua strada, ritraendoli con forte e provocatoria sincerità. La sua arte è animata da una profonda solidarietà umana e da una sincera fede cristiana. Suoi capolavori sono le incisioni intitolate *Miserere* (1917-1927), edite solo nel 1948, suddivise nei temi religiosi e profani, e l'altra serie grafica, *Passione* (1939). Numerose mostre negli anni Quaranta e Cinquanta valorizzano la sua originalità artistica. Rouault muore nel 1958.

DOMANDE

- Descrivi in un breve testo le sensazioni che comunica il dipinto *La parata*, di Rouault.
- Quale atmosfera avvolge i saltimbanchi di Picasso?
- Esiste un contrasto tra i soggetti delle due opere o possono dirsi simili?

Pablo Picasso, *Famiglia di saltimbanchi*, 1905. (Washington, National Gallery of Art)

Georges Rouault, *La parata*, 1907. (Parigi, Centre Pompidou)

• I sorrisi e le lacrime delle maschere • Si recita non solo su un palcoscenico, ma anche per strada o sulla pedana di un circo. Rouault amava molto i clown, personaggi colorati con il compito di far ridere sempre e comunque, anche quando la vita è grigia. Osserviamo l'allegria e la spensieratezza del dipinto intitolato *La parata* (1907). Sono ritratti dei clown che stanno richiamando l'attenzione della gente per l'imminente spettacolo: si sentono i colpi sordi della grancassa, accompagnati dagli squillanti battiti dei piatti. I pagliacci sono maschere sorridenti e impegnate. Tutto il dipinto – grazie anche a colori caldi e a un tratto movimentato – comunica gioia immediata, coinvolgimento, sorpresa, vita.

Affascinato dal mondo circense è anche il grande Pablo **Picasso** (1881-1973), che ha raffigurato Arlecchino in decine di opere: una personale rielaborazione dei personaggi della «commedia dell'arte», maschere-simbolo della solitudine dell'artista nella società borghese. In *Famiglia di saltimbanchi* (1905) un certo patetismo avvolge Arlecchino e gli altri guitti, suoi compagni di strada. La loro espressione seria e assente, in contrasto con l'ilarità dei loro abiti di scena, li rende ancora più enigmatici di fronte alla commedia della vita.

in questa Unità impareremo a

- **conoscere** la specificità del testo della commedia teatrale, anche nel suo divenire storico
- **individuare** la società a cui fanno riferimento le opere
- **comprendere** il significato globale dei testi, gli aspetti esteriori divertenti e la loro forza critica
- **analizzare** i passi secondo le regole e i particolari mezzi espressivi del teatro comico
- **interpretare** gli scritti, comprendendone le emozioni, le tematiche e gli aspetti critici
- **produrre** testi narrativi, espositivi e argomentativi a partire dai brani letti
- **comunicare oralmente**, riferendo i contenuti dei passi e riflettendo sui loro temi e problemi, con il confronto di opinioni personali

in questa Unità scopriremo

Antologia

Tito Maccio Plauto • *Sosia e il suo sosia*

Carlo Goldoni • *Una donna che ci sa fare*

Dario Fo • *Resurrezione di Lazzaro*

Per approfondire

Antonio Gnoli • *Ferruccio Soleri: "Ho vissuto una vita per Arlecchino"*

Narrare con altri linguaggi *il film*

Philippe Le Guay • *Molière in bicicletta*

Verifica delle competenze

Eduardo De Filippo • *Natale in casa Cupiello*

Le difficoltà della vita si sopportano meglio con del sano umorismo, magari con ironia, se non addirittura con un po' di satira. Ridere di se stessi a volte è una bella virtù. La commedia, come genere teatrale, si è sempre assunta questo compito: sciogliere le tensioni mettendo in ridicolo le tante mire umane, mostrandone di frequente la vanità.

Edward Hopper, *Due commedianti*, 1965. (Collezione Privata)

• La commedia greca e latina •

Come la tragedia, anche la commedia (dal greco *kómos*, "festa", "danza", e *odé*, "canto") nasce in Grecia, verso il VI secolo a.C., da cerimonie religiose e riti che propiziano la fecondità.

Le vicende narrate, che si concludono sempre con il **lieto fine**, si sviluppano su un intreccio ricco di peripezie, colpi di scena, imbrogli, equivoci. I **personaggi** appartengono solitamente al popolo (mercanti, servi, soldati, giovani innamorati ecc.) e costituiscono dei tipi, ovvero sono costruiti attorno a una caratteristica dominante (la furbizia, l'ingenuità ecc.).

La **lingua** impiegata è **colloquiale**, ricca di **ambiguità** e **termini** anche **volgari** che suscitano il riso negli spettatori. All'inizio la commedia è suddivisa in cinque atti e composta in versi, ma nel corso del tempo si afferma l'uso della prosa.

Come la tragedia, anche la commedia ha originariamente un **valore educativo**. Infatti, attraverso la risata lo spettatore è indotto a riflettere sul destino umano, destino spesso in balia della sorte. A trasmettere in genere un messaggio rasserenante è la conclusione lieta della vicenda.

Il personaggio del villano in una miniatura del XVI secolo. (Londra, British Library)

L'esponente più importante della commedia greca è **Aristofane** (444/441 a.C.-385 a.C.). Di lui ci restano undici commedie intere (*Gli uccelli*, *Le rane*, *Le donne in parlamento*) e un migliaio di frammenti. Il suo è un teatro colto che raggiunge la dimensione comica con battute spiritose e citazioni dotte, riuscendo a conciliare l'impegno civile con la creatività.

Nel mondo romano la commedia è espressa da Tito Maccio **Plauto** (259/255 a.C.-184 a.C.), figlio di artisti e anch'esso attore. Le commedie riconosciute a Plauto sono ventuno, in gran parte dei veri capolavori di satira e di comicità (*Anfitrione*, *Asinaria*, *Aulularia*, *Miles gloriosus*), capaci di catturare l'attenzione degli spettatori con invenzioni, sorprese, ambiguità. I suoi personaggi sono stati ripresi e riproposti nei secoli successivi: l'avaro, i giovani innamorati ostacolati dai genitori, il soldato fanfarone, il marito geloso e ingenuo.

• La riscoperta della commedia •

Tra il Quattro e il Cinquecento, in contemporanea con la scoperta dei classici, anche in Italia abbiamo un grande ritorno del teatro. Nelle corti rinascimentali si recitano commedie d'imitazione classica sia nelle strutture sia nei contenuti, come *Mandragola* di Niccolò **Machiavelli** (1469-1527). Un carattere particolare hanno le commedie di Angelo Beolco detto il **Ruzante** (1496-1542), per esempio *La Moscheta* e *Parlamento de Ruzante*: d'ispirazione popolare, recitate in dialetto, con povera gente alle prese con la guerra, la fame, l'amore.

Nel Seicento vanno ricordati, come straordinari autori anche di commedie, William **Shakespeare** (*La tempesta, Sogno di una notte di mezza estate, La bisbetica domata*), le cui commedie hanno nell'elemento fantastico l'aspetto distintivo, e **Molière** (*Tartufo, L'avaro, Il malato immaginario*), capace, per sviluppare la sua critica sociale, di utilizzare anche il comico.

In Italia è Carlo **Goldoni** (1707-1793) che riforma il teatro comico dal tempo, riscattandolo dalla ripetitività e volgarità in cui era caduta la «**commedia dell'arte**». Sul piano tecnico, Goldoni sostituisce alle recite improvvisate (canovacci) dei testi teatrali completamente scritti ai quali gli attori devono attenersi. Riguardo ai contenuti, sollecitato anche dalle idee illuministe, porta in scena la vita quotidiana, personaggi veri della società del tempo, superando anche il teatro delle maschere per approdare a un teatro di personaggi a tutto tondo, con un proprio carattere, collocati in ambienti veri, riconoscibili. *Il bugiardo, La locandiera, Il campiello, I rusteghi, Le baruffe chiozzotte* sono alcune sue commedie di particolare rilievo.

Parole *chiave*

Commedia dell'arte
Teatro professionale diffuso in Italia e all'estero a partire dal tardo Cinquecento. Le rappresentazioni avvenivano all'aperto, i personaggi erano tipi fissi e gli attori recitavano senza un copione, improvvisando.

• La commedia moderna •

Il teatro nell'età del Romanticismo, nella prima metà dell'Ottocento, abbandona in parte il genere della commedia, perché poco rispondente ai problemi della società del tempo. La commedia diventa più intellettuale nel presentare la sua pungente satira di carattere sociale. In Inghilterra, per esempio, lo scrittore Oscar **Wilde** (1854-1900) mette alla berlina alcuni aspetti negativi della società del suo tempo (*Il ventaglio di lady Windermere, L'importanza di chiamarsi Ernesto*).

In epoca contemporanea, con il termine «commedia» non si indica più qualcosa di univoco, con regole fisse e immutabili, ma un genere dalle molte sfumature, dove la società è rappresentata attraverso un amalgama di ironia, malinconia e drammaticità. Possiamo individuare una comicità amara e priva di illusioni nelle commedie di Eduardo **De Filippo** (1900-1984), che nelle sue opere (*Natale in casa Cupiello, Napoli Milionaria!, Questi fantasmi!, Gli esami non finiscono mai*) rappresenta una società contraddittoria, animata da figure dedite al male, al raggiro e che vivono di espedienti, in contrapposizione a personaggi onesti, virtuosi, inclini al bene.

Una scena della commedia di Oscar Wilde *L'importanza di chiamarsi Ernesto* nell'allestimento dell'Arizona Theatre Company, 2013.

Il teatro comico, unito all'impegno civile, è proprio di Dario **Fo** (1926-2016), che con *Mistero buffo* dà anima e corpo al suo spirito giullaresco, capace di essere divertente e nello stesso tempo graffiante verso la società moderna e le sue contraddizioni.

Dario Fo durante una rappresentazione di *Mistero buffo* nel 2004.

• Il percorso antologico •

I brani del percorso antologico sono focalizzati su tre diverse stagioni della commedia, così da offrire elementi dell'intero percorso storico di questo genere teatrale.

Tito Maccio **Plauto** è considerato il più grande scrittore comico del mondo latino. Il suo teatro, per divertire, punta più sulla ridicolaggine dei personaggi che sulla trama, utilizzando un linguaggio popolaresco e doppi sensi. Nell'*Anfitrione* la comicità viene dal gioco sulla figura del doppio, causa di equivoci e raggiri. Il divertimento però non è mai fine a se stesso, ma veicolo di una denuncia sociale. Nell'episodio *Sosia e il suo sosia* (▸ p. 411) il personaggio del servo arriva a dubitare perfino della propria identità.

Nel Settecento è Carlo **Goldoni** a rinnovare il teatro, incurante degli avversari che lo accusano di non tener conto della tradizione. L'analisi psicologica dei suoi personaggi si colloca in uno scenario sociale descritto con acutezza. Con la commedia *La locandiera*, forse la più rappresentata anche ai nostri giorni, Goldoni mette in scena la società settecentesca, all'interno della quale emerge tutta la grazia e l'intelligenza di una donna sorprendentemente moderna. Lo vedremo nel brano *Una donna che ci sa fare* (▸ p. 419).

Il terzo brano ha il carattere particolare del Medioevo, pur se proposto e recitato nella seconda metà del Novecento. Il *Mistero buffo* di Dario **Fo**, continuamente rivisto e integrato, è qui raccontato nell'episodio della *Resurrezione di Lazzaro* (▸ p. 429), rilettura caricaturale del miracolo evangelico. Per i suoi spettacoli Fo si rifà alla commedia dell'arte e agli antichi misteri medievali, utilizzando il *grammelot*, una strana lingua di sua invenzione, mista di latino medievale e dialetti padani.

Infine scopriremo Eduardo **De Filippo**, che nelle sue commedie svolge un discorso ampio sulla vita, popolata di figure cariche di amara saggezza che spesso affermano la propria dignità con scelte improvvise e audaci. Con il brano tratto dalla commedia *Natale in casa Cupiello* (▸ p. 446), De Filippo ci introduce nella triste vicenda di un tradimento che travolge un'intera famiglia, mentre il personaggio principale, all'oscuro dei molti problemi che lo circondano, preferisce allontanarsi dalla realtà, per dedicarsi alla sua passione per il **presepe**.

PAROLE *sotto la lente*

Presepe

La forma più comune in italiano è *presepio* e deriva dal latino *praesepium* o *praesepe* = mangiatoia, composto da *prae-* e *saepire* = cingere, chiudere quasi con una siepe (*saeps saepis*). In senso proprio ma antico significa mangiatoia, stalla, e nell'uso attuale indica la rappresentazione plastica della Natività di Gesù che si fa nelle case o nelle chiese, con diversi stili o materiali, durante le festività natalizie. In senso più ampio indica ogni immagine della Natività. Nella prima età industriale aveva questo nome il locale delle fabbriche dove venivano accolti e custoditi i bambini delle operaie ancora lattanti.

Attività

Trova altre parole italiane che contengano, come presepe, la radice del nome siepe.

Tito Maccio Plauto

Sosia e il suo sosia

Rientrando a casa per assolvere un compito assegnatogli dal padrone, il servo Sosia fa uno strano incontro: sulla soglia c'è un uomo che afferma di essere lui il vero Sosia. La sicurezza e la prepotenza di costui arrivano a farlo dubitare della propria identità.

Da
Anfitrione,
III-II secolo a.C.
Commedia

[Qui è presentata una parte della prima scena del primo atto, quando Sosia, su ordine di Anfitrione, si reca da Alcmena per annunciare il ritorno del marito dalla guerra. Lì incontra Mercurio che, nelle vesti dello stesso Sosia, sorveglia la casa dove Giove, nei panni di Anfitrione, si sta intrattenendo con Alcmena.]

SOSIA Su, andiamo a riferire ad Alcmena l'ambasciata del padrone. (*Scorgendo ora Mercurio*) Ma chi è l'uomo che vedo davanti al palazzo, a quest'ora di notte? Non mi va la faccenda.

MERCURIO (*ancora a parte*) Mai visto un fifone simile.

SOSIA Mi par di capire: costui oggi mi vuol ritessere il mantello[1].

MERCURIO (*c.s.*[2]) Ha paura l'amico. Voglio divertirmi alle sue spalle.

SOSIA Una disgrazia: i denti mi prudono[3]. Costui mi prepara certamente, come arrivo, un'accoglienza pugnesca[4]. Dev'essere un cuore pietoso: il mio signore mi ha costretto a star sveglio, e lui oggi mi addormenterà coi suoi pugni. È finita, è finita per me. Mio dio, che grande, e che robusto!

MERCURIO (*c.s.*) Adesso gli parlo chiaro, da vicino, che senta cosa dico. Così gli crescerà la paura in corpo. (*Ad alta voce, volto verso Sosia*) Forza, miei pugni: è un pezzo che non procurate vitto al ventre. Sembra sia passato un secolo da quando, ieri, avete spogliato e messo a nanna quei quattro.

SOSIA (*a parte*) Temo forte che qui cambierò di nome: da Sosia divento Quinto. Pretende di aver messo a dormire quattro galantuomini: temo di doverne aumentare il numero.

MERCURIO È ben ora, dico io. (*Si mette in guardia*).

SOSIA (*c.s.*) Rimbocca la tunica: si sta preparando di certo.

MERCURIO Ne busca tante, che non resisterà.

SOSIA (*c.s.*) Chissà chi.

MERCURIO Chiunque vien qui, certo ne ingoierà di pugni.

SOSIA (*c.s.*) Ah no, non mi garba mangiare a quest'ora di notte: ho appena cenato. Va' a offrire questa cena a un affamato, che è meglio.

MERCURIO Pesa mica male questo pugno.

SOSIA (*c.s.*) Sono finito: sta pesando i pugni.

MERCURIO Perché non dargli una carezza che l'addormenti?

SOSIA (*c.s.*) Mi salveresti la vita: sono tre notti filate, con questa, che non chiudo occhio.

MERCURIO Va malissimo, è uno schifo: la mia destra non sa far male a una mascella. (*Parlando alla mano*) Deve cambiare d'aspetto chi ti prende in faccia.

SOSIA (*c.s.*) Costui è un falsario: vuol cambiarmi i connotati.

MERCURIO (*c.s.*) Devi disfargli la faccia, se colpisci qualcuno al posto giusto.

1 **mi vuol ritessere il mantello**: espressione metaforica per dire "mi vuole picchiare".

2 *c.s.*: abbreviazione di "come sopra".

3 **i denti mi prudono**: nel linguaggio di Plauto il prurito ai denti indica il sentore di percosse imminenti.

4 **pugnesca**: a suon di pugni.

Anfitrione in una messa in scena della compagnia Kerkís Teatro del 2015.

SOSIA (*c.s.*) Sarebbe strano se non si preparasse a liberarmi delle ossa come una murena[5]. Tienti lontano da questo disossatore di uomini: sei finito, se ti vede.

MERCURIO C'è puzza d'uomo: mal per lui.

SOSIA (*c.s.*) Che, avrei fatto un peto[6]?

MERCURIO Non dev'essere nemmeno lontano, anche se viene da lontano.

SOSIA (*c.s.*) È un negromante[7]!

MERCURIO (*agitandosi e tirando pugni all'aria sempre di più*) Prudono i miei pugni.

SOSIA (*c.s.*) Se vuoi esercitarli su di me, ti prego di calmarli prima contro un muro.

MERCURIO Una voce è volata fino alle mie orecchie.

SOSIA (*c.s.*) Vedi se non sono stato un disgraziato a non spennarmi le ascelle: adesso ho la voce pennuta[8].

MERCURIO Quest'uomo vuol portar via da me del malanno, con la soma a sue spese[9].

SOSIA (*c.s.*) Ma io non ho nessun somaro.

MERCURIO Bisogna caricarlo ben bene di pugni.

SOSIA (*c.s.*) Sono sfinito dalla traversata per mare! Sento ancora il capogiro, avanzo a stento senza pesi: come potrei camminare con un carico?

MERCURIO Certo qui c'è qualcuno che parla.

SOSIA (*c.s.*) Sono salvo, non mi vede. Dice che parla Qualcuno[10] mentre il mio nome senza dubbio è Sosia.

MERCURIO Ecco, da destra, una voce sembra percuotere le mie orecchie.

SOSIA (*c.s.*) Temo di prenderle io, oggi, per la voce che percuote lui.

MERCURIO (*a parte*) Benissimo, arriva.

SOSIA (*a parte*) Che paura! Sono rigido da capo a piedi. Se qualcuno mi chiedesse in che parte del mondo mi trovo adesso, non saprei proprio rispondere. Povero me, non riesco a muovere un solo passo dallo spavento. È fatta, gli ordini del padrone son persi, e Sosia con loro. Ma no, bisogna parlargli francamente, faccia a faccia: forse, a mostrarmi forte, non oserà toccarmi.

MERCURIO Dove stai andando, tu, che porti Vulcano racchiuso in un corno[11]?

SOSIA Perché me lo chiedi, tu, che disfi la faccia della gente coi pugni?

MERCURIO Sei uno schiavo o un cittadino libero?

SOSIA Sono quale vuole il mio ingegno.

MERCURIO Dici davvero?

SOSIA Dico davvero sì.

MERCURIO Flagello[12]!

5 **liberarmi…murena**: le murene, cibo molto gradito ai Romani, erano private delle lische prima di essere servite a tavola.

6 **peto**: emissione di gas intestinali.

7 **negromante**: mago, indovino. Sosia esprime il suo stupore per il fatto che l'uomo sa che lui ha fatto un lungo viaggio.

8 **la voce pennuta**: richiamo parodistico alle espressioni tipiche della tragedia e dell'epica, come "parole alate".

9 **Quest'uomo…sue spese**: costui vuole dei guai, sulla sua schiena («soma»). Mercurio allude al carico di pugni che sta per dare a Sosia.

10 **Qualcuno**: si ricorda l'episodio dell'*Odissea*, nel canto IX, in cui Ulisse per sfuggire al Ciclope afferma di chiamarsi Nessuno.

11 **tu, che porti…in un corno**: Sosia porta in mano una lanterna fatta con corna di bue. Da notare l'uso della parola «Vulcano» (dio del fuoco) al posto di "fiamma".

12 **Flagello**: può essere prima persona del verbo "flagellare" quindi "percuotere", oppure sostantivo con il significato di "rovina", "distruttore", "canaglia".

SOSIA Tu menti, per ora.
MERCURIO Ma presto ti farò dire che dico davvero.
SOSIA È proprio necessario?
MERCURIO Si può sapere dove sei diretto, di chi sei schiavo e perché sei venuto?
SOSIA Qui vengo e sono schiavo del mio padrone. Adesso cosa ne sai di più?
MERCURIO Io oggi ti chiavo[13] la lingua, scellerato.
SOSIA Impossibile: è casta e ben guardata[14].
MERCURIO Ancora spiritoso! Cosa fai intorno a questo palazzo?
SOSIA Cosa fai tu piuttosto.
MERCURIO Il re Creonte[15] ci mette una sentinella tutte le notti.
SOSIA Ben fatto: con noi lontani, si doveva proteggere la casa. Ma adesso va' pure, digli che i suoi familiari sono arrivati.
MERCURIO Non so tu fino a che punto sei di loro; ma se non te ne vai via subito, mio caro familiare, ti farò avere un'accoglienza poco familiare, parola mia.
SOSIA Ma se io abito qui! Sono il servitore di questi signori.
MERCURIO Ma sai? Se non te ne vai via, oggi t'innalzo a una posizione elevata[16].
SOSIA Come?
MERCURIO Portato fuori a spalla, non coi tuoi piedi, se pongo mano al bastone.
SOSIA Eppure sono di famiglia in questa famiglia: io protesto.
MERCURIO Vedi piuttosto di non buscarle, stando qui ancora un po'.
SOSIA Torno a casa da una guerra, e tu pretendi di non farmi entrare in casa.
MERCURIO È questa la tua casa?
SOSIA Sì ti dico.
MERCURIO Chi è dunque il tuo padrone?
SOSIA Anfitrione, attualmente a capo delle legioni tebane, marito di Alcmena.
MERCURIO Dici davvero? E il tuo nome qual è?
SOSIA Sosia mi chiamano i Tebani, discendente da mio padre Davo[17].
MERCURIO Sfrontatissimo uomo, tu oggi sei venuto qui per tua disgrazia con questo ricamo di menzogne cucite insieme da inganni.
SOSIA Macché! Vengo qui con cucita la camicia, e non gl'inganni!

13 **chiavo**: serro, chiudo.

14 **casta e ben guardata**: Sosia risponde con una battuta che sottolinea quanto egli tenga alla propria lingua, che dice la verità («casta») e si guarda dalle menzogne («ben guardata»).

15 **Creonte**: re mitico della città di Tebe, città in cui si svolge la commedia.

16 **posizione elevata**: l'espressione ha un doppio senso; infatti a Roma venivano trasportati "in alto" su un cavallo o una portantina i feriti, ma anche i nobili, in segno di distinzione sociale.

17 **Davo**: Sosia si vanta di possedere un padre, mentre a Roma gli schiavi non avevano un padre legittimo.

L'AUTORE

Tito Maccio Plauto è il primo autore della letteratura latina di cui ci sono giunte opere intere. La sua attività letteraria si colloca a Roma tra il III e il II secolo a.C. (all'epoca delle guerre puniche) e gli procura un grande successo. Tuttavia abbiamo poche notizie precise sulla sua vita. Il nome stesso ha origini incerte: *Maccus* rievoca forse una maschera del teatro popolare, quella dello sciocco spesso bastonato, mentre *Plautus* alluderebbe a persone dai piedi piatti o a cani dalle orecchie pendenti. Nasce tra il 259 e il 255 ca a.C. a Sarsina, nell'Appennino emiliano-romagnolo, e muore nel 184 a.C. Commediografo e attore in diverse compagnie, per un certo periodo, a causa dei debiti, è costretto a girare la macina di un mulino come schiavo.

La sua produzione attinge dalla commedia greca e dalla tradizione del teatro popolare latino: le sue opere, grazie a una straordinaria comicità, alle battute vivaci e ai colpi di scena, ottengono presto una grande popolarità. Marco Terenzio Varrone (116-27 a.C.), studioso del teatro plautino, riconosce 21 commedie autentiche (20 complete e 1 frammentaria) tra quelle attribuite al commediografo: le più famose sono *Amphitruo* (Anfitrione), *Asinaria* (La commedia degli asini), *Aulularia* (La commedia della pentola), *Mercator* (Il mercante), *Miles gloriosus* (Il soldato fanfarone) e *Mostellaria* (La commedia degli spettri).

MERCURIO Tu continui a mentire: vieni coi piedi, e non con la camicia.
SOSIA Questo sì.
MERCURIO Adesso sì le buschi per le tue menzogne.
SOSIA Ma io no che non le voglio.
MERCURIO Invece sì le buscherai, anche controvoglia. (*Comincia a picchiarlo*). Ecco un «sì» ben sicuro, indiscutibile.
SOSIA Pietà, ti supplico!
MERCURIO Tu osi dire di essere Sosia, mentre Sosia sono io?
SOSIA Per me è finita.
MERCURIO Troppo poco, per ciò che ha da venire. Di chi sei schiavo adesso?
SOSIA Tuo, ne hai preso possesso coi pugni. Aiuto, cittadini di Tebe!
MERCURIO Gridi ancora, boia? Di' piuttosto: perché sei venuto?
SOSIA Per offrirti qualcuno da tempestare di pugni.
MERCURIO A chi appartieni?
SOSIA Ad Anfitrione ti dico: sono Sosia.
MERCURIO Racconta queste frottole e ne buscherai di più. Io sono Sosia, non tu.
SOSIA (*a parte*) Volesse il cielo che fossi tu, e fossi io a dartele!
MERCURIO Brontoli ancora?
SOSIA Ora taccio.
MERCURIO Chi è il tuo padrone?
SOSIA Chi vuoi tu.
MERCURIO Ebbene, ora come ti chiami?
SOSIA Proprio come comandi tu.
MERCURIO Dicevi di essere schiavo di Anfitrione, e Sosia.
SOSIA Mi sono sbagliato: volevo dire «socio» di Anfitrione.
MERCURIO Lo sapevo bene che tra noi lo schiavo Sosia sono solo io. Eri fuori strada.
SOSIA Ci fossero andati anche i tuoi pugni!
MERCURIO Sono io il Sosia che poco fa tu pretendevi di essere.
SOSIA Ti prego, lasciami parlare in pace, senza ricevere percosse.
MERCURIO No: ci sia un breve armistizio, se vuoi dire qualcosa.
SOSIA Non dirò niente se non fatta la pace: a pugni sei più forte tu.
MERCURIO Parla liberamente, non ti farò del male.
SOSIA Ho la tua parola?
MERCURIO Sì certo.
SOSIA E se m'inganni?
MERCURIO Allora si scateni su Sosia l'ira di Mercurio.
SOSIA Attento! Ora posso dire francamente ciò che voglio. Io sono il servitore di Anfitrione, Sosia.
MERCURIO Insisti?

Carlo Maria Mariani, *La mano ubbidisce all'intelletto*, 1983. (Collezione Privata)

SOSIA C'è una pace, c'è un patto che ho firmato. Dico la verità.

MERCURIO Prendi su questo. (*Gli sferra un pugno*).

SOSIA Fa' come vuoi ciò che vuoi, a pugni sei più forte. Però, qualunque cosa fai, io no, questo non lo tacerò di certo.

MERCURIO Oggi tu da vivo non riuscirai mai a fare di me che non sia Sosia.

SOSIA Ma neppure tu di sicuro non mi farai essere di un altro; e noi oltre me non abbiamo nessun altro servo Sosia. Io partii di qui con Anfitrione per andare in guerra.

MERCURIO Quest'uomo è pazzo.

SOSIA Lo dici a me, ma il pazzo sei tu. Maledizione, come non sarei il servitore di Anfitrione, Sosia? La nostra nave non è giunta qui dal porto Persico[18] questa notte, e io non ero a bordo? Non mi ha mandato qui il mio padrone? Io adesso non mi trovo davanti al nostro palazzo, non reggo una lanterna in mano? Non parlo, non sono sveglio? Quest'uomo non mi ha ammaccato or ora di pugni? Se l'ha fatto! Mi duole ancora la mascella, povero me. Perché dunque ho dei dubbi e non entro in casa nostra?

MERCURIO Che casa vostra?

SOSIA Proprio così.

MERCURIO Ma se quanto hai detto finora sono tutte fandonie! Sosia, il servitore di Anfitrione, sono io. Questa notte la nostra nave salpò dal porto Persico, il regno del re Pterela è ora una città espugnata da noi, abbiamo catturato in battaglia le legioni dei Teleboi, e Anfitrione ha accoppato di propria mano il re Pterela in duello.

SOSIA (*a parte*) Non credo a me stesso quando gli sento raccontare queste cose. Senza dubbio ricorda a memoria le nostre imprese laggiù. (*A Mercurio*) Ma di': che dono han fatto ad Anfitrione i Teleboi?

MERCURIO La coppa d'oro che il re Pterela usava abitualmente per bere.

SOSIA (*a parte*) L'ha detto! (*A Mercurio*) Dov'è ora la coppa?

MERCURIO In un cestello sigillato col sigillo di Anfitrione.

SOSIA Il sigillo com'è, dimmi.

MERCURIO Il Sole nascente, con la quadriga[19]. Perché cerchi di cogliermi in fallo, boia?

SOSIA (*a parte*) Le prove convincono, debbo cercarmi un altro nome. Chissà da dove ha visto tutto questo. Ma ora lo prendo io in trappola. Una cosa che ho fatto solo soletto, senza testimoni, nella tenda, questa almeno non potrà ridirla, adesso. (*A Mercurio*) Se tu sei Sosia, al sommo dello scontro fra le legioni cosa facevi nella tenda? Mi arrendo, se lo dici.

MERCURIO C'era un barilotto di vino: ne ho riempito una bottiglia.

SOSIA (*a parte*) Incomincia bene.

MERCURIO E com'era uscito da sua madre[20] mi sono scolato quel vino, puro puro.

SOSIA (*a parte*) Proprio così è capitato: ho scolato una bottiglia di vino puro. Non ci sarebbe da meravigliarsi che fosse dentro alla bottiglia.

MERCURIO Ebbene, le mie prove ti hanno convinto che non sei Sosia?

SOSIA Tu dici che non lo sono?

MERCURIO Come potrei non dirlo, se sono io?

SOSIA Giuro per Giove di esserlo io e di non mentire.

MERCURIO Ma io ti giuro per Mercurio che Giove non ti crede. So per certo che crede più a me senza giuramenti, che a tutti i tuoi.

18 **Persico**: il nome è presumibilmente un'invenzione di Plauto.

19 **quadriga**: cocchio tirato da quattro cavalli.

20 **da sua madre**: nella tradizione greca spesso la vite è definita "madre del vino".

SOSIA Chi sono allora io, se non sono Sosia? A te lo chiedo.

MERCURIO Quando io non vorrò essere più Sosia, potrai esserlo tu. Adesso che sono io, guai a te se non te ne vai, uomo innominato!

SOSIA (*a parte*) Accidenti, quando l'osservo e rammento la mia figura, come sono fatto io – tante volte mi sono visto nello specchio –, certo mi assomiglia fin troppo. Ha lo stesso cappello, lo stesso vestito; mi assomiglia come mi assomiglio io. Le gambe, i piedi, la statura, il taglio dei capelli, e occhi, naso, labbra, mascella, mento, barba, collo: tutto dico, e che altro? Se ha anche la schiena coperta di cicatrici, non esiste somiglianza più simile. Ma, a pensarci, è anche certo che io sono sempre lo stesso di prima. Conosco il mio padrone, conosco il nostro palazzo, ho sano il senno e sono in sentimento[21]. Non diamo retta a ciò che dice, bussiamo alla porta. (*Si avvicina*).

MERCURIO Dove ti rechi?

SOSIA In casa.

MERCURIO Neppure montando sulla quadriga di Giove per fuggire di qui eviteresti facilmente un infortunio.

SOSIA Non mi è lecito riferire alla mia signora l'ambasciata del mio signore?

MERCURIO Alla tua signora puoi riferire tutto ciò che vuoi; alla nostra qui non ti lascio avvicinare. Non farmi arrabbiare, altrimenti oggi ti porti a casa le reni fracassate.

SOSIA Preferisco andarmene. O dèi immortali, mi appello alla vostra lealtà: dove mi sono perduto? Dove mi sono mutato? Dove ho perso la mia figura? Mi sarei lasciato laggiù, senza ricordarmene? Perché costui possiede davvero tutte le fattezze[22] che prima erano mie. Mi tocca da vivo ciò che non mi toccherà di certo dopo morto[23]. Andrò al porto, a raccontare per filo e per segno tutto l'accaduto al mio padrone. A meno che anche lui non mi riconosca. Se oggi Giove lassù mi fa questa grazia, io mi rado la testa e da calvo mi metto il berretto[24]. (*Esce da destra*).

Plauto, *Anfitrione*, trad. di C. Carena, Einaudi, Torino, 1980

21 **sono in sentimento**: sono in me.

22 **fattezze**: aspetto fisico.

23 **non mi toccherà di certo dopo morto**: ai funerali dei nobili romani erano presentate immagini di cera del defunto; Sosia, ancora vivo, vede davanti a sé la propria immagine.

24 **io mi rado...berretto**: Sosia allude all'affrancamento della condizione di schiavo, che prevedeva il taglio dei capelli e la possibilità di indossare il *pileus*, il berretto che il padrone metteva in testa allo schiavo liberato.

STORIE da SCOPRIRE

Anfitrione di Tito Maccio Plauto

Si tratta dell'unica commedia plautina di argomento mitologico, trattato però in modo leggero, con un linguaggio semplice e popolare come prevede il genere.

Anfitrione è un eroe greco, marito della bellissima Alcmena, della quale è innamorato anche il dio Giove. Così, quando l'eroe parte per la guerra, Giove si reca a Tebe e assume l'aspetto del marito per sedurla; per compiere la propria impresa il re degli dèi si fa aiutare da Mercurio, che assume le sembianze del servo Sosia. Ma Anfitrione torna improvvisamente dalla guerra e invia Sosia a casa ad avvisare la moglie del suo arrivo. Nascono una serie di esilaranti equivoci, generati dalla presenza in scena di personaggi "raddoppiati". Infine Alcmena dà alla luce due gemelli, l'uno figlio del legittimo marito, l'altro, Ercole, figlio di Giove. Anfitrione vuole ripudiare la moglie, ma Giove stesso gli si presenta come *deus ex machina*, per spiegargli l'inganno e invitarlo a considerare un onore il fatto che il re degli dèi abbia deciso di essere suo ospite. L'eroe si dichiara d'accordo e il suo nome starà a significare il valore dell'accoglienza e dell'ospitalità.

per L'ANALISI del TESTO

Il tema del doppio

La comicità dell'*Anfitrione* nasce dal gioco del **doppio**, dallo scambio di persona: il servo Sosia e il dio Mercurio, nelle vesti dello stesso Sosia, animano l'azione e appaiono sulla scena contemporaneamente. Gli spettatori sono consapevoli della verità, spiegata nel prologo e attraverso gli *a parte*. È solo il vero Sosia a essere confuso per via dell'inganno ordito dagli dèi, tanto da arrivare a dubitare della propria identità.

I personaggi "tipi"

Come in tutte le opere di Plauto, i personaggi sono **"tipi" umani** dal carattere ben definito: da una parte c'è il servo Sosia, con il suo atteggiamento pavido e vile (teme le percosse a tal punto da rinnegare se stesso e il suo padrone); dall'altra il dio Mercurio: falso, violento, egoista e irridente come tutti gli dèi. Contrariamente all'epica e alla tragedia greca, infatti, dove erano figure sacre e autorevoli, qui le divinità subiscono un processo di "umanizzazione", hanno cioè comportamenti, debolezze e difetti propri degli uomini.

Molti sono i riferimenti al mito e al mondo greco: ne sono un esempio l'ambientazione a Tebe, il chiaro richiamo all'*Odissea* e la divertita allusione alla metafora delle "parole alate" («Vedi se non sono stato un disgraziato a non spennarmi le ascelle: adesso ho la voce pennuta», rr. 52-53), frequentemente usata nell'epica omerica.

La comicità plautina

L'effetto comico è dato soprattutto dalla **forza delle parole, delle battute**: vivacità che rimane anche nella traduzione. Il lessico utilizzato dai personaggi è ricco di termini della **lingua parlata**, a volte volgari («peto»). Molte sono le allusioni e le espressioni a **doppio senso** («t'innalzo a una posizione elevata», r. 93, indica segno di rispetto, ma anche il modo in cui a Roma si trasportavano i feriti) e i **giochi di parole** (Sosia dice «Vengo qui con cucita la camicia, e non gl'inganni!», r. 107, e Mercurio risponde «vieni coi piedi, e non con la camicia», r. 108).

Sapiente è anche la costruzione dei monologhi e dei dialoghi. Lo scambio di battute tra i protagonisti è alternato agli ***a parte***: risultano di grande effetto le battute di Mercurio rivolte alle proprie mani pronte a picchiare Sosia, pronunciate in modo che il servo senta.

Il **ritmo** che ne deriva è **molto vario**: esso appare nel suo complesso veloce, ma con un andamento crescente nelle prime parti; diviene incalzante nella parte centrale, con un dialogo serrato fatto di brevi battute tra i due protagonisti e infine acquisisce un andamento più pacato, quando Sosia inizia a dubitare della propria identità e all'azione si accompagna la riflessione personale.

Gli attori Nikolaus Barton e Sebastian Edtbauer nella messa in scena di *Anfitrione* della compagnia tedesca Stadttheater Klagenfurt.

Attività

Leggere e comprendere

1 **Il luogo** Dove è ambientata la commedia?
a. A Roma
b. A Tebe
c. Ad Atene
d. In una città della Magna Grecia

2 **La paura di Sosia** Individua le espressioni in cui il servo esprime il timore di essere picchiato.

3 **Le argomentazioni di Mercurio** Quali argomentazioni utilizza il dio per convincere il servo Sosia di non essere realmente Sosia?

4 **Il dubbio** A un certo punto, Sosia inizia a nutrire dubbi sulla propria identità. Riporta la sua prima ammissione a tal proposito.

....

....

....

5 **L'ambiguità** Una delle principali fonti di comicità della commedia è l'uso ambiguo delle parole. Leggi le due battute seguenti e spiega l'ambiguità dei vocaboli.

«SOSIA Macché! Vengo qui con cucita la camicia, e non gl'inganni!
MERCURIO Tu continui a mentire: vieni coi piedi, e non con la camicia.» (rr. 107-108).

Riconoscere e analizzare

6 **Gli *a parte*** La prima sezione del testo è costituita da molte battute pronunciate *a parte*; tuttavia, esiste una differenza tra quelle di Mercurio e quelle di Sosia. Quale affermazione tra le seguenti rispecchia la situazione?
a. Sosia si rivolge al pubblico e a Mercurio
b. Mercurio si rivolge al pubblico e a Sosia
c. Sosia si rivolge solo al pubblico
d. Mercurio si rivolge a Sosia ma non al pubblico

7 **La comicità** Quali sono gli espedienti usati da Plauto per suscitare il divertimento del pubblico?

8 **I registri linguistici** Il linguaggio plautino presenta espressioni del parlato e vocaboli anche volgari. Rintracciane qualche esempio nel testo.

9 **I personaggi** Prova a definire il carattere di Sosia e quello di Mercurio, quali emergono dalla scena. A questo scopo riporta anche alcuni passaggi significativi del testo.

....

....

....

10 **Il ritmo** Grazie alla lunghezza delle battute, il brano ha un andamento vario. Quale tra queste ipotesi rappresenta meglio il ritmo del testo?
a. Prima lento, poi sempre più veloce
b. Prima vivace, poi incalzante e infine più lento
c. Prima veloce, poi lento e infine incalzante
d. Costantemente lento

Rielaborare e produrre

11 **Discutere**

«MERCURIO Chi è il tuo padrone?
SOSIA Chi vuoi tu.
MERCURIO Ebbene, ora come ti chiami?
SOSIA Proprio come comandi tu.» (rr. 127-130).

Di fronte alle minacce, Sosia arriva a negare la propria identità. Ti sembra un atteggiamento troppo pavido? Tu come reagiresti? Confronta la tua opinione con quella dei tuoi compagni in un dibattito in classe ed esponi in un discorso ben articolato l'interpretazione che ti convince maggiormente.

12 **Il commento** Prova a scrivere un testo di circa 100 parole di interpretazione e commento del brano.

13 **Il doppio** Il tema del doppio è qui presentato in chiave comica, ma in altri testi letterari e in alcuni film è fonte di inquietudine e disagio. Conosci qualche esempio nella storia della letteratura e del cinema? Raccontalo in un testo ben strutturato.

14 **Un altro finale** La scena si conclude con Sosia che si avvia verso il porto per raccontare al suo padrone l'accaduto. Trasforma la vicenda, scrivendo un breve monologo in cui Sosia si persuade di non essere il servo di Anfitrione.

Carlo Goldoni

Una donna che ci sa fare

La bella Mirandolina, proprietaria di una locanda a Firenze, è una donna emancipata e indipendente. Sa tenere a bada i corteggiatori e gestire in modo avveduto gli affari. In questa scena, tratta dall'atto primo e ambientata nella locanda, gli avventori si confrontano sulle donne e sul fascino femminile.

Da
La locandiera, 1753
Commedia

SCENA QUARTA

Il Cavaliere di Ripafratta dalla sua camera, e detti[1].

CAVALIERE Amici, che cos'è questo romore[2]? Vi è qualche dissensione[3] fra di voi altri?

CONTE Si disputava sopra un bellissimo punto.

MARCHESE Il Conte disputa meco[4] sul merito della nobiltà (*ironico*).

CONTE Io non levo il merito alla nobiltà[5]: ma sostengo, che per cavarsi dei capricci, vogliono esser[6] denari.

CAVALIERE Veramente, Marchese mio…

MARCHESE Orsù, parliamo d'altro.

CAVALIERE Perché siete venuti a simil contesa?

CONTE Per un motivo il più ridicolo della terra.

MARCHESE Sì, bravo! il Conte mette tutto in ridicolo.

CONTE Il signor Marchese ama la nostra **locandiera**. Io l'amo ancor più di lui. Egli pretende corrispondenza, come un tributo alla sua nobiltà. Io la spero, come una ricompensa alle mie attenzioni[7]. Pare a voi che la questione non sia ridicola?

MARCHESE Bisogna sapere con quanto impegno io la proteggo.

CONTE Egli la protegge, ed io spendo (*al Cavaliere*).

CAVALIERE In verità non si può contendere per ragione alcuna che lo meriti meno. Una donna vi altera? vi scompone? Una donna? che cosa mai mi convien sentire? Una donna? Io certamente non vi è pericolo che per le donne abbia che dir con nessuno. Non le ho mai amate, non le ho mai stimate, e ho sempre creduto che sia la donna per l'uomo una infermità insopportabile.

[…]

CONTE Non siete mai stato innamorato?

CAVALIERE Mai, né mai lo sarò. Hanno fatto il diavolo per darmi moglie, né mai l'ho voluta.

MARCHESE Ma siete unico della vostra casa: non volete pensare alla successione?

CAVALIERE Ci ho pensato più volte, ma quando considero che per aver figliuoli mi converrebbe soffrire[8] una donna, mi passa subito la volontà.

CONTE Che volete voi fare delle vostre ricchezze?

CAVALIERE Godermi quel poco che ho con i miei amici.

MARCHESE Bravo, cavaliere, bravo; ci goderemo.

CONTE E alle donne non volete dar nulla?

1 **detti**: personaggi già presenti dalla scena precedente
2 **Amici…romore**: il cavaliere di Ripafratta ha sentito discutere animatamente il marchese e il conte.
3 **dissensione**: dissenso.
4 **meco**: con me.
5 **Io non levo… nobiltà**: io non sottovaluto la nobiltà.
6 **vogliono esser**: servono.
7 **alle mie attenzioni**: alle gentilezze, ai regali.
8 **mi converrebbe soffrire**: mi toccherebbe sopportare.

PAROLE *sotto la lente*

Locandiera

Il sostantivo indica la moglie del locandiere, ossia di colui che gestisce una locanda. Questo nome deriva dal gerundivo femminile latino *locanda* del verbo *locare* ("affittare") e con il valore di necessità, ossia è un luogo che si deve affittare; infatti in origine si accompagnava al nome (casa locanda = casa da affittare). La locanda è un'osteria, una trattoria modesta che offre la possibilità di alloggio. Nei secoli scorsi invece il nome indicava anche alberghi, e nel Settecento anche alberghi di lusso.

Attività

Locandiera deriva da locanda, sostantivo formato col suffisso -anda. Trova altri nomi con lo stesso suffisso, o con il suffisso -ando.

CAVALIERE Niente affatto. A me non ne mangiano sicuramente.

CONTE Ecco la nostra padrona. Guardatela, se non è adorabile.

CAVALIERE Oh la bella cosa! Per me stimo più di lei quattro volte un bravo cane da caccia.

MARCHESE Se non la stimate voi, la stimo io.

CAVALIERE Ve la lascio, se fosse più bella di Venere.

[...]

[Mirandolina respinge le proposte amorose del conte e del marchese e, rimasta sola, elabora il suo astuto piano.]

SCENA NONA

Mirandolina sola.

MIRANDOLINA Uh, che mai ha detto! L'eccellentissimo signor marchese Ar-

per conoscere CARLO GOLDONI

CARLO GOLDONI nasce a Venezia nel 1707. Risiede in varie città dell'Italia settentrionale, seguendo gli spostamenti del padre medico. Intraprende studi di giurisprudenza, ma fin dalla prima giovinezza la sua grande passione è il teatro. Dopo la morte del padre, si laurea (1731) e comincia a esercitare la professione di avvocato, componendo nello stesso tempo anche opere teatrali. Lavora a Venezia con il capocomico Giuseppe Imer e matura le linee generali della sua "riforma" del teatro, che si affermerà negli anni successivi: il testo della commedia diventa scritto, sottraendosi così all'improvvisazione e alla ripetizione tipiche della commedia dell'arte. Il *Momolo cortesan* (1738) è la prima commedia in cui la parte del protagonista è interamente scritta, così come *La donna di garbo* (1743). A causa di alcuni problemi finanziari Goldoni lascia Venezia dove torna nel 1748: qui vive un decennio di straordinaria fertilità creativa, scrivendo le sue commedie più importanti. Stanco e disgustato dai continui contrasti e dalle polemiche con il suo rivale, il commediografo Carlo Gozzi (1720-1806), nel 1762 Goldoni si trasferisce a Parigi, dove accetta l'incarico di direttore della *Comédie italienne*: la sua riforma, però, non viene compresa. Qui compone altre opere e ottiene la carica di precettore dei figli del re, ma durante la rivoluzione francese perde la pensione che la corte reale gli aveva concesso e, nel 1793, muore in miseria. Lo stesso Goldoni ha raccontato la sua vita, e soprattutto la sua passione per il teatro, in un'opera autobiografica, i *Mémoires* (1787).

Carlo Goldoni in un ritratto di Tullio Pericoli del 1992.

• La sua riforma del teatro • Prima dell'avvento del teatro goldoniano, perdurava da almeno due secoli la cosiddetta **«commedia dell'arte»**. Gli spettacoli venivano allestiti nelle piazze, con una scenografia essenziale. Il pubblico era coinvolto dall'abilità degli artisti che ricorrevano a repertori di battute a effetto (i frizzi) e comiche (i lazzi), a una grande gestualità fatta di salti e acrobazie, e all'uso di maschere. I personaggi della commedia dell'arte, infatti, erano tipi fissi, immediatamente riconoscibili dal costume e dalle maschere. Per esempio il vecchio avaro, la cameriera maliziosa, il servo astuto, il soldato spaccone e tanti altri.

sura mi sposerebbe? Eppure, se mi volesse sposare, vi sarebbe una piccola difficoltà. Io non lo vorrei. Mi piace l'arrosto, e del fumo non so che farne. Se avessi sposati tutti quelli che hanno detto volermi, oh, avrei pure tanti mariti! Quanti arrivano a questa locanda, tutti di me s'innamorano, tutti mi fanno i cascamorti; e tanti e tanti mi esibiscono di sposarmi a dirittura[9]. E questo signor cavaliere, rustico come un orso, mi tratta sì bruscamente? Questi è il primo forestiere capitato alla mia locanda, il quale non abbia avuto piacere di trattare con me. Non dico che tutti in un salto[10] s'abbiano a innamorare: ma disprezzarmi così? è una cosa che mi muove la bile terribilmente. È nemico delle donne? Non le può vedere? Povero pazzo! Non avrà ancora trovato quella che sappia fare. Ma la troverà. La troverà. E chi sa che non l'abbia trovata? Con questi per l'appunto mi ci

9 **mi esibiscono...a dirittura**: mi propongono, si offrono addirittura di sposarmi.

10 **in un salto**: da un momento all'altro.

Goldoni rivoluziona questo modo di fare teatro: prima di tutto si affida a testi scritti, completi di battute e didascalie, quindi approfondisce la psicologia dei personaggi. Così Mirandolina, la protagonista della *Locandiera*, non è più lo stereotipo di serva intrigante e capricciosa, ma una donna intelligente e moderna. I personaggi goldoniani non sono più maschere o tipi fissi, ma sono realistici, sia sotto il profilo psicologico sia dal punto di vista sociale: nelle sue opere, infatti, l'autore mette in scena la società veneziana del tempo, con i suoi contrasti tra la vecchia nobiltà e la nuova, brillante borghesia. Il pubblico può così riflettere sui vizi e le virtù degli esseri umani, attraverso il continuo scambio tra **"mondo"** e **"teatro"**, i «due libri» a cui Goldoni afferma di attingere.

• Le sue commedie • Il mondo che viene rappresentato nelle commedie di Goldoni è la società veneziana a lui contemporanea. I suoi continui spostamenti gli avevano consentito di allargare il suo orizzonte mentale, ma Venezia e la sua borghesia restano i suoi riferimenti sociali e culturali.

Nella sua prima commedia il *Momolo cortesan*, il mercante Momolo è presentato ancora sotto la maschera di Pantalone, mentre *La donna di garbo* (1743), commedia antinobiliare, è il primo testo nel quale tutti i ruoli sono ben definiti, nelle parti e nelle azioni. Goldoni, però, continua a praticare anche i modi della Commedia dell'arte, per esempio nel *Servitore di due padroni* (scritta nel 1753) che ha per protagonista la maschera di Arlecchino. In questi anni Goldoni scrive le sue opere migliori, frutto della sua riforma. Tra i capolavori di questo periodo ricordiamo *La bottega del caffè* (1750) e *La locandiera* (1753), la commedia più rappresentata, nella quale assistiamo a un confronto fra le classi sociali, con l'affermazione di una figura femminile realista e intelligente. Di ambientazione popolare è la commedia corale *Il campiello* (1756), i cui protagonisti ruotano attorno a una piccola piazza veneziana animata da chiacchiere, pettegolezzi, piccoli dissidi. Nella commedia *Gli innamorati* (1759), invece, l'autore torna a concentrare l'attenzione sulla borghesia, con l'efficace scavo psicologico di una giovane coppia che si scontra a causa della gelosia.

Negli anni Sessanta Goldoni vive un'altra stagione creativamente felice. Con *I rusteghi* (1760) e *Sior Todero Brontolon* (1762) sviluppa lo scontro generazionale tra vecchi scorbutici e giovani che vogliono vivere il loro tempo in libertà. Segue la cosiddetta "trilogia della villeggiatura" (*Le smanie della villeggiatura*, *Le avventure della villeggiatura*, *Il ritorno dalla villeggiatura*, 1761) nella quale Goldoni critica l'eccesso opposto: la smania di apparire di certa borghesia che finisce per vivere al di sopra delle proprie possibilità, rischiando la rovina. Torna al tema della vita popolare, aiutato anche dall'uso del dialetto locale, nelle *Baruffe chiozzotte* (1762), una commedia realistica e spontanea con protagonisti i pescatori di Chioggia.

Stanco dell'ambiente veneziano che sente ormai come soffocante, cerca nuova gloria a Parigi. Ma qui il pubblico è rimasto fedele alla commedia dell'arte e Goldoni fatica a imporre le sue idee innovative. Così, la commedia *Il ventaglio* (1764) è un semplice gioco d'equivoci con una trama evanescente. Più di carattere è il protagonista de *Il burbero benefico* (1771), ma sono ormai lontani gli anni in cui poteva davvero esprimersi al meglio e mettere in scena la sua critica sociale.

metto di picca[11]. Quei che mi corrono dietro, presto presto mi annoiano. La nobiltà non fa per me. La ricchezza la stimo e non la stimo. Tutto il mio piacere consiste in vedermi servita, vagheggiata, adorata. Questa è la mia debolezza, e questa è la debolezza di quasi tutte le donne. A maritarmi non ci penso nemmeno; non ho bisogno di nessuno; vivo onestamente, e godo la mia libertà. Tratto con tutti, ma non m'innamoro mai di nessuno. Voglio burlarmi di tante caricature di amanti spasimati; e voglio usar tutta l'arte per vincere, abbattere e conquassare[12] quei cuori barbari e duri che son nemici di noi, che siamo la miglior cosa che abbia prodotto al mondo la bella madre natura.

[Mirandolina entra nella camera del cavaliere per portare della biancheria che egli aveva richiesto.]

SCENA QUINDICESIMA

Mirandolina colla biancheria, e detto.

MIRANDOLINA Permette, illustrissimo? (*entrando con qualche soggezione*).

CAVALIERE Che cosa volete? (*con asprezza*).

MIRANDOLINA Ecco qui della biancheria migliore (*s'avanza un poco*).

CAVALIERE Bene. Mettetela lì (*accenna il tavolino*).

MIRANDOLINA La supplico almeno degnarsi vedere se è di suo genio[13].

CAVALIERE Che roba è?

MIRANDOLINA Le lenzuola sono di rensa[14] (*s'avanza ancor di più*).

CAVALIERE Rensa?

MIRANDOLINA Sì signore, di dieci paoli al braccio[15]. Osservi.

CAVALIERE Non pretendevo tanto. Bastavami qualche cosa meglio di quel che mi avete dato.

MIRANDOLINA Questa biancheria l'ho fatta per personaggi di merito: per quelli che la sanno conoscere; e in verità, illustrissimo, la do per esser lei[16], ad un altro non la darei.

CAVALIERE *Per esser lei!* Solito complimento.

MIRANDOLINA Osservi il servizio di tavola.

CAVALIERE Oh! Queste tele di Fiandra, quando si lavano, perdono assai. Non vi è bisogno che le insudiciate per me.

MIRANDOLINA Per un cavaliere della sua qualità, non guardo a queste piccole cose. Di queste salviette ne ho parecchie, e le serberò per V.S.[17] illustrissima.

CAVALIERE (Non si può però negare, che costei non sia una donna obbligante[18]) (*da sé*).

MIRANDOLINA (Veramente ha una faccia burbera da non piacergli le donne) (*da sé*).

CAVALIERE Date la mia biancheria al mio cameriere, o ponetela lì, in qualche luogo. Non vi è bisogno che v'incomodiate per questo.

MIRANDOLINA Oh, io non m'incomodo mai, quando servo cavaliere di sì alto merito.

CAVALIERE Bene, bene, non occorr'altro. (Costei vorrebbe adularmi. Donne! Tutte così) (*da sé*).

MIRANDOLINA La metterò nell'arcova[19].

CAVALIERE Sì, dove volete (*con serietà*).

MIRANDOLINA (Oh! vi è del duro. Ho paura di non far niente) (*da sé; va a riporre la biancheria*).

11 **di picca**: con impegno, per ripicca.

12 **conquassare**: sconvolgere, conquistare.

13 **se è di suo genio**: se le piace.

14 **rensa**: lino molto fine prodotto a Reims, in Francia.

15 **dieci paoli al braccio**: il paolo è una moneta papale della metà del XVI secolo; il braccio invece è un'unità di misura di lunghezza, usata soprattutto per misurare la stoffa.

16 **per esser lei**: proprio perché è lei.

17 **V.S.**: Vostra Signoria.

18 **obbligante**: che ci sa fare.

19 **arcova**: sta per "alcova", la zona dove si trova il letto e anche, figuratamente, il letto stesso.

CAVALIERE (I gonzi[20] sentono queste belle parole, credono a chi le dice, e cascano) (*da sé*).

MIRANDOLINA A pranzo, che cosa comanda? (*ritornando senza la biancheria*).

CAVALIERE Mangerò quello che vi sarà.

MIRANDOLINA Vorrei pur sapere il suo genio. Se le piace una cosa più dell'altra, lo dica con libertà.

CAVALIERE Se vorrò qualche cosa, lo dirò al cameriere.

MIRANDOLINA Ma in queste cose gli uomini non hanno l'attenzione e la pazienza che abbiamo noi altre donne. Se le piacesse qualche intingoletto, qualche salsetta, favorisca di dirlo a me.

CAVALIERE Vi ringrazio: ma né anche per questo verso vi riuscirà di far con me quello che avete fatto col Conte e col Marchese.

MIRANDOLINA Che dice della debolezza di quei due cavalieri? Vengono alla locanda per alloggiare, e pretendono poi di voler far all'amore colla locandiera. Abbiamo altro in testa noi, che dar retta alle loro ciarle. Cerchiamo di fare il nostro interesse; se diamo loro delle buone parole, lo facciamo per tenerli a bottega[21]; e poi, io principalmente, quando vedo che si lusingano, rido come una pazza.

CAVALIERE Brava! Mi piace la vostra sincerità.

MIRANDOLINA Oh! non ho altro di buono, che la sincerità.

CAVALIERE Ma però, con chi vi fa la corte, sapete fingere.

MIRANDOLINA Io fingere? Guardimi il cielo. Domandi un poco a quei due signori che fanno gli spasimati per me, se ho mai dato loro un segno d'affetto. Se ho mai scherzato con loro in maniera che si potessero lusingare con fondamento. Non li strapazzo, perché il mio interesse non lo vuole, ma poco meno. Questi uomini effeminati non li posso vedere. Sì come aborrisco[22] anche le donne, che corrono dietro agli uomini. Vede? Io non sono una ragazza. Ho qualche annetto; non son bella, ma ho avute delle buone occasioni; eppure non ho mai voluto maritarmi, perché stimo infinitamente la mia libertà.

CAVALIERE Oh sì, la libertà è un gran tesoro.

MIRANDOLINA E tanti la perdono scioccamente.

CAVALIERE So ben io quel che faccio. Alla larga.

MIRANDOLINA Ha moglie V.S. illustrissima?

CAVALIERE Il cielo me ne liberi. Non voglio donne.

MIRANDOLINA Bravissimo. Si conservi sempre così. Le donne, signore... Basta, a me non tocca a dirne male.

CAVALIERE Voi siete per altro la prima donna, ch'io senta parlar così.

MIRANDOLINA Le dirò: noi altre locandiere vediamo e sentiamo delle cose assai; e in verità compatisco quegli uomini che hanno paura del nostro sesso.

CAVALIERE (È curiosa[23] costei) (*da sé*).

[...]

SCENA SEDICESIMA

Il Cavaliere solo.

CAVALIERE Eh! So io quel che fo. Colle donne? Alla larga. Costei

20 gonzi: chi si fa imbrogliare facilmente.

21 per tenerli a bottega: per non perderli come clienti.

22 aborrisco: detesto.

23 curiosa: strana.

L'attrice Nancy Brilli interpreta Mirandolina in una messa in scena de *La locandiera* diretta da Giuseppe Marini nel 2014.

sarebbe una di quelle che potrebbero farmi cascare più delle altre. Quella verità, quella scioltezza di dire, è cosa poco comune. Ha un non so che di straordinario; ma non per questo mi lascierei innamorare. Per un poco di divertimento, mi fermerei più tosto con questa che con un'altra. Ma per far all'amore? Per perdere la libertà? Non vi è pericolo. Pazzi, pazzi quelli che s'innamorano delle donne (*parte*).

ATTO SECONDO

[Mirandolina è sempre più gentile con il cavaliere, che inizia a gradire le attenzioni. Nella scena che segue, i due si trovano nella camera del cavaliere con la tavola apparecchiata.]

SCENA QUARTA [...]

Il Servitore presenta la bottiglia in tavola, con un bicchiere.

CAVALIERE Voi siete di buon gusto in tutto.

MIRANDOLINA In verità, che poche volte m'inganno.

CAVALIERE Eppure questa volta voi v'ingannate.

MIRANDOLINA In che, signore?

CAVALIERE In credere ch'io meriti d'essere da voi distinto[24].

MIRANDOLINA Eh, signor Cavaliere... (*sospirando*).

CAVALIERE Che cosa c'è? Che cosa sono questi sospiri? (*alterato*).

MIRANDOLINA Le dirò: delle attenzioni ne uso a tutti, e mi rattristo quando penso che non vi sono che ingrati.

CAVALIERE Io non vi sarò ingrato (*con placidezza*).

MIRANDOLINA Con lei non pretendo di acquistar merito, facendo unicamente il mio dovere.

CAVALIERE No, no, conosco benissimo... Non sono cotanto rozzo quanto voi mi credete. Di me non avrete a dolervi (*versa il vino nel bicchiere*).

MIRANDOLINA Ma... signore... io non l'intendo.

CAVALIERE Alla vostra salute (*beve*).

24 **meriti...distinto**: meriti tanta attenzione da parte vostra.

STORIE da SCOPRIRE

La locandiera di Carlo Goldoni

La locandiera è una commedia in tre atti, tra le più celebri e rappresentate del teatro di Goldoni. Mirandolina, avvenente locandiera di Firenze, è oggetto di galanti attenzioni da parte di due nobili clienti che risiedono alla locanda e cercano di conquistare il suo amore: il ricco conte di Albafiorita con preziosi doni; lo spiantato marchese di Forlimpopoli con il fascino della nobiltà. Mirandolina tratta con gentilezza entrambi, ma non concede loro confidenza. Alla locanda soggiorna anche lo scontroso cavaliere di Ripafratta, che si dichiara immune alla bellezza femminile. Il suo burbero atteggiamento affascina Mirandolina, che decide di dargli una lezione. Con grande scaltrezza la donna asseconda la sua misoginia, poi lo colma di cortesie, infine finge addirittura di svenire alla notizia della sua decisione di andarsene. Il cavaliere, suo malgrado, finisce per innamorarsi della locandiera, ma a questo punto Mirandolina sorprende tutti, decidendo di sposare il cameriere Fabrizio, suo promesso sposo da sempre.

Mirandolina Obbligatissima; mi onora troppo.
Cavaliere Questo vino è prezioso.
Mirandolina Il Borgogna è la mia passione.
Cavaliere Se volete, siete padrona (*le offerisce*[25] *il vino*).
Mirandolina Oh! Grazie, signore.
Cavaliere Avete pranzato?
Mirandolina Illustrissimo sì.
Cavaliere Ne volete un bicchierino?
Mirandolina Io non merito queste grazie.
Cavaliere Davvero, ve lo do volentieri.
Mirandolina Non so che dire. Riceverò le sue finezze.
Cavaliere [...] Voi state in disagio. Volete sedere?
Mirandolina Oh! Non son degna di tanto, signore.
Cavaliere Via, via, siamo soli. Portale una sedia (*al Servitore*).
Servitore (Il mio padrone vuole morire: non ha mai fatto altrettanto) (*da sé; va a prendere la sedia*).
Mirandolina Se lo sapessero il signor Conte ed il signor Marchese, povera me!
Cavaliere Perché?
Mirandolina Cento volte mi hanno voluto obbligare a bere qualche cosa, o a mangiare, e non ho mai voluto farlo.
Cavaliere Via, accomodatevi.
Mirandolina Per obbedirla (*siede, e fa la zuppa nel vino*).
Cavaliere Senti (*al Servitore, piano*). (Non lo dire a nessuno, che la padrona sia stata a sedere alla mia tavola).
Servitore (Non dubiti) (*piano*). (Questa novità mi sorprende) (*da sé*).
Mirandolina Alla salute di tutto quello che dà piacere al signor Cavaliere.
Cavaliere Vi ringrazio, padroncina garbata.
Mirandolina Di questo brindisi alle donne non ne tocca.
Cavaliere No? perché?
Mirandolina Perché so che le donne non le può vedere.
Cavaliere È vero, non le ho mai potute vedere.
Mirandolina Si conservi sempre così.
Cavaliere Non vorrei... (*si guarda dal Servitore*).
Mirandolina Che cosa, signore?
Cavaliere Sentite (*le parla nell'orecchio*). (Non vorrei che voi mi faceste mutar natura[26]).
Mirandolina Io, signore? Come?
Cavaliere Va via (*al Servitore*).
Servitore Comanda in tavola?
Cavaliere Fammi cucinare due uova, e quando son cotte, portale.
Servitore Come le comanda le uova?
Cavaliere Come vuoi, spicciati.
Servitore Ho inteso. (Il padrone si va riscaldando) (*da sé, parte*)
Cavaliere Mirandolina, voi siete una garbata giovine.
Mirandolina Oh signore, mi burla.

25 **offerisce**: offre.
26 **mutar natura**: cambiare indole; in questo contesto non essere più misogino, anzi essere innamorato.

Jean-Étienne Liotard, *La bella cioccolataia*, 1744. (Dresda, Gemäldegalerie Alte Meister)

CAVALIERE Sentite. Voglio dirvi una cosa vera, verissima, che ritornerà in vostra gloria.

MIRANDOLINA La sentirò volentieri.

CAVALIERE Voi siete la prima donna di questo mondo, con cui ho avuto la sofferenza[27] di trattar con piacere.

MIRANDOLINA Le dirò, signor Cavaliere: non già ch'io meriti niente, ma alle volte si danno questi sangui che s'incontrano[28]. Questa simpatia, questo genio, si dà anche fra persone che non si conoscono. Anch'io provo per lei quello che non ho sentito per alcun altro.

CAVALIERE Ho paura che voi mi vogliate far perdere la mia quiete.

MIRANDOLINA Oh via, signor cavaliere, se è un uomo savio, operi da suo pari. Non dia nelle debolezze degli altri. In verità, se me n'accorgo, qui non ci vengo più. Anch'io mi sento un non so che di dentro, che non ho più sentito; ma non voglio impazzire per uomini, e molto meno per uno che ha in odio le donne; e che forse forse per provarmi, e poi burlarsi di me, viene ora con un discorso nuovo a tentarmi. Signor Cavaliere, mi favorisca un altro poco di Borgogna.

CAVALIERE Eh! Basta... (*versa il vino in un bicchiere*).

MIRANDOLINA (Sta lì lì per cadere) (*da sé*).

CAVALIERE Tenete (*le dà il bicchiere col vino*).

MIRANDOLINA Obbligatissima. Ma ella non beve?

CAVALIERE Sì, beverò. (Sarebbe meglio che io mi ubriacassi. Un diavolo scaccerebbe l'altro) (*da sé, versa il vino nel suo bicchiere*).

MIRANDOLINA Signor Cavaliere (*con vezzo*).

CAVALIERE Che c'è?

MIRANDOLINA Tocchi (*gli fa toccare il bicchiere col suo*). Che vivano i buoni amici.

CAVALIERE Che vivano (*un poco languente*).

MIRANDOLINA Viva... chi si vuol bene... senza malizia tocchi.

CAVALIERE Evviva...

C. Goldoni, *Commedie*, Einaudi, Torino, 1972

27 **sofferenza**: pazienza.

28 **alle volte...s'incontrano**: talora capita che persone simili per sentimenti e inclinazioni («sangui») si incontrino.

Gli attori André Marcon e Dominique Blanc in una scena de *La locandiera* diretta da Marc Paquien nel 2013.

per L'ANALISI del TESTO

Il carattere dei personaggi

Nella *Locandiera* ritroviamo tutti gli aspetti salienti della **riforma della commedia** operata da Goldoni: è infatti una commedia **"di carattere"**, cioè incentrata sull'analisi e la rappresentazione dei comportamenti dei protagonisti più che sull'intreccio, i colpi di scena o le peripezie. Se qualche sviluppo avviene nella vicenda, esso si compie **nell'animo** dei personaggi, in particolare in Mirandolina e nel cavaliere, i veri protagonisti. Il cavaliere di Ripafratta, inizialmente misogino, finisce con il cedere al fascino della locandiera fino a innamorarsene. Dal canto suo Mirandolina, determinata a far pagare al cavaliere il suo odio per le donne, dopo aver portato a termine il suo piano torna al suo atteggiamento saggio ed equilibrato, scegliendo di sposare il servo Fabrizio.

Uno spaccato della società

La locandiera è anche specchio della società in cui vive l'autore: attraverso la messa in scena di esponenti di **classi sociali diverse**, Goldoni esprime chiaramente il proprio **giudizio sulla società** veneziana settecentesca (sebbene la commedia sia ambientata a Firenze). Il marchese, privo di mezzi ma superbo a causa della sua posizione sociale, è l'emblema della nobiltà decaduta; il conte è il "nuovo ricco", che pensa di poter comprare tutto con il denaro. Il cavaliere impersona la piccola nobiltà, mentre Mirandolina è esponente di quella piccola borghesia imprenditoriale veneziana ammirata da Goldoni.

Una donna moderna

La protagonista indiscussa è **Mirandolina**, sempre presente nell'azione anche quando non è in scena. In questo personaggio Goldoni opera una grande trasformazione: la serva pettegola e intrigante della commedia dell'arte diventa una **donna intelligente e decisa**. Si rivela abile, astuta e determinata a far valere le proprie capacità e qualità di donna, mettendo anche in pratica sapienti tecniche di seduzione per fare cadere nel ridicolo i suoi pretendenti, in modo particolare il cavaliere, che alla fine sorprenderà annunciandogli il suo matrimonio con il servo Fabrizio.

Una commedia che fa riflettere

Il testo fornisce un'opportunità di **riflessione**, come dice lo stesso Goldoni nell'introduzione all'opera, definendola «la più morale, la più utile, la più istruttiva» tra le commedie da lui scritte. Il **realismo** con cui sono delineati i personaggi rispecchia il dibattito sulle classi sociali molto vivo nel corso del Settecento. Allo stesso tempo, però, la natura dell'opera lascia spazio anche al **divertimento**. Questo infatti è garantito da vari fattori: il contegno ridicolo e vanitoso del conte e del marchese, che si contendono invano le attenzioni di Mirandolina, le ingegnose astuzie con cui la donna si prende gioco dei due e del cavaliere e la capacità di coinvolgere lo spettatore introducendo numerosi *a parte* (Mirandolina spesso sembra recitare una **commedia nella commedia**, rivolgendosi direttamente allo spettatore ed escludendo il cavaliere, pur presente sulla scena). L'aspetto più comico è poi il totale e involontario **ribaltamento** di posizioni del cavaliere che progressivamente cede alle lusinghe di Mirandolina.

Lo stile

Il **ritmo** dell'opera è veloce: per il rapido susseguirsi di scene con diversi protagonisti, per i dialoghi immediati e per i gesti vivaci degli attori (indicati nel testo dalle didascalie). Anche il **linguaggio** utilizzato dai personaggi è vario, brillante, composto da vocaboli di diverso registro, ora elevato, con una sintassi elaborata («In verità non si può contendere per ragione alcuna che lo meriti meno», rr. 20-21), ora popolare

Pietro Longhi, *Dama che riceve un cavaliere*, 1747-1755. (Londra, National Gallery)

Attività

Leggere e comprendere

1 **L'ambientazione** Dove e quando si svolge la vicenda?

a. A Venezia ai primi dell'Ottocento

b. A Venezia nel Settecento

c. A Firenze nel Settecento

d. A Milano nell'Ottocento

2 **La discussione** Che cosa ha scatenato il dibattito sulla nobiltà tra il marchese e il conte?

3 **Il cavaliere** Quale idea della donna ha il cavaliere? Rispondi con citazioni dal testo.

....

....

4 **La burla di Mirandolina** Per quale motivo la locandiera vuol farsi beffa del cavaliere?

5 **La seduzione** Riassumi brevemente il modo in cui Mirandolina riesce a conquistare il misogino cavaliere.

6 **La critica** Quali sono le caratteristiche dell'alta nobiltà criticate da Goldoni?

Riconoscere e analizzare

7 **I monologhi** Riconosci nel testo i monologhi: chi li pronuncia? Quale funzione hanno?

8 **I personaggi** Riporta alcune battute in cui i personaggi dichiarano la loro appartenenza sociale.

Conte:

....

Marchese:

....

9 **I registri linguistici** I personaggi conversano utilizzando espressioni ora elevate, ora colloquiali. Trova nel testo e riporta alcune battute di tipo colloquiale.

....

....

....

10 **La protagonista** Prova a tracciare un ritratto del carattere della locandiera.

11 **La comicità** Il testo fornisce un'occasione di riflessione sulla società del Settecento veneziano e sui valori dell'autore. Tuttavia il suo primo scopo è quello di divertire. Da che cosa deriva la sua comicità?

Rielaborare e produrre

12 **Discutere** «Tutto il mio piacere consiste in vedermi servita, vagheggiata, adorata. Questa è la mia debolezza, e questa è la debolezza di quasi tutte le donne. A maritarmi non ci penso nemmeno; non ho bisogno di nessuno; vivo onestamente, e godo la mia libertà». (rr. 64-68).

Sei d'accordo con le parole di Mirandolina? Quale tipo di donna emerge da queste righe? È un personaggio attuale, a tuo parere? Confronta la tua opinione con quella dei tuoi compagni in un dibattito in classe e poi esponi in un discorso ben organizzato l'interpretazione che ti convince maggiormente.

13 **Il commento** Prova a scrivere un testo di interpretazione e commento del brano utilizzando circa 100 parole.

14 **Un nuovo dialogo** Trasforma il monologo di Mirandolina in un dialogo con un nuovo personaggio che lasci trasparire il modo di pensare della donna.

15 **La tua scenografia** Descrivi come realizzeresti la scenografia di queste scene della commedia.

Dario Fo

Resurrezione di Lazzaro

Al cimitero tutti vogliono assistere al miracolo della resurrezione di Lazzaro. Si scommette perfino sulla riuscita. A raccontarlo è uno spettatore particolarmente coinvolto. Presentiamo alternate la versione in *grammelot* e la traduzione italiana curata dallo stesso autore.

Da
Mistero buffo, 1969
Commedia

Oh scusè! Oh l'è questo ol simiteri, campusanto, duè che vai a fà ol súscitamento d'ul Lassaro?

Sí, l'è quest.

Ah bon.

On mument, des palanche par entrar.

Des palanche?

Fasemo do.

Doi palanche?! Boja, e parché?

Parché mi a sont ol guardian d'ol simiteri e vialtri a vegnit dentar a impiascicam tütu, a rüinam i sciesi e a schisciarme l'erba, e mi ho da ves cumpensat de tüti i fastidi e i scruseri che me impiantí. Doi palanche o no 's vede ol miracol.

Bon! As ben un bel furbasso anca te, va'!

Doi palanche anca vi altri, e no me importa se aví i fiolit, a non m'importa, anca quei varden. Sí, d'acord: mesa palanca. Vai giò disgrassiat dal mür. Al vol vede ol miracol a gratis, ol fürbaso! As paga, no?! Doi palanche... no, non hait pagat. Doi palanche, anca vui doi palanche par 'gní dentar.

[Scusi! È questo il cimitero, camposanto, dove vanno a fare il resuscitamento (resurrezione) del Lazzaro?

Sí, è questo.

Ah bene.

L'AUTORE

Dario Fo nasce a Sangiano, in provincia di Varese, nel 1926. Esordisce nel teatro di *cabaret* come autore e attore. Nel 1954 sposa la collega Franca Rame con la quale fonda, nel 1957, la compagnia Fo-Rame. Tra il 1959 e il 1967 compone opere satiriche destinate a un pubblico borghese nei teatri tradizionali (*Gli arcangeli non giocano a flipper*, 1959; *Chi ruba un piede è fortunato in amore*, 1961; *Isabella, tre caravelle e un cacciaballe*, 1963; *Settimo: ruba un po' meno*, 1964). Alla fine degli anni Sessanta, sull'onda delle agitazioni studentesche di quel periodo, Fo porta le sue rappresentazioni in circuiti alternativi al teatro, come scuole, piazze e fabbriche. Scrive e mette in scena il famosissimo *Mistero buffo* (1969), un monologo satirico recitato in *grammelot*. Le commedie di quegli anni intendono suscitare la discussione e il dibattito sui temi caldi della politica e della società civile: nascono così testi come *Morte accidentale di un anarchico* (1970); *Pum, pum, chi è? La Polizia* (1972); *Non si paga. Non si paga!*, (1974) e *Il Fanfani rapito* (1975). Negli anni Ottanta e Novanta Fo gira i teatri europei e mondiali, riscuotendo grande successo (*Fabulazzo osceno*, 1982; *Johan Padan a la descoverta de le Americhe*, 1991; *Il diavolo con le zinne*, 1997). Dario Fo è molto apprezzato anche come disegnatore e pittore (non solo dei costumi e delle scenografie dei suoi spettacoli). Nel 1997 viene insignito del Premio Nobel per la Letteratura. Muore a Milano nell'ottobre del 2016.

Un momento, dieci soldi per entrare.
Dieci soldi?
Facciamo due.
Due soldi?! Boia, e perché?
Perché io sono il guardiano del cimitero e voialtri venite dentro a schiacciarmi tutto, a rovinarmi le siepi e a schiacciarmi l'erba, e io devo essere ricompensato di tutti i fastidi e i danni che mi impiantate. Due soldi o non si vede il miracolo.
Bene! Sei bene un bel furbacchione anche tu, va' là!
Due soldi anche voialtri, e non m'importa se avete i bambini, non mi importa, anche loro guardano. Sí, d'accordo: mezzo soldo. Vai giú, disgraziato, dal muro. Vuol vedere il miracolo gratis, il furbastro! Si paga, no?! Due soldi… no, non hai pagato. Due soldi, anche voi due soldi per venire dentro.]

On bel furbasso quelo! Ol fa i dané coi miracoli. Ades bisogna ved 'ndua l'è ol Lassaro… Ag sarà ol nom sü la tomba! L'altra volta son gnit a vede ol miracol d'un altro, sont stai mezza giurnada a speciare e pö ol miracolo a me l'hait fait in funda là! Sunt stait chí cume un babie, un baltroc, a vardag. Ma sta volta ca so al nom, me sont interesat, a treuvi ol nom in sü la tumba, a sunt ol primo! Lassaro?!… (cercando) me meti… Lassaro?! me meti davanti a la tumba, a veuri vede tüt dal prinzipi. Varda! Lassaro?! E anca se treuvi la tumba cun scrit Lassaro, ca non son capaze a lezar? Bon! A beh! Induini! Sto chi. M'è 'ndai mal l'oltra volta, sperom adesso. Chi ariva intorna? No, non cominzum a spigner! A sont rivai mi prem, e voi stà davanti! No m'importa se ti sie piccolo! Queli piccoli vien la matina presto a torse el posto. Furbo eh! A l'è picolo e el vegn davanti! A fem la scaleta? I piccoli davanti, quei lunghi de drio! E peu el piccolo el riva dopo e l'è cuma s'el füss rivà prima! Non spigner, me fait andar dentar la tumba! Boja! No m'interessa, stiè indrio! Eh?! Ah! Le done, anca lor i spigne adesso!

[Un bel furbo quello! Fa i soldi con i miracoli. Adesso bisogna vedere dov'è il Lazzaro… Ci sarà il nome sulla tomba! L'altra volta sono venuto a vedere il miracolo di un altro, sono stato mezza giornata ad aspettare e poi il miracolo me l'hanno fatto in fondo là! Sono stato qui come un cretino a guardare. Ma questa volta che so il nome, mi sono interessato, trovo il nome sulla tomba, sono il primo! Lazzaro?!… *(cercando)* mi metto… Lazzaro?! mi metto davanti alla tomba, e voglio veder tutto dall'inizio. Guarda! Lazzaro?! E anche se trovo la tomba con scritto Lazzaro, che non sono capace di leggere? Va beh! Indovino! Sto qui. M'è andata male l'altra volta, speriamo adesso (che vada meglio). Chi sta venendo avanti? No, non cominciamo a spingere! Sono arrivato io prima, e voglio stare davanti! Non m'importa se tu sei piccolo! Quelli piccoli vengono la mattina presto a prendersi il posto. Furbo, eh! È piccolo e viene davanti! Facciamo la scaletta? I piccoli davanti, quelli lunghi di dietro! E poi il piccolo arriva dopo ed è come se fosse arrivato prima! Non spingere, mi fai andare dentro la tomba! Boia! Non mi importa, state indietro. Eh? Ah! Le donne, anche loro spingono, adesso!]

La folla partecipa alla resurrezione di Lazzaro in un particolare dell'affresco di Giotto del 1305. (Padova, Cappella degli Scrovegni)

No ariva? No è ora de sto miracolamento?

No gh'è un quai vügn ca conoss stu Jesus Cristo, che ol pò andà a ciamarlo, che nüm sem arivadi, no? 'N se pò aspeciare sempre pai miracoli, no?

O dit un urari, o rivare, no?

Cadreghe! Chi vole cadreghe?! Done! Cateve 'na cadrega! Doi bajochi 'na cadrega! Catè 'na cadrega par insetarve, done! Che quando gh'è ol miracolamento e ol santo el fa vegní feura ul Lassaro in pie, c'ul parla, ul canta, ul se move, ve catè un tal stremizio, quant de li a renta, par de dre, andarí dentra a picar par tera su una bocia, un sas, cu' la testa, e restet cupadi! Morti! E ul santo ne fa ün solamente de miracolamento, int un ziorno, eh! Cateve! Cateve la cadrega! Doi bajochi!

Ohi, nol pense propri che a fà dané, eh!

Alora, a gh'è nisün che o vaga...?

No spigner! No m'interessa!

No muntar sü le cadreghe! Ah furbo! L'hai vist? Ol pículu as piassa sü le cadreghe!

E non appogiare, eh! cu gh'è la tumba che...

Ariva? Non ariva!

[Non arriva? Non è ora per 'sto miracolo?

Non c'è qualcuno che conosca questo Gesú Cristo, che possa andare a chiamarlo, che noi siamo arrivati, no? Non si può aspettare sempre per i miracoli, no?

Mettete un orario e rispettatelo, no?

Seggiole! Chi vuole seggiole? Donne! Prendetevi una seggiola! Due soldi una sedia! Prendete una sedia per sedervi, donne! Che quando c'è il miracolo e il santo fa venir fuori il Lazzaro in piedi, che parla, canta, si muove, vi prendete uno spavento quando gli luccicheranno gli occhi (vivi) che andrete a sbattere di dietro e a picchiare per terra su un sasso con la testa e resterete ammazzate! Morte! E il santo ne fa uno solo di miracolo in un giorno. Prendetevi una sedia! Due soldi!

Ohi, pensa proprio solo a fare soldi, eh!

Allora, non c'è nessuno che vada...?

Non spingere! Non m'interessa!

STORIE da SCOPRIRE

Mistero buffo di Dario Fo

Rappresentata per la prima volta da Dario Fo nel 1969, l'opera comprende una serie di monologhi in cui vengono narrati famosi episodi biblici in chiave comica e caricaturale, o rivisitati testi medievali di tradizione popolare. Integrato di nuove parti nel corso degli anni, *Mistero buffo* chiarisce già nel titolo l'intento dell'artista di rileggere con ironia le rappresentazioni sacre del culto, i cosiddetti "misteri". Tra le scene evangeliche descritte, ci sono la *Resurrezione di Lazzaro*, *Le nozze di Cana*, *Maria alla croce*; tra gli episodi di origine popolare, *La fame dello Zanni* e *Rosa fresca aulentissima*, il componimento di Cielo D'Alcamo (XIII sec.) che, trasposto in chiave teatrale, dimostra come l'amore carnale fosse un tema comune nella tradizione giullaresca. *Mistero buffo* è stato infatti accostato agli spettacoli dei giullari, ai quali si ispira: questi artisti intrattenevano il pubblico nelle piazze e la loro bravura stava nell'interpretare tutti i ruoli contemporaneamente, giocando sulla gestualità e la mimica. *Mistero buffo* poi non è un'opera definita una volta per tutte, ma un canovaccio da modificare ogni volta che viene rappresentato, facendo attenzione alle risate o ai silenzi del pubblico.

Non salire sulle sedie! Ah furbo! Avete visto? Il piccolo si piazza (in piedi) sulle sedie!
E non (ti) appoggiare che c'è la tomba (davanti) che…
Arriva? Non arriva!]

Sardele! Dolze le sardele! Doi bajochi le sardele! Dolze! Brustolide! Bone! Bone le sardele! Che fa suscitare i morti! Bone! Doi palanche!
Sardele, sardele, daghen un cartocio al Lazzaro, ca'l se prepara ul stomego!
Cito, blasfemo!
Boni!
Ul riva! Ul riva! L'è chi!
Chi l'è? cu l'è?
Jésus!
Qual'è?
Quelo negru? Uh, che ogio cativu!
Ma no! Quelu l'è ol Marco!
Quelo de drio?
Qual'è? Quelo alto?
No, quel picolin.
Quel fiulin?

[Sardelle! Dolci le sardelle! Due soldi le sardelle! Dolci! Abbrustolite! Buone! Buone le sardelle! Che fanno resuscitare i morti! Due soldi!
(Chiamando) Sardelle, sardelle… danne un cartoccio al Lazzaro che si prepara lo stomaco!
Zitto, blasfemo!
Buoni!
Arriva! Arriva! È qui!
Chi è? qual è?
Gesú!
Qual è?
Quello nero? Uh, che occhio cattivo!
Ma no! Quello è il Marco!
Quello dietro?
Qual è? Quello alto?
No, quello piccolo.
Quel ragazzino?]

Quelo lí cun la barbeta.
Oh ma 'l par un fiulin, boja!
Varda! Gh'è de dre tüti!
Ohè! Giuvanni! Cugnussi mi el Giuvanni. Giuvanni! Jesus! Che simpatic co l'è ol Jesus!
Ohè! Guarda! Gh'è anca la Madona, gh'è tüta la parentela! Ma 'l và in turno sempar con tüta…? O là!…
No 'l lasseno andà in turno solengo, parché a l'è un po' mato!
Jesus! Sempatego! M'ha schiscià l'ögiu!
Jesus! Jesus, fag ol miracolamento dei pessi e dei pani come l'altra völta, che i era 'sí boni!
Cito, blasfemo, sta' bon!

Silenzio! In genögio, l'ha fait segn de 'ndà in genögio, besogna pregà.
'Ndue l'è la tumba?
Eh… l'è quela là.

[Quello lí con la barbetta.
Oh, ma sembra un ragazzino, boia!
Guarda! Ci sono dietro tutti!
Ohè il Giovanni! Lo conosco io il Giovanni. (Chiamando) Giovanni! Gesú! Che simpatico che è Gesú!
Oh! Guarda! C'è anche la Madonna! C'è tutta la parentela! Ma va sempre in giro con tutta… (sta gente)? Oheu!…
Non lo lasciano andare in giro solo, perché è un po' matto!
(Chiamando) Gesú! Simpatico! M'ha schiacciato l'occhio!
Gesú! Gesú, facci il miracolo dei pesci e dei pani come l'altra volta che erano cosí buoni!
Zitto! Blasfemo, sta' buono!
Silenzio! In ginocchio, ha fatto segno di mettersi in ginocchio, bisogna pregare.
Dov'è la tomba?
Eh… è quella là.]

Ohia! Varda! L'ha dit de tirà sü ol tumbun!
Oh, la piera!
Cittu!
In genögio, in genögio, sü, giú tüti in genögio, va!
Ma mi no, no va in genögio parché no ghe credo! Obella!
Cittu!
Fam vedé.
No, giò de lí, giò de la cadrega.
No, lasséme montar che voi vedar!
Boja! Ohi guarda! L'ha tirà sü ol tombon, o gh'è 'ol morto, ol gh'è dentro! Boja, ol Lassaro, euh che spüssa, s'o l'è stu tanfo?
Boja!
Cus'è?
Cittu!
Lassém guardà!

[Oh! Guarda! Ha detto di tirare su il tombone (la pietra tombale).
Oh, la pietra!
Zitto!
In ginocchio, in ginocchio, su, giú tutti in ginocchio!
Io no! Io non mi metto in ginocchio, perché non ci credo. Oh bella!
Zitto!
Fammi vedere.
No! Giú di lí, giú dalla sedia.
No! Lasciatemi salire che voglio vedere!
Boia! Guarda! Hanno alzato la pietra, c'è il morto, è dentro boia, (è) il Lazzaro che puzza!

Duccio di Buoninsegna, *La resurrezione di Lazzaro*, 1310. (Fort Worth, Dallas, Kimbell Art Museum)

Cos'è 'sto tanfo?
Boia!
Cos'è?
Zitto!
Lasciatemi guardare!]

O l'è impienit de vermini, de tafani. Euh! Ol sarà almanco un mese che l'è morto quelo, ul s'è disfat! Uh, la carugnada co g'han fai! Uhia che schers! No ghe la fa stavolta, povaretto!

De seguro non ghe la fa, non ghe riesse! Imposibil cal'è bon a tirar fora! O l'è marscio! Che scherso, ohh disgrassià! G'han dit tri dí co l'era morto! O l'è un mese almanco! Che figüra! Por Jesus!

Mi digo che l'è capaz eguale! Quel l'è un santo c'ol fa ol miracolamento anca dopo un mese che l'è marscio!

Mi digo che non è capaze!

Vòi far scomessa?

E femo scomessa!

Deh! Doi baiocchi! Tre baiocchi! Diese baiocchi! Quel che te vol scometer.

I tegno mi? Ti te fidi? Se fida! Se fidemo tuti? D'accordo, i tegno mi sti bajochi!

Bon, ecco, fet atension! Tuti in genogio, silensio!

[È pieno di vermi, di tafani! Oheu! Sarà almeno un mese che è morto quello, s'è disfatto! Oh, che carognata che gli hanno fatto! Uh che scherzo! Non ce la fa 'sta volta, poveretto!
Di sicuro non ce la fa, non ci riesce! Impossibile che sia buono di (che riesca a) tirarlo fuori (resuscitarlo)! È marcito! Che scherzo! Oh disgraziati! Gli hanno detto tre giorni che era morto! È un mese almeno! Che figura! Povero Gesú!
Io dico che è capace ugualmente! Quello è un santo che fa il miracolo anche dopo un mese che è marcito!
Io dico che non è capace!
Vuoi far scommessa?
E facciamo scommessa!
Sí! Due soldi! Tre soldi! Dieci soldi! Quello che vuoi scommettere!
Li tengo io? Ti fidi? Si fida! Ci fidiamo tutti? D'accordo, li tengo io questi soldi!
Buoni, ecco, fate attenzione! Tutti in ginocchio, silenzio!]

Ul cossa 'l fa?

U l'è lí ch'el prega!

Cittu! Eh?!

Ohia! Alzati, Lassaro!

Oh! Ghe pò dire e anco cantare, sojamente i vermini che o l'è impienido ven fora!... Alsarse?...

Cittu! U s'è muntà in genogio!

Chi? Jesus?

No, Lassaro. Boja, varda!

Ma va', impusibil!

Fa' vedè!

Oh varda! ol va, ol va, l'è in pie, ol va, ol va, ol borla, ol va, ol va, sü, sü, ol va, ol va, l'è in piè!...

Miracolo! Oeh! Miracolamento! Oh Jesus, dolze che ti set creatura, ca mi non credeva miga!

[Cosa fa?
È lí che prega.
Zitto eh!
Ohia! Alzati, Lazzaro!
Oh! Glielo può dire e anche cantare, solo i vermi di cui è pieno vengono fuori!
… Alzarsi?…
Zitto! Si è montato (alzato, messo) in ginocchio!
Chi? Gesú?
No! Lazzaro! Boia, guarda!
Ma va', impossibile!
Fammi vedere!
Oh, guarda! Va, va, è in piedi, va, va, cade! Va,va su, è in piedi!…
Miracolo! Oh! Miracolamento. Oh Gesú, dolce creatura che sei, che io non credevo!]

Bravo Jesus!
Ho vinciü la scumessa, da' chí. Uehi! Fa' mia ul fürbasso!
Jesus, bravo!
La mia borsa! Me l'han robada! Lader!
Bravo Jesus!
Lader!
Jesus, bravo! Jesus! Bravo!… Lader…

[Bravo Gesú!
Ho vinto la scommessa, dài qui. Uehi! non fare il furbacchione!
Gesú, bravo!
La mia borsa! Me l'hanno rubata! Ladro!
Bravo Gesú!
Ladro!
Gesú, bravo! Gesú! Bravo!… Ladro…]

D. Fo, *Mistero buffo. Giullarata popolare*, Einaudi, Torino, 1997

per L'ANALISI del TESTO

La recita di un istrione

Tra i testi del *Mistero buffo*, la *Resurrezione di Lazzaro* è uno dei più divertenti. Dario Fo ripropone in chiave caricaturale un miracolo molto popolare che ha sempre impressionato i fedeli, perché Gesù sfida la morte. L'attore, ovviamente, lo fa a modo suo, da mago della fantasia, della parola e dell'intrattenimento. Ne sviluppa un'imitazione burlesca, raccontata dal punto di vista di uno spettatore, sottolineando aspetti poco spirituali per lasciare spazio a consuetudini della quotidianità popolare. Siamo infatti all'interno di quel filone basso medievale che si contrapponeva alla letteratura colta, diffuso dai giullari o da compagnie teatrali che recitavano a corte o nelle piazze. E, naturalmente, si amava dissacrare il potere, svelare le ipocrisie, rovesciare i ruoli. È in questo mondo culturale che Dario Fo si tuffa per attingervi i suoi satirici racconti.

Un miracolo da vendere

Questi aspetti emergono sin dalle prime battute, quando lo spettatore che funge da voce narrante entra nel cimitero: c'è ressa, qualcuno ne approfitta per fare affari, altri vogliono rivivere il miracolo della moltiplicazione dei pani e dei pesci. Ogni atto si svolge all'insegna della spontaneità e della curiosità. Gesù è completamente privo di aurea sacralità, ma anzi finisce con il diventare uno del gruppo, un per L'ANALISI del TESTO

simpatico amicone («Jesus! Sempatego! M'ha schiscià l'ögiu!», r. 140) per giunta in difficoltà, perché gli viene presentato un morto non di tre giorni, ma addirittura di un mese («Uh, la carugnada co g'han fai! Uhia che schers! No ghe la fa stavolta, povaretto», rr. 197-198). E allora, a coronamento di questa festa popolare che il miracolo è diventato, ben ci stanno le scommesse sulla riuscita o meno dell'impresa. È una conclusione che calza a pennello con la folla sgomitante, curiosa, pagana; anche il fatto che qualcuno, un «fürbasso», fugga con la borsa dei soldi delle scommesse stempera quel poco di sacro nel tanto profano di questo miracolo, collocandolo ulteriormente nel mondo popolare medievale.

Fo e il teatro di narrazione

Tale interpretazione giullaresca si svolge in *grammelot*, l'espressiva lingua onomatopeica, creata dallo stesso Fo impastando dialetti settentrionali con un simil latino medievale. Alla lingua si accompagna una efficace mimica facciale e corporea. Inoltre l'attore recita più ruoli insieme: con rapidi movimenti del corpo entra ed esce dai vari personaggi rappresentando da solo tutta la scena. Questo stile di recitazione inaugura il cosiddetto **teatro di narrazione**, in cui un singolo attore racconta una storia affidandosi unicamente alla parola e alla gestualità.

Dario Fo, *Gli Zanni che danzano*, 1984. (Collezione Privata)

per SAPERNE di PIÙ

Il teatro di narrazione

Il teatro di narrazione è un genere teatrale, affermatosi in Italia soprattutto alla fine degli anni Ottanta, che vede in Dario **Fo**, già a partire dagli anni Cinquanta, uno dei suoi iniziatori. Basato sulla *performance* di un unico attore che occupa la scena narrando una storia, si caratterizza per la funzione di denuncia sociale. Il teatro di narrazione recupera infatti la tradizione medievale del giullare, che si faceva interprete dei sentimenti del popolo. I testi sono canovacci su cui si basa la recitazione dell'attore solista, che si rivolge direttamente al pubblico rendendolo parte attiva.

Uno degli interpreti più rappresentativi è il piemontese Marco **Baliani** (1950). Nei suoi spettacoli non esiste scenografia: solamente una sedia sul palco. Spesso trae spunto da opere letterarie, come in *Kohlhaas* (1989), tratto da un romanzo di Heinrich von Kleist, o dalla cronaca politica italiana, come in *Corpo di stato* (1998), in cui ripercorre il caso Moro. Nel 2004 riscuote molto successo *Pinocchio nero*, uno spettacolo nato da un progetto di recupero di ragazzi di strada a Nairobi.

Un altro famoso esponente di questo genere è il bellunese Marco **Paolini** (1956, ► p. 484) i cui testi sono il frutto di un grande lavoro di inchiesta: *Il racconto del Vajont* (1994), *I-TIGI Canto per Ustica* (2000), *Parlamento chimico – Storie di plastica* (2001), *Teatro civico* (2003), *Bisogna (la pellagra via sms)* (2010), e sono profondamente animati dalla volontà di mantenere viva la memoria collettiva.

Anche il teatro del romano Ascanio **Celestini** (1972) nasce dalla denuncia sociale e dalla volontà di mantenere vigili le coscienze: *Radio clandestina* (2001) racconta la strage delle Fosse Ardeatine, mentre *Fabbrica* (2002) induce alla riflessione sulla condizione operaia degli ultimi cinquant'anni. In *Scemo di guerra* (2004) emerge la straordinaria capacità di Celestini di legare la propria storia personale alla storia collettiva. Dall'opera teatrale *La pecora nera. Elogio funebre del manicomio elettrico* (2005) è stato tratto l'omonimo film (2010).

Attività

Leggere e comprendere

1 **La scena** Nelle prime righe del testo si incontrano gli interlocutori e si comprende la situazione. Spiegala brevemente.

2 ***Fürbaso*** Lo spettatore rivolge l'epiteto di «fürbaso» a due persone diverse. Quali?

3 **La tomba** Perché lo spettatore diventa comico quando vuole cercare con velocità e attenzione la tomba di Lazzaro?

4 **La calca** In quale modo è presentata nel testo la folla che si accalca?
- a. Attraverso una dettagliata descrizione
- b. Dalle dirette brevi battute dello spettatore
- c. Dalle parole del guardiano
- d. Dai discorsi diretti che si scambiano lo spettatore e le persone che gli stanno intorno

5 **L'attesa** Gesù è in ritardo e la folla lo attende. Con quale atteggiamento?
- a. Con devozione come si attende il figlio di Dio
- b. Con rispetto come si attende un uomo saggio
- c. Con trepidazione come se attendessero una star
- d. In silenzio come si attende un giudice temuto

6 **L'arrivo** Come si comporta la folla all'arrivo di Gesù? Chi riconoscono intorno a lui?

7 **La presentazione** La figura di Gesù è presentata in modo familiare e dissacrante. Quali parole del testo lo evidenziano?

8 **Lazzaro risorto** Quando Lazzaro esce dalla tomba ha un aspetto raccapricciante. Perché?

9 **Il coinvolgimento** Come si mostra la folla di fronte a quello che appare un miracolo di difficile realizzazione?
- a. Distaccata e senza speranza
- b. Coinvolta e tesa alla buona riuscita
- c. Distaccata e disinteressata
- d. Coinvolta e del tutto fiduciosa

10 **Il finale** Che cosa esprime lo spettatore davanti alla resurrezione di Lazzaro?

Riconoscere e analizzare

11 **Il linguaggio** Il *grammelot*, unisce
- a. forme diverse di tanti dialetti italiani
- b. dialetti padani e latino medievale
- c. dialetto lombardo e fiorentino
- d. dialetti padani e francese antico

12 **I personaggi** Quali sono i personaggi principali?

13 **Il tono** Quale tono domina nel testo?
- a. Ironico e critico
- b. Parodistico
- c. Comico e scurrile
- d. Comico e irridente

14 **Il punto di vista** Da quale punto di vista è narrata la vicenda?

15 **Il genere** A quale genere teatrale appartiene il testo?
- a. La commedia greca
- b. Le forme giullaresche medievali
- c. Il dramma borghese
- d. La sacra rappresentazione medievale

16 **Il livello popolare** Quale particolare comportamento evidenzia il livello popolare della scena?
- a. La devozione
- b. La solidarietà
- c. L'avidità
- d. La rivalità

17 **Il ritmo** Quale ritmo ha il testo?
- a. Lento
- b. Veloce
- c. Velocissimo
- d. Vario

Rielaborare e produrre

18 **Discutere** «Oh Jesus, dolze che ti set creatura, ca mi non credeva miga!» (rr. 237-238).
Che cosa suggeriscono queste parole? Lo spettatore non credeva possibile il miracolo o non credeva in Gesù?
Confronta la tua opinione con quella dei tuoi compagni in un dibattito in classe ed esponi in un discorso l'interpretazione che ti convince di più.

19 **Il commento** Scrivi un testo di circa 100 parole in cui spieghi e interpreti il brano.

20 **Dario Fo** Che cosa ti colpisce del modo particolare di far teatro di Dario Fo? Da dove scaturisce, a tuo parere, la sua comicità? Rifletti ed esprimi le tue considerazioni in un testo espositivo.

Antonio Gnoli

Ferruccio Soleri: "Ho vissuto una vita per Arlecchino"

Da "la Repubblica", 22 novembre 2015

Intervista

L'attore è nato a Firenze nel 1929 e ha interpretato per sessant'anni il ruolo di Arlecchino, nel solco della tradizione della «commedia dell'arte». Nel 2006 gli è stato assegnato il Leone d'oro alla carriera.

Che cosa è un grande attore? Colui che interpreta e non imita. Più di due secoli fa, Diderot rese inflessibilmente creativo il corpo di chi recita. Il corpo dell'attore, la voce dell'attore, i silenzi dell'attore sono l'aria stessa che si respira a teatro. E quando ho visto qualche tempo fa recitare Ferruccio Soleri mi è sembrato che quel corpo piccolo, energico, ancora vitale – nonostante gli 85 anni – ci offrisse qualcosa di assolutamente speciale. [...]

E tutto mi sarei aspettato, dopo quella magnifica esibizione, tranne il trovare un uomo che smessi i panni di Arlecchino si sentisse come svuotato. Ho pensato ai meravigliosi cartoons, alla marionette, ai soldatini di piombo che, sfidando le leggi della gravità, lasciavano negli occhi del bambino una gratitudine infinita. Ma poi, finita l'esibizione, riponevano le loro miracolose piroette in un mondo di inerzie che spegneva la fantasia. Ci sono attori grandiosi che una volta riposta la maschera spengono il corpo. "Sono un uomo normale", dice Soleri, "che per sessant'anni ha fatto Arlecchino. Ne conosco i più nascosti segreti, le sfumature, starei per dire l'anima. Perché di anima si può dire di lui, come di Pulcinella".

Soleri mi riceve nella sua casa milanese. Vedo maschere ovunque: di cuoio e in gesso. Maschere scure, rigide e inerti, che egli colleziona. Da dove nasce questa prolungata ossessione? Mi guarda. Lo guardo. Nel silenzio di una casa fredda e ordinata è come se dovessi smaltire una delusione.

Mi aspettavo di trovare un altro.

"Un altro chi?"

Un uomo che si dedica per tutta la vita o quasi a un personaggio ha qualcosa di eroico.

"Il teatro è eroico solo quando il protagonista, dopo mille recite, muore sulla scena. Se no è un uomo normale. Leggo, raramente. Più spesso faccio parole crociate e sudoku. Mi piacciono le parole come enigmi. Trovarne la soluzione: tre orizzontale: chi ha interpretato per 60 anni Arlecchino?" [...]

Devo risponderle?

"Ce l'ha di fronte. La chiama ossessione. Vabbè. Io la chiamerei disciplina, amore, osmosi. L'immortalità che incontra il mortale e per un po' vivono assieme. Come donna e uomo. Come amanti di tutte le sere".

Sessant'anni in cerca di un solo personaggio. Non teme la patologia?

"Ho fatto anche altri ruoli. Ma nessuno di essi mi ha dato le emozioni, la soddisfazione, la complicità di Arlecchino. Sono nato per fare questo. Un tempo si nasceva per fare il medico, l'artigiano, l'avvocato. Io sono nato per essere un attore specializzato. All'inizio non ne ero consapevole. Davanti a me c'era tutt'altra strada".

Quali sono le sue origini?

"Sono nato a Firenze. Da bambino desideravo lavorare in un circo. Lo dissi ai miei: lasciatemi provare, implorai. Ma che succede a Ferruccio? Chi gli ha messo in testa queste cose? Diceva mia madre rivolta a mio padre. Si opposero. Insistetti, minacciai di fuggire. E mio padre, paziente, mi spiegò, che il circo è come una lunga catena familiare: ne fai parte perché tutti gli altri – i fratelli, le madri, i padri, gli zii – ne fanno parte. 'Tu sei solo e io, come puoi capire, non potrò mai venire con te' ".

[...]

La convinse ad abbandonare l'idea del circo.

"Per un po' resistetti. Portai perfino mia sorella a vedere acrobati, domatori, clown. Sognavo di essere protagonista. A casa saltavo dal tavolo da pranzo, atterrando con una capriola finale, davanti agli occhi terrorizzati di mia sorella. Appresi così a muovermi, a scattare e flettere. A governare il corpo".

Un piccolo atleta.

"A un certo punto cominciai a giocare a calcio. Giocai nell'Audax Rufina. Ero un centravanti veloce. Un anno vinsi la classifica dei marcatori. Altre squadre si interessarono a me. La società decise di vendermi al Cosenza. Rifiutai il trasferimento. Durante una partita mi ruppi una gamba. Mi falciarono. Finirono carriera e sogni. Mi iscrissi all'università. Facoltà di matematica e fisica. Al terzo anno smisi. Avevo cominciato a frequentare l'Accademia teatrale di Firenze. Ricordo Ilaria Occhini, bellissima; Paolo Poli stravagante; Renzo Montagnani: una laurea in farmacia buttata al vento per inseguire i sogni teatrali".

E lei?

"Sentii crescere la passione. Fu Beppe Menegatti, che avrebbe sposato Carla Fracci, a consigliarmi Roma. Se vuoi fare teatro, all'Accademia Silvio d'Amico tro-

Ferruccio Soleri interpreta Arlecchino nello spettacolo *Arlecchino servitore di due padroni* per la regia di Giorgio Strehler, al Piccolo Teatro Grassi di Milano.

per approfondire

verai i maestri giusti. Credo di avere imparato molto da Sergio Tofano, Annibale Ninchi e Orazio Costa. Dopo qualche mese fu Orazio Costa a dirmi: tu sei Arlecchino, sei sputato a quella maschera. Te lo ha mai detto nessuno? No, lei è il primo, risposi perplesso".

Come la riconobbe?

"Non lo so. I versi, i gesti, la voce, il corpo soprattutto. Dentro di me vibrava un terremoto. Le mosse, i salti, le capriole, i balzi – che avevo imparato grazie al circo – li trasferii in Arlecchino. Ne feci una figura acrobatica. Ero già maschera senza saperlo".

Cosa vuol dire recitare con una maschera?

"Dare maggiore importanza alla gestualità, ai movimenti del corpo e al colore della voce. La maschera è come la statua: non manifesta emozioni. Queste vanno trovate altrove". [...]

Il suo miglior Arlecchino nasce dal sodalizio con Giorgio Strehler[1].

"È vero. Nel 1955 o nel '56 svolsi un ruolo secondario ne *La figlia obbediente* di Goldoni. Una specie di saggio finale per l'Accademia. Alla prova generale venne Marcello Moretti, un attore straordinario, il preferito da Strehler nel ruolo di Arlecchino. Marcello rimase molto impressionato dalla mia prestazione, tanto che ne parlò a Strehler".

Cosa accadde?

"Strehler si incuriosì e volle conoscermi. Mi disse che il Piccolo sarebbe andato in tournée a New York con *Arlecchino servitore di due padroni*. E che occorreva una riserva per Moretti. Il sindacato americano aveva stabilito che una esibizione ogni sei repliche doveva essere affidata al sostituto".

Curioso.

"È stato il modo più rapido per farmi conoscere".

Com'era Strehler?

"Non era solenne. Ricordo l'uomo geniale che, in un attimo, sapeva accorgersi di cosa non andava sulla scena e dirti esattamente dove avevi sbagliato. Si spiegava con grande chiarezza e dopo, ogni gesto, ogni parola, mi apparivano naturali. Non ho mai visto nessuno padroneggiare come lui il linguaggio della tradizione e contemporaneamente dell'avanguardia".

Lei quale predilige?

"Per lungo tempo ho creduto che la mia vita di attore fosse rivolta al passato. E così è stato. Ma ho anche la presunzione di aver dato alla figura di Arlecchino una modernità che non aveva. È come se io avessi portato la luce elettrica in una stanza,

1 **Giorgio Strehler**: (1921-1997) è stato un grande regista teatrale, fondatore e animatore del Piccolo Teatro di Milano. A lui si deve la messa in scena dell'*Arlecchino servitore di due padroni* che ancora oggi viene recitato, con Soleri nella parte dell'Arlecchino.

L'AUTORE

Antonio Gnoli è nato nel 1949. Come giornalista è stato a lungo caporedattore delle pagine culturali del quotidiano «la Repubblica», proponendo in prima persona interviste appassionate e intense a personaggi dello spettacolo, della letteratura, dell'arte. È autore di vari saggi di natura filosofica, per esempio con Gennaro Sasso si è confrontato sul pensiero di Machiavelli nell'opera *I corrotti e gli inetti. Conversazioni su Machiavelli* (2013). Si occupa anche di temi di grande popolarità, come nel volume che raccoglie le memorie del cantautore Francesco De Gregori, *Passo d'uomo* (2016).

fino a quel momento illuminata da una lampada a petrolio".

Cosa le fa pensare la luce?

"La luce? Non lo so. Si accende e si spegne. Serve a illuminare ma anche a nascondere. Dà profondità. Quando Amleto recita il celebre monologo è come se la luce scavasse nelle sue parole. Illumini la tragedia e i dubbi. Arlecchino è già una veste di luce, di pezze sgargianti che sbattono sugli occhi dello spettatore. La luce arlecchinesca è una continua provocazione. E poi c'è la luce interiore dell'attore. Strehler la preferiva fioca. In modo da poterla dirigere meglio. Ero uno strumento nelle sue mani. Un interruttore".

Non è una definizione riduttiva?

"Mi sono a lungo chiesto chi fossi: sono un attore e non sono un artista. Creo il minimo indispensabile. Non è un mestiere semplice. Bisogna nascondere la propria personalità. Non tentare di esaltarla. A meno di non essere toccati da un talento speciale".

Pensa a qualcuno in particolare?

"Mi viene in mente il mio amico Dario Fo. È straordinario tanto come attore quanto come autore. Ecco, lui ha preso la commedia dell'arte e l'ha trasferita nel suo teatro. L'ha trasformata in un punto di vista sul mondo. Per me la commedia dell'arte nasce e muore nella commedia dell'arte. Ho sempre ammirato l'energia che viene dal basso. La tradizione degli attori nati dal popolo, che non se la passavano bene. Non ho mai pensato che tutto questo si dovesse trasformare in politica".

Sul versante della commedia c'è anche Eduardo De Filippo.

"Anche De Filippo ha spinto la tradizione napoletana fin dentro al suo teatro; l'ha piegata ai suoi voleri. Ma non c'era in lui un 'brechtismo napoletano'; come in Fo c'è 'brechtismo padano[2]' ".

A proposito di commedia napoletana, l'altra grande maschera è Pulcinella.

"È un altro mondo: non opposto, ma diverso da quello di Arlecchino le cui origini sono nello Zanni. Ne è l'evoluzione. Arlecchino è un servo. Sa adattarsi alle situazioni, sfruttarle a proprio vantaggio. La furbizia è il tratto che lo distingue. Pulcinella è sfrontato. Plebeo. Affamato. Fa mille mestieri che è come non farne nessuno. In qualche caso è violento. Bastona ed è bastonato. Il ventre prominente, la gobba e la maschera col naso a becco, ne fanno una figura poco umana. Un animale che ricorda l'uccello. Un volatile rapace. Arlecchino danza, è gentile e ironico".

Un importante filosofo italiano, Giorgio Agamben, ha recentemente dedicato uno studio a Pulcinella.

"Non lo sapevo. Cosa dice?"

Dice molte cose interessanti, e ricorda anche che Tiepolo dedicò un ciclo di pitture a Pulcinella.

"Anche Picasso dedicò una serie di dipinti ad Arlecchino. Ma non mi addentrerei nella storia dell'arte, che conosco pochissimo".

[...]

Non le è mai venuto a noia fare quasi sempre Arlecchino?

"No. A volte mi vergogno di pensare a lui come

2 **"Ma non c'era… padano"**: Soleri si richiama al teatro politico e impegnato di Brecht che, però, non vede nelle commedie di Eduardo De Filippo («brechtismo napoletano»), mentre invece lo vede di più nelle commedie di Dario Fo («brechtismo padano»).

Ferruccio Soleri in un ritratto di Francesco Maria Colombo, 2013.

a una parte di me. Ma sono certo che la mia vita sarebbe stata incompleta senza Arlecchino".

Cosa significa questa identità col personaggio?

"Non so come spiegarlo. Ma quando recito, quando sono sul palcoscenico e indosso quella maschera, vedo attraverso le feritoie il pubblico che partecipa e sorride. E penso al rigore che ho dovuto esercitare nella mia vita. Un rigore maniacale. Culto dei dettagli e sopportazione di uno sforzo prolungato. Questa è stata la mia vita".

Sempre così costantemente uguale?

"Non uguale, ricca di sfumature, di scoperte, di tempistiche diverse. Sono stato un giovane e aitante Arlecchino e ora che sono vecchio scopro che la smisurata ambizione di esserne all'altezza non è diminuita. Mi accorgo che parlando di me, parlo di lui. Devo sentirmi degno di Arlecchino, mentre lui si fa beffe del mondo".

[...]

Maschera in cuoio di Arlecchino.

Lei l'ultimo Arlecchino.

"Arlecchino non morirà mai. Per quanto mi riguarda sono contento di ciò che ho fatto. Anche se i bilanci mi disturbano devo dire che rifarei tutto da capo. Per ora continuo".

Non ha paura di non farcela?

"A volte sì. Le acrobazie sono sempre più onerose. Ma è meglio questo che non lavorare". [...]

E poi?

"Indosso la maschera. Anzi non me la tolgo neppure. Mentalmente è sempre sul viso".

Si sente più servo o padrone?

"Ho servito per più di sessant'anni il pubblico. Con devozione e senza furbizie. In ciò direi sono stato poco arlecchinesco".

A. Gnoli, *Ferruccio Soleri: "Ho vissuto una vita per Arlecchino, è stato il mio amante di tutte le sere"*, "la Repubblica", 22 novembre 2015

Attività

Comprendere l'intervista

1 **Scelte di vita** Come è nata in Soleri la passione per il teatro?

2 **Paragone** A che cosa è paragonata da Soleri stesso la sua interpretazione di Arlecchino?

3 **Pulcinella e Arlecchino** Quali differenze Soleri evidenzia tra le maschere di Pulcinella e di Arlecchino?

Analizzare l'intervista

4 **Risposte** Come giudichi le risposte di Soleri? Chiare e dirette oppure astruse e retoriche? Motiva la tua posizione.

5 **Significati** Nel testo si parla del linguaggio teatrale come espressione della "tradizione" o della "avanguardia". Spiega questi due termini.

6 **Lessico teatrale** Ricava dall'intervista almeno dieci termini propri del mondo teatrale.

Molière in bicicletta

Regia
Philippe Le Guay

Interpreti
Fabrice Luchini, Lambert Wilson, Maya Sansa

Data di uscita
2013

Genere
Commedia

La locandina del film *Molière in bicicletta*.

Trama

Serge è un ex attore che ha abbandonato la carriera teatrale. Si è ritirato a vivere su un'isola nel nord-ovest della Francia, dove conduce una vita da burbero, solitario e trasandato. Improvvisamente viene raggiunto da Gauthier, un vecchio amico sulla cresta dell'onda per via di un telefilm di successo. Gauthier gli propone di recitare con lui *Il misantropo* di Molière a teatro. Inizialmente Serge rifiuta: ha smesso di recitare da tempo e detesta l'ambiente dello spettacolo, che ritiene falso e illusorio. Ma l'antica passione prende il sopravvento e lentamente i due iniziano a provare il testo. Lo scoglio di chi debba recitare la parte del protagonista Alceste e del personaggio di spalla Filinto lo superano decidendo di alternarsi. Serge chiede di poter pensare alla proposta e nel frattempo trascina Gauthier a vivere l'ambiente dell'isola, con gite in bicicletta lungo i canali recitando passi del testo teatrale. Messo alle strette, Serge accetta. I due, però, hanno alle spalle differenti storie personali e soprattutto intendono l'arte teatrale in maniera diversa. Tali contrasti sono messi a fuoco dall'intrusione tra di loro di Francesca, giovane e bella donna italiana. Serge se ne invaghisce, ma lei si concede al l'affascinante Gauthier. Quando i due sono in procinto di firmare i contratti Serge reclama per sé il ruolo principale e colpevolizza l'amico per il suo comportamento. L'intesa è rotta in maniera definitiva.

Analisi

L'idea di mettere in scena un film sulla costruzione di uno spettacolo teatrale appare curiosa e originale. Quella che a prima vista può sembrare una vicenda noiosa, si rivela invece coinvolgente e ricca di ironia. L'aspetto serio del film è dato dal diverso carattere dei due protagonisti, Serge e Gauthier, e dall'approccio con cui affrontano il progetto: per Serge è ritornare a un grande impegno (ruoli, dizione, ritmo, pose, costumi), perché per lui la recitazione è una cosa seria. Per Gauthier, attore affermato, è solo un altro spettacolo per cui gli serve un secondo attore bravo quanto lui. Tutto questo alla fine emerge e pesa. L'aspetto ironico si manifesta con battute, intermezzi, brevi episodi che rendono ridicoli i due attori e l'impresa a cui si apprestano.

Serge è come il personaggio d'Alceste che vorrebbe interpretare: intransigente e non più disponibile a compromessi con la società. Gauthier è pieno di vanagloria e si compiace di avere un ruolo di successo in questa società. Attraverso le loro figure, il regista getta un'occhiata sul mondo del teatro e sul narcisismo degli attori, con l'aiuto determinante di Molière (e della bravura degli interpreti protagonisti).

RACCOGLIAMO LE IDEE

1 Sintesi dei contenuti

Attraverso le attività seguenti e le citazioni tratte dai brani che hai letto, esegui un lavoro di sintesi dei concetti delle informazioni presentati nell'Unità. Se lo ritieni utile, puoi inserire altre citazioni per te significative.

Approfondisci il confronto tra i passi letti completando lo schema e ricordando che oltre alle tre commedie di questa Unità, anche il testo del percorso D1 *Un insopportabile strozzino*, di Molière (► p. 358) è una commedia. Queste opere hanno caratteristiche differenti che ti inseriamo nella colonna di sinistra del grafico; tu inserisci a fianco di ciascuna definizione il titolo della commedia che meglio si adatta all'indicazione.

CARATTERISTICHE DELLA COMMEDIA	TITOLO
A. Commedia di carattere: un personaggio	
B. Commedia giocosa burlesca	
C. Commedia di costume: le classi sociali	
D. Commedia d'intreccio ed equivoci	

2 Citazioni dai brani

O dèi immortali, mi appello alla vostra lealtà: dove mi sono perduto? Dove mi sono mutato? Dove ho perso la mia figura? Mi sarei lasciato laggiù, senza ricordarmene? Perché costui possiede davvero tutte le fattezze che prima erano mie. Mi tocca da vivo ciò che non mi toccherà di certo dopo morto. Andrò al porto, a raccontare per filo e per segno tutto l'accaduto al mio padrone. A meno che anche lui non mi riconosca. Se oggi Giove lassù mi fa questa grazia, io mi rado la testa e da calvo mi metto il berretto.

Plauto, *Anfitrione*

A maritarmi non ci penso nemmeno; non ho bisogno di nessuno; vivo onestamente, e godo la mia libertà. Tratto con tutti, ma non m'innamoro mai di nessuno. Voglio burlarmi di tante caricature di amanti spasimati; e voglio usar tutta l'arte per vincere, abbattere e conquassare quei cuori barbari e duri che son nemici di noi, che siamo la miglior cosa che abbia prodotto al mondo la bella madre natura.

Carlo Goldoni, *La locandiera*

Cittu! U s'è muntà in genogio!
Chi? Jesus?
No, Lassaro. Boja, varda!
Ma va', impussibil!
Fa' vedè!
Oh varda! ol va, ol va, l'è in pie, ol va, ol va, ol borla, ol va, ol va, sü, sü, ol va, ol va, l'è in piè!... Miracolo! Oeh! Miracolamento! Oh Jesus, dolze che ti set creatura, ca mi non credeva miga! Bravo Jesus!

Dario Fo, *Mistero buffo*

....
....
....
....

3 Scrittura guidata *il testo argomentativo*

Dal passato a oggi, tanti autori hanno divertito il pubblico con spettacoli satirici, cioè critici e irridenti nei confronti di persone spesso note e autorevoli.

Secondo te è giusto ridere dei difetti degli altri? Questa satira deve essere valorizzata o censurata? Rifletti con i tuoi compagni su questo problema e stendi poi un testo argomentativo dal titolo "La satira è utile o dannosa alla società?".

Ricorda le caratteristiche del testo argomentativo (▸ Narrativa, p. 104) e attieniti se vuoi a questa scaletta.

Problema
- È legale, corretta, morale la satira?

Arricchimento del problema
- Con esempi recenti (per esempio: a Parigi uccisione di giornalisti che si sono occupati di satira)
- Con uno sguardo al passato (in quali società era permessa la satira, in quali no?)
- Con riflessioni sulle condizioni culturali, sociali e politiche che permettono la satira

Tesi
- Enunciazione della tesi

Argomentazioni
- I ....
- II ....
- ....

Confutazione dell'antitesi

Chiusura
- Si giunge alla conclusione in cui si ribadisce la tesi iniziale, arricchita dagli argomenti proposti nella confutazione

Eduardo De Filippo

Natale in casa Cupiello

Da
Natale in casa Cupiello, 1931
Commedia

La scena è tratta dal secondo atto. Tommasino, figlio del capofamiglia Luca, ha portato un amico, Vittorio, che in realtà è l'amante della sorella Ninuccia, sposata con Nicolino. Quest'ultimo ha già scoperto il tradimento della moglie. Luca, invece, è ignaro di tutto.

NICOLINO (*avendo esaurito gli argomenti con Pasquale*) Ci siamo tutti?

LUCA (*con gioia*) Tutti! Ah, ci sta pure un amico di mio figlio, che tiene la famiglia a Milano, allora io ci ho detto di restare a mangiare qua… Ti dispiace?

NICOLINO No, perché?

LUCA Mo te lo faccio conoscere… (*Lo sgomento delle due donne è evidente*). Don Vitto', vi voglio *rappresentare* mio genero. (*Vittorio avanza, a occhi bassi.*) Niculi', ti presento Vittorio Elia, fa Natale con noi. (*Indicando suo genero*) Nicolino Percuoco, fabbricante di bottoni. Tiene centinaia di operai che dipendono da lui. Tiene i pensieri[1]. (*Nicolino vedendo Elia resta pietrificato. Gli si legge sul volto la piena di sdegno che vorrebbe traboccare… Vittorio accenna un lieve saluto col capo. Luca e Pasquale si guardano sorpresi di quella freddezza. Concetta, con la morte nel cuore, aggiusta qualcosa sulla credenza, per darsi un contegno e parla sottovoce con Tommasino. Luca, disorientato chiede al fratello*) Ma che è stato?

Pasquale si stringe nelle spalle.

NICOLINO (*trae in disparte Ninuccia, annichilita*[2] *e sprofondata nel suo dramma, e le chiede con rabbia repressa*) Nun ne sapive niente, tu[3]? (*E attanaglia*[4] *in una stretta potente la piccola mano di Ninuccia nella sua gelida e tremante.*)

NINUCCIA (*non resiste alla stretta ed emette un grido acuto*) Aaaaaaah! (*Libera la mano e massaggiandola con l'altra dice a denti stretti*) E statte fermo, ca me faie male![5]

LUCA (*dopo avere interrogato gli altri con lo sguardo*) Ch'è stato?

NINUCCIA Niente…

LUCA Ch'è stato, Cunce'?

CONCETTA Niente, niente…

LUCA (*prende un piatto dal tavolo e lo agita minacciosamente facendolo tintinnare contro il piatto di sotto*) Ch'è stato?

CONCETTA Niente, Lucarie'[6], niente…

LUCA (*stizzito*) E vide si pozzo sapé niente[7]!

TOMMASINO (*scimmiottando il padre, chiede a Concetta*) Ma ch'è stato?

CONCETTA Niente, Nenni', niente…

TOMMASINO (*più forte*) Ch'è stato? (*E sbatte il piatto su quello che sta sotto con tanta forza che li rompe tutti e due.*)

CONCETTA Madonna, ih che serata! Ninu', viéneme a dà na mano dint' 'a cucina[8].

Le due donne escono per la sinistra.

[…]

[Parla Luca]

Niculi', vedi se viene mia moglie, mi voglio mettere d'accordo per una sor-

1 **Tiene centinaia…i pensieri**: ha centinaia di operai alle sue dipendenze. Ha molto a cui pensare. Nel dialetto napoletano "tenere" significa "avere".

2 **annichilita**: abbattuta, sconvolta, annientata.

3 **Nun ne sapive niente, tu?**: non ne sapevi niente, tu?

4 **attanaglia**: stringe forte come una tenaglia.

5 **E statte…male!**: stai fermo, che mi fai male!

6 **Lucarie'**: diminutivo affettuoso per il marito; è una forma abbreviata, tipica del dialetto napoletano, per "Lucariello".

7 **E vide…niente!**: e vedi se non posso sapere nulla!

8 **Ninu'…cucina**: Ninuccia, vieni a darmi una mano in cucina.

presa. (*Si apparta con Pasquale e Tommasino*) Mo che ci mettiamo a tavola... L'idea mi è venuta quando sono andato a comprare i Re Magi... Quando Concetta si mette a tavola, ci presentiamo come i Re Magi che portavano i regali al bambino: Gaspare, Melchiorre e Baldassarre... Ho pensato pure come debbo dire. Io dico: «Tu scendi dalle stelle, Concetta bella, e io t'aggio purtato chest'ombrella!».

PASQUALE E io dico: «Tu scendi dalle stelle o mia Concetta, e io t'aggio purtato sta bursetta!».

TOMMASINO (*deluso*) E io che dico?

LUCA Niente... Tu viene appriesso e faie[9]: «Ta-ra-ta-ra ra, ta-ra-ra-ra-ra!».

TOMMASINO Io voglio purtà 'a bursetta...

LUCA Che c'entra, chillo è 'o regalo 'e Pascalino. Tu puorte 'a lettera dint' 'o piatto[10].

Dall'interno giunge un tramestio di passi concitati[11], un tonfo sordo e un rumore di stoviglie fracassate, nonché il rotolio di qualche pentola e un grido acuto di Concetta.

CONCETTA (*dall'interno, come chiedendo soccorso*) Lucarie', Lucarie'!

LUCA (*allarmato*) Ch'è stato?

NINUCCIA (*entrando*) Se n'è scappato nu capitone pe tramente 'o tagliàvemo[12]!

LUCA Nun sapevo che era...

NINUCCIA Ma chella mammà p'afferrà 'o capitone ha tuzzato cu 'a capa vicino 'o fucolare[13].

LUCA (*allarmato*) E s'è fatta male? (*Esce di corsa per la sinistra.*)

PASQUALE Voi vedete... (*Esce appresso a Luca.*)

TOMMASINO Mammà, ve site fatta male? (*E corre in soccorso della madre.*)

Dall'interno giungono le voci dei quattro. Concetta si lamenta, Luca si rammarica, Tommasino e Pasqualino si danno da fare per soccorrere la donna. Dopo un poco appare Concetta sorretta da Luca. Pasqualino e Tommasino vorrebbero rendersi conto dell'entità del danno subito da Concetta.

9 **Tu...faie**: tu vieni con noi e dici.

10 **Che c'entra... piatto**: che cosa c'entra, quello è il regalo di Pasqualino. Tu porti la lettera sul piatto.

11 **tramestio di passi concitati**: rumore di passi frenetici.

12 **Se n'è scappato... tagliàvemo**: il capitone (una grossa anguilla che si mangia tradizionalmente a Natale) è scappato mentre lo tagliavamo.

13 **Ma chella mammà...fucolare**: ma la mamma, per afferrare il capitone, ha sbattuto la testa vicino al camino.

Eduardo De Filippo con il figlio Luca in una scena dello spettacolo *Natale in casa Cupiello*.

Verifica delle competenze

Luca (*entra sorreggendo Concetta, la fa sedere su una sedia al centro della stanza*) Assèttate ccà. Cunce', tu cierti ccose nun 'e ppuo' fà cchiù. 'O vvuo' capì ca tiene n'età? Te si' fatta male assaie[14]? (*Concetta è un po' intontita, risponde vagamente un po' a tutti e si massaggia il bozzo in mezzo alla fronte. Luca, indicando il bozzo*) Guardate ccà, se era la tempia, te ne andavi all'altro mondo.

(*Ninuccia ha piegato un tovagliolo trasversalmente, a guisa di*[15] *fascia, e lo annoda intorno alla testa di sua madre.*)

Luca 'O capitone addó se n'è scappato?

Concetta (*con voce lamentosa*) Miez' 'e gravune, sott' 'o focolare[16].

Luca Vedimmo si 'o putimmo acchiappà[17]. (*Esce per la sinistra, seguito da Pasquale e Tommasino.*)

Dopo un poco dall'interno giunge il fracasso della battaglia ingaggiata dai tre contro l'indocile anguilla. Rumore di pentole rotolanti, stoviglie che si frantumano in terra. Finalmente lo schianto e il fragore di un mobile caduto. Le donne sono costernate[18].

Tommasino (*entra di corsa per annunciare*) È caduta 'a credenza! (*E scappa di nuovo in cucina.*)

Altri rumori si susseguono. Finalmente tornano i tre, malconci e trafelati. Luca zoppica, Pasquale si massaggia la schiena. Il solo incolume è Tommasino, il quale è riuscito nella mischia ad arraffare qualche poco di cibo e se lo sta mangiando furtivamente.

14 **Assèttate ccà... assaie?**: Siediti qui. Concetta, tu certe cose non le puoi più fare. Lo vuoi capire che hai un'età? Ti sei fatta molto male?

15 **a guisa di**: come.

16 **Miez'...focolare**: in mezzo al carbone, nel camino.

17 **Vedimmo si 'o putimmo acchiappà**: vediamo se riusciamo a prenderlo.

18 **costernate**: afflitte, abbattute.

L'AUTORE

Eduardo De Filippo nasce a Napoli nel 1900. Fin dall'età giovanile coltiva la sua passione per il teatro, recitando piccole parti dove, però, dimostra la sua innata bravura. Nel 1914 entra stabilmente nella compagnia di Vincenzo Scarpetta. È del 1920 la pubblicazione della sua prima commedia: *Farmacia di turno*. Con i fratelli Peppino e Titina, nel 1931, fonda una propria compagnia teatrale e mette in scena *Natale in casa Cupiello* uno dei suoi primi capolavori; a questo segue nel 1945: *Napoli Milionaria!*, che mette in scena con la nuova "Compagnia di Eduardo" dopo aver rotto la collaborazione con il fratello Peppino. Seguono altre commedie di grande successo: *Questi fantasmi!* (1946), *Filumena Marturano* (1946), *Le voci di dentro* (1948), *Gli esami non finiscono mai* (1973). Le sue commedie vengono rappresentate anche all'estero. Come riconoscimento del suo valore di attore e di commediografo nel 1980 gli viene conferita la laurea *honoris causa* dall'Università di Roma e nel 1981 è nominato senatore a vita. Muore nel 1984.

Al centro del teatro di De Filippo ci sono i rapporti umani e i temi della giustizia e dell'onestà, rappresentati sempre in un ambiente domestico credibile e reale.

LUCA Che vuo' piglià capitone… S'è menato 'a coppa 'a fenesta, è ghiuto a fernì dint'a loggia abbascio[19].

CONCETTA Va buono, mettimmece a tavula. Io vaco dint' 'a cucina[20]. (*Esce per la sinistra.*)

NICOLINO Mi vorrei lavare le mani. (*Va con Concetta.*)

LUCA Andiamoci a lavare le mani. Pascali', 'a tiene na preta 'e sapone[21]?

PASQUALE Viene dint' 'a cammera mia. (*Ed esce per il fondo a sinistra.*)

LUCA (*A Tommasino*) Viene pure tu. Prima di metterti a tavola ti devi lavare le mani. (*Tommasino esce per il fondo a sinistra.*) Don Vitto', mo ci vediamo. Ninu', fai compagnia a don Vittorio. (*Ed esce anche lui per il fondo a sinistra.*)

VITTORIO (*dopo una breve pausa durante la quale si è accorto della freddezza di Ninuccia*) Io non volevo rimanere, è stato tuo padre che ha insistito. E me ne posso pure andare.

NINUCCIA Adesso sarebbe peggio… Ma io ho capito perché tu agisci così: hai deciso di fare succedere quello che non deve succedere.

VITTORIO (*con amarezza*) Hai ragione. (*Trae di tasca una lettera e la mostra*) È mia madre. Vuole sapere perché non vado a passare il Natale con lei…

NINUCCIA (*con voluta indifferenza*) E perché non sei partito?

VITTORIO Embè, quanno parli accussì me faciarisse fà cos' 'e pazze… (*Con trasporto*) Insomma, io per te nun songo niente cchiù[22]?

NINUCCIA (*crollando*) Vitto', io nun saccio io stessa c'aggi, a dicere[23]…

Vittorio la trae a sé, la stringe e la bacia con infinito desiderio.

NICOLINO (*è entrato qualche momento prima; ora si avvicina ai due, li stacca dall'abbraccio e assesta uno schiaffo a Vittorio, gridandogli con voce strozzata*) Tu si' n'ommo 'e niente[24]!

VITTORIO Carogna!

NICOLINO (*ha brandito un coltello e si è messo sulla difesa, addossandosi alla credenza*) Scinne abbascio. Mo hê 'a scénnere, mo[25]!

VITTORIO (*accettando l'invito, minaccia a sua volta*) E quanno[26]?

NINUCCIA (*schierandosi contro il marito in difesa di Vittorio*) No, Vitto', nun scénnere! (*E gli si para davanti come per difenderlo.*)

VITTORIO Nun te vò bene muglièreta[27]! Nun te vò bene!

CONCETTA (*appare ignara. Reca una fumante insalatiera di broccoli natalizi*) Jamme[28] a tavola, ngrazia 'e Ddio. (*Nel vedere i tre si rende subito conto dell'accaduto e rimane inchiodata a terra.*)

NICOLINO (*mostrando a Concetta il quadro poco edificante dei due amanti, dice a denti stretti*) Chesta è 'a figlia vosta, 'a vedite? Difende l'innamorato suo. E voi sapevate tutto! Ruffiana…

CONCETTA A me…!

VITTORIO (*sempre minaccioso a Nicolino*) Jamme! (*Ed esce svelto per il fondo.*)

NICOLINO (*minaccioso alla moglie*) Cu te parlammo doppo. (*Ed esce dietro a Vittorio.*)

NINUCCIA (*stravolta, alla mamma*) Mammà, chille s'accideno[29]! (*Ma Concetta è come inebetita. È caduta a sedere su una sedia accanto alla tavola e riesce solo a far capire alla figlia che le gambe le si sono come paralizzate.*) Mammà, mammà! (*Poi decide*) Eh! Mo se move, mammà… (*Esce correndo per il fondo.*)

Dopo una piccola pausa, dal fondo entrano Luca, Tommasino e Pasquale: con

19 **Che vuo' piglià capitone…abbascio**: che vuoi prendere il capitone… È andato verso la finestra ed è finito di sotto.

20 **Va buono…'a cucina**: va bene, mettiamoci a tavola. Io vado in cucina.

21 **'a tiene na preta 'e sapone?**: ce l'hai un pezzo di sapone?

22 **Embè…niente cchiù?**: quando parli così, mi fai impazzire… Insomma, io per te non rappresento più nulla?

23 **io nun saccio… dicere**: io stessa non so più che devo dire.

24 **Tu si' n'ommo 'e niente!**: tu sei un buono a nulla!

25 **Scinne…mo!**: andiamo di sotto. Ora dobbiamo scendere, ora!

26 **E quanno?**: quando?

27 **Nun te vò bene muglièreta!**: non ti vuole bene, tua moglie!

28 **Jamme** andiamo.

29 **Mammà, chille s'accideno!**: mamma, quelli si uccidono!

indumenti di fortuna – variopinti tappeti e corone di carta costruite alla buona – si sono camuffati da Re Magi. Luca reca l'ombrello, Pasquale la borsetta e Tommasino il piatto con la lettera. Ognuno agita nell'aria una stellina accesa per l'occasione, e tutti e tre intonano la canzone di Natale:

I TRE Tu scendi dalle stelle, Concetta bella, e io t'aggio purtata quest'ombrella...

Pasquale dà alla canzone la sua versione per la borsetta e Tommasino li accompagna. Dopo un mezzo giro intorno alla tavola, si fermano, si inginocchiano davanti a Concetta, che li guarda allucinata, e depositano i doni ai suoi piedi.

E. De Filippo, *Teatro*, Mondadori, Milano, 2000

Una rappresentazione di *Natale in casa Cupiello* diretta da Luigi De Filippo nel 2016.

STORIE da SCOPRIRE

Natale in casa Cupiello di Eduardo De Filippo

La commedia in tre atti *Natale in casa Cupiello*, di Eduardo De Filippo, viene rappresentata la prima volta nel 1931 e adattata successivamente per la televisione. La vigilia di Natale, Luca Cupiello si accinge a preparare il presepe, sordo alle critiche del figlio Tommasino che deride la tradizione a cui il padre è affezionato. Simbolo di una serenità familiare e di una realtà alternativa a quella esistente, il presepe distoglie Luca, ignaro dei problemi della famiglia, da preoccupazioni più gravi: la moglie Concetta deve occuparsi di tutto ed è allo stremo delle forze, Tommasino è un fannullone e ladruncolo, il fratello Pasquale vive in casa come un parassita, la figlia Ninuccia ha un amante e si presenta a casa per parlare con sua madre della crisi che sta attraversando con il marito Nicolino. Le confessa di amare un altro uomo, Vittorio, e le mostra una lettera d'addio che intende consegnare al marito. Concetta riesce a convincere la figlia a rinunciare ai suoi propositi, ma nella discussione la lettera cade a terra. È il padre Luca a ritrovarla e a consegnarla con candore al genero, vedendo che è indirizzata a lui: in questo modo Nicolino scopre il tradimento della moglie. Alla sera, Tommasino porta a casa un amico, che si rivela essere proprio Vittorio. Luca, ignorando chi sia, lo invita a trattenersi per la cena. Una volta giunti Ninuccia e Nicolino, si scatena il putiferio. Luca, sconvolto dalle improvvise rivelazioni, non regge alla tensione e viene colpito da un ictus. Tutti si avvicendano al suo capezzale e la famiglia sembra di nuovo riappacificata accanto al moribondo, che scambiando Vittorio per il genero si fa promettere che amerà sua figlia per sempre, proprio nel momento in cui sopraggiunge anche Nicolino. Ma a questo punto Luca, nel suo delirio, è felice, perché vede i suoi cari vicini e crede che ogni contrasto sia appianato. In un atto di estrema compassione, Tommasino decide di assecondarlo, ammettendo finalmente di apprezzare il presepe.

Attività

Comprendere e analizzare: verso l'INVALSI

1 **L'incontro inatteso** Come reagisce Nicolino alla vista di Vittorio?

a. Simula piacere e cortesia

b. Stringe con forza la mano dell'uomo, fino a farlo urlare per il dolore

c. Resta pietrificato e contiene la sua rabbia

d. Inveisce con aggressività nei suoi confronti

2 **Nicolino e Ninuccia** Alla vista di Vittorio, quale reazione ha Nicolino verso la moglie?

a. La prende in disparte e l'accusa di aver organizzato tutto

b. Le stringe con forza la mano, tanto da farla urlare per il dolore

c. Le dà uno schiaffo

d. La guarda con disgusto e distacco

3 **L'incidente in cucina** Che cosa avviene in cucina, mentre Luca organizza la consegna dei regali a Concetta?

a. Il capitone scappa e Concetta, nel tentativo di catturarlo, fa cadere la credenza

b. Concetta si taglia un dito mentre prepara il capitone

c. Il capitone scappa e Concetta, nel tentativo di catturarlo, sbatte la fronte

d. Il capitone scappa e Concetta lo prende sbattendo però la fronte sul focolare

4 **Il capitone** Come si conclude il tentativo di recuperare il capitone per la cena natalizia?

a. Bene: il capitone viene recuperato

b. Male: il capitone scappa, finendo di sotto

c. Male: il capitone scappa in sala da pranzo

d. Bene: Concetta lo recupera tra il carbone del focolare

5 **Vittorio e Ninuccia** Come si comportano i due amanti una volta rimasti soli?

a. Sono imbarazzati per la situazione e non riescono nemmeno a parlarsi

b. Si baciano immediatamente con passione

c. Dopo un breve scambio di battute, si baciano con passione

d. Si tengono volutamente a distanza, temendo di essere visti

6 **Nicolino e Vittorio** Come reagisce Nicolino alla vista dei due amanti?

a. Li separa, dà uno schiaffo a Vittorio e, brandendo un coltello, gli intima di scendere di sotto

b. Li separa, dà uno schiaffo alla moglie e intima a Vittorio di scendere di sotto

c. Li separa, insulta la moglie e minaccia Vittorio con un coltello

d. Li separa, dà uno schiaffo a Vittorio e tenta di accoltellarlo

7 **Concetta** Quando entra in sala con la cena, come reagisce la donna di fronte ai tre?

a. Cade svenuta su una sedia

b. Dopo un primo momento di stupore, si mette a gridare

c. Resta impietrita, non riuscendo a muovere le gambe

d. Resta impietrita e non riesce a trattenere le lacrime

8 **La conclusione** Come si chiude la scena?

9 **Le didascalie** Che cosa indicano soprattutto le didascalie presenti nel testo?

a. L'ambientazione della scena

b. Il tono di voce e la gestualità dei personaggi

c. L'espressione e i movimenti dei personaggi

d. L'ordine cronologico dei fatti

10 **L'ambientazione** In quale tipo di contesto si svolge la commedia?

a. Popolare

b. Borghese

c. Aristocratico

d. Operaio

11 **La comicità** Che cosa fa scaturire la comicità in questo brano?

a. Il contrasto tra personaggi che sanno e quelli che non sanno della relazione tra Ninuccia e Vittorio

b. La figura burlona di Luca Cupiello

c. Le figure di Pasquale e di Tommasino

d. Le molte battute di spirito pronunciate dai personaggi

Verifica delle competenze

12 **La lingua** Come definiresti il linguaggio usato dall'autore?

a. Molto colloquiale e volgare
b. Quotidiano e dialettale
c. Colto, con espressioni dialettali
d. Vario in relazione a chi parla

13 **I personaggi** La tabella presenta il profilo di alcuni personaggi. Indica a chi si riferisce ciascuna descrizione.

Personaggio	Descrizione
	padre, ignaro dei problemi della famiglia, non coglie i segnali di disagio, si preoccupa soltanto della festa e della consegna dei regali
	moglie di Luca, sa tutto della figlia e cerca di evitare il dramma. Di fronte allo scontro tra i due uomini, resta sbigottita e incapace di agire
	figlia di Luca e Concetta, è agitata e in ansia. Al momento dello scontro tra il marito e l'amante prende prontamente le difese di quest'ultimo
	marito di Ninuccia, sa che lei lo tradisce e, quando la vede appartata con Vittorio, è pronto al duello per gelosia e per onore
	amante di Ninuccia, alla prima occasione rimarca il suo amore per la donna e la bacia senza temere di essere sorpreso. Non si nega allo scontro con il marito

Rielaborare e produrre

14 **Il commento** Prova a scrivere un testo composto da almeno 200 parole di interpretazione e commento del brano.

15 **Un'altra scena** Immagina il seguito della vicenda, provando a scrivere qualche battuta corredata di didascalie.

per guardare oltre

Intersezioni nell'antologia

- La commedia fa riflettere su veri problemi dell'uomo e della società, ma la sua peculiarità è il tono, la capacità di far ridere o almeno sorridere. Questo tono scherzoso e giocoso è presente anche in alcuni testi di poeti futuristi, come Aldo **Palazzeschi** in *La fontana malata* (▶ p. 40). Tra le poesie contemporanee ritroviamo tale spirito in Alfonso **Gatto** *Canzonetta* (▶ p. 25), e in Edoardo **Sanguineti** *Vengo con la presente* (▶ p. 141).

Altri orizzonti

SAGGI

- La grammatica elementare di tutto il teatro del Novecento è racchiusa in *Il lavoro dell'attore su se stesso* (2010) di K.S. **Stanislavskij**. Un approfondimento del teatro goldoniano lo troviamo in *La vita e il teatro di Carlo Goldoni* (2011) di Siro **Ferrone**. Il critico Maurizio **Giammusso** ha ricostruito con rigore la biografia di Eduardo **De Filippo**: *Vita di Eduardo* (2015). Dario **Fo**, oltre che attore, è drammaturgo, regista, scenografo, pittore, uomo impegnato nel politico e nel sociale. Alcuni libri consentono di conoscerlo meglio, per esempio: *Il mondo secondo Fo* (2016), un racconto di sé a ruota libera; in una conversazione con Giuseppina **Manin**, *Dario e Dio* (2016), Fo riflette sul senso del sacro; nel *Nuovo manuale minimo dell'attore* (2015) Dario Fo e la moglie Franca Rame non solo danno consigli e suggerimenti, ma evidenziano tutta la loro passione per il teatro.

La locandina del film a episodi *I mostri* diretto da Dino Risi nel 1963.

FILM

- Le recite più importanti di **Molière**, **Goldoni**, **De Filippo**, **Fo** sono reperibili in DVD, proposte da le migliori compagnie teatrali. Consigliati anche i video degli spettacoli teatrali di Alessandro **Bergonzoni**, "scienziato della parola" che da anni, attraverso la risata, esplora nuovi territori del senso.
- In Italia abbiamo una grande tradizione legata a la commedia, da cui la definizione «commedia all'italiana». Da vedere, entrambi con grandi interpreti: *I soliti ignoti* (1958) di Mario **Monicelli**, dove una banda di ladruncoli progetta e fallisce miseramente quello che pensava fosse il colpo della vita. *I mostri* (1963) di Dino **Risi**, commedia grottesca a episodi, a tratti spietata nel mostrare l'Italia del cosiddetto boom economico.

MUSICA

- Un'incursione nell'opera lirica può aprire nuovi interessi culturali, magari scegliendo fra opere di genere diverso. Per esempio, improntata alla commedia è *Il barbiere di Siviglia* di Gioacchino **Rossini** (1792-1868).
- Più vicino ai nostri giorni, si può attingere al repertorio "rock-demenziale" di gruppi italiani come **Skiantos** e **Elio e le storie tese**, dove l'approccio dissacrante è sempre accompagnato a una visione del mondo non banale. Se poi vogliamo un approccio teatrale alla musica, allora possiamo rivolgerci al rock dei **Kiss** e di **Alice Cooper** in cui la "commedia umana" è affrontata in chiave prevalentemente grottesca. Inoltre ricordiamo quell'unione spesso perfettamente riuscita di teatro e musica che sono i **musical**, come per esempio *Cats* e *Priscilla, la regina del deserto*.

PITTURA

- Per rivivere in parte l'ambiente goldoniano che fa da sfondo alle sue commedie ci si deve rivolgere alla pittura di Pietro **Longhi** (1701-1785), uno dei più attenti e rigorosi osservatori della realtà veneziana mercantile e popolare.

La band americana dei Kiss nel 2009.

UNITÀ 3

Il dramma

La società contemporanea • Il teatro, come le altre espressioni artistiche, si è fatto interprete della crisi esistenziale e di valori tipica del nostro tempo, portando sulla scena una forma d'arte definita «dramma». Con questo termine, oggi, si tende a individuare un genere incentrato sui grandi temi del vivere contemporaneo, quali il rapporto tra l'individuo e la società, le assurdità del nostro tempo, le difficoltà ad affermare la propria personalità in un mondo schiacciato dal conformismo, dal grigiore, dalla banalità, dalla violenza.

In campo pittorico la ribellione nei confronti della società borghese e l'affermazione del disagio esistenziale sono aspetti che ritroviamo nel lavoro di tanti artisti e, in particolar modo, nelle opere di Francis Bacon.

Una vita d'eccessi e di trasgressioni • Artista scomodo e anticonformista, Francis **Bacon** nasce a Dublino nel 1909. Autodidatta, costretto a lasciare presto la famiglia a causa della sua omosessualità, si trasferisce a Berlino e a Parigi, dove conosce l'opera di Pablo **Picasso** (1881-1973) e s'interessa al Cubismo, per poi avvicinarsi al Surrealismo. Sin dai suoi esordi pittorici nel 1944, con *Tre studi per figure alla base di una crocifissione*, Bacon riproduce figure inquietanti e mostruose, che simboleggiano il dramma e la violenza insiti nell'uomo.

Al pari della sua arte fuori dagli schemi, anche la vita di Bacon, segnata dall'ossessione per l'alcol e per il gioco, mostra l'insofferenza alle regole del-

Francis Bacon in una foto degli anni Settanta.

DOMANDE

- Come definiresti la pittura di Bacon? Perché?
- Perché Bacon deforma la figura umana, come in *Tre studi per autoritratto*?
- Ti pare che una tale opera sintetizzi l'inquietudine umana? Perché?

Francis Bacon, *Tre studi per figure alla base di una crocifissione* (particolare), 1944. (Londra, Tate Gallery)

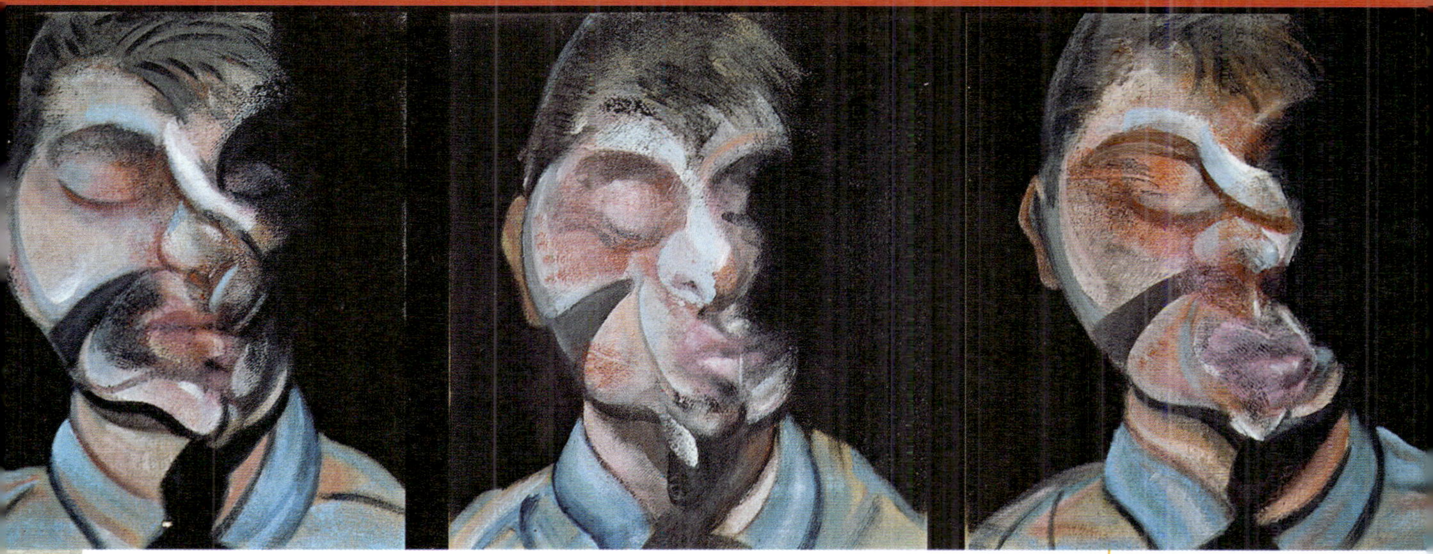

Francis Bacon, *Tre studi per autoritratto*, 1972. (Collezione Privata)

la buona società borghese. Egli intende l'arte come rappresentazione cruda degli aspetti più nascosti della natura umana. L'angoscia dell'esistenza è resa da Bacon attraverso la rappresentazione di corpi aggrovigliati, figure sfuggenti e deformate, personaggi posti dentro gabbie ambigue. Rilegge quadri di grandi artisti, immagini cinematografiche o semplici fotografie tratte da giornali, sempre con l'intenzione di rappresentare gli esseri umani nel loro degrado. Muore a Madrid nel 1992.

• L'angoscia di un uomo vinto • Nei *Tre studi per autoritratto* (1972) pur raffigurando se stesso, Bacon evita qualsiasi forma di autocompiacimento. Su uno sfondo nero e compatto, è rappresentato un viso scomposto su piani che si sovrappongono; i rilievi sono dati da una sapiente varietà coloristica basata su toni spenti. Il risultato è simile a una fotografia mossa, che ripropone più immagini di uno stesso soggetto, a sottolineare l'impossibilità per l'individuo, oggi, di essere se stesso di fronte agli altri: il vortice della vita odierna comporta una continua mutazione che non consente la definizione di una stabile, unica e univoca identità. Quella di Bacon è una pittura che non esprime alcuna fiducia nell'uomo, ma tutta l'angoscia di un essere vinto e disfatto.

in questa Unità impareremo a

- **conoscere** la specificità del dramma, la sua evoluzione tecnica e il contesto socio-culturale in cui si è diffuso
- **comprendere** il significato globale dei testi, gli aspetti dei personaggi e le problematiche socio-culturali rappresentate
- **analizzare** i passi secondo le caratteristiche specifiche dei vari tipi di dramma, per comprenderne la ricchezza
- **interpretare** gli scritti, comprendendo i problemi dell'uomo contemporaneo, la sua ricerca e le sue risposte
- **produrre** testi narrativi, espositivi, argomentativi e commenti a partire dai brani letti
- **comunicare oralmente**, riferendo i contenuti dei passi e riflettendo sui loro temi e problemi, con il confronto di opinioni personali

in questa Unità scopriremo

Antologia

Henrik Ibsen • *La ribellione di Nora*
Luigi Pirandello • *L'improvvisa comparsa di sei personaggi*
Bertolt Brecht • *L'abiura*

Per approfondire

Marco Paolini • *La diga del Vajont*

Verifica delle competenze

Samuel Beckett • *L'inutile attesa del signor Godot*

PERCORSO E

UNITÀ 3

Viviamo in una società nella quale benessere e dramma convivono e si sovrappongono, drammi individuali e collettivi si impongono con forza agli occhi di tutti, aiutati spesso dai mass media e social media che ne fanno da cassa di risonanza. Portavoce di queste contraddizioni e difficoltà è anche il "dramma", genere proprio di una larga parte del teatro moderno e contemporaneo, che vive grazie alla contaminazione di tragico e comico, di amarezza e ironia, di crudeltà e umorismo.

Una scena dello *Zio Vanja* di Čechov diretto da Andrei Konchalovsky.

• Il dramma •

In origine si indicava come dramma qualsiasi composizione che ponesse al centro del suo svolgimento uno scontro, un confronto sulla base dell'azione fra personaggi; infatti, il termine deriva dal greco *dráo*, "agisco". È soprattutto tra Settecento e Ottocento che il dramma inizia a essere recitato, proprio come conseguenza dello sgretolamento dell'antica tragedia. Nella seconda metà dell'Ottocento, in corrispondenza della cresciuta importanza sociale della borghesia, si assiste alla messa in scena di opere che con realismo incentrano l'attenzione proprio su questa classe sociale ormai in via d'affermazione. Il dramma viene così definito come la **"tragedia dei tempi moderni"**.

• Struttura, forme, temi •

George Elgar Hicks, *La missione di una donna: a fianco dell'uomo*, 1863. (Londra, Tate Gallery)

Carattere centrale della forma drammatica è la valorizzazione del dialogo come modalità espressiva privilegiata; di scarso utilizzo sono il monologo e gli "a parte", mentre gli autori di testi drammatici ricorrono con frequenza alla didascalia, quando vogliono definire nel dettaglio l'ambientazione, i costumi dei personaggi, i loro atteggiamenti.

È la realtà, rappresentata con notevole verosimiglianza, a ispirare i contenuti del dramma. Le vicende devono presentare gli aspetti problematici di una società sempre più complessa e difficile da analizzare, tralasciando quindi ogni aspetto di carattere comico.

Ad animare questi drammi sono personaggi di estrazione borghese, soggetti che nel corso della recita vengono esaminati a tutto tondo, in primo luogo nel loro carattere e quindi nelle loro scelte di vita. Non si assiste mai a svolte improvvise, ma il dramma individuale o collettivo cresce man mano che si va dipanando l'intricata vicenda e i personaggi acquistano sempre più spessore.

L'autore non intende divertire il pubblico, ma richiamare la sua attenzione su aspetti significativi della società del tempo, così da stimolare una riflessione e una presa di coscienza.

Tali caratteri generali del dramma vengono via via praticati in forme diverse a partire dalla fine dell'Ottocento. Abbiamo così stagioni teatrali differenti, durante le quali vengono messi in scena drammi che sia per i contenuti sia per le scelte tecniche risultano alquanto dissimili, ma tutti miranti a rappresentare la crisi d'identità dell'uomo moderno e contemporaneo.

• Il dramma borghese • Il dramma borghese mette in scena situazioni problematiche vicine alla quotidianità della società borghese di fine Ottocento. Sono vicende drammatiche, ma non tragiche, che attraverso abili intrecci mirano a delineare aspetti della vita moderna. Il pubblico del tempo era costituito per lo più dalla borghesia e a essa ci si rivolgeva mettendo in scena questioni riguardanti la famiglia, i rapporti uomo-donna, le relazioni sociali, l'alienazione dell'individuo. I personaggi di questo genere teatrale, dunque, sono uomini e donne di estrazione borghese, padri e madri di famiglia, impiegati, ufficiali militari, nobili decaduti. E così gli ambienti sono quelli in cui si svolge la vita quotidiana, rappresentati in scena con ricchezza di particolari, in modo da farli sembrare veri e reali. Gli esponenti principali di questa stagione teatrale sono Henrik **Ibsen** (1828-1906), Anton **Čechov** (1860-1904) e Luigi **Pirandello** (1867-1936).

• Il teatro epico-politico • Si muove con grande autonomia di soggetti e di tecniche sceniche il grande drammaturgo tedesco Bertolt **Brecht** (1898-1956). Con i suoi testi influenza tutto il Novecento, dando vita a una forma di teatro drammatico definibile come **epico-politico**.

Se il teatro tradizionale aveva come fine quello di intrattenere, di trasmettere delle emozioni, il teatro di Brecht mira a educare politicamente gli spettatori, a far sì che quanto rappresentato sia di stimolo per comprendere la realtà sociale in cui si vive, con il fine ultimo di intervenire per modificarla. Lo spettatore non deve lasciarsi troppo coinvolgere da ciò che accade sulla scena, ma deve esercitare in modo costante un'azione critica, di riflessione. A tale scopo, Brecht ricorre a tecniche particolari: divide il dramma in episodi, introduce cartelli esplicativi, fa largo uso di canzoni e di parti cantate, attua cambi di scena a sipario aperto. Il fine è di sorprendere il pubblico e di renderlo partecipe sul piano critico.

Eugène Ionesco presenta il volume *La Cantatrice calva*, una delle sue opere più significative, nel 1965.

• Il teatro dell'assurdo • Negli anni Cinquanta si fa strada il cosiddetto **teatro dell'assurdo**, un movimento d'avanguardia che raccoglie la forte esigenza di rinnovamento socio-culturale che i cambiamenti del dopoguerra sollecitano. Samuel **Beckett** (1906-1989) e Eugène **Ionesco** (1912-1994) concepiscono testi di carattere antirealista nei quali vengono delineate situazioni irrazionali adatte a esprimere le inquietudini di una società complicata e frammentata come quella contemporanea. Lo scopo è quello di mettere in condizione lo spettatore di cogliere l'assurdità di una vita banale come quella che viene condotta nelle moderne megalopoli, una vita per lo più intessuta di angosce, di affanni, di inutili speranze. Nella messa in scena di questi drammi vengono del tutto accantonati i modi e le forme tradizionali, a favore di ambientazioni scarne ed essenziali; la parola non serve tanto per comunicare, ma per riempire i silenzi; le azioni non hanno finalità perciò sono prive di logica; anche gli intrecci sono ridotti al minimo. È il dramma dell'uomo contemporaneo a essere messo in scena, prigioniero della solitudine e dell'**incomunicabilità**.

PAROLE sotto la lente

Incomunicabilità

Il sostantivo ha la radice dell'aggettivo *incommunicabilis*, *incommunicabile* usato nel latino tardo. Indica l'impossibilità o l'incapacità di una persona di comunicare con gli altri, da cui deriva un profondo senso di solitudine e di isolamento. Questo tema è stato trattato nella letteratura del Romanticismo e soprattutto del primo Novecento e ripreso anche al cinema, nel secondo dopoguerra, approfondendo la questione dell'alienazione esistenziale.

Attività

Trova altri sostantivi che contengano sia il prefisso *in-* (negativo) sia il suffisso *-ilità* (che indica possibilità).

• Il percorso antologico •

Il percorso antologico si presenta come riassuntivo delle varie stagioni teatrali attraverso le quali è passato il dramma moderno.

Henrik **Ibsen** ha pagato con l'isolamento e una certa ostilità il fatto di aver scritto opere che mettevano all'indice modi e atteggiamenti – passioni segrete, ipocrisie, viltà – della borghesia di metà Ottocento. Nell'opera *Casa di bambola*, da cui abbiamo tratto il brano *La ribellione di Nora* (► p. 459), il drammaturgo norvegese mette in scena la crescita personale di una donna che capisce di essere subalterna al marito e cerca, quindi, di costruirsi una nuova vita.

Luigi **Pirandello**, invece, in *Sei personaggi in cerca d'autore* mette in scena il teatro stesso. L'episodio *L'improvvisa comparsa di sei personaggi* (► p. 468) obbliga lo spettatore a riflettere sulla loro identità e sul dramma che hanno alle spalle. Il suo teatro è sì sfaccettato e ricco di personaggi, ma finisce sempre per mettere in evidenza le contraddizioni di un'esistenza priva di senso.

A Bertolt **Brecht** si deve riconoscere una straordinaria capacità di tenere in vita il dramma teatrale, pur privilegiandone la finalità educativa e quindi ideologica. Con il brano *L'abiura* (► p. 476), tratto da *Vita di Galileo*, l'autore ci porta nel Seicento, anche se è dei nostri tempi che vuole parlare, più precisamente del rapporto tra scienza e potere.

In uno spazio e in un tempo in cui gli esseri umani non riescono più a dialogare fra loro, ci porta Samuel **Beckett** nel dramma *Aspettando Godot*, da cui è tratto il brano *L'inutile attesa del signor Godot* (► p. 490); come in tutte le opere dello scrittore, anche in questa, la vita risulta tragica e comica insieme.

Da ultimo, affrontiamo un esempio di **teatro di narrazione** con il brano *La diga del Vajont* (► p. 484) di Marco **Paolini**, tratto dal suo monologo *Il racconto del Vajont*. Le sue opere teatrali nascono da un lavoro di scavo e d'inchiesta, in grado di svelare i risvolti tragici della nostra vita.

Una scena dello spettacolo *Aspettando Godot* di Samuel Beckett diretto da Judy Lovett nel 2013.

Henrik Ibsen

La ribellione di Nora

Da *Casa di bambola*, 1879
Dramma borghese

Nora, protagonista del brano, ha preso coscienza della crisi della sua situazione familiare e ha deciso di porre fine al suo matrimonio. Il marito Torvald, infatti, scoperti i debiti che la moglie aveva contratto per pagare le spese sostenute per curare la grave malattia che lo aveva colpito, si è preoccupato più di salvaguardare le convenzioni sociali e i suoi problemi lavorativi che di comprendere il gesto affettuoso di Nora. Ti presentiamo l'ultima scena del terzo atto.

HELMER (*accanto alla porta aperta*) Bene; cerca di riprenderti e di calmare il tuo spirito, mio piccolo uccellino spaurito[1]! Riposa senza paura; e io ti proteggerò sotto le mie ali robuste. (*Passeggia senza allontanarsi dalla porta*) Oh, com'è bella e raccolta la nostra casa, Nora. Qui tu sei al sicuro; io ti terrò come una colomba inseguita, strappata da me agli artigli dello sparviero[2]; saprò acquetare il tuo povero cuoricino che palpita. A poco a poco, Nora; credimi. Domani, già, tutto ti apparirà diverso; e presto ogni cosa sarà di nuovo come prima; non ci sarà più bisogno di ripeterti ad ogni istante che ti ho perdonata; tu stessa ne avrai la cara certezza. Come hai potuto temere che io ti scacciassi o che ti rivolgessi ancora anche un solo rimprovero? Oh, Nora, tu non conosci il cuore maschile. Per un uomo v'è un'infinita dolcezza un'indicibile soddisfazione nella coscienza di aver perdonato alla sua donna... di averle perdonato sinceramente dal profondo del cuore[3]. In tal modo ella diviene per così dire doppiamente sua; come se egli l'avesse ricreata una seconda volta. Ella diventa allora sua sposa e figlia al tempo stesso. Questo tu sarai d'ora innanzi per me, povera creaturina smarrita. Non temere di nulla,

1 **piccolo uccellino spaurito**: un epiteto che dimostra la visione che Torvald ha di sua moglie.

2 **artigli dello sparviero**: metafora per indicare le insidie esterne alla famiglia.

3 **di averle perdonato... cuore**: secondo la mentalità borghese di Torvald, perdonare Nora per aver osato prendersi responsabilità che a suo giudizio non competono a una donna, è un atto di grande generosità.

L'AUTORE

Henrik Ibsen è una figura centrale del teatro europeo di fine Ottocento. Nasce nel 1828 a Skien, in Norvegia, da una famiglia borghese benestante. A causa del fallimento commerciale del padre abbandona presto gli studi, dedicandosi a diversi lavori. Di carattere chiuso e solitario, si interessa al teatro e compone drammi e commedie di ambientazione storica, di gusto romantico e nazionalistico. Nel 1851 viene nominato direttore artistico del teatro nazionale di Bergen. Nel 1867 pubblica *Peer Gynt*, una serie di storie e leggende norvegesi che suscita forti critiche, tanto da spingere Ibsen a scegliere soggetti di carattere più naturalistico.

Dal 1864 al 1891 viaggia in Europa (è in Italia dal 1864 al 1868); in questo periodo scrive le sue opere più importanti che gli procurano una fama internazionale: *Casa di bambola* (1879), *Spettri* (1881), *L'anitra selvatica* (1884). Muore a Oslo nel 1906.

Con la sua vasta produzione drammaturgica Ibsen, dopo anni di immobilismo, dà un nuovo impulso al teatro europeo. Le sue opere, con il loro approfondimento psicologico e sociale, anticipano numerosi temi propri del teatro contemporaneo. Mettendo impietosamente a nudo l'ambiente borghese, egli ne evidenzia l'ipocrisia e il conformismo.

Il conflitto tra individuo e società, l'acuto bisogno di vivere con coerenza e autenticità, il superamento dei pregiudizi sociali sono valori tenacemente perseguiti dai personaggi di Ibsen. Con lui ha inizio quell'analisi dell'interiorità dei personaggi che il teatro non aveva mai espresso prima di allora in modo così profondo.

Nora; ma sii franca con me, ed io sarò la tua volontà ed anche la tua coscienza. Ma come mai? Non vai a letto? Hai mutato abito[4]?

NORA (*che ha indossato il vestito di tutti i giorni*) Sì, Torvald, ho mutato abito.

HELMER Ma perché mai? Adesso? A quest'ora…?

NORA Stanotte non dormirò.

HELMER Ma, cara Nora…

NORA (*guardando l'ora*) Non è ancor molto tardi. Siediti, Torvald; noi due dobbiamo parlarci a lungo[5]. (*Siede a un capo del tavolo*).

HELMER Nora… che c'è? Quel viso impenetrabile…

NORA Siedi. Ci vorrà un po' di tempo. Devo dirti molte cose.

HELMER (*sedendo di fronte a lei*) Mi fai paura, Nora. E non ti capisco.

NORA Sì, di questo appunto si tratta. Tu non mi capisci. Ed io pure non ti ho mai capito… fino a questa sera. Ti prego, non interrompermi. Ascolta quel che ti dico. È una resa dei conti[6], Torvald!

HELMER Che cosa intendi dire?

Un allestimento di *Casa di bambola* di ibsen diretto da Ellen Hemphill per l'Archipelago Theatre nel 2011.

NORA (*dopo un breve silenzio*) Eccoci qui uno di fronte all'altra… Non ti sorprende una cosa?

HELMER Quale?

NORA Siamo sposati da otto anni. Non t'accorgi che noi due, tu ed io, marito e moglie, oggi per la prima volta stiamo parlando di cose serie?

HELMER Di cose serie… che cosa vuoi dire?

NORA In otto anni… e più ancora… da quando ci siamo conosciuti, non abbiamo mai avuto un colloquio su argomenti gravi[7].

HELMER Avrei dovuto tenerti sempre informata di mille contrarietà che tu comunque non potevi aiutarmi a sopportare[8]?

NORA Non parlo di contrarietà. Dico soltanto che mai abbiamo cercato insieme di vedere il fondo delle cose.

HELMER Ma, cara Nora, sarebbe forse stata un'occupazione adatta a te?

NORA Ecco il punto. Tu non mi hai capita. Avete agito molto male, con me, Torvald. Prima il babbo, e poi tu[9].

HELMER Che cosa? Tuo padre ed io… Noi che ti abbiamo amata sopra ogni cosa al mondo?

NORA (*scuotendo il capo*) Voi non mi avete mai amata. Vi siete divertiti ad essere innamorati di me[10].

4 **Hai mutato abito?**: l'improvviso cambio di tono sposta il dialogo su un piano di concretezza.

5 **Siediti…a lungo**: si noti il piglio deciso della donna, un nuovo atteggiamento che coglie l'uomo di sorpresa.

6 **È una resa dei conti**: Nora usa un'espressione forte, inequivocabile.

7 **gravi**: seri, impegnativi.

8 **Avrei dovuto…sopportare?**: Torvald non ritiene la moglie all'altezza dei suoi problemi. L'uomo non si rende neanche conto di continuare a sottovalutarla e quindi di offenderla.

9 **Prima il babbo, e poi tu**: nell'atto di accusa che sta per formulare, Nora accomuna i due poteri maschili che l'hanno soggiogata, prima il padre e ora il marito.

10 **Vi siete…di me**: Nora esprime ormai in maniera compiuta il suo ragionamento, che diventa sempre più acuto e penetrante. L'amore presuppone il rispetto reciproco, mentre l'innamoramento è una sorta di compiaciuto sentimento narcisistico, quindi egoistico.

HELMER Ma, Nora, che cosa dici mai?

NORA Sì, è così, Torvald. Quando stavo col babbo egli mi comunicava tutte le sue idee, e quindi quelle idee erano le mie. Se per caso ero di opinione diversa, non glielo dicevo, perché non gli sarebbe affatto piaciuto. Mi chiamava la sua bambolina e giocava con me, come io giocavo con le mie bambole. Poi venni in casa tua...

HELMER Ti esprimi in un modo strano a proposito del nostro matrimonio.

NORA (*fermamente*) Voglio dire che dalle mani di papà passai nelle tue mani. Tu regolasti ogni cosa secondo i tuoi gusti, e così il tuo gusto io lo condivisi; o forse fingevo, non so neanch'io... forse un po' l'uno e un po' l'altro, ora questo ora quello. Se ora mi guardo indietro mi sembra d'aver vissuto qui come un mendicante... alla giornata. Ho vissuto delle piroette che eseguivo per te, Torvald. Ma eri tu che volevi così. Tu e il babbo siete molto colpevoli verso di me. È colpa vostra se io non son buona a nulla[11].

HELMER Nora, sei assurda ed ingrata! Non sei stata felice qui?

NORA No, non lo sono mai stata. L'ho creduto, ma non era vero.

HELMER Non sei... non sei stata felice?

NORA No; sono stata allegra, ecco tutto. E tu sei stato molto affettuoso con me. Ma la nostra casa non è mai stata altro che una stanza da gioco. Qui sono stata la tua moglie-bambola, come ero stata la figlia-bambola di mio padre. E i bambini sono stati le bambole mie. Quando tu giocavi con me io mi divertivo esattamente come si divertivano i bambini quando io giocavo con loro. Questo è stato il nostro matrimonio, Torvald.

HELMER C'è qualcosa di vero nelle tue parole... per quanto siano eccessive ed esaltate. Ma d'ora in poi tutto deve cambiare. Il tempo dei giochi è passato, ora incomincia quello dell'educazione[12].

NORA L'educazione di chi? La mia o quella dei bambini?

HELMER L'una e l'altra, mia diletta Nora.

NORA Ah, Torvald, tu non sei l'uomo capace di educarmi e di far di me la moglie che ci vuole per te.

HELMER E lo dici così?

NORA Ed io... son forse preparata al compito di educare i bambini?

HELMER Nora!

NORA Non l'hai detto poc'anzi tu stesso... che non potevi affidarli a me?

HELMER L'ho detto in un momento di irritazione! Come puoi farne caso?

NORA Ma sì; avevi perfettamente ragione. Non sono all'altezza del compito. C'è un altro motivo che devo risolvere prima. Debbo tentare di educare me stessa[13]. E tu non sei l'uomo che possa aiutarmi a farlo. Bisogna ch'io m'industri da sola. E perciò sto per lasciarti.

HELMER (*balza in piedi*) Che cosa dici?

11 **È colpa...a nulla**: guardando al suo passato, Nora si rende conto di non aver mai pensato alla realizzazione di sé, ma solo a compiacere il padre e il marito.

12 **Il tempo...dell'educazione**: Torvald non comprende ciò che sta succedendo e pensa di rimettere le cose a posto attraverso l'educazione che intende impartire alla donna, secondo lui ancora bambina.

13 **Debbo tentare...me stessa**: Nora rivela i suoi propositi, in primo luogo la necessità di capire se stessa.

NORA Debbo esser sola per rendermi conto di me stessa e delle cose che mi circondano. Quindi non posso più rimanere con te.

HELMER Nora! Nora!

NORA Vado via subito. Kristine[14] mi accoglierà per questa notte...

HELMER Tu sei pazza! Non lo farai! Te lo proibisco!

NORA Ormai i tuoi divieti non servono a nulla. Porto via tutto ciò che è mio. Da te non voglio nulla, né ora né poi.

HELMER Che follia!

NORA Domani ritorno a casa mia... voglio dire al mio paese. Là mi sarà più facile che altrove intraprendere qualcosa.

HELMER Povera creatura illusa e inesperta!

NORA Cercherò di acquistare esperienza, Torvald.

HELMER Abbandonare il tuo focolare, tuo marito, i tuoi figli! Pensa, che dirà la gente[15]!

NORA Questo non mi può trattenere. Io so soltanto che per me è necessario.

HELMER Oh, è rivoltante! Così tradisci i tuoi più sacri doveri[16]?

NORA Che cosa intendi per i miei più sacri doveri?

HELMER E debbo dirtelo? Non son forse i doveri verso tuo marito e i tuoi bimbi?

NORA Ho altri doveri che sono altrettanto sacri.

HELMER No, non ne hai. E quali sarebbero?

NORA I doveri verso me stessa.

HELMER In primo luogo tu sei sposa e madre.

NORA Non lo credo più. Credo di essere prima di tutto una creatura umana, come te... o meglio, voglio tentare di divenirlo. So che il mondo darà ragione a te, Torvald, e che anche nei libri sta scritto qualcosa di simile. Ma quel che dice il mondo e quel che è scritto nei libri non può più essermi di norma. Debbo riflettere col mio cervello[17] per rendermi chiaramente conto di tutte le cose.

HELMER E del tuo posto al focolare domestico non ti rendi conto? Non hai in tali questioni una guida infallibile? Non hai la religione?

NORA Ah, Torvald, la religione non so neanche precisamente che cosa sia.

HELMER Ma che dici mai?

NORA Non so altro che quel che mi disse il pastore Hansen per prepararmi alla cresima. Egli affermava che la religione era questo e quest'altro. Quando sarò libera e sola esaminerò anche questo problema. Vedrò se è vero quel che diceva il pastore, o meglio se è vero per me.

HELMER Oh, questo è inaudito sulle labbra di una giovane donna! Ma se la religione non ti può guidare, lascia allora ch'io interroghi la tua

Un allestimento di *Casa di bambola* di Ibsen diretto da Ellen Hemphill nel 2011.

14 **Kristine**: amica di Nora.

15 **Abbandonare il tuo focolare... dirà la gente!**: queste esclamazioni dimostrano l'ipocrisia di Torvald, il suo essere legato alle convenzioni della società borghese del tempo.

16 **i tuoi più sacri doveri**: i doveri della donna nei confronti del marito e dei figli sono rivestiti di sacralità, quindi ritenuti inviolabili.

17 **Debbo riflettere...cervello**: è un passaggio decisivo dello scontro in atto. Nora ribadisce che d'ora in avanti non è più disposta a subire passivamente delle imposizioni.

coscienza. Non possiedi almeno il senso morale? O forse, dimmi… forse ne sei priva?

NORA Vedi, Torvald, non è facile risponderti. Non saprei assolutamente. Ho le idee molto confuse. Una cosa è certa, che di tutto ciò ho un concetto diverso dal tuo. Adesso vengo per giunta a sapere che le leggi non sono quelle che io credevo; ma non riesco a convincermi che siano giuste. Secondo tali leggi una donna non avrebbe il diritto di risparmiare un dolore al suo vecchio padre morente, e neppure di salvare la vita a suo marito! Son cose che non posso credere[18].

HELMER Tu parli come una bambina; non capisci la società a cui appartieni.

NORA No, non la capisco. Ma ora cercherò di capirla. Voglio scoprire chi ha ragione, io o la società.

HELMER Nora, tu sei malata; hai la febbre; credo anzi che tu non sia in te.

NORA Non mi sono mai sentita così lucida di mente e così sicura di me.

HELMER E con questa lucidità e sicurezza tu abbandoni tuo marito e i tuoi figli?

NORA Sì.

HELMER Allora c'è una sola spiegazione possibile.

NORA Quale?

HELMER Tu non m'ami più.

NORA Sì, è proprio questo.

HELMER Nora!… E lo dici così?

NORA Mi addolora molto, Torvald, perché tu sei stato sempre tanto buono con me. Ma che posso farci? Non ti amo più.

HELMER (*sforzandosi di dominarsi*) Questa è la tua chiara e assoluta convinzione?

NORA Sì, chiara e assoluta. Ecco perché non voglio più rimaner qui.

HELMER E puoi anche spiegarmi come ho perduto il tuo amore?

NORA Certo. È avvenuto questa sera, quando ho atteso invano il prodigio[19]. Allora ho capito che tu non eri l'uomo ch'io credevo.

HELMER Spiegati meglio; non ti capisco.

18 **Son cose…credere**: Nora esprime il bisogno di fare chiarezza anche sulle consuetudini imposte dalla società.

19 **ho atteso invano il prodigio**: Nora ha sperato che il marito comprendesse finalmente il suo gesto e lo apprezzasse come una prova del suo amore, ma questo non è avvenuto.

STORIE da SCOPRIRE

Casa di bambola di Henrik Ibsen

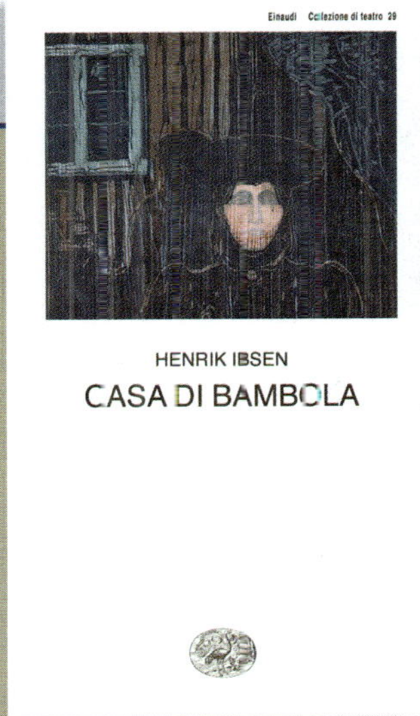

La "casa di bambola" è quella in cui vive Nora, una giovane donna sposata con Torvald Helmer, direttore di banca. La protagonista, figura in apparenza frivola e spensierata, conserva un segreto: anni prima, falsificando la firma del padre, ha contratto di nascosto un prestito per poter curare una grave malattia del marito. Lavorando alacremente all'insaputa di Torvald, Nora ha ormai pagato tutte le cambiali, ma l'usuraio a cui si era rivolta per il prestito la ricatta, minacciandola di rivelare tutto, perché sta per essere licenziato dalla banca il cui direttore è proprio il marito di Nora. Quando, tramite lettera, Torvald scopre l'accaduto, reagisce con violenza, temendo per la propria reputazione. Lo scandalo tuttavia non scoppia: egli perdona la moglie e vorrebbe che tutto tornasse come prima, ma ormai Nora ha capito che tra di loro non c'è più alcuna possibilità d'intesa e soprattutto ha maturato una diversa coscienza di sé. Decide quindi di abbandonare lui e i figli, nel tentativo di trovare, lontano da loro, la propria identità e dignità.

NORA Per otto anni ho atteso pazientemente; mio Dio, lo capivo anch'io che il prodigio non può capitare come una cosa di tutti i giorni. Poi la rovina piombò su di me; e allora attesi con fede incrollabile. Mentre la lettera[20] di Krogstad era là nella cassetta... nemmeno un istante ho pensato che tu potessi piegarti alle pretese di quell'uomo. Ero convinta che gli avresti risposto: va' pure e fallo sapere a tutto il mondo. E quando ciò fosse avvenuto...

HELMER Ebbene...? Quando avessi esposto mia moglie al disprezzo e alla vergogna?

NORA Quando ciò fosse accaduto io ero certissima che ti saresti fatto avanti, e prendendo tutto su di te avresti affermato: sono io il colpevole!

HELMER Nora...!

NORA Tu vuoi dire che io non avrei mai accettato un simile sacrificio? Certo che no. Ma a che sarebbero valse le mie affermazioni di fronte alle tue? Questo era il prodigio che io aspettavo tra la speranza e l'angoscia. E per impedirlo, mi sarei tolta la vita.

HELMER Sarei felice di lavorare giorno e notte per te, Nora... di sopportare affanni e dolori per amor tuo. Ma nessuno sacrifica il suo onore a quelli che ama[21]!

NORA Migliaia di donne l'hanno fatto.

HELMER Ah, tu pensi e parli come una bimba incosciente.

NORA Può darsi. Ma tu non pensi né parli come l'uomo a cui io potrei rimanere vicina. Quando il tuo timore è svanito... il timore, non del pericolo che mi minacciava ma di quello che potevi correr tu stesso, quando ogni paura è passata... tu hai fatto come se nulla fosse accaduto. Io ero di nuovo, esattamente come prima, la tua lodoletta, la tua bambola che d'ora innanzi avresti maneggiato con cautela ancor più grande perché è così fragile e delicata. (*Alzandosi*) Torvald... in quel momento ho capito d'aver vissuto qui per otto anni con un estraneo, e di aver avuto tre figli da lui... Oh, non posso pensarci! Vorrei lacerar me stessa in mille pezzi.

HELMER (*tristemente*) Capisco; capisco. Infatti un abisso s'è spalancato fra noi due. Ma dimmi, Nora, non lo si può colmare?

NORA Così come sono ora, non posso essere tua moglie.

HELMER Io sento in me la forza di diventare un altro.

NORA Forse... se ti portano via la tua bambola.

HELMER Separarmi... separarmi da te! No, no, Nora, non posso adattarmi a quest'idea.

NORA (*entrando nella stanza a destra*) Ragione di più per finirla. (*Rientra portando cappello e soprabito e una valigetta che posa sulla sedia accanto al tavolo*).

HELMER Nora, Nora, non questa sera! Aspetta fino a domani.

NORA (*indossando il soprabito*) Non posso passare la notte in casa d'un estraneo.

HELMER Ma non potremmo vivere insieme come fratello e sorella?

NORA (*mettendosi il cappello*) Sai benissimo che non durerebbe a lungo... (*S'avvolge nello scialle*) Addio, Torvald. Non voglio vedere i bambini. So che sono in mani migliori delle mie. Così come sono ora, non potrei essere una madre per loro.

20 **lettera**: quella con la quale Torvald è stato informato del debito contratto da Nora.

21 **Ma...ama!**: l'osservazione di Torvald segna l'abisso di valori che separa i due. Lui non arriverebbe mai a mettere in discussione il proprio onore per la moglie. Nora, invece, lo ha fatto senza esitare e come lei migliaia di donne.

HELMER Ma un giorno, Nora… un giorno…?

NORA Come posso dirlo? Non so nemmeno quel che sarà di me.

HELMER Ma tu sei mia moglie, ora e sempre.

NORA Ascolta, Torvald… quando una moglie lascia la casa del marito, come io sto per fare, la legge, ho sentito dire, lo scioglie da ogni impegno verso di lei. Io, comunque, ti sciolgo da ogni impegno. Tu sei libero in tutto, e così voglio essere io. Piena libertà per entrambi. Ecco, questo è il tuo anello. Dammi il mio.

HELMER Anche questo?

NORA Anche questo.

HELMER Prendi.

NORA Così. Ora tutto è finito. Qui ci sono le chiavi. Quanto al governo della casa… le domestiche ne sanno più di me. Domani, dopo la mia partenza, Kristine verrà a ritirare tutti gli oggetti che avevo portato da casa mia. Voglio che mi siano spediti.

HELMER È finito? Tutto finito? Nora, non penserai mai più a me?

NORA Certo penserò sovente a te e ai bambini, e a questa casa.

HELMER Posso scriverti, Nora?

NORA No… mai. Te lo proibisco.

HELMER Ma mi permetterai di mandarti…

NORA Nulla. Nulla.

HELMER … di aiutarti, se ne hai bisogno.

NORA No, ti dico. Non accetto nulla da un estraneo.

HELMER Nora… non sarò mai più altro che un estraneo per te?

NORA (*prendendo la valigetta*) Ah, Torvald, dovrebbe accadere il meraviglioso, il prodigio…

HELMER Dimmi che cos'è.

NORA Dovremmo trasformarci tutti e due[22] a tal punto che… ah, Torvald, io non credo più ai prodigi.

HELMER Ma io voglio credere. Dimmi! A tal punto che…?

NORA … che la nostra convivenza diventi matrimonio[23]. Addio! (*Esce attraverso l'anticamera*).

HELMER (*cade su una seggiola vicino alla porta e si nasconde il viso tra le mani*) Nora! Nora! (*Si guarda intorno e s'alza*) Vuoto. Se n'è andata. (*Una speranza nasce in lui*) Il prodigio…?

Si sente il tonfo della porta che si chiude.

H. Ibsen, *Casa di bambola*, trad. di A. Rho, Einaudi, Torino, 1982

Vilhelm Hammershøi, *Interno con Ida seduta su una sedia bianca*, 1900. (Collezione Privata)

22 **Dovremmo…tutti e due**: in questo consisterebbe il prodigio, in una trasformazione che coinvolga entrambi. Nora parla al condizionale, sperando ancora che questo avvenga, ma poi nega questa possibilità ritornando all'uso dell'indicativo («io non credo più ai prodigi»).

23 **convivenza diventi matrimonio**: Nora ha compreso che per un matrimonio occorre ben altro, un rapporto paritario sul piano dei diritti e dei doveri.

per L'ANALISI del TESTO

Un dramma contro le ipocrisie borghesi

Casa di bambola è il più famoso dramma borghese del teatro moderno. La prima rappresentazione, nel dicembre 1879, costituisce uno degli avvenimenti culturali più clamorosi di fine Ottocento, suscitando uno **scandalo** che si diffuse dalla Norvegia a tutta l'Europa. L'idea di una donna che abbandona la famiglia per sottrarsi allo stato d'inferiorità in cui il marito la tiene e affermare così la propria personalità, era tanto incredibile da risultare inaccettabile. Fino ad allora, in teatro non si era mai rappresentato nulla di simile: la storia di Nora scatenò la reazione della borghesia che, parteggiando per Torvald Helmer, riteneva che una donna potesse e dovesse realizzarsi solo al fianco del marito, come sposa e madre. Infatti l'attrice norvegese Niemann-Raabe, che interpretava Nora, chiese a Ibsen di modificare il finale del dramma perché temeva l'insuccesso. In Italia, nel 1917, pur avendo applaudito l'interpretazione dell'attrice nella parte di Nora, il pubblico era sbalordito dalle scelte audaci della protagonista. In quegli anni prendevano corpo le prime battaglie femminili e Nora divenne un **simbolo d'emancipazione**, perché nel suo gesto ogni donna vedeva un esempio di rivolta contro le consuetudini e le convenzioni.

Il ruolo della donna nella società

Il tema centrale del dramma è quello del **rapporto tra l'uomo e la donna nella società moderna**, tema che continua a essere attuale. I due protagonisti si affrontano apertamente («È una resa dei conti, Torvald!», r. 30): Nora non accetta più di essere trattata come una bambola e non è assolutamente disposta a rinunciare alla sua scelta, né per la morale comune, né tanto meno per i valori religiosi professati per consuetudine. Di contro il marito si trova del tutto impreparato a un simile mutamento: abituato a trattare la moglie come una creatura indifesa, bisognosa di guida e di protezione, è incredulo e disperato.

L'evoluzione psicologica dei due personaggi si evidenzia man mano che procede il loro aperto confronto: Nora inizialmente parla con battute brevi e incerte. Torvald, invece, si esprime con sicurezza ed eloquenza. Nel finale, quando i ruoli si invertono e Nora si rivela **decisa e sicura** di sé, le sue battute sono più lunghe, frutto di un'attenta riflessione, mentre Torvald ricorre a luoghi comuni e brevi frasi paternalistiche.

In *Casa di bambola*, dunque, Ibsen mette in scena il **contrasto tra verità e menzogna**, tra l'autenticità dei sentimenti e le ipocrisie sociali.

Attività

Leggere e comprendere

1 **Lo scandalo** Perché quando l'opera venne messa in scena suscitò tanto scandalo?
- a. Perché il ruolo femminile era più importante di quello maschile
- b. Per il carattere "da bambola" della protagonista
- c. Per le scelte di libertà e di indipendenza compiute da Nora
- d. Per le debolezze del marito

2 **Helmer** Individua le espressioni con cui il marito si rivolge alla moglie all'inizio del brano e rifletti sul ruolo che egli le attribuisce.

3 **La «resa dei conti»** Illustra il senso dell'espressione «È una resa dei conti, Torvald!» (r. 30). Quale atteggiamento di Nora rivela?

4 **Nora** «Vi siete divertiti ad essere innamorati di me» (r. 54). Con queste parole intende dire:
- a. che il padre prima, il marito poi l'hanno sempre lasciata sola
- b. che il padre prima, il marito poi l'hanno sempre trattata con affetto
- c. che il padre prima, il marito poi non le hanno mai consentito di diventare autonoma
- d. che il padre prima, il marito poi le affidavano troppe responsabilità

5 **Il timore di Torvald** Quale preoccupazione manifesta il marito quando la moglie gli annuncia che sta per lasciarlo?
- a. È preoccupato per i bambini
- b. Teme il giudizio del suocero
- c. Teme il giudizio della gente
- d. Teme per il futuro della moglie

6 **Gli argomenti di Torvald** Quali argomenti usa l'uomo per convincere Nora a cambiare idea?

7 **Il motivo** Torvald comprende che il vero motivo dell'abbandono della moglie è che:
- a. lei ha un altro uomo
- b. lei non lo ama più
- c. lei non si sente più amata
- d. lei non si è mai sentita amata

8 **L'attesa del «prodigio»** Che cosa intende Nora quando parla di «prodigio» (r. 163)?
- a. L'arrivo di una persona estranea
- b. La trasformazione dei loro rapporti in senso paritario
- c. Il verificarsi di un evento inaspettato e sovrannaturale
- d. Il riconoscimento del valore del suo operato

9 **La conclusione** Quale gesto concreto suggella la fine del matrimonio tra Torvald e Nora?

Riconoscere e analizzare

10 **Le didascalie** Quali informazioni trasmettono le didascalie presenti nel testo?

11 **Le battute** Osserva i tipi di battute che si scambiano Torvald e Nora e analizza come esse riflettano lo sviluppo del confronto tra i due.

12 **I personaggi** Prova a tracciare il profilo psicologico dei due protagonisti, prestando attenzione alle loro progressive trasformazioni.

Nora
....
....
....
....

Helmer
....
....
....
....

13 **L'ambientazione** Il dramma di Ibsen si svolge:
- a. in un contesto popolare
- b. in un contesto borghese
- c. in un contesto aristocratico
- d. in un contesto religioso

14 **I temi** Nella decisione di ribellarsi al marito, Nora affronta alcuni temi importanti. Per ognuno di essi indica alcune battute significative.
- Le leggi
  ....
- Il matrimonio:
  ....
- La religione:
  ....
- L'amore
  ....
- La società:
  ....

Rielaborare e produrre

15 **Discutere** «Debbo tentare di educare me stessa. E tu non sei l'uomo che possa aiutarmi a farlo. Bisogna ch'io m'industri da sola. E perciò sto per lasciarti.» (rr. 92-94).
Come valuti la decisione di Nora? Sei d'accordo sul fatto che il marito non possa aiutarla nella sua scelta? Confronta la tua opinione con quella dei tuoi compagni in un dibattito in classe ed esponi poi in un ampio discorso l'interpretazione che ti convince di più.

16 **Il commento** Prova a scrivere un testo di circa 200 parole di interpretazione e commento del brano.

17 **La massima tensione** Qual è, secondo te, il momento di massima tensione? Motiva la tua scelta in un testo di almeno 100 parole.

18 **La parità** Il dramma di Ibsen ti sembra attuale? Ritieni che la questione della parità uomo-donna rappresenti ancora oggi un problema? Rispondi componendo un breve testo in cui motivi la tua opinione con esempi personali.

Luigi Pirandello

L'improvvisa comparsa di sei personaggi

Da
Sei personaggi in cerca d'autore, 1921
Dramma

Assistiamo allo strano dramma di alcuni personaggi rimasti a metà, in parte negli appunti di un drammaturgo e in parte nella sua testa. Il brano presentato è l'avvio del dramma: mentre gli Attori e il Capocomico si accingono a provare la loro commedia, sopraggiungono sei strane figure che avanzano una singolare richiesta.

Troveranno gli spettatori, entrando nella sala del teatro, alzato il sipario, e il palcoscenico com'è di giorno, senza quinte[1] *né scena, quasi al bujo e vuoto, perché abbiano fin da principio l'impressione d'uno spettacolo non preparato.*

Due scalette, una a destra e l'altra a sinistra, metteranno in comunicazione il palcoscenico con la sala.

Sul palcoscenico il cupolino del suggeritore[2]*, messo da parte, accanto alla buca.*

Dall'altra parte, sul davanti, un tavolino e una poltrona con la spalliera voltata verso il pubblico, per il Direttore-Capocomico[3]*.*

Altri due tavolini, uno più grande, uno più piccolo, con parecchie sedie attorno, messi lì sul davanti per averli pronti, a un bisogno, per la prova. Altre sedie, qua e là, a destra e a sinistra, per gli Attori, e un pianoforte in fondo, da un lato, quasi nascosto.

Spenti i lumi della sala, si vedrà entrare dalla porta del palcoscenico il Macchinista[4] *in camiciotto turchino e sacca*[5] *appesa alla cintola; prendere da un angolo in fondo alcuni assi d'attrezzatura; disporli sul davanti e mettersi in ginocchio a inchiodarli. Alle martellate accorrerà dalla porta dei camerini il Direttore di scena*[6]*.*

IL DIRETTORE DI SCENA Oh! Che fai?

IL MACCHINISTA Che faccio? Inchiodo.

IL DIRETTORE DI SCENA A quest'ora?

Guarderà l'orologio.

Sono già le dieci e mezzo. A momenti sarà qui il Direttore per la prova.

IL MACCHINISTA Ma dico, dovrò avere anch'io il mio tempo per lavorare!

IL DIRETTORE DI SCENA L'avrai, ma non ora.

IL MACCHINISTA E quando?

IL DIRETTORE DI SCENA Quando non sarà più l'ora della prova. Su, su, pòrtati via tutto, e lasciami disporre la scena per il secondo atto del *Giuoco delle parti*[7].

1 **quinte**: i pannelli situati ai lati del palcoscenico che chiudono la scena e indirizzano la visuale dello spettatore.

2 **il cupolino del suggeritore**: è la piccola calotta che copre la buca, sul palcoscenico, dentro la quale si colloca il suggeritore. Negli allestimenti contemporanei sia il cupolino sia la buca del suggeritore sono scomparsi.

3 **Direttore-Capocomico**: oggi si direbbe il regista.

4 **Macchinista**: chi si occupa del montaggio delle scene e del funzionamento dei macchinari scenici.

5 **sacca**: borsa contenente gli attrezzi da lavoro.

6 **Direttore di scena**: è colui che si occupa dell'allestimento della scena, un po' come l'attuale scenografo.

7 ***Giuoco delle parti***: commedia teatrale dello stesso Pirandello, scritta nel 1918.

Il Macchinista, sbuffando, borbottando, raccatterà gli assi e andrà via. Intanto dalla porta del palcoscenico cominceranno a venire gli Attori della Compagnia, uomini e donne, prima uno, poi un altro, poi due insieme, a piacere: nove o dieci, quanti si suppone che debbano prender parte alle prove della commedia di Pirandello Il giuoco delle parti, *segnata all'ordine del giorno. Entreranno, saluteranno il Direttore di scena e si saluteranno tra loro augurandosi il buon giorno. Alcuni si avvieranno ai loro camerini; altri, fra cui il Suggeritore che avrà il copione arrotolato sotto il braccio, si fermeranno sul palcoscenico in attesa del Direttore per cominciar la prova, e intanto, o seduti a crocchio*[8]*, o in piedi, scambieranno tra loro qualche parola; e chi accenderà una sigaretta, chi si lamenterà della parte che gli è stata assegnata, chi leggerà forte ai compagni qualche notizia in un giornaletto teatrale. Sarà bene che tanto le Attrici quanto gli Attori siano vestiti d'abiti piuttosto chiari e gai, e che questa prima scena a soggetto*[9] *abbia, nella sua naturalezza, molta vivacità. A un certo punto, uno dei comici potrà sedere al pianoforte e attaccare un ballabile*[10]*; i più giovani tra gli Attori e le Attrici si metteranno a ballare.*

IL DIRETTORE DI SCENA (*battendo le mani per richiamarli alla disciplina*) Via, via, smettetela! Ecco il signor Direttore!

Il suono e la danza cesseranno d'un tratto. Gli Attori si volteranno a guardare verso la sala del teatro, dalla cui porta si vedrà entrare il Direttore-Capocomico, il quale, col cappello duro in capo, il bastone sotto il braccio e un grosso sigaro in bocca, attraverserà il corridojo tra le poltrone e, salutato dai comici, salirà per una delle due scalette sul palcoscenico. Il Segretario gli porgerà la posta: qualche giornale, un copione sottofascia[11].

IL CAPOCOMICO Lettere?

IL SEGRETARIO Nessuna. La posta è tutta qui.

IL CAPOCOMICO (*porgendogli il copione sottofascia*) Porti in camerino.

Poi, guardandosi attorno e rivolgendosi al Direttore di scena:

Oh, qua non ci si vede. Per piacere, faccia dare un po' di luce.

IL DIRETTORE DI SCENA Subito.

8 **a crocchio**: in gruppo.

9 **scena a soggetto**: scena nella quale gli attori non seguono un preciso copione, ma improvvisano a loro piacimento.

10 **ballabile**: brano musicale adatto alla danza.

11 **sottofascia**: avvolto in una striscia di carta perché spedito tramite posta.

L'AUTORE

Luigi Pirandello nasce ad Agrigento nel 1867, da una famiglia della borghesia commerciale. Dopo gli studi di letteratura e filologia condotti presso le università di Palermo, Roma e Bonn, si trasferisce a Roma e comincia a farsi conoscere nell'ambiente intellettuale della capitale, collaborando con giornali e riviste. Nonostante i problemi personali e finanziari dovuti alla crisi delle aziende di famiglia, che incide fortemente sulla salute mentale della moglie, Pirandello si dedica all'insegnamento e alla scrittura di poesie, saggi, romanzi e novelle. Il successo come autore di teatro arriva (in Italia, ma anche in Europa e in America) dopo la Prima guerra mondiale, soprattutto con *Sei personaggi in cerca d'autore* (1921) ed *Enrico IV* (1922).

Nel 1925 fonda una sua compagnia, che dirige fino al 1934, diventando uno dei drammaturghi più apprezzati del mondo, come dimostra il premio Nobel per la Letteratura conferitogli nel 1934.

La sua vasta produzione di novelle è raccolta nel volume *Novelle per un anno* (1922); tra i romanzi, *Il fu Mattia Pascal* (1904) e *Uno, nessuno e centomila* (1926) esprimono la crisi d'identità dell'uomo moderno e la difficoltà di distinguere tra realtà e finzione, temi che sono al centro anche della sua opera teatrale. Muore a Roma nel 1936.

Si recherà a dar l'ordine. E poco dopo, il palcoscenico sarà illuminato in tutto il lato destro, dove staranno gli Attori, d'una viva luce bianca. Nel mentre, il Suggeritore avrà preso posto nella buca, accesa la lampadina e steso davanti a sé il copione.

IL CAPOCOMICO (*battendo le mani*) Su, su, cominciamo.

[*Si comincia in mezzo a una certa confusione, tra l'altro manca ancora la prima attrice che arriva proprio all'ultimo momento. A un certo punto, dal fondo della sala si fa avanti fin sotto al palcoscenico l'uscere del teatro. Dietro di lui, a distanza, seguono "sei persone".*]

L'USCERE (*col berretto in mano*) Scusi, signor Commendatore.

IL CAPOCOMICO (*di scatto, sgarbato*) Che altro c'è?

L'USCERE (*timidamente*) Ci sono qua certi signori, che chiedono di lei.

Il Capocomico e gli Attori si volteranno stupiti a guardare dal palcoscenico giù nella sala.

IL CAPOCOMICO (*di nuovo sulle furie*) Ma io qua provo! E sapete bene che durante la prova non deve passar nessuno!

Rivolgendosi in fondo:

Chi sono lor signori? Che cosa vogliono?

IL PADRE (*facendosi avanti, seguito dagli altri, fino a una delle due scalette*) Siamo qua in cerca d'un autore.

IL CAPOCOMICO (*fra stordito e irato*) D'un autore? Che autore?

IL PADRE D'uno qualunque, signore.

IL CAPOCOMICO Ma qui non c'è nessun autore, perché non abbiamo in prova nessuna commedia nuova.

LA FIGLIASTRA (*con gaja vivacità, salendo di furia la scaletta*) Tanto meglio, tanto meglio, allora, signore! Potremmo esser noi la loro commedia nuova.

QUALCUNO DEGLI ATTORI (*fra i vivaci commenti e le risate degli altri*) Oh, senti, senti!

IL PADRE (*seguendo sul palcoscenico la Figliastra*) Già, ma se non c'è l'autore!

Al Capocomico:

Tranne che non voglia esser lei...

La Madre, con la Bambina per mano, e il Giovinetto saliranno i primi scalini della scaletta e resteranno lì in attesa. Il Figlio resterà sotto, scontroso.

IL CAPOCOMICO Lor signori vogliono scherzare?

IL PADRE No, che dice mai, signore! Le portiamo al contrario un dramma doloroso.

LA FIGLIASTRA E potremmo essere la sua fortuna!

IL CAPOCOMICO Ma mi facciano il piacere d'andar via, che non abbiamo tempo da perdere coi pazzi!

IL PADRE (*ferito e mellifluo*[12]) Oh, signore, lei sa bene che la vita è piena d'infinite assurdità, le quali sfacciatamente non han neppure bisogno di parer verosimili; perché sono vere.

IL CAPOCOMICO Ma che diavolo dice?

IL PADRE Dico che può stimarsi realmente una pazzia, sissignore, sforzarsi di fare il contrario; cioè, di crearne di verosimili, perché pajano vere[13]. Ma mi permetta di farle osservare che, se pazzia è, questa è pur l'unica ragione del loro mestiere.

12 **mellifluo**: con un atteggiamento falsamente gentile.

13 **sforzarsi...vere**: con questa battuta, Pirandello ricorda quello che avviene a teatro, dove si tenta di proporre situazioni in apparenza vere («verosimili»), perché sembrino tali.

Gli Attori si agiteranno, sdegnati.

IL CAPOCOMICO (*alzandosi e squadrandolo*) Ah sì? Le sembra un mestiere da pazzi, il nostro?

IL PADRE Eh, far parer vero quello che non è; senza bisogno, signore: per giuoco… Non è loro ufficio[14] dar vita sulla scena a personaggi fantasticati?

IL CAPOCOMICO (*subito, facendosi voce dello sdegno crescente dei suoi Attori*) Ma io la prego di credere che la professione del comico, caro signore, è una nobilissima professione! Se oggi come oggi i signori commediografi nuovi ci dànno da rappresentare stolide[15] commedie e fantocci invece di uomini, sappia che è nostro vanto aver dato vita – qua, su queste tavole – a opere immortali!

Gli Attori, soddisfatti, approveranno e applaudiranno il loro Capocomico.

Sei Personaggi in cerca d'autore di Pirandello in una messa in scena di Gabriele Lavia per la Fondazione Teatro della Pergola, Firenze, 2015.

IL PADRE (*interrompendo e incalzando con foga*) Ecco! benissimo! a esseri vivi, più vivi di quelli che respirano e vestono panni! Meno reali, forse; ma più veri! Siamo dello stessissimo parere!

Gli Attori si guardano tra loro, sbalorditi.

IL DIRETTORE Ma come! Se prima diceva…

IL PADRE No, scusi, per lei dicevo, signore, che ci ha gridato di non aver tempo da perdere coi pazzi, mentre nessuno meglio di lei può sapere che la natura si serve da strumento della fantasia umana per proseguire, più alta, la sua opera di creazione.

IL CAPOCOMICO Sta bene, sta bene. Ma che cosa vuol concludere con questo?

IL PADRE Niente, signore. Dimostrarle che si nasce alla vita in tanti modi, in tante forme: albero o sasso, acqua o farfalla… o donna. E che si nasce anche personaggi!

IL CAPOCOMICO (*con finto ironico stupore*) E lei, con codesti signori attorno, è nato personaggio?

IL PADRE Appunto, signore. E vivi, come ci vede.

Il Capocomico e gli Attori scoppieranno a ridere, come per una burla.

IL PADRE (*ferito*) Mi dispiace che ridano così, perché portiamo in noi, ripeto, un dramma doloroso, come lor signori possono argomentare[16] da questa donna velata di nero.

Così dicendo porgerà la mano alla Madre per ajutarla a salire gli ultimi scalini e, seguitando a tenerla per mano, la condurrà con una certa tragica solennità dall'altra parte del palcoscenico, che s'illuminerà subito di una fantastica luce. La Bambina e il Giovinetto seguiranno la Madre; poi il Figlio, che si terrà discosto, in fondo; poi la Figliastra, che s'apparterà anche lei sul davanti, appoggiata all'arcoscenico[17]. Gli Attori, prima stupefatti, poi ammirati di questa evoluzione, scoppieranno in applausi come per uno spettacolo che sia stato loro offerto.

IL CAPOCOMICO (*prima sbalordito, poi sdegnato*) Ma via! Facciano silenzio!

Poi, rivolgendosi ai Personaggi:

E loro si levino! Sgombrino di qua!

14 **ufficio**: compito.
15 **stolide**: insulse, poco valide.
16 **argomentare**: capire.
17 **arcoscenico**: l'arco che separa il palcoscenico dalla platea.

Al Direttore di scena:

Perdio, faccia sgombrare!

IL DIRETTORE DI SCENA (*facendosi avanti, ma poi fermandosi, come trattenuto da uno strano sgomento*) Via! Via!

IL PADRE (*al Capocomico*) Ma no, veda, noi…

IL CAPOCOMICO (*gridando*) Insomma, noi qua dobbiamo lavorare!

IL PRIMO ATTORE Non è lecito farsi beffe così…

IL PADRE (*risoluto, facendosi avanti*) Io mi faccio maraviglia della loro incredulità! Non sono forse abituati lor signori a vedere balzar vivi quassù, uno di fronte all'altro, i personaggi creati da un autore? Forse perché non c'è là

indicherà la buca del Suggeritore

un copione che ci contenga?

LA FIGLIASTRA (*facendosi avanti al Capocomico, sorridente, lusingatrice*) Creda che siamo veramente sei personaggi, signore, interessantissimi! Quantunque, sperduti.

IL PADRE (*scartandola*) Sì, sperduti, va bene!

Al Capocomico subito:

Nel senso, veda, che l'autore che ci creò, vivi, non volle poi, o non poté materialmente, metterci al mondo dell'arte. E fu un vero delitto, signore, perché chi ha la ventura[18] di nascere personaggio vivo, può ridersi anche della morte. Non muore più! Morrà l'uomo, lo scrittore, strumento della creazione; la creatura non muore più! E per vivere eterna non ha neanche bisogno di straordinarie doti o di compiere prodigi. Chi era Sancho Panza[19]? Chi era don Abbondio[20]? Eppure vivono eterni, perché – vivi germi – ebbero la ventura di trovare una matrice feconda, una fantasia che li seppe allevare e nutrire, far vivere per l'eternità!

IL CAPOCOMICO Tutto questo va benissimo! Ma che cosa vogliono loro qua?

IL PADRE Vogliamo vivere, signore!

L. Pirandello, *Sei personaggi in cerca d'autore*, Mondadori, Milano, 1980

18 **chi ha la ventura**: colui al quale capita.

19 **Sancho Panza**: lo scudiero del protagonista, nel *Don Chisciotte* di Miguel de Cervantes (1547-1616).

20 **don Abbondio**: il pavido curato dei *Promessi sposi* di Alessandro Manzoni (1785-1873).

STORIE da SCOPRIRE

Sei personaggi in cerca d'autore di Luigi Pirandello

In un teatro di una località imprecisata, una compagnia teatrale si appresta a provare la commedia di Pirandello *Il giuoco delle parti*. Le prove vengono sospese per la comparsa sul palco di sei personaggi, inventati dalla fantasia di un autore che però non ha saputo o non ha voluto raccontare fino in fondo il loro dramma. I sei personaggi, ormai vivi e vitali, vogliono vedere la loro storia rappresentata su un palcoscenico: si tratta della vicenda di un uomo (il Padre) che consente alla moglie, dalla quale ha avuto un figlio, di ricostruirsi una nuova vita con un altro uomo. Da questa unione nascono tre figli. La Madre rimane vedova e la Figliastra, per bisogno, si prostituisce in una casa d'appuntamenti dove un giorno incontra il Padre. Solo l'intervento della Madre evita che abbia luogo un rapporto semi-incestuoso.

Padre e Figliastra convincono il Capocomico a trarre un copione dalla loro storia, ma quando gli Attori provano la scena della seduzione, i personaggi si ribellano, perché li giudicano incapaci di rappresentare il loro dramma. La conclusione è tragica: la Bambina annega accidentalmente in una vasca e il Giovinetto si uccide con una pistola. Capocomico e Attori sono sgomenti: si tratta di finzione o di realtà? Confuso al pari degli Attori e arrabbiato per non aver potuto provare la commedia stabilita, il Capocomico fa spegnere le luci e calare il sipario.

per L'ANALISI del TESTO

Due drammi in uno

Sei personaggi in cerca d'autore, testo fondamentale non solo dell'opera di Pirandello, ma di tutto il teatro europeo del Novecento, sin dalla prima rappresentazione (1921) si afferma anche fuori dai confini nazionali per merito di registi d'avanguardia che ne colgono fin da subito il carattere innovativo.

Nel testo si svolgono contemporaneamente **due drammi**: uno interno alla famiglia, l'altro interno alla rappresentazione stessa. È questo secondo dramma a prendere il sopravvento e a risultare singolare: i sei personaggi, infatti, vivono sulla scena il tormento di essere **figure incompiute**, prive di una consistenza reale, perché di fronte a un possibile rapporto immorale tra il Padre e la Figliastra l'autore si è rifiutato di continuare a scrivere. Essi desiderano avere una forma precisa e definitiva che solo un testo teatrale concluso e articolato nei dettagli può dare loro. Anziché essere impersonati dagli Attori, i personaggi aspirano a interpretare se stessi, rendendosi conto di non riuscire a comunicare agli Attori, che li ascoltano stupiti, gli aspetti tragici della loro vicenda. Essi vivono il grave conflitto che s'innesca **tra il desiderio e l'impossibilità di comunicare**, un aspetto che diventerà centrale nell'ambito del teatro del Novecento.

Il "teatro nel teatro"

Sei personaggi in cerca d'autore è un testo rivoluzionario sul piano dei contenuti e della tecnica artistica, che sin dalle prime battute crea sconcerto nel pubblico, invitato ad assistere alla **messa in scena di una messa in scena**, con gli attori che impersonano il ruolo di attori, intenti nella rappresentazione di un dramma dello stesso Pirandello, *Il giuoco delle parti*. Vengono **svelati i meccanismi** che consentono la realizzazione dello spettacolo: il Macchinista che battibecca con il Direttore di scena, il Capocomico che dà ordini organizzativi. Inoltre, viene meno la consueta divisione tra platea e spazio scenico (la quarta parete), dal momento che i personaggi compaiono tra il pubblico e gradualmente salgono sul palco tra gli Attori.

Realtà e finzione

In poche battute, al termine della scena antologizzata, è posto il nodo centrale dell'intera opera: **il rapporto tra la vita e l'arte**. Il Padre, personaggio guida e portavoce del gruppo, in risposta al Capocomico afferma: «Vogliamo vivere, signore!» (r. 175), una dichiarazione di come l'arte sia eterna, immutabile, a differenza della vita che è assurda e mutevole.

Il testo presenta una commistione di **elementi realistici e fantastici**: i sei personaggi che irrompono sul palco creano una sospensione della vita reale, costituiscono un sorprendente colpo di scena che suscita tra gli Attori curiosità e diffidenza, il cui risultato finale è **l'incomunicabilità**. Nelle scene successive, il solco che separa gli Attori dai personaggi si andrà approfondendo, tanto che il tentativo di rappresentare il dramma di questa famiglia fallirà.

Sei personaggi in cerca d'autore apre una serie di possibilità, sia sul piano del contenuto, sia a livello tecnico, che verranno messe a frutto dalla drammaturgia moderna successiva.

Sei Personaggi in cerca d'autore nell'allestimento del BAM Harvey Theatre di New York nel 2014.

Sei Personaggi in cerca d'autore di Pirandello in una messa in scena di Gabriele Lavia.

per SAPERNE di PIÙ

Il teatro di Pirandello

Luigi Pirandello è il massimo drammaturgo italiano del Novecento. La sua opera ha avuto grande risonanza in tutto il mondo e ha influenzato il teatro a livello internazionale. Egli trasferisce sulla scena temi e personaggi già elaborati nella sua produzione narrativa: la sua attività teatrale può essere considerata l'espressione più compiuta della sua interpretazione del mondo e della vita.

Sulla base delle tematiche affrontate, dei soggetti elaborati, delle innovazioni sceniche, si è soliti distinguere tre fasi nella sua produzione teatrale.

Il teatro del grottesco

Tra il 1916 e il 1920 Pirandello mette in scena testi che si distaccano nettamente dal teatro tradizionale, dove si voleva dare una rappresentazione fedele della realtà, così come essa appare. Egli riprende i temi cari al dramma borghese – intrighi d'amore, questioni di denaro, rispettabilità e senso dell'onore – ma mette a nudo la **falsità delle convenzioni sociali**, portando all'esasperazione i rapporti tra i soggetti e rivelando **l'inautenticità dell'esistenza**. Questi temi caratterizzano le complicate trame delle opere di quegli anni: *Pensaci, Giacomino* (1916), *Liolà* (1916), *Il berretto a sonagli* (1917), *La patente* (1918). C'è una **tensione continua tra società e individui**: i protagonisti di questi drammi avvertono lo scarto tra il loro ruolo (di padri, madri, uomini d'affari ecc.) e le loro aspirazioni interiori. Ne soffrono e si difendono celandosi dietro **maschere ipocrite**, oppure immergendosi in un mondo sempre più sfuggente e sfaccettato.

Il "teatro nel teatro"

Tra il 1921 e il 1928 Pirandello scrive testi che investono in maniera diretta il linguaggio drammaturgico, con il risultato di scardinare il teatro tradizionale, di rompere i secolari rapporti tra realtà e finzione teatrale. Il dramma *Sei personaggi in cerca d'autore* (1921) ribalta le consuetudini della messa in scena perché i personaggi vogliono essere anche attori; *Ciascuno a suo modo* (1924) rappresenta lo scontro tra il pubblico e gli attori riguardo alle convenzioni del teatro; *Questa sera si recita a soggetto* (1930) sviluppa la disputa tra attori e regista, tra rappresentazione e dramma scritto. È la cosiddetta **trilogia del "teatro nel teatro"**, alla quale si può aggiungere anche *Enrico IV* (1922), il cui protagonista sceglie di restare aggrappato alla sicura maschera della follia piuttosto che rientrare in una vita di falsità. Nell'introdurre innovazioni così radicali nella concezione del teatro, Pirandello ricorre anche a **tecniche sceniche di grande effetto**: per esempio fa cadere la quarta parete, la barriera utilizzata per separare il palcoscenico dalla platea, perché di frequente gli attori si aggirano tra il pubblico, stabilendo un **dialogo che coinvolge direttamente lo spettatore**.

Il teatro dei miti

L'ultima stagione del teatro pirandelliano, dal 1928 fino alla morte (1936), mette in scena non più personaggi grotteschi, ma tragici, intrappolati in riflessioni molto cerebrali. *La nuova colonia* (1928) e *Lazzaro* (1929) sono opere di carattere surreale, nelle quali i personaggi inseguono visioni mistiche e irrazionali della realtà. Pirandello colloca la crisi dell'uomo contemporaneo in **ambiti meravigliosi, mitici, simbolici**; in particolare con *I giganti della montagna* (incompiuto) pone il problema dell'arte nella società moderna.

Luigi Pirandello con gli attori Marta Abba e Lamberto Picasso durante le prove dello spettacolo *La nuova colonia* negli anni Trenta.

Attività

Leggere e comprendere

1 **La scena** Com'è allestita la scena all'inizio dello spettacolo?

2 **Un altro testo** Quale testo dello stesso Pirandello sta mettendo in scena la compagnia?

a. *Così è (se vi pare)*
b. *Il giuoco delle parti*
c. *Sei personaggi in cerca d'autore*
d. *Il berretto a sonagli*

3 **I pazzi** Perché il Capocomico definisce «pazzi» (r. 94) i nuovi arrivati?

a. Perché pretendono che si rappresenti un altro dramma di Pirandello
b. Perché affermano che il lavoro del Capocomico è inutile
c. Perché pretendono che venga messo in scena il loro dramma
d. Perché sono arrivati con grande ritardo e sono già stati sostituiti

4 **La pazzia** Che cos'è una «pazzia» (r. 99) per il Padre? Rispondi con citazioni dal testo.

....
....
....
....
....
....

5 **Il dramma** Qual è il dramma che vivono i sei personaggi?

6 **Il destino dei personaggi** Quale sorte tocca ai personaggi, una volta che sono stati creati?

Riconoscere e analizzare

7 **Le didascalie** Quale funzione hanno le numerose didascalie presenti nel testo?

8 **Gli espedienti tecnici** Quali elementi innovativi introduce Pirandello per rompere la finzione scenica tradizionale?

9 **I personaggi** Completa la seguente tabella indicando le caratteristiche principali dei personaggi indicati.

Capocomico	....
Padre	....
Figliastra	....

10 **La lingua** Com'è la lingua usata da Pirandello?

a. Colta e letteraria
b. Colloquiale
c. Colloquiale, con qualche termine colto
d. Colloquiale con qualche volgarità

Rielaborare e produrre

11 **Discutere** «Oh, signore, lei sa bene che la vita è piena d'infinite assurdità, le quali sfacciatamente non han neppure bisogno di parer verosimili; perché sono vere» (rr. 95-97).
Rifletti sul rapporto tra la vita e l'arte: quale funzione svolge l'arte, a tuo parere, rispetto alla vita? Confronta la tua opinione con quella dei tuoi compagni in un dibattito in classe, poi esponi l'interpretazione che ti convince maggiormente.

12 **Il commento** Prova a scrivere un testo di interpretazione e commento del testo teatrale utilizzando circa 50 parole.

13 **I temi** Quali sono i temi che affronta Pirandello? Riassumili in un breve testo espositivo, con le tue valutazioni al riguardo.

Bertolt Brecht

L'abiura

Da
Vita di Galileo,
1953-1955

Dramma

Il dramma si sviluppa in quindici scene. Riportiamo la scena XIII, nella quale Galileo sta subendo un processo presso il Tribunale dell'Inquisizione che vuole obbligarlo a ritrattare la teoria eliocentrica o copernicana (la Terra si muove attorno al Sole, fisso al centro dell'universo conosciuto) da lui sostenuta, per riaffermare, invece, la teoria tolemaica (il Sole si muove attorno alla Terra), da sempre sostenuta dalla Chiesa.

XIII.

22 giugno 1633: Galileo Galilei rinnega davanti all'Inquisizione la sua dottrina della rotazione della terra.

E fu un giorno di giugno, che presto passò
e fu un giorno importante per me e per te.
La ragione uscì fuori dalle tenebre
e tutto un giorno stette dinanzi alla porta[1].

Palazzo dell'ambasciata fiorentina a Roma.

I discepoli di Galileo[2] sono in attesa di notizie. Frate Fulgenzio e Federzoni giocano a scacchi secondo il nuovo metodo, con grandi spostamenti dei pezzi. Virginia[3], inginocchiata in un angolo, recita avemarie.

[...]

FULGENZIO (*sottovoce*) Da ventitre giorni è carcerato. Ieri c'è stato il grande interrogatorio. E oggi c'è il consiglio. (*Avvedendosi che Andrea lo sta ascoltando, alza la voce*) Quando venni qua a trovarlo, due giorni dopo il decreto[4], eravamo seduti lì fuori, ed egli mi mostrò il piccolo Priapo[5] presso la meridiana del giardino — lo vedete là? — e paragonò la sua opera ad una poesia di Orazio, perché anche in essa non c'era nulla da cambiare. Mi parlò del suo senso della bellezza, che lo spingeva alla ricerca della verità. E mi citò il motto: «Hieme et aestate, et prope et procul, usque dum vivam et ultra[6]»: e pensava alla verità.

ANDREA (*a Fulgenzio*) Gli hai detto che aria di sfida aveva al Collegio Romano[7], mentre quelli esaminavano il suo cannocchiale? (*Fulgenzio scuote il capo*). Si comportava come se nulla fosse. Si teneva le mani sul didietro, sporgeva in fuori la pancia e ripeteva: «Vi prego, signori, ragionate un poco!» (*Ridendo, imita Galileo*).

1 **E fu...porta**: il tempo della speranza è passato in fretta, ma è stato un giorno «importante» per tutti. Allora la ragione ha squarciato le tenebre dei pregiudizi ed è stata in attesa, ma la «porta» della liberazione non si è aperta. Questo è un commento narrativo di Brecht, posto in apertura della scena per invitare gli spettatori alla riflessione.

2 **I discepoli di Galileo**: sono Fulgenzio, un frate di origine contadina; Federzoni, un ottico aiutante di Galileo e Andrea, l'allievo prediletto di Galileo.

3 **Virginia**: la figlia dello scienziato.

4 **il decreto**: si tratta del decreto di condanna del sistema di Copernico del 1616.

5 **Priapo**: dio pagano della fecondità.

6 **«Hieme...ultra»**: il motto latino significa «D'inverno e d'estate, vicino e lontano, finché vivrò e oltre»; con queste parole Galileo esprime il suo convinto sostegno alla verità.

7 **Collegio Romano**: è l'istituzione della Chiesa cattolica che si occupa delle nuove scoperte scientifiche.

Pausa.

ANDREA (*alludendo a Virginia*) Prega perché abiuri.

FEDERZONI Lasciala stare. Da quando quelli là[8] l'han fatta parlare, non sa più dove ha la testa e dove i piedi.

Entra l'individuo losco[9] di Palazzo Medici.

INDIVIDUO Il signor Galilei sarà qui tra poco. Forse avrà bisogno di un letto.

FEDERZONI Lo hanno rilasciato?

INDIVIDUO È previsto che il signor Galilei abiuri alle cinque, in una seduta dell'Inquisizione. Nello stesso istante suonerà la grande campana di San Marco e verrà gridato in pubblico il testo dell'**abiura**.

ANDREA Non ci credo.

INDIVIDUO Il signor Galilei sarà portato qui, all'uscita del giardino dietro il palazzo, per evitare assembramenti nelle strade. (*Via*).

Pausa.

ANDREA (*improvvisamente, a voce alta*) La luna è una terra ed è priva di luce propria. E Venere pure è priva di luce propria ed è simile alla terra e si muove intorno al sole. E quattro lune girano intorno al pianeta Giove, che si trova all'altezza delle stelle fisse e non è fissato su una calotta. E il sole è il centro del mondo e sta immobile nel suo luogo, e la terra non è il centro e non è immobile. E tutto questo, egli ce lo ha mostrato[10].

FULGENZIO E la forza non può fare che un uomo non veda ciò che ha visto.

Silenzio.

FEDERZONI Sono le cinque.

Virginia prega più forte.

ANDREA Non riesco più a star fermo, no! Stanno uccidendo la verità. (*Si tappa gli orecchi con le dita. Frate Fulgenzio lo imita*).

Ma la campana non suona. Dopo una pausa, riempita dal mormorio delle preghiere di Virginia, Federzoni scuote la testa, in segno di diniego. Gli altri due abbassano le mani.

FEDERZONI (*rauco*) Niente! Le cinque e tre minuti.

ANDREA Non cede.

FULGENZIO Non abiura!

FEDERZONI No. Dio sia lodato!

Si abbracciano, deliranti di gioia.

ANDREA Dunque, la forza non basta! Non può arrivare dove vuole! Dunque, la stupidità è vinta e non invincibile! E l'uomo non teme la morte!

FEDERZONI Oggi ha davvero inizio l'era della scienza:questo è il momento della sua nascita. Pensa, se avesse abiurato!

FULGENZIO Io non parlavo, ma ero all'agonia. O uomo di poca fede![11]

ANDREA Io invece lo sapevo.

FEDERZONI Sarebbe stato come se dall'aurora fossimo ripiombati nella notte.

ANDREA Come se la montagna avesse detto: io sono acqua.

PAROLE sotto la lente

Abiura

Il sostantivo deriva dal latino *abiura*, *abiurae*, legato al verbo *abiurare* = negare con giuramento, formato da *ab* = da e *iurare* = giurare. Indica l'atto di rinunciare in modo spontaneo a persone, cose o idee a cui prima si aderiva. In particolare è la ritrattazione giurata attraverso la quale si rinuncia a una dottrina fino a quel momento praticata, riconoscendola erronea o eretica ("abiura di un'eresia").

Attività

Trova altri nomi che contengano la radice del verbo giurare.

8 **quelli là**: gli inquisitori.

9 **l'individuo losco**: personaggio senza nome, spia dell'Inquisizione.

10 **La luna…mostrato**: nel momento di massima tensione Andrea ripete gli insegnamenti di Galileo, come un credo religioso.

11 **O uomo di poca fede!**: sono le parole di Gesù rivolte ai discepoli in un episodio evangelico.

FULGENZIO (*s'inginocchia piangendo*) Dio, ti ringrazio!

ANDREA Ma oggi è tutto cambiato! L'umanità umiliata solleva la testa e dice: finalmente posso vivere! Questo è quel che si ottiene, quando un uomo si alza in piedi e dice di no!

In questo istante si odono i rintocchi della campana di San Marco. Tutti restano impietriti.

VIRGINIA (*balzando in piedi*) La campana di San Marco! Non è dannato!

Dalla via si ode un banditore leggere l'abiura di Galileo.

VOCE DEL BANDITORE «Io, Galileo Galilei, lettore di matematiche nell'Università di Firenze, pubblicamente abiuro la mia dottrina che il sole è il centro del mondo e non si muove, e che la terra non è il centro del mondo e si muove. Con cuor sincero e fede non finta abiuro, maledico e detesto i suddetti errori ed eresie, e qualunque altro errore, eresia e setta contraria alla Santa Chiesa».

per conoscere BERTOLT BRECHT

BERTOLT BRECHT è tra i maggiori poeti e drammaturghi del secolo scorso. Nato nel 1898 ad Augusta, in Germania, da una famiglia dell'agiata borghesia, partecipa alla Prima guerra mondiale, quindi a Monaco e a Berlino entra in contatto con le avanguardie artistiche. Inizia a dedicarsi al teatro fin da giovanissimo (*Baal*, 1918; *Tamburi nella notte*, 1919; *Nella giungla delle città*, 1921-1924): la sua vena polemica contro la società borghese del tempo si esprime in opere dal tono satirico e grottesco e l'affermazione arriva nel 1928 con *L'opera da tre soldi*, musicata da Kurt Weill (1900-1950). Alla fine degli anni Venti si avvicina al marxismo, collaborando attivamente con il Partito comunista tedesco. Con l'avvento di Hitler al potere (1933), Brecht abbandona la Germania e vive in esilio a Praga, Vienna, Mosca, poi in Danimarca e dal 1941 al 1947 negli Stati Uniti, continuando con successo la sua attività artistica e intellettuale, sempre caratterizzata da un forte senso di denuncia e di protesta contro la società. Negli anni d'esilio matura la sua idea di "teatro epico": lo spettatore è chiamato a un ruolo attivo e critico, attraverso l'effetto di straniamento che non gli permette di immedesimarsi nella rappresentazione. *Madre Courage e i suoi figli* (1939), *Vita di Galileo* (in tre versioni: 1938-1939; 1945-1946; 1953-1955), *L'anima buona di Sezuan* (1938-1940) e *Il cerchio di gesso del Caucaso* (1944) rientrano in questa idea di teatro. Nel 1948 Brecht torna in Germania, fondando a Berlino la compagnia Berliner Ensemble (1949), con la quale lavora fino alla morte avvenuta nel 1956.

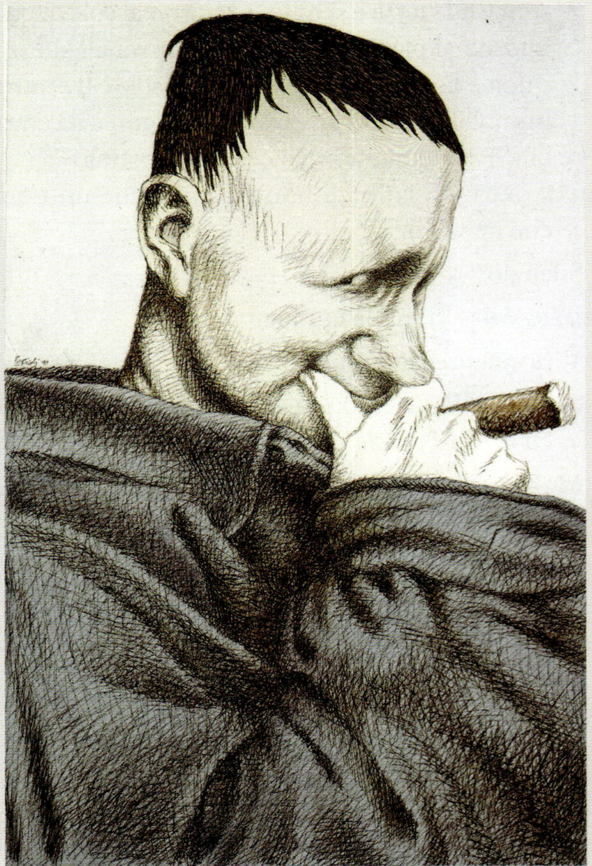

Bertolt Brecht in un ritratto di Tullio Pericoli del 1991.

La scena si oscura. Quando torna la luce, si odono ancora i rintocchi della campana, che però cessano subito. Virginia è uscita; i tre discepoli di Galileo sono sempre in scena.

FEDERZONI Non t'ha mai pagato decentemente per il tuo lavoro! Non sei mai riuscito a pubblicare un libro tuo, e neanche a comprarti un paio di calzoni. Ecco il bel guadagno che hai fatto a «lavorare per la scienza»!

ANDREA (*forte*) Sventurata la terra che non ha eroi!

Galileo è entrato. Il processo lo ha trasformato radicalmente, fin quasi a renderlo irriconoscibile. Ha udito le parole di Andrea. Per alcuni istanti si ferma sulla soglia, aspettando un saluto. Ma poiché nessuno lo saluta, anzi i discepoli si allontanano da lui, egli avanza lentamente, col passo incerto di chi ci vede male, fino al proscenio; qui trova uno sgabello e si siede.

ANDREA Non posso guardarlo. Fatelo andar via.

FEDERZONI Sta' calmo.

ANDREA (*grida a Galileo*) Otre da vino! Mangialumache! Ti sei salvata la pellaccia, eh? (*Si siede*) Mi sento male[12].

GALILEO (*calmo*) Dategli un bicchier d'acqua.

Frate Fulgenzio esce e rientra portando un bicchier d'acqua ad Andrea. Nessuno mostra di accorgersi della presenza di Galileo, che siede in silenzio, nell'atto di ascoltare. Giunge di nuovo, da più lontano, il grido del banditore.

ANDREA Adesso riesco a camminare, se mi aiutate un po'.

Gli altri due lo sorreggono fino all'uscita. In questo momento Galileo incomincia a parlare.

GALILEO No. Sventurata la terra che ha bisogno di eroi[13].

RAGAZZO (*legge davanti al sipario*) «Chi non vede come un cavallo cadendo da una altezza di tre braccia o quattro si romperà l'ossa, ma un cane da una tale e un gatto da una di otto o dieci, non si farà mal nissuno, come né un grillo da una torre, né una formica precipitandosi dall'orbe lunare? La natura non potrebbe fare un cavallo grande per venti cavalli, né un gigante dieci volte piú alto di un uomo, se non o miracolosamente o con l'alterar assai le proporzioni delle membra e in particolare dell'ossa, ingrossandole molto e molto sopra la simmetria dell'ossa comuni. Il creder parimente che nelle macchine artifiziali egualmente siano fattibili e conservabili le grandissime e le piccole, è errore manifesto»[14].

B. Brecht, *Vita di Galileo*, trad. di E. Castellani, Einaudi, Torino, 1963

12 **Otre…male**: il discepolo Andrea è molto deluso per l'abiura del maestro e si lascia andare a insulti e parole amare.

13 **No…eroi**: Galileo risponde ribaltando il concetto: è sventurata quella società che per realizzarsi ha bisogno di eroi, perché significa che la gente non fa il proprio dovere e si limita a delegare il suo compito a degli eroi, appunto.

14 **«Chi non vede… errore manifesto»**: questa citazione conclusiva è un commento all'intera scena, detta da un ragazzo estraneo al dramma. È tratta da un'opera di Galileo e con essa Brecht intende affermare come in quel momento non fosse più possibile parlare con libertà

Gabriele Lavia interpreta Galileo in un allestimento dell'opera di Brecht del 2015.

per L'ANALISI del TESTO

Brecht, la scienza e il potere

Bertolt Brecht scrive *Vita di Galileo* a partire dal 1938 e lo rivede più volte, fino alla morte. Sono gli anni in cui la Germania vive la dittatura nazista e Brecht sente in maniera acuta la necessità di riflettere su un tema di grande rilevanza ancora oggi: quale posizione deve assumere lo scienziato, e quindi la ricerca scientifica, rispetto ai divieti e ai condizionamenti che un potere politico può esercitare, specie se di natura dittatoriale? Questa domanda va poi allargata anche agli intellettuali, al singolo individuo e alla collettività: fino a che punto si deve sottostare e collaborare?

Un teatro di riflessione

Il brano presentato in antologia costituisce il passaggio centrale del dramma che sta vivendo Galileo. Lo scienziato non è in scena, ma la sua presenza incombe sui tre discepoli (Fulgenzio, Federzoni e Andrea) che discutono mentre sono in attesa degli sviluppi del processo inquisitoriale, credono fortemente in lui e nella necessità di diffondere la verità (le nuove teorie astronomiche) e sperano nella sua resistenza. Accanto a loro c'è la figlia dello scienziato, Virginia, che prega sperando che il padre abiuri e salvi la sua anima. Le battute dei personaggi sono cariche di concetti, di valutazioni che hanno lo scopo di orientare lo spettatore, di fargli maturare l'idea che lo scienziato, come ogni intellettuale, debba assumersi la responsabilità delle proprie scoperte.

Nel dialogo che i discepoli intrecciano, infatti, scaturiscono alcune valutazioni significative. Il giovane Andrea è molto fiducioso nella forza del suo maestro e nella sua assoluta coerenza, ma tali giudizi sono presto rovesciati, per lasciar posto a pesanti critiche, una volta che costui ha abiurato: «Otre da vino! Mangialumache! Ti sei salvato la pellaccia, eh?» (rr. 99-100). La risposta di Galileo: «Sventurata la terra che ha bisogno di eroi» (r. 108), è invece, la penosa valutazione dello scienziato, secondo il quale tutto il popolo è chiamato a dover svolgere il proprio dovere civile, senza delegarlo solamente a degli eroi. Con questa uscita di Galileo, Brecht pensava alla sua Germania sotto il nazismo (ma anche al dogmatismo della Chiesa) e al fatto che la nazione non aveva saputo arginare Hitler e che l'impegno eroico dei singoli non era stato sufficiente.

STORIE da SCOPRIRE

Vita di Galileo di Bertolt Brecht

Brecht articola il dramma di Galileo (1564-1642) in quindici scene e colloca la vicenda in Italia, dal 1609 al 1638. Inizialmente lo scienziato si trova a Padova dove insegna matematica all'università. Ha tuttavia bisogno di soldi e allora vende come sua scoperta il telescopio alla Repubblica veneta: in realtà lo hanno inventato in Olanda, lui lo ha perfezionato e con questo strumento ha osservato la volta celeste.

Dalla scena IV, Galileo si trova a Firenze, protetto dai Medici, e discute con vecchi filosofi le sue nuove scoperte e la sua visione della scienza basata sulla sperimentazione e non sulle affermazioni aristoteliche ripetute da secoli. Nel 1616 l'Inquisizione mette all'indice la teoria dell'astronomo polacco Copernico, secondo la quale il sole è al centro dell'universo conosciuto e la terra un pianeta che gli ruota attorno. Anche Galileo ne è convinto. Nel frattempo studia le macchie solari. Le sue teorie diventano popolari e questo allarma la Chiesa che, da sempre, è depositaria del sapere astronomico, basato sulla lettura delle Sacre Scritture. Così nel 1633 l'Inquisizione processa Galileo e lo obbliga – minacciandolo di tortura – ad abiurare.

Negli ultimi anni della sua vita Galileo vive appartato e in tranquillità: un frate lo controlla e gli sottrae i fogli su cui sta scrivendo la sua ultima opera, i *Discorsi e dimostrazioni matematiche intorno a due nuove scienze*. In realtà, Galileo passa questo manoscritto al suo fedele discepolo Andrea Sarti che lo porta all'estero: così la nuova scienza viene conosciuta e abbracciata in tutta Europa.

Attività

Leggere e comprendere

1 **La convinzione** Quale convinzione mantengono i suoi discepoli per tutta la durata dell'attesa?
a. Sperano che sia assolto
b. Sperano che non abiuri
c. Sanno che sarà condannato
d. Sanno che la sua teoria è eretica

2 **I valori** In un breve precedente colloquio, quali valori aveva indicato Galileo a Fulgenzio, come motivazioni della sua ricerca scientifica?
a. Bellezza e verità
b. Ragione e verità
c. Fama e gloria
d. Sacrificio e eroismo

3 **Virginia** Quale giudizio lascia trasparire Andrea nei confronti di Virginia che sta pregando?
a. Approvazione
b. Condivisione
c. Irrisione
d. Aspra critica

4 **Andrea** In che modo Andrea, incredulo e attonito alla notizia dell'abiura di Galileo, conferma la sua fede nella scienza?

5 **L'abiura** Come reagiscono i personaggi al suono che annuncia che Galileo ha abiurato?

Virginia	....
Fulgenzio	....
Federzoni	....
Andrea	....

6 **Solo** Quali didascalie del testo evidenziano la solitudine di Galileo appena entrato in scena? Riporta le parole del testo.

....

....

7 **La chiusura** Il discorso che il Ragazzo pronuncia davanti al sipario:
a. afferma come in quel momento non è più possibile sostenere le leggi della natura, scaturite dalla scienza sperimentale
b. esprime l'errore metodologico di Galileo e della ragione
c. afferma che le verità scientifiche sono provate solo dalle parole della Bibbia
d. sostiene la possibilità di continuare la ricerca e di divulgarne i risultati

Riconoscere e analizzare

8 **Le didascalie** Come valuti le didascalie presenti nel testo?
a. Limitate
b. Essenziali
c. Numerose
d. Eccessive

9 **Il personaggio** Galileo entra in scena solo alla fine. Che cosa favorisce negli spettatori questa assenza del personaggio principale?
a. Maggiore coinvolgimento emotivo e sofferenza
b. Minore coinvolgimento emotivo e maggiore riflessione
c. Maggiore attenzione per gli altri personaggi
d. Maggiore libertà di espressione per gli altri personaggi

10 **L'allusione** A quale situazione ideologica e politica allude l'autore presentando la vicenda di Galileo?

Rielaborare e produrre

11 **Discutere**
«GALILEO No. Sventurata la terra che ha bisogno di eroi.» (r. 108)
Chiarisci il significato dell'affermazione dopo averne discusso con i tuoi compagni.

12 **La sintesi** Riassumi il testo, inserendo opportune informazioni cronologiche e usando circa 50 parole.

13 **Il commento** Scrivi un commento sulle caratteristiche del linguaggio teatrale usato nel testo.

14 **La scienza** Il Galileo di Brecht mostra grande fiducia nella verità e nella scienza come strumenti per il miglioramento della vita dell'uomo. Considera non solo il notevole progresso finora creato dalla scienza, ma anche gli orrori come la bomba atomica, l'inquinamento e altro, e stendi un testo argomentativo con il titolo "Si può avere sempre fiducia nella scienza?"

scrivere per cambiare il mondo

Un fermo "no alla guerra" nelle poesie di Bertolt Brecht

La guerra che verrà

Lo **stretto rapporto** che Brecht stabilisce **tra arte e ideologia** nelle opere teatrali si ritrova anche nella sua produzione poetica. In esilio in Danimarca, alla fine degli anni Trenta, egli segue con attenzione le sorti della società europea che, sotto la spinta del nazifascismo, si sta preparando alla guerra. Scrive alcune **poesie di carattere civile**, confluite nella raccolta *Poesie di Svendborg* (1939), nelle quali esprime la sua ferma opposizione al nazismo e alla volontà espansionistica tedesca, intravedendo con largo anticipo quale sarebbe stato il destino di tanti uomini in un nuovo conflitto mondiale.

L'autore sa bene che **la guerra comporta sempre lutti e distruzioni**, per tutti, vincitori e vinti, in particolare per la povera gente. Il suo pensiero è riassunto nella poesia *La guerra che verrà*:

La guerra che verrà
non è la prima. Prima
ci sono state altre guerre.
Alla fine dell'ultima
c'erano vincitori e vinti.
Fra i vinti la povera gente
faceva la fame. Fra i vincitori
faceva la fame la povera gente egualmente.

Le sue liriche brevi, dal tono ironico e tagliente, sono tese a denunciare gli inganni e le manipolazioni dei potenti, da intendere come capi di Stato, ma anche come costruttori di armi che dalle guerre traggono profitto. È il senso della poesia *Quando chi sta in alto parla di pace*, nella quale il poeta prende le parti della gente comune che osserva ormai con disincanto ciò che accade e non si fa più illusioni:

Quando chi sta in alto parla di pace
la gente comune sa
che ci sarà la guerra.
quando chi sta in alto maledice la guerra
le cartoline precetto sono già state compilate.

Qui e altrove Brecht insiste nella sua **divisione della società** tra coloro che stanno in alto e la gente comune, come nella poesia *Chi sta in alto dice*:

Chi sta in alto dice:
si va verso la gloria.
Chi sta in basso dice:
si va verso la fossa.

George Grosz, *Germania, una fiaba d'inverno*, 1920. (Collezione Privata)

Otto Dix, *La guerra – Truppe d'assalto avanzano sotto una nube di gas*, 1924. (Brisbane, Queensland Art Gallery)

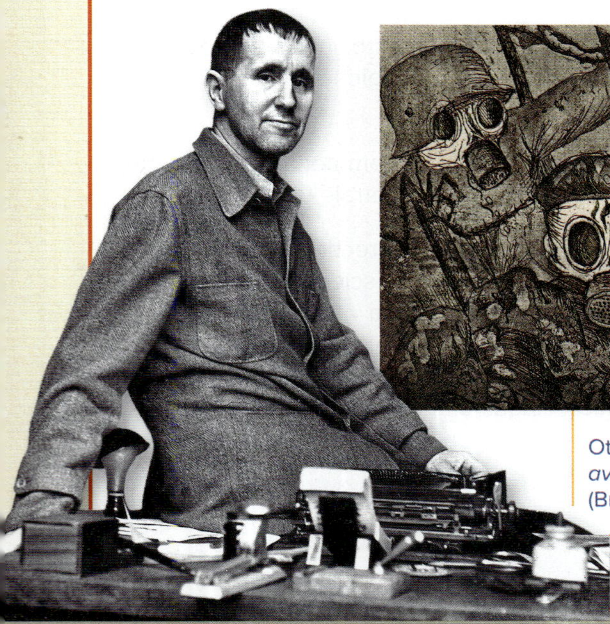

Bertolt Brecht negli anni Cinquanta.

Un'arte educativa

La fiducia di Brecht in un'arte dal carattere "educativo" è evidente nella composizione *Generale, il tuo carro armato è una macchina potente*, in cui il poeta tedesco contrappone in maniera sistematica il **Generale** – espressione della volontà bellica dei potenti – all'**uomo comune**, l'individuo capace di capire il senso solo negativo della guerra. Le strofe sono costruite in parallelo, i primi due versi di ogni strofa esaltano la tecnologia bellica, mentre gli altri due pongono l'accento sulla necessità della presenza dell'uomo perché la tecnologia funzioni:

Generale, il tuo carro armato è una macchina potente.
Spiana un bosco e sfracella cento uomini.
Ma ha un difetto:
ha bisogno di un carrista.
Generale, il tuo bombardiere è potente.
Vola più rapido d'una tempesta e porta più di un elefante.
Ma ha un difetto:
ha bisogno di un meccanico.
Generale, l'uomo fa di tutto.
Può volare e può uccidere.
Ma ha un difetto:
può pensare.

L'**assurdità** e la cieca violenza **della guerra**, che si abbatte senza pietà anche su coloro che vi si oppongono, sono i temi al centro della breve poesia *Sul muro c'era scritto col gesso*:

Sul muro c'era scritto col gesso:
vogliono la guerra.
Chi l'ha scritto è già caduto.

Hitler o l'Imbianchino

Alcuni componimenti chiamano direttamente in causa Hitler, apostrofandolo in senso dispregiativo con il termine "Imbianchino", per sottolineare il suo passato di pittore dilettante. Nella poesia *Il Führer vi racconterà*, Brecht afferma espressamente di non ascoltare le sue parole perché basate sull'inganno:

Il Führer vi racconterà: la guerra
dura quattro settimane. Quando verrà l'autunno
sarete di ritorno. Ma
l'autunno verrà e se ne andrà
e verrà ancora e se ne andrà molte volte, e voi
non sarete di ritorno.
L'Imbianchino vi racconterà: le macchine
ce la faranno per noi. Ben pochi
dovranno morire. Ma
voi morrete a centinaia di migliaia, quanti
mai in nessun luogo se n'è visti morire.
Quando sentirò che siete al Capo Nord
e in India e nel Transvaal, saprò tutt'al più
dove un giorno si potranno trovare le vostre tombe.

Benché composte in un preciso momento storico, e strettamente connesse alle vicende politiche e belliche della Seconda guerra mondiale, le poesie di Brecht contengono un messaggio universale, sempre valido, indirizzato agli uomini di ogni Paese e di ogni epoca: la **strenua accusa contro tutte le guerre** e gli stermini che esse comportano.

Manifesto raffigurante una parata nazista a Norimberga nel 1933.

DOMANDE

- Noi siamo al riparo della guerra oppure è un rischio ancora incombente? Spiega la tua posizione.
- Le guerre del presente in che cosa assomigliano o differiscono dalle guerre del passato?

Marco Paolini

La diga del Vajont

Da
Il racconto del Vajont, 1994-1997
Monologo

Il crollo di una diga avvenuta il 9 ottobre 1963 tra il Friuli e il Veneto, con le sue 2000 vittime, diventa il soggetto del monologo civile di Paolini, nato dalla volontà di capire come sia potuto accadere un evento così terrificante. Lo spettacolo è stato messo in scena in piazze, scuole e teatri di tutta Italia.

Quanto pesa un metro cubo d'acqua?

No, no, non preoccuparti di rispondere esattamente. Basta che ci mettiamo d'accordo.

Un metro cubo d'acqua? Mille chili, una tonnellata. Una tonnellata va bene?

Le frane le misurano a metri cubi. Il metro cubo è l'unica cosa che resta fissa, perché poi la densità, e il peso, cambiano. Allora bisogna prendere quest'unità di misura, l'unica cosa abbastanza certa, bisogna prendere i numeri, però poi bisogna metterli vicino alle cose, ai nomi, per vedere se scatta qualcosa.

Un nome: Stava.

Ti dice niente?

Val di Stava, una conca tra Bolzano e Trento. In cima alla Val di Stava, lassù in alto, c'era una diga di terra e dietro c'erano i fanghi, gli scarichi di una miniera Montedison. Dopo che è piovuto un bel po', il 18 luglio 1985 la diga non ce la fa più: scoppia. Tutto quello che c'è dietro alla diga, 450.000 metri cubi di fango, va giù a spazzare via dalla faccia della terra il paese di Stava e una fetta del paese vicino, Tesero. Duecentosessantotto morti.

Quattrocentocinquantamila metri cubi.

Un altro nome: Valtellina. Stesso mese, luglio. Però del 1987. La frana della Valtellina è più grossa di quella della Val di Stava, è parecchio più grossa, cento volte più grossa: 45 milioni di metri cubi di montagna cascano in fondo alla Valtellina a fare uno schizzo lungo due chilometri che cambia la geografia della valle.

Quarantacinque milioni di metri cubi.

E allora un altro nome: Vajont. Ti dice niente Vajont?

L'AUTORE

Marco Paolini (1956) ha fatto parte di diverse compagnie teatrali nel doppio ruolo di attore e autore a partire dagli anni Settanta. I suoi lavori sono ascrivibili al genere del teatro di narrazione (▶ p. 436): si tratta di spettacoli in cui un unico attore recita un lungo monologo, dove alla parola e alla gestualità dell'interprete si affida il racconto di una storia. Le produzioni teatrali di Paolini nascono da un approfondito lavoro di inchiesta: *Il racconto del Vajont*, *Bestiari* (1998-1999), *I-TIGI Canto per Ustica* (2000), *Teatro civico* (2003), fino al recente *Bisogna (la pellagra via sms)* (2010). Tutti i suoi spettacoli sono caratterizzati da un chiaro intento di denuncia sociale, da una raffinata satira politica e dalla volontà di mantenere viva la memoria collettiva su importanti eventi storici.

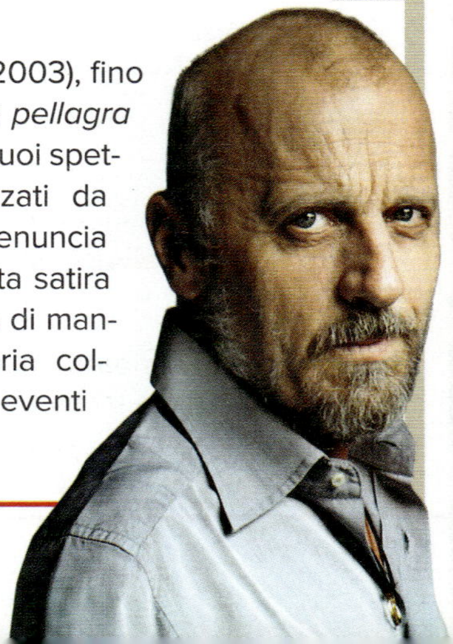

9 ottobre 1963. Dal monte Toc, dietro la diga del Vajont, si staccano tutti insieme 260 milioni di metri cubi di roccia.

Duecentosessanta milioni di metri cubi.

Vuol dire quasi sei volte più della Valtellina.

Vuol dire seicento volte più grande della frana della Val di Stava.

Duecentosessanta milioni di metri cubi di roccia cascano nel lago dietro alla diga e sollevano un'onda di cinquanta milioni di metri cubi. Di questi cinquanta milioni, solo la metà scavalca la diga: solo venticinque milioni di metri cubi d'acqua… Ma è più che sufficiente a spazzare via dalla faccia della terra cinque paesi: Longarone, Pirago, Rivalta, Villanova, Faè.

Duemila i morti.

La storia della diga del Vajont, iniziata sette anni prima, si conclude in quattro minuti di apocalisse con l'olocausto di duemila vittime.

Come si fa a capire un fatto come questo?

Capire che peso ha avuto, che peso ha?

Dove va a cadere il peso di certi avvenimenti?

Che pressione fanno sulla morale delle persone,

come incidono sui comportamenti di una comunità,

nelle scelte di un popolo?

Quale clima raddensano in un paese?

1. Longarone non c'è più

Io il 10 ottobre andavo in seconda elementare.

Mi sveglio. Mattina sette e mezzo. Mia mamma piange.

Non avrà mica già litigato con mio papà alle sette e mezzo del mattino?

Non era a casa mio papà.

Mi ricordo il giornale radio: «*Longarone non c'è più*».

Longarone?

Non avevamo mica parenti noi a Longar… Aspetta, no, aspetta… Ma certo, ero un bambino ma io Longarone me la ricordavo… Eh sì che me la ricordavo: per me all'epoca Longarone era una stazione sulla ferrovia delle vacanze. Perché noi andavamo in vacanza sempre nello stesso posto e quindi io le stazioni le avevo imparate a memoria.

Andare in su, venir in giù, sempre la stessa strada, le stazioni le sapevo tutte… Guarda, diobono, a scendere le stazioni si chiamavano:

Calalzo di Cadore…

Tutun-tutun-tutun…

… poi c'era Sottocastello, che c'è un'altra diga, ma il treno non fermava nianca[1]…

Tutun-tutun-tutun… poi c'era Perarolo…

Tutun-tutun… Ospitale…

Tutun-tutun… Termine…

Tutun-tutun… Castellavazzo…

Tutun-tutun… Longaroneeeeeee!

Ecco la valle della sciagura: fango, silenzio, solitudine e capire subito che tutto ciò è definitivo; più niente da fare o da dire. Cinque paesi, migliaia di persone, ieri c'erano, oggi sono terra e nessuno ha colpa; nessuno poteva prevedere. In tempi atomici si potrebbe dire che questa è una sciagura pulita, gli uomini non ci hanno

1 **nianca**: espressione del dialetto veneto, per "nemmeno".

per approfondire

messo le mani: tutto è stato fatto dalla natura che non è buona e non è cattiva, ma indifferente. E ci vogliono queste sciagure per capirlo!... Non uno di noi moscerini vivo, se davvero la natura si decidesse a muoverci guerra...

Belle parole, potenti... Bellissime!

Eh, non sono mica mie... Queste sono le parole di uno dei giornalisti più importanti della nostra Repubblica: Giorgio Bocca, su «Il Giorno», venerdì 11 ottobre 1963.

Mica solo lui. Gli inviati speciali sul luogo della sciagura sono i giornalisti più importanti del paese. Arrivano la notte stessa, quasi mattina, spaventati come formiche sotto la diga, perché non è mica facile anche solo arrivarci, non è facile anche solo capir dove sei... È solo fango qua... Non sanno neanche più dove mettere i piedi, perché gli tiran sassi, anche, ai giornalisti... «Via de qua! State pestando la mia casa!». «Via coi piedi che gh'è i morti a cavar su[2]...». E in mezzo a questi signori ce n'è uno di Belluno, e la diga è là, sul confine tra il Veneto e il Friuli, allora per questo signore è diverso... La storia, lui che è di Belluno, la sente più degli altri. E scrive, ispirato, sul suo giornale:

Un sasso è caduto in un bicchiere, l'acqua è uscita sulla tovaglia. Tutto qua. Solo che il sasso era grande come una montagna, il bicchiere alto centinaia di metri, e giù sulla tovaglia, stavano migliaia di creature umane che non potevano difendersi. E non è che si sia rotto il bicchiere; non si può dar della bestia a chi lo ha costruito perché il bicchiere era fatto bene, a regola d'arte, testimonianza della tenacia e del coraggio umani. La diga del Vajont era ed è un capolavoro. Anche dal punto di vista estetico.

Dino Buzzati, è lui lo scrittore, sul «Corriere della Sera», venerdì 11 ottobre 1963.

La diga del Vajont era ed è un capolavoro.

Era ed è?

Come sarebbe «*era ed è*»?

Sì, per forza! Perché la diga del Vajont non era crollata come pareva al primo momento.

No, figurati! Era là, ben salda. Come ha detto Buzzati. [...]

Ore 22 e 39

Su in valle, sopra la diga, un silenzio feroce.

L'ultima bava di ragno che teneva unita la frana al resto della montagna si rompe.

E la frana sta là. Sul piano inclinato. Non c'è più niente che la tiene attaccata al resto della montagna. E poi va.

Cos'è che la fa andare? Un colpo di tosse? Una ciacola[3]? Un ronzio? Un ticchettio? Uno starnuto? Un motore?

Non so.

So che 260 milioni di metri cubi di roccia, coste di montagna alte 300 metri, rocciose, con i boschi sopra, con i corsi d'acqua, con lo stagno, coi campi coltivati, coi pascoli, le vallate, le colline. E le case, con le stalle e le bestie che muggiscono impazzite, con altri alla catena che si soffocano pur di scappare, con gli umani che non li hanno abbandonati... Un mondo intero, immenso!, fatto a emme, passa, compatto, non sbriciolato a sassi... Un mondo intero con gli alberi ancora dritti, passa tutto insieme da 60 centimetri a 100 chilometri all'ora in meno di un minuto.

2 **gh'è i morti a cavar su**: in dialetto veneto, "ci sono i morti da tirare fuori".

3 **ciacola**: "chiacchiera" in dialetto veneto.

Una accelerazione di cinque milioni di volte!

Come può farlo?

Rocce frantumate, marne[4], argille porose imbibite[5], piene d'acqua... Tutta quell'acqua evapora per il calore provocato dallo scivolamento della frana stessa. Forma un cuscino di vapore tra il calcare dolomitico e gli strati rocciosi... Un cuscino di vapore su cui corre la frana. Si chiama aquaplaning quel fenomeno, è lo stesso che ti fa slittare in autostrada quando cerchi di inchiodare sul bagnato: un cuscino di vapore bollente che lancia a cento all'ora la frana con attrito zero sul piano di scivolamento liscio, perfetto. La prima zolla riempie la vallata, la seconda le si gira sopra, la terza usa le altre due come un trampolino e sale, sbatte, rimbalza dalla parte opposta della valle.

Non lo può fare in silenzio.

Tu parli coi superstiti e ti dicono: «Puoi dire quello che vuoi, ma il rumore... Quello non lo puoi immaginare... Il rumore... Il rumore...».

Tutti i testimoni ti dicono:

«Come fai a parlare di quel rumore?».

M. Paolini, G. Vacis, *Il racconto del Vajont*, Garzanti, Milano, 1997

4 **marne**: rocce argillose.

5 **imbibite**: imbevute.

Marco Paolini durante uno spettacolo.

Attività

Comprendere il monologo

1 **Vajont** Hai mai sentito parlare del Vajont?

2 **Teatro di narrazione** Quali sensazioni ti comunica il testo di Paolini? Credi che il genere del teatro di narrazione sia monotono oppure coinvolgente, nonostante ci sia solo un interprete a raccontare?

3 **Evento** Anche tu ricordi un evento tragico della storia italiana o mondiale che ha segnato in qualche modo la tua infanzia? Raccontalo in un breve testo.

Analizzare il monologo

4 **Numeri** Ne la prima parte del brano perché si insiste sui numeri? Perché sono per lo più scritti in lettere?

5 **Etimologia** Ricerca l'etimologia del termine "apocalisse" ed evidenzia con quale significato è usata nel brano (r. 36).

6 **Espressione** Spiega il significato dell'espressione «L'ultima bava di ragno» (r. 102).

RACCOGLIAMO LE IDEE

1 Sintesi dei contenuti

Attraverso l'attività seguente e le citazioni tratte dai brani che hai letto, esegui un lavoro di sintesi dei concetti e delle informazioni presentati nell'Unità. Se lo ritieni utile, puoi inserire altre citazioni per te significative.

Rivedi gli elementi principali dei tre drammi presentati nell'Unità, compilando la seguente tabella. Serviti invece delle seguenti informazioni per compilare la colonna "Tipo di teatro": il teatro nel teatro • dramma borghese • teatro "epico".

Dramma	Autore	Protagonisti	Anno di produzione	Motivo del dramma	Conclusione	Tema	Tipo di teatro
Casa di bambola					Nora decide di abbandonare il marito e l'intera famiglia	Ricerca della dignità della donna	
Sei personaggi in cerca d'autore			1921				
Vita di Galileo			1953-1955				

2 Citazioni dai brani

NORA (*guardando l'ora*) Non è ancor molto tardi. Siediti, Torvald; noi due dobbiamo parlarci a lungo. (*Siede a un capo del tavolo*).
HELMER Nora… che c'è? Quel viso impenetrabile…
NORA Siedi. Ci vorrà un po' di tempo. Devo dirti molte cose.
HELMER (*sedendo di fronte a lei*) Mi fai paura, Nora. E non ti capisco.
NORA Sì, di questo appunto si tratta. Tu non mi capisci. Ed io pure non ti ho mai capito… fino a questa sera. Ti prego, non interrompermi. Ascolta quel che ti dico. È una resa dei conti, Torvald!

Henrik Ibsen, *Casa di bambola*

IL PADRE (*ferito e mellifluo*) Oh, signore, lei sa bene che la vita è piena d'infinite assurdità, le quali sfacciatamente non han neppure bisogno di parer verosimili; perché sono vere.

Luigi Pirandello, *Sei personaggi in cerca d'autore*

VOCE DEL BANDITORE «Io, Galileo Galilei, lettore di matematiche nell'Università di Firenze, pubblicamente abiuro la mia dottrina che il sole è il centro del mondo e non si muove, e che la terra non è il centro del mondo e si muove. Con cuor sincero e fede non finta abiuro, maledico e detesto i suddetti errori ed eresie, e qualunque altro errore, eresia e setta contraria alla Santa Chiesa».

Bertolt Brecht, *Vita di Galileo*

[…]
....
....
....
....

3 Scrittura guidata *il testo espositivo*

Nei passi letti emerge chiaramente la crisi dell'uomo del Novecento. I personaggi non sono appagati, ricercano qualcosa che dia valore al loro vivere e spesso ne sono delusi. Questa loro ricerca muove in ambito personale, sociale e in quello legato alla conoscenza.

Rivedendo l'esercizio di riepilogo e basandoti anche sui passi che abbiamo riportato, stendi un testo espositivo dal titolo "Tante domande e le poche risposte per l'uomo del Novecento".

Ricorda le caratteristiche del testo espositivo (Narrativa, ► p. 101), usa come documento i passi citati, e utilizza, se vuoi, la seguente scaletta.

Introduzione

- Chiarificazione e ampliamento della traccia

Sviluppo

- Primo paragrafo: Chi sono? Il problema dell'identità
- Secondo paragrafo: Chi sono? La dignità e la libertà dell'individuo
- Terzo paragrafo: Qual è la verità? Scienza e fede, etica

Conclusione

- Confronti
- Valutazione personale

Samuel Beckett

L'inutile attesa del signor Godot

Da *Aspettando Godot*, 1952

Dramma

Due vagabondi, Vladimiro ed Estragone, vivono un'attesa continua aspettando un certo signor Godot, che non si sa chi sia: questo misterioso personaggio dovrebbe aiutare i due derelitti, ma il suo arrivo è costantemente rinviato.

PAROLE sotto la lente

Assurdo

L'aggettivo deriva dal latino *absurdus* e propriamente significa "stonato". Si riferisce a ciò che è contrario all'evidenza, alla ragione. È anche usato come sostantivo per indicare ciò che è intrinsecamente contraddittorio. L'espressione "teatro dell'assurdo" individua la produzione di artisti contemporanei come A. Adamov, S. Beckett e E. Ionesco che, attraverso l'abbandono dei mezzi espressivi logici e razionali, esprimono l'angoscia del vivere e l'irrazionalità della condizione umana.

Attività

Elenca almeno tre aggettivi di significato contrario.

[*Presentiamo la scena iniziale dell'opera, con il dialogo* **assurdo** *tra i due protagonisti, fatto di "nonsense" e di ripetizioni, e la scena finale del dramma, che ripropone quasi in maniera identica la parte conclusiva del primo atto.*]

ATTO PRIMO

Strada di campagna, con albero.
È sera.

Estragone, seduto per terra, sta cercando di togliersi una scarpa. Vi si accanisce con ambo[1] le mani, sbuffando. Si ferma stremato, riprende fiato, ricomincia daccapo.
Entra Vladimiro.

ESTRAGONE (*dandosi per vinto*) Niente da fare.

VLADIMIRO (*avvicinandosi a passettini rigidi e gambe divaricate*) Comincio a crederlo anch'io. (*Si ferma*) Ho resistito a lungo a questo pensiero; mi dicevo: Vladimiro, sii ragionevole, non hai ancora tentato tutto. E riprendevo la lotta. (*Prende un'aria assorta, pensando alla lotta. A Estragone*) Dunque, sei di nuovo qui, tu?

ESTRAGONE Credi?

VLADIMIRO Sono contento di rivederti. Credevo fossi partito per sempre.

ESTRAGONE Anch'io[2].

VLADIMIRO Che si può fare per festeggiare questa riunione? (*S'interrompe per riflettere*) Alzati che t'abbracci. (*Tende la mano a Estragone*).

ESTRAGONE (*irritato*) Dopo, dopo. (*Silenzio*).

VLADIMIRO (*offeso, con freddezza*) Si può sapere dove il signore ha passato la notte?

ESTRAGONE In un fosso.

VLADIMIRO (*sbalordito*) Un fosso! E dove?

ESTRAGONE (*senza fare il gesto*) Laggiù.

VLADIMIRO E non ti hanno picchiato?

ESTRAGONE Sì... Ma non tanto.

VLADIMIRO Sempre gli stessi?

ESTRAGONE Gli stessi? Non so[3]. (*Silenzio*).

VLADIMIRO Quando ci penso... mi domando... come saresti finito... senza di me... in tutto questo tempo... (*Recisamente*[4]) Non saresti altro che un mucchietto d'ossa, oggi come oggi; ci scommetterei.

ESTRAGONE (*punto sul vivo*) E con questo?

VLADIMIRO (*stancamente*) È troppo per un uomo solo. (*Pausa. Vivacemente*) D'altra parte, a che serve scoraggiarsi adesso, dico io. Bisognava pensarci secoli fa, verso il 1900.

ESTRAGONE Piantala. Aiutami a togliere questa schifezza.

1 **ambo**: entrambe.
2 **Anch'io**: già queste battute iniziali appaiono prive di senso, contraddittorie. Ognuno parla per sé.
3 **Non so**: Estragone non conosce gli uomini che l'hanno picchiato. In scena non compaiono mai altri personaggi al di fuori di Estragone, Vladimiro, Pozzo con il suo servo Lucky e un ragazzo messaggero di Godot.
4 **Recisamente**: con risolutezza.

VLADIMIRO Tenendoci per mano, saremmo stati tra i primi a buttarci giù dalla Torre Eiffel. Eravamo in gamba, allora. Adesso è troppo tardi. Non ci lascerebbero nemmeno salire. (*Estragone si accanisce sulla scarpa*). Ma cosa fai?

ESTRAGONE Mi tolgo le scarpe. Non t'è mai capitato, a te?

VLADIMIRO Quante volte t'ho detto che bisogna levarsele tutti i giorni! Dovresti darmi retta.

ESTRAGONE (*debolmente*) Aiutami!

VLADIMIRO Hai male?

ESTRAGONE Male! E viene a chiedermi se ho male!

VLADIMIRO (*arrabbiandosi*) Sei sempre solo tu a soffrire! Io non conto niente. Ma vorrei vederti, al mio posto! Sapresti cosa vuol dire.

ESTRAGONE Hai avuto male?

VLADIMIRO Se ho avuto male! Mi viene a chiedere se ho avuto male!

ESTRAGONE (*con l'indice puntato*) Non è una buona ragione per non abbottonarsi.

VLADIMIRO (*chinandosi*) Già, è vero. (*Si riabbottona*) Il vero signore si vede dalle piccole cose.

ESTRAGONE Che vuoi che ti dica, tu aspetti sempre l'ultimo momento. [...]

ATTO SECONDO

[...]

Cammina avanti e indietro agitatissimo e finalmente si ferma accanto alla quinta sinistra e guarda lontano. Da destra entra il Ragazzo del giorno prima[5]. Si ferma. Silenzio.

5 **il ragazzo... prima**: il ragazzo che si era presentato il giorno prima per annunciare l'arrivo di Godot l'indomani.

L'AUTORE

Samuel Beckett nasce nei pressi di Dublino nel 1906. Si laurea in letteratura francese e italiana e nel 1927 viene assunto come lettore di inglese all'École Normale di Parigi. A Parigi stringe rapporti di amicizia e di collaborazione con James Joyce (1882-1941). Nel 1938 Beckett si trasferisce definitivamente a Parigi per dedicarsi all'attività letteraria. Esordisce con poesie e romanzi in lingua inglese, ma dal 1945 comincia a scrivere in francese saggi, romanzi e testi teatrali che solo più tardi verranno tradotti in inglese. Del 1953 è la prima leggendaria messa in scena della *pièce* che lo renderà famoso in tutto il mondo, *Aspettando Godot*, in cui esprime la mancanza di senso della vita umana. Negli anni successivi continua a comporre per il teatro, elaborando testi drammatici che illustrano la sua visione nichilista e senza speranza della vita: *Finale di partita* (1957), *Atto senza parole* (1957), *Giorni felici* (1961). Nel 1969 ottiene il premio Nobel per la Letteratura. Muore a Parigi nel 1989.

Il suo viene definito "teatro dell'assurdo" proprio per i temi e i motivi che lo ispirano. È la condizione umana a essere "assurda", dal momento che l'uomo vive in una situazione di disperata solitudine: le figure che si agitano sulla scena sono destinate a parlare molto o, viceversa, a non parlare affatto e a concretizzare ben poco impossibilitate a dare significato alla loro esistenza. Ciascuno esiste in un suo spazio, senza comunicare con chi è al suo fianco, ed è costretto a ripetere in maniera meccanica gesti e abitudini in una dimensione temporale vuota e angosciosa. Specchio di questa tragica e irrimediabile condizione è anche la realtà esterna, allucinante come dopo una catastrofe nucleare (la nuda strada con albero di *Aspettando Godot*; la buca piena di sabbia che immobilizza Winnie, uno stralunato personaggio in *Giorni felici*; i bidoni della spazzatura dove vivono i protagonisti di *Finale di partita*). Beckett esprime una visione profondamente pessimistica della vita, testimoniando in tal modo la crisi di valori della civiltà contemporanea.

6 **Signor Alberto**: il ragazzo chiama così Vladimiro perché non lo ha riconosciuto: i personaggi del dramma non hanno una vera percezione dell'altro.

RAGAZZO Signore… (*Vladimiro si volta*). Signor Alberto[6]…
VLADIMIRO Ricominciamo. (*Pausa. Al Ragazzo*) Non mi riconosci?
RAGAZZO Nossignore.
VLADIMIRO Sei tu che sei venuto ieri?
RAGAZZO Nossignore.
VLADIMIRO È la prima volta che vieni?
RAGAZZO Sissignore. (*Silenzio*).
VLADIMIRO È il signor Godot che ti manda?
RAGAZZO Sissignore.
VLADIMIRO Non verrà questa sera?
RAGAZZO Nossignore.
VLADIMIRO Ma verrà domani.
RAGAZZO Sissignore.
VLADIMIRO Sicuramente.
RAGAZZO Sissignore. (*Silenzio*).
VLADIMIRO Non hai trovato nessuno, per strada?
RAGAZZO Nossignore.
VLADIMIRO Altri due… (*esitando*) … uomini.
RAGAZZO Non ho visto nessuno, signore. (*Silenzio*).
VLADIMIRO Che cosa fa il signor Godot? (*Pausa*). Mi hai sentito?
RAGAZZO Sissignore.
VLADIMIRO E allora?
RAGAZZO Non fa nulla, signore. (*Silenzio*).
VLADIMIRO Come sta tuo fratello?
RAGAZZO È malato, signore.

STORIE da SCOPRIRE

Aspettando Godot di Samuel Beckett

Nei due atti che compongono l'opera la scena è sempre la stessa, con i personaggi che svolgono le stesse azioni e ripetono le medesime parole: siamo di fronte a un dramma che non ha un inizio e una fine, non ha uno svolgimento, ma è statico, proprio a voler simbolicamente rappresentare il senso d'inutilità che stringe come in una morsa l'uomo contemporaneo, incapace di dare scopi e obiettivi precisi alla sua esistenza.

In apertura del dramma, i due protagonisti, Vladimiro ed Estragone, aspettano in una strada di campagna, di sera sotto un albero, un certo Godot che ha dato loro appuntamento in quel luogo: costui dovrebbe risolvere tutti i loro problemi. Nell'attesa, i due parlano in continuazione senza tuttavia riuscire a intrecciare un vero colloquio: recriminano sul presente, si rifanno a un passato forse meno infelice, si preoccupano del futuro. Sopraggiungono in scena, all'improvviso, due viandanti: Pozzo, un ricco arrogante che afferma di essere il padrone di quelle terre e Lucky, il suo servo, tenuto al guinzaglio. I due vagano senza meta, condannati anche loro a incarnare costantemente i loro ruoli. Rimasti di nuovo soli, Vladimiro ed Estragone sono raggiunti da un ragazzo che li informa dell'arrivo di Godot, il giorno seguente. Nel secondo atto i due amici sono ancora lì, sotto l'albero, a ripetere più o meno le stesse azioni assurde e i dialoghi insensati dell'atto precedente. Compare di nuovo il ragazzo mandato da Godot ad annunciarne l'arrivo l'indomani: a Vladimiro ed Estragone non resta che attendere. Affermano di andarsene, ma non si muovono.

VLADIMIRO Forse era lui quello che è venuto ieri.
RAGAZZO Non lo so, signore. (*Silenzio*).
VLADIMIRO Ha la barba il signor Godot?
RAGAZZO Sissignore.
VLADIMIRO Bionda o... (*esitando*) ... o nera?
RAGAZZO (*esitando*) Mi pare che sia bianca, signore. (*Silenzio*).
VLADIMIRO Misericordia. (*Silenzio*).
RAGAZZO Che devo dire al signor Godot, signore?
VLADIMIRO Gli dirai... (*s'interrompe*) ... gli dirai che mi hai visto e che... (*riflettendo*) ... che mi hai visto. (*Pausa. Vladimiro avanza, il Ragazzo indietreggia, Vladimiro si ferma, il Ragazzo si ferma*). Di' un po', sei sicuro di avermi visto? Domani non verrai mica a dirmi che non mi hai visto?

La messa in scena di *Aspettando Godot* della American Theatre Company di Tulsa nel 2015.

Silenzio. Vladimiro fa un balzo improvviso in avanti, il Ragazzo scappa come una freccia. Silenzio. Il sole tramonta, sorge la luna. Vladimiro rimane immobile. Estragone si sveglia, si toglie le scarpe, si alza con le scarpe in mano, le posa davanti alla ribalta[7], si avvicina a Vladimiro e lo guarda.

ESTRAGONE Che hai?
VLADIMIRO Niente.
ESTRAGONE Io me ne vado.
VLADIMIRO Anch'io. (*Silenzio*).
ESTRAGONE È da tanto che dormivo?
VLADIMIRO Non so. (*Silenzio*).
ESTRAGONE Dove andiamo?
VLADIMIRO Non lontano.
ESTRAGONE No, no, andiamocene lontano di qui!
VLADIMIRO Non si può.
ESTRAGONE Perché?
VLADIMIRO Bisogna tornare domani.
ESTRAGONE A far che?
VLADIMIRO Ad aspettare Godot.
ESTRAGONE Già, è vero. (*Pausa*). Non è venuto?
VLADIMIRO No.
ESTRAGONE E ormai è troppo tardi.
VLADIMIRO Sì, è notte.
ESTRAGONE E se lo lasciassimo perdere? (*Pausa*). Se lo lasciassimo perdere?
VLADIMIRO Ci punirebbe. (*Silenzio. Guarda l'albero*) Soltanto l'albero vive.
ESTRAGONE (*guardando l'albero*) Che cos'è?
VLADIMIRO È l'albero.
ESTRAGONE Volevo dire di che genere?
VLADIMIRO Non lo so. Un salice.
ESTRAGONE Andiamo a vedere. (*Trascina Vladimiro verso l'albero. Lo guardano immobili. Silenzio*). E se c'impiccassimo[8]?
VLADIMIRO Con cosa?
ESTRAGONE Non ce l'hai un pezzo di corda?
VLADIMIRO No.

7 **ribalta**: è la parte anteriore del palcoscenico che dà sul pubblico, detta anche proscenio.

8 **E se c'impiccassimo?**: osservando l'albero, unico elemento di una scena disadorna, pur sostenendo che «soltanto l'albero vive», in realtà i due protagonisti pensano alla morte. Ma anche l'idea di impiccarsi sembra solo qualcosa che si finirà per rimandare, come tutto il resto, a un indefinito domani.

ESTRAGONE Allora non si può.
VLADIMIRO Andiamocene.
ESTRAGONE Aspetta, c'è la mia cintola.
VLADIMIRO È troppo corta.
ESTRAGONE Mi tirerai per le gambe.
VLADIMIRO E chi tirerà le mie[9]?
ESTRAGONE È vero.
VLADIMIRO Fa' vedere lo stesso. (*Estragone si slaccia la corda che gli regge i pantaloni. Questi, che sono larghissimi, gli si afflosciano sulle caviglie. Tutti e due guardano la corda*). In teoria dovrebbe bastare. Ma sarà solida?
ESTRAGONE Adesso vediamo. Tieni.

Ciascuno dei due prende un capo della corda e tira. La corda si rompe facendoli quasi cadere.

VLADIMIRO Non val niente. (*Silenzio*).
ESTRAGONE Dicevi che dobbiamo tornare domani?
VLADIMIRO Sì.
ESTRAGONE Allora ci procureremo una buona corda.
VLADIMIRO Giusto. (*Silenzio*).
ESTRAGONE Didi[10].
VLADIMIRO Sì.
ESTRAGONE Non posso più andare avanti così.
VLADIMIRO Sono cose che si dicono.
ESTRAGONE Se provassimo a lasciarci[11]? Forse le cose andrebbero meglio.
VLADIMIRO C'impiccheremo domani. (*Pausa*). A meno che Godot non venga.
ESTRAGONE E se viene?
VLADIMIRO Saremo salvati. (*Vladimiro si toglie il cappello – che è quello di Lucky – ci guarda dentro, ci passa la mano, lo scuote, lo rimette in testa*).
ESTRAGONE Allora andiamo?
VLADIMIRO I pantaloni.
ESTRAGONE Come?
VLADIMIRO I pantaloni.
ESTRAGONE Vuoi i miei pantaloni?
VLADIMIRO Tírati su i pantaloni.
ESTRAGONE Già, è vero. (*Si tira su i pantaloni. Silenzio*).
VLADIMIRO Allora andiamo?
ESTRAGONE Andiamo.

Non si muovono.

S. Beckett, *Aspettando Godot*, trad. di C. Fruttero, Einaudi, Torino, 1970

9 **E chi tirerà le mie?**: in un momento che vorrebbe essere grave, Vladimiro se ne esce con una battuta spiritosa.
10 **Didi**: diminutivo di Vladimiro.
11 **Se provassimo a lasciarci?**: già in precedenza i due hanno provato a prendere strade diverse, ma sembrano legati da un incomprensibile rapporto di solidarietà che li spinge a non agire.

Ugo Pagliai ed Eros Pagni interpretano Vladimiro ed Estragone nell'allestimento di *Aspettando Godot* diretto da Marco Sciaccaluga per il Teatro Stabile di Genova nel 2009.

Attività

Comprendere e analizzare: verso l'INVALSI

1 **I dialoghi** Di che cosa parlano i due vagabondi?
- a. Parlano soltanto di un'aggressione a Estragone
- b. Parlano con chiarezza dell'attesa di Godot
- c. I temi della loro conversazione non sono ben individuabili
- d. Espongono ordinatamente vicende del passato

2 **Lo scopo** I due protagonisti sembrano avere un chiaro motivo per trovarsi insieme in quel luogo, in quel momento. Quale?
- a. Si erano dati appuntamento precedentemente
- b. Devono scambiarsi informazioni
- c. Aspettano l'arrivo sicuro del signor Godot
- d. Aspettano con molta incertezza l'arrivo del signor Godot

3 **Godot** Quali informazioni hanno del signor Godot? Riporta le parole del testo.

....

....

....

4 **Le proposte** Quali proposte rivolge Estragone a Vladimiro per migliorare la loro situazione?
- a. Di impiccarsi e poi di farlo annunciare al signor Godot
- b. Prima di impiccarsi e poi di separarsi
- c. Prima di rimanere in quel luogo e poi di impiccarsi
- d. Prima di andarsene da quel luogo e poi di separarsi

5 **La reazione** Queste proposte vengono in sostanza accettate dal compagno?
- a. Sì, entrambe
- b. La prima no, la seconda sì
- c. Nessuna delle due
- d. La prima sì, la seconda no.

6 **L'ambientazione** Come è presentata la scena?
- a. Con ricchezza di dettagli
- b. Con poche annotazioni
- c. Con una ricca scenografia paesaggistica
- d. Senza alcuna annotazione

7 **Le battute** Ricerca nel testo qualche esempio di dialogo privo di senso.

8 **I silenzi** Prova a osservare le pause che intercorrono tra una battuta e l'altra. Che scopo hanno?
- a. Rendere il dialogo ancora più faticoso e inconcludente
- b. Sottolineare il fatto che i due vagabondi non sanno esprimersi
- c. Coinvolgere maggiormente lo spettatore
- d. Evidenziare il ritmo monotono della loro vita

9 **I personaggi** Scrivi a quale personaggio si riferiscono i ritratti contenuti nella tabella seguente.

....	....
Appare sicuro di sé, è convinto di essere una presenza importante per l'amico («come saresti finito... senza di me»), crede più del suo compagno nell'arrivo di Godot perché teme una punizione	È figura più comica (la lotta con la scarpa) ma cerca delle soluzioni alla situazione in cui si trova con il suo compagno («E se lo lasciassimo perdere?»; «E se c'impiccassimo?»; «Se provassimo a lasciarci?»)

10 **Un'amara complicità** Individua alcune situazioni che richiamano le tipiche scene comiche dei clown.

Rielaborare e produrre

11 **Commento** Prova a scrivere un testo di circa 100 parole di interpretazione e commento del testo teatrale, mettendo anche in luce i passi in cui traspare la comicità e quelli in cui si avverte tragicità.

12 **Assurdo** Perché questo testo può essere definito un esempio di "teatro dell'assurdo"? Spiega in un testo espositivo le caratteristiche che lo rendono tale.

per guardare oltre

Intersezioni nell'antologia

- Le domande che l'uomo si pone sul senso della propria vita, sulla possibilità di comunicare con gli altri si trovano anche nell'*Infinito* (▸ p. 217) di Giacomo **Leopardi**, in *Meriggiare pallido e assorto* (▸ p. 302) e *La casa dei doganieri* (▸ p. 316) di Eugenio **Montale**. Sono presenti anche in Wisława **Szymborska**, forse in toni più leggeri, nelle poesie *In lode a mia sorella* (▸ p. 346) e *Sulla morte senza esagerare* (▸ p. 334), e nell'**Ungaretti** di *Girovago* (▸ p. 281) oppure anche nei versi inquietanti di Emily **Dickinson**, *Tempesta*, (▸ p. 101) e di García **Lorca**, *Paesaggio*, (▸ p. 11).
- Il bisogno di affermazione della propria individualità si coglie in altre poesie: *Ulisse* (▸ p. 9) di Umberto **Saba**, *Itaca* di Konstantinos **Kavafis** (▸ p. 159) e *L'uccello di fuoco* (▸ p. 47) di Alda **Merini**.
- Il tema della scienza, nelle sue aberrazioni, si ritrova in *La bambina di Hiroshima* (▸ p. 194) di Nâzim **Hikmet**, *Versicoli quasi ecologici* (▸ p. 110) di Giorgio **Caproni**, e *Uomo del mio tempo* (▸ p. 191) di Salvatore **Quasimodo**.

Altri orizzonti

SAGGI E LIBRI

- Una interessante biografia riguardante Luigi **Pirandello** è la seguente: *Luigi Pirandello. Storia di un personaggio «fuori chiave»* (1980), di E. **Lauretta**. Per approfondire la conoscenza del teatro di Samuel **Beckett**, Testori, De Filippo e altri si consiglia la lettura di: S. **Colomba**, *Le ceneri della commedia. Il teatro di Samuel Beckett* (1997).
- Un approfondimento del teatro di narrazione di Marco **Paolini** è dato dal testo *Il sergente* (di cui consigliamo anche la visione del monologo disponibile in dvd) incentrato sulla ritirata di Russia degli alpini nel 1943, tratto dal romanzo autobiografico *Il sergente nella neve* di Mario **Rigoni Stern** (1921-2008).
- Sul rapporto tra scienza e potere (ovvero guerra e armi di distruzione di massa) si può leggere Richard **Feynman** (istrionico fisico Premio Nobel che contribuì, molto giovane, alla costruzione della bomba atomica), in particolare *Sta scherzando, Mr. Feynman!* e *Che ti importa di ciò che dice la gente?*

FILM

- Tra i tanti film che raccontano il dramma dell'uomo e le difficoltà dell'esistenza ricordiamo i recenti: *Affliction* (1997) di Paul **Schrader**, in cui uno sceriffo deve fare i conti con l'anziano padre violento e alcolizzato.
- *Volver* (2006) di Pedro **Almodovar**, film sulla famiglia intesa come matriarcato, dove tre generazioni di donne si confrontano con la morte.
- *Onora il padre e la madre* (2007) di Sidney **Lumet**, film in cui una famiglia borghese deve fare i conti con se stessa, soprattutto a causa del denaro.

MUSICA

- Un'incursione nell'opera lirica può aprire nuovi interessi culturali. Il dramma è possibile viverlo nella trilogia popolare di Giuseppe **Verdi** (1813-1901), costituita dal *Rigoletto*, dal *Trovatore* e dalla *Traviata*. L'estro di Giacomo **Puccini** (1858-1924) si ammira nei drammi *Tosca* oppure *Madama Butterfly*.
- Usciti entrambi nel 2016, segnaliamo due album contemporanei che affrontano il dramma da due punti di vista diversi. *Skeleton Tree* di Nick **Cave**, un album permeato dal dolore del cantante per la morte accidentale di uno dei suoi figli, e *Black Star* di David **Bowie**, scritto e registrato dall'artista nella consapevolezza che sarebbe presto morto per malattia.

PITTURA

- La profonda crisi morale dell'uomo del Novecento, rappresentata in tanti drammi teatrali, trova una certa corrispondenza nell'Arte informale, come quella espressa da Alberto **Burri** (1915-1995) o da Jackson **Pollock** (1912-1956).
- Di gusto particolarmente "brechtiano" sono due dipinti eseguiti a distanza di molti anni uno dall'altro: *Parabola dei ciechi* (1568) di Pieter **Bruegel il Vecchio**, dove il pittore olandese rappresenta un'umanità cieca che segue stupidamente chi la guida, anche se chi indica la direzione non sa dove sta andando e trascina tutti nel baratro. *I pilastri della società* (1926) di George **Grosz** rappresenta le istituzioni che reggono il potere in un'opera carica d'ironia e di sarcasmo.

Scena tratta dal film *Volver* diretto da Pedro Almodovar nel 2006.

Glossario

Termini di retorica, narratologia e linguistica

A

Accento ritmico: operazione per cui, nella lettura di un verso, alcune sillabe, su cui cade l'accento tonico (v.), vengono evidenziate in modo particolare dal ritmo poetico. Ad esempio «Nel / mez/zo / del / cam/mìn / di / nò/stra / vì/ta» (D. Alighieri, *Inferno* I, 1).

Accento tonico: segno fonetico che segnala nella lettura di una parola una maggiore elevazione della voce nella pronuncia di una sillaba, rispetto alle altre. Ad esempio tàvolo (parola sdrucciola), pàne (parola piana), caffè (parola tronca).

Accumulazione: figura retorica che prevede l'accostamento incalzante di termini, siano essi nomi, aggettivi o altre parti del discorso. Ad esempio «parli della città, delle signore [...], di giorni felici, / di libertà, d'amor proprio, d'amore» (M. Moretti, *A Cesena*). È detta anche *enumerazione*.

Afèresi: caduta di una vocale o della sillaba iniziale di una parola. Ad esempio "verno" per "inverno".

Aiutante: in narratologia, il personaggio che favorisce il protagonista (v.) nel raggiungere il suo scopo o l'antagonista (v.) nell'opporsi al protagonista.

Allegorìa: figura retorica consistente nella costruzione di un discorso in cui i significati letterali dei termini passano in secondo piano rispetto al loro valore simbolico. Ad esempio la lupa è allegoria dell'avidità (D. Alighieri, *Inferno* I, 49).

Allitterazione: figura retorica di suono che consiste nella ripetizione degli stessi suoni all'inizio o all'interno di parole contigue. Ad esempio «E caddi come corpo morto cade» (D. Alighieri, *Inferno* V, 142).

Anacolùto: rottura della regolare costruzione sintattica di una frase per il cambiamento di soggetto nel corso dell'enunciato, operata dallo scrittore per riprodurre i modi della lingua parlata. Ad esempio «Quelli che muoiono bisogna pregare Dio per loro» (A. Manzoni, *I promessi sposi*).

Anadiplosi: v. *duplicazione*.

Anàfora: figura retorica che consiste nel ripetere una o più parole all'inizio di più versi o frasi successive. Ad esempio «Per me si va ne la città dolente / per me si va ne l'etterno dolore / per me si va tra la perduta gente» (D. Alighieri, *Inferno* III, 1-3).

Analessi: in narratologia, racconto di fatti precedenti rispetto al punto della vicenda in cui viene inserito, con la conseguente rottura dell'ordine cronologico della narrazione. Il termine è usato anche nel linguaggio cinematografico. È detta anche *flashback* e *retrospezione*.

Analogìa: tecnica espressiva tipica della poesia del Novecento che consiste nello stabilire rapporti inediti tra immagini diverse e in apparenza senza alcun legame logico. L'accostamento dà origine a immagini molto efficaci e a volte persino oscure. Ad esempio «È il mio cuore / il paese più straziato» (G. Ungaretti, *San Martino del Carso*).

Anàstrofe: figura retorica che consiste nell'invertire l'ordine abituale di due parole, per conferire maggior espressività al termine collocato al primo posto. Ad esempio *Spesso il male di vivere ho incontrato* (E. Montale).

Antagonista: in narratologia, personaggio che si oppone all'agire del protagonista (v.).

Anticipazione: v. *prolessi*.

Antifrasi: figura retorica in cui le parole lasciano intendere il contrario di ciò che si dice. Ad esempio «vostra mercé, cui tanto si commise» (F. Petrarca, *Italia mia*), dove «vostra mercé» significa "per colpa vostra", anziché "grazie a voi".

Antìtesi: figura retorica di significato che si ottiene accostando termini di senso opposto. Ad esempio «Non fronda verde, ma di color fosco; / non rami schietti, ma nodosi e 'nvolti; / non pomi v'eran, ma stecchi con tosco» (D. Alighieri, *Inferno* XIII, 4-6).

Antonomàsia: figura retorica che consiste nell'indicare una persona anziché con il nome proprio, con un nome comune che ne indichi una delle principali caratteristiche. Ad esempio san Francesco "il poverello d'Assisi". Si ha un'antonomasia anche quando un nome proprio viene usato per definire un soggetto con caratteristiche simili. Ad esempio "mecenate" per indicare un protettore delle arti.

A parte: nel linguaggio teatrale, battuta pronunciata da un attore, spesso rivolto al pubblico, come se gli altri personaggi in scena non la ascoltassero.

Asìndeto: figura retorica che consiste nell'eliminazione delle congiunzioni tra più parole di un discorso. Ad esempio «corre via, corre, anela, / varca torrenti e stagni, / cade, risorge» (G. Leopardi, *Canto notturno di un pastore errante dell'Asia*)

Atto: nel linguaggio teatrale, una macrosequenza caratterizzata dall'unità di luogo: le azioni si svolgono nella medesima città e in ambienti non molto lontani tra loro; inoltre in esso non vi sono salti temporali.

Autore: in narratologia, chi ha composto l'opera.

B

Ballata: componimento destinato in origine al canto e alla danza, costituito da una o più strofe (v.) intervallate da un ritornello o ripresa.

Battuta: nel linguaggio teatrale e cinematografico, le frasi pronunciate volta per volta da ciascun attore.

C

Campo semantico: insieme di parole presenti in un testo che rimandano a uno stesso concetto o a una medesima realtà. Ad esempio il campo semantico della parola "fiume" comprenderà termini in stretta relazione di significato, come "ruscello", "fonte", "sorgente", "affluente", "foce", "delta", "scorrere", "fluire" ecc.

Canzone: componimento lirico formato da stanze o strofe (v.) con una medesima disposizione di versi (v.) e rime, tranne l'ultima, il commiato o congedo, che è più breve.

Cesura: forte pausa all'interno di un verso (v.), individuata da un segno di punteggiatura o dal significato del verso stesso. Ad esempio «Ei fu. // Siccome immobile» (A. Manzoni, *Il cinque maggio*).

Chiasmo: figura retorica che consiste nella disposizione incrociata di elementi linguistici, in modo che l'ordine delle parole risulti invertito. Ad esempio «Bei cipressetti, cipressetti miei» (G. Carducci, *Davanti San Guido*).

Climax: figura retorica che consiste nella disposizione "a scala" di termini, secondo una gradazione di intensità crescente (*climax* ascendente, ad esempio «la terra ansante, livida, in sussulto», G. Pascoli, *Il lampo*) o decrescente (*climax* discendente, ad esempio «E mi dicono Dormi, / mi cantano Dormi, sussurrano / Dormi, bisbigliano Dormi», G. Pascoli, *La mia sera*).

Codice: sistema convenzionale formato da relazioni tra segni e oggetti del mondo reale o del pensiero e da regole per disporre tali segni in modo da permettere la comunicazione. Ad esempio "codice linguistico", "codice stradale".

Commedia: genere teatrale che rappresenta eventi della vita quotidiana, e si conclude con un lieto fine. Nasce nella Grecia antica e si sviluppa, pur in forme diverse, fino alla nostra epoca.

Connotazione: insieme delle proprietà che arricchiscono il significato di una parola o di un discorso, conferendo allo stesso un valore allusivo, emozionale, evocativo oltre la sua specifica capacità informativa. Ad esempio la parola "cuore" indica non solo l'organo muscolare (valore denotativo), ma anche la sede di emozioni e di affetti (valore connotativo).

Consonanza: figura retorica di suono per cui due parole si assomigliano perché contengono le stesse consonanti, ma vocali diverse. Ad esempio «Nello splendore del tiepido sole / eran tre vergini e una grazia sola» (D. Campana, *Tre giovani fiorentine camminano*).

Copione: testo teatrale (o cinematografico) da rappresentare, contenente la sceneggiatura, le battute (v.) e le indicazioni per gli attori.

Correlativo oggettivo: procedimento, tipico di Thomas Stearn Eliot e di Eugenio Montale, attraverso il quale un oggetto o una situazione evoca, per equivalenza, sentimenti e sensazioni. Ad esempio «Spesso il male di vivere ho incontrato: / era il rivo strozzato che gorgoglia, / era l'incartocciarsi della foglia / riarsa, era il cavallo stramazzato» (E. Montale, *Spesso il male di vivere ho incontrato*).

D

Denotazione: indica il valore informativo-referenziale di un termine ed esclude da esso tutti gli elementi di giudizio personale o emotivi, che competono invece alla "connotazione" (v.). In questo senso, ad esempio, la parola "cuore" avrà solo il significato di organo muscolare, cavo.

Dialèfe: figura metrica per la quale due vocali contigue, appartenenti a due parole diverse, vengono contate separatamente, come se appartenessero a due sillabe; si verifica soprattutto quando la prima di esse è accentata. Ad esempio «Gemmea l'aria, / il sole così chiaro» (G. Pascoli, *Novembre*). È contraria alla sinalefe (v.).

Didascalia: nel linguaggio teatrale, le indicazioni dell'autore al regista per la messa in scena: il luogo, gli oggetti presenti sulla scena, i gesti da compiere in scena ecc.

Dièresi: figura metrica in cui le vocali di un dittongo (v.) sono considerate separate, come se fosse uno iato; spesso è indicata con un apposito segno grafico (¨).

Discorso indiretto libero: caratteristica tipica del romanzo moderno, che consiste nel riferire le parole dei personaggi senza introdurle con formule dichiarative come "disse", "pensò" ecc. Ne fa uso per primo Giovanni Verga, poi Italo Svevo e Luigi Pirandello.

Dittongo: gruppo di due vocali che costituiscono una sola sillaba; una di esse è una *u* o una *i*, non accentata. Ad esempio a-ia, fie-no.

Dramma: nel linguaggio teatrale indica l'azione. Più in particolare è un genere teatrale nato nell'Ottocento.

Duplicazione: figura retorica che consiste nella ripetizione dell'ultimo termine di una frase all'inizio della frase successiva. Ad esempio «Muore il ragazzo un poco / ogni giorno per giuoco. / Per giuoco morde invano / il cavo della mano» (L. Sinisgalli, *Vidi le Muse*). È detta anche *anadiplosi*.

Durata: in narratologia, la durata della storia è il periodo di tempo in cui si svolgono gli eventi, mentre la durata del racconto è lo spazio (righe, pagine, capitoli) che l'autore attribuisce alla narrazione di ogni evento.

E

Ellissi: in generale, eliminazione, nel corso di un enunciato, di alcuni elementi che restano sottintesi. In narratologia, è una modalità della durata del racconto in cui si ha l'omissione del racconto di eventi accaduti in un certo lasso di tempo. Indica un "salto" temporale e accelera il tempo del racconto.

Endìadi: figura retorica in cui un concetto viene espresso con due termini coordinati tra loro anziché con il nome e l'aggettivo concordato o un complemento. Ad esempio «ch'ella mi fa tremar le vene e i polsi» (D. Alighieri, *Inferno* I, 90).

Enjambement: figura metrica che si verifica quando la suddivisione in versi (v.) non coincide con la struttura sintattica e quindi una frase occupa più di un verso. Ad esempio «Ma sedendo e mirando, interminati / spazi di là da quella» (G. Leopardi, *L'infinito*).

Enumerazione: v. *accumulazione*.

Epica: genere letterario che ha come soggetto imprese eroiche di un guerriero o di un intero popolo. Nata dalla tradizione orale, è poi stata elaborata in poemi, primi tra tutti *Iliade* e *Odissea*.

Epilogo: parte conclusiva di una narrazione, di un discorso, di una trattazione.

Epìteto: sostantivo, aggettivo o locuzione che si unisce a un nome per qualificarlo o con funzione solo accessoria (epiteto esornativo). Ad esempio Achille "piè veloce".

Esordio: parte iniziale di un testo.

Eufemismo: figura retorica di pensiero che consiste nell'attenuare il carattere volgare, crudo o troppo realistico di un'affermazione. Ad esempio A. Manzoni nei *Promessi sposi* descrive con un eufemismo la morte del «buon benefattore»: «andò a ricevere il premio della sua carità».

F

Fabula: in narratologia, i fatti di un racconto disposti in ordine cronologico.

Favola: breve narrazione i cui protagonisti sono animali parlanti che rappresentano vizi e virtù degli uomini.

Fiaba: narrazione di origine popolare e orale caratterizzata da elementi magici e soprannaturali.

Figura etimologica: figura retorica ottenuta accostando due parole derivate dalla stessa radice etimologica. Ad esempio «esta selva selvaggia» (D. Alighieri, *Inferno* I, 5).

Figura retorica: espressione che arricchisce di significato ciò che si vuol dire.

Flashback: v. *analessi*.

Flashforward: v. *prolessi*.

Flusso di coscienza: tecnica espressiva che consiste nel trasporre in modo libero e immediato il pensiero di un personaggio, senza che esso sia filtrato da organizzazione logica o cronologica. È tipico del romanzo del Novecento e in particolar modo di James Joyce.

Focalizzazione: in narratologia, punto di vista da cui il narratore racconta la vicenda.

Fonosimbolismo: nel linguaggio della retorica, uso di parole che con il loro suono suscitano sensazioni visive o acustiche emotivamente legate al contesto. Ad esempio «rimbombò, rimbalzò, rotolò cupo» (G. Pascoli, *Il tuono*). La presenza dei suoni *r*, *b* e della *o* non solo riproduce il rumore del tuono, ma desta anche l'inquietudine che accompagna un violento temporale.

G

Genere letterario: insieme di componimenti letterari che presentano elementi comuni di tema, stile e struttura.

I

Iato: accostamento di due vocali all'interno di una parola che vengono pronunciate come due sillabe differenti. Ad esempio l-e-o-n-e, pa-ù-ra.

Incipit: parte iniziale, prime parole di un testo.

Intreccio: in narratologia, insieme degli avvenimenti presentati nell'ordine che il narratore ha scelto di attribuire loro, ordine che può essere anche diverso da quello cronologico.

Ipàllage: figura retorica che consiste nel riferire un aggettivo non al nome cui dovrebbe legarsi, ma a un altro termine in relazione con il primo. Ad esempio «un ribatte / le porche con sua marra pazïente» (G. Pascoli, *Arano*), dove «pazïente» è riferito alla zappa («marra»), ma logicamente al contadino.

Iperbato: figura retorica in cui si spezza la normale espressione, trasponendo termini che andrebbero accostati. Ad esempio «il divino del pian silenzio verde» (G. Carducci, *Il bove*).

Iperbole: figura retorica che consiste nel rappresentare in modo esagerato la realtà. Ad esempio «Ho sceso … un milione di scale» (Eugenio Montale, *Ho sceso, dandoti il braccio, almeno un milione di scale*).

Ipotassi: legame sintattico tra proposizioni, in cui prevalgono le subordinate.

Ironia: figura retorica di pensiero che si verifica quando si esprime un concetto, volendo intendere l'esatto opposto. Ad esempio «Godi Fiorenza, poi che se' sì grande, / che per mare e per terra batti l'ali / e per lo 'nferno tuo nome si spande» (D. Alighieri, *Inferno* XXVI, 1-3).

L

Litote: figura retorica, simile all'eufemismo (v.), in cui si esprime un concetto in modo attenuato o negando il contrario. Ad esempio «non c'è cor che non batta per te» (A. Manzoni, *Marzo 1821*).

M

Macrosequenza: in narratologia, un insieme di sequenze (v.) che ha comunque un suo valore unitario.

Metafora: figura retorica che si ottiene sostituendo un termine con un altro che gli sia affine, perché possiede analoghe caratteristiche. Ad esempio «Anche così è stato breve il nostro lungo viaggio» (E. Montale, *Ho sceso, dandoti il braccio, almeno un milione di scale*), dove «viaggio» è metafora di "vita".

Metonìmia: figura retorica che consiste nella sostituzione di un termine con un altro che ha con il primo un rapporto di contiguità (causa-effetto, contenente-contenuto ecc.). Ad esempio «e il suo nido è nell'ombra, che attende» (G. Pascoli, *X Agosto*), dove «nido» vale per il contenuto, i rondinini.

Metrica: insieme delle norme che regolano la composizione di versi (v.) e strofe (v.).

Mitologia: insieme dei racconti leggendari di un popolo.

Monologo: nel linguaggio teatrale, discorso di un personaggio che parla o pensa tra sé e sé, mentre gli altri non lo ascoltano.

Monologo interiore: tecnica narrativa che consiste nel riportare i pensieri di un personaggio, senza l'introduzione di verbi di dire.

N

Narratore: in narratologia, colui che narra i fatti; può coincidere con l'autore (v.), con un personaggio (v.) o con un terzo soggetto. È detto anche *voce narrante*.

Novella: breve testo narrativo, avente per oggetto un fatto reale o immaginario. Analoga al racconto, la novella si sviluppa dal Trecento in Italia ed è diffusa anche oggi.

O

Omoteleuto: figura retorica che si ottiene facendo terminare nello stesso modo due o più parole poste all'interno di un verso (v.). Ad esempio «Ma sedendo e mirando interminati / spazi di là da quella» (G. Leopardi, *L'infinito*).

Onomatopea: figura retorica di suono che riproduce attraverso parole rumori o suoni. Ad esempio «Le vele le vele le vele / che schioccano e frustano al vento» (D. Campana, *Barche amorrate*).

Ossìmoro: figura retorica che consiste nell'accostare in un medesimo enunciato elementi che si contraddicono. Ad esempio «È l'estate / fredda, dei morti» (G. Pascoli, *Novembre*).

P

Parafrasi: riscrittura di un testo poetico mediante un linguaggio più chiaro e diretto, senza alterare il contenuto.

Parallelismo: procedimento retorico per cui gli elementi che costituiscono due o più frasi o sintagmi sono disposti nel medesimo ordine. Ad esempio «S'ode a destra uno squillo di tromba; / a sinistra risponde uno squillo» (A. Manzoni, *Il conte di Carmagnola*).

Paratassi: legame sintattico tra proposizioni, in cui prevalgono le coordinate.

Parola chiave: parola presente anche più volte in un testo, essenziale per la comprensione e in grado di evidenziare il tema base dello stesso.

Paronomasia: figura retorica di suono, che si ottiene accostando termini dal suono simile. Ad esempio «Quivi stando, il destrier ch'avea lasciato / tra le più dense frasche, alla fresca ombra» (L. Ariosto, *Orlando furioso*).

Pausa: in narratologia, modalità della durata del racconto in cui il tempo della storia è fermo. Si ottiene con l'inserimento di descrizioni, narrazioni e digressioni.

Perifrasi: figura che consiste nell'usare un giro di parole per indicare indirettamente una persona o un oggetto. Ad esempio «E l'arca di colui che nuovo Olimpo / alzò in Roma a' Celesti» (U. Foscolo, *Dei Sepolcri*), dove si intendono Michelangelo e la cupola di San Pietro.

Personaggio: nel linguaggio teatrale e cinematografico, chi interviene nell'azione drammatica. In narratologia, ogni persona che partecipa allo svolgimento dell'azione narrata.

Personificazione: figura retorica di pensiero attraverso la quale si attribuiscono caratteri umani ad animali, oggetti, concetti astratti. Ad esempio «mentre il cipresso nella notte nera / scagliasi al vento, piange alla bufera» (G. Pascoli, *Fides*).

Pleonasmo: espressione non essenziale che non aggiunge nessuna informazione, ma sottolinea l'importanza del termine nel contesto. Ad esempio "un bosco di alberi".

Poema: ampio testo narrativo, in versi, diviso in libri o canti, caratteristico del genere epico. Ad esempio *Iliade*, *Odissea*, *Orlando furioso*.

Polisìndeto: procedimento sintattico che consiste nell'accostare più elementi, proposizioni, sintagmi con ampio uso di congiunzioni. Ad esempio «per montagna e per valle, / per sassi acuti, ed alta rena, e fratte, / al vento, alla tempesta, e quando avvampa / l'ora, e quando poi gela» (G. Leopardi, *Canto notturno di un pastore errante dell'Asia*).

Prolessi: in narratologia, anticipazione di eventi che si verificheranno in seguito. È detta anche *anticipazione* o *flashforward*.

Prologo: nel linguaggio teatrale, fin dal teatro classico, parte iniziale di un testo in cui si presenta l'azione o la si contestualizza.

Proscenio: porzione anteriore del palcoscenico, quella che esce dalla linea del sipario.

Prosodìa: insieme dei caratteri che determinano l'armonia di una scrittura sia in poesia (metrica) sia in prosa (timbro dei suoni, intensità, intonazione, accento).

Protagonista: in narratologia, personaggio principale di una narrazione, intorno al quale si incentrano tutti o quasi i fatti raccontati; nella terminologia teatrale o cinematografica, attore a cui è assegnata la parte principale di un testo.

Punto di vista: v. *focalizzazione*.

R

Referente: ciò a cui il segno linguistico rimanda (oggetto, persona, luogo, elemento astratto).

Registro: modalità linguistica in cui viene esposto un enunciato o un testo in relazione al destinatario e alle diverse situazioni sociali.

Retrospezione: v. *analessi*.

Rima: identità dei suoni finali di parole, poste alla fine di versi, a partire dall'ultima vocale accentata. Ne esistono molti tipi, con schemi precisi (baciata, alternata, incatenata ecc.).

Ritmo: cadenza di suoni nel verso, scandito dagli accenti.

Romanzo: in letteratura, lungo testo narrativo, avente per oggetto un fatto reale o immaginario, che si distingue dalla novella-racconto per la complessità dell'intreccio (v.) e l'ampiezza della narrazione.

S

Scena: nel linguaggio teatrale, porzione di un atto segnata dal variare di personaggi e di luogo. In narratologia, è una modalità della durata del racconto in cui il tempo della storia e il tempo del racconto coincidono per lunghezza, come in un dialogo.

Scenografia: nel linguaggio teatrale, insieme delle strutture di un palcoscenico che fungono da ambientazione all'opera.

Scioglimento: in narratologia, ristabilimento dell'ordine preesistente che era stato turbato da nuovi fatti.

Sequenza: in narratologia, parte di un testo in cui rimangono immutati i personaggi, il luogo o il tempo dei fatti narrati.

Simbolo: oggetto, individuo o altra cosa concreta che può evocare una realtà più vasta o un'entità astratta.

Similitudine: figura retorica di pensiero che consiste in un paragone tra due elementi che hanno tra loro comuni caratteristiche. Ad esempio «Come sul capo al naufrago / l'onda s'avvolve» (A. Manzoni, *Il cinque maggio*).

Sinalèfe: figura metrica per cui due vocali, che si trovano rispettivamente alla fine di una parola e all'inizio dell'altra, vengono computate come una sola sillaba. Ad esempio «e il naufragar m'è dolce in questo mare» (G. Leopardi, *L'infinito*).

Sineddoche: figura retorica per la quale una parola riceve un significato più o meno ampio rispetto a quello che normalmente le compete (la parte per il tutto, il tutto per la parte, la specie per il genere). Ad esempio «e nudo ne la destra il ferro stringe» (T. Tasso, *La Gerusalemme liberata*).

Sinèresi: figura metrica per cui due vocali vicine che in realtà costituiscono uno iato (v.) vengono computate come una sola sillaba. Ad esempio «Questi parea che contra me venisse» (D. Alighieri, *Inferno* I, 46).

Sinestesìa: figura retorica consistente nell'accostamento di sostantivi e aggettivi appartenenti a sfere sensoriali diverse. Ad esempio «all'urlo nero / della madre» (S. Quasimodo, *Alle fronde dei salici*).

Sintagma: in linguistica, gruppo di due o più elementi linguistici che costituisce un'unità di significato (sintagma nominale, verbale ecc.).

Sistema dei personaggi: in narratologia, il sistema di relazioni che lega tra loro i personaggi (protagonista, antagonista, aiutante ecc.).

Sommario: in narratologia, modalità della durata del racconto in cui il tempo del racconto è inferiore al tempo della storia. Si ottiene riassumendo i fatti.

Sonetto: componimento poetico costituito da quattordici versi (v.) endecasillabi variamente rimati e divisi in due quartine e due terzine.

Spannung: in narratologia, indica il momento di massima tensione nello sviluppo della *fabula* (v.).

Straniamento: in letteratura, procedimento espressivo attraverso cui una realtà consueta e abituale non appare più tale, perché colta con uno sguardo che ne mette in luce elementi nascosti, insoliti o contraddittori.

Strofa: nella metrica, raggruppamento di più versi, secondo criteri codificati dalla tradizione letteraria.

Struttura: in linguistica e in letteratura, insieme di specifiche componenti che concorrono alla formazione coerente e ordinata di un enunciato e di un testo.

T

Tema: argomento di cui tratta un'opera o una sua parte di essa; in esso generalmente si rispecchiano i valori della cultura e dell'etica dell'autore.

Tempo del racconto: v. *durata*.

Tempo della storia: v. *durata*.

Tragedia: testo teatrale che narra le vicende di personaggi della storia o del mito, gli esiti gravi e luttuosi delle loro passioni, destinati a suscitare la pietà e la catarsi nello spettatore.

V

Verso: unità metrica fondamentale della poesia.

Voce narrante: v. *narratore*.

Indice degli autori antologizzati

Indice delle opere da cui sono tratti i testi